Manual de Derecho Sucesorio

María Candelaria Domínguez Guillén

Abogada, Especialista en Derecho Procesal
Doctora en Ciencias mención «Derecho»
Especialista en Derecho Procesal
Profesora Titular, Investigadora-Docente del Instituto de Derecho Privado
Universidad Central de Venezuela

Manual de Derecho Sucesorio

2.ª edición revisada y aumentada

Revista Venezolana de Legislación y Jurisprudencia, C. A.
Caracas, 2019

Editorial RVLJ (Revista Venezolana de Legislación y Jurisprudencia, C. A.)

Diseño y diagramación: Reinaldo R. Acosta V.
Corrección: Elizabeth Haslam
Depósito Legal N° DC2019000371
ISBN 978-980-7561-10-5
Correo: revista_venezolana@hotmail.com
Twitter & Instagram: @la_rvlj
www.rvlj.com.ve
Los Ruices, Caracas-Venezuela. Código Postal 1071
Teléfono: (0212) 234.29.53

No en vano el Derecho considera en el ámbito sucesorio que el orden de los afectos primeramente desciende, luego asciende y finalmente se dirige a los lados, en un orden subsidiario y en concurrencia con el cónyuge. Porque aunque unos excluyan a los otros, nuestro amor se proyecta en un destino natural hacia nuestros hijos, padres, y hermanos siempre acompañados del ser que decidió compartir camino con nosotros. A todos ellos, a propósito de la materia que nos ocupa, dedicamos el presente estudio.

Introducción
(Primera edición)

Entre el extremo de lo «extenso y profundo» y su contrapartida, lo «breve y superficial», podría ubicarse un nivel intermedio, que pretendemos lograr con el presente texto, el cual dedicamos a una rama del Derecho Civil que se caracteriza por reunir en sí misma lo familiar, personal y patrimonial, esto, es prácticamente los tópicos fundamentales que integran el Derecho privado general.

En efecto, la materia del Derecho Sucesorio, tan interesante como compleja, debería ser manejada por todo abogado, porque la muerte es el único hecho jurídico que necesariamente acontece siempre en el ser humano. Pues a pesar de que algunos alegan que el Derecho Hereditario es exclusivo de quienes tengan riqueza patrimonial, ello no es del todo cierto, ya que se admite que por vía testamentaria el individuo puede hacer ordenaciones de naturaleza no pecuniaria.

Nuestra vinculación con el Derecho de la Persona nos llevó inevitablemente a acercarnos a la materia del Derecho de Familia, pero es indudable que el Derecho Hereditario constituye una suerte de proyección o continuación de aquel. De allí que la inquietud académica también nos hiciera llegar al ámbito de las sucesiones *mortis causa,* y optáramos, vista su evidente complejidad, simplemente en sistematizar los temas fundamentales de la asignatura con base en la doctrina patria tradicional, así como algunas referencias bibliográficas y jurisprudenciales especiales, en particular nacionales. Ello a fin de que los tópicos sistematizados puedan ser profundizados o contrastados por el lector, en caso de precisarse un estudio más completo. Esto pues, en una materia ávida de desarrollo, no es justo omitir parte de la doctrina nacional bajo el alegato de superficialidad o poca originalidad, porque difícilmente se puede ser enteramente original en el ámbito jurídico, donde casi todo camino ha sido previamente recorrido, en especial por autores foráneos.

De allí que titulamos el presente libro *Manual de Derecho Sucesorio*, porque, dada su extensión y sencillez, el mismo más que profundizar en los principales temas del programa de la asignatura, busca mostrar las nociones y posturas básicas que el estudioso del Derecho debe conocer, bien sea estudiante o abogado. Esto es, ofrece una mínima orientación que permite acceder a una materia que, aunque calificada de «abstrusa», no deja de ser vital. Al efecto, inspirados en los aspectos fundamentales tratados por la doctrina básica nacional recapitulamos su contenido en los 13 capítulos inéditos que conforman el libro.

No es fácil acercarse a una asignatura, especialmente cuando no se cuenta con la enriquecedora experiencia de la docencia en el área, sensación que tuvimos con anterioridad respecto al *Manual de Derecho de Familia*, pero que no fue óbice para concretar algunas nociones que esbozamos en dicho texto. Es un placer tener nuevamente la oportunidad de continuar tales ideas y canalizar nuestra afición por un sector del Derecho Civil, a través de las páginas que presentamos.

Como otras veces, debo reconocer la ayuda directa e indirecta que muchos me brindaron para poder concretar estas líneas, pues nunca hacemos nada enteramente solos, pero en esta oportunidad agradezco especialmente a mi esposo Miguel Ángel Torrealba Sánchez, quien pese a dedicarse al Derecho Administrativo, leyó durante muchas noches las siguientes páginas. A él debo en inmensa medida el estímulo que originó este texto, porque amén de una vida que incluye la dicha de nuestros hijos, compartimos una profesión que sentimos más grata cuando la ejercemos al matiz de lo académico.

Presentamos así el presente *Manual de Derecho Sucesorio* a la espera que sirva para aproximarse a la asignatura, o en todo caso para poder indagar en él referencias que permitan transitar a un camino más complejo. Si ello acontece, habremos logrado nuestro objetivo.

Palabras a la segunda edición

En el año 2010 como una prolongación del *Manual de Derecho de Familia* publicado previamente, nos atrevimos a presentar el *Manual de Derecho Sucesorio*. Gracias a la receptividad del público lector, ya el primero cuenta con una segunda edición. Precisamente, nos produce gran satisfacción poder presentar también el *Manual de Derecho Sucesorio* igualmente en su segunda edición actualizada y corregida. No nos queda, sino como siempre agradecer a aquellos que nos permiten materializar el mismo, tanto a quienes logran su publicación efectiva, como a quienes nos permiten acceder a la información que aquí presentamos. Cabe agradecer también a los alumnos de la asignatura del curso de verano intensivo de Derecho de Familia y Sucesiones que dicté en la Facultad de Ciencias Jurídicas y Políticas de la Universidad Central de Venezuela en agosto de 2011, fueron la grata fusión de pasión, dedicación y optimismo, con quienes tuve el placer de acercarme a una materia de la que no había sido docente. Su alegría y entusiamo me distrajó de la triste pérdida de mi padre y hermano acontecida previamente en ese año. Así mismo, agradezco a los colegas que compartieron conmigo durante el 2013 la asignatura «Procedimientos sucesorios» en el postgrado de Derecho Procesal de la referida Casa de estudios. Así pues, tanto el pregrado como el postgrado me permitieron contrastar la teoría o investigación con la riqueza que brinda la docencia en todos sus niveles. Obviamente, agradezco a mis seres queridos, a los que ya partieron como mi madre y otros todavía cercanos, por fortuna, porque su amor, amén de felicidad, me permite la mejor comprensión de las instituciones familiares y sucesorias. Y como siempre a Miguel Ángel, fiel compañero de un camino que no imaginábamos vivir, pero que sigue valiendo la pena compartir.

En esta segunda edición –cuya materialización agradezco al director del sello Editorial RVLJ (Revista Venezolana de Legislación y Jurisprudencia, C. A.), profesor Edison Lucio Varela Cáceres, quien adicionalmente asumió funciones de revisión y corrección que superan sobremanera su ya excelente labor de editor-, hemos tratado de preservar el sentido del texto en sus referencias originales, a la vez que lo actualizamos en doctrina, jurisprudencia y alguna referencia legislativa reciente.

El Derecho Sucesorio se presenta como la prolongación del Derecho de Familia, cargado de matices patrimoniales, algunas normas imperativas contrastadas con otras derivadas de la autonomía de la voluntad. Impregnado a su vez de tradición, moral e historia, viene delimitado por numerosas disposiciones generalmente del Código sustantivo, algunas no muy claras, pero todo ello suma un conjunto complejo aunque bellamente necesario para el jurista. A esta rama del Derecho que en ocasiones no es fácil acceder ni entender, pretendemos acercarnos nuevamente, deseando que el presente texto siga sirviendo de modesta referencia para su estudio.

Palabras del editor sobre la segunda edición

El año 2018 ha sido muy gratificante para el sello editorial RVLJ y en especial para la Dra. Domínguez Guillén, pues, además de recibir un merecido homenaje en el N.º 10 de la *Revista Venezolana de Legislación y Jurisprudencia*, hemos querido publicar la segunda edición de su *Manual de Derecho Sucesorio*, el cual se suma a su *Curso de Derecho Civil III Obligaciones*, con todo ello no hacemos más que apoyar una obra ingente dedicada a la difusión del Derecho Civil venezolano.

En lo que respecta a esta segunda edición, la cual fue ampliada y revisada, resulta un verdadero privilegio el coadyuvar en su divulgación, ya que, amén de estar redactada en un tono didáctico y ameno propio de un manual, cuenta con una documentación bibliográfica bastante completa –como es característico de la autora– lo cual permite al lector –tanto novato como avanzado– ir caminando de la mano con los autores más distinguidos en la materia y de cotejar dicha doctrina con la posición crítica que la autora plasma en cada punto controversial.

Para el foro nacional es un verdadero privilegio el que hoy vea la luz una segunda edición de un texto dedicado al Derecho Sucesoral venezolano área jurídica poco tratada, pero donde los valerosos juristas que se han ocupado a la temática han recibido el reconocimiento de la comunidad científica y asegurado un puesto predilecto entre los suyos. La Dra. Domínguez Guillén no queda a deber con esta muy completa obra y de allí que al agotarse prontamente la primera edición, ya contemos con esta segunda puesta en escena, ampliamente mejorada.

Finalmente, solo nos resta agradecerle a la autora por su consecuente confianza y por hacernos parte permitiéndonos obsequiar a los lectores esta segunda edición y augurarle éxitos en los proyectos en los que desde ya trabaja, así como asegurarle que para su consolidación puede seguir contando con el equipo editorial de la Revista Venezolana de Legislación y Jurisprudencia, pues para nosotros es una inmerecida distinción el alistar dentro de nuestro catálogo una obra producto de una pluma tan prestigiosa y fecunda… Enhorabuena…

Prof. Edison Lucio Varela Cáceres
Director-editor

Índice

Introducción
(Primera edición)   9

Palabras a la segunda edición   11

Palabras del editor sobre la segunda edición   13

Tema I
El Derecho Sucesorio

1. Concepto   21
2. Fundamento   36
3. Fuentes   45
4. Sucesión *mortis causa*   48
   4.1. *A título universal*   60
   4.2. *A título particular*   67
5. La muerte y sus efectos sucesorios   70

Tema II
La Herencia

1. Noción   83
2. Causas   88
3. Momentos   89
   3.1. *Apertura de la sucesión*   91
   3.2. *Delación o deferimiento*   101
   3.3. *Adquisición*   106
      3.3.1. Aceptación   107
      3.3.2. La renuncia o repudiación   117
4. Cargas   128

5. El heredero ... 130
   5.1. Derechos y obligaciones ... 130
   5.2. Acciones ... 134

Tema III
FORMAS DE EVITAR LA CONFUSIÓN DE PATRIMONIOS ENTRE HEREDERO Y *DE CUJUS*

1. El beneficio de inventario ... 149
   1.1. Noción ... 149
   1.2. Justificación ... 152
   1.3. Caracteres ... 154
   1.4. Efectos ... 158
   1.5. Procedimiento ... 162
2. La separación de patrimonios ... 173
   2.1. Noción ... 173
   2.2. Justificación ... 175
   2.3. Caracteres ... 177
   2.4. Efectos y condiciones ... 178

Tema IV
LA COLACIÓN

1. Noción ... 183
2. Obligados ... 194
3. Legitimados ... 198
4. Bienes colacionables ... 202
5. Modos ... 205
6. Efectos ... 213

Tema V
LA SUCESIÓN LEGAL, *AB INTESTATO* O INTESTADA

1. Noción ... 215
2. Fundamento ... 222

3. Caracteres	225
4. Sujetos a quienes se defiere	226
5. Incapacidad para suceder	230
5.1. Consideraciones sobre la denominada incapacidad por «inexistencia»	233
5.2. La indignidad	238
5.3. La ausencia	261
5.4. La conmoriencia	263
5.5. El reconocimiento post mortem	273
6. Representación	274
7. Orden de suceder	288
8. Herencia yacente y herencia vacante	314

Tema VI
LA SUCESION TESTAMENTARIA

1. Noción	331
2. Capacidad	336
2.1. Para testar	336
2.2. Para recibir por testamento	351
3. Vicios del consentimiento	370
4. Principios	375
5. Representación testamentaria	385

Tema VII
EL TESTAMENTO

1. Noción	389
2. Caracteres	398
3. Clases o especies	411
3.1. Ordinarios	412
3.1.1. Abiertos	413
3.1.2. Cerrados	418

3.2. *Especiales*	423
3.2.1. En lugares donde haya epidemia	424
3.2.2. A bordo de buques	426
3.2.3. En caso de militares	429
3.3. *Otorgados en el extranjero*	431
4. Modalidades o elementos accidentales	432
5. Revocación	443
6. Nulidad y anulabilidad	452
7. Caducidad	457

Tema VIII
El legado

1. Noción	461
2. Sujetos	466
3. Objeto	471
4. Clases	474
5. Modalidades	482
6. Efectos	483
7. Revocatoria	491
8. Ineficacia	493

Tema IX
La legítima o sucesión necesaria o forzosa

1. Noción	495
2. Fundamento	506
3. Herederos forzosos o legitimarios	513
3.1. *Descendientes*	417
3.2. *Ascendientes*	517
3.3. *Cónyuge*	517
3.4. *Concubino*	524
4. Derechos del legitimario	525
5. Principios	542

Tema X
La sustitución

1. Noción — 547
2. Clases — 551
   - 2.1. *Vulgar* — 551
   - 2.2. *fideicomisaria* — 556
   - 2.3. *Pupilar* — 566
   - 2.4. *Ejemplar* — 571

Tema XI
El derecho de acrecer

1. Noción — 579
2. Fundamento — 581
3. Procedencia — 584
4. Efectos — 592
5. Excepciones — 593
6. En la sucesión *ab intestato* — 597

Tema XII
El albaceazgo

1. Noción — 603
2. Caracteres — 611
3. Atribuciones — 620
4. Extinción — 628

Tema XIII
La partición hereditaria

1. Noción — 629
2. Principios — 638
3. Formas — 644
4. Efectos — 664
5. Rescisión por lesión — 668
6. Partición hecha por el ascendiente — 673

Tema I
El Derecho Sucesorio

Sumario: **1. Concepto 2. Fundamento 3. Fuentes 4. Sucesión** mortis causa *4.1. A título universal 4.2. A título particular* **5. La muerte y sus efectos sucesorios**

1. Concepto[1]

«Suceder» en uno de sus significados es continuar[2]. Tal expresión, llevada al ámbito jurídico, nos coloca en el campo de la sucesión que, según

---

[1] Véase: Domínguez Benavente, Ramón: «Concepto de Derecho Sucesorio». En: *Revista de Derecho Universidad de Concepción*. N.º 116, año xxix (abr-jun, 1961), pp. 39-81, http://www.revistadederecho.com/pdf.php?id=1211.

[2] Véase sobre los múltiples significados de la palabra: Vallet de Goytisolo, Juan B.: *Estudios de Derecho Sucesorio. El fenómeno sucesorio. Principios. Instituciones controvertidas*. Madrid, Edit. Montecorvo, 1980, vol. i, pp. 11 y 12, cita entre otros significados entrar una persona en lugar de otra, descender, proceder, acontecer, ocurrir, entrar como heredero o legatario en los bienes del difunto; Suárez Franco, Roberto: *Derecho de Sucesiones*. Bogotá, Temis, 5.ª edic., 2007, p. 3; Farrera, Celestino: *Sucesiones*. Estudio actualizado por Nicolás Vegas Rolando. Caracas, Italgráfica, 1977, t. i, p. 17, sucesión se emplea como transmisión de derechos y obligaciones, también con tal palabra se designa el patrimonio mismo que constituye el objeto de la transmisión y viene a ser sinónimo de herencia; y es igualmente de conformidad con el artículo 787 del Código Civil, un modo no originario de adquirir y transmitir la propiedad; Tribunal Superior Cuarto del Circuito Judicial del Tribunal de Protección de Niños, Niñas y Adolescentes de la Circunscripción Judicial del Área Metropolitana de Caracas y Nacional de Adopción Internacional, sent. del 17-03-14, exp. AP51-R-2014-001718, http://caracas.tsj.gov.ve/decisiones/2014/.../2457-17-AP51-R-2014-0017118, «La palabra sucesión en su primera acepción, quiere decir entrada o continuación de una persona o cosa en lugar de otra»; Arce y Cervantes, José: *De las sucesiones*. México, Edit. Porrúa, 2.ª edic., 1988, p. 1, sucesión significa acción de suceder y en sentido jurídico sustitución en la titularidad de los derechos.

veremos, puede ser por acto entre vivos o, por el contrario, *mortis causa*, aunque a esta última suele generalmente entenderse o referirse el término, pues la sucesión hereditaria es –en feliz expresión de Polacco– la sucesión por antonomasia³. Así pues, a la sucesión hereditaria o sucesión por causa de muerte suele aplicar generalmente la expresión, aunque no sea la única modalidad. Se está en presencia entonces de la suerte o destino de las relaciones patrimoniales de un sujeto a su muerte. Precisamente, el área del Derecho que estudia tal fenómeno recibe, entre otros, el nombre de «Sucesiones» o «Derecho Sucesorio».

La materia o asignatura «Sucesiones», también denominada «Derecho Sucesorio», «Derecho Sucesoral» o «Derecho Hereditario»⁴, es aquella rama del Derecho Civil que regula el destino del patrimonio de una persona natural, una vez acontecida la muerte de esta⁵. Algunos consideran

---

3   Polacco, Vittorio: *De las sucesiones*. Buenos Aires, Ejea, 2.ª edic., 1950, t. i (Sucesiones legítimas y testamentarias). Trad. Santiago Sentis Melendo, p. 15. En el mismo sentido: Arce y Cervantes, ob. cit., p. 1.
4   Véase: Chinchilla Santiago, Víctor Manuel Alejandro: *Análisis jurídico del fideicomiso instituido por testamento en la legislación guatemalteca y en el Derecho Comparado*. Universidad de San Carlos de Guatemala, Facultad de Ciencias Jurídicas y Sociales, mayo 2008 (tesis), p. 65, biblioteca.usac.edu.gt/tesis/04/04_7345.pdf, esta sucesión *mortis causa* que estudia el Derecho privado, tiene varias denominaciones mencionadas por el profesor Brañas: Derecho Sucesorio, Derecho de sucesión por causa de muerte y Derecho Hereditario.
5   Véase sobre la noción o concepto de Derecho Hereditario en la doctrina nacional: López Herrera, Francisco: *Derecho de Sucesiones*. Caracas, UCAB, 4.ª edic., 2008, t. i, 17, conjunto de normas y principios jurídicos que gobiernan la transmisión del patrimonio que deja una persona que fallece, a la persona o personas que la suceden; Sojo Bianco, Raúl: *Apuntes de Derecho de Familia y Sucesiones*. Caracas, Edit. Mobil Libros, 1990, p. 235; Vizcarrondo P., Alfredo E.: *Derechos Sucesoral práctico*. Caracas, Ediciones Libra C. A., 2008, p. 1; Piña Valles, Ovelio: *Derecho Sucesoral. Esquemas prácticos*. Caracas-Valencia, Vadell Hermanos Editores, 2007, p. 26; Rodríguez, Luis Alberto: *Comentarios al Código Civil venezolano. Sucesiones*. Caracas, Librosca, 5.ª edic., 2007, p. 13; Villarroel Rión, Pedro: *Formularios en sucesiones. Doctrina-legislación-jurisprudencia. Comentarios*. Caracas, Ediciones Libra, 2.ª edic., 1997, p. 156, «es el conjunto de normas jurídica

que la denominación técnicamente correcta, aunque no sea la usual, sería «Derecho de sucesiones por causa de muerte», pues esta última es solo una

> que, dentro del Derecho privado, regulan el destino del patrimonio de una persona natural, después de su muerte»; D'Jesús M., Antonio José: *Derecho Hereditario venezolano*. Mérida, Fondo Editorial del Colegio de Abogados del Estado Mérida, 1979, p. 18; Briceño C., Ildemaro: *Temas de Derecho de Familia y Sucesiones*. Caracas, s/e, 1965, es el conjunto de normas que regulan la transmisión de los bienes del difunto a la persona que le sucede. Véase también en la doctrina extranjera: Cicu, Antonio: *Le successioni parte general*. Milán, Dott A. Giuffrè-Editores, 3.ª edic., 1947, p. 3, el Derecho Hereditario es aquella parte del Derecho privado que regula las situaciones jurídicas consecuentes a la muerte de una persona; Ferrando Bundio, Raquel: *Todo sobre derechos y deberes de los herederos*. Barcelona, Editorial De Vecchi, 1986, p. 7, el Derecho de Sucesiones es vertiente del Derecho privado, concretamente del Derecho Civil, aunque incide en otras ramas legales, y es el destinado a regular el cambio de titularidad ocasionado por la muerte de una persona hacia sus sucesores; Kipp, Theodor *et alter*: *Tratado de Derecho Civil. Derecho de Sucesiones*. Barcelona, Bosch Casa Editorial, 2.ª edic., 1976, t. v, vol. i. Trad. de la 11.ª revisión de Helmut Coig, p. 1, regula dentro del Derecho Privado, la sucesión en los derechos y deberes de una persona fallecida; Serrano Alonso, Eduardo: *Manual de Derecho de Sucesiones*. Madrid, Edisofer, 2005, p. 23, conjunto de normas jurídicas que ordenan la sucesión *mortis causa* de una persona; Albaladejo, Manuel: *Curso de Derecho Civil v Derecho de Sucesiones*. Madrid, Edisofer, 9.ª edic., 2008, p. 15, es la parte del Derecho Civil que regula la sucesión hereditaria; Lacruz Berdejo, José Luis *et alter*: *Elementos de Derecho Civil v Sucesiones*. Madrid, Dykinson, 3.ª edic. revisada y puesta al día por Joaquín Rams Albesa, 2007, p. 2, aquella parte del Derecho Privado que regula la sucesión *mortis causa*, en especial el destino de las titularidades y relaciones patrimoniales activas y pasivas de una persona después de su muerte; Carrión Olmos, Salvador *et alter*: *Curso básico de Derecho de Familia y Sucesiones*. Valencia, Editorial Práctica de Derecho, 2005, p. 207, Derecho Sucesorio es la parte del Derecho Civil que se ocupa de la sucesión por causa de muerte; Zannoni, Eduardo A.: *Manual de Derecho de las Sucesiones*. Buenos Aires, Astrea, 4.ª edic., 1999, p. 4, el Derecho Sucesorio regula los modos, caracteres y efectos de la atribución de las relaciones jurídicas que en vida protagonizó aquel de cuya sucesión se trate; De Ruggiero, Roberto: *Derecho Hereditario*, p. 972. http://www.bibliojuridica.org/libros/3/1122/30.pdf, conjunto de normas que regulan la transmisión de bienes del difunto a la persona que le sucede; Rojina Villegas, Rafael: *Derecho Civil. Sucesión legítima y problemas comunes a las testamentarias e intestados*. México, Edit. Jus, 1945, p. 1, conjunto de normas que tienen

forma de sucesión[6], pero, como suele ocurrir muchas veces, una expresión se convierte en la más utilizada en razón de la costumbre al margen de las acotaciones u observaciones que puedan realizarse.

Al efecto, indica BINDER que por Derecho Sucesorio se entiende el conjunto de normas jurídicas que, dentro del Derecho Privado, regulan el destino del patrimonio de una persona después de su muerte: la cuestión del destino de las relaciones de Derecho Público de una persona no es propiamente del Derecho de Sucesiones[7]. DÍEZ-PICAZO y GULLÓN señalan que el Derecho de Sucesiones o Derecho Hereditario es la parte del Derecho Privado

---

por objeto reglamentar la transmisión del patrimonio del difunto a sus sucesores. Véase también: PRELOT, Pierre-Henri: *La herencia vista por el Derecho*. Presentación resumida del sistema francés del Derecho de Sucesiones, 1999, http://ruc.udc.es/dspace/bitstream/2183/10936/1/CC%2053%20art%204.pdf.

[6] CARRIÓN OLMOS *et al.*, ob. cit., p. 207. Véase también: BRICEÑO C., ob. cit., p. 27, la sucesión *mortis causa* es solo una rama de las sucesiones y si el Derecho Hereditario suele designarse como «Derecho de Sucesiones», ello se debe a un uso impropio de esta palabra, pero que en el lenguaje tradicional refiere la sucesión hereditaria.

[7] Véase: BINDER, Julius: *Derecho de Sucesiones*. Trad. de la 2.ª edic. alemana y anotado conforme al Derecho español por José Luis LACRUZ BERDEJO. Barcelona, Edit. Labor, 1953, p. 1. Véase en el mismo sentido: DOMÍNGUEZ BENAVENTE, ob. cit., p. 39, conjunto de normas jurídicas destinadas a regular la suerte del patrimonio de una persona a su fallecimiento; Juzgado Superior del Circuito Judicial Civil Mercantil y del Tránsito de la Circunscripción Judicial del estado Carabobo, sent. del 07-04-14, exp. GP31-R-2013-000024, http://carabobo.tsj.gob.ve/decisiones/2014/.../2589-7-gp31-r-2013-00002, «Derecho de Sucesiones: Conjunto de principios y normas jurídicas que regula la transmisión de los bienes por causa de muerte del causante a sus herederos y legatarios y, del concepto de herencia: Patrimonio del difunto que comprende el activo –cosas, derechos y créditos– y el pasivo –cargas, deudas, obligaciones– y que por el hecho de la muerte del causante se transmiten a sus herederos o causahabientes»; LAFONT PIANETTA, Pedro: *Derecho de Sucesiones*. Bogotá, Ediciones Librería del Profesional, 5.ª edic., 1989, p. 10, conjunto de normas jurídicas reguladoras de la sucesión por causa de muerte; SERRANO GARCÍA, José Antonio: *Las sucesiones en general y normas comunes a las sucesiones voluntarias (Parte inédita de un Manual)*, p. 2. http://www.unizar.es, regula la sucesión por causa de muerte.

constituida por el conjunto de normas que regulan el destino de las relaciones jurídicas de una persona cuando muere, y de las que con este motivo se producen[8]. Por el Derecho de Sucesión se establecen las condiciones jurídicas bajo las cuales el patrimonio del *de cujus* o «aquel de cuya sucesión se trata»[9], se transmite en todo o en parte a otras personas que le sobreviven. El patrimonio cambia únicamente de titular, y la muerte se presenta como un accidente en la vida jurídica, que ha de continuar en sus relaciones gracias al Derecho de Sucesiones[10]. Se aprecia decisión judicial que indica:

> El Derecho Hereditario no es mas que un conjunto de normas jurídicas ubicadas dentro del Derecho Privado, que regulan el destino del patrimonio de una persona natural, después de su muerte. En este sentido dispone el artículo 796 del Código Civil que la «propiedad y demás derechos se adquieren y transmiten por la ley, por la sucesión y por efectos de los contratos», resultando que la sucesión constituye uno de los modos de adquirir y transmitir la propiedad y demás derechos[11].

El Derecho Sucesorio es el resultado de una larga y accidentada evolución de la cultura jurídica[12]. Su estudio, para algunos, debe ser captado o considerado

---

[8] Díez-Picazo, Luis y Antonio Gullón: *Sistema de Derecho Civil. Derecho de Familia. Derecho de Sucesiones*. Madrid, Tecnos, 6.ª edic., 2.ª reimp., 1995, vol. IV, p. 323, los autores incorporan esta última parte a la definición toda vez que la muerte no solo origina fenómenos de sustitución en las relaciones jurídicas, sino que puede producir el nacimiento de otras completamente nuevas, por ejemplo, un usufructo, una pensión exigible al heredero, etc.

[9] Véase: Zannoni, ob. cit., p. 4, expresión que traduce el aforismo latino *is de cuius successione agitur*, de donde proviene la designación *de cuius*, atribuida al causante de la sucesión.

[10] Durón Martínez, Heberto Leonel: *Los procesos sucesorios extrajudiciales*. Guatemala, Universidad Mariano Gálvez de Guatemala, Tesis presentada a la Escuela de Ciencias Jurídicas, 1981, p. 4, http://biblioteca.umg.edu.gt/digital/13627.pdf.

[11] Juzgado Superior Segundo en lo Civil, Mercantil y Menores del estado Lara, en Barquisimeto, sent. del 03-08-04, exp. KP02-R-2004-000817, http://jca.tsj.gov.ve/decisiones/2004/agosto/650-3-KP02-R-2004-000817-.html.

[12] Kipp *et al.*, ob. cit., p. 8.

históricamente según el contexto social y jurídico de cada época[13], amén que la disciplina no presenta una regulación uniforme en las diferentes legislaciones, pues la materia se relaciona estrechamente con la institución de la propiedad y la familia. En efecto, comenta SANSÓ que persiste el criterio de que el Derecho de Familia concluye su ciclo con el Derecho Hereditario, pues la institución familiar está vinculada a cuestiones patrimoniales[14]. De allí su ubicación inmediata al Derecho de Familia en algunos *pensa* de estudios de universidades nacionales.

---

[13] Véase: TAU ANZOÁTEGUI, Víctor: *Esquema histórico del Derecho Sucesorio*. Buenos Aires, La Ley, 1971, p. 9, lo que hoy entendemos en términos generales como Derecho Sucesorio solo puede ser captado históricamente si se lo enmarca dentro del contexto social y jurídico de cada época. El régimen sucesorio depende en mayor o menor medida, del tiempo, lugar, organización y función asignada a la familia, al matrimonio, a la mujer, etc. Esto es, la gravitación que ejerza el propio mundo jurídico de cada momento histórico; CAMUS, E. F.: *Derecho Hereditario historia y legislación comparada*. La Habana, Jesús Montero Editor Obispo 127, vol. II, I (Conceptos Fundamentales-Formas de testar), 1937, pp. 7-9, el jurista no puede limitar su conocimiento al Derecho vigente, pues tendría una concepción incompleta y relativa del Derecho; el inicio y la base del estudio del Derecho Hereditario será siempre el punto de vista romano, ejemplo aún vivo de sabiduría y experiencia jurídica; CARRIÓN OLMOS *et al.*, ob. cit., pp. 213 y 214, «El Derecho de Sucesiones es fruto de una secular y muy compleja evolución histórica de la que resulta muy difícil trazar unas líneas que pretendan siquiera considerarse globales, e incluso es altamente dudoso que tales líneas globales existan más allá de generalizaciones no siempre contrastables». Véase sobre la evolución histórica del Derecho Sucesorio: KIPP *et al.*, ob. cit., pp. 8 y ss.; ROJINA VILLEGAS, ob. cit., pp. 8-16 y 278 y ss.; LAFONT PIANETTA, ob. cit., pp. 13-67.

[14] Véase: SANSÓ, Benito: «Las sucesiones en el Derecho Internacional Privado». En: *Estudios Jurídicos*. UCV, 1984, p. 669, «así se ha pretendido vincular al Derecho Hereditario con el Derecho Civil Familiar». Véase también: ABOUHAMAD HOBAICA, Chibly: *Derecho Sucesoral. Nuevas alternativas*. Caracas, edit. Principios, 1987, p. 59; CARRIÓN OLMOS *et al.*, ob. cit., p. 210, la sucesión *mortis causa* se presenta como una secuela del derecho de propiedad y de la familia; PÉREZ GALLARDO, Leonardo B.: «Familia y herencia en el Derecho cubano: ¿realidades sincrónicas?». En: *Revista Ius del Instituto de Ciencias Jurídicas de Puebla*, Año VI, N.º 29, enero-julio 2012, pp. 150-186, http://www.scielo.org.mx/pdf/rius/v6n29/v6n29a10.pdf.

El Derecho de Familia y el Derecho de Bienes se entremezclan de modo imperioso a consecuencia de la temporalidad de la vida del hombre mediante el Derecho de Sucesiones[15]. Se considera así que el Derecho Hereditario está signado por la propiedad privada, la organización familiar y el interés del Estado[16]. Se critica su colocación en los modos de adquirir la propiedad dentro del Código sustantivo, pues la sucesión no solo constituye un modo de adquirir la propiedad, sino también otros derechos reales y de crédito, así como también deberes[17], pero se sostiene que interesa fundamentalmente el nacimiento de la calidad de heredero[18]. El Derecho Hereditario se presenta como la última rama o etapa del Derecho Civil, pues desde el punto de vista cronológico la herencia constituye una etapa posterior al régimen de la propiedad, los derechos reales, contratos y derechos personales, suponiendo necesariamente una evolución en el Derecho Privado[19].

ALBALADEJO aclara que la expresión «Derecho Hereditario», se utiliza también para referir diversas situaciones de poder de una persona respecto

---

[15] BELTRÁN DE HEREDIA Y ONIS, Pablo: *La obligación (Concepto, Estructura y Fuentes)*. Madrid, Editorial Revista de Derecho Privado-Editoriales de Derecho Reunidas, 1989, pp. 5 y 6.

[16] ABOUHAMAD HOBAICA, ob. cit., p. 82.

[17] Véase: RODRÍGUEZ DE RODRÍGUEZ, Nancy: *Algunos aspectos prácticos del Derecho Sucesoral*. Barquisimeto, Instituto de Estudios Jurídicos del Estado Lara, Diario de Tribunales, Cuadernos de Práctica Forense, 1992, p. 8, muchos autores consideran impropia la ubicación de la materia en el título «De los modos de adquirir la propiedad» ya que con la sucesión se trasmiten derechos de créditos y además su concepto va más allá de los bienes que lo integran; DOMÍNGUEZ BENAVENTE, ob. cit., p. 55-57, es también un modo de adquirir obligaciones.

[18] ABOUHAMAD HOBAICA, ob. cit., p. 99. Véase también: SEPÚLVEDA CERLIANI, Alejandro: *Derecho Sucesorio. Derecho Civil IV*. En: http://www.freewebs.com/streetfutbol/derecho_sucesorio.doc. «la sucesión por causa de muerte es un modo de adquirir derechos, bienes y obligaciones transmisibles por la muerte del titular del patrimonio»; CLARO SOLAR, Luis: *Explicaciones de Derecho Civil chileno y comparado*. Bogotá, Editorial Jurídica de Chile-Temis, t. XIII, 1992, De la Sucesión por causa de muerte I, p. 9, la sucesión por causa de muerte es uno de los modos de adquisición del dominio que prevé el Código Civil.

[19] ROJINA VILLEGAS, ob. cit., p. 8.

a una herencia, es decir, el derecho que tiene quien o quienes están llamados a una herencia[20]. Este último sentido se asocia –a decir de Carrión– al Derecho Hereditario en sentido «subjetivo» a diferencia del anteriormente indicado –conjunto de normas o principios– que correspondería al Derecho Hereditario en su acepción objetiva[21]. En el mismo sentido en la doctrina venezolana se pronuncia Rojas[22].

Según se deriva del concepto que acabamos de indicar, el Derecho Hereditario o Derecho de Sucesiones constituye una rama del Derecho Civil. Recordemos que este último es por definición el Derecho Privado general, es decir, aquella parte del Derecho Privado que no conforme una rama especial o autónoma[23]. A su vez, el Derecho Civil contiene una parte que podría ser calificado de esencialmente patrimonial –Bienes, Obligaciones y Contratos– y otra fundamentalmente no patrimonial –Personas y Familia–. Pues bien, el Derecho Sucesorio se presenta como una rama o materia donde confluyen ambos elementos –patrimonial y extrapatrimonial–, pues está conformado, en principio, por un contenido pecuniario pero a su vez sustancialmente afectado por el ámbito familiar. El Derecho Hereditario atiende al destino de las relaciones patrimoniales del sujeto fallecido pero básicamente en atención a la naturaleza de las relaciones familiares, pues el estado familiar constituye punto determinante en dicho destino y en la limitación de la voluntad del causante.

---

[20] Albaladejo, ob. cit., pp. 15 y 16. Véase en el mismo sentido: Lacruz Berdejo *et al.*, ob. cit., p. 25, por Derecho hereditario se habla también de *facultas adeundi*, que compete al llamado a un herencia por título de heredero, una vez abierta la sucesión. Este derecho, según indica Castán, es un derecho de suceder. Se alude también a un derecho subjetivo global del heredero una vez aceptada la herencia.
[21] Carrión Olmos *et al.*, ob. cit., p. 227.
[22] Rojas, Agustín R.: *Derecho hereditario venezolano*. Caracas, Paredes, 1992, p. 18.
[23] Véase: Domínguez Guillén, María Candelaria: «Sobre la noción de Derecho Civil». En: *Revista de la Facultad de Derecho*. N.º 62-63, UCAB, 2010, pp. 81-97; Domínguez Guillén, María Candelaria: *Manual de Derecho Civil I Personas*. Caracas, Paredes, 2011, pp. 19-22; Domínguez Guillén, María Candelaria: *Diccionario de Derecho Civil*. Caracas, Panapo, 2009, p. 57.

La fuente remota del Derecho Hereditario se le reconoce al Derecho romano, pues sus principios han inspirado las legislaciones contemporáneas; aunque, ciertamente, las instituciones o reglas hayan cambiado[24]. Es obvia la importancia del Derecho romano en el Derecho Civil[25], que se extendió a través del Código de Napoleón al resto de los sistemas comunes –originando su denominación: romano-francés o *civil law*[26]–, incluyendo el Código Civil italiano, fuente directa de inspiración de nuestras normas sucesorias actuales. De allí que se cite entre las fuentes del Derecho de Sucesiones venezolano, los Códigos extranjeros que tradicionalmente sirvieron de fuente al legislador patrio, a saber, principal o directamente el Código Civil italiano de 1865[27], pero inevitablemente el Código de Napoleón de 1904 que inspiró a este[28]. Por esto, se reseña el Código francés

---

[24] Camus, ob. cit., p. 21. Véase también, citando al Derecho romano como fuente remota: Véase: López Herrera, ob. cit., p. 17.

[25] Véase: Parra Benítez, Jorge: *Manual de Derecho Civil. Personas, Familia y Derecho de Menores*. Bogotá, Temis, 4.ª edic., 2002, p. 53, es conocida la importancia del Derecho romano en la génesis del Derecho Civil, y se afirma que «el origen del Derecho Civil está en Roma»; Naranjo Ochoa, Fabio: *Familia y Personas*. Colombia, Librería Jurídica Sánchez, 7.ª edic., 1996, p. 9, «el Derecho romano es la fuente del Derecho que ha regido el mundo occidental»; Islas Colín, Alfredo: «Importancia del Derecho romano en la época actual». En: *Revista Amicus Curiae*, Año I, N.º 4, Unam, México, 2009, http:/www.derecho.unam.mx/DUAD/amicus-curiae/descargas/09_03_09/derecho-romano.pdf.

[26] Knütel, Rolf: «Derecho romano y codificación de Derecho Civil». En: http://www.juridicas.unam.mx/publica/librev/rev/revdpriv/cont/16/dtr/dtr4.pdf, por medio de los códigos europeos, en especial el francés se ha difundido el Derecho romano en todo el mundo; López Rosa, Ramón: «El Derecho romano hoy: *Cupidae Legum Iuventuti*». En: http://www.uhu.es/derechoyconocimiento/DyC01/A06.pdf no existe duda sobre la paternidad del Derecho romano en el sistema jurídico de nuestro continente.

[27] Véase: Esparza Bracho, Jesús: *Derecho Sucesorio*. Maracaibo, Ediciones Astro Data, 1993, (proemio): «Nuestra legislación civil bajo la directa inspiración del modelo italiano de 1865».

[28] Véase: Ochoa Muñoz, Javier L.: «Influencia del Código Napoleón en la normativa venezolana sobre sucesiones». En: *El Código Civil venezolano en los inicios del siglo XXI. En conmemoración del bicentenario del Código Civil francés de 1804*.

de 1804 y el Código italiano de 1865, como antecedentes mediato e inmediato, respectivamente, de nuestra legislación civil y especialmente del Derecho Sucesorio[29]. López Herrera refiere también el Código de Bello para Chile de 1855 y el Proyecto de Florencio García Goyena elaborado para España en 1851[30].

Se afirma acertadamente que «el Derecho de Sucesiones se erige en una materia que lleva en su caudal toda la problemática del Derecho Civil», que demanda su actualización para dar respuestas concretas a problemas actuales[31].

Caracas, Academia de Ciencias Políticas y Sociales, 2005, p. 129, señala que, si bien nuestra normativa sucesoria no se inspiró directamente en el Código Napoleón, su influencia indirecta es muy profunda. Véase: ibíd., p. 138, agrega el autor que nuestro régimen sucesorio del Código Civil es heredero por derecho de representación del Código Civil napoleónico. Véase también: D'Jesús M., ob. cit., p. 18, que será por mucho tiempo el Código más influyente de las legislaciones modernas.

[29] Esparza Bracho, ob. cit., p. 9, a partir del Código Civil de 1873.
[30] Véase: López Herrera, ob. cit., p. 17.
[31] Véase: *Derecho de Sucesiones*. Cátedra Dr. Posca, http://www.derecho.unlz.edu.ar/.../Derecho%20de%20las%20Sucesiones%20Posca.pdf, como los derivados de la fertilización asistida; Esparza Bracho, ob. cit., pp. 110 y 111, la fertilización asistida debería ser expresamente regulada en la legislación sucesoral que se dicte en el futuro; Oyárzabal, Mario: «El inicio y el fin de la existencia de las personas humanas en el Derecho Internacional Privado», www.uca.edu.ar/esp/sec-fderecho/subs.../esp/.../oyarzabal-01.pdf, los avances tecnológicos son susceptibles de plantear en el futuro conflicto de leyes, especialmente en materia sucesoria; García Sánchez, José Aristonico: «Las instituciones sucesorias». En: *El Notario del siglo XXI*, N.º 24. Madrid, Colegio Notarial de Madrid, 2009, http://www.elnotario.es, «Desde muchos focos de esta sociedad en proceso acelerado de transformación surgen voces reclamando una revisión del Derecho Sucesorio. Y no solo desde el punto de vista fiscal, también desde la propia estructura sustantiva de las instituciones que lo integran se piden reformas y adaptaciones»; Ginisty, Jean-Claude: «La reforma del Derecho Sucesorio en Francia». En: *El Notario del siglo XXI*, N.º 26. Madrid, Colegio Notarial de Madrid, 2009, http://www.elnotario.es, «La Ley 728/2006 del 23 de junio de 2006 que presenta la reforma de sucesiones y donaciones ha modificado más de doscientos artículos del Código Civil que no habían sufrido ningún cambio desde 1804 (…) Ha sabido modernizar el Derecho Sucesorio sin transformar sus grandes principios: la igualdad entre los hijos, el orden

Por otra parte, el Derecho Sucesorio viene marcado por dos características fundamentales: su imperatividad y solemnidad. En función de la primera se matizan otros principios sujetos a estos, como la voluntad del causante cuando se imponen institutos como la legítima. La solemnidad, por su parte, se hace presente, por ejemplo, en las formalidades testamentarias, en los plazos perentorios para la aceptación de la herencia y la solicitud del beneficio de inventario. De tal suerte, que, amén de otras características, las citadas instituciones asoman en buena parte de las figuras sucesorias, pues en esta materia del Derecho Civil también pudiera decirse que la voluntad entra en juego cuando la propia ley lo permite[32], lo que se denota en temas como la sucesión testamentaria, la dispensa de colación y la sustitución. Libre voluntad del causante y normas imperativas sucesorias se tocan y se cruzan para precisar lo que, en efecto, es permisible en el ámbito de la materia hereditaria.

El Derecho Sucesorio ocupa, pues, un sitial especial dentro del Derecho Civil, y, al estar influenciado por el Derecho Familiar, presenta matices

---

de los herederos y la reserva hereditaria»; COBAS COBIELLA, María Elena y Christian DE JOZ LATORRE: «La modernización del Derecho de Sucesiones. Algunas propuestas». En: *Cuestiones de Interés Jurídico*, IDIBE, julio 2017, pp. 1-68, http://idibe.org/wp-content/uploads/2013/09/cij-16.pdf; PÉREZ GALLARDO, Leonardo B: «En pos de necesarias reformas al Derecho Sucesorio en Iberoamerica». En: *El Derecho de Sucesiones en Iberoamérica. Tensiones y retos*, (L. Pérez Gallardo, Coord.), Biblioteca Iberoamericana de Derecho, Temis-Ubijus-Zabalia, España, 2010, pp. 11-90; PÉREZ GALLARDO, *Familia y herencia...*, pp. 150-186; MARTÍNEZ MARTÍNEZ, María: *La sucesión intestada: revisión de la institución y propuesta de reforma*. Madrid, Agencia Estatal Boletín Oficial del Estado, 2016, p. 32, «la Historia enseña que el Derecho de Sucesiones está íntimamente ligado a los arquetipos familiares de las sociedades en las que se aplica (...) Es paradójico que tantas modificaciones de los modelos familiares imperantes en la sociedad actual y del Derecho de Familia del Código Civil. y de legislación civil extramuros no hayan provocado cambios paralelos del Derecho sucesorio y, en particular, en la sucesión abintestato...».

[32] Véase llegando a tal conclusión luego del análisis de algunas instituciones en el Derecho de la Persona: DE FREITAS DE GOUVEIA, Edilia: «La autonomía de la voluntad en el Derecho de la Persona Natural». En: *Revista Venezolana de Legislación y Jurisprudencia* N.º 1. Caracas, 2013, pp. 37-181, www.rvlj.com.ve.

o normas imperativas[33]. De allí que Ripert y Boulanger señalaran el «carácter de orden público» de las leyes sucesorias por interesar a la organización de la familia y el Estado[34], ratificado por nuestra jurisprudencia[35], aunque ciertamente la ley deja un lugar importante a la autonomía de la voluntad por vía del testamento[36]. Por lo que mal puede concluirse sin mayores distingos

---

[33] Véase: Pérez Hereza, Juan: «Libertad dispositiva mortis causa». En: *El Notario del siglo XXI*, N.º 24. Madrid, Colegio Notarial de Madrid, 2009, http://www.elnotario.es, «En todas las ramas del Derecho Civil se contrapone la opción entre libertad y prohibición, adoptándose normalmente por el legislador soluciones intermedias a la libertad sin límites y la ausencia absoluta de ella. Centrándonos en el ámbito sucesorio, la doctrina tradicional y moderna ha venido afirmando, casi como dogma de fe, que la voluntad del causante es la ley que rige la sucesión. Sin embargo, si ahondamos en la regulación contenida en el Código Civil español, aplicable a la mayoría de herencias de ciudadanos españoles, quizás sea en el Derecho Sucesorio donde la libertad se encuentra más limitada existiendo múltiples normas imperativas que la constriñen formal y materialmente»; Lafont Pianetta, ob. cit., pp. 84 y 85.

[34] Ripert, Georges y Jean Boulanger: *Tratado de Derecho Civil según el Tratado de Planiol*. Buenos Aires, La Ley, 1965, t. x, Primer Vol. Sucesiones (1.ª Parte) Sucesión legal-Sucesión testamentaria. Trad. Delia García Daireaux, p. 18. Véase en el mismo sentido: Esparza Bracho, ob. cit., p. 10.

[35] Véase: Juzgado Primero de Municipio de la Circunscripción Judicial del Área Metropolitana de Caracas, sent. del 16-07-09, exp. AP31-S-2009-003287, http://aragua.tsj.gov.ve/decisiones/.../2148-16-AP31-S-2009-003287-.html, «En el Derecho venezolano, las normas sobre sucesiones son de estricto orden público…»; Juzgado Primero de Primera Instancia en lo Civil, Mercantil y Tránsito del Primer Circuito de la Circunscripción Judicial del estado Portuguesa, sent. del 12-02-08, exp. 15 143, http://lara.tsj.gov.ve/decisiones/2008/febrero/1125-12-15.143-.html, «Estas tres normas sustantivas que son de orden público no pudiendo ser relajadas ni contravenidas por los particulares, en el sentido, de que establece quienes son los sujetos llamados a suceder al causante…»; Juzgado Superior Primero en lo Civil, Mercantil y Menores de la Circunscripción Judicial del estado Lara, sent. del 10-06-04, exp. KP02-R-2002-000438, http://jca.tsj.gov.ve/decisiones/2004/junio/649-10-KP02-R-2002-438-.html, «En consideración a lo expuesto, siendo que las reglas que establecen el orden de suceder en la sucesión *ab intestato* son de orden público…».

[36] Ripert y Boulanger, ob. cit., p. 19. Véase en el mismo sentido: Esparza Bracho, ob. cit., p. 10, se trata de un ámbito que deja amplio margen a la autonomía de la voluntad, pero es la ley la que decide en qué forma y medida la voluntad del causante debe expresarse y respetarse.

que el acto testamentario priva sobre la ley en todo caso; la autonomía de la voluntad no es absoluta en la materia que nos ocupa, como suele acontecer en nuestro ordenamiento, cuando se entremezcla con la materia relativa al Derecho Civil Familiar. Así pues, se aprecian ciertas normas imperativas o de orden público, como las relativas a la legítima, a su vez vinculadas con el orden legal de suceder respecto de los legitimarios, las formalidades testamentarias, el carácter irrenunciable de la revocación testamentaria, la prohibición de pacto sobre sucesión futura, etc.; a su vez que se desprende de la propia normativa sucesoria normas supletorias que bien podrían ser variadas a voluntad del causante, en figuras como la colación o el acrecimiento. Debe atenderse al sentido de las normas para precisar si estas son de orden público dado su carácter imperativo o si contrariamente son meramente dispositivas o supletorias[37] si el legislador permite la aplicación o intervención de la autonomía de la voluntad.

La autonomía de la voluntad la reduce la ley en función de intereses ajenos, ya que, además de los personales del causante y del destinatario, concurren expectativas de terceros que pueden verse afectadas, por lo que el orden jurídico debe intervenir para promover el equilibrio más equitativo posible[38]. Valen en tal sentido las acertadas palabras de Vallet de Goytisolo: «Todo Derecho, arte de lo justo, se mueve entre dos fuerzas fluidas que continuamente se interfieren y entran en conflicto: la libre voluntad del sujeto y lo prohibido normativamente. En Derecho Sucesorio esta pugna es especialmente simple: de un parte, la voluntad del testador es la ley de su sucesión. De otra, hay ciertas instituciones antes las cuales esta voluntad se estrella: las legítimas (…) la ineficacia de las condiciones imposibles, inmorales o ilícitas; y otras instituciones de las cuales aquélla no puede salirse si quiere tener cauce adecuado: las formalidades testamentarias»[39].

---

[37] Véase: Lafont Pianetta, ob. cit., p. 85.
[38] Roca Ferrer, Xavier *et alter*: *Instituciones de Derecho Privado*. T. v (Sucesiones), vol. 2 (Títulos sucesorios. Fase dinámica del fenómeno sucesorio. Ineficacia de las disposiciones sucesorias). Madrid, Thomson-Civitas-Europa Nihil Rius Fide Notario, 2005, p. 409.
[39] Vallet de Goytosolo, Juan B.: *Estudios de Derecho Sucesorio. Estudios dispersos sobre las legítimas*. Madrid, Edit. Montecorvo, 1981, vol. iii, p. 251.

De allí que, amén del carácter imperativo de algunas de sus normas y la intervención de la autonomía de la voluntad, en los términos de ley fundamentalmente a través del acto testamentario, se señala también entre los caracteres del Derecho Sucesorio: el respeto a la legítima, el carácter formalista o solemnidades de los negocios jurídicos –testamento y su revocación–, relevancia del Derecho de Familia y especial incidencia de otras ramas del ordenamiento, particularmente el Derecho Tributario[40]. Este último es fundamental por la interferencia de las leyes fiscales[41], que son necesarias a la hora de hacer efectiva la herencia[42], siendo el impuesto sobre sucesiones una de las causaciones más antiguas en la historia tributaria[43]. Ya refería Bonnecase que el Derecho Civil es renovado indirectamente por el Derecho Fiscal[44]. González y Martínez adiciona el conocimiento básico de nociones matemáticas que se precisa para el manejo de la materia que nos ocupa[45].

---

[40] Véase: Serrano Alonso, ob. cit., p. 24; Carrión Olmos *et al*., ob. cit., p. 208.

[41] Vallet de Goytisolo, *Estudios de Derecho Sucesorio…*, vol. i, p. 45.

[42] Véase sobre tal aspecto: Pasceri S., Marco V.: «Incidencias jurídicas y fiscales en materia de sucesiones *ab intestato* según lo establecido en el ordenamiento tributario vigente», http://www.pasceriabogados.com/.../incidencias%20juridicas%20y%20fiscales%20suce…; Colmenares Zuleta, Juan Carlos: *Temas de impuestos sobre sucesiones, donaciones y demás ramos conexos*. Caracas, Lizcalibros, 3.ª edic., 2003; Montiel Villasmil, Gastón: *Sucesiones Donaciones*. s/l, Ediciones Fabretón, 1973; Piña Valles, ob. cit., pp. 235-242; Rodríguez de Rodríguez, ob. cit., pp. 31 y ss.; *Gaceta Oficial* N.º 40 216, del 29-07-13, Seniat, «Providencia mediante la cual se establece el deber de presentación electrónica de las declaraciones del impuesto sobre sucesiones»; TSJ/SPA, sent. N.º 1029, del 28-19-17.

[43] Abouhamad Hobaica, ob. cit., p. 147. Véase ibíd., p. 148, agrega, «el ordenamiento nuestro tendrá que ser revisado en múltiples aspectos que denuncia la práctica», a saber, la lenta liquidación, la desproporcionalidad de la tarifa progresiva, la atribución de la declaración a un solo funcionario fiscal, etc.

[44] Bonnecase, Julien: *Tratado Elemental de Derecho Civil*. México, edit. Pedagógica Iberoamericana, 1995, p. 18.

[45] Véase: González y Martínez, Jerónimo: *Estudios de Derecho Hipotecario y Derecho Civil*. Madrid, Ministerio de Justicia, 1948, t. iii, pp. 432 y ss. (Capítulo xxix «Matemáticas y Derecho»), curiosamente el autor indica que es común en el foro el hábito de dormirse «sobre las elementales operaciones de una partición hereditaria»

La álgida combinación entre lo patrimonial y familiar del Derecho Sucesorio, su relación con otras ramas de ordenamiento como el Derecho Tributario, la necesidad de manejo de nociones elementales de matemática, la distinción entre normas imperativas y supletorias son solo algunas de las dificultades con las que se topa quien se acerca al estudio de la asignatura. La materia de Derecho Hereditario o Sucesorio, si bien –para algunos– no dé tanta incidencia práctica como el Derecho de Familia, según lo reseña un sector de la doctrina[46], ha sido calificada como «una de las más abstrusas ramas del Derecho Civil»[47]. Al punto que se afirma que la ciencia moderna encara al Derecho Sucesorio con cierta antipatía dogmática[48]. Se alude modernamente a que, a pesar de su relevancia histórica y teórica, se aprecia una pérdida de la importancia actual de las instituciones tradicionales del Derecho Sucesorio; «sin embargo, no es conveniente

---

y para denotar la importancia de la matemática y Derecho como formas homogéneas de una lógica superior (ibíd., p. 432), coloca un ejemplo titulado «La herencia de las diecisiete mulas» (ibíd., p. 433). Sobre la aplicación de las matemáticas en el Derecho véase: Lois Estévez, Luis: *El Derecho como ciencia exacta*. Vigo, Faro de Vigo, 1965, *passim*, donde señala que persigue: «Deshacerse de todo equívoco utilizando también en el Derecho la instrumentación depuradora de una lógica matemática»; vid. Lois Estévez, Luis: *Nueva versión sobre el Derecho y otros estudios: la investigación que permitió a su autor computabilizar lo jurídico*. Santiago, s/e. 1977, *passim*; y Lois Estévez, Luis: «Mi primera aplicación al Derecho del método lógico-matemático». En: *Libro homenaje a Ildefonso Sánchez Mera*. La Coruña, Colegio Notarial de La Coruña, vol. I. 2002, pp. 315-434.

[46] Abouhamad Hobaica, ob. cit. cit., p. 187, «la jurisprudencia nuestra en cuanto al Derecho Hereditario, ha sido a través del tiempo sumamente escasa, lo cual es de fácil comprobación como lo demuestran las obras de Derecho Sucesoral desde hace varias décadas, así como también las obras más recientes, pues en ellas no aparece ninguna referencia jurisprudencial, a pesar de ser fuente prioritaria de Derecho…».

[47] Mélich Orsini, José en el Prólogo de Torres-Rivero, Arturo Luis: *Teoría General del Derecho sucesoral*. Caracas, UCV, t. I, 1981, agrega: «Es posible que ésta sea una de las causas por las cuales son tan raros entre nosotros trabajos de alguna importancia en esta materia».

[48] Álvarez Caperochipi, José A.: *Curso de Derecho Hereditario*. Madrid, Civitas, 1990, p. 18.

magnificar el avance de estos fenómenos»[49], pues seguirán existiendo patrimonios hereditarios de importancia regidos por el Derecho de Sucesiones[50]. La esencia de las principales instituciones sucesorias, a pesar de ser de vieja data en el Derecho venezolano, sigue luciendo válida porque viene inspirada por el orden natural de los afectos, sin perjuicio de la cabida a la autonomía de la voluntad mediante el acto testamentario.

La materia es de vital importancia para el estudioso del Derecho, pues aunque la riqueza patrimonial no acompañe a todo individuo, la muerte es un hecho inexorable del que no escapa ningún ser humano. La muerte es el único destino seguro que nos espera. Aunque, en feliz expresión de Pérez Gallardo, «no nos habituamos a nuestra mortalidad»[51]. Y el acto testamentario, es procedente, inclusive para disposiciones de última voluntad de contenido no patrimonial[52].

2. Fundamento[53]

El Derecho de Sucesiones existe porque se produce el hecho biológico de la muerte, es el hecho jurídico que provoca el más intenso desencadenamiento

---

[49] González Valverde, Antonio: *La comunidad hereditaria en el Derecho Español (estudio de su funcionamiento y de las causas y formas de su extinción)*. Murcia, Universidad de Murcia (Tesis para optar al grado de Doctor, Direct. José A. Cobacho Goméz y Joaquín Ataz López), 2014, p. 4, https://www.tdx.cat/bitstream/handle/10803/277289/TAGV.pdf?sequence=1, p. 11.
[50] Ibíd., p. 12.
[51] Pérez Gallardo, Leonardo B.: *Estudios sobre Derecho de las Personas*. Lima, Universidad César Vallejo, 2015, p. 211.
[52] Véase *infra* vii.1.
[53] Véase: Ripert y Boulanger, ob. cit., pp. 13-18; De Page, Henri: *Traité Élémentaire de Droit Civil Belge. Principes-Doctrine-Jurisprudence*. Bruxelles, Établissements Émile Bruylant, 1946, t. 9, *Les Successiones*. Avec la collaboration de René Dekkers, pp. 8-10; López Herrera, ob. cit., p. 18; Chinchilla Santiago, ob. cit., p. 66; Rojina Villegas, ob. cit., pp. 121-127; Esparza Bracho, ob. cit., pp. 7-9; Domínguez Benavente, ob. cit., pp. 39 y 40, responde a la necesidad de

de efectos y consecuencias jurídicas en todo el Derecho[54]. Las «fronteras» de la persona, o los límites temporales de su existencia[55] vienen dados por el nacimiento con vida y la muerte. El hombre no es persona más que en su vida corporal entre el nacimiento y la muerte. La pregunta de dónde viene el hombre antes de nacer y a dónde va, en su caso, después de morir, no le interesa al Derecho como objeto de su ciencia[56]. Sin embargo, incumbe al Derecho el destino de las relaciones de difunto mediante la figura de la sucesión.

Si la sucesión supone la continuidad de una relación o situación jurídica, en virtud de un cambio de sujetos, es fácil imaginar por qué la expresión se ha tornado particularmente relevante en el ámbito *mortis causa* o por causa de muerte. Pues el único hecho natural y jurídico que acontece con toda seguridad es precisamente la «muerte»; así, si bien no todo ser nace con vida, todo el que nace habrá de morir, y es menester que el orden jurídico regule el destino de las relaciones patrimoniales del sujeto una vez que la persona deje de ser tal en razón de la muerte. El Derecho Civil contiene entonces una rama dirigida al estudio de la sucesión por causa de muerte, pues motivos familiares y sociales abogan por una regulación detallada o específica de la suerte del patrimonio de quien fue persona. Las relaciones patrimoniales de la persona humana no se extinguen con esta; es elemental y justo que así sea, y el Derecho Sucesorio encuentra su razón de ser en tal idea.

La noción de transmisión del patrimonio con ocasión de la muerte resulta íntimamente ligada a la propiedad privada[57]; completa esta y le

---

    que algunas relaciones de la persona no terminan con la muerte; Córdoba, Marcos *et alter*: *Derecho Sucesorio*. Buenos Aires, Edit. Universidad, 1991, t. i, pp. 24 y 25, se asocia a la propiedad privada, utilidad social, libertad y deberes de familia.

[54] Vidal Taquini, Carlos H., en prólogo de: Córdoba *et al.*, ob. cit.
[55] Rochfeld, Judith: *Les grandes notions du droit privé*. París, Thémis, 2016, pp. 23 y 24.
[56] Hattenhauer, Hans: *Conceptos fundamentales del Derecho Civil*. Barcelona, Ariel, 1987, pp. 16 y 17.
[57] Véase: Domínguez Benavente, ob. cit., pp. 40 y 41, toda vez que el Derecho Sucesorio reconoce el destino de un patrimonio que ha quedado sin titular, presupone una organización que reconozca la propiedad privada.

asigna todo su valor económico y social[58]. La idea más antigua que explica el Derecho de Sucesión es que la propiedad tiene un carácter familiar[59]; luego apareció como un complemento necesario de la propiedad individual asociada igualmente a la familia, pues toda sociedad humana admite una cierta transmisión de los bienes a los miembros de su familia; el testamento vino a configurar igualmente una fuente de la sucesión[60]. La necesidad de regular y proteger el derecho de herencia se impone ante cualquier barrera ideológica[61].

Aunque algunos critiquen tal enfoque tradicional[62], se afirma que el Derecho Hereditario se relaciona íntimamente con dos instituciones

---

[58] PLANIOL, Marcelo y Jorge RIPERT: *Tratado práctico de Derecho Civil francés*. Habana, Cultural S. A., 1933, t. v (Las sucesiones). Trad. Mario DÍAZ CRUZ, p. 7.

[59] RIPERT y BOULANGER, ob. cit., p. 13. Véase también: MAZEAUD, Henri *et alter*: *Lecciones de Derecho Civil*. Buenos Aires, EJEA, 1965, Parte Cuarta, vol. II, Trad. Luis ALCALÁ-ZAMORA Y CASTILLO, p. 7, el legislador en la transmisión *ab intestato* vela para que los bienes sean adjudicados a las personas que perpetúan la familia. Véase ibíd., pp. 9 y 10, la concepción familiar da fundamento a la transmisión sucesoria.

[60] RIPERT y BOULANGER, ob. cit., p. 13 p. 14. Véase también: PLÁCIDO V., Alex F.: *Derecho de Sucesiones*, Sílabo, 2008-1, http://www.upc.edu.pe/repositorioaps/0/10/jer/derecho-malla/sucesiones%20v.doc, «Supuesta la necesidad del fenómeno hereditario en su organización jurídica juegan ya criterios de política jurídica, que será muy distinta según la relevancia que se dé a factores como el interés familiar, la perpetuación de la propiedad privada y la libertad de disposición de los bienes para después de la muerte o los intereses sociales».

[61] PÉREZ GALLARDO, Leonardo B.: *El Derecho de Sucesiones en cifras: recapitulación y pronósticos*. Academia Nacional de Derecho y Ciencias Sociales de Córdoba, p. 322, www.acaderc.org.ar, «el Derecho Sucesorio tiene la particularidad de ser hondamente sensible a cualquier percepción de los fenómenos sociales. Si bien más arraigado a la fuerza de las costumbres y del sentir de los pueblos que lo han creado, a imagen y semejanza de sus moradores, las sucesiones por causa de muerte son la espina dorsal en la que se sienta la transmisión intergeneracional de la propiedad».

[62] Véase: ÁLVAREZ-CAPEROCHIPI, ob. cit., p. 18, afirma: «El Estado no se funda en la propiedad y la familia. No se puede pretender que la sucesión es la continuación de la propiedad en la familia, ni justificar el Derecho Sucesorio en la continuidad de la personalidad y voluntad del causante, como se pretende desde los presupuestos de

fundamentales del Derecho: la familia y la propiedad[63]. Comenta Farrera acertadamente que como una emanación directa del derecho de propiedad y obligada consecuencia de este, el hombre sintió la necesidad de transmitir las cosas vinculadas a su persona, al dominio de aquellas otras ligadas a él por el lazo de la familia. De esa manera, realizó al mismo tiempo aquella irresistible tendencia de continuarse y perpetuarse que todos llevamos grabada en lo íntimo de la conciencia[64]. Se fundamenta en la necesidad de perpetuar los patrimonios más allá de los límites de la vida humana, a la vez que se funda en dar estabilidad a la familia y dar fijeza a la vida social[65]. La herencia cumple una función familiar y social[66]. Podemos decir que es un principio de justicia que nuestros familiares disfruten de nuestro patrimonio hecho en vida, o que la propia voluntad o autodeterminación pueda tener también cierta incidencia en tal destino. Se trata de sentimientos naturales que son reconocidos por el orden jurídico, constituyendo el simple y básico fundamento del Derecho Sucesorio. Amén de la justicia derivada de dejar a los seres queridos el patrimonio que hicimos durante nuestro paso por la vida, pues, como afirma Kipp: «está profundamente arraigado en el hombre el afán de dejar a sus hijos lo que haya adquirido durante su vida»[67].

La herencia o transmisión de los derechos del difunto presenta justificación biológica, psicológica, social, económica[68] y jurídica[69]. El orden

---

una sociedad corporativa. Ello nos exige partir de una recapacitación sobre los principios metodológicos que presiden el Derecho Sucesorio».
[63] Camus, ob. cit., p. 12.
[64] Farrera, ob. cit., p. 19.
[65] Chinchilla Santiago, ob. cit., p. 66.
[66] Mazeaud et al., ob. cit., vol. II, p. 9.
[67] Kipp et al., ob. cit., pp. 1 y 2.
[68] Véase: Briceño C., ob. cit., p. 26, el Derecho Sucesorio encuentra su fundamento racional en la necesidad de que la muerte no rompa las relaciones jurídicas de quien ha dejado de existir, ya que tal ruptura repercutiría perjudicialmente en la economía en general.
[69] Rojina Villegas, ob. cit., p. 125. Véase ibíd., pp. 125-127, biológicamente se justifica por la perpetuidad de la especie y el instituto de conservación; psicológicamente

jurídico y social reclama que ciertos derechos no se pierdan con la subjetividad humana, especialmente los de contenido patrimonial; si los derechos de créditos se extinguieran con la muerte, sería fácil e ilógica la liberación del deudor; el asunto se proyecta desde el punto de vista de la seguridad jurídica. Se trata, según refiere la doctrina, de una «necesidad impuesta por la seguridad jurídica»[70]. En el que se conjuga el interés del causante, el familiar y el social[71].

---

por el afecto a la familia y la voluntad del dueño de la propiedad; socialmente, para la conservación de la familia y el bienestar social; económicamente se liga a la razón jurídica de continuar las relaciones patrimoniales y no paralizar tales operaciones por la muerte; jurídicamente, no tendría sentido la propiedad y los derechos de créditos.

[70] Esparza Bracho, ob. cit., p. 7. Véase ibíd., p. 8, si los derechos y obligaciones de la persona estuvieran limitados a la contingencia de su vida, los terceros carecerían de la más elemental seguridad jurídica. Véase: ibíd., pp. 8 y 9, el autor agrega como fundamento el «reconocimiento de la voluntad póstuma».

[71] Véase: Ponce Martínez, Alejandro: «Naturaleza de la sucesión por causa de muerte en la legislación ecuatoriana». En: *Revista Jurídica*. N.º 8. Universidad Católica de Santiago de Guayaquil. Guayaquil, 2013, http://www.revistajuridicaonline.com. Para regular la sucesión «la ley toma en cuenta tres intereses en juego: el del causante, el familiar y el social. El Código Civil recoge el interés personal del causante en cuanto establece, en principio la libertad de testar. Con ella se rescata el deseo y la tendencia individuales a disponer de nuestros bienes como bien deseemos y a que nuestra voluntad vaya más allá de nuestros días. También acoge el Código el interés familiar, en cuanto la familia es el núcleo que ha coadyuvado estrechamente con el causante para la formación del patrimonio. En su beneficio contiene las reglas de la sucesión intestada y para su protección crea una especie particular de sucesión denominada forzosa, en cuya virtud obliga a que el testador haga determinadas asignaciones que, inclusive, prevalecen sobre sus disposiciones testamentarias expresas. El Código también precautela el interés social al impedir que, a falta de testamento o de parientes, la herencia quede sin titular y al ordenar, en consecuencias, que el Estado sea el sucesor universal. La ley también ha protegido el interés social, por el hecho de que la sociedad ayudó al causante en la formación de su patrimonio, mediante un impuesto a la renta sobre el incremento patrimonial ocasionado por herencias o legados…».

No existen relaciones jurídicas perpetuas, pues la existencia de estas no va más allá de la vida del sujeto[72]. La sucesión *mortis causa* encuentra su fundamento en la necesidad de perpetuar el patrimonio más allá de la muerte y de dar fijeza a la vida social –pues sin aquella no habría crédito–, dada la «inmortalidad» que reviste la persona física del deudor a través de la sucesión hereditaria[73]. Este Derecho tiene su base en la necesidad de que la muerte no rompa las relaciones de quien deja de existir[74]. Por ello, si bien la muerte extingue la personalidad o subjetividad jurídica del ser humano, contrariamente su patrimonio no se pierde con la persona sino que es trasmitido a sus sucesores precisamente –valga la redundancia– por vía del instituto de la sucesión.

Se ha dicho entonces que constituye una necesidad económica, moral, social y jurídica, que la muerte no rompa la continuidad de las relaciones jurídicas del fallecido, que continuaran en sus herederos para proteger no solo a estos, sino a quienes en vida contrataron con el difunto. Es imperativo a los fines de la seguridad jurídica y social que algunas relaciones de contenido patrimonial sobrevivan al causante, en una suerte de continuación de las mismas en los herederos del *de cujus*[75]. Así pues, factores de orden moral, social y económico imponen que las relaciones de una persona sobrevivan a su muerte[76]. La propiedad y la sucesión hereditaria no son algo establecido caprichosamente; las razones justificativas son clásicas y no han perdido su vigencia racional[77]. Y entre estas, refiere Vallet –citando a Santo Tomás– razones de tipo económico, sociológico

---

[72] Messineo, Francesco: *Manual de Derecho Civil y Comercial*. Buenos Aires, Ejea, 1956, t. vii, Derecho de Sucesiones por causa de muerte. Principios de Derecho Privado Internacional. Trad. Santiago Sentís Melendo, p. 3.
[73] Durón Martínez, ob. cit., p. 11.
[74] Rojas, ob. cit., p. 18.
[75] Véase: Sojo Bianco, ob. cit., pp. 236 y 237.
[76] Romero Cifuentes, Abelardo: *Curso de sucesiones*. Bogotá, Ediciones Librería del Profesional, 2.ª edic., 1983, p. 3.
[77] Vallet de Goytisolo, *Estudios de Derecho Sucesorio...*, vol. i, p. 20.

y político[78]. Otros refieren que la herencia es una masa afecta a una función social[79] cuya ejecución está regida por principios de interés público que hacen de la ejecución hereditaria un fenómeno irreversible[80].

A la muerte del sujeto, su patrimonio mal puede morir con él; razones lógicas apuntan a una transmisión de los bienes o derechos de contenido económico con ocasión de la pérdida de la subjetividad humana; ese es el ámbito del que se ocupa el Derecho Sucesorio, rama del Derecho Civil que entremezcla elementos patrimoniales y familiares para determinar el destino de las relaciones pecuniarias de quien fue persona.

En tal sentido, se señala: «En todo Derecho positivo deben formularse reglas por medio de las cuales se reglamente el sistema de la sucesión con el fin de eliminar la inseguridad que en las relaciones jurídicas podría resultar, en ausencia de tales prescripciones, de la muerte de un individuo»[81]. Las nociones de propiedad, herencia, familia y voluntad confluyen en la esencia o contenido del Derecho Sucesorio, mereciendo tutela jurídica, pues se trata de uno de los supuestos en que la voluntad de la persona se hace efectiva una vez acaecida la muerte de esta.

El ordenamiento constitucional español (artículo 33) considera la sucesión *mortis causa* en toda clase de bienes como un valor constitucionalmente protegido al indicar que «reconoce el derecho a la propiedad privada y a la herencia». Se agrega que la función social de estos derechos delimitará su

---

[78] Ibíd., pp. 20 y 21, en lo económico, la propiedad es premio a la propia actividad que redunda en el bien común por el incremento en los bienes de producción; en lo sociológico, la mejor organización social requiere como base la responsabilidad efectiva; en lo político surgen inconvenientes entre quienes poseen alguna cosa en común o indivisa.
[79] Véase: Álvarez-Caperochipi, ob. cit., p. 29.
[80] Ibíd., p. 30.
[81] Borislav T., Blagojevic: «Algunos principios fundamentales del Derecho Sucesoral en los países socialistas». En: *Libro Homenaje a la memoria de Lorenzo Herrera Mendoza*. Caracas, UCV, 1970, t. i, Trad. Rogelio Pérez Perdomo, p. 221.

contenido de acuerdo con las leyes. Se alinea así el constituyente español en contemplar la herencia como una continuación de la propiedad[82]. Pues la sucesión *mortis causa* es la consecuencia obligada del reconocimiento del derecho de propiedad individual, al que proyecta en el tiempo cuando fallece su titular y por tal la norma constitucional española[83]. Se aclara respecto de tal ordenamiento que la herencia no obstante ser un derecho constitucional no es un derecho «fundamental», pues carece de la tutela acordada por la propia Constitución a los derechos y libertades, por lo que la protección constitucional se proyectaría a la reserva legal de su regulación en respeto al contenido esencial de la institución so pena de inconstitucionalidad[84]. Al respecto, si bien nuestro constituyente no incluyó expresamente la «herencia» en su texto, puede considerarse implícitamente protegida dentro del derecho de propiedad[85], contenido esencial de la herencia que, junto al elemento familiar, forma parte indudable de su sustancia, amén de la voluntad del causante dentro de los límites de ley. Esto, toda vez, que el Derecho Sucesorio no es inmune a la influencia de la Constitución, según indica la doctrina que estudia la proyección de la Carta Magna en el Derecho Civil o, más precisamente, el «Derecho Civil Constitucional»[86].

La doctrina nacional reseña que el Derecho Hereditario es uno de los mayores y universalmente aceptados; está arraigado en nuestra idiosincrasia, por

---

[82] Lacruz Berdejo *et al.*, ob. cit., pp. 5 y 6.
[83] Roca Ferrer *et al.*, ob. cit., p. 601.
[84] Carrión Olmos *et al.*, ob. cit., p. 212.
[85] Véase aunque con anterioridad a la Constitución de 1999: Rojas, ob. cit., pp. 18 y 19, «Dentro de nuestra legislación, el fundamento del Derecho Sucesorio está en la facultad reconocida en la Constitución en el artículo 99 y reconocida en el artículo 545 del Código Civil en sentido de que el propietario puede disponer de sus bienes».
[86] Véase: Arce y Flórez-Valdés, Joaquín: *El Derecho Civil Constitucional*. Madrid, Civitas, 1986, reimp. 1991 pp. 50 y 51. Véase nuestros: *Derecho Civil Constitucional (La constitucionalización del Derecho Civil)*. Cidep-EJV, Caracas, 2018, pp. 159-163; «Notas sobre la constitucionalización del Derecho Civil en Venezuela». En: *Jurisprudencia Argentina*, N.º 13, Buenos Aires, Abeledo Perrot, 2018-III, pp. 12-35; «Trascendencia de la Constitución en el Derecho Civil». En: *Actualidad Jurídica Iberoamericana*. N.º 10. Idibe. Valencia, 2019, pp. 52-91.

ser uno de los más trascendentales fundamentos del derecho de propiedad y así ha quedado plasmado desde nuestros primeros Códigos Civiles[87]. La conexión entre patrimonio y la persona física que lo detentaba queda suspendida, haciéndose preciso que el patrimonio no quede sin titular[88].

Refiere Castán Tobeñas que el Derecho Sucesorio ha nacido históricamente como una institución al servicio de la familia, y que no obstante el auge de la concepción individualista de la sucesión hereditaria, vuelve a tener relieve en la doctrina científica, su fundamentación familiar[89]. Romero Cifuentes comenta que la legislación colombiana sustenta el Derecho Hereditario en la propiedad individual como derecho subjetivo y como consecuencia lógica en la familia y la autonomía de la voluntad. A ello se añade que la vida del hombre es temporal[90]. Parte de su finalidad es evitar la inseguridad que generaría patrimonios sin destino a la muerte de la persona y dar continuidad a las relaciones, así por ejemplo, los padres desean que sus hijos disfruten y perpetúen lo que se adquirió o elaboró a la largo de la vida[91].

Por tanto, el patrimonio del fallecido suele parar en manos de las personas con las que el difunto mantenía vínculos familiares, inclusive en países de orientación socialista[92], pues tales ordenamientos también toman en

---

[87] D'Jesús M., ob. cit., p. 17.
[88] González Valverde, ob. cit., p. 4.
[89] Castán Tobeñas, José: *La dogmática de la herencia y su crisis actual*. Madrid, Reus, 1960, pp. 177 y 178.
[90] Romero Cifuentes, ob. cit., p. 1.
[91] Ferrando Bundio, ob. cit., p. 7.
[92] Gutiérrez Barrenengoa, Ainhoa *et alter*: *Compendio de Derecho Civil. Derechos de Sucesiones*. T. v. Madrid, Dykinson-Asociación Doctores Iberoamericanos, 2008, pp. 21 y 22. Véase interesante referencia en: Camus, ob. cit., pp. 16 y 17, comentaba el profesor de la Universidad de La Habana que para 1937 que se vivía un momento en que se cuestionaba el derecho mismo de la herencia, asomándose posiciones radicales relativas a la abolición del régimen capitalista que propugnan la abolición de la herencia por ser instrumento de la clase dominante para perpetuar sus privilegios; esto es, los mismos ataques dirigidos a la propiedad privada los recibe la herencia.

cuenta tales circunstancias a los efectos de su orden legal[93]. Sin embargo, no han faltado detractores de la figura señalando que la sucesión *mortis causa* constituye una adquisición de la riqueza sin ninguna causa que lo justifique[94], olvidándose que suficiente causa lo constituye la continuidad de las relaciones jurídicas fundada en vínculos naturales y afectivos derivados del estado familiar o en algunos casos emanados de la voluntad del causante, que, como su nombre lo indica, dio origen o causa al patrimonio de cuya sucesión se trate.

3. Fuentes[95]

La doctrina se pregunta sobre las fuentes del Derecho de Hereditario o, más particularmente, la fuente de la sucesión[96], es decir, el origen del cual

---

Y así por ejemplo, cita el autor que a raíz de la revolución Rusa por Decreto de 27 de abril de 1918 la herencia quedó suprimida, al establecerse que después de la muerte del propietario todos los bienes se transmiten al Estado de la RSFSR. Con esta referencia se consigna la medida más radical que se ha dictado contra la institución sucesoria, aunque después se volvió sobre ella por considerar que aun no había llegado el momento de implantarla. Por otra parte, los que piensan que se pueden llegar a una sociedad perfecta sin medidas extremas mantienen una tesis reformista acorde con las actuales tendencias del Derecho Privado, según el cual el Derecho Hereditario armoniza el elemento individual, familiar y social.

[93] Borislav T., ob. cit., p. 221. Véase también: ibíd., p. 222, «todas estas verdades valen para el Derecho Sucesoral de los países socialistas y para los otros»; Camus, ob. cit., p. 19, «En el mismo régimen soviético, donde no interesa fundamentalmente la herencia, dada su estructura económica, ha sido preciso reconsiderar las medidas radicales dictadas al principio de la revolución, estableciendo un sistema sucesorio de acuerdo siempre con las necesidades del momento»; Domínguez Benavente, ob. cit., p. 40, no conocemos una legislación que haya suprimido totalmente el Derecho Sucesorio, aunque algunos hayan hecho una tala considerable pues la propiedad es un concepto eterno que no desaparecerá de la vida social –el comentario data de 1961–.

[94] Díez-Picazo y Gullón, ob. cit., p. 323.

[95] Véase también: Torres-Rivero, ob. cit., t. i, pp. 89-97

[96] Véase: Serrano Alonso, *Manual...*, p. 21, alude a que por su origen la sucesión puede ser voluntaria o legal, esto es por testamento o por la ley.

emana esta última. Siendo como es lógico la ley su fuente primaria toda vez que la misma reconoce la justicia y necesidad de transmisión en este sentido. Y aunque tradicionalmente se distingue entre dos clases de sucesión: la testamentaria y la legal –la segunda a falta de la primera–[97], se aclara que ambas tienen su fuente en la propia ley. A la sucesión testamentaria también se le designa de «voluntaria»[98]. Se indica que cronológica o históricamente la sucesión legítima, legal o *ab intestato* es anterior a la voluntaria o testamentaria[99]. Se aclara que instituciones como la «legítima» limitan sobremanera la voluntad del causante[100].

De allí que bien pudiera replantearse tal distinción de las fuentes del Derecho Hereditario en una suerte de orden lógico, al margen de la existencia de testamento, toda vez que este y su alcance ha de tener lugar dentro del marco de la ley. En el entendido de que, si bien la sucesión testamentaria entra en aplicación primaria cuando existe tal acto jurídico de parte del *de cujus*, la sucesión legal, encuentra sentido a falta de aquel; debe necesariamente aclararse que el acto testamentario ha de estar dentro de los límites sustanciales y formales que impone la propia ley, pues recordemos que la

---

[97] Véase: Polacco, ob. cit., t. i, pp. 30 y 31, se admiten dos títulos de sucesión: la ley y el testamento: la ley es título supletorio, interviene cuando no existe acto de última voluntad; Planiol y Ripert, ob. cit., p. 8, hay dos modos de suceder, uno que establece la ley y otra el causante, correspondiente a la transmisión *ab intestato* y la otra testamentaria.
[98] Véase: Carrión Olmos *et al.*, ob. cit., p. 205; Roca Ferrer *et al.*, ob. cit., p. 19.
[99] Véase: Suárez Franco, ob. cit., p. 7, «la primera forma de transmisión en la sucesión es la legítima, que se presenta como hecho constante en el Derecho primitivo. Posteriormente surge la sucesión voluntaria, que adopta las formas de pacto sucesorio, y luego de acto testamentario después».
[100] Véase: Sojo Bianco, ob. cit., p. 236; Romero Cifuentes, ob. cit., p. 9, la legislación admite dos clases de sucesiones: la testamentaria en que los bienes se distribuyen a voluntad del testador e intestada en virtud de la ley; López del Carril, Julio J.: *Derecho Sucesorio*. Buenos Aires, Abeledo-Perrot, 1970, p. 26, se refiere a las fuentes de la vocación hereditaria, a saber, la ley y la voluntad del hombre expresada en testamento.

autonomía de la voluntad en el Derecho Sucesorio entra en juego cuando la propia ley lo permite.

También se alude a la compatibilidad entre la sucesión testada y *ab intestato* cuando la regulación de la primera es insuficiente y han de complementarse[101]. Y así refiere Torres-Rivero que además de no existir testamento, podría acontecer que sí hay pero referido a parte del patrimonio, y que solo incluya sucesores a título particular –legatario–, que el testamento sea nulo o inválido, o que el testamento verse sobre alguna otra ordenación no patrimonial –reconocimiento, nombramiento de tutor, constitución de fundación, creación de universidad, nombramiento de albacea, rehabilitación del indigno, etc.–[102]. De allí que los dos tipos de sucesión –testamentaria y legal– que estudiaremos constituyen la fuente del Derecho Sucesorio, distinguiendo algunos una tercera posibilidad de concurrencia de ambos tipos de sucesiones denominado sucesión «mixta»[103].

La doctrina señala que entre las dos fuentes citadas –ley y testamento– podría referirse una tercera fuente o una especie de sucesión intermedia que también es por la ley pero con matices propios, a saber, la sucesión legitimaria, forzosa o necesaria, esto es, «la legítima o cuota indisponible» por el testador[104]; una tiene carácter imperativo y otra supletoria[105]. En efecto, según veremos, se ha señalado que la legítima constituye una especie de la sucesión legítima o *ab intestato*, de la que el testador no puede

---

[101] Véase: Bosch Capdevilla, Esteve: *El principio nemo pro parte testatus pro parte intestatus decedere potest evolución y significado*. Madrid, Dykinson, pp. 64-67, http://books.google.co.ve/books?isbn=8497728610.
[102] Véase: Torres-Rivero, ob. cit., t. i, pp. 81-111.
[103] Véase *infra* v.1.
[104] Véase ibíd., pp. 98 y 97.
[105] Véase ibíd., p. 100, hay similitud entre ambas, pues son impuestas por la ley, la legitimaria aun contra la voluntad del causante, y la legítima en defecto de esa voluntad. La imposición principal de la sucesión legitimaria hace a ésta forzosa, mientras que la imposición subsidiaria de la sucesión legítima hace a esta supletoria.

disponer[106]. Ciertamente, la legítima o sucesión necesaria más que una tercera especie de sucesión constituye una manifestación estrictamente «necesaria» o imperativa de la sucesión *ab intestato*.

Acota TORRES-RIVERO que se descarta el contrato como fuente sucesión, porque la ley prohíbe el pacto sobre sucesión futura o sucesión no abierta[107]. No puede mediar pacto alguno sobre una sucesión aún no abierta[108]. El contrato sucesorio por el cual se ordenaba la sucesión en vida del causante[109], no es admitido en nuestro Derecho.

En todo caso, veremos que debe distinguirse en la herencia una parte disponible por voluntad del causante, y otra que, contrariamente, excede o supera la voluntad de este, por ser indisponible, a saber, la legítima[110].

4. Sucesión *mortis causa*

Según indicamos, suceder es continuar[111], ocupar el lugar del antecesor o predecesor: el causante precede a su sucesor, y este ocupará el lugar de

---

[106] Véase *infra* ix.
[107] Ibíd., pp. 113-118. Véase: BARRIOS SÁNCHEZ, Peggy y SALAS PELEY, Yurenis: *Excepciones al principio de prohibición de disposición sobre las sucesiones futuras en las legislaciones venezolana, española y puertorriqueña*. Trabajo especial de grado para optar al título de Abogado. Maracaibo, Universidad Rafael Urdaneta, Escuela de Derecho, 2011 (tutor Luis Acosta); DOMÍNGUEZ GUILLÉN, María Candelaria: *Curso de Derecho Civil III Obligaciones*. Caracas, Editorial RVLJ, 2017, p. 522, www.rvlj.com.ve.
[108] Véase: TOGLIO, Federico: «La familia», http://www.monografias.com, «En principio, nuestra ley repudia los pactos sobre la herencia futura como fuente de vocación hereditaria. Una herencia futura no puede aceptarse ni repudiarse. La aceptación o la renuncia se hacen después de la apertura de la sucesión».
[109] Véase sobre el contrato sucesorio: KIPP *et al.*, ob. cit., pp. 339-415.
[110] *Vid.* BARRIOS SÁNCHEZ y SALAS PELEY, ob. cit., p. 5, la herencia está comprendida por dos institutos: la parte o cuota disponible y la parte no disponible o legítima, también conocida como reserva legal que el testador no puede someter a condición.
[111] Véase *supra* 1.

aquel en la relación o situación de que se trate. Fenómeno que puede tener lugar a nivel general, y que implica un movimiento o variación en el ámbito subjetivo. Los sujetos o personas de la relación o situación jurídica cambian o varían; las situaciones jurídicas, en particular las patrimoniales, no se extinguen por la variación de los sujetos, sino que continúan o suceden, precisamente en razón de la figura de la «sucesión».

En término generales, la «sucesión» constituye la variación de sujetos en una situación jurídica o la transmisión de derechos de contenido patrimonial de un sujeto a otro[112]. Suceder significa entrar una persona en lugar

---

[112] Véase: López Herrera, ob. cit., p. 19; Rodríguez, ob. cit., p. 11; Rodríguez de Rodríguez, ob. cit., p. 7, sucesión es un término amplísimo, se entiende como algo o alguien que sigue a otro, suceder a una persona es ocupar su lugar; D'Jesús M., ob. cit., pp. 19 y 20; Ferrandio Bundio, ob. cit., p. 8, suceder es transmitir sin modificación o cambio en la relación, es decir, lo que se traslada es la titularidad; Serrano Alonso, *Manual...*, p. 19, modificación subjetiva en la titularidad de un derecho, es el cambio de la persona titular de un derecho subjetivo; Albaladejo, ob. cit., p. 7, suceder a otro en un derecho u obligación es venir a ser titular de los mismos después de él, por adquiridos de él; Lacruz Berdejo *et al.*, ob. cit., p. 1, la sucesión supone subentrar una persona en el puesto de otra, en una relación jurídica que, no obstante tal transmisión, sigue siendo la misma; Carrión Olmos *et al.*, ob. cit., pp. 201 y 202; Pérez Puerto, Alfonso: «La aceptación de la herencia y su anclaje en el *iter* sucesorio: una aproximación sin pretensiones a través Código Civil, del Código de Sucesiones catalán y del Derecho romano», 2006, http://noticias.juridicas.com/articulos/45-Derecho%20Civil/200601-525781101063100.html, «La sucesión, en general, es la sustitución de una persona por otra en sus derechos, obligaciones, o relaciones jurídicas»; Santoro-Passarelli, Francesco: *Doctrinas generales del Derecho Civil*. Madrid, edit. Revista de Derecho Privado, 1964. Trad. A. Luna Serrano, p. 94, es el cambio de sujeto en la posición activa o pasiva de la relación; *Derecho Sucesorio*. Montes de Oca y Peña Asociados, S. C. México. Http://www.mop.com.mx/articulos_files/Derecho_Sucesorio.doc, «La palabra *sucessio* tiene en el tecnicismo actual, y tenía en el lenguaje de los compiladores justinianeos, un sentido amplio, equivalente a traspaso de derechos; que era la adquisición, por una persona, de los enajenados o abandonados derechos de otra; aquélla adquirente sucede a ésta enajenante o causante»; Chinchilla Santiago, ob. cit., p. 70, es la sustitución o suplantación de una persona por otra, en una relación jurídica; Juzgado Segundo de Primera Instancia en lo Civil, Mercantil, del Tránsito

de otra, reemplazarla en el ejercicio de todas o algunas funciones o derechos[113]. La sucesión implica un cambio subjetivo[114]. Al efecto, comenta Zannoni que con el término sucesión –del latín *successio*– se designan todos aquellos supuestos en que se produce el cambio o sustitución de uno o más sujetos de una relación jurídica en virtud de una transferencia o transmisión –cesión, enajenación, etc.–. Provoca así la sucesión una modificación subjetiva de la relación jurídica[115].

Una persona desplaza a otra y, a la inversa, la otra es desplazada o sustituida por aquella[116]; cada sustitución es una sucesión, tomando la expresión en un sentido lato[117]. Y en tal sentido amplio, puede tener lugar por acto entre vivos o por causa de muerte –*mortis causa*–[118]. La sucesión *mortis*

---

y Agrario de la Circunscripción Judicial del estado Vargas, sent. 31-03-03, exp. 6842, http://vargas.tsj.gov.ve/decisiones/2003/marzo/130-31-6842-88.html; Esparza Bracho, ob. cit., p. 4, el heredero sub entra en la misma posición del *de cujus*; Bernad Mainar, Rafael: *Derecho Romano Familia y Sucesiones*. Caracas, UCAB, 2000, p. 84, «suceder es ocupar el mismo lugar y la misma posición jurídica que otra persona».

[113] Dominici, Aníbal: *Comentario al Código Civil venezolano (reformado en 1896)*. Caracas, Librería Destino, 3.ª edic., 1982, t. ii, p. 19.
[114] Carrión Olmos *et al.*, ob. cit., p. 201.
[115] Zannoni, ob. cit., p. 1, aunque quede inalterado en principio, el contenido y objeto de la relación. Señala que el artículo 3262, primera parte, del Código Civil argentino define al sucesor: «Las personas a las cuales se transmitan los derechos de otras personas, de tal manera que en adelante puedan ejercerlos en su propio nombre, se llaman sucesores».
[116] Torres-Rivero, ob. cit., t. i, p. 7.
[117] Ibíd., p. 8.
[118] Véase: Código Civil artículos 1163 y 807 y ss.; Ferrandio Bundio, ob. cit., p. 8, la primera tiene lugar entre personas vivas, la segunda requiere la muerte para desplegar eficacia; Albaladejo, ob. cit., pp. 7 y 8, la sucesión puede ocurrir *inter vivos* –enajenación o donación– pero necesariamente ocurre si el titular de un derecho muere, que se califica sucesión por causa de muerte y aunque por brevedad se suela denominar «sucesión» se sobreentiende siempre *mortis causa*; Lacruz Berdejo *et al.*, ob. cit., p. 1, «la sucesión tanto universal como particular, puede ser *inter vivos* y *mortis causa*, palabras que expresan claramente lo peculiar de cada una: la entre vivos supone el traspaso de la posición jurídica de una persona a otra, ambas

causa es solo una variedad del fenómeno sucesorio, aunque, sin duda, la más importante[119]; es una subespecie de la sucesión en general[120]. El causante transmite el derecho y el causahabiente o sucesor lo acepta o recibe. Al efecto, indica BORDA que suceder es entrar una persona o cosa en lugar de otra; continuar el derecho del que otro era titular[121] y en tal sentido el Derecho de Sucesión es tan antiguo como la propiedad[122]. En efecto, se admite que la sucesión por causa de muerte está íntimamente ligada con otra importante institución del Derecho Civil: la propiedad[123].

En un sentido más limitado, y efectivamente relacionado con la materia hereditaria que nos ocupa –pues la asignatura asume tal denominación–. la institución jurídica de la «sucesión» alude específicamente a la transmisión de las relaciones de contenido patrimonial o pecuniario del *de cujus*, es decir, de aquel individuo que ha fallecido. Así, indica CARRIÓN OLMOS que en la práctica jurídica, cuando se habla de sucesión, se suele sobrentender habitualmente que es la que se produce por la muerte[124]. Esto,

---

vivientes; la *mortis causa*, la atribución de una persona de la posición que otra abandona al morir».

[119] CARRIÓN OLMOS *et al.*, ob. cit., p. 203.

[120] MESSINEO, ob. cit., p. 4.

[121] BORDA, Guillermo A.: *Manual de Sucesiones*. (Con la colaboración de Federico J. M. PELTZER). Buenos Aires, Perrot, 5.ª edic., 1972, p. 9.

[122] Ibíd., p. 10. Véase también: DOMÍNGUEZ BENAVENTE, ob. cit., p. 46, el que recibe se denomina causahabiente y el que transmite «causante».

[123] SOMARRIVA UNDURRAGA, Manuel: *Derecho Sucesorio*. Versión de René ABELIUK M., Chile, edit. Jurídica de Chile, 4.ª edic., 1988, p. 3, indica que la sucesión por causa de muerte viene a ser una verdadera subrogación personal.

[124] CARRIÓN OLMOS *et al.*, ob. cit., p. 203. Véase en el mismo sentido: GUTIÉRREZ BARRENENGOA *et al.*, ob. cit., p. 23, el término sucesión se usa corrientemente referido a la sucesión *mortis causa*; DE RUGGIERO, Roberto: *Instituciones de Derecho Civil*. Madrid, Reus, s/f, t. II, vol. II, Derecho de Obligaciones, Derecho de Familia, Derecho Hereditario. Trad. de la 4.ª edic. italiana por Ramón SERRANO SUÑER y José SANTA-CRUZ TEIJEIRO, p. 313, el Derecho Hereditario suele designarse como Derecho de Sucesión debido a un uso impropio de la palabra que, tomada en sentido absoluto, expresa en el lenguaje tradicional solamente la sucesión hereditaria.

pues, si bien la sucesión en sentido amplio implica un cambio de sujeto en una relación jurídica, en sentido restringido supone la transmisión de los bienes, derecho y obligaciones del difunto[125]. Afirman Ripert y Boulanger que por más que la expresión «sucesión» pueda ser tomada en sentido general para designar a toda transmisión de bienes y derechos, aun a título particular, en la práctica no se la emplea más que para las transmisiones universales por causa de fallecimiento[126]. De allí que el término sucesión suela estar reservado a la transmisión por causa de muerte[127]. Y así se afirma que «La sucesión es la transmisión de los derechos y obligaciones patrimoniales, tanto los activos como los pasivos, que integran la herencia de una persona fallecida, a otra que le sobrevive, a la que el testador o la ley llaman para recibirla»[128].

Ello por cuanto el fenómeno sucesorio adquiere particular relevancia cuando el cambio o sustitución del sujeto de las relaciones jurídicas se impone en razón de la muerte[129]. De hecho, refiere acertadamente Dominici que las palabras «sucesión» y «herencia» se toman a veces por el título o por el medio de adquirir y otras por el conjunto de bienes o derechos que las constituyen[130]. Se alude así a sucesión o sucesión hereditaria para

---

[125] Baqueiro Rojas, Edgard y Buenrostro Báez, Rosalía: *Derecho de Familia y Sucesiones*. México, edit. Harla, 1990, p. 255. Véase también: Claro Solar, ob. cit., t. xiii, p. 11, en un sentido restringido, la voz «sucesión», designa la transmisión por causa de muerte.
[126] Ripert y Boulanger, ob. cit., p. 9.
[127] Esparza Bracho, ob. cit., p. 3.
[128] Juzgado Segundo de Primera Instancia en lo Civil, Mercantil, Tránsito y Agrario de la Circunscripción Judicial del estado Vargas, sent. del 28-10-11, exp. 11984, http://vargas.tsj.gob.ve/decisiones/2011/.../130-28-11984-10035.html; en el mismo sentido y del mismo Tribunal: sent. del 01-11-11, exp. 12024, http://vargas.tsj.gob.ve/decisiones/2011/noviembre/130-1-12024-10221.html; Juzgado Tercero de los municipios Cabimas, Santa Rita y Simón Bolívar de la Circunscripción Judicial del estado Zulia, sent. del 19-05-09, solicitud 295, http://zulia.tsj.gob.ve/decisiones/2009/mayo/490-19-Sol.295-42.html.
[129] Zannoni, ob. cit., p. 4.
[130] Dominici, ob. cit., p. 20.

denotar la que tiene lugar por efecto de la muerte del causante[131]. Por lo que, aunque la expresión «sucesión» a secas sea criticada porque lo propio sea aludir a «sucesión por causa de muerte o *mortis causa*», debe recordarse que no siempre la expresión con que se designa algo recoge toda su esencia o, lo que es lo mismo, «el nombre no hace al concepto»[132].

Según indicamos[133], las fuentes de la sucesión hereditaria son la ley y el testamento, que da lugar a la sucesión legítima o *ab intestato* o, en su defecto, a la sucesión testamentaria. La sucesión legal o *ab intestato* se inspira en la naturaleza de los vínculos familiares en tanto que la sucesión testamentaria toma en consideración la voluntad del causante.

Cuando fallece una persona, su patrimonio no desaparece pura y simplemente, sino que se transmite a sus causahabientes, a un sucesor *mortis causa*[134]. Los derechos que se transmiten por vía de sucesión *mortis causa*, son aquellos que lo permiten su propia naturaleza generalmente pecuniaria, a excepción de aquellos que, no obstante su contenido patrimonial, estén asociados a la existencia del sujeto –ejemplo renta vitalicia–. En cambio, los derechos personalísimos que presentan un contenido no susceptible de valoración económica se extinguen –en principio– con el individuo, así como las situaciones o relaciones jurídicas personalísimas, por ejemplo el matrimonio[135].

---

[131] Véase: VALLET DE GOYTISOLO, Juan: «Perpetuidad del heredero». En: *Libro Homenaje a José Mélich Orsini*. Caracas, UCV, 1983, vol. II, p. 939, *successio in ius* significa la subrogación del heredero en la situación jurídica del *de cujus*.

[132] Véase tal expresión en: CORIOLANO, F. L.: «El hábito no hace al monje ni el nombre al concepto». En: *El Notario del siglo XXI*, N.º 26. Madrid, Colegio Notarial de Madrid, 2009, http://www.elnotario.es.

[133] Véase *supra* 3.

[134] JOSSERAND, Louis: *Derecho Civil*. Revisado y completado por André BRUN. Buenos Aires, EJEA-Bosch y Cía. Editores, reimp. 1993, t. III, vol. II Liberalidades (testamentos, donaciones, sustituciones fideicomisarias, fundaciones, particiones de ascendiente). Trad. Santiago CUNCHILLOS Y MANTEROLA, p. 5.

[135] Véase *supra* 2: SANTORO PASSARELLI, ob. cit., p. 95, «La sucesión en la posición activa se excluye siempre que la relación sirva para satisfacer un interés inherente a la

Nuestro Código Civil, en atención precisamente al sentido técnico de la expresión «sucesión» como una forma de sustitución en general aplicable fundamentalmente a la adquisición del derecho de propiedad, incluye la sucesión hereditaria bajo el Título II «De las Sucesiones»[136], del Libro Tercero «De las manera de adquirir y transmitir la propiedad y demás derechos»[137]. Tal ubicación es seguida igualmente en otros ordenamientos orientados por el plan romano-francés[138].

Ahora bien, en el ámbito de la sucesión hereditaria o por causa de muerte, se distingue –por el objeto o contenido de la sucesión[139]– la sucesión a título universal[140] de la sucesión a título particular, según se adquiera una porción general o universal de los derechos y obligaciones del causante o, por el contrario, una porción particular o singular, de conformidad con el artículo 834 Código Civil[141]. Al sucesor o causahabiente a título universal

---

persona o bien un interés superior al individual del titular a quien corresponde el poder conferido personalmente. Tal ocurre con los derechos de la personalidad, con las potestades y con los derechos familiares, y también con algunos derechos patrimoniales, como los derechos de uso, habitación…».

[136] Que se subdivide en tres capítulos: I «De las sucesiones intestadas» (artículos 808-832); II «De las sucesiones testamentarias» (artículos 833-992); III «Disposiciones comunes a las sucesiones intestadas y a las testamentarias» (artículos 993-1132).

[137] Recordemos que el Código sustantivo se divide además del «Título Preliminar» (artículos 1-14) en tres libros: Primero «De las personas» (artículos 15-524), Segundo «De los bienes, de la propiedad y de sus modificaciones» (artículos 525-795), Tercero «De las maneras de adquirir y transmitir la propiedad y otros derechos» (artículos 796-1995).

[138] A diferencia del sistema alemán o de Savigny que divide el Código sustantivo en cuatro Libros. Véase: Carrión Olmos *et al*., ob. cit., p. 209; Esparza Bracho, ob. cit., p. 9.

[139] Véase: Serrano Alonso, *Manual…*, p. 21; Carrión Olmos *et al*., ob. cit., p. 204; Zannoni, ob. cit., p. 5, la contraposición se logra deslindando básicamente el objeto sobre el cual recae la transmisión.

[140] Véase: Binder, ob. cit., p. 10, considera la sucesión universal como el concepto principal y fundamental del Derecho Sucesorio romano y moderno.

[141] Que indica: «Las disposiciones testamentarias que comprendan la universalidad de una parte alícuota de los bienes del testador, son a título universal y atribuyen

suele denominarse «heredero», y al sucesor o causahabiente a título particular se le denomina «legatario»[142], figuras que pueden coexistir en una misma sucesión[143]. El sucesor a título particular también se presenta en la sucesión por acto entre vivos, tal es el caso del comprador o el donatario[144].

De tal modo que se distingue que la persona cuyos bienes se trasmite es el *de cujus* o causante; la que recibe se denomina sucesor o causahabiente[145]; heredero si sucede a título universal; legatario si sucede a título singular[146]. Se habla así de sucesor a título universal –heredero–, o de sucesor a título particular –legatario–[147]. La sucesión universal comprende todo el patrimonio considerado como una universalidad[148], en tanto que la sucesión particular se refiere a la adquisición de uno o varios bienes individualmente determinados; esta última puede ser *inter vivos* o por causa de muerte[149]. Este último supuesto tiene lugar a través del legado, en tanto que la única sucesión universal es la herencia[150].

---

la calidad de heredero. Las demás disposiciones son a título particular y atribuyen la calidad de legatario». Véase: ZANNONI, ob. cit., p. 5, indica que el artículo 3263 del Código argentino refiere: «sucesor universal es aquel a quien pasa todo, o una parte alícuota del patrimonio de otra persona» y «sucesor singular, es aquel al cual se transmite un objeto particular que sale de los bienes de otra persona».

[142] Véase: ESCOVAR LEÓN, Ramón: «Institución de heredero y legatario». En: *Revista de la Facultad de Derecho*, N.º 30, Caracas, UCAB, 1980, pp. 229 y 230, el heredero es un sucesor en la universalidad o en una parte alícuota, el legatario en las demás disposiciones que son a título particular.

[143] Ibíd., p. 230.

[144] Véase: DOMINICI, ob. cit., p. 19.

[145] Véase: SANTORO PASSARELLI, ob. cit., p. 94.

[146] ROMERO CIFUENTES, ob. cit., p. 9.

[147] Véase: TORRES-RIVERO, Arturo: «Declaratoria de sucesor». En: *Revista de la Facultad de Ciencias Jurídicas y Políticas*, N.º 88, Caracas, UCV, 1993, p. 157.

[148] CHINCHILLA SANTIAGO, ob. cit., p. 70.

[149] Ibíd., p. 71.

[150] PINO, Augusto: «El legatario es causahabiente y no sucesor». En: *Boletín de la Academia de Ciencias Políticas y Sociales*, vol. 23, N.º 9, 1956, p. 31. Véase también: ROJINA VILLEGAS, ob. cit., p. 63, el testamento es el único acto jurídico que hace posible la transmisión o sucesión a título universal.

El heredero supone una fracción aritmética del conjunto, el sucesor a título particular, lo serán de derechos o bienes determinados[151]. Los legatarios, a diferencia de los herederos, no son titulares de la herencia, sino terceros a quienes a título gratuito –aunque pueda imponérseles cargas– se les defiere uno o más bienes o derechos contenidos en la herencia[152]. Y así, se denomina «heredero» al sucesor universal porque recibe como un todo la generalidad de derechos y obligaciones, en tanto que el legatario es un sucesor a título particular que recibe un bien o derecho en forma aislada y no en cuanto componente de la masa hereditaria[153]. Señala Dominici que la universalidad de los bienes se refiere a una parte alícuota –mitad, tercera o décima parte de los bienes–, pudiendo suceder que un heredero reciba menor porción efectiva que un legatario a quien, por ejemplo, se le puede atribuir un valioso fundo. De manera que la calidad de heredero o legatario no depende del valor o cantidad de las cosas hereditarias que se atribuyan a uno u otro[154].

Tal distinción doctrinaria ha sido, sin embargo, criticada[155] señalando que el fenómeno de la sucesión supone el cambio de sujeto de una relación que permanece inalterada, de manera que todo cuanto habría beneficiado o perjudicado al predecesor beneficia o perjudica a quien lo sustituye. Y en tal sentido, el concepto de sucesor se contrapondría al de causahabiente. Reunir dentro del concepto de sucesor a herederos, legatarios y adquirentes *inter vivos* significa confundir dos posiciones diferentes, esto es, la de sucesor y la de causahabiente. Según tal criterio, ni si quiera el legatario tendría el carácter de sucesor a título particular sino de causahabiente, de adquirente de un derecho ajeno y no de quien se suplanta en la posición de su causante[156]. De allí que el legatario no sea considerado un sucesor

---

[151] Durón Martínez, ob. cit., p. 19.
[152] Zannoni, ob. cit., p. 11.
[153] Albaladejo, ob. cit., p. 17.
[154] Dominici, ob. cit., p. 57. En el mismo sentido: López Herrera, ob. cit., p. 142.
[155] Véase: Pino, ob. cit., pp. 27-36.
[156] Véase: ibíd., pp. 32 y 33.

por no sustituir en su posición al *de cujus*[157]. Tal consideración tiene de cierto que, efectivamente, en la concepción tradicional, el «sucesor» se sustituye en el lugar del causante, y ello no necesariamente acontece en todo legado, como es el caso del legado que perdona una deuda o concede una pensión. Así por ejemplo, CASTÁN TOBEÑAS admite que el criterio diferencial entre la sucesión a título universal –herencia– y la sucesión particular –legado– es uno de los problemas más arduos del régimen sucesorio[158], pues su diferenciación doctrinal clásica está sufriendo una crisis o, más exactamente, está siendo objeto de reelaboración científica[159]. De allí que el autor dedique prolijas páginas al estudio titulado: «El problema del carácter diferencial entre el heredero y el legatario y modo de su determinación (crisis de la orientación objetiva)»[160].

En la doctrina española, GUTIÉRREZ BARRENENGOA y otros opinan que, aun cuando se admita la equivalencia entre el concepto de sucesor universal y heredero, está claro que no se pueden equiparar el concepto de sucesor particular y legatario, pues existen legados que no implican sucesión ni siquiera particular como es el caso del legado de liberación de deuda o el legado de cosa ajena[161]. En la misma orientación, DÍEZ-PICAZO y GULLÓN señalan que no siempre el legado es «sucesión», pues es posible que el legatario no suceda en ninguna relación jurídica al causante sino que se crea *ex novo*; por ejemplo, un legado de renta anual que el testador imponga al heredero a favor de un tercero o un legado de cosa ajena[162]. Al efecto, acota LÓPEZ HERRERA que normalmente el legatario es sucesor del causante, pero hay casos de legados de cosas o relaciones que no figuran en el patrimonio hereditario, su beneficiario no se hace en realidad sucesor

---

[157] Véase: ibíd., p. 35.
[158] CASTÁN TOBEÑAS, ob. cit., pp. 10 y 11. Véase: ibíd., p. 90, indica que esa distinción técnica data del Derecho romano, y ha sido conservada y reproducida por el Derecho moderno.
[159] Ibíd., p. 12.
[160] Véase: ibíd., pp. 90-135.
[161] GUTIÉRREZ BARRENENGOA *et al.*, ob. cit., p. 27.
[162] DÍEZ-PICAZO y GULLÓN, ob. cit., p. 325.

del *de cujus*, sino del heredero, o de otro legatario, o incluso de un tercero si fuese el caso[163].

No obstante tales precisiones, es común que se aluda a sucesor a título particular para referirse al legatario, afirmándose «el legado es una forma de suceder *mortis causa* a título singular, o sea, en bienes o derechos particulares de una persona»[164]. Y esto ocurre porque, aunque no sea el legado la única forma en que se transmite bienes o derechos del causante al legatario, es el más común. Y aun en ese caso, la doctrina critica el término, pues acota que nada recibe el legatario del *de cujus*, sino que tiene un derecho de crédito contra los herederos, por lo que la transmisión tiene lugar entre herederos y legatario[165]. Derecho del legatario que, a decir de López Herrera, es inferior al de los acreedores propiamente dichos, pues se satisfacen después de estos[166].

De tal suerte, que podría admitirse o concluirse que, si bien la expresión sucesor a título particular para designar al «legatario» es susceptible de crítica toda vez que no necesariamente este ocupa el puesto del causante o sucede en toda su plenitud al difunto, tal término es frecuentemente utilizado por la doctrina. Recordamos que no siempre las expresiones tradicionales están exentas de críticas o reflejan su exacto contenido.

Se alude también a los elementos de la sucesión[167], entre los que la doctrina cita, los sujetos –causante o *de cujus* que es una persona humana

---

[163] López Herrera, ob. cit., p. 323.
[164] Gelman, Rafael: *Institución de legados estudios comparativos*. Maracaibo, Librería Roberto Borrero Tribunales de Maracaibo, 1987, p. 22; Rojas, ob. cit., p. 24, sucede al causante en un bien determinado o en una parte diferenciada del patrimonio. Es toda persona beneficiada por disposiciones particulares del testador.
[165] Pino, ob. cit., p. 33.
[166] López Herrera, ob. cit., p. 323.
[167] Véase: D'Jesús M., ob. cit., p. 21; Arce y Cervantes, ob. cit., p. 11; Lafont Pianetta, ob. cit., pp. 149 y 150.

o natural[168]; sucesores o causahabientes– y elementos formales como el patrimonio[169]. Algunos agregan los elementos formales como la ley o el testamento[170]. El causante o *de cujus* –aquel de cuya sucesión se trate– es el difunto, sujeto fundamental cuya defunción hace posible la sucesión *mortis causa*; «autor de la sucesión» en acertada expresión de la doctrina[171]. Se le denomina así, «causante», porque causa –da lugar– a la sucesión, y el que recibe los derechos y obligaciones es «sucesor» en cuanto que sucede en ellos[172]. Se sucede a un difunto a título universal o a título singular[173].

---

[168] La sucesión *mortis causa* precisa de la muerte o fallecimiento, hecho exclusivo de la persona humana o natural, pues las personas incorporales o jurídicas en sentido estricto, no mueren ni fallecen, sino que se extinguen. Véase: Carrión Olmos *et al.*, ob. cit., p. 203, Las personas jurídicas o incorporales, carecen de un estatuto sucesorio.

[169] Véase: Alarcón Flores, Luis Alfredo: «Manual de Sucesiones». En: http://www.monografias.com, señala entre los elementos de la sucesión: el causante o fallecido, elementos personales que son los sucesores, elementos reales constituidos por los bienes, y elementos formales (apertura, vocación y aceptación). En el mismo sentido, véase: Quisbert, Ermo: *La sucesión*. La Paz, Apunte 2, Adeq, 2007, p. 15, ermoquisbert.tripod.com/suc/02.pdf; Piña Valles, ob. cit., p. 31, alude a causante, sucesores –herederos o legatarios– y patrimonio como elementos de la herencia; Véase también: Ferrando Bundio, ob. cit., pp. 8 y 9, el causante es la persona que muere, los sucesores son los destinatarios de la titularidad transmitida a través del mecanismo sucesorio. Véase: ibíd., p. 71, la persona incorporal no puede ser causante por razones obvias; Véase: Torres-Rivero, *Teoría...*, t. i, pp. 49-65, alude a los sujetos de la sucesión –causante y sucesores– y al objeto –patrimonio–; Serrano Alonso, *Manual...*, pp. 31 y 31, los sujetos de la sucesión son el causante o *de cujus* –aquel de cuya sucesión se trate– y el sucesor. El causante solo puede ser una persona física; Lacruz Berdejo *et al.*, ob. cit., p. 26, los elementos del derecho a la herencia son personales –causante o difunto y sucesor–, formales –título sucesorio, esto es testamento o *ab intestato* y la aceptación de la herencia– y el elemento real –bienes y derechos–; Chinchilla Santiago, ob. cit., pp. 71 y 72, distingue elementos personales o necesarios –causante y herederos– de elementos reales; Córdoba *et al.*, ob. cit., pp. 25 y 26.

[170] Véase: D'Jesús M., ob. cit., p. 21.

[171] Véase: Torres-Rivero, *Teoría...*, t. i, 53. Véase en sentido semejante: Suárez Franco, ob. cit., p. 8, señala que el difunto representa al «autor»; D'Jesús M., ob. cit., p. 21.

[172] Albaladejo, ob. cit., p. 8.

[173] Claro Solar, ob. cit., t. xiii, p. 11.

El sucesor puede ser singular o plural, y se le denomina también «causahabiente» aunque este no es término típico del Derecho Sucesoral, como tampoco lo es sucesor o beneficiario[174]. Tales sucesores pueden ser a título universal –herederos– o particular –legatarios– como veremos de seguidas. Y, obviamente, el sentido de la sucesión es la suerte o destino del patrimonio del causante, de allí que dicho patrimonio sea ubicado como elemento u «objeto» de la sucesión[175].

4.1. A título universal

La sucesión universal comprende la totalidad del patrimonio del autor o causante[176]. Se afirma que el único caso de sucesión universal conocido por el Derecho es el de la sucesión hereditaria[177] y el testamento es el único acto jurídico que permite tal transferencia[178], esto al considerarse al sucesor universal como si fuese el propio causante en orden al patrimonio en su integridad, pues el sucesor ingresa, subentra o se coloca en tal posición jurídica viniendo a continuar la subjetividad jurídica del causante. Se trata así del fundamento dogmático de la teoría del patrimonio-persona, recogida en ordenamientos de raíz romana, en que se considera al heredero continuador de la personalidad del causante con responsabilidad *ultra vires hereditatis*[179].

Se aclara, no obstante, con relación a la sucesión *mortis causa*, que la misma «no es una persona jurídica»[180], porque no constituye un ente capaz de figurar como sujeto en una relación o situación jurídica, lo que se proyecta en el ámbito procesal[181].

---

[174] Torres-Rivero, *Teoría...*, t. i, pp. 54 y 55.
[175] Véase sobre éste: ibíd., pp. 59-65.
[176] Domínguez Benavente, ob. cit., p. 48, la sucesión entre vivos es a título particular.
[177] Pino, ob. cit., p. 31.
[178] Rojina Villegas, ob. cit., p. 63.
[179] Zannoni, ob. cit., pp. 6 y 7.
[180] Véase: Suárez Franco, ob. cit., pp. 15 y 23.
[181] Véase entre otras: Juzgado Segundo de Primera Instancia en lo Civil, Mercantil y Bancario de la Circunscripción Judicial del estado Carabobo, sent. del 22-06-09,

La sucesión a título universal constituye, como su denominación lo indica, una «universalidad» de derechos y obligaciones. La misma viene a colocar al «heredero» en una situación jurídica particular regida, a decir de la doctrina[182] y de la jurisprudencia[183], por diversas reglas o principios, a saber:

---

exp. 53447/aa http://caracas.tsj.gov.ve/decisiones/2009/junio/722-22-53.447-53.447.html; Juzgado Primero se Primera Instancia en lo Civil y Mercantil de la Circunscripción Judicial del estado Aragua, sent. del 12-02-09, apel. 0050, http://jca.tsj.gov.ve/decisiones/2009/febrero/220-12-50-.html, «No es válido el argumento esgrimido por la demandante en cuanto a que la sucesión constituye una persona jurídica, cuando estamos en presencia de una comunidad, existe pluralidad de sujetos o personas naturales, pero nunca frente a una persona jurídica a tenor de lo dispuestos en el artículo 19 del Código Civil, lo que hace igualmente improcedente la impugnación realizada por la parte demandada»; Superior Noveno de lo Contencioso Tributario, en Caracas, sent. del 06-04-09, AF49-U-1998-000096, http://cfr.tsj.gov.ve/decisiones/2009/abril/2103-6-AF49-U-1998-000096-036-2009.html, «... pero siendo que las sucesiones no tienen personalidad jurídica propia, deben sus representantes ser notificados»; Juzgado Segundo de Primera Instancia en lo Civil, Mercantil, del Tránsito y Agrario de la Circunscripción Judicial del estado Vargas, sent. 31-03-03, exp. 6842, http://vargas.tsj.gov.ve/decisiones/2003/marzo/130-31-6842-88.html, «ha debido por tanto el accionante haber precisado en su respectivo escrito libelar quienes eran las personas que integraban la sucesión (...) Inadmisible la presente acción que por prescripción adquisitiva fuese incoada por el ciudadano (...) contra la sucesión...»; Juzgado Segundo de Primera Instancia en lo Civil, Mercantil y Bancario de la Circunscripción Judicial del estado Carabobo, sent. del 22-06-09, citada *supra*, «Este juzgador observa que el *a quo* declara la inadmisibilidad de la acción por considerar que la sucesión, no tiene personalidad jurídica para incoar la presente acción»; Corte Superior Tercera, sent. del 18-3-70, ninguna sucesión constituye una persona jurídica distinta a su herederos, sino que cada uno de ellos responde personalmente en la debida proporción (citada por VILLAROEL RIÓN, ob. cit., p. 299).

[182] Véase: LÓPEZ HERRERA, ob. cit., pp. 27-31; SOJO BIANCO, ob. cit., pp. 240-242; PIÑA VALLES, ob. cit., pp. 33 y 34; RODRÍGUEZ, ob. cit., pp. 69-71; TORRES-RIVERO, *Teoría...*, t. I, pp. 141-167; VILLAROEL RIÓN, ob. cit., pp. 119-121; BRICEÑO C., ob. cit., pp. 27-29. Véase también: ESPARZA BRACHO, ob. cit., pp. 4 y 5; ARCE Y CERVANTES, ob. cit., pp. 6-11.

[183] Véase: Juzgado Superior Segundo en lo Civil, Mercantil y Menores del estado Lara, en Barquisimeto, sent. del 03-08-04, citada *supra*, La sucesión a título universal se rige por siguientes principios: 1. El heredero continúa la personalidad del causante.

a. El heredero continúa la personalidad jurídica del causante[184]: Lo que corresponde a una ficción[185], concepción que, si bien para algunos superada[186], formalmente rige en nuestro Derecho salvo aceptación a beneficio de inventario. La continuidad del heredero acontece sin mutación alguna a nivel jurídico por lo que el heredero subentra en la sucesión en la misma condición que el causante[187].

b. La unidad del patrimonio hereditario[188] no se disgrega: La concurrencia de varios herederos se concibe simplemente como una comunidad[189], pues cada uno será sucesor a título universal aunque en una cuota parte de los bienes de conformidad con el artículo 834 de Código Civil[190], a pesar de que

---

2. La unidad del patrimonio hereditario no se disgrega. 3. Pueden coexistir sucesores a título universal y a título particular. 4. Continuación en el heredero de las relaciones jurídicas del *de cujus*, de manera que todos los derechos y obligaciones se transmiten sin experimentar modificación alguna. 5. Confusión del patrimonio del *de cujus* con el del heredero, que puede evitarse con el beneficio de inventario.

[184] Véase: RIPERT y BOULANGER, ob. cit., p. 11, mediante esta regla se explica la naturaleza de la sucesión; ROJINA VILLEGAS, ob. cit., p. 17, se alude al heredero como representante del *de cujus*, a los fines de mantener la continuidad patrimonial; JOSSERAND, ob. cit., vol. II, pp. 166-176; MAZEAUD et al., ob. cit., vol. III, pp. 138-158; TORRES-RIVERO, *Teoría*..., t. I, pp. 143 y ss.; CAMUS, ob. cit., p. 44, la doctrina que podría denominarse clásica considera que la herencia es una mera continuación de la personalidad del difunto en el heredero; ABOUHAMAD HOBAICA, ob. cit., pp. 123-134; DOMÍNGUEZ BENAVENTE, ob. cit., p. 54; ARCE Y CERVANTES, ob. cit., p. 6.

[185] ROJINA VILLEGAS, ob. cit., p. 19, hay una ficción en declarar que el heredero continúa la personalidad jurídica del difunto, y es una inexactitud decir que continúa en todos los derechos. Veremos que algunos se extinguen con la muerte.

[186] Véase: BAQUEIRO ROJAS y BUENROSTRO BÁEZ, ob. cit., p. 265; ÁLVAREZ-CAPEROCHIPI, ob. cit., pp. 18 y 39. Véase también «el principio de la continuación de la persona considerado desde el punto de vista crítico, histórico y comparativo»: JOSSERAND, ob. cit., vol. II, pp. 176-180.

[187] ESPARZA BRACHO, ob. cit., p. 5.

[188] ARCE Y Cervantes, ob. cit., p. 7.

[189] Véase: O'CALLAGHAN, Xavier: *La partición de la herencia*, p. 1, http://books.google.co.ve/books?isbn=8480046821..., alude a comunidad hereditaria como una especie del género comunidad de bienes, que puede estar conformada por herederos y legatarios.

no existe en nuestro ordenamiento el «legado de parte alícuota»[191] o «legado de cuota»[192], o «legado universal»[193], pues, cuando el testador haga atribuciones sobre cuotas indivisas –mitad o un cuarto–, estará instituyendo herederos[194]. Así pues, la unidad de la herencia no se fractura por la concurrencia de varios herederos que conforman una comunidad hereditaria[195].

c. Pueden coexistir sucesores a título universal y a título particular, así como sucesión *ab intestato* y sucesión testamentaria: La sucesión universal no es óbice para que concurran a la herencia sucesores a título particular, a saber, legatarios siempre que tales relaciones sean transmisibles. De la misma manera, que, según veremos, en un mismo sujeto puede coexistir la condición de heredero y legatario[196]. Así mismo, sucesión *ab intestato* y sucesión testamentaria, pueden concurrir en diferentes supuestos en que la última sea insuficiente, ineficaz o vulnere normas imperativas. En tal caso, se alude a sucesión «mixta»[197].

---

[190] «Las disposiciones testamentarias que comprendan la universalidad de una parte alícuota de los bienes del testador, son a título universal y atribuyen la calidad de heredero. Las demás disposiciones son a título particular y atribuyen la calidad de legatario».

[191] Véase sin embargo, respecto al Derecho español: CASTÁN TOBEÑAS, ob. cit., pp. 121 y 122, el ordenamiento español alude al legado de parte alícuota y se indica que constituye una modalidad irregular o una figura intermedia o *sui generis* entre el legado y la herencia propiamente dicha; ALBALADEJO, ob. cit., p. 21, indica que el mismo no lo regula el Código, pero la jurisprudencia lo acoge; sin embargo, opina el autor que quien sucede en una parte alícuota de la herencia, sería realmente heredero; VALLET DE GOYTISOLO, *Estudios de Derecho Sucesorio…*, vol. I, pp. 379 y ss.; DÍEZ-PICAZO y GULLÓN, ob. cit., p. 383.

[192] Véase respecto del Derecho argentino: ZANNONI, ob. cit., pp. 16-19. Indica el autor que el legatario de cuota es un sucesor en los bienes, que tiene por objeto un todo ideal, aunque es debatida su naturaleza.

[193] Véase: RIPERT y BOULANGER, ob. cit., p. 355, el que confiere al legatario un vocación eventual a la totalidad de los bienes del testador; MAZEAUD *et al.*, ob. cit., vol. II, p. 415 y 417.

[194] ESCOVAR LEÓN, ob. cit., p. 231, en Venezuela por argumento *ad absurdum*, hay que rechazar la hipótesis de un legado de parte alícuota.

[195] ESPARZA BRACHO, ob. cit., p. 5.

[196] Véase *infra* VIII.6; ibíd., p. 6.

[197] Véase *infra* V.1.

d. Continuación en el heredero de las relaciones jurídicas del *de cujus*: Los derechos y obligaciones se transmiten efectivamente sin variación, como es el caso de la posesión de conformidad con el artículo 781 del Código Civil –posesión civilísima–, y los actos realizados por el difunto no pueden ser impugnados por el heredero, salvo que hubiere tenido facultad por sí mismo. El heredero cuenta con las mismas acciones con las que contaría el *de cujus*, a los efectos de la defensa de sus derechos[198]. No todas las relaciones o situaciones jurídicas del causante se transmiten por vía de sucesión, sino en principio aquellas que son susceptibles de ello por su naturaleza eminentemente patrimonial: las de contenido personalísimo se extinguen con la muerte[199]. De allí que se afirme que el carácter universal de la transmisión no afecta a algunas relaciones del causante[200], pero sí aquellas susceptibles de transmisión en la que el heredero ocupará el mismo lugar de aquel[201].

e. Confusión del patrimonio del *de cujus* con el heredero[202]: La sucesión a título universal supone la confusión entre el patrimonio del causante y el heredero, por lo que este último responderá de las deudas del primero, salvo que tenga lugar la aceptación a beneficio de inventario que tiene por objeto evitar tal confusión y, por tal, responder de las deudas de la herencia solo hasta concurrencia de su activo (artículo 1023 del Código Civil)[203], así como los acreedores pueden solicitar en su resguardo la «separación de

---

[198] Véase *infra* II.5.2.
[199] Véase *supra* 2.
[200] Esparza Bracho, ob. cit., p. 4.
[201] Ghersi, Carlos Alberto: *Derecho Civil parte general*. Buenos Aires, Edit. Astrea, 1993, p. 168, Se transmiten a los herederos los derechos y las obligaciones patrimoniales, siendo propietarios, acreedores y deudores de todo lo que el difunto era propietario, acreedor o deudor.
[202] Arce y Cervantes, ob. cit., p. 9.
[203] Véase *infra* III.1; Juzgado Superior Segundo en lo Civil, Mercantil y Menores del estado Lara, en Barquisimeto, sent. del 03-08-04, citada *supra*, el ser heredero y representante del difunto, implica que su patrimonio se confunda con el hereditario y constituyan un patrimonio único.

patrimonios» para evitar dicha confusión de patrimonios en caso de insolvencia del heredero[204]. Según veremos[205], a la construcción dogmática romana del heredero como continuador de la personalidad del causante, se opone la germánica, de sucesión en los bienes.

f. Universalidad de la sucesión de heredero: Aunque de alguna manera contenida en las anteriores, Martí y Miralles alude a tal principio para significar que el heredero es un sucesor «universal» de todos los bienes y de todos los derechos del difunto, así como también de sus obligaciones. El heredero se pone en el lugar y en la condición del causante, estando obligado a pagar sus deudas y demás cargas, y tiene los mismos derechos exceptuando los que se extinguen con la muerte[206]. La personificación de la universalidad de la herencia en el heredero supone la unidad del título sucesorio, con todas sus ventajas innegables y consecuencias lógicas[207]. Así, el carácter universal de la sucesión hereditaria da lugar a una confusión patrimonial del patrimonio del causante y el heredero[208]. «Como principio general, quien sucede al difunto puede hacerlo, tanto en los derechos como en las obligaciones que configuraron su patrimonio, razón por la cual se distingue entre sucesores a título universal y sucesores a título particular»[209]. El título universal de la transmisión hereditaria tampoco se quebranta por la transmisión *mortis causa* a título particular, esto es, mediante legados[210]. Pues según indicamos *supra*, ambas sucesiones pueden

---

[204] Véase *infra* III.2.
[205] Véase *infra* II.1.
[206] Martí y Miralles, Juan: *Principios de Derecho Sucesorio. Aplicados a fórmulas de usufructo vidual y de herencia vitalicia*. Madrid, Instituto Nacional de Estudios Jurídicos, Trad. Luis Martí Ramos, 1964, p. 21.
[207] Ibíd., p. 22.
[208] Esparza Bracho, ob. cit., p. 5.
[209] Juzgado Superior Segundo en lo Civil, Mercantil y Menores del estado Lara, en Barquisimeto, sent. del 03-08-04, citada *supra*, se allí que de conformidad con lo señalado en el artículo 1163 del Código Civil «se presume que una persona ha contratado para sí y para sus herederos y causahabientes, cuando no se ha convenido expresamente lo contrario, o cuando no resulta así de la naturaleza del contrato».
[210] Esparza Bracho, ob. cit., p. 5.

coexistir. El heredero sucede en la totalidad o una cuota que representa la totalidad, y el legatario en un bien o derecho en particular o singular.

g. Perpetuidad del heredero: No se concibe cualidad de heredero temporal, dándose una suerte de continuidad de conformidad con los artículos 993 –la sucesión se abre al momento de la muerte– y 1001 del Código Civil –la aceptación se retrotrae al momento en que se abrió la sucesión–. Si bien no existe obligación de aceptar la herencia, una vez que la misma opera ya sea expresa o tácitamente, el heredero adquiere perpetuamente tal condición. Situación sabiamente explicada por Vallet de Goytisolo[211] al indicar que no se puede perder una vez adquirida la cualidad de heredero[212], así como el nacido no puede destruir su nacimiento[213]. Esparza, al referirse a los principios que rigen la sucesión universal, comienza señalando: «la cualidad del heredero no puede ser asumida temporalmente, ni puede existir solución de continuidad entre la muerte del causante y el subentrar del sucesor»[214]. De allí que la aceptación no está sujeto a término ni condición; ni el causante puede imponer un término (artículo 916 del Código Civil)[215]. Así pues, al estudiar las modalidades testamentarias, se aprecia que la cualidad de heredero no puede estar sometida a término; ello dada la «perpetuidad del heredero», principio con el que se topa también la posibilidad de condición resolutoria respecto del sucesor «universal» a diferencia del particular –legatario–[216].

Entre los elementos que atribuye la doctrina incluye: la muerte de una persona, el título de vocación –que exista un llamamiento por ley–, una asignación –ya sea universal o particular–, un sucesor y la aceptación del asignatario[217].

---

[211] Véase: Vallet de Goytisolo, *Perpetuidad del heredero...*, pp. 939-951.
[212] Ibíd., p. 941, «Si el heredero es aquel en quien tiene lugar el fenómeno sucesorio, y este es irrepetible una vez operado, pues los bienes no pueden retornar al difunto...».
[213] Ibíd., p. 939.
[214] Esparza Bracho, ob. cit., p. 4.
[215] Ídem.
[216] Véase *infra* vii.4.
[217] Domínguez Benavente, ob. cit., pp. 66 y 67.

4.2. A título particular

La sucesión *mortis causa* a título particular –aunque el término sea susceptible de crítica, según acabamos de apreciar– se hace efectiva en nuestro ordenamiento a través de la figura del legado, y al efecto, el legatario –a diferencia del heredero que es sucesor universal– es un sucesor o, más propiamente, un causahabiente a título particular porque en principio solo se sustituye activa y pasivamente con relación a un bien o conjunto de bienes en particular[218]. Pero a tal figura nos referiremos *infra*[219]; su distinción con el heredero guarda interés porque presentan diferentes normativas y consecuencias[220]. Definida la condición de heredero, la de legatario se deduce por *contrario sensu*[221]. Se indica que por vía de testamento se puede instituir tanto heredero como legatario, aunque la institución de heredero no es necesaria[222].

Con relación a la institución del heredero –sucesor a título universal– y legatario –a título particular–, la designación que se haga en el testamento,

---

[218] Véase: Cristaldo, Luis Arnaldo: «Apuntes sobre sucesiones (Paraguay)». En: http://www.monografias.com, «Heredero: Recibe todo o una parte indeterminada del todo. Legatario: Solo un cuerpo cierto, perfectamente individualizado».
[219] Véase *infra* VIII.
[220] Véase: Gutiérrez Barrenengoa *et al.*, ob. cit., p. 30, entre las diferencias entre heredero y legatario, los autores citan: el heredero responde de las deudas de la herencia, el legatario excepcionalmente si lo impone el testador; el heredero goza –a diferencia del legatario– de la acción de petición de herencia y se le transmite la posesión de los bienes hereditarios; a falta de albacea, los encargados de ejecutar la voluntad del causante son los herederos, mas no los legatarios; el derecho de aceptar una herencia –*ius transmissionis*– se transmite a los herederos, a diferencia del legado. Véase también: Rojas, ob. cit., pp. 24 y 25; Vallet de Goytisolo, *Estudios de Derecho Sucesorio…*, vol. I, pp. 429-461 (capítulo XI: «Diferencias prácticas entre atribuir bienes a título de herencia o a título de legado»), el legatario no tiene la posesión civilísima y no responde de las deudas de la herencia a diferencia del heredero, aunque puede imponérsele cargas.
[221] Álvarez-Caperochipi, ob. cit., p. 36.
[222] Kipp *et al.*, ob. cit., p. 289.

al margen del término empleado, supone atender al contenido de la disposición. Para distinguir entre heredero y legatario se debe atender a la sustancia y no a las palabras con las que el testador se exprese[223]. De tal suerte, que será heredero quien reciba la *universus ius*, bien sea total o parcialmente; sería legatario, quien reciba un bien determinado o particular[224], al margen del lenguaje utilizado por el testador[225]. «Ni siquiera es preciso que

---

[223] Polacco, ob. cit., t. i, p. 322.
[224] Véase: Sojo Bianco, ob. cit., p. 329, agrega el autor que no importa la designación utilizada por el testador, sino el contenido, pues si indica: «Lego» a X la cuarta parte de mis bienes, el sujeto es «heredero» y no legatario; Farrera, *Sucesiones…*, p. 191, si se indica «lego a Manuel la mitad de mis bienes, es una institución de heredero y no un legado»; Lacruz Berdejo *et al.*, ob. cit., p. 20, así cuando el testado dice: «Lego a A la mitad de mis bienes» o «nombro a B heredero de mi finca», el primer caso corresponde a heredero y el segundo a legatario; Rojas, ob. cit., pp. 139 y 140; Rodríguez de Rodríguez, ob. cit., p. 16, si se establece «nombro heredera a mi sobrina de mi casa…» sería legataria; Farrera, ob. cit., p. 84, el heredero supone una parte alícuota de los bienes y el legado una cosa singular, por ejemplo: Dejo a mi hijo todos mis bienes con excepción de la hacienda que es para mi sobrino X –el hijo es heredero y el sobrino legatario–; Cicu, ob. cit., pp. 11-15. Véase: Sala de Juicio Décima del Circuito Judicial del Tribunal de Protección de Niños, Niñas y Adolescente de la Circunscripción Judicial del Área Metropolitana de Caracas, sent. del 28-01-09, exp. AP51-V-2005-003640, http://cfr.tsj.gov.ve/decisiones/2009/enero/2085-28-AP51V2005003614-PJ0102009000116.html, «… era la propietaria del 50 % de los derechos de propiedad sobre la casa quinta denominada "Elisa". 2. cuando en su última voluntad ella afirma indiscutiblemente que "los derechos de propiedad" que le corresponden sobre esa casa quinta los quiere transferir, pues, no está diciendo que es "una parte" de esos derechos los que quiere transferir, sino que son todos esos derechos. Tan es así, que ella reafirma al final de ese punto "tercero" de su testamento que "queda (…) excluido (…) dicho inmueble de la participación con los demás coherederos". 3. por tratarse de una adjudicación hecha sobre tres bisnietos y un sobrino de la causante que no ostentaban el carácter de herederos, se trata de un legado».
[225] Véase: Escovar León, «Institución de heredero…», p. 230; Rodríguez, ob. cit., p. 137, «no es la denominación del instituido lo determinante de su cualidad, sino el contenido de la institución…»; Albaladejo, ob. cit., p. 18, cuando el difunto instituye a los sucesores, que éste sea heredero o legatario, depende no del nombre que se le dé, sino de que haya sido llamado a suceder universal o particular, puesto eso es lo

el causante, al disponer, tenga conciencia de la diferencia jurídica entre sucesión universal y particular»[226]. En sentido semejante, indica CASTÁN que la nota distintiva entre heredero y legatario no depende de la voluntad del testador manifestada en las palabras con que hace el llamamiento, sino que surge del propio contenido de la disposición testamentaria, según atribuya a los sucesores el patrimonio en su totalidad o en parte proporcional –herederos– o en alguno de sus elementos individualizados o grupos de ellos concretamente determinados –legado–[227]. Sin embargo, agrega CARRIÓN, la realidad demuestra que no siempre es fácil determinar el tipo de llamamiento, puesto que la voluntad del causante puede ser oscura e imprecisa, y surge el problema de establecer si la disposición testamentaria

---

que lo hace heredero o legatario. Véase también: GUTIÉRREZ BARRENENGOA *et al.*, ob. cit., p. 24, indican que el artículo 668.2 del Código Civil español dispone que «aunque el testador no haya usado materialmente la palabra heredero, si su voluntad está clara acerca de este concepto, valdrá la disposición como hecha a título universal o de herencia»; CLARO SOLAR, ob. cit., t. XIII, I, p. 21, la diferencia se halla en la naturaleza de la disposición y no en las palabras. De tal suerte, que en definitiva poco importan las palabras, sino el contenido, naturaleza y contexto de la institución a fin de precisar la voluntad del causante; Juzgado Segundo de Municipio de la Circunscripción Judicial del Área Metropolitana de Caracas, sent. del 28-10-13, exp. AP31-S-2013-009666, http://caracas.tsj.gob.ve/decisiones/2013/octubre/2149-28-ap31-s-2013-009666-.html, «Destaca la doctrina que dentro de los principios que gobiernan las instituciones testamentarias, éstas pueden ser a título universal o a título particular; que solo las primeras confieren al instituido la cualidad y el título de heredero, pues de las segundas únicamente deriva la cualidad y el título de legatario; y que a los efectos de distinguir entre uno y otro tipo de instituciones, no se atiende a las expresiones que el testador haya utilizado al efecto, ni al mayor o menor valor patrimonial de ellas; sino exclusivamente a su contenido, ya que son a título universal solamente las que comprenden la totalidad o una parte alícuota del patrimonio hereditario, en tanto que las que se refieren a determinados bienes o derechos específicos de dicho patrimonio, lo son a título particular» (en el mismo sentido: Juzgado Segundo de Municipio de la Circunscripción Judicial del Área Metropolitana de Caracas, sent. del 06-02-14, exp. AP31-S-2014-000550, http://caracas.tsj.gob.ve/decisiones/2014/febrero/3055-6-ap31-s-2014-000550-.html).

[226] ALBALADEJO, ob. cit., p. 19.
[227] CASTÁN TOBEÑAS, ob. cit., p. 119.

concreta es a título de herencia o de legado²²⁸. Así pues, lo importante será la naturaleza del instituto, no rigen fórmulas respecto de las designaciones hechas por el testador, dada la «ausencia de sacramentalismos» respecto a la manifestación de la voluntad del causante²²⁹.

5. La muerte y sus efectos sucesorios

La muerte es un hecho que por ser seguro pero a la vez imprevisible genera temor y enigma en el ser humano²³⁰, siendo fuente de reflexiones en el hombre²³¹. Ahora bien, desde el punto de vista jurídico, la muerte constituye el fin de la personalidad jurídica del ser humano²³². Sin embargo,

---

²²⁸ Carrión Olmos *et al.*, ob. cit., p. 234.
²²⁹ Véase *infra* vi.4.
²³⁰ Véase: Domínguez Guillén, María Candelaria: *Inicio y extinción de la personalidad jurídica del ser humano (nacimiento y muerte)*. Caracas, TSJ, 2007, pp. 152 y ss.; Domínguez Guillén, María Candelaria: *Manual de Derecho Civil i Personas*. Caracas, Paredes, 2011, pp. 105-118.
²³¹ Véase: Schmidt, Ludwig: «La muerte: una visión interdisciplinaria de un acto humano». En: *Estudios de Derecho. Estudios de Derecho Privado. Homenaje a la Facultad de Derecho de la Universidad Católica Andrés Bello en su 50 aniversario*. Caracas, UCAB, 2004, t. i, pp. 337-383; Tornos, Andrés: «Sobre la antropología de la muerte». En: *La eutanasia y el arte de morir. Dilemas éticos de la medicina actual-4*. Madrid, Universidad Pontificia Comillas de Madrid, 1990, pp. 33-45; Comesaña Santalices, Gloria M.: «La muerte desde la dimensión filosófica: una reflexión a partir del ser –para– la muerte heideggeriana». En: *Agora Trujillo. Revista del Centro Regional de Investigación Humanística, Económica y Social*, N.º 13, 2004, pp. 113-125, www.saber.ula.ve/.../alexandr/db/ssaber/Edocs/pubelectronicas/agoratrujillo/agora13/articulo_5.pdf. Montiel Montes, Juan José: «El pensamiento de la muerte en Heidegger y Pierre Theilhard de Chardin». En: *Utopía y Praxis latinoamericana*. UPL, vol. 8, N.º 21, Maracaibo, 2003, pp. 59-72, http://www.serbi.luz.edu.ve/scielo.php?script=sci_arttext&pid=S1315-52162003003000005&lng=es&nrm=is...; Domínguez Guillén, María Candelaria: «Consideraciones sobre la muerte (breve referencia al Derecho comparado)». En: *Boletín de la Academia de Ciencias Políticas y Sociales*, N.º 146, Caracas, 2008, pp. 389-426.
²³² Véase sobre la noción jurídica: Domínguez Guillén, *Inicio y extinción…*, pp. 152-159.

se precisa de la ciencia médica para determinar el instante exacto en que tal pérdida acontece, pues una diferencia de momentos puede ser determinante a los efectos jurídicos, con inclusión de los sucesorios[233]. Se distingue así desde la perspectiva médica la noción de «muerte clínica», como la cesación definitiva de las funciones vitales, de la «muerte cerebral» o «encefálica», que se traduce en la cesación de la actividad cerebral en forma irreversible, no obstante que puedan mantenerse artificialmente las funciones vitales, generalmente a efectos de trasplantes de órganos[234]. Aunque esta última noción pudiera ser considerada para ciertos problemas jurídicos, inclusive de orden sucesorio[235], y de allí la importancia de la distinción[236].

---

[233] Véase *infra* v.5.4.

[234] Véase: Ley sobre Donación y Trasplantes de Órganos, Tejidos y Células en Seres Humanos, *Gaceta Oficial* N.º 39808, del 25-11-11, artículos 4 y 24. Sobre la noción médica de «muerte» y la distinción entre muerte clínica y muerte cerebral o encefálica y su importancia jurídica, véase: Domínguez Guillén, *Inicio y extinción...*, pp. 169-206; Domínguez Guillén, *Manual de Derecho Civil I...*, pp. 106-109. Véase sobre dicha Ley: Pellegrino Pacera, Cosimina y Ana Julia Niño Gamboa: «Breves comentarios a la nueva Ley sobre Donación y Trasplantes de Órganos, Tejidos y Células en Seres Humanos». En: *Anuario de Derecho de Derecho Público* N.º iv-v, Caracas, Centro de Estudios de Derecho Público de la Universidad Monte Ávila, 2011-2012, pp. 202-218. http:// www.uma.edu.ve/regalo/AnuarioDerecho-Publico.pdf.

[235] Véase: Domínguez Guillén, *Inicio y extinción...*, p. 199, «Y es que en definitiva, en la muerte cerebral existe realmente muerte o desaparición de la existencia humana, de allí que ello se proyecte en diversas situaciones jurídicas y no exclusivamente en materia de trasplantes de órganos, no obstante la necesaria certificación posterior –que actualmente se precisa– de muerte clínica o cesación de las funciones vitales. Pensamos, sin embargo, que ciertos problemas jurídicos fundamentales donde sea importante el tiempo o determinación de la muerte, pudieran ser resueltos en función del criterio médico de la "muerte cerebral". Por ejemplo, ¿por qué no considerarla a los fines de desvirtuar la presunción de conmoriencia o muerte simultánea?». Véase ibíd., p. 243: «Indicamos que la muerte cerebral legalmente establecida sería factible de ser considerada muerte sustancial para ciertos efectos jurídicos como es el caso de desvirtuar la presunción de conmoriencia, y en este sentido de acreditarse la muerte cerebral con prioridad a otra muerte –premoriencia–, bien podría considerarse que ésta última persona sobrevivió al causante, no obstante el mantenimiento artificial

Efectivamente, con la muerte se extingue la personalidad y desaparece el sujeto[237] quien era titular de deberes y derechos; aquellos susceptibles de contenido patrimonial o pecuniario, en principio, no se extinguen con él, sino que son trasmisibles a los herederos a través del mecanismo de la sucesión[238].

Constituye la muerte o fin de la persona natural el punto central o de origen del Derecho Sucesoral. De allí que TORRES-RIVERO distinguiera entre «El Derecho de la vida y el Derecho de la muerte» considerando

---

de ciertas funciones vitales por un breve espacio de tiempo. Lo contrario, dejaría a la voluntad de los terceros la prioridad en el orden de las muertes en supuestos de muerte cerebral». Véase también: PÉREZ GALLARDO: Leonardo B.: «La gestación tras el diagnóstico neurológico de muerte: ¿Gestación *post mortem*?». En: *Revista Anales de la Facultad de Ciencias Jurídicas y Sociales*. UNLP, 2014, p. 30, «Por lo tanto, en estado de muerte cerebral, la llamada vida de las partes del cuerpo es "vida artificial", no vida natural. Un instrumento artificial se convierte en la causa principal de dicha "vida" no natural. De este modo, la muerte se disfraza o se enmascara a través del uso de un instrumento artificial». Al seguir tales derroteros, nada impide que se inicie el proceso sucesorio, cuando ya no existe la persona, otra cuestión muy distinta es que la sola presencia del *nasciturus* se convierte en razón suficiente prudente para postergar por consenso de quienes tendrían derechos sucesorios, cualquier trámite legal, a la espera del éxito o no del mantenimiento con vida del feto. Teóricamente, nada priva entonces a los herederos de la grávida fallecida a iniciar los trámites sucesorios sin certeza aun del alumbramiento (…) Lo relevante en este tema es, si resulta admisible en Derecho tramitar una sucesión de quien ya fue diagnosticada en muerte encefálica y sigue acoplada a un ventilador con soporte artificial de "vida" para llegar a buen fin el producto de la concepción. Una vez más puede entrar en colisión el Derecho con la moral (…) En todo caso, soy partidario, de que lo que importa en el Derecho de Sucesiones, más que la premura por la tramitación de la sucesión en sí, es la certeza misma de la muerte, la determinación con pulcritud del momento en que ha cesado una vida, instante mismo en que se echa andar el fenómeno sucesorio. A todas luces, los títulos sucesorios cobran vigencia con la muerte del titular. Las sucesiones siempre responden a un hecho pretérito, a saber: el del deceso».

[236] Véase sobre la noción jurídica: DOMÍNGUEZ GUILLÉN, *Inicio y extinción…*, pp. 192-206.
[237] Véase: ibíd., pp. 208-210.
[238] Véase: ibíd., pp. 206 y ss.; DOMÍNGUEZ GUILLÉN, *Manual de Derecho Civil I…*, pp. 109-112.

que este último está regulado predominantemente –sin menoscabo de otras disciplinas– por el Derecho Civil Sucesoral[239]. «Para después de la existencia no se necesitan derechos» refiere ALCALÁ-ZAMORA[240], pues, en efecto, con la muerte, desaparece la persona, dejando atrás los derechos de contenido patrimonial. Siendo precisamente en ese ámbito en el que encuentra sentido la materia del Derecho Sucesorio. La muerte ha sido calificada así como «causa de la sucesión», hecho jurídico que automáticamente da cabida al Derecho Sucesoral[241]. Así pues, la muerte como único hecho extintivo de la subjetividad jurídica humana, determina la apertura de la sucesión y justifica la necesidad y existencia del Derecho objeto de nuestros comentarios. La muerte del causante es, pues, presupuesto básico y necesario de la sucesión[242] –de allí la denominación «sucesión por causa de muerte»–. La sucesión constituye una respuesta jurídica y cultural a la muerte[243].

De allí que entre los principales efectos de la muerte se citen: la pérdida de la subjetividad jurídica y, por tal, comienza la protección de la personalidad pretérita[244], la apertura de la sucesión y los actos de última voluntad, la transmisión de los derechos de contenido patrimonial, la extinción de los derechos de matiz personal[245]. Cuando el hombre fallece se extingue su subjetividad jurídica y con él los derechos personalísimos, pero los derechos

---

[239] Véase: TORRES-RIVERO, *Teoría*..., t. I, p. 3.
[240] ALCALÁ-ZAMORA Y TORRES, N.: *La potestad jurídica sobre el más allá de la vida*. Buenos Aires, EJEA, 1959, p. 22.
[241] TORRES-RIVERO, *Teoría*..., t. I, p. 14. Véase sobre la misma: ibíd., pp. 11-53.
[242] POLACCO, ob. cit., t. I, p. 17, agrega «*viventis nulla hereditas est*».
[243] CIURO CALDANI, Miguel Ángel: *Aportes integrativistas al Derecho de Sucesiones (la sucesión como hora de la verdad de la persona física)*, p. 9, www.centrodefilosofia.org.ar/IyD/iyd40_3.pdf.
[244] Véase: LEIVA FERNÁNDEZ, Luis F. P.: «La personalidad pretérita. No es lo mismo estar muerto que no haber vivido». En: *La Ley* 22-10-18, 8, http://181.168.124.69/files/koha_ip.php?d=ll&biblionumber=18058...
[245] Véase sobre los efectos de la muerte: DOMÍNGUEZ GUILLÉN, *Inicio y extinción*..., pp. 206-229; DOMÍNGUEZ GUILLÉN, *Manual de Derecho Civil I*..., pp. 109-114.

de contenido patrimonial o pecuniario –en principio– no se pierden, sino que se transmiten por vía del mecanismo de la sucesión hereditaria[246].

La muerte tiene una multiplicidad de consecuencias jurídicas: unas extintivas de relaciones jurídicas; otras transmisoras de las relaciones no extinguibles, a través básicamente del importantísimo fenómeno hereditario, que se abre precisamente por el fallecimiento[247]. De allí que se afirme que «la extinción de la personalidad jurídica por la muerte no significa la desaparición de los derechos y obligaciones del fallecido, antes, al contrario, se procede a la apertura de su sucesión; y algunos efectos de la voluntad se proyectan hacia el futuro, como ocurre con las disposiciones *mortis causa* –testamento–»[248].

La muerte presenta la peculiar característica de ser al mismo tiempo causa de extinción de derechos subjetivos y causa de atribución de ciertos derechos. Así, produce la extinción de todos los derechos que, en alguna medida, están directamente vinculados a la persona de su titular, de modo que al fallecer este cesa la causa de atribución de tales derechos: así ocurre con las relaciones matrimoniales y familiares, con la condición de funcionario y con ciertos derechos de contenido económico, pero vinculados, en su duración, a la vida de su titular. Sin embargo, otros derechos pertenecientes a la persona fallecida, que tienen carácter patrimonial –y, por tanto, es indiferente quién sea su titular–, no se extinguen por la muerte de su titular, sino que su fallecimiento es causa de comienzo de su adquisición

---

[246] Véase: Moro Almaraz, María Jesús e Ignacio Sánchez Cid: *Nociones Básicas de Derecho Civil*. Madrid, edit. Tecnos, 1999, p. 139. La consecuencia o efecto más característico y propio derivado del fallecimiento de la persona, es la apertura de su «sucesión», o reparto del patrimonio de que era titular en el momento del fallecimiento entre sus herederos, dando lugar al fenómeno jurídico de la herencia.

[247] Martínez de Aguirre Aldaz, Carlos *et al.*: *Curso de Derecho Civil (I). Derecho Privado Derecho de la Persona*. Madrid, edit. Colex, 2.ª edic., 2001, vol. I, p. 354.

[248] Parra Aranguren, Gonzalo: «La existencia y desaparición de las personas físicas en el Derecho Internacional Privado». En: *Revista de la Facultad de Ciencias Jurídicas y Políticas* N.º 69. Caracas, UCV, 1988, p. 27, nota 33.

hereditaria por las personas llamadas a sucederle, materia objeto de estudio en el Derecho de Sucesiones[249].

En efecto, la excepción a esta regla de la íntegra transmisibilidad a los herederos de las situaciones patrimoniales ostentadas por el fallecido viene representada por aquellos derechos y obligaciones que fueron contraídos en razón de la persona de su titular, de tal modo que, una vez que fallece el titular, el derecho o la obligación se extinguen y no se produce su transmisión a los herederos[250]. Se trata de derechos que existen exclusivamente por las calidades mismas de la persona fallecida, y entonces no podrán transmitirse por causa de muerte[251].

La regla general es que son transmisibles todos los derechos y obligaciones del difunto, a excepción de ciertas relaciones en que el subingreso del heredero no procede, por el carácter personalísimo de los derechos. Abarcar en una fórmula todas las relaciones jurídicas excluidas de la transmisión hereditaria no es tarea fácil; no es muy útil para distinguirlas decir que se trata de derechos y obligaciones estrictamente personales. Tampoco sería exacto decir que los transmisibles son los patrimoniales, pues algunos de estos no tiene tal carácter[252]. Pero, generalmente, las relaciones jurídicas que producen efectos más allá de la muerte son las patrimoniales[253], aunque algunas obligaciones personalísimas, *intuito personae* o infungibles se extinguen con la muerte[254].

---

[249] Serrano Alonso, Eduardo: *Derecho de la persona*. Madrid, La Ley-Actualidad, 2.ª edic., 1996, p. 12.
[250] Carrasco Perera, ob. cit., p. 69.
[251] Borda Medina, María Paulina y José Ernesto Borda Medina: *Consideraciones acerca de la persona en estado de coma*. Bogotá, Pontificia Universidad Javeriana, 1991, pp. 60 y 61; Lete del Río, ob. cit., p. 54.
[252] Briceño C., ob. cit., p. 44.
[253] Messineo, ob. cit., p. 11.
[254] Véase: Domínguez Guillén, *Curso de Derecho Civil III Obligaciones*, p. 88; Domínguez Guillén, María Candelaria: «La obligación negativa». En: *Revista Venezolana de Legislación y Jurisprudencia*. N.º 2, Caracas, 2013, p. 56.

Existen hechos jurídicos ajenos a la voluntad del hombre de gran trascendencia para el Derecho, entre ellos, la muerte, que desencadena un amplio y complicado entramado jurídico dirigido fundamentalmente a solucionar la trayectoria patrimonial del fallecido[255]. Si bien la muerte extingue la personalidad del sujeto natural, algunas de las relaciones jurídicas del individuo, especialmente las de contenido patrimonial o pecuniario, no se extinguen con él. En efecto, las relaciones de derecho asociadas a la esencia personal del sujeto, no son susceptibles de transmisión –matrimonio, patria potestad, etc.–, pero, por razones obvias, las de contenido económico –no dependientes de la personalidad del sujeto– se transmiten, en principio, a sus herederos en una suerte de continuidad en virtud del mecanismo de la sucesión, a excepción de ciertos derechos patrimoniales que por su naturaleza se extinguen con la muerte; el Código Civil señala los siguientes: la obligación de alimentos (artículos 282 y ss. o de manutención según los artículos 365 y ss. de la Ley Orgánica para la Protección de Niños, Niñas y Adolescentes), el usufructo vitalicio (artículo 619), el uso y la habitación (artículo 631), el hogar legalmente constituido (artículo 641), la renta vitalicia (artículo 1797), el comodato pactado por la especial condición del comodatario (artículo 1725)[256]. Amén de otros contratos que pierden sentido con la muerte[257], tales como la sociedad (artículo 1673.3)[258] o el mandato (artículo 1704.3)[259].

---

[255] Ferrando Bundio, ob. cit., p. 7.
[256] Véase: Domínguez Guillén, *Inicio y extinción…*, p. 211; Domínguez Benavente, ob. cit., p. 45.
[257] Véase: Domínguez Guillén, *Inicio y extinción…*, pp. 226-229.
[258] Véase: ibíd., p. 227, «Sin embargo, la muerte de alguno de los socios podría no ser causa de extinción de la sociedad si las partes han previsto la continuación de la misma entre los socios sobrevivientes o con los herederos del socio fallecido de conformidad con el artículo 1676 *eiusdem*. En materia mercantil se aprecian igualmente algunas sociedades que igualmente se disuelven con la muerte, según indica el artículo 341 del Código de Comercio».
[259] Véase: Viso Pitaluga, J. R.: ¿Cuáles son los efectos de la muerte del mandante sobre la representación que ejerce el mandatario judicial?. En: *Revista del Colegio de Abogados del Distrito Federal*. N.º 40, Caracas, enero-feb 1944, pp. 91-95.

De allí que se señala que «las relaciones en las cuales un individuo haya podido ser parte durante el transcurso de su vida, no concluyen necesariamente con el fallecimiento de este debido a que legalmente existen una serie de personas que, dependiendo del grado de parentesco que los une al *de cujus*, pasarán a ser sus sucesores en todas y cada una de las obligaciones o derechos que surgieron con la ocasión de las referidas relaciones»[260].

Contrariamente, los derechos y atributos de contenido personal se pierden con la persona. En el ámbito del Derecho de Familia, el matrimonio se disuelve con la muerte[261], y lo mismo vale decir respecto del concubinato. Indica BOCARANDA, al referirse a las causas de disolución del matrimonio, que el ser humano es un manojo de relaciones jurídicas. Esto se pone de manifiesto mayormente con ocasión de la muerte, momento crucial que divide en dos el *totum* jurídico del individuo: de un lado, subsisten los llamados derechos transmisibles que, como patrimoniales, son susceptibles de trasladarse jurídicamente del causante a los herederos; del otro, las relaciones jurídicas personalísimas y las facultades innatas, obviamente intransferibles. Entre las relaciones personalísimas se ubica el vínculo conyugal, pues el matrimonio constituye el acto *intuitu personae* más prístino y evidente cuyas relaciones personales fenecen con la muerte[262].

---

[260] PASCERI S., ob. cit.

[261] Dispone el artículo 184 del Código Civil: «Todo matrimonio válido se disuelve por la muerte de uno de los cónyuges y por divorcio». Consecuentemente, de conformidad con el artículo 173 *eiusdem* «La comunidad de bienes en el matrimonio se extingue por el hecho de disolverse éste…». De tal suerte que la comunidad conyugal cesa igualmente por la muerte de uno de los cónyuges.

[262] BOCARANDA E., Juan José: *Guía informática Derecho de Familia*. Caracas, Tipografía Principios, 1994, t. I, pp. 593 y 594, El hecho de la muerte se hace sentir en el Derecho, en varias direcciones que guardan relación con el otro cónyuge, vivo o no: a. La defunción debe hacerse constar en registros especialmente destinados a este objeto, y en la partida de defunción debe indicarse entre otros datos, el nombre y apellido del cónyuge sobreviviente o premuerto. b. Se abre la sucesión en los derechos y obligaciones del cónyuge fallecido y uno de los co-partícipes es el cónyuge sobreviviente a quien corresponde el 50 % del *totum* patrimonial por concepto de gananciales, más la cuota sucesoral c. El cónyuge supérstite puede contraer

En materia del Derecho de la Persona, con la muerte se extinguen los atributos del individuo[263]; cualquiera de los regímenes de incapaces, culmina o cesa obviamente con la muerte del incapaz; dentro de los regímenes de menores de edad, con la muerte del menor de edad se extingue la patria potestad[264], la tutela[265], la colocación o la emancipación[266]; en los que respecta a la mayoridad con la muerte del incapaz se extingue la interdicción o la inhabilitación. Tales regímenes de incapaces pretenden la protección de la persona y, en consecuencia, ya no tienen sentido una vez desaparecida esta. De allí que las relaciones o situaciones de carácter personal, así como las respectivas acciones, en principio, se extinguen con la muerte, salvo algunas acciones filiatorias que, ciertamente, pueden continuar los herederos en razón del interés económico que de ellas derivan[267].

Lo indicado respecto de los derechos, ya sea de contenido patrimonial o extrapatrimonial, se refleja igualmente en el ámbito procesal, esto es, del ejercicio, continuación o extinción de las respectivas acciones. En las acciones patrimoniales, si el proceso judicial está en curso, la muerte de la

---

nuevas nupcias d. La patria potestad y el deber de manutención respecto de los hijos menores son asumidos en su totalidad por el cónyuge sobreviviente (ídem).

[263] Los atributos de la persona, a saber, aquellos elementos que la individualizan en una relación o situación jurídica, tales como el nombre, la sede jurídica o el estado civil se extinguen con el sujeto, dado el carácter vitalicio e intransmisible de los mismos.

[264] Véase artículo 356, letra c, de la Ley Orgánica para la Protección de Niños, Niñas y Adolescentes, que prevé que la patria potestad se extingue, en caso de «muerte del padre, de la madre, o de ambos». A esto debe agregarse, como es obvio, la muerte del hijo, que constituye una causa de extinción a causa del hijo.

[265] Véase: DOMÍNGUEZ GUILLÉN, María Candelaria: *Ensayos sobre capacidad y otros temas de Derecho Civil*. Caracas, TSJ, 3.ª edic., 2010, pp. 143-145, los supuestos de cesación absoluta están referidos al menor e incluyen la muerte; los supuestos de cesación relativa se refieren al tutor e igualmente incluyen la muerte.

[266] Ibíd., p. 315, «aun cuando resulte obvio, vale señalar que la muerte se presenta como una forma de extinción de la emancipación. Con la muerte se extingue la personalidad y tras ella se pierde el régimen de protección al que encontraba sometido el incapaz».

[267] Tales como: artículos 198.1, 207, 224, 228 y 229 del Código Civil.

parte no acarrea la extinción del proceso, sino que operará la sucesión procesal[268] en los herederos del difunto, aun cuando haya desaparecido la

---

[268] Véase: TSJ/SCC, sent. N.º 225, del 14-05-13, «La sucesión procesal opera sin necesidad de trámite sucesorio alguno, bastando la citación de los herederos conocidos, o si fuere el caso, el llamamiento a los desconocidos». En el mismo sentido: TSJ/SCC, Sent. 83 del 10-03-17; TSJ/SCC, sent. N.º 163, del 19-03-12; TSJ/SC, sent. 1193, del 30-09-09; TSJ/SCC, sent. 66, del 27-02-03; Juzgado Segundo de Primera Instancia en lo Civil, Mercantil y del Tránsito de la circunscripción judicial del estado Mérida, sent. del 23-10-06, http://merida.tsj.gov.ve/decisiones/2006/octubre/962-23-8862-.html, La doctrina señala que la capacidad para ser parte no es más que la aptitud para ser sujeto de una relación procesal y que, en consecuencia, pueden ser parte todas las personas, físicas y jurídicas, que pueden ser sujetos de relaciones jurídicas en general, esto es, todos aquellos –hombres o entes– que tienen capacidad jurídica. En el Derecho moderno la capacidad jurídica la adquieren las personas naturales por el simple hecho de nacer vivas y se extingue con la muerte (…) Es de advertir que, la situación tendría una solución procesal distinta en la hipótesis de que el demandado hubiese fallecido con posterioridad a la interposición de la demanda. En efecto, en tal supuesto se produciría lo que se conoce en doctrina como "sucesión procesal", en virtud de la cual los derechos litigiosos de la parte fallecida se trasmiten a sus herederos a título universal o particular, quienes se hacen parte en el proceso a partir de que conste en autos su citación, produciéndose mientras se efectúa ésta la suspensión del curso de la causa desde que se incorpore en el expediente la respectiva acta de defunción (artículos 144 y 145, único aparte, del Código de Procedimiento Civil). En general, el Código de Procedimiento Civil, como ocurre con el nuestro, no regulan la capacidad para ser parte, por considerar que tal problema aparece resuelto en el Código Civil. Otros, solo se limitan a remitir a las nociones de capacidad jurídica del Derecho Civil, como por ejemplo el Código de Procedimiento Civil alemán, en cuyo artículo 50 se establece que "tienen capacidad de ser parte las personas que gocen de capacidad jurídica". En cambio, otros Códigos determinan expresamente quiénes puede ser parte en un juicio. Entre éstos, cabe mencionar el Código de Procedimiento Civil colombiano, el cual, en su artículo 44, al respecto dice: "Toda persona natural o jurídica puede ser parte en un proceso". La capacidad para ser parte de las personas físicas coincide en forma absoluta con la capacidad jurídica de Derecho Civil, por lo que debe concluirse que toda persona natural existente tiene capacidad para ser parte. Y en virtud de que la personalidad se extingue con la muerte, también es lógico concluir que no puede demandarse a una persona muerta. Por lo antes expuesto, debe concluirse que fue demandada una persona inexistente, por carecer de personalidad jurídica, ya que ésta quedó extinguida desde su respectivo fallecimiento…».

capacidad de ser parte de este[269]. Y, en ese sentido, el artículo 144 del Código de Procedimiento Civil dispone que la causa quedará suspendida mientras se cita a los herederos[270]. Se firma –según veremos– que al heredero corresponden respecto de terceros todas las acciones que al *de cujus* le hubiese correspondido por la adquisición de los respectivos derechos, tales como el reconocimiento judicial de todo crédito o derecho real[271].

Por su parte, las acciones personales –en principio– se extinguen con la muerte de la persona. Tal es el caso del procedimiento de interdicción o inhabilitación, el cual culmina con la muerte del presunto enfermo mental o del pródigo[272]. Y lo mismo vale decir, respecto de la acción de divorcio y de separación de cuerpos[273]. En el mismo sentido, la acción

---

[269] Véase sentencia española del 23-10-95, citada por Cobo Plana, Juan José: *Compendio de Jurisprudencia Civil. Derecho Civil. Parte General*, Madrid, Dykinson, 1997, t. i, p. 42, la capacidad para ser parte en un proceso desaparece con la extinción de la personalidad que apareja la muerte.

[270] Prevé la norma: «La muerte de la parte desde que se haga constar en el expediente, suspenderá el curso de la causa mientras se cite a los herederos». Véase: TSJ/SC, sent. N.º 198, del 28-02-08, «Por tanto, citados los herederos mencionados en la partida de defunción, el proceso de casación debe continuar». Véase: artículo 165.3 del Código de Procedimiento Civil, la representación de los apoderados y sustitutos cesa: «… 3. Por la muerte, interdicción, quiebra o cesión de bienes del mandante o apoderado del sustituto». Véase: TSJ/SCS, sent. N.º 227, del 19-09-01, *Jurisprudencia Ramírez y Garay*, t. 180, pp. 675-677, el poder judicial otorgado por el padre para defender los intereses de un menor hijo queda sin efecto debido a su fallecimiento.

[271] Briceño C., ob. cit., p. 47; Véase *infra* ii.5.2.

[272] Véase en este sentido: CSJ/SCC, sent. del 03-02-83, *Jurisprudencia Ramírez y Garay*, t. 81, pp. 357 y 358, acaecida la muerte del presunto entredicho o inhabilitado deja de tener vida el juicio principal a que se contrae; CSJ/SCC, sent. del 01-06-83, *Jurisprudencia Ramírez y Garay*, t. 82, pp. 602-604.

[273] Véase artículo 191 del Código Civil: «La acción de divorcio y de separación de cuerpos, corresponde exclusivamente a los cónyuges…». Véase sentencia de la Audiencia Provincial de la Coruña de 19-01-93, que refiere que la muerte es causa de disolución del matrimonio por originar *ipso iure* la desaparición de la personalidad y dicha acción no es transmisible, por lo que la acción intentada se ha extinguido *ex lege* (Cobo Plana, ob. cit., p. 41).

de nulidad de matrimonio, en algunos casos solo puede ser ejercida por el cónyuge afectado[274]. El procedimiento de obligación de alimentos y la acción correspondiente, a pesar de tener contenido patrimonial, surge con ocasión de un estado filiatorio o civil, por lo que desaparece igualmente con la muerte[275]. La muerte también hace culminar el procedimiento de ausencia, a saber, aquel que tiene lugar ante la incertidumbre sobre la existencia de una persona natural; y así cualquiera de sus fases culmina cuando se tiene prueba de la muerte de la persona[276].

Con la muerte, entran en aplicación las disposiciones de última voluntad del sujeto atinentes igualmente al destino del cadáver, como proyección del derecho a disponer del cuerpo. Y, en tal sentido, el individuo puede dentro de las limitaciones legales y de orden público, disponer la suerte de su cuerpo sin vida, tales como inhumación, incineración, donación de órganos, donación para investigación, etc.[277]. Según veremos, la doctrina admite que tales disposiciones bien pueden conformar parte del acto testamentario,

---

[274] Véase artículo 118 del Código Civil: «La nulidad del matrimonio contraído sin consentimiento libre, solo puede demandarse por aquel de los cónyuges cuyo consentimiento no fue libre...». El artículo 119 *eiusdem*: «La nulidad por impotencia manifiesta y permanente anterior al matrimonio solo puede demandarse por el otro cónyuge». El artículo 124 *eiusdem* prevé: «Las acciones de nulidad no pueden promoverse por el Síndico Procurador Municipal después de la muerte de uno de los cónyuges».

[275] Véase artículo 298 del Código Civil: «La muerte de quien tiene derecho a alimentos o de quien deba suministrarlos, hace cesar los efectos de los convenios y de las sentencias que así lo dispongan». Véase también artículo 383, letra a) de la Ley Orgánica para la Protección de Niños, Niñas y Adolescentes, que prevé que la obligación alimentaria se extingue: «por la muerte del obligado o del niño o del adolescente beneficiario de la misma».

[276] Véase artículo 432 del Código Civil: «Si durante la posesión provisional se descubre de una manera cierta la época de la muerte del ausente, se abre la sucesión...». Véase también artículo 437 *eiusdem* en torno a la fase de la presunción de muerte; Domínguez Guillén, María Candelaria: «El procedimiento de ausencia». En: *Revista Venezolana de Legislación y Jurisprudencia*, N.º 3, Caracas, 2014, pp. 13-271, www.rvlj.com.ve.

[277] Véase Domínguez Guillén, *Inicio y extinción...*, pp. 212 y 213, 258-266.

porque mediante este se pueden también ordenar o disponer de intereses individuales de contenido no patrimonial[278].

De manera que, salvo ciertas excepciones, la regla es que con la muerte se extinguen las relaciones o situaciones de carácter personal y, en principio, las correspondientes acciones. El fin de la personalidad jurídica humana se proyecta en la extinción de las relaciones que dependían exclusivamente de su esencia y no de su patrimonio. Siendo la muerte el motivo y la causa de la sucesión, es menester manejar su noción médica y su prueba jurídica, así como otros aspectos relativos a la extinción de la subjetividad humana, pero su estudio detallado escapa al presente *Manual*, por lo que cabe remitir a consideraciones que hiciéramos en otra oportunidad[279].

---

[278] Véase *infra* VII.1.
[279] Véase: ibíd., pp. 153 y ss.

Tema II
La herencia

Sumario: **1. Noción 2. Causas 3. Momentos** *3.1. Apertura de la sucesión 3.2. Delación o deferimiento 3.3. Adquisición* 3.3.1. Aceptación 3.3.2. La renuncia o repudiación **4. Cargas 5. El heredero** *5.1. Derechos y obligaciones 5.2. Acciones*

1. Noción

Si la sucesión *mortis causa* es el objeto de las «sucesiones», Derecho Sucesorio o Derecho Hereditario, no es difícil concluir que la «herencia» constituye la médula o el corazón de la materia que nos ocupa. En una acepción primitiva, el término «herencia» se asocia al patrimonio del difunto, pero ello responde a una idea objetiva, pues se agrega que en una versión subjetiva podría asociarse al sujeto del sucesor universal o heredero. Sin embargo, las disquisiciones que puedan hacerse en tal sentido, están cargadas de precisiones doctrinarias, según la posición que se asuma al respecto.

El punto central en torno al que se desenvuelve el Derecho Hereditario es el concepto de herencia[1]. Así pues, la herencia constituye el centro y el nervio del Derecho Sucesorio[2]. La herencia es una consecuencia del derecho de propiedad privada debido a su carácter de perpetuidad, que al dejar de existir su titular debe ser sustituido a sus sucesores[3]. De allí que, según indicamos, la propiedad, la familia y la voluntad se entremezclan para dar fundamento o justificación al Derecho Sucesorio basado en la herencia.

---

[1] De Ruggiero, ob. cit., p. 313. Véase: Lafont Pianetta, ob. cit., p. 167, es requisito esencial de la sucesión y también objeto de diferentes derechos sucesorales.
[2] Carrión Olmos *et al.*, ob. cit., p. 217.
[3] Baqueiro Rojas y Buenrostro Báez, ob. cit., p. 257.

Ya nos referimos al fundamento del Derecho Sucesorio que es en su esencia el mismo que el de la herencia[4], pues, como afirma CAMUS, «el mecanismo de la herencia garantiza la efectividad de las transacciones en el futuro, a la par que otorga una seguridad jurídica»[5].

A la muerte de una persona, su patrimonio se convierte en herencia, que es adquirida como un todo por el llamado a título de heredero que la acepta[6]. La formulación dogmática de la herencia supone pasearse por diversas construcciones doctrinales entre las que se ubican las centradas en la idea de personalidad –continuación de la subjetividad jurídica del difunto– o bien aquellas centradas en la idea de patrimonio unificado o *universitas*[7], amén de ver la herencia como una situación jurídica compleja que lleva consigo una unidad, más que objetiva, teleológica, pues ninguna de las concepciones indicadas –personalidad y universalidad– logran marcar la esencia de la sucesión universal[8]. Las legislaciones que siguen la tradición romana consideran la herencia como una *universitas* que se transmite de una persona a otra; por oposición a la concepción de origen germánica de fraccionamiento de la herencia en distintos patrimonios[9]. Aunque se aclara que la concepción de las *universitas* o del *iniversum ius* supone una madurez de pensamiento jurídico que no puede atribuirse por muchos esfuerzos que se haga a los primitivos prudentes romanos, pues más bien cabe atribuirlo al Derecho postclásico[10]. El sistema de sucesión germánica se apoya en la llamada

---

[4] Véase *supra* I.2.
[5] CAMUS, ob. cit., p. 38.
[6] SERRANO GARCÍA, José Antonio: «Los patrimonios fiduciarios en el Derecho Civil aragonés». En: *Derecho Aragonés*, N.º 2, 2005, http://derecho-aragones.net/cuadernos/document.php?id=346.
[7] Véase: CASTÁN TOBEÑAS, ob. cit., pp. 48-57.
[8] Ibíd., p. 61, el autor cita a BINDER en este sentido.
[9] SANSÓ, ob. cit., p. 669. Véase también: ZANNONI, ob. cit., pp. 6 y 8.
[10] CAMUS, ob. cit., p. 47.
[11] Véase: DOLADO PÉREZ, Ángel y Rafael BERNABÉ PANOS: «La responsabilidad del heredero y legatario (Ley 1/1999, de 24 de febrero, de Sucesiones por causa de

sucesión en los bienes[11], según la cual, a la muerte del sujeto su patrimonio recibe la consideración de un activo con pasivo que pesan como cargas a liquidar; por lo que el heredero no subentra en la posición jurídica del causante, sino que recibe los bienes relictos una vez liquidadas las cargas[12]. ZANNONI comenta que en el Derecho contemporáneo tiende a prevalecer esta última concepción de la herencia como un patrimonio sujeto a liquidación que reciben los herederos. Solución que se logra dentro de los sistemas de raigambre romana a través del beneficio de inventario[13].

Para algunos, la idea de sucesión universal no significa que la herencia o patrimonio del difunto sea, como se ha pretendido a veces, una *universitas iuris*[14], mientras que para otros la herencia como universalidad es incontestable en ciertos ordenamientos[15]. Acota CASTÁN que las dificultades en el concepto de herencia se derivan, entre otras, de las dudas que a su vez rodean la noción de patrimonio[16], pero propone la siguiente definición: «la continuación o sucesión, por modo unitario, en la titularidad del complejo formado por aquellas relaciones jurídicas patrimoniales, activas y pasivas, de un sujeto fallecido, que no se extinguen por la muerte; sucesión que produce también ciertas consecuencias de carácter extramatrimonial y atribuye al heredero una situación jurídica modificada y nueva en determinados aspectos». Señala el autor que dicha definición provisional y revisable,

---

muerte)», p. 67, www.eljusticiadearagon.com/.../_n001234_10o_foro_3_la_responsabilidad_del_heredero_y_legatario.pdf, el sucesor lo es en bienes concretos no respondiendo personalmente de las deudas del causante.

[12] ZANNONI, ob. cit., pp. 8 y 9.
[13] Ibíd., p. 9, señala que dicho beneficio permite una solución transaccional entre las dos concepciones, permitiendo reputar al heredero continuador de las relaciones del causante, pero sin afectar su responsabilidad personal por las deudas de la herencia.
[14] GUTIÉRREZ BARRENENGOA *et al.*, ob. cit., p. 25. Véase en el mismo sentido: DÍEZ-PICAZO y GULLÓN, ob. cit., p. 326, no consideran acertada la concepción de la herencia como una *universitas iuris*, en su realidad ontológica, aunque la posea solamente lógica, según la consideración del legislador en cada momento.
[15] Véase respecto al Derecho argentino: ZANNONI, ob. cit., p. 9.
[16] CASTÁN TOBEÑAS, ob. cit., p. 76.

pretende recoger la acepción orgánica o institucional de la herencia, la acepción objetiva y la acepción subjetiva de la misma[17].

La herencia se asocia a los bienes de una persona fallecida[18] o «patrimonio del difunto deferido *mortis causa*»[19]. La herencia es para Díez-Picazo y Gullón «el objeto de la sucesión *mortis causa*, y es el total patrimonio del difunto»[20]. Si bien algunos autores señalan diversas acepciones de la palabra herencia[21], una noción de la misma o «sucesión» –ciertamente por causa de muerte– supone distinguir una referencia objetiva y otra subjetiva, según nos ubiquemos respecto de la institución o del sujeto beneficiario de la misma, respectivamente.

Para explicar la herencia, unos se inspiran en el factor subjetivo o persona y otros al objetivo o patrimonio[22]. La herencia, en un sentido objetivo, es la masa hereditaria y, en uno subjetivo, es la facultad o aptitud de la persona para

---

[17] Ibíd., p. 89. Véase también: Casinos Mora: Francisco Javier: «*De hereditatis petitione*». En: *Estudios sobre el significado y contenido de la herencia y su reclamación en Derecho romano*. Madrid, Dykinson, 2006, pp. 50 y 51, https://books.google.co.ve/books?isbn=8497729072.

[18] Véase: Pentón Díaz, Milena Gisel: «El derecho de sucesiones en Cuba», http://www.monografias.com/.../sucesiones.../sucesiones-cuba.shtml, «La herencia no es más que la totalidad de los bienes, derechos, y obligaciones de una persona fallecida que no se extingue por su muerte y se vincula fundamentalmente con el patrimonio siendo el objeto de la sucesión la masa o conjunto de relaciones hereditarias en dependencia del reconocimiento que haga el orden jurídico de la institución de la propiedad y de la especificación de los bienes».

[19] Carrión Olmos *et al.*, ob. cit., p. 217. Véase también: de Page, ob. cit., p. 35.

[20] Díez-Picazo y Gullón, ob. cit., p. 325.

[21] Véase: Albaladejo, ob. cit., pp. 10 y 11, distingue varias acepciones: 1. la más usual, el patrimonio del difunto, 2. el núcleo patrimonial que va a los herederos, 3. para referirse no al total del patrimonio del difunto sino a su parte activa y otras veces al saldo hereditario, 4. finalmente, se habla de herencia en el sentido de sucesión *mortis causa*, y de heredar en el de suceder.

[22] Véase: Camus, ob. cit., p. 44.

suceder en el patrimonio del causante[23]. Desde un punto de vista objetivo, la herencia se presenta como el patrimonio objeto de una sucesión *mortis causa*, constituye el patrimonio –derechos y deberes de contenido pecuniario– del difunto o causante; esto es, la herencia estaría conformada objetivamente por todo el conjunto de relaciones jurídicas de carácter patrimonial o pecuniario –activo y pasivo– del *de cujus* susceptibles de transmisión. Subjetivamente, la herencia se conecta o asocia a la persona o sujeto del «heredero», presentando como la subrogación o sustitución del heredero en los derechos y obligaciones del causante. Transmisión que tiene lugar en su totalidad y sin alteración, como si el sujeto no hubiere cambiado[24].

Como no siempre la masa de bienes de la herencia supone una situación de solvencia, pudiendo el pasivo ser superior al activo, existe a favor del heredero el «beneficio de inventario». Mas, aclara ALBALADEJO que el interesado no puede disponer sino de sus derechos y no de sus deudas, pues estas simplemente pasan a gravar a quien reciba a aquellos[25].

Se indica que la herencia no tiene por objeto bienes o derechos determinados, sino una universalidad patrimonial que se integra por un activo y un pasivo. Es decir, por un lado, de bienes, derechos y acciones y, por otro, de modo indisociable, de obligaciones y responsabilidades cuya exigibilidad corresponde a terceros[26].

---

[23] SOMARRIVA UNDURRAGA, ob. cit., p. 33. Véase también: CLARO SOLAR, ob. cit., t. XIII, p. 19, subjetivamente representa el acto de heredar y equivale a sucesión, objetivamente representa la universalidad del patrimonio; SERRANO ALONSO, *Manual*…, p. 57; ROJAS, ob. cit., p. 19, en un sentido objetivo, herencia es todo el patrimonio del difunto considerado como una unidad que comprende relaciones susceptibles de valoración económica; SUÁREZ FRANCO, ob. cit., p. 25, en sentido objetivo la herencia equivale a masa herencial, en el subjetivo, se asocia al acto de heredar.

[24] Véase: SOJO BIANCO, ob. cit., pp. 243 y 244; CARRIÓN OLMOS *et al.*, ob. cit., p. 218; DE RUGGIERO, ob. cit., p. 313, herencia, en sentido objetivo, es todo el patrimonio del difunto considerado como una unidad (véase en el mismo sentido: BRICEÑO C., ob. cit., p. 30).

[25] ALBALADEJO, ob. cit., p. 8.

[26] ROCA FERRER *et al.*, ob. cit., p. 409.

Salvando las diferencias, el origen de la herencia, algunos lo remontan al Derecho romano[27], que en su fase primitiva –según Carrión– no conoció siquiera la palabra «herencia», sino que aparece recogida en la definición del *Digesto* (50-17-62) como *hereditas nihil aliud est quam successio in universum ius*, aunque la concepción de la herencia como *universitas* no pertenecía al Derecho romano clásico sino al justinianeo. El Derecho germánico menos elaborado y estructurado técnicamente que el Derecho romano, no pareciera haber concebido la misma idea de herencia, sino simplemente como una sucesión de los bienes[28].

2. Causas

En consonancia con las fuentes de las «sucesiones» a las que nos referimos previamente[29], las causas o fuentes de la sucesión hereditaria vienen dadas por la ley y el testamento. La primera entra en aplicación a falta de este último. Así prevé el artículo 807 del Código Civil: «Las sucesiones se defieren[30] por la ley o por testamento. No hay lugar a la sucesión intestada sino cuando en todo o en parte falta la sucesión testamentaria».

En función de tales causas o fuentes se diferencia a su vez entre dos clases de sucesión: sucesión legítima, legal, *ab intestato* o intestada por contraposición a sucesión testamentaria o voluntaria. Pueden llegar a complementarse en aquellos casos en que la sucesión testamentaria sea insuficiente o incompleta[31], y entre en juego la sucesión legítima o *ab intestato*, así como

---

[27] Véase: Sojo Bianco, ob. cit., p. 244.
[28] Carrión Olmos *et al.*, ob. cit., pp. 218-220.
[29] Véase *supra* I.3. Véase: Briceño C., ob. cit., p. 31, dos son las causas de la sucesión hereditaria: la declaración de voluntad del causante, es decir, el testamento y la disposición legal.
[30] Véase: Serrano García, *Las sucesiones en general…*, p. 3, es decir: el llamamiento puede tener lugar. Los distintos modos de delación son compatibles entre sí.
[31] Véase: Bosch Capdevilla, ob. cit., pp. 64-67.

cuando la ley se impone ante la pretendida voluntad del causante de ignorar normas de orden público como las relativas a la legítima[32]. Se alude así a la importancia de la ley en la vocación hereditaria o llamamiento a la herencia porque este último puede tener lugar por voluntad del difunto, sin la voluntad de este e inclusive contra su voluntad[33]. De allí que la sucesión intestada no solo se produce cuando falta absolutamente el testamento, sino en cualquier otro caso en que aquel falle total o parcialmente[34].

Así pues, la causa de la herencia coincide con las fuentes de las «sucesiones» o Derecho Sucesorio o Hereditario, a saber, la ley y el testamento. Algunos le atribuyen un orden prioritario a este último, pero lo cierto es que este tiene límites de ley formales y sustanciales que permiten concluir que su carácter primario viene dado por la propia ley. De tal suerte que al mencionar el testamento –o voluntad– y la ley como «causas» o fuentes de la herencia, debe saberse que tal orden está supeditado al apego a las normas imperativas de la materia sucesoral.

3. Momentos[35]

Si bien con la muerte se abre la sucesión, el proceso sucesorio precisa de otras etapas o momentos para configurar o consolidar su adquisición en manos de los sucesores o herederos. De allí que se distingan tres fases o momentos, a saber, apertura de la sucesión, delación y adquisición de la

---

[32] Véase: Sojo Bianco, ob. cit., p. 245.
[33] Véase: ibíd., p. 246.
[34] Albaladejo, ob. cit., p. 409.
[35] Véase: López Herrera, ob. cit., pp. 31-41; López Herrera, Francisco: *Derecho de Sucesiones*. Caracas, UCAB, 4.ª edic., 2008, T. II, pp. 21-144; Esparza Bracho, ob. cit., pp. 15-61; Torres-Rivero, *Teoría...*, t. I, pp. 169-197; véase: ibíd., pp. 171-177, Torres-Rivero distingue dos etapas: la presucesoral y la sucesoral; la primera existe en vida del futuro causante, la segunda, es la más importante y la que hace realidad el Derecho Sucesoral; Villaroel Rión, ob. cit., pp. 121-126. Véase respecto del Derecho romano: Bernad Mainar, ob. cit., pp. 88-91 y 133-136.

herencia[36]. Tal proceso precisa completarse a los fines de constituir la comunidad y acceder a la partición «… Como presupuesto para hacer valer judicialmente una pretensión de partición de comunidad hereditaria, es necesario, en primer lugar que exista una comunidad sucesoral. La comunidad hereditaria no surge del simple hecho de la muerte del *de cujus*, pues son necesarias determinadas circunstancias especiales. Es necesario que se presenten los tres momentos de la sucesión por causa de muerte, que son la apertura de la sucesión, la delación de la herencia y la adquisición. Según el artículo 993 del Código Civil: "La sucesión se abre en el momento de muerte y en el lugar del último domicilio del *de cujus*"[37]. La delación es el llamado que se hace a raíz de la apertura de la sucesión a aquellos que tengan vocación hereditaria, para que la hagan suya. Finalmente, la adquisición de la herencia, es la que ocurre cuando el sucesor acepta el llamado que se le ha hecho, transformándose en nuevo titular y propietario del patrimonio hereditario…»[38].

---

[36] Véase: Jordano Fraga, Francisco: *La sucesión en el ius delationis (Una contribución al estudio de la adquisición sucesoria* mortis causa). Madrid, Civitas-Secretariado de Publicaciones de la Universidad de Sevilla, 1990, p. 80, la ley destaca la importancia del momento de la muerte –apertura de la sucesión– en el triple orden de vocación, delación y adquisición de la herencia; Serrano García, *Las sucesiones en general…*, pp. 8-11.

[37] Véase: Juzgado Segundo de Municipio de la Circunscripción Judicial del Área Metropolitana de Caracas, sent. del 14-05-14, exp. AP31-S-2014-003689, http://caracas.tsj.gob.ve/decisiones/2014/.../3045-14-ap31-s-2014-003689, «Sabemos perfectamente que la apertura de la sucesión ocurre en el momento de la muerte y en el lugar del último domicilio del *de cujus*, tal y como lo preceptúa el artículo 933 del Código Civil».

[38] Juzgado Sexto de Primera Instancia en lo Civil, Mercantil y del Tránsito de la Circunscripción Judicial del Área Metropolitana, sent. del 28-05-07, exp. 5878, http://jca.tsj.gov.ve/decisiones/2007/mayo/2121-28-5878-.html. En el mismo sentido: Juzgado Segundo de Primera Instancia en lo Civil, Mercantil y del Tránsito de la Circunscripción Judicial del estado Mérida, sent. 31-07-08, exp. 07611, http://jca.tsj.gov.ve/decisiones/2008/julio/962-31-7611-.html; Juzgado de Primera Instancia del Tránsito y Agrario de la Circunscripción Judicial del estado Zulia, sent. del 17-07-07, exp. 2430, http://vargas.tsj.gov.ve/decisiones/2007/julio/520-17-2430-.html.

3.1. Apertura de la sucesión[39]

La apertura de la sucesión marca el instante preciso en que tiene lugar la transmisión universal del patrimonio del difunto a los herederos[40]. Es el momento en que se inicia la transmisión del patrimonio del causante[41]. Abrirse una sucesión significa que tiene lugar el nacimiento de los derechos sucesorios que confiere la ley o el testamento[42]. La apertura de la sucesión tiene lugar a la muerte del causante[43] momento en que el patrimonio queda sin

---

[39] Véase: Esparza Bracho, Jesús: «Apertura y delación en el sistema sucesoral venezolano». En: *Revista de la Facultad de Ciencias Jurídicas y Políticas*, N.º 69, Maracaibo, LUZ, 1992, pp. 115-127; Torres-Rivero, *Teoría...*, t. I, pp. 119-137; Durón Martínez, ob. cit., pp. 32 y ss.; Briceño C., ob. cit., p. 34; Cicu, ob. cit., pp. 18-22; Messineo, ob. cit., pp. 35-42; Lafont Pianetta, ob. cit., pp. 313-353.

[40] Planiol y Ripert, ob. cit., p. 31, véase también, p. 41, la apertura de la sucesión es el hecho que produce la transmisión del derecho del *de cujus* sobre su patrimonio a sus sucesores.

[41] Domínguez Benavente, ob. cit., pp. 67-81.

[42] Claro Solar, ob. cit., t. XIII, p. 24.

[43] Véase: Juzgado de Primera Instancia en lo Civil, Mercantil y Tránsito del Primer Circuito de la Circunscripción Judicial del estado Portuguesa, sent. del 20-06-06, exp. 14 964, http://portuguesa.tsj.gov.ve/decisiones/2006/junio/1125-20-14.964-.html, «... Con la muerte de una persona se apertura la sucesión, ya sea testada con testamento o intestada sin testamento...»; Polacco, Vittorio: *De las sucesiones*. Buenos Aires, Ejea, 2.ª edic., 1950, t. II (Disposiciones comunes a las sucesiones legítimas y testamentarias). Trad. Santiago Sentis Melendo, p. 2, de verdadera y propia sucesión hereditaria no se habla más que a la muerte del causante; Juzgado Superior del Circuito Judicial Civil Mercantil y del Tránsito de la Circunscripción Judicial del estado Carabobo, sent. del 07-04-14, citada *supra*, y «por disponerlo así la norma de orden público contenida en el artículo 993 del Código Civil, de la que se traduce que los derechos del legitimario –como pretende ser el accionante– solo nacen en el preciso momento en que se apertura la sucesión, y esta solo se abre en el momento de la muerte. Las conclusiones inmediatas anteriores generan como consecuencia indefectible, que ese argumento de la cualidad del "potencial futuro heredero"que se atribuye el demandante y, con base en ello, argumentar que debió haber el consentimiento de él, para que su padre en vida vendiera el inmueble en disputa de su entera propiedad y disposición, debe desecharse, y con ella la petición de nulidad hecha con base en tal argumento».

titular[44]. «A la muerte de una persona se abre o inicia siempre y de manera forzosa e inevitable su sucesión»[45]. En efecto, de conformidad con el artículo 993 del Código Civil, «La sucesión se abre en el momento de la muerte y en el lugar del último domicilio del *de cujus*». Así el presupuesto básico para que se abra la sucesión, viene dado como es natural por la «muerte» del causante; al perder el sujeto su personalidad, su patrimonio pasará a sus herederos o sucesores, a fin de mantener la continuidad del mismo.

Comenta ROMERO CIFUENTES que la apertura de la sucesión se presenta como un hecho jurídico que coincide con el fallecimiento[46], aunque en esencia el hecho jurídico propiamente dicho, dado su carácter natural productor de efectos jurídicos, viene dado por la muerte. En semejante sentido, indica SOMARRIVA que la apertura de la sucesión es el hecho que habilita al heredero a tomar posesión de los bienes que se le transmitirán en propiedad[47]. La apertura de la sucesión opera de pleno derecho y la ley vigente al momento de la muerte es la que rige la sucesión[48].

Se indica al efecto: «La apertura de la sucesión es el hecho jurídico que define las condiciones de lugar y de tiempo en la trasmisión sucesoral del patrimonio y otros bienes de una persona muerta o una o varias personas vivas o por vivir. La apertura ocurre única y exclusivamente por el hecho de la muerte, pues de acuerdo con el principio *viventis non datur haereditas* no puede abrirse la sucesión de una persona viva»[49].

La ley pretende con ello atribuir a los sucesores el conjunto de titularidades transmisibles del causante, sin solución de continuidad desde el instante mismo de la muerte. Mediante tal atribución jurídica se reputa que el patri-

---

[44] LÓPEZ HERRERA, *Derecho…*, t. I, p. 31.
[45] SERRANO ALONSO, *Manual…*, p. 27.
[46] ROMERO CIFUENTES, ob. cit., p. 11. En el mismo sentido: SUÁREZ FRANCO, ob. cit., p. 45.
[47] SOMARRIVA UNDURRAGA, ob. cit., p. 20.
[48] ROJAS, ob. cit., p. 483.
[49] ESPARZA BRACHO, *Apertura…*, 115.

monio del causante no ha de dejado ni por un instante de tener un titular, esto es que los bienes que integran la herencia no se han convertido por efecto del fallecimiento en bienes sin dueño –*res nullius*–, con los inconvenientes que ello aparejaría[50].

De allí que la determinación de la fecha del fallecimiento es fundamental porque ella determina el momento exacto de la apertura de la sucesión. Ese es el instante en que hay que situarse para determinar las personas habilitadas para suceder y el comienzo de la indivisión de los sucesores[51].

Obsérvese que, de conformidad con el citado artículo 993 del Código Civil, la sucesión se abre en el último domicilio del *de cujus*, lo cual es importante a los efectos de la competencia judicial. Se alude así al *fórum apertae succesionis*, pues la sucesión se abre en el lugar del último domicilio general del causante independientemente del lugar donde falleció[52]. Siendo inadmisible la elección de un «domicilio especial» a los efectos sucesorales, por tratarse de una materia de orden público[53]. El lugar de la apertura fija la competencia del tribunal para las cuestiones relativas a la sucesión[54], tales como la partición de herencia (artículo 43 del Código de Procedimiento Civil)[55], pues del domicilio del difunto se deriva, en principio, una amplia competencia para las solicitudes, acciones o litigios en que

---

[50] ZANNONI, ob. cit., p. 20.
[51] RIPERT y BOULANGER, ob. cit., p. 53. En el mismo sentido: JOSSERAND, ob. cit., vol. II, p. 97.
[52] ESPARZA BRACHO, *Apertura*..., p. 120. En el mismo sentido: DÍEZ-PICAZO y GULLÓN, ob. cit., p. 327.
[53] ESPARZA BRACHO, *Apertura*..., p. 120.
[54] RIPERT y BOULANGER, ob. cit., p. 53.
[55] ESPARZA BRACHO, *Apertura*..., p. 120, aunque algunos excluyen la petición de herencia por cuanto se indica que el citado artículo eliminó la palabra «petición» y alude a «partición»; situación que es criticada por ESPARZA, pues no hay duda de que la acción de petición nace justamente de la apertura de la sucesión y se colocaría en situación desventajosa al demandante al tener que perseguir a cada uno de los coherederos en sus respectivos domicilios atentando contra la unidad de la jurisdicción sucesoral.

resulte interesada la sucesión[56]. Se reseña que debe considerarse la existencia de menores a los efectos del tribunal competente[57].

---

[56] Planiol y Ripert, ob. cit., p. 34.
[57] Véase: Ley Orgánica para la Protección de Niños, Niñas y Adolescentes, artículo 177, parágrafo primero, literal m; parágrafo segundo, literal l, parágrafo cuarto, literal e y artículo 453; TSJ/SPlena, sent. del 1, del 28-07-09, «En la solicitud de partición de herencia (…) del artículo 177 de la Ley Orgánica para la Protección del Niño y del Adolescente atribuye a los mencionados órganos jurisdiccionales competencia sobre cualquier otro asunto "afín a esta naturaleza que deba resolverse judicialmente", de lo cual se deduce que también será de la competencia de la referida jurisdicción especial toda controversia judicial, de cualquier naturaleza, que resulte afín a la materia patrimonial y en la cual estén involucrados derechos o intereses de los niños o adolescentes; criterio éste que, a juicio de esta Sala, es elemento determinante de la competencia en la presente causa. Ahora bien, siguiendo los criterios anteriormente enunciados, esta Sala Plena observa que en la presente causa se está en presencia de una acción de contenido patrimonial en la que la parte actora, al momento de la interposición de la acción, representaba los intereses de menores de edad, razón por la cual, en aras de la protección del interés superior del niño o niña y del adolescente, debe conocer el tribunal con competencia en materia de protección de niños, niñas y adolescentes…»; Juzgado Segundo de Primera Instancia en lo Civil y Mercantil de la Circunscripción Judicial del estado Monagas, sent. del 07-10-09, exp. 13066, http://monagas.tsj.gov.ve/decisiones/2009/octubre/1698-7-13066-.html, «Evidenciándose que en el presente caso se pretende la partición de una comunidad hereditaria, en la cual cuatro de los herederos no cuentan con la mayoría de edad (…) de conformidad con lo tipificado en el parágrafo primero literal m, del artículo 177 de la Ley Orgánica para la protección de Niños, Niñas y Adolescentes, este Tribunal no tiene materia que conocer en la presente causa (…) señala expresamente como tribunal competente al Juzgado Distribuidor de Protección del Niño y del Adolescente de la Circunscripción Judicial del estado Monagas…»; Juzgado Segundo de Primera Instancia en lo Civil, Mercantil, del Tránsito y Agrario del Primer Circuito de la Circunscripción Judicial del estado Portuguesa, sent. del 01-04-08, exp. 00785-A-07, http://lara.tsj.gov.ve/decisiones/2008/abril/1625-1-00785-A-07-.html; Sala de Juicio Décima del Circuito Judicial del Tribunal de Protección de Niños, Niñas y Adolescente de la Circunscripción Judicial del Área Metropolitana de Caracas, sent. del 28-01-09, citada *supra*; Tribunal Primero de Primera Instancia del Régimen Procesal Transitorio de Juicio de Protección de Niños, Niñas y Adolescentes de la Circunscripción Judicial del estado Yaracuy, sent. del 25-01-10, exp. UH05-V-2007-000208, http://miranda.tsj.gov.ve/decisiones/2010/enero/2385-25-

La ley se refiere aquí al «domicilio» y no a la «residencia»[58]. Sin embargo, es de recordar que el asunto podría ser considerado desde la perspectiva del Derecho Internacional Privado, a saber, de la ley aplicable[59]. Al efecto, la Ley de Derecho Internacional Privado en su artículo 34 dispone: «Las sucesiones se rigen por el Derecho del domicilio del causante»[60], pero el concepto de domicilio al que alude tal normativa no coincide con la noción tradicional del Código Civil (artículos 27 y 33), sino que, a los efectos de

---

UH05-V-2007-000208-.html, «la demanda se encuentra fundada en la liquidación y partición de la comunidad hereditaria, establecida en los artículos 768 y 822 del Código de Procedimiento Civil, en concordancia con el artículo 177 (...) de la Ley Orgánica»; *infra* XIII.3.

[58] RIPERT y BOULANGER, ob. cit., p. 9.

[59] Véase sobre el tema con anterioridad a la ley especial, bajo el título: «La ley aplicable a las sucesiones conforme al Derecho Internacional Privado: SANSÓ, ob. cit., pp. 739 y ss. y pp. 750 y ss., se pregunta sobre la ley aplicable a los bienes sucesorales situados en el extranjero; ESPARZA BRACHO, *Derecho...*, pp. 11-14 (ámbito temporal y especial de aplicación de las leyes sucesorias).

[60] Dicha ley prevé: artículo 36: «el caso de que, de acuerdo con el Derecho competente, los bienes de la sucesión correspondan al Estado, o en el caso de que no existan o se ignoren los herederos, los bienes situados en la República pasarán al patrimonio de la Nación venezolana». Véase: HERNÁNDEZ-BRETÓN, Eugenio: «El Derecho Privado Internacional (De la Familia y de las Sucesiones) en el Derecho Internacional Privado: la experiencia venezolana». En: *I Jornadas Franco-venezolanas de Derecho Civil «Nuevas Tendencias en el Derecho Privado y Reforma del Código Civil Francés»*. Caracas, Capítulo Venezolano de la Asociación Henri Capitant Des Amis de la Culture Juridque Francaise. Coord: José ANNICCHIARICO, Sheraldine PINTO y Pedro SAGHY. Editorial Jurídica Venezolana, 2015, pp. 125-139; D'ONZA GARCÍA, Rossanna: «La ley aplicable a las sucesiones, a la forma y a la prueba de los actos en la nueva Ley de Derecho Internacional Privado». En: *Revista de la Facultad de Ciencias Jurídicas y Políticas*, N.º 118, Caracas, UCV, 2000, pp. 95-113; JIMÉNEZ SALAS, Simón: «La declaración sucesoral en Venezuela (cuando existen bienes en varios países)», http://www.elnotariado.com/images_db/noticias_archivos/350.doc.; OYÁRZABAL, ob. cit.; DOMÍNGUEZ MENA, Antonio: «Declaración de herederos de causantes extranjeros». En: *El Notario del siglo XXI*, N.º 1. Madrid, Colegio Notarial de Madrid, 2005, http://www.elnotario.es; CHECA, Miguel: «Régimen económico matrimonial y sucesiones internacionales». En: *El El Notario del siglo XXI*, N.º 2. Madrid, Colegio Notarial de Madrid, 2005, http://www.elnotario.es.

dicha Ley, lo considera la residencia habitual (artículo 11[61]). El domicilio del causante será determinado en principio de conformidad con los artículos 27 y 33 del Código Civil según se trate de domicilio voluntario o domicilio legal, respectivamente[62].

> La ley que regula el régimen de sucesiones y la vocación hereditaria es la vigente en el momento de la muerte del causante, es decir, la ley vigente, en el momento de la muerte del *de cujus*, es la que rige la transmisión, en base al principio de la irretroactividad de la ley, que garantiza la estabilidad del estado de Derecho, este concepto ampara los actos y los hechos realizados en aplicación de la ley derogada[63].

Desaparecida en el Derecho moderno la institución de la «muerte civil», que nuestro ordenamiento –a diferencia del francés– no conoció por razones temporales relativas a las fuentes de inspiración, solo subsiste la muerte biológica como causa extintiva de la personalidad[64]. En otros

---

[61] «El domicilio de una persona física se encuentra en el territorio del Estado donde tiene su residencia habitual». Véase: Madrid Martínez, Claudia, «Constitución y Derecho Internacional Privado». En: *Revista Venezolana de Legislación y Jurisprudencia*. N.º 10-I (Edición homenaje a María Candelaria Domínguez Guillén), Caracas, 2018, pp. 227-267, especialmente p. 247, www.rvlj.com.ve, en 1998, el legislador venezolano, asumiendo una necesidad social y hasta política, cambió el factor de conexión de nacionalidad por el domicilio, para regular todo lo que tiene que ver con el estado, capacidad de las personas y relaciones familiares.

[62] Véase también: Ley Orgánica de Registro Civil, artículo 143: «Las personas sujetas a interdicción tendrán como residencia la de sus tutores o tutoras. Las personas privadas de libertad sometidas a penas de presidio tendrán como residencia el centro penitenciario»; Domínguez Guillén, María Candelaria: «La sede jurídica». En: *Temas de Derecho Civil. Homenaje a Andrés Aguilar Mawdsley*. Caracas, TSJ, Fernando Parra Aranguren editor, 2004, t. I, pp. 492 y 493; Domínguez Guillén, *Manual de Derecho Civil I...*, pp. 174-182.

[63] Juzgado Superior Cuarto Agrario de la Circunscripción Judicial de Barinas, sent. del 02-02-05, exp. 2004-719, http://barinas.tsj.gov.ve/decisiones/2005/febrero/801-2-2004-719-.html.

[64] Véase: Domínguez Guillén, *Inicio y extinción...*, pp. 160-162; Rochfeld, ob. cit., p. 14, fue suprimida en Francia por la Ley del 31 de mayo de 1854.

ordenamientos como el español, la sucesión se abre por la muerte y por la declaración de fallecimiento[65]. Es de aclarar, que la única circunstancia que propicia la apertura de la sucesión en nuestro ordenamiento jurídico es la muerte, porque solo ella provoca la extinción de la subjetividad jurídica. La «presunción de muerte» –última fase de la «ausencia»–, que acontece en aquellos casos que se duda de la existencia del individuo, no produce la extinción de la personalidad, por lo que deja latente la posibilidad de retorno del ausente[66]. De allí que se aclare que si bien esta comparte efectos con la muerte, porque los sucesores o legitimados pretenden llegar en tal fase final, previo cumplimiento de las formalidades de ley a la «posesión definitiva» de los bienes del ausente, no resulta técnicamente correcto referirse en dicho tema a la «apertura de la sucesión».

Al efecto, indica acertadamente ESPARZA que ni la «declaratoria de ausencia», ni la «presunción de muerte», ni la «presunción de muerte por accidente», dan lugar a la apertura de la sucesión, sino tan solo a la posesión provisoria o posesión definitiva de los bienes del ausente o del presunto muerto de conformidad con los artículos 426, 434 y 440 del Código Civil[67]. La última fase de «presunción de muerte», al igual que la «presunción de muerte por accidente», tampoco dan lugar a la apertura de la sucesión, sino al otorgamiento de la posesión definitiva de los bienes del

---

[65] Véase: ALBALADEJO, ob. cit., p. 33.
[66] Véase: DOMÍNGUEZ GUILLÉN, *Inicio y extinción...*, p. 168.
[67] ESPARZA BRACHO, *Apertura...*, p. 117, agrega que en caso de ausencia, la sentencia ejecutoriada que la declara, el juez ordenará que se abran los actos de última voluntad de ausente a los fines de la posesión provisional de los bienes. Esta «apertura» de los actos de última voluntad no constituye una apertura sucesoral en los términos que se le atribuyen a tal noción de conformidad con el artículo 993 del Código Civil. Cuando el artículo 426 del Código Civil se refiere a herederos del ausente simplemente define la condición jurídica de los llamados a solicitar la posesión provisional de los bienes, pero en modo alguno supone que realmente existan herederos del ausente. La redacción del artículo es confusa pues alude a «herederos», cuando lo cierto es que se trata de personas que hubiesen sido llamadas a heredar si para la fecha de las últimas noticias del ausente, éste hubiere fallecido.

presunto muerto. Esta última tiene casi todos los elementos de la transmisión sucesoral, sin ser propiamente tal porque no ha ocurrido el supuesto fáctico de apertura de la sucesión, a saber, la muerte[68]. En el mismo sentido, comenta Rojas que en el caso del ausente no acontece una verdadera adquisición de la herencia, porque al dudarse si está vivo o muerto, se dicta una providencia revocable a la vuelta del ausente[69]. Así indica Dominici que no se puede heredar una persona viva, y, por tal, la declaración de ausencia y presunción de muerte solo producen derecho siempre revocable en cuanto a la herencia[70]. Ni la declaración de ausencia ni la presunción de muerte equivale a la muerte y, por tal, sus efectos los califica López Herrera de «cuasi-sucesorales»[71]. La entrega definitiva de posesión no equivale estrictamente a la apertura de la sucesión por causa de muerte[72]. Al efecto, indica acertadamente Josserand que los puestos en posesión definitiva no se consideran como herederos, porque están expuestos en caso de retorno del ausente a efectuar la restitución[73]. De allí que se afirme radicalmente que «no se abre la herencia del ausente»[74]. Por lo que consideramos una impropiedad afirmar que son causas de apertura de la sucesión además de la muerte, la declaración de ausencia o la presunción de muerte[75].

---

[68] Ibíd., p. 118.
[69] Rojas, ob. cit., pp. 484 y 485.
[70] Dominici, ob. cit., p. 263.
[71] López Herrera, *Derecho…*, t. i, p. 33.
[72] Planiol y Ripert, ob. cit., p. 757, en el Derecho francés –y lo mismo aplica al venezolano– siempre existe la incertidumbre, solo el tiempo hace cada vez menos probable el regreso del ausente permitiendo consolidar la situación de los causahabientes sobre los bienes.
[73] Josserand, ob. cit., vol. ii, p. 430.
[74] Véase intervención de Jesús Delgado Echeverría, en: Serrano García, José Antonio et al.: «La sustitución legal». En: *Novenos encuentros del Foro Aragonés, Actas*, p. 137, www.eljusticiadearagon.com/…/_n001037_9o_foro_3_la_sustitucion_legal.pdf, «No se abre la herencia del ausente, creo que eso tiene que estar clarísimo», supuesto distinto es el de una herencia donde es llamado el ausente, quien por tal razón no podrá aceptarla.
[75] Véase en este sentido en la doctrina nacional: Rodríguez de Rodríguez, ob. cit., p. 9, «Tenemos entonces tres causas de la apertura de la sucesión: la muerte

La ausencia en cualquier de sus fases o modalidades –ordinaria o abreviada– no es asimilable a la muerte, lo cual se proyecta a nivel sucesorio[76].

Solo la muerte da lugar a la apertura de la sucesión. La muerte, como hecho jurídico –al igual que el nacimiento–, se prueba[77], como es obvio, con la respectiva acta, o partida, de defunción[78] expedida por el funcionario competente[79] o, en su defecto, la correspondiente sentencia supletoria –juicio de inserción de partida[80]–. Acta que se tiene como cierto hasta prueba en

---

natural, la declaración de ausencia y presunción de muerte». Véase también: Juzgado Superior en lo Civil, Mercantil, Tránsito y Menores de la Circunscripción Judicial del estado Nueva Esparta, sent. del 16-09-05, exp. 06375-03, http://bolivar.tsj.gov.ve/decisiones/.../295-16-06375-03-.html, «La sucesión intestada se caracteriza porque ocurre por causa de muerte, es decir, requiere del fallecimiento del causante o de la presunción de muerte declarada por un juez…»; Juzgado de Primera Instancia en lo Civil, Mercantil, Tránsito y Bancario de la Circunscripción Judicial del estado Aragua, sent. del 16-06-08, exp. 08-14711, http://jca.tsj.gov.ve/decisiones/.../223-16-08-14711-.html, «Entre las características fundamentales se señalan cuatro, a saber: i. Es una situación a causa de muerte o al menos de muerte presunta declarada por un juez…».

[76] Véase: DOMÍNGUEZ GUILLÉN, *El procedimientos de ausencia…*, pp. 103-106.
[77] Véase sobre la «prueba de la muerte»: DOMÍNGUEZ GUILLÉN, *Inicio y extinción…*, pp. 243-253; TORRES-RIVERO, *Teoría…*, t. i, pp. 39-48.
[78] Véase: Juzgado de Primera Instancia en funciones de Control N.º 1 del Circuito Judicial Penal del estado Mérida, sent. del 20-10-08, exp. LP11-P-2005-003251, http://merida.tsj.gov.ve/decisiones/.../939-20-LP11-P-2005-003251-.html, «… de manera que de ser cierto el fallecimiento del referido ciudadano, así como el parentesco alegado, a objeto de que se trasladen sus derechos sobre bienes como herederos forzosos, sean familiares en línea directa o colateral –cónyuges, hijos y de no existir estos padres y hermanos–, es necesaria la realización de la declaración sucesoral de los bienes del fallecido; pues es así como se determina a quien corresponde el patrimonio del causante, garantizando la no violación de la legitima, ello en todo a lo pautado en los artículos 807, 822, 823, 824, 825, 826, 828, 830 y 832 del Código Civil venezolano vigente. En este mismo orden de ideas, al no existir un acta de defunción, partidas de nacimiento de los familiares directos donde se constate la filiación, ni esencialmente la liquidación sucesoral, tal pedimento a todas luces resulta improcedente…».
[79] Véase: SERRANO ALONSO, *Manual…*, p. 28.
[80] ESPARZA BRACHO, *Apertura…*, p. 118.

contrario, pues generalmente el hecho no le consta al funcionario del Registro del Estado Civil[81], aunque a los fines de constatar su regularidad o acontecimiento exige la respectiva constancia médica[82]. Debe considerarse igualmente casos especiales en que se tiene acreditada o plenamente probada la muerte por decisión judicial no obstante no aparecer el cadáver[83], supuesto radicalmente distinto a la «ausencia» que supone la incertidumbre sobre la vida de alguien y no hay prueba cierta de la muerte (artículos 418 y ss. del Código Civil), y la cual no da lugar en nuestro ordenamiento a la extinción de la personalidad humana[84].

En este punto valdría recordar la diferencia jurídico-médica entre «muerte clínica» –cesación irreversible de las funciones vitales– y «muerte cerebral» o «encefálica» –cesación de la actividad cerebral en forma irreversible no obstante mantenerse artificialmente las funciones vitales generalmente a fines de trasplantes de órganos–[85]. La muerte precisa de prueba, que, por excelencia, es el acta de defunción correspondiente, la cual se expide cuando acaece la muerte clínica, no obstante haberse dado el caso de que el sujeto previamente estuviere sustancialmente muerto por tener muerte cerebral. Sin embargo, ya que esta última implica muerte sustancial, consideramos que la misma pudiera presentar excepcionalmente ciertos efectos jurídicos como el caso de resolver un problema de conmoriencia, pues lo contrario sería dejar a la voluntad de terceros la extinción de la personalidad según

---

[81] Creemos que aunque la Ley Orgánica de Registro Civil derogó el artículo 457 del Código Civil, el valor de prueba en contrario de las declaraciones de la parte o declarante persiste por principio general. Sobre el carácter de auténtico de las declaraciones del funcionario véase artículos 1359 del Código Civil y 77 de la Ley Orgánica de Registro Civil. Véase: Domínguez Guillén, *Manual de Derecho Civil I...*, pp. 261-264.

[82] Domínguez Guillén, *Inicio y extinción...*, pp. 244-247.

[83] Supuesto previsto en el artículo 479 del Código Civil, derogado por la Ley Orgánica de Registro Civil, cuyo supuesto no contemplado seguirá siendo procedente probar judicialmente no obstante tal derogatoria.

[84] Véase: ibíd., pp. 249-253 y 164-168.

[85] Véase: ibíd., pp. 169 y ss.

el momento de la desconexión[86]. No obstante, reiteramos que, salvo tal situación por lo demás excepcional, que precisaría la prueba médica de la muerte cerebral o encefálica mediante el acta correspondiente, la muerte que da lugar a la apertura de la sucesión es, en principio, la muerte clínica porque a partir de la misma se levanta la respectiva acta de defunción. De no poderse acreditar la prioridad en la muerte, rige la presunción de conmoriencia a tenor del artículo 994 del Código Civil[87]. La prueba por excelencia de la muerte es la respectiva partida o acta de defunción, y entre sus menciones ha de contener la referencia al día y hora de la misma (artículo 130.3 de la Ley Orgánica de Registro Civil).

Señala la doctrina que el impuesto sucesoral se causa también en el momento de la apertura de la sucesión, en cuya jurisdicción ha de realizarse la respectiva declaración[88]. Se suele precisar una decisión jurisdiccional en tal sentido[89].

3.2. Delación o deferimiento[90]

La muerte por sí sola no explica el evento de la sucesión; es necesario en concurso con ella, que el ordenamiento jurídico vincule a la muerte de un sujeto la sucesión de otro, esto es, que exista delación[91]. La delación –concepto

---

[86] Véase: ibíd., p. 199; *supra* 1.5.
[87] Véase: *infra* v.5.4.
[88] López Herrera, *Derecho...*, t. i, p. 33.
[89] Véase: Silva-Ruiz, Pedro F.: *Derecho de sucesiones por causa de muerte en Puerto Rico*. Academia Nacional de Derecho y Ciencias Sociales de Córdoba, p. 3, www.acaderc.org.ar, «No es suficiente que los alegados hijos del causante se distribuyan los bienes –y paguen las deudas– sin demostración alguna, ni aun teniendo en sus bolsillos el acta de nacimiento donde conste la paternidad o maternidad del causante –en el caso de herederos forzosos del primer orden–. Así, pues, se requiere que un tribunal competente emita una resolución de declaratoria de herederos, luego de haberse presentado la correspondiente prueba, usualmente documental».
[90] Véase: Esparza Bracho, *Apertura...*, pp. 124-128; Briceño C., ob. cit., pp. 34-36; Cicu, ob. cit., pp. 23-67.
[91] Messineo, ob. cit., p. 5.

que viene del Derecho romano[92]– es un efecto de la apertura de la sucesión[93]. La delación se traduce en el «llamamiento efectivo del heredero»[94]; «la posibilidad[95] concreta y actual que el llamado tiene de hacer suya la herencia»[96]. La palabra «delación» viene del verbo latino *defero fers tuli latum fere* que significa «llamar»[97]. La delación difiere de la apertura de la sucesión[98] y de la adquisición, porque la primera implica solo el fenómeno de un patrimonio sin titular y la segunda supone la sustitución del nuevo titular en dicho patrimonio; mientras que la delación solo constituye «un llamamiento» legal o testamentario a los efectos de la simple posibilidad o expectativa de adquirir la herencia[99]. La delación es, pues, el llamamiento que hace la ley para aceptar o repudiar la sucesión[100].

La doctrina igualmente distingue entre «delación» y «vocación»[101], siendo esta última presupuesto de aquella[102] y relevante cuando se abre la sucesión

---

[92] Cicu, ob. cit., p. 23.
[93] Claro Solar, ob. cit., t. xiii, p. 41.
[94] Véase: Carrión Olmos *et al.*, ob. cit., p. 252; Torres-Rivero, *Teoría…*, t. i, p. 178, es el llamado actual y efectivo a suceder; Rojas, ob. cit., p. 31, Rodríguez de Rodríguez, ob. cit., p. 10, llamamiento de la ley o del causante a la herencia.
[95] Véase: López del Carril, ob. cit., p. 25, señala que la delación es una «posibilidad» jurídica; Lacruz Berdejo *et al.*, ob. cit., p. 29, «la posibilidad inmediata de aceptar la herencia es la característica de la delación».
[96] Véase: Sojo Bianco, ob. cit., p. 248; Vizcarrondo P., ob. cit., p. 5; Piña Valles, ob. cit., pp. 31 y 84; Rodríguez, ob. cit., pp. 15 y 16; López Herrera, *Derecho…*, t. i, p. 36.
[97] Romero Cifuentes, ob. cit. , p. 13.
[98] Véase: Esparza Bracho, *Apertura…*, pp. 115-127.
[99] Véase: Sojo Bianco, ob. cit., p. 248.
[100] Somarriva Undurraga, ob. cit., p. 55.
[101] Véase: López del Carril, ob. cit., p. 25, distingue entre delación sucesoria y vocación sucesoria: la primera es una «posibilidad» jurídica actual no eventual, mientras que la «vocación» es una «realidad» jurídica actual al todo, que se ostenta al margen de la voluntad del sucesor, opera instantáneamente con la muerte y apertura de la sucesión; Esparza Bracho, *Apertura…*, pp. 124 y 125, abierta la sucesión se actualiza el llamamiento que hace la voluntad del causante o, en su defecto la ley, a las personas que deben recibir el patrimonio del *de cujus*, éste corresponde a la vocación: la

y se es llamado a ella, en tanto la delación se hace a favor de quien es llamado, por lo que ambos conceptos son inescindibles. Mientras que la vocación es un llamamiento indeterminado a todos los posibles sucesores, la delación es una concreción de ese llamamiento que consiste en el ofrecimiento de la herencia y la posibilidad efectiva de ser sucesor[103]. La vocación es un llamamiento virtual[104] de un sujeto de derecho a la herencia; la delación constituye un paso más, no solo existe una persona determinada llamada a la herencia sino que puede aceptar[105]. La delación responde a un llamamiento real[106]. El ofrecimiento de la herencia es la delación, un grado más en el proceso sucesorio, si bien con una concreción conceptual toda delación presupone vocación pero no a la inversa[107].

---

actualización de la vocación hereditaria hace nacer en el *vocatus* la llamada delación. Esta es, pues, la posibilidad concreta y actual que el llamado tiene de hacer propia la herencia, vendría a ser el momento intermedio entre el llamamiento, de la cual surge y la adquisición de la herencia –o su repudio– con la cual se consuma; Messineo, ob. cit., p. 36, los modos o formas de vocación es la ley y el testamento.

[102] Torres-Rivero, *Teoría...*, t. I, p. 179.

[103] Serrano Alonso, *Manual...*, pp. 27 y 28.

[104] Véase: Rojina Villegas, ob. cit., p. 94, la vocación es el llamamiento virtual que por ministerio de la ley se hace a todos los que se crean con derecho a una herencia; Juzgado Segundo de Primera Instancia en lo Civil, Mercantil y del Tránsito de la Circunscripción Judicial del Área Metropolitana de Caracas, sent. del 28-01-10, AP11-F-2009-000668, http://merida.tsj.gov.ve/decisiones/2010/.../2117-28-AP11-F-2009-668-.html, «En abstracto, es evidente que para que sea declarada la procedencia de cualquier pretensión de partición de comunidad hereditaria, el primer presupuesto lógico-jurídico está constituido por la eventual vocación sucesoral de la parte actora respecto del patrimonio del causante, siendo que tal vocación sucesoral se origina en la filiación u otro tipo de parentesco, así como en la vinculación conyugal, según el caso, vale decir, que el derecho sustantivo que permite accionar para sostener la pretensión de partición de una comunidad hereditaria deviene del carácter de heredero del *de cujus*».

[105] Lacruz Berdejo *et al.*, ob. cit., p. 29.

[106] Véase: Rojina Villegas, ob. cit., p. 94, además del llamamiento virtual existe el llamamiento real que se llama delación.

[107] Lacruz Berdejo *et al.*, ob. cit., p. 30, hay vocación cuando se es llamado a la herencia aunque no se acepte, la delación se indica cuando nace la oportunidad de aceptar la herencia y termina con la aceptación. La vocación depende de la voluntad del causante o del parentesco y la delación de la ley.

La delación da lugar al *ius delacionis*[108], a saber, la opción de aceptar o rechazar la herencia[109], facultad intransmisible de hacer propia la herencia o rechazarla, y que precisa que el llamado sobreviva al difunto, es decir, no puede suceder quien premuera al *de cujus*, así como tampoco el que no haya sido concebido al momento de la apertura de la sucesión (artículo 809 del Código Civil), ni el ausente porque se duda de su existencia, no obstante el derecho de representación (artículo 442 del Código Civil). Se agrega el citado caso de la conmoriencia (artículo 994 *eiusdem*). Algunos aluden a delaciones sucesivas cuando el primer llamado a suceder ha renunciado o es indigno y otras personas son llamadas a la herencia, pero se aclara que se trata de sujetos llamados a falta de los primeros por lo que existiría simplemente delación[110].

Cabe señalar según volveremos a referir[111] que puede acontecer que verificada la delación a favor de un sujeto, este fallezca sin poder manifestar su aceptación o repudiación. En tales casos se alude a que opera la «transmisión»[112]. Se afirma que en tal caso tuvo lugar el *ius delationis*, pero el individuo llamado

---

[108] Véase: Merino Hernández, José Luis: «Aceptación y repudiación de la herencia». En: *Undécimos Encuentros del Foro Aragonés, Actas*, http://www.eljusticiadearagon.com/.../_n000983_Aceptacion%20y%20repudiacion%20de%20la%20herencia.pdf; cuando una persona fallece transmite de derecho el *ius delationis*, esto es el derecho de aceptar o no la herencia; Rojina Villegas, ob. cit., pp. 96-105.

[109] Véase: Jordano Fraga, ob. cit., p. 69, indica que el *ius delationis* se contempla según la ley, como una opción a aceptar o repudiar la herencia.

[110] Véase: Sojo Bianco, ob. cit., pp. 248 y 249; Vizcarrondo P., ob. cit., p. 6.

[111] Véase *infra* v.6.

[112] Véase: Cruz Ponce, Lisandro: «El derecho de transmisión en la sucesión hereditaria», pp. 309-311, www.juridicas.unam.mx/publica/librev/rev/revdpriv/.../dtr1.pdf, cuando el heredero llamado por la ley o por el testador fallece antes de la aceptación o rechazo a la herencia que se le ha deferido transmite esta facultad a sus propios herederos quienes adquieren a su vez el derecho de aceptarla o rechazarle. En la doctrina civil esta interesante figura recibe el nombre de «derecho de transmisión», indica que en el Derecho romano clásico no se admitía el derecho de transmitir la herencia, siendo Justiniano quien lo concedió, se dice que intervienen el primer causante, el transmitente y el transmitido; D'Jesús M., ob. cit., pp. 51 y 52; Sepúlveda Cerliani,

murió después de este y antes de poder ejercer el derecho de aceptar o de renunciar la herencia, supuesto en el cual tal derecho se transmite a sus herederos, pues la delación hereditaria es transmisible a estos últimos[113]. Cuando el llamado fallece sin haber usado el *ius delationis*, este se «transmite» a sus herederos[114]. De allí que lo correcto no es referirse a transmisión de la herencia sino a transmisión del *ius delationes* o derecho a deliberar[115]. La transmisión supone la muerte del llamado a suceder después de que la sucesión se le había deferido, pero antes que él se hubiese pronunciado sobre aceptarla o no: entonces pasa a sus herederos el derecho de deliberar respecto de aquella sucesión[116]. La transmisión nos coloca ante el caso de una doble muerte[117]; la del causante original que propició la apertura de la

---

ob. cit., «tiene lugar cuando un heredero o legatario cuyos derechos a la sucesión no han prescrito fallece antes de haber aceptado o repudiado la herencia o legado que se le ha diferido. Transmite a sus herederos el derecho a aceptar o repudiar dicha herencia o legado aun cuando fallezca sin saber que se le ha diferido»; GARCÍA VILA, José Antonio: «Breves notas sobre la transmisión del *ius delationis* en el Derecho Catalán», http://www.notariosyregistradores.com/doctrina/articulos/2009-%20 cataluña-derechodetransmision.htm; DOMÍNGUEZ MENA, ob. cit., «El derecho de transmisión es el mecanismo previsto por el artículo 1006 del Código Civil para permitir a los herederos del heredero que ha fallecido sin aceptar ni repudiar una herencia que le había sido deferida, que puedan aceptarla o repudiarla. Es, por tanto, un supuesto en el cual el heredero llamado ha "posmuerto" al causante inicial sin ejercitar el *ius delationis*, diferente al derecho de representación, que requiere una 'premoriencia' al causante»; JORDANO FRAGA, ob. cit., pp. 88 y ss.

[113] Véase: SERRANO ALONSO, *Manual...*, pp. 35 y 36, LACRUZ BERDEJO *et al.*, ob. cit., p. 41; CARRIÓN OLMOS *et al.*, ob. cit., p. 259; GUTIÉRREZ BARRENENGOA *et al.*, ob. cit., pp. 490 y 491; JORDANO FRAGA, ob. cit., p. 88, si el llamado a una sucesión fallece después de haber adquirido el *ius delationis* y sin haberlo ejercido, hay *transmissio* cuando los herederos reciben con su herencia ese mismo *ius delationis*, colocándose así respecto de la herencia que tenía el primer causante en la misma posición que tenía el llamado fallecido.

[114] Véase: ALBALADEJO, ob. cit., p. 45.
[115] D'JESÚS M., ob. cit., p. 51.
[116] POLACCO, ob. cit., t. II, p. 66.
[117] Véase: CRUZ PONCE, *El derecho...*, p. 312, se encuentra en el derecho de transmisión dos herencias sucesivas, quedadas al fallecimiento del primer y segundo *de cujus*.

sucesión de que se trate; y posterior a esta, el fallecimiento del llamado a la herencia sin que mediara aceptación o renuncia. Figuran en ella: el primer causante, el transmitente o transmisor y el adquirente o transmisario[118]. Se discute, sin embargo, a quien sucede el transmisario[119]; para algunos este adquiere la herencia del llamado transmitente[120].

3.3. *Adquisición*[121]

La adquisición de la herencia es en esencia la determinante de que, con mayor o menor alcance, el heredero se haga cargo de las deudas de su causante.

---

[118] Véase: ORRERO ACUÑA, Juan Andrés: «De la sucesión por causa de muerte», pp. 9 y 10, www.juanandresorrego.cl/apuntes/derecho_civil_4_pdf/sucesorio_1.pdf.

[119] Véase: GARCÍA VILA, ob. cit., «La cuestión esencial que siempre ha planteado el derecho de transmisión es tratar de responder a quien sucede el transmisario. Aquí se han enfrentado dos tesis. La tesis clásica, que GARCÍA GARCÍA denomina "de la doble transmisión", que considera que quien adquiere por derecho de transmisión sucede por derecho del transmitente, no por derecho propio, es decir, lo hace mediatamente, o, como señala la Resolución de la DGRN de 22 de enero de 1998, "ejercitada positivamente –se refiere a la facultad que tuvo el transmitente– todo debe acontecer como si el transmitente hubiera llegado a ser heredero del causante originario", de modo que, como señalaba LACRUZ, solo a través de la herencia del transmitente, como parte de la herencia de éste, llega hasta la esfera jurídica del transmisario la herencia del causante originario. La otra tesis es la calificada por su introductor en España, ALBALADEJO, como de la "teoría de la doble capacidad", aunque autores como GARCÍA GARCÍA prefieren hablar de "teoría de la adquisición directa", por cuanto autores como JORDANO FRAGA, que la defienden, no sostienen la necesidad de la doble capacidad. Para esta tesis, como hemos señalado al principio, el transmisario es heredero directo del causante, de modo que hay siempre dos sucesiones distintas: la del transmisario respecto del transmitente –presupuesto para que pueda jugar el derecho de transmisión– y la del transmisario respecto del causante originario. El seguir una u otra tesis tiene notable importancia en materias como si el patrimonio hereditario del causante debe entenderse integrado en el del transmitente para el cálculo de las legítimas de sus legitimarios, quien debe colacionar y respecto a qué herencia, la intervención de otros cotitulares no herederos de la herencia del transmitente en la actuación sobre la herencia del causante».

[120] Véase: JORDANO FRAGA, ob. cit., pp. 264 y ss.

[121] Véase: BRICEÑO C., ob. cit., pp. 36 y 27.

Tal fenómeno no es simple sino complejo, pues supone varios hechos y por tanto se habla de dinámica de la adquisición[122.]

La adquisición[123] es el traspaso de los bienes del causante al llamado[124], supone la efectiva sustitución de los herederos en las relaciones del difunto, en razón de la aceptación expresa o tácita, esta última acontece en caso de no mediar repudiación. Nuestro Código Civil prevé la facultad del heredero de aceptar (artículo 996) o renunciar la herencia (artículo 1012), estableciéndose que la facultad de aceptar prescribe a los diez años (artículo 1011). Se critica que nuestro sistema, inspirado en la legislación italiana, influenciado por nociones romanas, genera incertidumbre sobre el momento de la adquisición, pero se aclara que sea cual sea el sistema adoptado, la relación sucesoria funcionará igual por lo que el asunto solo se limita a una discusión teórica[125].

3.3.1. La aceptación[126]
Si bien se indica que la herencia se adquiere en virtud de la ley, se precisa de la aceptación del heredero, esto es, de la declaración o manifestación de

---

[122] Roca Ferrer et al., ob. cit., p. 411.
[123] Véase: artículos 996 y ss. del Código Civil. Véase: Rodríguez, ob. cit., p. 16, la adquisición ocurre cuando el llamado a suceder se transforma en titular a título universal o particular del patrimonio o bien del *de cujus*; Rojas, ob. cit., p. 491; Rodríguez de Rodríguez, ob. cit., p. 11, la adquisición significa la incorporación de una cosa o derecho al esfera patrimonial de la persona; López Herrera, *Derecho...*, t. I, p. 40, ocurre cuando el sucesor acepta el llamado que se le ha hecho y se transforma en nuevo titular y propietario del patrimonio, ibíd., t. II, pp. 49-52; Briceño C., ob. cit., p. 36, la adquisición es el hecho por el cual el heredero subentra en el lugar del difunto.
[124] Messineo, ob. cit., p. 38.
[125] Véase: Sojo Bianco, ob. cit., pp. 250 y 251.
[126] Véase: Merino Hernández, ob. cit.; Pérez Puerto, ob. cit.; López Herrera, *Derecho...*, t. II, pp. 52-65; Sojo Bianco, ob. cit., pp. 251-254; Abouhamad Hobaica, ob. cit., pp. 233-239; Piña Valles, ob. cit., pp. 85-88; Juzgado de Primera Instancia del Tránsito y Agrario de la Circunscripción Judicial del estado Barinas, sent. del 10-02-09, http://barinas.tsj.gov.ve/decisiones/2009/febrero/804-10-4.993-23.html, «Señala la doctrina que la aceptación de herencia

voluntad, bien sea expresa o tácita, de adquirir la herencia. Su voluntad simplemente ratifica la presunción de ley, confirmando la cualidad de heredero[127] y dándole carácter irrevocable (artículo 916 del Código Civil), «… la apertura de la herencia no produce *ipso iure* la adquisición de todo o parte de la herencia, siendo necesario el acto de aceptación»[128].

Destaca la doctrina: «La aceptación de la herencia consiste ya en una declaración de voluntad de la persona llamada a la sucesión a título de herencia de querer ser efectivamente heredero, ya en la realización por este de actos a los cuales la ley atribuye la consecuencia de ser heredero»[129]. Es el acto mediante el cual el titular de la vocación hereditaria exterioriza su voluntad de

---

es el acto por el cual el heredero testamentario o *ab intestato* manifiesta su voluntad de suceder con los derechos y deberes inherentes a ello. Para que surta efectos dicha aceptación, se requiere formularla después de abierta la sucesión del causante. Así mismo debe ser hecha por heredero que tenga derecho a serlo, bien por voluntad del *de cujus* o por disposición de la ley»; Briceño C., ob. cit., pp. 38-41; Cicu, ob. cit., pp. 68-79; Messineo, ob. cit., pp. 239-259; Laurent, F.: *Principes de Droit Civil Francais*. Bruselas, 5.ª, Typ. Bruylant-Christophe & Cie, 1893, t. ix, pp. 319-486; De Page, ob. cit., pp. 437-513.

[127] Véase: Tribunal Superior Cuarto del Circuito Judicial del Tribunal de Protección de Niños, Niñas y Adolescentes de la Circunscripción Judicial del Área Metropolitana de Caracas y Nacional de Adopción Internacional, sent. del 17-03-14, citada *supra*, «no puede partirse una herencia que no ha sido aceptada y que, tampoco puede tomarse como aceptada tácitamente»; Juzgado Segundo de Municipio de la Circunscripción Judicial del Área Metropolitana de Caracas, sent. del 14-05-14, citada *supra*, «Esta apertura provoca la delación de la herencia, lo que transforma en sucesor a la persona llamada por la ley o por testamento, según sea el caso; y consecuentemente; cuando este sucesor acepta es que adquiere la condición de heredero del *de cujus*, llevando a cabo la adquisición de la herencia (…) el sucesor adquiere la herencia mediante la aceptación, y solo de este modo es que se convierte en heredero. Aceptación que puede ser expresa, tácita o presunta».

[128] Soza Ried, María de los Ángeles: «La cesión del "derecho real" de herencia y de una cuota hereditaria». En: *Revista de Derecho Valdivia*, vol. xvii, 2004, pp. 91-111, http:// www.scielo.cl/scielo.php?script=sci_arttext&pid=S0718.

[129] Pérez Puerto, ob. cit., *passim*.; TSJ/SPlena, Sala Especial Primera, sent. N.º 22, del 17-05-16; TSJ/SPlena, Sala Especial Segunda, sent. N.º 49, del 20-12-16.

adquirir la herencia[130]. El último hecho o acto que cierra el proceso adquisitivo de la herencia y, por tanto, la adquisición misma es la aceptación[131].

Así pues, en el momento en que el llamado acepta la herencia, adquiere la condición de heredero, que inmediatamente recibe todas las relaciones jurídicas del causante por sucesión universal[132]. La aceptación adicionalmente no puede estar sujeta a término o condición (artículo 997 del Código Civil[133]) pues, como bien indica Sanojo, la herencia es una liberalidad concedida por el testador por lo que no puede serle potestativo al favorecido imponer condiciones de ninguna especie: debe recibirla con todos sus gravámenes o repudiarla[134].

La voluntad ciertamente ha de estar exenta de vicios del consentimiento, aunque la norma especial solo alude a violencia y dolo en el artículo 1010 del Código Civil[135] y no a error, lo que se atribuye a que no aplica la concepción que de este se hace en el ámbito contractual. El error fue implícitamente excluido de tal norma[136]. Aclara Polacco que es posible el error

---

[130] Zannoni, ob. cit., p. 117. Véase también: Sanojo, Luis: *Instituciones de Derecho Civil venezolano*, vol. ii, Caracas, Imprenta Nacional, 1873, p. 47, es el acto por el cual quien es llamado a la herencia manifiesta la intención de ser heredero; solo puede verificarse después de la apertura de la sucesión.

[131] Roca Ferrer et al., ob. cit., p. 413; Tribunal Superior Cuarto del Circuito Judicial del Tribunal de Protección de Niños, Niñas y Adolescentes de la Circunscripción Judicial del Área Metropolitana de Caracas y Nacional de Adopción Internacional, sent. del 17-03-14, citada *supra*.

[132] Lacruz Berdejo et al., ob. cit., p. 83.

[133] Prevé la norma: «La aceptación no puede hacerse a término, ni condicional ni parcialmente».

[134] Sanojo, ob. cit., p. 48.

[135] «La aceptación de la herencia no puede atacarse, a no ser que haya sido consecuencia de violencia o de dolo. No pueda tampoco impugnarse la aceptación, por causa de lesión. Sin embargo, en caso de descubrirse un testamento, desconocido en el momento de la aceptación, el heredero no está obligado a pagar los legados contenidos en aquel testamento, sino hasta cubrir el valor de la herencia, salvo siempre la legítima que pueda debérsele».

[136] Esparza Bracho, *Derecho...*, p. 47.

que recae *in ipso corpore rei* –se confundió una herencia con otra–, pero la aceptación no se afecta si el error es en la valoración de los bienes[137]. Ello, a decir de Dominici, pretende prevenir la excusa del heredero en cuanto a las cantidades o cargas, lo que no excluye la posibilidad de un error sustancial, como la aceptación de una herencia en la creencia de que se trata de otra[138]. La citada norma consagra adicionalmente la improcedencia de la impugnación de la aceptación por causa de lesión, pero, a propósito de error o desconocimiento que la propia disposición no prevé, se dispone que el heredero no está obligado a pagar legados, sino hasta el valor de los bienes de la herencia y respetando su legítima, si al tiempo de la aceptación desconocía la existencia de testamento. La doctrina aclara que dicha excepción que solo aprovecha al que desconocía el testamento, se explica porque el legislador presume que en tal caso el heredero no hubiese aceptado la herencia pura y simple de haber tenido noticia de tal testamento[139]. El error, en tal caso, no produce la nulidad de la aceptación, sino la disminución de las obligaciones del heredero[140].

En función de lo anterior, la doctrina señala entre los caracteres de la aceptación, el ser irrevocable, libre, indivisible[141], absoluta, retroactiva, unilateral, no receptiva y pura –no sujeta a condición[142]–. La alternativa del sucesor es aceptar o repudiar, por lo que no se admite la aceptación condicional o a término, salvo el beneficio de inventario; se acepta toda o no se acepta, pero no es posible la aceptación parcial[143]. Polacco señala que la

---

[137] Polacco, ob. cit., t. ii, p. 131.
[138] Dominici, ob. cit., p. 283.
[139] Véase: López Herrera, *Derecho...*, t. i, p. 322. Véase también: Esparza Bracho, *Derecho...*, pp. 49 y 50.
[140] Sanojo, ob. cit., p. 57.
[141] Véase: Martí y Miralles, ob. cit., p. 39, se refiere al principio de «indivisibilidad de la aceptación o repudiación de una herencia».
[142] Véase: Pérez Puerto, ob. cit.; Rojas, ob. cit., pp. 498-500; Esparza Bracho, *Derecho...*, p. 4, la aceptación no puede sujetarse a término, ni será condicional o parcial; Zannoni, ob. cit., pp. 121 y 122.
[143] Ramírez, ob. cit., p. 288. Véase *infra* 3.3.2, así como obviamente por contrapartida no cabe renuncia o repudiación parcial.

aceptación comparte con la renuncia los caracteres de absoluta, pura e indivisible[144]. Tanto la aceptación como la renuncia han de ser libres, puras, ciertas, totales y con carácter retroactivo[145]. ESPARZA agrega que ambas son actos unilaterales y no recepticios[146].

La aceptación, a diferencia de la renuncia, en las condiciones de ley, es irrevocable[147]. La regla de la irrevocabilidad de la aceptación rige tanto respecto de la pura y simple como a beneficio de inventario y se cita como la regla *semel heres, semper heres*[148] –una vez heredero, heredero para siempre[149]– originaria del Derecho romano. La irrevocabilidad de la aceptación supone que el heredero no puede desdecirse *a posteriori* por su simple voluntad, pero dicho acto es impugnable por vía de nulidad[150].

El lapso para aceptar es de diez años (artículo 1011 del Código Civil) y la prescripción comienza a correr desde el día de la apertura de la sucesión. En razón de que la omisión o tardanza en aceptar puede perjudicar a los coherederos, el artículo 1019 del Código Civil[151] concede una acción para obligar al llamado a pronunciarse sobre la aceptación en el lapso indicado

---

[144] POLACCO, ob. cit., t. II, p. 71. Véase también en torno a la invisibilidad de la aceptación y renuncia: MARTÍ Y MIRALLES, ob. cit., p. 39.
[145] ROJINA VILLEGAS, ob. cit., p. 114.
[146] ESPARZA BRACHO, *Derecho...*, pp. 35 y 36.
[147] DOMINICI, ob. cit., pp. 282 y 293.
[148] Véase: POLACCO, ob. cit., t. II, p. 127; ÁLVAREZ-CAPEROCHIPI, ob. cit., p. 245.
[149] Véase: PLANIOL y RIPERT, ob. cit., p. 305, «el que acepta por cierto tiempo es heredero siempre».
[150] LÓPEZ HERRERA, Francisco: «Consideraciones en torno a la regla *semel heres, semper heres* en el Código Civil venezolano vigente». En: *El Código Civil venezolano en los inicios del siglo XXI. En conmemoración del bicentenario del Código Civil francés de 1804*. Caracas, Academia de Ciencias Políticas y Sociales, 2005, p. 195.
[151] «Todo el que tenga acción contra la herencia, o derecho de suceder a falta del llamado actualmente, tiene derecho de pedir al tribunal que compela al heredero, sea *ab intestato* o testamentario, a que declare si acepta o repudia la herencia. El juez, procediendo sumariamente, fijará un plazo para esta declaración, el cual no excederá de seis meses. Vencido este plazo sin haberla hecho, se tendrá por repudiada la herencia».

por el juez, denominada por algunos «acción interrogatoria»[152]. Así pues, se puede citar en juicio al llamado a aceptar la herencia para constreñirlo a declarar si acepta o renuncia[153].

La aceptación por su forma puede ser expresa o tácita (artículo 1002 del Código Civil[154]), según se evidencie de voluntad expresa e inequívoca plasmada e instrumento público o privado –expresa– o cuando el heredero en su condición de tal ejecute actos que denoten su voluntad de aceptar la herencia –tácita–. Así, distingue la doctrina que la aceptación expresa se da cuando el sucesible asume los derechos y obligaciones de la herencia manifestándolo en instrumento público o privado[155], aunque la declaración consista en darse a sí mismo el título de heredero con evidente voluntad de serlo[156]; supone la manifestación de una intención cierta de asumir la

---

[152] Véase: Juzgado Sexto de Primera Instancia en lo Civil, Mercantil y del Tránsito de la Circunscripción Judicial del Área Metropolitana, sent. del 28-05-07, citada *supra*, «La pretensión de alguno de los herederos dirigida a algún otro con vocación hereditaria para que acepte o repudie la herencia, se denomina en doctrina acción –*rectius*: pretensión– interrogatoria, que dispone de un procedimiento especial diferente al de partición según la norma anotada con anterioridad. Con esta norma se pretende completar el tercer momento de la sucesión –adquisición–, excluyendo o incorporando, según el caso, a aquellos herederos que no han aceptado aun la herencia». La sentencia indica que dicha acción ciertamente se precisa para completar los tres momentos de la sucesión y constituir una comunidad hereditaria que pueda ser objeto de partición; Esparza Bracho, *Derecho…*, p. 35, la *actio* interrogatoria permite compeler al sucesor para que declare si acepta o repudia la herencia y de abstenerse de declarar puede surgir una repudiación no expresa.
[153] Véase: Polacco, ob. cit., t. ii, p. 53.
[154] «La aceptación puede ser expresa o tácita. Será expresa, cuando se tome el título o cualidad de heredero en un instrumento público o privado. Será tácita, cuando el heredero ejecute un acto que suponga necesariamente la voluntad de aceptar la herencia, acto que no tendrá derecho de ejecutar sino en calidad de heredero». Véase: De Ruggiero, ob. cit., p. 339.
[155] Véase: Planiol y Ripert, ob. cit., p. 340, La aceptación es expresa cuando el heredero toma el título por un documento escrito.
[156] Véase: Méndez Costa, María J.: *Capacidad para aceptar y repudiar herencias*. Buenos Aires, Astrea, 1972, p. 31; Polacco, ob. cit., t. ii, p. 99, opera cuando el

calidad de heredero[157]; en tanto que la aceptación tácita se presenta cuando el sucesible ejecuta un acto jurídico que no podría efectuar legalmente, sino como propietario de la herencia[158]. Se indica que queda al buen juicio de los tribunales decidir cuáles son los hechos que entrañan la aceptación tácita[159].

Dispone el artículo 1003 del Código Civil que «Los actos meramente conservatorios, de guarda y de administración temporal, no envuelven la aceptación de la herencia, si la persona no ha tomado en ellos el título o cualidad de heredero». Indica Sanojo que es interés de la persona a quien se le defiere una herencia que esta sea bien administrada incluso antes de haber tomado partido por aceptarla o renunciarla. Por lo que no puede considerarse a los efectos de la aceptación actos conservatorios como los que tienden a interrumpir la prescripción, registro de instrumentos, protestos, cultivar fundos hereditarios o reparaciones ordinarias o extraordinarias, etc.[160]. Pero la donación, cesión o enajenación del heredero sí envuelve aceptación (artículo 1004[161]), por ser verdaderos actos de dominio[162], así como la renuncia de uno de los coherederos a favor de

---

llamado a suceder asume tal cualidad mediante un instrumento público o privado, no puede hacerse oralmente.

[157] Zannoni, ob. cit., p. 117.

[158] Méndez Costa, ob. cit., pp. 32 y 33, agrega la autora que se trata de una suerte de declaración presumida por la ley; Ferrando Bundio, ob. cit., p. 101, se hace por actos que suponen necesariamente la voluntad de aceptar, o que no habría derecho a ejecutar sin con la cualidad de heredero; Polacco, ob. cit., t. ii, p. 100, se infiere de actos que no se han emprendido propiamente al objeto de manifestar esa voluntad, pero que son de tal índole que no dejan ninguna duda razonable de que quien los ejecutó tuvo la voluntad de aceptar.

[159] Sanojo, ob. cit., p. 51.

[160] Ibíd., p. 52.

[161] «La donación, cesión o enajenación hecha por el heredero a un extraño, a sus demás coherederos o a alguno de ellos, de sus derechos hereditarios, envuelve su aceptación de la herencia».

[162] Ibíd., p. 53, porque nadie puede enajenar a título gratuito u oneroso, sino lo que es suyo.

los demás cuando se haya pactado precio por la misma (artículo 1005[163]), a diferencia de la renuncia gratuita que no envuelve aceptación (artículo 1006[164]). Esta última se diferencia, a su vez, de la donación[165]. Sin embargo, aclara Polacco, respecto de las cosas perecederas, que será siempre conveniente para evitar confusiones obtener autorización judicial para la venta de las mismas, pero que no se puede afirmar de manera absoluta, que efectuarla sin tal autorización importe siempre aceptación tácita[166]. Ello es razonable considerando el estado de necesidad que puede presentarse respecto al no perecimiento de la cosa.

La aceptación, por sus efectos, puede ser pura y simple o a beneficio de inventario (artículo 997 del Código Civil). La aceptación pura y simple; produce la confusión de patrimonio entre el causante y el heredero, por lo que este último respondería con su propio patrimonio del pasivo de la herencia si es superior al activo[167]. La aceptación a beneficio de inventario, se inicia con una manifestación formal al efecto, dentro del lapso de ley a fin de dar curso al respectivo procedimiento legal que permite al heredero evitar la confusión de patrimonios, conocer previamente la cuantía del patrimonio hereditario y aceptar la herencia si le beneficia económicamente[168]. La herencia,

---

[163] «El mismo efecto tendrá la renuncia hecha por uno de los coherederos en favor de uno o de algunos de los demás, aunque sea gratuitamente, y la hecha en favor de todos sus coherederos indistintamente, cuando haya estipulado precio por su renuncia».

[164] «La renuncia hecha por un coheredero no envuelve aceptación de la herencia cuando se hace gratuitamente en provecho de todos los coherederos *ab intestato* o testamentarios, a quienes se deferiría la parte del renunciante, en caso de faltar éste».

[165] Dominici, ob. cit., pp. 278 y 279.

[166] Polacco, ob. cit., t. ii, p. 65.

[167] Véase: Serrano Alonso, *Manual*..., p. 67, la aceptación pura y simple origina la responsabilidad civil ilimitada del heredero por las deudas del causante, por lo que si los bienes de la herencia son insuficientes responde con sus propios bienes; Polacco, ob. cit., t. ii, p. 177, con la aceptación pura y simple se verifica el que es verdaderamente el efecto natural de la sucesión hereditaria, esto es, la fusión en uno solo de los dos patrimonios, del difunto y heredero; Esparza Bracho, *Derecho*..., pp. 39-42.

[168] Véase: Serrano Alonso, *Manual*..., p. 67, en la aceptación a beneficio de inventario no hay confusión de patrimonios, por lo que el heredero responde de las

si no es aceptada a título de inventario, se entiende que es aceptada pura y simple, esto es, a título universal, donde el heredero asume la responsabilidad que arroje el balance del activo y el pasivo de la herencia[169].

No debe confundirse la capacidad de suceder con la capacidad de aceptar una herencia[170], esta última asociada a la capacidad de obrar o de ejercicio. Los incapaces de obrar precisan de la subsanación de la respectiva incapacidad de ejercicio –pues la aceptación precisa capacidad de obrar plena[171]–, amén que deben aceptar de la herencia a beneficio de inventario (artículos 998 y 999 del Código Civil). Al momento de aperturarse una sucesión corresponde llamar a la misma, a todos los causahabientes, bien por voluntad expresa del causante o de la ley, estos adquieren, en principio, simplemente el derecho de aceptar o de repudiar la herencia. Este derecho corresponde exclusivamente al sucesor o a su representante con las debidas autorizaciones y conforme a las normas exigidas por la ley. El derecho a aceptar o renunciar para el caso de los niños o adolescentes se encuentra sujeto a las normas establecidas en el Código Civil[172], en especial la contenida al artículo 998; la aceptación ha de ser necesariamente a beneficio de inventario[173], las deudas de la herencia no serán satisfechas por el incapaz[174].

---

deudas del causante solo con los bienes recibidos de la herencia, sin que su patrimonio resulte afectado por ello. Véase también: DOMINICI, ob. cit., p. 269.

[169] Juzgado Superior Cuarto Agrario de la Circunscripción Judicial de Barinas, sent. del 02-02-05, citada *supra*.

[170] POLACCO, ob. cit., t. II, p. 76, puede aceptar por sí una herencia, quien tiene plena capacidad de realizar actos jurídicos, no bastando la capacidad limitadas a los actos de simple administración, porque la aceptación supera a éstos por las consecuencias que puede producir.

[171] Véase: ESPARZA BRACHO, *Derecho...*, p. 50; BRICEÑO C., ob. cit., p. 39, siendo como es la aceptación una declaración de voluntad que entraña a menudo grandes responsabilidades, precisa capacidad de obrar.

[172] Véase: artículos 367, 268, 272.2 del Código Civil.

[173] Véase *infra* III.1.3; Tribunal de Protección del Niño y del Adolescente de la Circunscripción Judicial del estado Lara, sent. del 09-10-03, exp. KP02-S-2003-006885, http://jca.tsj.gov.ve/decisiones/2003/octubre/645-9-KP02-S-2003-006885-.html, «El cual expresamente señala: "Las herencias deferidas a los menores y a los entredichos no pueden aceptarse válidamente sino a beneficio de inventario". Lo que significa

En el mismo sentido, sobre la necesidad de tal beneficio, se pronuncia el artículo 1000 del Código Civil en torno a la aceptación de herencias a entes públicos y otros entes incorporales[175]. Aclara Esparza que, en tal caso,

---

que de conformidad al texto legal se le permite al heredero que deba o quiera recibir a beneficio de inventario: El no estar obligado al pago de las deudas de la herencia ni al de los legados, sino hasta la concurrencia del valor de los bienes que haya tomado, y poder libertarse de unas y otras abandonando los bienes hereditarios a los acreedores y a los legatarios, y adicionalmente el no confundir sus bienes personales con los de la herencia y conservar contra ella el derecho de obtener el pago de sus propios créditos, entre ellos el derecho de alimentos»; Corte Superior Primera del Circuito Judicial del Tribunal de Protección de Niños, Niñas y Adolescentes de la Circunscripción Judicial del Área Metropolitana de Caracas y Nacional de Adopción Internacional, sent 16-12-08, exp. AP51-R-2007-019547, http://falcon.tsj.gov.ve/decisiones/2008/diciembre/2093-16-AP51-R-2007-019547-AZ512008000261.html, «Como se desprende de la norma anteriormente transcrita, el legislador no señaló como potestativo la aceptación de la herencia por parte de los niños, niñas y adolescentes a beneficio de inventario, por el contrario expresa la obligatoriedad que sea aceptada en este modo y no de otro, tal norma es de orden público, por lo que no es atribuido a los particulares relajar lo en ella señalado, por lo que la herencia debe ser aceptada por los niños, niñas y adolescentes a beneficio de inventario, lo contrario constituiría directamente un quebrantamiento del orden público, lo cual no es posible subsanar aún con el consentimiento expreso de las partes, y que al ser detectadas por el juez al momento de decidir, debe intervenir de oficio, pues tales quebrantamientos producen la invalidez de las actuaciones posteriores al acto írrito declarado».

[174] Véase: Juzgado Superior Segundo en lo Civil, Mercantil y Menores del Estado Lara, en Barquisimeto, sent. del 03-08-04, citada *supra*, «… la aceptación de la herencia bajo el beneficio de inventario, no constituyen circunstancias que afecten la posibilidad de que los acreedores del causante puedan ejercer sus acciones en contra de los sucesores de una determinada herencia, sino que en definitiva constituyen problemas que afectan la ejecución de la sentencia, siendo importante señalar que de conformidad con lo previsto en el artículo 998 del Código Civil, las herencias deferidas a los menores de edad no pueden aceptarse válidamente sino a beneficio de inventario, en el entendido que este beneficio no constituye una posibilidad para el beneficiario de no pagar las deudas dejadas por la herencia, sino una contingencia para el heredero de conocer el verdadero caudal dejado por la herencia».

[175] «Las herencias deferidas a los establecimientos públicos o a otras personas jurídicas, no podrán aceptarse sino por sus respectivas direcciones, conforme a sus reglamentos, y a beneficio de inventario».

si bien la ley no señala expresamente qué órgano directivo debe contar con la facultad expresa de aceptar herencias y legados, resulta obvio que al menos debe poseer amplias facultades de administración o disposición, lo cual vendrá dado por el documento estatutario[176].

3.3.2. La renuncia o repudiación[177]

Si bien algunos hacen una distinción entre «repudiación» y «renuncia», señalando que la primera implica rechazar o rehusar y la segunda dimitir –la primera implicaría algo que no ha sido nuestro y la segunda algo que devolvemos[178]–, generalmente la doctrina utiliza ambos términos indistintamente en materia sucesoria. De hecho, ese parece ser el sentido de nuestro Código Civil, pues bajo el título «De la repudiación», utiliza indistintamente, la expresión «repudiar» (artículos 1012, 1013, 1019, 1020, 1021, 1022) o «renunciar» (artículos 1014 a 1018). De lo que puede decirse que repudiar o renunciar a una herencia es rechazar la misma, es perder la condición de heredero por expresa y formal voluntad.

La renuncia o repudiación de la herencia supone la pérdida de la adquisición no confirmada de la condición de heredero, por voluntad expresa de este. Así, constituye regla del Derecho Sucesorio que nadie puede ser obligado a ser heredero o sucesor[179] y ello se hace efectivo formalmente a través

---

[176] Esparza Bracho, *Apertura...*, pp. 126 y 127; Esparza Bracho, *Derecho...*, p. 27.
[177] Véase: Sansó, Benito: «La repudiación de la herencia en el Derecho venezolano». En: *Revista de la Facultad de Derecho* N.º 34. Caracas, UCV, 1966, pp. 133-155; Merino Hernández, ob. cit.; López Herrera, *Derecho...*, t. ii, pp. 131-144; Sojo Bianco, ob. cit., pp. 254 y 255; Piña Valles, ob. cit., pp. 90 y 91; Rodríguez, ob. cit., pp. 277-292; Sanojo, ob. cit., pp. 58-65; Esparza Bracho, *Derecho...*, pp. 55-61; Briceño C., ob. cit., pp. 41-43; Cicu, ob. cit., pp. 80-84; Messineo, ob. cit., pp. 295-302; Laurent, ob. cit., t. ix, pp. 486-550; de Page, ob. cit., pp. 532-558; Córdoba *et al.*, ob. cit., pp. 116-119.
[178] Gutiérrez Barrenengoa *et al.*, ob. cit., p. 125. Véase reseñando tal discusión y citando a Carrizosa: Suárez Franco, ob. cit., p. 82. Véase, sin embargo, Dominici, ob. cit., p. 285, alude a que la renuncia o el repudiar es desprenderse de un derecho adquirido.
[179] Véase: Rojina Villegas, ob. cit., p. 96, es principio fundamental del Derechos Sucesorio moderno que nadie puede ser obligado a ser sucesor –heredero o legatario– contra su voluntad; Esparza Bracho, *Derecho...*, p. 55, nadie está obligado a heredar.

de la figura bajo análisis. «La repudiación es la manifestación de querer renunciar a la calidad de heredero». «A nadie se le impone la calidad de heredero y es facultativo renunciar a tal calidad. La opción entre la aceptación y la renuncia constituye un derecho»[180]. Esto, pues, nadie puede ser heredero sin quererlo. La expresión «heredero necesario» o también «forzoso» implica las personas que no pueden ser excluidas de la herencia, pero estos no están obligados a aceptarla. Para ser heredero, por lo tanto, es necesario que se acepte la herencia[181]. Pero el llamado a suceder puede optar por el rechazo, la no aceptación, a través de la renuncia o repudiación, momento negativo de la sucesión[182].

La renuncia –según BORDA– constituye un acto jurídico unilateral por el que el llamado a la herencia declara su voluntad de repudiarla[183]. En efecto, la repudiación equivale a una renuncia[184]. Señala MÉNDEZ COSTA que la repudiación o renuncia es el acto jurídico que tiene como contenido de la intención negocial manifestada, la negativa del sucesible a asumir derechos y obligaciones hereditarias: presenta los caracteres de ser expresa, unilateral, no recepticia, formal, indivisible, pura y simple[185]. Es un término de la opción ofrecida al heredero, que constituye un acto de disposición porque se traduce en gestión por medios extraordinarios y modifica sustancialmente el patrimonio del renunciante[186]. Se trata de una declaración unilateral

---

[180] ZANNONI, ob. cit., p. 21.
[181] SANSÓ, *La repudiación...*, p. 133. Véase: DOMINICI, ob. cit., pp. 212 y 268, no existe en nuestra legislación herederos necesarios como en la romana. La repudiación de la herencia favorece al coheredero.
[182] TORRES-RIVERO, *Teoría...*, t. I, p. 183.
[183] BORDA, ob. cit., p. 105. Véase: FERRANDO BUNDIO, ob. cit., p. 104, la repudiación es la renuncia al derecho conferido por el llamamiento sucesorio; SERRANO ALONSO, *Manual...*, p. 78, es la declaración de voluntad en virtud de la cual, el llamado declara formalmente que rehúsa la herencia deferida a su favor; CARRIÓN OLMOS *et al.*, ob. cit., p. 269, es el acto en virtud del cual el llamado a la sucesión declara formalmente que rehúsa la herencia a su favor.
[184] LACRUZ BERDEJO *et al.*, ob. cit., p. 73, es la declaración unilateral por la que el llamado manifiesta en la forma dispuesta por la ley su voluntad de no ser heredero.
[185] MÉNDEZ COSTA, ob. cit., p. 41; ZANNONI, ob. cit., pp. 136-138.
[186] MÉNDEZ COSTA, ob. cit., pp. 43 y 44.

de voluntad en virtud de la cual el llamado a heredar se desprende del carácter de tal.

Vista que la aceptación es irrevocable, según indicamos[187], operada esta no es posible la renuncia. De allí que puede renunciar todo heredero que no haya aceptado y cuyo derecho no haya caducado[188]. Refiere al efecto el artículo 1020 del Código Civil: «No obstante de lo establecido en los artículos precedentes los llamados a una herencia que se encuentren en posesión real de los bienes que la componen, pierden el derecho de repudiarla, si dentro de tres meses de la apertura de la sucesión, o desde el día en que se les ha informado de habérseles deferido la herencia, no han procedido conforme a las disposiciones concernientes al beneficio de inventario, y se reputarán herederos puros y simples, aun cuando pretendiesen poseer aquellos bienes por otro título». Se aclara en función de tal norma que la posesión real de los herederos, unida al transcurso de tres meses supone la pérdida de la facultad de repudiar la herencia, amén de mediar una aceptación pura y simple por la inacción del sucesor universal[189].

---

[187] Véase *supra* 3.3.1.
[188] DE RUGGIERO, ob. cit., p. 342.
[189] Véase: CS1CDF, sent. del 16-01-68, *Jurisprudencia Ramírez y Garay*, t. XVIII, pp. 39-42, «se había demandado a la hija del comprador de una finca para que pagase el precio pues sus padres habían fallecido. La demandada presentó un documento público por el cual repudiaba la herencia y por tanto no se consideraba deudora. Caso en que la posesión de bienes hereditarios contradice el expresado repudio», se indica: «… demostrado por otra parte que para poder actuar en esa operación de venta posterior a la muerte de los causantes, tenían necesariamente que encontrarse en la posesión real de los bienes de la herencia, hechos todos que contrariando la afirmación de su propia manifestación contenida en documento de repudiación sobre su desconocimiento de la existencia de bienes que pudieran haber constituido haber hereditario, le estaban constituyendo en heredero puro y simple; y además conforme a las disposiciones del Código Civil ya citadas, le hacían perder el derecho a repudiar la herencia como lo hizo después de seis meses de la muerte de sus padres. En consecuencia, consideran los sentenciadores que fenecido así el derecho de la demandada a tal repudiación y habiendo quedado constituido por imperio de la ley y como sanción a sus propios hechos, conocidos y ejecutados, en heredera pura y simple, no puede sustraerse al cumplimiento de las obligaciones que sus causantes dejaron pendientes al momento de su fallecimiento…».

Prevé el artículo 1018 del Código Civil: «Mientras el derecho de aceptar una herencia no se haya prescrito, los herederos que la hayan renunciado pueden aceptarla, si no ha sido aceptada por otros herederos, sin perjuicio de los derechos adquiridos por terceros sobre los bienes de la herencia, tanto en virtud de prescripción como de actos válidamente ejecutados con el curador de la herencia yacente». Tal supuesto es denominado por algunos «retractación»[190]. Se afirma así que en función de tal norma la renuncia puede ser revocada por el renunciante, siempre que concurran dos condiciones: que no haya transcurrido el lapso de 10 años de prescripción[191] para aceptar la herencia y que ningún otro heredero la haya aceptado. De lo que resulta evidente que el Código Civil se refiere a los herederos que tienen derecho a aceptarla a falta del renunciante[192]. Y, aunque la norma se refiera a «herederos» y el Estado no sea propiamente tal, igualmente debería operar la limitación porque el sentido de la ley es restringir la revocación cuando la herencia haya pasado a propiedad de otro sujeto[193]. En cuanto a la referencia a la prescripción se aclara que ello incluye además cualquier hipótesis en que el derecho se haya perdido, como sería el caso del artículo 1019 en que el juez le concede al heredero un plazo de seis meses para que manifieste su aceptación o repudiación[194]. Aclara Dominici que el heredero que acepta después de haber renunciado no pierde el derecho de exigir la reducción de donaciones y legados, sino cuando los interesados puedan alegar prescripción[195].

Respecto de la norma equivalente en el Derecho argentino comenta Zannoni: «El fin perseguido es evitar las herencias vacantes, pero, bien se ve,

---

[190] Véase: Córdoba et al., ob. cit., pp. 119 y 120.
[191] Véase: Rojas, ob. cit., p. 586, que se computa desde el momento en que se abrió la sucesión.
[192] Sansó, La repudiación..., p. 144. Véase: Esparza Bracho, Derecho..., p. 55, la renuncia no es irrevocable mientras no haya sido adquirida la herencia por otro y mientras no haya transcurrido el lapso de prescripción.
[193] Sansó, La repudiación..., pp. 147 y 148.
[194] Ibíd., p. 145.
[195] Dominici, ob. cit., p. 296.

el favor concedido al renunciante se efectúa violentando el principio general de la irrevocabilidad. De modo que en el caso podría formularse así: si bien el titular de la vocación resuelve su llamamiento con la renuncia, tal resolución no es definitiva mientras otros llamados, con vocación concurrente, o actualizada por la renuncia, no hubiesen aceptado la herencia». Por lo que la regla de la irrevocabilidad de la aceptación solo entra a regir luego de que la herencia ha sido aceptada por los otros herederos que han sucedido al renunciante[196].

Tampoco pueden repudiar la herencia los herederos que hayan sustraído y ocultado bienes, amén de perder el beneficio de inventario (artículo 1021 del Código Civil[197]). Lo que la doctrina francesa denomina «aceptación forzosa»[198], pues, si bien nadie puede ser obligado a aceptar una herencia, en el presente supuesto se impone como sanción. Sanción civil que, a decir de DOMINICI, se extiende a los incapaces de obrar con discernimiento[199].

A diferencia de la aceptación, que puede ser expresa o tácita, la repudiación siempre debe ser expresa[200]. La renuncia implica un acto jurídico que ha de ser expreso y constar en instrumento público (artículo 1012 del Código Civil[201]). La repudiación –a diferencia de la aceptación– no puede ser

---

[196] ZANNONI, ob. cit., p. 142.
[197] «Los herederos que hayan sustraído u ocultado bienes pertenecientes a la herencia, perderán el derecho de repudiarla y quedarán constituidos en herederos puros y simples».
[198] Véase: JOSSERAND, ob. cit., vol. II, p. 125, «puede ocurrir que un llamado a la sucesión sea aceptante a su pesar, sin quererlo y por voluntad de la ley; sufre entonces la pena de una culpa que ha cometido al distraer o al ocultar los efectos de la sucesión».
[199] DOMINICI, ob. cit., p. 299.
[200] SANSÓ, *La repudiación...*, p. 133. Véase: SUÁREZ FRANCO, ob. cit., pp. 82 y 83, reseña que en el Derecho colombiano la repudiación puede ser expresa o tácita, esta última tiene lugar cuando caduca la oportunidad para aceptar; LAURENT, ob. cit., t. IX, p. 492.
[201] «La repudiación de la herencia debe ser expresa y constar de instrumento público». Véase: Juzgado Superior Primero en lo Civil, Mercantil y del Tránsito de la Circunscripción Judicial del estado Zulia, sent. del 29-11-07, http://jca.tsj.gov.ve/decisiones/2007/noviembre/529-29-12.554-.html, «… en vista de lo expresado por el

tácita, por ende, no se presume. Aunque se aclara que, si bien la renuncia debe ser expresa, la excepción es la renuncia tácita que opera por prescripción (artículo 1011 del Código Civil[202]), por no manifestarlo dentro del plazo judicial (artículo 1019 del Código Civil), y cuando el heredero que

---

legislador venezolano en cuanto a que, la repudiación de la herencia debe constar en instrumento público de conformidad con lo dispuesto en el artículo 1012 del Código Civil, antes señalado, o bien sea tal y como lo expresa la doctrina venezolana, por acta ante el juez que deba conocer o conoce de la sucesión; y por tanto consta que dicho documento se encuentra autenticado por la Notaría Pública Octava de Maracaibo del estado Zulia, bajo el número 8, tomo 10 de los Libros de Autenticaciones, es decir, que es un documento privado que posteriormente fue autenticado por el referido Notario Público, en consecuencia se desecha en todo su valor probatorio»; Sala de Despacho del Juzgado Segundo de Primera Instancia en lo Civil y Mercantil de la Circunscripción Judicial del estado Zulia, sent. del 30-11-06, exp. 51.421, http://lara.tsj.gov.ve/decisiones/.../513-30-51.421-1.315.html, «... este juzgador de un análisis efectuado al documento de repudio de herencia autenticado por ante la Notaria Pública Octava de Maracaibo del estado Zulia (...) pudo constatar que tal documento no reúne los requisitos formales establecidos en el artículo 1012 del Código Civil venezolano, por ser considerado como un documento autenticado y no público»; TSJ/SCC, sent. N.º 422, del 26-06-06. Véase en sentido contrario: López Herrera, *Derecho...*, t. II, p. 133, «somos del criterio que los denominados documentos "autenticados" equivalen a los documentos registrados». Véase referencia en: Juzgado Primero de Primera Instancia en lo Civil, Mercantil y Bancario de la Circunscripción Judicial del estado Carabobo, sent. del 26-01-09, exp. 52116, http://caracas.tsj.gov.ve/decisiones/2009/enero/721-26-52.116-.html, «... el abogado intimante haciendo uso abusivo de las facultades que el mismo se confirió en el documento poder renunció y repudió la herencia conforme a lo dispuesto en el artículo 1012 del Código Civil en nombre de su defendida, y sin previa consulta y aprobación de la misma; conducta totalmente contradictoria, pues ¿como es que la accionada busca su patrocinio para reclamar unos derechos hereditarios, y luego los renuncia?». Véase comentario –que no compartimos– de Sanojo, ob. cit., p. 59, nada impide que entre el heredero que quiere renunciar y otros coherederos se celebre una convención que produzca los efectos de la renuncia, pero esta tendrá lugar únicamente respecto de los contratantes. Por nuestra parte, no creemos que ese sea el sentido de la norma que exige la formalidad indicada dada la trascendencia que supone el acto de la repudiación.

[202] Que prevé: «La facultad de aceptar una herencia no se prescribe sino con el transcurso de diez años».

no está en posesión real no hace la manifestación oportuna concluido el inventario (artículo 1030 del Código Civil)[203].

La renuncia debe igualmente estar exenta de vicios del consentimiento. Solo se puede renunciar a la herencia del sujeto fallecido, y nunca al de una persona viva (artículo 1022 del Código Civil[204]).

Ciertamente, la repudiación o renuncia precisa de capacidad de obrar, porque se presenta como un acto de disposición[205] especial, que nunca operaría en perjuicio del incapaz dada la obligatoriedad que impuso la ley de aceptación de la herencia a beneficio de inventario. Al respecto, según el Código Civil, se precisa en materia de incapaces la debida representación, aunada a la respectiva autorización judicial, en caso de incapaces absolutos como menores y entredichos judiciales (artículos 267, 268[206], 365, 324 y 397) o la debida asistencia o autorización en caso de incapaces relativos que mantienen la iniciativa del acto (artículos 383 y 409). Aclara SANSÓ que la autorización judicial para tal acto operaría solo en caso de evidente necesidad o utilidad[207]. El tribunal no la acordará si no es evidente la utilidad de la renuncia[208]. El repudio está sujeto a autorización judicial a fin

---

[203] Véase: TORRES-RIVERO, *Teoría...*, t. I, pp. 186-188.
[204] «No se puede, ni aun por contrato de matrimonio, renunciar a la herencia de una persona viva, ni enajenar los derechos eventuales que se puedan tener a aquella herencia».
[205] Véase: SUÁREZ FRANCO, ob. cit., p. 81, la repudiación participa más del carácter de los actos de disposición; POLACCO, ob. cit., t. II, p. 439, para renunciar se precisa capacidad de obrar por tratarse de un acto de disposición; ESPARZA BRACHO, *Derecho...*, p. 61, no tendrá validez el repudio de un incapaz que no haya sido sometidos a las formalidades legales; BRICEÑO C., ob. cit., p. 42, la renuncia es una acto jurídico que exige plena capacidad en el declarante.
[206] Véase: artículo 272.2 del Código Civil, están sustraídos de la administración de los progenitores: «los bienes que el hijo adquiera por donación, herencia o legado, aceptados en su interés contra la voluntad del padre y la madre que ejerza la patria potestad; si hubo desacuerdo entre éstos, la administración de tales bienes corresponderá al quiere hubiese querido aceptarlos».
[207] SANSÓ, *La repudiación...*, pp. 135 y 136.
[208] POLACCO, ob. cit., t. II, p. 440.

de garantizar la protección patrimonial[209] de los incapaces absolutos. Respecto a los entes morales, cabe hacer remisión a la aceptación[210], según las facultades conferidas por sus estatutos y quien tenga la representación. En cuanto al repudio de las personas incorporales, es natural que esté viciado si emana de un órgano incompetente o sin facultades[211].

Se agrega, en función de las reglas de comunidad conyugal, que de conformidad con el artículo 154 del Código Civil se necesita de la autorización del cónyuge para renunciar a herencias o legados. Lo que tiene lugar, a fin de evitar que el cónyuge deseche o elimine una fuente de ingresos para la comunidad[212].

La renuncia no supone la abdicación de la condición de heredero, sino la causa especial de la sucesión. Y así, por ejemplo, el llamado a heredar por testamento puede aceptar como heredero legítimo –pues el primero le resulta más gravoso–, así como la renuncia a la herencia no hace perder el derecho a los legados. No obstante, el efecto de la renuncia es como si el heredero nunca hubiese sido llamado a ella (artículo 1013 del Código Civil[213]). Los efectos de la renuncia se sustancian en la pérdida del derecho a la herencia con eficacia retroactiva[214]. La renuncia así resuelve la vocación hereditaria[215].

La renuncia, igualmente, aumenta la cuota de los demás coherederos *ab intestato*, originando el acrecimiento; o, a falta de otro heredero, se defiere al

---

[209] Esparza Bracho, *Apertura…*, p. 126.
[210] Véase: Polacco, ob. cit., t. ii, p. 442. Véase: ibíd., p. 443, la autoridad de control decidirá si acepta o renuncia.
[211] Véase: Esparza Bracho, *Derecho…*, p. 61.
[212] Sansó, *La repudiación…*, p. 136.
[213] «El que repudia la herencia se considera como si nunca hubiera sido llamado a ella. Sin embargo, la repudiación no quita al repudiante el derecho de reclamar los legados».
[214] Ibíd., p. 138.
[215] Zannoni, ob. cit., p. 135.

grado siguiente (artículo 1014 del Código Civil[216]). Pero, según el artículo 1016 del Código Civil, «en las sucesiones testamentarias la parte del renunciante se defiere a sus coherederos o a los herederos *ab intestato*, según lo establecido en los artículos 943 y 946»[217]. La representación no opera en caso de renuncia, si tiene lugar la misma en caso de único o de todos los herederos, sus hijos suceden por derecho propio (artículo 1015[218]).

Si la renuncia perjudica a los acreedores, estos pueden hacerse autorizar en defensa de sus créditos (artículo 1017 del Código Civil[219]), situación que ya establecía el antiguo Derecho francés[220] y que admiten la generalidad de los códigos[221], lo que a decir de la doctrina no los conviete en herederos, pues solo pueden satisfacer hasta concurrencia de sus créditos[222]. De modo, pues, que el legislador permite al acreedor para que se haga autorizar por el tribunal, a fin de aceptar la herencia en nombre de su deudor y hasta concurrencia de su crédito, siendo requisito indispensable, según

---

[216] «En las sucesiones intestadas, la parte del que renuncia acrece a sus coherederos; si no hay otro heredero, la herencia se defiere al grado subsiguiente». Véase sobre tal norma y su diferencia con el derecho de acrecer: Dominici, ob. cit., pp. 288-290. Véase *infra* xi.6.

[217] Véase *infra* xi.5.

[218] «No se sucede por representación de un heredero que haya renunciado. Si el renunciante fuere el único heredero en su grado, o si todos los coherederos renunciaren, los hijos de ellos suceden por derecho propio y por cabeza».

[219] «Cuando alguien renuncia una herencia en perjuicio de los derechos de sus acreedores, éstos podrán hacerse autorizar judicialmente para aceptarla en nombre y lugar de su deudor. En este caso, la renuncia se anula, no en favor del heredero que la ha renunciado, sino solo en provecho de sus acreedores, y hasta concurrencia de sus créditos».

[220] Guaglianone, Aquiles Horacio: *El heredero renunciante y su acreedor*. Buenos Aires, Abeledo-Perrot, 1966, p. 7.

[221] Cristóbal-Montes, Ángel: «Naturaleza jurídica de la aceptación por los acreedores de la herencia renunciada en perjuicio de su deudor». En: *Estudios de Derecho Civil en honor del profesor Castán Tobeñas*. Pamplona, Ediciones Universidad de Navarra, 1969, vol. iv, p. 227. Véase ibíd., p. 231, el Derecho romano no admitió que los acreedores que renunciaban a la herencia pudiesen impugnar tal renuncia.

[222] Sojo Bianco, ob. cit., p. 256.

textualmente lo expresa la norma, que exista un acreedor[223]. La aceptación de los acreedores tampoco convierte al repudiante en heredero, pues dicha situación es la que la ley ha querido evitar, que solo la voluntad del llamado podría provocar[224]. Realmente, no se trata de que los acreedores acepten en nombre del repudiante, sino que tienen facultad, sin borrar la repudiación, que le excluye de la herencia, de poder cobrarse, hasta donde sea posible, sus créditos a cargo de lo que hubiese correspondido en la sucesión[225]. Se aclara que los créditos que se protegen son los anteriores a la repudiación[226], pues naciendo después, los acreedores no pueden decirse perjudicados por ella[227]. Una vez que los acreedores hacen efectivo su derecho sobre la masa herencial precluye su injerencia en la sucesión[228].

La doctrina discute si tal posibilidad se acerca a una acción subrogatoria o más bien a una acción pauliana[229], considerando algunos que se acerca

---

[223] Véase: Juzgado Tercero de Primera Instancia en lo Civil, Mercantil, Agrario y Bancario de la Circunscripción Judicial del estado Carabobo, sent. del 29-09-05, exp. 15 770, http://caracas.tsj.gov.ve/decisiones/2005/septiembre/723-29-15.770-.html, agrega de seguidas: «y no, como en el caso de autos, donde la demandante tiene simplemente una expectativa de derecho, y no podrá ser considerada acreedora, sino hasta el momento en que quedara definitivamente firme, una sentencia que declarase con lugar la demanda por daños y perjuicios por ella incoada, en la cual, ni siquiera puede considerar que existe un "crédito" por un monto determinado, pues tratándose de una demanda por daños y perjuicios morales y materiales, la cuantificación de dichos daños, particularmente de los morales, corresponde fijarla al juzgador de conformidad con lo establecido en el artículo 1196 del mismo Código Civil».
[224] Lacruz Berdejo *et al.*, ob. cit., p. 79.
[225] Albaladejo, ob. cit., p. 108.
[226] Ídem.
[227] Lacruz Berdejo *et al.*, ob. cit., p. 79.
[228] Suárez Franco, ob. cit., pp. 80 y 81.
[229] Véase: Cristóbal-Montes, *Naturaleza…*, p. 273, el autor reseñaba para 1969 que en Venezuela casi puede decirse que el punto está doctrinariamente virgen en lo relativo a la naturaleza jurídica de la acción. Véase ibíd., pp. 273 y 274, comenta que Sanojo, Dominici y sucintamente Sansó lo han considerado.

más a esta última, a pesar de las diferencias[230]. En la doctrina argentina, GUAGLIANONE la considera un ejemplo clásico de la acción de subrogación, aunque hace excepción a las condiciones ordinarias de ejercicio de esta y presenta efectos singularmente propios[231]. Otros, acertadamente, ven la situación como una acción *sui generis*, por cuanto no se precisa prueba de intención de fraude ni revoca la repudiación[232]. De allí que señalara CRISTÓBAL-MONTES, al comentar la doctrina venezolana, que «hoy día los poderes jurídicos no precisan de una nominación propia y singular para que sean susceptibles de operar los particulares efectos que el ordenamiento les reconoce»[233].

Se añade que, si bien el Código Civil no tiene una disciplina expresa de los vicios de voluntad en materia de renuncia, a diferencia de lo que acontece en materia de aceptación (artículo 1010) que prevé que no puede atacarse salvo por violencia o dolo, la falta de norma expresa no excluye que pueda tener lugar las normas sobre vicios del consentimiento. Aunque pareciera, según SANSÓ, que debe excluirse la anulabilidad de la renuncia por error en razón de las consideraciones generales[234].

En función de todo lo indicado, la doctrina refiere entre los caracteres de la renuncia que es pura y simple[235], absoluta, revocable en los términos del

---

[230] Véase: SANSÓ, *La repudiación...*, pp. 150-155; LÓPEZ HERRERA, *Derecho...*, t. II, p. 141, «Por nuestra parte, tomando muy en cuenta la evolución histórica de la regla en comentario, creemos que se trata, en esencia, de forma peculiar de la acción pauliana, que incluye ciertos elementos de la acción oblicua».
[231] GUAGLIANONE, ob. cit., pp. 8 y 9.
[232] Véase: ROCA FERRER *et al.*, ob. cit., p. 490, citan a LACRUZ BERDEJO.
[233] CRISTÓBAL-MONTES, *Naturaleza...*, p. 275. Véase ibíd., pp. 274 y 275, el autor critica a SANSÓ —en su trabajo «La repudiación de la herencia en el Derecho venezolano», citado *supra*–, al indicar que la acción no puede calificarse de subrogatoria y luego afirma resueltamente que se trata de una simple manifestación del remedio pauliano; señala que no tiene fuerza su alegato que si la acción no se considera pauliana no sabría cómo calificarla.
[234] SANSÓ, *La repudiación...*, pp. 136 y 137.
[235] Véase: DOMINICI, ob. cit., p. 285, no se puede, por ejemplo, renunciar a la mitad de una herencia, si se han realizado actos se entiende aceptada tácitamente.

artículo 1018 del Código Civil, expresa, solemne[236], anulable[237] y total –no parcial–[238].

Se comenta que la renuncia podría tener su motivo en una herencia sobre afectada de deudas y cargas que justifique plenamente la decisión de rechazar la delación, sin acogerse siquiera a la aceptación a beneficio de inventario que, aunque libere al heredero de responder con su propio patrimonio, no le salvará de innumerables molestias liquidatorias[239].

4. Cargas

La sucesión pretende, o supone, la transmisión del patrimonio del difunto a los herederos, pero dicho patrimonio, según denota la definición de este, está conformado por un conjunto de derechos y deberes susceptibles de apreciación o valoración pecuniaria. Siendo así, es obvio que la herencia, en principio, no está integrada solo por derechos sino también por deberes. De allí que, según se indicó, opere la fusión de patrimonios entre el causante y el heredero teniendo lugar una suerte de confusión entre estos, que únicamente

---

[236] Véase: ibíd., p. 286, precisa de documento auténtico. Véase: Cicu, ob. cit., p. 80, así como la solicitud de beneficio de inventario, la renuncia precisa ser solemne.

[237] Véase: Rojas, ob. cit., pp. 583 y 584.

[238] Véase *infra* III.1.3; Tribunal de Protección del Niño y del Adolescente de la Circunscripción Judicial del estado Lara, sent. del 09-10-03, citada *supra*, «de la naturaleza de las disposiciones contenidas en el Código Civil sobre repudiación de la herencia se concluye que la renuncia debidamente efectuada debe comprender toda la herencia, pues la renuncia al igual que la aceptación no puede ser parcial, ya que la herencia es una sola y forma un todo, y por consiguiente toda renuncia abarca la totalidad de la herencia lo cual implica que la presente solicitud se extendería también a los bienes dejados por el *de cujus* en la ciudad de Barquisimeto y de los dichos de la solicitante se evidencia que no es su intención el renunciar a los bienes dejados en el lugar de apertura de la sucesión, lo que contraria lo expresamente señalado en el artículo 1013 el cual dispone "El que repudia la herencia se considera como si nunca hubiera sido llamada a ella"».

[239] Roca Ferrer *et al.*, ob. cit., p. 485.

puede ser evitada mediante el beneficio de inventario –a favor del heredero– o la separación de patrimonios –a favor de los acreedores del causante–.

De allí que la doctrina aluda a «patrimonio y cargas de la herencia» señalando que de dicha confusión de patrimonios entre heredero y causante, que origina un patrimonio único, se deducen consecuencias, a saber: la extinción por confusión de los derechos reales que el difunto o heredero tenían sobre cosas del estos y el derecho de los acreedores –tanto del difunto como del heredero– de cobrarse de ese patrimonio único. Posibilidades que pueden perjudicar a los acreedores de uno u otro según el activo o pasivo del *de cujus* o del heredero sea superior[240]. Se indica que además de las deudas del difunto, el heredero debe satisfacer todas las cargas y obligaciones impuestas por ley o por testamento en virtud de su carácter de sucesor universal, entre las que se encuentran los legados, que constituyen disposiciones patrimoniales a título particular a favor de una o más personas, que también pudieran sobrepasar el activo hereditario, no obstante que el Código Civil prevé la posibilidad de reducción a la porción disponible (artículo 888[241]). El heredero legitimario afectado en su porción por legados hechos a los coherederos puede requerir la reducción correspondiente aunque no haya aceptado a beneficio de inventario (artículo 1040)[242]. Se aclara que, por argumento a contrario, si los legados son hechos a extraños o no coherederos, la aceptación debería tener lugar a beneficio de inventario, pues aunque en ambos casos tenga lugar la confusión de patrimonios, entre los coherederos se presume conocido el monto insuficiente del caudal hereditario[243].

---

[240] Sojo Bianco, ob. cit., p. 259.
[241] «Las disposiciones testamentarias que excedan de la porción disponible, se reducirán a dicha porción en la época en que se abra la sucesión. La acción para pedir esta reducción prescribe a los cinco años».
[242] «El heredero a quien se deba la legítima, aunque no haya aceptado la herencia a beneficio de inventario, podrá hacer reducir las donaciones y legados hechos a sus coherederos».
[243] Ibíd., p. 260.

5. El heredero

5.1. Derechos y obligaciones[244]

El heredero es el protagonista o principal destinatario del proceso sucesorio; es él quien, como sucesor universal del causante, está llamado a continuar las situaciones patrimoniales de su antecesor. Es el sujeto que acepta expresa o tácitamente la herencia o patrimonio del difunto, y sucede a este tanto activa como pasivamente en toda relación pecuniaria previa.

Se aclara que la condición de heredero la tiene no el simple «llamado» a una herencia, sino el sujeto que ya ha aceptado expresa o tácitamente la misma. Aunque en el lenguaje común suelan utilizarse como sinónimos[245]. La noción de heredero es conexa a la de patrimonio, y este no

---

[244] Véase sobre los derechos y obligaciones del heredero: Borda, ob. cit., pp. 161 y ss.

[245] Véase: Pérez Puerto, ob. cit., el llamado «es aquella persona a la que por determinación de la ley o por institución por voluntad del causante, es llamado a la herencia como heredero. Esta persona, mientras no acepte la herencia, no es, en sentido técnico estricto, heredero, sino "llamado", llamado a serlo. Sin embargo, tanto en los textos legales como en doctrina y jurisprudencia, no se suele distinguir escrupulosamente entre llamado y heredero, de forma que se suele encontrar las más de las veces la expresión "heredero" para referirse tanto al llamado como al heredero (…) Por heredero se ha de entender, en sentido estricto, solamente a aquella persona que, llamada a la herencia, y estando en condiciones de aceptarla, efectivamente la acepta, convirtiéndose en tal heredero, es decir, en sucesor a título universal o de herencia», de seguidas agrega: «… La aceptación convierte al llamado en heredero, haciéndolo, pues, efectivamente sucesor del causante. Con la aceptación, el llamado consiente, ante la sociedad y el Derecho, posicionarse en sustitución, en el lugar que ocupa el causante en las relaciones jurídicas en que era titular activa y pasivamente. Es decir, el sucesor pasa a ser deudor o acreedor allí donde lo era el causante. Este fenómeno jurídico se refiere a todos los bienes y relaciones del causante, en su totalidad, en su universalidad»; Zannoni, ob. cit., p. 110, durante el período de la herencia provisionalmente no aceptada no existe estrictamente titular de la herencia, sino titular de la vocación hereditaria. El «llamado» es titular de ésta última; Díez-Picazo y Gullón, ob. cit., p. 329, «heredero solo puede ser el llamado que ha aceptado la herencia»; Jordano Fraga, ob. cit., p. 77, el «llamado» es simplemente titular de una

puede transmitirse a título universal por acto entre vivos, de allí que el heredero sea un sucesor a título universal[246].

Heredero[247] –para VALLET DE GOYTISOLO– es aquel en quien se produce o en quien se ha producido el fenómeno sucesorio, es decir, la persona que hereda o ha heredado[248]. Intuitivamente sabemos que el heredero es quien sustituye de una manera general al difunto en sus bienes, derechos y obligaciones[249]. Es el sustituto del *de cujus* en la titularidad de su patrimonio, y de allí su importancia[250]. Según reseña ROJAS, «es él quien encarna y continúa la personalidad del causante y entraña el cumplimiento de deberes morales en homenaje a éste, sucede en los derechos comprendidos en el patrimonio y queda gravado con las obligaciones como consecuencia de dicha adquisición –aceptación pura y simple– (…) La cualidad de heredero no puede ser temporal se adquiere irrevocablemente, es decir, una vez asumida no puede perderse»[251]. Para algunos, la condición de heredero aparece ligada a un residual *officium pietatis*, familiar y no al fenómeno hereditario en sí[252].

---

posibilidad –delación– de adquirir la herencia; Juzgado Superior Cuarto Agrario de la Circunscripción Judicial de Barinas, sent. del 02-02-05, citada *supra*, «… en el Derecho, se considera que son herederos las personas naturales que al momento de la apertura de la sucesión o delación hereditaria, tengan vocación para ser llamados por ley a una sucesión, que una vez que le hagan su deferimiento lo acepten para perfeccionar y consolidar el título de herederos que la ley otorga».

[246] MESSINEO, ob. cit., p. 18.
[247] Véase: CRISTALDO, ob. cit., indica que el heredero «es la persona física o jurídica a quien se transmite la herencia».
[248] VALLET DE GOYTISOLO, *Perpetuidad del heredero…*, p. 939, agrega «la cualidad de heredero deriva de la actuación del sujeto como entrante en un fenómeno sucesorio».
[249] LACRUZ BERDEJO *et al.*, ob. cit., p. 13.
[250] BAQUEIRO ROJAS y BUENROSTRO BÁEZ, ob. cit., p. 295.
[251] ROJAS, ob. cit., p. 24; véase en el mismo sentido: Juzgado Superior Cuarto Agrario de la Circunscripción Judicial de Barinas, sent. del 02-02-05, citada *supra*.
[252] Véase: ÁLVAREZ-CAPEROCHIPI, ob. cit., pp. 31 y 32.

El heredero es un sucesor a título universal, porque sucede en la totalidad de las relaciones de la transmisión hereditaria, ocupando el lugar del causante[253]. El heredero sustituye al causante en la titularidad de derechos y obligaciones susceptibles de transmisión[254]. En virtud de la sucesión, el heredero se sustituye, en principio, en todas las relaciones o situaciones jurídicas del *de cujus*, y ello incluye tanto derechos como obligaciones. El patrimonio solo cambia de titular. De allí que las relaciones transmisibles a los herederos son generalmente las de carácter patrimonial o pecuniario que no tengan un carácter personalísimo, semejante suerte siguen las acciones según indicamos[255].

«El heredero sintetiza en sí la continuación –jurídica– de la esfera patrimonial del causante y por eso mismo satisface una función social reconocida por el Derecho»[256]. La figura del heredero permite así que el patrimonio del difunto no quede a la deriva, con las perniciosas consecuencias jurídicas y sociales que ello propiciaría; constituye entonces el heredero el sujeto llamado por la ley para suplir y suceder a su antecesor que es tal en razón de la muerte.

Un efecto importante de dicha continuación por parte del heredero se evidencia en materia de posesión, la que se entiende continua de derecho en el sucesor universal al margen de la efectiva posesión material, conocida como posesión civilísima[257]. Se afirma así que «la posesión como poder de hecho

---

[253] Ferrandio Bundio, ob. cit., p. 27.
[254] Borda, ob. cit., pp. 161 y 162.
[255] Véase *supra* 1.5. Las relaciones personales así como las respectivas acciones en principio se extinguen con la muerte, a excepción de determinadas acciones filiatorias que perduran en los herederos en razón de su interés patrimonial. Por su parte, las acciones patrimoniales continúan en los herederos por vía de la figura de la sucesión procesal.
[256] Zannoni, ob. cit., p. 11.
[257] Véase: Cristóbal-Montes, Ángel: «La transmisión hereditaria de la posesión en el Derecho comparado». En: *Libro Homenaje a la memoria de Lorenzo Herrera Mendoza*. Caracas, UCV, 1970, t. i, pp. 253-295; López Herrera, *Derecho...*, t. ii, pp. 24-27; Torres-Rivero, *Teoría...*, t. i, pp. 149-156; Suárez Franco, ob. cit., pp. 34-44 –capítulo titulado: «De la posesión legal de la herencia»–.

es transmisible por herencia»[258]. Al efecto, consagra el artículo 781 del Código Civil: «La posesión continua de derecho en la persona del sucesor universal. El sucesor a título particular puede unir a su propia posesión la de su causante, para invocar sus efectos y gozar de ellos». En el mismo sentido, prevé el artículo 995 *eiusdem*: «La posesión de los bienes del *de cujus* pasa de derecho a la persona del heredero, sin necesidad de toma de posesión material. Si alguno que no fuere heredero tomare posesión de los bienes hereditarios, los herederos se tendrán por despojados de hecho, y podrán ejercer todas las acciones que les competan». Tal continuación de la posesión en la persona del heredero –sin necesidad de aprehensión material[259]– es una consecuencia de la continuación en él de la personalidad del difunto, y por lo tanto se verificará a pesar de cualquier disposición contraria del testador[260]. El heredero entra así en posesión de los bienes de la herencia sin precisar posesión material. Los autores franceses expresan esa transmisión no interrumpida como *le mort saisit le vi*, es decir, el muerto pone al vivo en posesión[261]. Algunos aluden en tal caso a «posesión legal»[262], siendo una suerte de ficción por la cual la posesión que venía siendo ejercida por el causante respecto de los bienes de su patrimonio continúa en los herederos sin solución de continuidad[263]. Por su parte, la continuación de la posesión para el sucesor particular o legatario es facultativa, pues puede unirla a la suya[264], según se deriva de la norma citada.

---

[258] Véase: Rojina Villegas, ob. cit., p. 55.
[259] Véase: Polacco, ob. cit., t. ii, p. 24.
[260] Sanojo, ob. cit., p. 46, poco importa la condición del heredero, si es legítimo o testamentario, colateral o cónyuge, o si es la propia Nación.
[261] Dominici, ob. cit., p. 266. Véase sobre la «*saisine*» y la toma de posesión en el Derecho francés: Planiol y Ripert, ob. cit., pp. 247-300, el heredero con *saisine* tiene derecho a tomar la posesión de los bienes del difunto (ibíd., p. 248); Josserand, ob. cit., vol. ii, p. 103, tradicionalmente la *saisine* hereditaria consiste en la posesión de pleno derecho de la herencia considerada en su conjunto como universalidad jurídica; Mazeaud et al., ob. cit., vol. iii, pp. 85 y 86, especialmente notas al pie; Laurent, ob. cit., t. ix, pp. 252-319.
[262] Véase: Mazeaud et al., ob. cit., vol. iii, p.85, aluden a «posesión hereditaria de pleno derecho»; Suárez Franco, ob. cit., pp. 34-44.
[263] Suárez Franco, ob. cit., p. 36.
[264] Torres-Rivero, *Teoría...*, t. i, p. 156.

5.2. Acciones

Comenta la doctrina que, visto que el fenómeno sucesorio presume un título[265], la condición de heredero pudiera precisar declaración judicial, ya sea por vía graciosa o no contenciosa como por juicio contencioso de ser el caso[266]. El título sucesorio podría provenir de la ley como es el caso de la sucesión *ab intestato* –en cuyo caso el estado familiar se prueba con la respectiva partida del estado civil o, en su defecto, la respectiva sentencia supletoria[267]– o del testamento[268]. Por eso lógicamente se afirma que «a quien pretenda ser beneficiario de una sucesión corresponde demostrar su carácter de heredero»[269] mediante el título correspondiente[270]; cualidad o condición que no se prueba con la respectiva planilla sucesoral[271]. Ya así, por ejemplo, ha indicado la Sala

---

[265] Vallet de Goytisolo, *Estudios de Derecho Sucesorio...*, vol. I, p. 28, es decir, la designación o nombramiento de heredero, ya sea por ley o por testamento.

[266] Véase: Torres-Rivero, *Declaratoria de sucesor...*, pp. 157 y 158, señala que respecto al sucesor universal podría plantearse pronunciamiento judicial no contencioso –justificaciones para perpetua memoria o títulos supletorios– o contencioso –acción merodeclarativa–.

[267] O en principio mediante la sentencia mero declarativa en el caso de la unión concubinaria. Véase: *infra* v.7.

[268] Véase: Roca Ferrer *et al.*, ob. cit., p. 19, el testamento es el título sucesorio más común en la sucesión voluntaria de los derechos occidentales.

[269] Bonnecase, ob. cit., p. 590.

[270] Véase: Juzgado Segundo de Primera Instancia en lo Civil, Mercantil, Tránsito y Agrario del Segundo Circuito de la Circunscripción Judicial del estado Portuguesa, sent. del 16-06-09, exp. A-2008-000376, http://cfr.tsj.gov.ve/decisiones/2009/junio/1141-16-A-2008-000376-A-2008-000376.html, «De un estudio de las actas que conforman el presente expediente se evidencia que la parte demandante, al agregar al libelo de la demanda las copias simples del acta de defunción del causante, del acta de matrimonio entre el causante y la ciudadana (…) así copia certificada de nacimiento de la descendiente del causante, cumplió con el requisito alegado por la parte oponente como lo es "Expresar el título del cual se deriva la comunidad", pues a estas documentales que en su oportunidad el Tribunal le otorgó pleno valor probatorio, se demuestra la relación filial entre el causante (…) y su heredera, hoy parte demandante en el presente juicio».

[271] Véase: TSJ/SCC, sent. N.º 591, del 08-08-06, «De lo expuesto deviene que las planillas de marras no pueden estimarse conducentes para demostrar la condición de

Constitucional de nuestro Máximo Tribunal que a los efectos de la declaración de únicos y universales herederos es suficiente el acta respectiva del estado familiar sin precisarse trámite alguno administrativo[272].

    heredero, vale decir que el medio de prueba no se corresponde con el hecho que con él se pretende probar; lo que, por vía de consecuencia, convierte en inconducente a las tantas veces mencionadas planillas de derechos sucesorales»; Juzgado Superior Segundo Agrario del Estado Aragua, sent 19-01-06, exp. 596/06, http://lara.tsj.gov.ve/decisiones/2007/enero/1518-19-596-06-.html, «Al respecto observa esta Alzada que la jurisprudencia ha sido clara y categórica, en afirmar que las planillas de liquidación de liberación fiscal constituyen formalidades que deben cumplir quienes se consideran herederos de algún causante, y que si un funcionario exige su presentación, es porque está obligado a verificar si se hizo la declaración respectiva ante el fisco nacional, como uno de los tantos requisitos que deben cumplir los herederos para establecer una propiedad derivada de la sucesión. Por otra parte, la planilla de liquidación sucesoral también puede asimilarse a un documento privado reconocido, en el sentido de que el órgano administrativo al recibir la declaración, constata la identidad de quien lo presentó, pero no acredita la condición de heredero legítimo, toda vez que, en dicha declaración pueden agregarse personas que no poseen cualidad de herederos o bien, omitirse a alguien que efectivamente la tenga»; Juzgado Superior Séptimo en lo Civil, Mercantil y del Tránsito de la Circunscripción Judicial del Área Metropolitana de Caracas, sent. del 03-12-13, exp. 10 323, http://caracas.tsj.gob.ve/decisiones/2013/.../2144-3-10323.-.html, «el hecho de consignar a los autos la planilla sucesoral y la planilla de liquidación de reparo complementaria ambas emitidas por el entonces Ministerio (…) no es suficiente para acreditar la cualidad de heredero ya que las mismas solo son documentos administrativos que determinan el impuesto a pagar al fisco venezolano por concepto de transmisión de propiedad vía *mortis causa*»; TSJ/SCC, sent. N.º 445, del 22-07-14, «si la declaración tributaria acredita *per se* la relación sucesoral o los vínculos hereditarios, esta Sala ha dejado claro que (…) la planilla no es el instrumento idóneo para probar la condición de heredero, pues ella tiene un valor indiciario…» (*vid*. sent. N.º 266, del 07-07-10); Juzgado Décimo Noveno de Municipio Ordinario y Ejecutor de Medidas de la Circunscripción Judicial del Área Metropolitana de Caracas, sent. del 08-07-14, exp. AP31-V-2013-001899, http://caracas.tsj.gob.ve/decisiones/2014/julio/3062-8-ap31-v-2013-001899-162.html.

[272] Véase: TSJ/SC, sent. N.º 242, del 09-04-14, «para la declaración del derecho de únicos y universales herederos, cuyos efectos jurídicos se establecen en el Libro Cuarto, Título I del Código de Procedimiento Civil, artículos 898 y 899 al disponer que, no causa cosa juzgada y deja a salvo derechos de terceros adquirentes, que a lo

De allí que en la doctrina extranjera se alude al proceso sucesorio y se aclara que buena parte del mismo corresponde a la jurisdicción voluntaria[273], como es la declaratoria de herederos[274] o la apertura del testamento, a través del cual los interesados obtienen un título que legitima su adquisición hereditaria. Sin que ello signifique la posibilidad de controversia o litigio en el marco de las acciones hereditarias[275], como es el caso de la partición de he-

---

mejor, por no ser conocidos y que tampoco se encontraban identificados en el acta de defunción pudieran luego incorporarse como herederos universales; pareciera entonces que supeditar la declaratoria del derecho, que está siendo evidenciado con los elementos sustanciales –acta de nacimiento y acta de defunción– por el máximo órgano competente que es el judicial, al cumplimiento de una gestión administrativa que no afecta el fondo, como lo es la incorporación del nombre de la solicitante en el acta de defunción tal como lo hizo el Tribunal de la causa primigenia, no es cónsono con el principio *pro accione* que genera una tutela judicial efectiva y eficaz –vid. sent. N.º 151, del 28-02-12– y con el principio finalista establecido en el artículo 257 de la Constitución de la República Bolivariana de Venezuela según el cual no se sacrificará la justicia por la omisión de formalidades no esenciales».

[273] Véase atribuyendo a los juzgados de municipio el conocimiento de asuntos de jurisdicción voluntaria: TSJ, Resolución mediante la cual se modifican a nivel nacional, las competencias de los Juzgados para conocer de los asuntos en materia Civil, Mercantil y Tránsito (Res. N.º 2009-0006, publicada en *Gaceta Oficial de la República Bolivariana de Venezuela* N.º 39 152, del 02-04-09).

[274] Véase entre otras «declaración de únicos y universales herederos»: Juzgado Segundo de los municipios Valera, Motatán, San Rafael de Carvajal y Escuque de la Circunscripción Judicial del estado Trujillo, sent. del 21-01-10, sol. 12.297, http://trujillo.tsj.gov.ve/decisiones/2010/enero/1618-21-12297-.html, «declara con lugar la solicitud que se provee y al efecto se declaran únicos y universales herederos (…) conforme a lo dispuesto en los artículos 807, 808, 822, 823 y 824 del Código Civil, en concordancia con el artículo 937 del Código de Procedimiento Civil, dejándose a salvo eventuales derechos de terceros»; Juzgado del municipio San Fernando de la Circunscripción Judicial del estado Apure, sent. del 12-01-10, sol. 2010-08, http://apure.tsj.gov.ve/decisiones/2010/enero/448-12-08-004.html; Tribunal de Protección del Niño, Niña y del Adolescente de la Circunscripción Judicial del estado Portuguesa N.º 1, sent. del 05-01-10, sol. PP01-S-2009-000731, http://jca.tsj.gov.ve/decisiones/2010/febrero/1179-5-PP01-S-2009-000731-.html.

[275] Véase: Zannoni, ob. cit., p. 233.

[276] Véase *infra* xiii.3.

rencia[276]. Existen, sin embargo, otras acciones judiciales que el llamado o el heredero tienen a su favor en el ejercicio y defensa de tal *status*. Las acciones personales, según indicamos –en principio, salvo algunas excepciones filiatorias–, se extinguen, pero respecto de las acciones de contenido patrimonial donde era parte el causante, opera el mecanismo de la sucesión procesal (artículo 144 del Código de Procedimiento Civil)[277].

A la complejidad que supone la posición jurídica de heredero corresponden varias acciones de distinta naturaleza[278]. Para hacer efectivo el ejercicio de los correspondientes derechos del heredero en su condición de tal, se admite que, en virtud de la sucesión o sustitución que opera respecto del *de cujus*, será titular de todas las acciones que hubiesen correspondido a este último[279]. Por ejemplo, en lo atinente al cobro o reconocimiento de un derecho personal o de crédito, así como real. Tiene a su favor, así mismo, las respectivas acciones posesorias si fuera el caso (artículos 781 y 995 del Código Civil). Se admite así que en defensa del heredero, este cuenta con acciones para ejercitar, proteger y reivindicar sus derechos; aquellas ejercitables por el causante y transmisibles a él[280], así como otras derivadas de las

---

[277] Véase *supra* 1.5.
[278] SANCHO REBULLIDA, Francisco de Asis: «Las acciones de petición de herencia en el Derecho Español». En: *Revista General de Legislación y Jurisprudencia*, Madrid, Editorial Reus, 1962, p. 5. Véase entre las citadas por el autor: ibíd., pp. 5-7, 1. Las acciones singulares contenidas en la herencia susceptibles de transmisión –personales y reales que competían al difunto–; 2. Pretensiones semejantes a las anteriores pero originadas después de la muerte; 3. Las acciones concedidas por el Derecho al margen o independientes de la voluntad del causante y que no se hallaban en el patrimonio de éste –reducción de donaciones, partición, etc.–; 4. La llamada petición de herencia; 5. Una acción mero declarativa de la condición de heredero. Véase ibíd., p. 25, el autor distingue esta última acción mero declarativa que se ejerce contra cualquier que niegue la condición de heredero, de la acción de petición de herencia que se ejerce contra quien posea titularidades relictas –aunque la primera fase de la petición pueda coincidir con la acción declarativa–.
[279] Véase: DE RUGGIERO, ob. cit., p. 356, es una lógica consecuencia de la adquisición del heredero en tales derechos.
[280] FERRANDIO BUNDIO, ob. cit., p. 108; ALBALADEJO, ob. cit., p. 111; LACRUZ BERDEJO *et al.*, ob. cit., p. 83, el heredero puede impugnar actos en tanto en cuanto pudiera hacerlo el causante.

relaciones de los herederos entre sí[281]. «El heredero para hacer valer sus derechos contra los terceros poseedores de cosas de la herencia, le corresponden todas las acciones personales o reales que correspondieron al difunto, es una lógica consecuencia de la adquisición de tales derechos por él. De modo que podría obtener, con las mismas acciones que el *de cujus* hubiera podido ejercitar, el reconocimiento judicial de todo crédito o derecho real»[282].

Ahora bien, amén de tales acciones que denotan la continuidad en el patrimonio del difunto, el heredero cuenta con una acción propia y autónoma asociada a su condición, la *petitio hereditatis* o acción de petición de herencia[283], contra quien posea la cosa objeto de la herencia en desconocimiento de su condición de legítimo heredero[284]. Así, en términos generales,

---

[281] Véase: Piña Valles, ob. cit., p. 195, cita el cobro de bolívares en caso de incumplimiento de contribuir a la cosa común (artículo 762 del Código Civil), de colación, de partición o división e interdictal.

[282] Tribunal Superior en lo Civil, Mercantil, del Tránsito, de Protección del Niño y del Adolescente del Primer Circuito de la Circunscripción Judicial del estado Bolívar, sent. del 21-11-06, exp. FP02-R-2006-000006(6722), http://delta-amacuro.tsj.gov.ve/decisiones/2006/noviembre/2184-21-FP02-R-2006-000006(6722)-PJ0172006000139.html.

[283] Véase: Escovar León, Ramón: «Breves anotaciones sobre la petición de herencia». En: *Revista del Colegio de Abogados del Distrito Federal* N.º 145, Caracas, 1982, pp. 3-21; López Herrera, *Derecho*..., t. ii, pp. 159-197; Torres-Rivero, *Declaratoria*..., pp. 159 y 160; Viso, Luis René: *Acerca de la acción de petición de herencia (petitio hereditatis)*, pp. 67-97 (sin notas tipográficas, el autor indica que comenta varios fragmentos del *Digesto*); Fernández Vivas, Ana Margarita y Díaz Berrocal, María Eugenia: *La acción de petición de herencia*. Bogotá, Pontificia Universidad Javeriana, 1978, p. 36, en Colombia dicha acción se consagra únicamente a favor de quien posee alegando título de heredero o tiene la calidad de tal para que se le reconozca su derecho como tal; Gaspar Lera, Silvia: *La acción de petición de herencia*. Pamplona, Aranzadi, 2001; Domínguez Águila, Ramón: «Acción de petición de herencia. Naturaleza de la acción. Prescripción. Inicio de su cómputo». En: *Revista de Derecho Universidad de Concepción* N.º 213, 2003, pp. 160-162; Polacco, ob. cit., t. ii, pp. 139 y ss.; Baudat, Eric: *L'action en pétition d'hérédité en droit suisse*. Lausanne, Université de Lausanne, 1964; Laurent, ob. cit., t. ix, pp. 578-652.

[284] Véase: Albaladejo, ob. cit., p. 201, «… en la petición de herencia lo que se pide, se pide por ser heredero quien lo pide, y por no serlo aquel a quien se lo pide»; Lacruz

la acción que protege la herencia es la petición de herencia[285], en lo atinente a su posesión por un tercero o, más precisamente, contra el heredero aparente.

«El heredero que no tenga la posesión, en todo o en parte, de la herencia, le corresponde, para la tutela de su calidad de heredero una acción petitoria que se denomina "acción de petición de herencia" (*petitio herediatitis*)»[286]. La «acción de petición de herencia, constituye una de las acciones que puede ejercer el heredero para recuperar los bienes eventualmente poseídos por terceros»[287]. Dicha acción no prospera respecto de otros pedimentos de derecho asociados a la herencia[288]. Se distingue a su vez de la acción de partición y de reivindicación, pues es una acción concedida al heredero contra quien posee total o parcialmente la sucesión, pretendiendo tener derecho a ella[289].

Berdejo *et al.*, ob. cit., p. 152, es la acción que intenta el heredero, a fin de recuperar bienes hereditarios precisamente a través del reconocimiento de su título sucesorio; Gutiérrez Barrenengoa *et al.*, ob. cit., p. 391, es la acción que compete al heredero contra quien posea la herencia en concepto de heredero aparente; Álvarez-Caperochipi, ob. cit., p. 68, es la reclamación de la herencia por el heredero frente al que la detenta a título de heredero.

[285] Véase: Domínguez Águila, ob. cit., p. 160.
[286] Escovar León, *Breves...*, p. 3. Véase también: Piña Valles, ob. cit., pp. 197 y 198; Rojas, ob. cit., pp. 700-725; Briceño C., ob. cit., p. 47, es una acción real y universal que ejerce el heredero contra quien discute su título hereditario y retenga la posesión de las cosas de la herencia.
[287] Juzgado Duodécimo de Municipio de la Circunscripción Judicial del Área Metropolitana de Caracas, sent. del 31-05-07, exp. AP31-V-2007-000778, http://caracas.tsj.gov.ve/decisiones/2007/mayo/2160-31-AP31-V-2007-000778-.html.
[288] Véase: Juzgado Segundo de primera Instancia en lo Civil, Mercantil y del Tránsito de la Circunscripción Judicial del estado Mérida, sent. del 30-07-07, exp. 07172. http://lara.tsj.gov.ve/decisiones/2007/julio/962-30-7172-.html, «Tampoco puede el Tribunal, en una acción de petición de herencia, pronunciarse sobre si la señora (…) debe o no pagar únicamente la parte que le corresponde a los demandantes en forma proporcional a lo que heredó, ni tampoco pronunciarse sobre el pago de determinadas cantidades de dinero o sobre la validez o nulidad del contenido de los documentos públicos en una acción judicial como la ya señalada, ya que tales situaciones jurídicas tienen acciones distintas a la intentada en el juicio a que se contrae esta aclaratoria».
[289] Bonnecase, ob. cit., p. 590.

Se trata de una acción real[290] que se ejerce contra el tercer poseedor[291] y porque tiende a reivindicar[292] los bienes hereditarios; se indica que también es una acción universal[293], pues se dirige al reconocimiento de su condición de heredero y no propiamente a la restitución de cosas singularmente consideradas. Su objeto es el reconocimiento de la condición o cualidad de heredero y como esta es inextinguible[294]. Es absoluta u oponible *erga omnes*[295].

En cuanto a la legitimación activa, dicha acción puede ser ejercida por el heredero testamentario o legítimo[296], así como al heredero único o al coheredero[297]. Al actor incumbe la carga de la prueba de la condición de heredero[298]; su ejercicio implica una manifestación de aceptación (artículo

---

[290] Véase: Planiol y Ripert, ob. cit., pp. 379 y 380, indican que si bien la petición de herencia es una acción real, dadas las dificultades acerca del objeto propiamente dicho de la acción algunos tratadistas (Baudry-Lacantinerie y Wahl, Sérésis) la ven como una acción mixta y otros como una acción de naturaleza que varia según la composición del activo.

[291] Véase: Alarcón Flores, Luis Alfredo: «Sucesiones». En: http://www.monografias.com, indica que el derecho de petición de herencia «es cuando el heredero no posee los bienes que considera que le pertenecen y se dirige contra quien lo posea en todo o parte a título sucesorio para excluirlo o para concurrir con él»; Suárez Franco, ob. cit., p. 345.

[292] Véase, sin embargo, Escovar León, *Breves...*, p. 5, aclara el autor que, si bien la acción tiene puntos comunes con la acción reivindicatoria, se diferencia por su objeto, pues esta última pretende el reconocimiento del derecho de propiedad sobre una determinada cosa, en tanto que el objeto de la presente acción se dirige a la calidad de heredero y al actor solo le bastará con probar dicha calidad. Véase también sobre la diferencia con la acción reivindicatoria: López Herrera, *Derecho...*, t. II, pp. 172 y 173; Suárez Franco, ob. cit., p. 350.

[293] Polacco, ob. cit., t. II, p. 145, al contraponerse a ella la acción reivindicatoria y es universal con base en el título sobre el cual se acciona.

[294] Véase: Sojo Bianco, ob. cit., p. 261.

[295] Escovar León, *Breves...*, p. 3.

[296] Briceño C., ob. cit., p. 48.

[297] Véase: Escovar León, *Breves...*, pp. 5 y 6, agrega que también sus herederos, acreedores y cesionarios.

[298] Véase: Juzgado Primero de Primera Instancia en lo Civil, Mercantil y del Tránsito del Segundo Circuito de la Circunscripción Judicial del estado Portuguesa, sent. del

1002 del Código Civil). El demandado o legitimado pasivo es quien discuta la condición de heredero y posea o detente la herencia o una cuota de esta[299]. Se distinguen al efecto dos casos de poseedores: el demandado que aduce a su favor una causa hereditaria de adquisición a título universal –heredero aparente–; o bien el que no alega título alguno que justifique su posesión –simple poseedor–. De ser declarada con lugar la acción, el demandado debe restituir al heredero todo valor o bien adquirido con ocasión de la herencia. A su vez, se distingue entre el heredero aparente[300]

07-04-06, http://cojedes.tsj.gov.ve/decisiones/2006/abril/1140-7-2005-0005-.html, «En la acción de petición de herencia, debe la parte accionante para que prospere su pretensión demostrar su carácter de heredero, pero la declaratoria de este carácter no es el objeto de la acción, sino tan solo un presupuesto para su procedencia, por lo que al pretender los demandantes (…) que se le declare herederos (…) están claramente ejerciendo una acción declarativa que es inadmisible de conformidad con lo que dispone el artículo 16 del Código de Procedimiento Civil, por cuanto puede satisfacer su interés mediante una acción diferente que es la acción de petición de herencia, por lo que esta acción declarativa debe desecharse»; Superior Primero en lo Civil, Mercantil, Tránsito, Bancario y de Protección del Niño y del Adolescente de la Circunscripción Judicial del estado Táchira, sent. del 22-04-09, exp. 6171, http://jca.tsj.gov.ve/decisiones/2009/abril/1320-22-6171-.html, «Y por cuanto desde el instante de la contestación de la demanda los demandados rechazaron y negaron la pretensión del actor, en cuanto a que su representado fuese hijo de (…) correspondía a éste probar plenamente esta circunstancia a los fines de concluir en la declaratoria con lugar de la petición de herencia» (se declara con lugar falta de cualidad del actor por no probar ser hijo del causante).

[299] Véase: ESCOVAR LEÓN, *Breves…*, p. 6, contra quien posee los bienes hereditario en calidad de tal, aquellos que en el Derecho romano se denominaban *herederos pro herede*; BRICEÑO C., ob. cit., p. 49, el demandado es todo poseedor de la herencia o de una cuota, y que discuta al heredero su condición de tal.

[300] Véase: TARDIVO, Renato: «*L'erede apparente*». En: *Studio di diritto privato italiano e straniero diretti da Mario Rotondi*, vol. IV, Milán, Universita Di Pavia-CEDAM, 1932, p. 31, el heredero aparente es aquel que se comporta como heredero sin realmente serlo, su condición se deriva no tanto de su afirmación como de *communis opinio*, de la estimación general; CICU, ob. cit., p. 89, como la expresión lo indica es aquel que aparenta ser heredero pero no lo es; POLACCO, ob. cit., t. II, pp. 151-174; ROJAS, ob. cit., pp. 691-693, aquel que se comporta como heredero, pero está excluido de la sucesión, por ejemplo, por no haber sido llamado y ser nulo el testamento; LÓPEZ HERRERA, *Derecho…*, t. II, pp. 175 y 176.

de buena fe[301] y el de mala fe[302], según conozca o no el llamamiento de otro sucesor, y ha de aplicarse por analogía la norma del Código Civil relativa a la posesión de buena fe (artículos 788 y ss.) que incluye la presunción de buena fe (artículo 789). No obstante, el artículo 1001 dispone: «El efecto de la aceptación se retrotrae al momento en que se abrió la sucesión. Sin embargo, quedan a salvo los derechos adquiridos por terceros en virtud de convenciones a título oneroso hechas de buena fe con el heredero aparente. Si este ha enajenado de buena fe una cosa de la herencia, solamente está obligado a restituir el precio recibido y a ceder su acción contra el comprador que no lo hubiese pagado todavía. El heredero aparente de buena fe no está obligado a la restitución de frutos sino desde el día en que se le haya notificado legalmente la demanda». Dicha norma consagra los efectos de la petición de herencia según que el heredero sea de buena o de mala fe[303], el primero debe restituir las cosas –y los frutos– en el estado en que se encuentran al tiempo de la demanda y no responde por deterioro, a diferencia del segundo que responde aun por caso fortuito[304]. El heredero aparente de buena fe debe precisar de la misma al momento de la enajenación y solo está obligado a restituir el precio recibido o a ceder la acción por el saldo debido. Si ha efectuado donaciones, el verdadero heredero podría reivindicarlas. En caso de enajenación por parte del heredero aparente de mala fe, la adquisición queda firme si el tercero adquirente es de buena fe y a título oneroso; deberá restituir no el precio, sino el valor de la cosa a la fecha de la apertura de la sucesión[305]. Se acota que el heredero

---

[301] Véase: Tardivo, ob. cit., pp. 45-61; Rojas, ob. cit., pp. 691-693, quien desconoce el vicio que lo afecte, se apoya en un título que cree válido; López Herrera, *Derecho…*, t. ii, pp. 176-178.

[302] Véase: Rojas, ob. cit., pp. 694-699. Aquel que le consta que no tiene título hereditario o está viciado. Se caracteriza por el conocimiento pleno de la insuficiencia del título (ibíd., p. 699).

[303] Véase: Escovar León, *Breves…*, pp. 8-18. Aclara el autor que el heredero de buena fe se presenta por ejemplo en caso de ser instituido por testamento cuyo revocatoria ignoraba o aquel que cree ser el pariente más próximo (ibíd., pp. 11 y 12).

[304] Ibíd., p. 13.

[305] Ibíd., pp. 14 y 15.

aparente tiene derecho al reembolso de los gastos necesarios y útiles[306], mas no de los superfluos[307].

El tribunal competente[308] a los efectos de la acción de petición de herencia es la autoridad judicial donde se ha abierto la sucesión hereditaria[309] y se tramita por el juicio ordinario[310]. Y dicha acción puede considerarse inapreciable en dinero[311], constituye una acción prejudicial al juicio de partición cuando se desconoce la cualidad de heredero del actor y es imprescriptible[312], aunque pueda prescribir el derecho a aceptar la herencia de conformidad con el artículo 1011 del Código Civil[313]. Se alude a la escasa aplicación práctica de la acción de petición de herencia lo que la coloca en el campo de la abstracción[314], pero ello acontece respecto de diversas instituciones hereditarias, lo que no es óbice para considerar su estudio.

---

[306] Ibíd., p. 16.
[307] Ibíd., p. 17.
[308] Véase: Juzgado Duodécimo de Municipio de la Circunscripción Judicial del Área Metropolitana de Caracas, sent. del 31-05-07, citada *supra*, «… dicha acción en su esencia guarda correspondencia con la materia de sucesiones hereditarias cuya competencia es de los tribunales de primera instancia en lo civil, mercantil y del tránsito».
[309] Escovar León, *Breves...*, p. 7. Véase también según reseñamos *supra* I.3.1: Esparza Bracho, *Apertura...*, p. 120.
[310] López Herrera, *Derecho...*, t. II, p. 168, lo que permite acumularla a otras acciones que se tramiten por tal procedimiento.
[311] Escovar León, *Breves...*, p. 8.
[312] Polacco, ob. cit., t. II, p. 175, «es enseñanza común que la petición de herencia está sujeta a la prescripción ordinaria (…) Yo sostengo, con el recordado N. Coviello, la opinión de que se trata por el contrario de acción imprescriptible». Véase en el mismo sentido respecto al carácter imprescriptible: López Herrera, *Derecho...*, t. II, p. 167; Piña Valles, ob. cit., pp. 198 y 199; Rojas, ob. cit., p. 712; Escovar León, *Breves...*, p. 21.
[313] Escovar León, *Breves...*, p. 21.
[314] Abouhamad Hobaica, ob. cit., p. 139.

Tema III
Formas de evitar la confusión de patrimonios entre heredero y *de cujus*

Sumario: **1. El beneficio de inventario** *1.1. Noción 1.2. Justificación 1.3. Caracteres 1.4. Efectos 1.5. Procedimiento* **2. La separación de patrimonios** *2.1. Noción 2.2. Justificación 2.3. Caracteres 2.4. Efectos y condiciones*

Según indicamos, la aceptación pura y simple, genera la sustitución entre heredero y *de cujus* que propicia el fenómeno sucesorio heredado del Derecho romano y produce la integración de un único patrimonio respecto del cual opera la confusión entre el patrimonio de aquellos, y por el cual el heredero responde de las deudas y obligaciones del difunto[1]. Situación que solo puede evitarse a favor del heredero o de los acreedores de este; en el primer caso, ante el supuesto de la aceptación de la herencia a beneficio de inventario[2];

---

[1] Véase: Juzgado Superior Segundo en lo Civil, Mercantil y Menores del estado Lara, sent. del 03-08-04, citada *supra*, «se debe precisar que conforme a lo expuesto, el ser heredero y representante del difunto, implica que su patrimonio se confunda con el hereditario y constituyan un patrimonio único, de manera que siendo único el patrimonio, tienen derecho a cobrarse de él, tanto los acreedores del difunto, como los del heredero, ya que el heredero responde de todas las deudas del difunto como si las hubiere contraído el mismo, respondiendo no solamente con el patrimonio hereditario, sino también con el propio; siendo que por otro lado los acreedores pueden hacer valer sus derechos en la herencia contra el heredero, para lo cual disponen de las mismas acciones que les correspondían contra el difunto, y respecto de las cuales, los herederos están expuestos, conforme a las reglas comunes a los derechos de obligaciones».

[2] Véase: Polacco, ob. cit., t. ii, p. 93, la aceptación pura y simple, produce la fusión del patrimonio del difunto y del heredero, y éste debe soportar las deudas y cargas de la herencia. En tanto que en la aceptación a beneficio de inventario se mantiene por interés del heredero diferenciados un patrimonio de otro de manera que el soporta las deudas hereditarias *non ultra vires hereditatis*.

en el segundo caso, a favor de los acreedores, cuando estos solicitan en su provecho la separación de patrimonios. Ambos institutos, que veremos de seguidas, tienen por finalidad evitar la confusión de patrimonios entre el heredero y el *de cujus*[3], de allí que se afirme que sustancialmente también el beneficio de inventario se traduce en una suerte de separación de patrimonios[4]. Se trata de procedimientos de jurisdicción voluntaria que pretenden –aunque por distintas razones– evitar la confusión patrimonial.

Comenta Castán que tan importantes figuras datan del Derecho romano y han influido en las legislaciones que de este se derivan[5]. El *common law* sigue una orientación similar al Derecho germánico centrado en la sucesión de los bienes, sin vestigio alguno de la idea romana de continuación

---

[3] Véase: de Ruggiero, ob. cit., p. 351, son excepciones al principio de la confusión.

[4] Véase: Josserand, ob. cit., vol. ii, p. 191, la aceptación beneficiaria lleva consigo fatalmente una separación de patrimonios derivada e implícita; esta separación, que hay que guardarse de confundir con la separación de patrimonios directa y principal, pues la que comentamos se hace interés del heredero; Goyena Copello, Héctor R.: *Teoría general de la separación de patrimonios*. Buenos Aires, Abeledo-Perrot, 1967, p. 59, el autor divide la separación de patrimonios en dos especies: la propia y la impropia, la primera se compone de tres subespecies, a saber, beneficio de inventario, quiebra de la sucesión y concurso de la sucesión. La segunda es la que la doctrina y la ley ha considerado siempre como la separación de patrimonios. Véase ibíd., pp. 12 y 13, son especies de un mismo género que ha de llamarse «separación de patrimonios», la tradicional la denomina impropia o forzada; Messineo, ob. cit., p. 261, la aceptación a beneficio de inventario hace también pasar a la categoría de patrimonio separado los bienes del heredero.

[5] Véase: Castán Tobeñas, ob. cit., pp. 20 y 21, Justiniano convierte la responsabilidad ilimitada del heredero en limitada mediante la creación del *beneficium inventarii*, institución que ha pasado como pieza importantísima del Derecho hereditario en tantas legislaciones modernas. Para poner remedio al daño que la confusión de patrimonios podía causarles a los acreedores del causante, existió ya en el Derecho anterior a Justiniano, la institución –que también ha pasado a las legislaciones modernas, el *beneficium separationis*, mediante la cual aquellos pedían la separación del caudal hereditario respecto del patrimonio del propio heredero; Goyena Copello, ob. cit., p. 15. Véase sobre ambas figuras en el Derecho romano Bernad Mainar, ob. cit., pp. 136-143.

personal; se aprecia la protección de los acreedores del causante y la adquisición de beneficios patrimoniales derivados de la sucesión[6]. El sistema angloamericano –así como el germánico– procede como si los sucesores fueran unos meros destinatarios del remanente que pudiera quedar después de la liquidación de la herencia[7]. Situación esta deseada por algunos en el sistema del *civil law* al cual pertenecemos.

El principio de la responsabilidad *ultra vires*[8] –más allá de los bienes hereditarios– del heredero por las deudas del *de cujus*, es uno de los más combatidos por el Derecho Civil[9], siendo objeto de severas críticas[10], de allí que algunos sistemas consagren el sistema contrario de *intra vires*[11] –solo los bienes hereditarios–, pues se admite –con razón– que lo justo es que el activo del patrimonio transmitido responda por el pasivo[12], pues no tiene

---

[6] Castán Tobeñas, ob. cit., p. 29.
[7] Ibíd., p. 30.
[8] Véase: ibíd., pp. 141 y 148.
[9] Quinteros, Federico D.: *La transmisión mortis causa y la responsabilidad del heredero*. Buenos Aires, Librería Jurídica Valerio Abeledo Editor, 1954, p. 61.
[10] Véase: ibíd., pp. 61 y ss.
[11] Por oposición se alude a *intra vires* o de responsabilidad limitada del heredero. Véase: Castán Tobeñas, ob. cit., pp. 141 y 156, indica que tal principio *intra vires* rige en el Derecho foral de Aragón, Dinamarca, Noruega, Suecia, Hungría, en el Derecho musulmán y en el soviético; Albaladejo, ob. cit., pp. 103 y 117, la responsabilidad se llama *ultra vires*, porque alcanza más allá de los bienes hereditarios, esto es, responde con sus bienes propios, por oposición se alude a responsabilidad *intra vires* si la responsabilidad solo alcanza hasta los bienes hereditarios; Gutiérrez Barrenengoa *et al.*, ob. cit., p. 357; Conejo Ruiz, José Manuel: «Deudas de la herencia y deudas del causante. Aspectos prácticos». En: *Jornadas sobre Derecho de Sucesiones*. Ilustre Colegio de Abogados de Málaga, Delegación de Marbella, viernes 30 de mayo de 2008, http://www.bufeteconejo.e.telefonica.net/.../jornadas.sucesiones.pdf, *ultra vires hereditatis* significa que el heredero está sujeto a una responsabilidad ilimitada, *intra vires hereditatis* implica una responsabilidad limitada; Roca Ferrer *et al.*, ob. cit., p. 421, por el principio de la responsabilidad *ultra vires*, el heredero se muestra propicio a colaborar transparentemente en la liquidación del pasivo hereditario.
[12] Véase: Quinteros, ob. cit., pp. 75 y ss., situación que se obtendría como solución porque el haber responda al debe, previa realización del inventario e imponiendo al heredero prohibiciones y requisitos respecto de actos de disposición.

sentido resultar perjudicado por una herencia[13]. Se agrega que no hay por qué favorecer a los acreedores con un *plus* de solvencia por el hecho de que su deudor fallezca ni hacer repercutir tal hecho sobre el heredero «solo por seguidismo de la antinatural idea romana que el heredero continúa la personalidad del causante[14]. Ello amén de la realidad práctica y la injusticia que podría presentar el «heredero incauto» o confiado[15]. De allí que bien pudiera considerarse de *lege ferenda*, una atenuación del rigorismo heredado del Derecho romano en lo atinente a la responsabilidad *ultra vires* del heredero.

Por otra parte, también resulta injusto que los acreedores del difunto vean desvanecer sus créditos ante la confusión entre los bienes del difunto y del heredero. No obstante, nuestro ordenamiento prevé instituciones que pretenden mitigar tales situaciones.

---

[13] Véase: Roca Ferrer *et al.*, ob. cit., p. 581, el heredero, según indican los juristas aragoneses, nunca debe perjudicarse por la aceptación de una herencia; lo contrario sería autorizar al testador a que burlase por su muerte deudas contraídas y hacer recaer sobre el heredero deudas que no le pertenecen; por lo que en vez de ficciones inverosímiles debe admitirse que los bienes del heredero nada tienen que ver con las deudas del testador, las cuales recaerán todas sobre su herencia.
[14] Ibíd., p. 585.
[15] Castán Tobeñas, ob. cit., p. 163. Véase sin embargo: ibíd., p. 171, concluye el autor que «entre nosotros cuenta con una gran tradición el sentido personal de la herencia, como relación moral entre el heredero y su causante, y no debemos romper esta tradición si aspiramos a un "mundo mejor" en el que los valores espirituales predominen sobre los materiales». Véase también: Rojas Martínez de Mármol, Luis: «Responsabilidad de los menores en la aceptación de herencias. Su naturaleza jurídica». En: *El Notario del siglo XXI*, N.º 10. Madrid, Colegio Notarial de Madrid, 2006, http://www.elnotario.es, «El problema de la responsabilidad de las deudas del causante como consecuencia de la aceptación tiene especial importancia debido al posible desconocimiento de la situación patrimonial del causante a causa de la existencia de procedimientos que se hallen *sub iudice* en el momento del fallecimiento del causante –incluyendo procedimientos administrativos como reclamaciones de la Administración tributaria o de la Tesorería General de la Seguridad Social–, relacionado con los inconvenientes de las formalidades y de los plazos exigidos por la ley para utilizar la aceptación a beneficio de inventario».

1. El beneficio de inventario

1.1. Noción

La responsabilidad ilimitada del heredero genera una confusión de patrimonios; el del personal del heredero y el hereditario[16], que propiciaría una responsabilidad personal del sucesor universal por las deudas de la herencia[17]. El beneficio de inventario constituye una excepción a tal principio[18]. Se trata de un «beneficio» o «ventaja» que la ley otorga al heredero aceptante[19]. La institución del beneficio de inventario es aquella que aprovecha al heredero que la hace valer al momento de la aceptación, a fin de evitar la confusión de su patrimonio con el del *de cujus*, de tal suerte que solo se responda de las deudas de la herencia hasta concurrencia del activo de esta.

El instituto del beneficio de inventario permite al heredero que lo solicita a su favor no tener que responder de las deudas de la herencia con sus bienes propios, sino única y exclusivamente con el propio activo de aquella, esto es,

---

[16] Conejo Ruiz, ob. cit., *passim*; Ángel Iriarte, Francisco De Borja: *Deudas y herencia. Planteamiento de la cuestión y perspectiva judicial*, http://www.forulege.com/.../deudas_y_herencia._planteamiento_de_la_cuestion; Juzgado Segundo de Municipio de la Circunscripción Judicial del Área Metropolitana de Caracas, sent. del 14-05-14, citada *supra*, «la solicitud que formula debe tenerse como una clara e inequívoca declaración de aceptar en forma pura y simple la herencia de su causante, lo cual apareja como efecto inmediato y fundamental la confusión irreversible de su propio patrimonio con el de su causante, ya que los dos patrimonios se reúnen y consolidan en uno solo; máxime cuando no ha transcurrido el lapso de prescripción de su facultad de aceptar la herencia».

[17] Véase: Zannoni, ob. cit., p. 149, Como consecuencia del principio romano de la sucesión en la persona, la insolvencia del patrimonio transmitido en forma de herencia se revertirá sobre el heredero y sus propios bienes resultarán afectados a satisfacer una garantía de solvencia, serán ejecutables a título hereditario.

[18] Suárez Franco, ob. cit., p. 70. Véase también: Ramírez, ob. cit., p. 297, es un medio concedido por la ley al heredero para no verse obligado al pago de las deudas del *de cujus*, pues impide la confusión de patrimonios; Briceño C., ob. cit., pp. 51 y 52.

[19] Córdoba *et al.*, ob. cit., p. 143.

solo responderá con los bienes y derechos que integran el acervo hereditario. Su beneficio vendrá dado si luego de tal operación existen bienes sobrantes para adquirir a su favor. Constituye, pues, una figura legal que pretende favorecer en términos reales al heredero no convirtiendo a este en responsable de deudas que no asumió personalmente, que serían suyas por vía de la confusión que generaría la aceptación pura y simple de la sucesión hereditaria.

De tal suerte que la institución es el mecanismo legal puesto a disposición del heredero para evitar la confusión de su patrimonio con el recibido del causante[20], solo el patrimonio de este responde de las obligaciones del mismo[21]. Se trata de una aceptación donde el pasivo de la herencia está limitado al valor del activo de esta[22]. De allí que se defina como un poder o facultad que el orden jurídico concede al heredero para autolimitar su responsabilidad como tal a los bienes de la herencia[23]. Este remedio a favor de los acreedores de la herencia surgió en el Derecho romano[24], que trató por diversos medios de evitar dicha confusión y, al efecto, JUSTINIANO introduce el beneficio de inventario[25]. Se encuentra regulado en nuestro ordenamiento en los artículos 1023[26] y siguientes del Código Civil, amén de su referencia dentro de las normas citadas relativas a la aceptación (artículos 996 al 1000).

---

[20] FERRANDO BUNDIO, ob. cit., p. 102.
[21] Ibíd., p. 104.
[22] DE PAGE, ob. cit., p. 513.
[23] DÍEZ-PICAZO y GULLÓN, ob. cit., p. 540, lo que hace que esta se configure de una forma particular como un patrimonio especial en liquidación de cargas y deudas, separado del propio heredero, que obtendrá lo que reste de la liquidación.
[24] POLACCO, ob. cit., t. II, p. 209.
[25] LACRUZ BERDEJO et al., ob. cit., p. 72. Véase también: BONNECASE, ob. cit., p. 585; ROJAS, ob. cit., pp. 527 y 528.
[26] Véase: Juzgado Cuarto de Primera Instancia en lo Civil, Mercantil y del Tránsito de la Circunscripción Judicial del estado Zulia, Sent. 14-11-08, http://zulia.tsj.gov.ve/decisiones/2008/noviembre/515-14-9511-51.html, «… el procedimiento adecuado en el caso de autos, es la solicitud de la declaración del heredero bajo beneficio de inventario, mediante escrito dirigido al tribunal de primera instancia del lugar donde se abrió la sucesión de conformidad con las artículos 1023 y siguientes del Código Civil, artículos referidos al beneficio de inventario, sus efectos y de las obligaciones del heredero beneficiario».

Esto, pues, es de recordar que la regla es la responsabilidad del heredero por las deudas de la herencia[27]. El beneficio de inventario es un derecho que la ley reconoce al heredero para limitar su responsabilidad con relación a las deudas hereditarias, hasta la concurrencia del valor total de los bienes que ha heredado[28]. Debe ejercerse, sin embargo, dentro de los plazos de ley[29]. Y una vez tramitado se afirma su carácter suspensivo respecto del juicio de partición[30].

Es un beneficio para el deudor a título universal y no para el particular[31] que se traduce en una suerte de aceptación condicionada para evitar la confusión de patrimonio[32]. De allí que se señale que se trata de una «aceptación modal» para proteger al heredero[33]. Se comprende fácilmente que no se acepte una herencia cuando ello sea perjudicial para el llamado a aceptarla porque no solo es que no recibe nada, sino que debe responder por las deudas[34]. El beneficio consiste en la limitación de la responsabilidad del aceptante, que se obtiene al pedirlo y realizar un inventario que demuestre los bienes que se recibieron, de allí que se llame beneficio de inventario[35]. Por lo que la función de este beneficio la indica su mismo nombre[36].

---

[27] BINDER, ob. cit., pp. 206 y ss y 215.
[28] SUÁREZ FRANCO, ob. cit., p. 74.
[29] Véase: SOLÍS VILLA, Ignacio: «El beneficio de inventario y la función notarial». En: *El Notario del siglo XXI*, N.º 52. Madrid, Colegio Notarial de Madrid, 2013, http://www.elnotario.es, La aceptación a beneficio de inventario es excepcional y requiere el cumplimiento de unos requisitos taxativos.
[30] Véase: FRANCO GARCÍA, Antonieta Elena: *Efectos del juicio de inventario como condición suspensiva en el juicio de partición de la comunidad hereditaria dentro del ordenamiento jurídico venezolano*. Zulia, Universidad Rafael Urdaneta, trabajo especial para optar al título abogado, Tutor: Luis ACOSTA, 2013, http://200.35.84.131/portal/bases/marc/texto/3501-13-06877.pdf.
[31] TORRES-RIVERO, *Teoría...*, t. I, p. 196.
[32] Ibíd., p. 194.
[33] ROJAS, ob. cit., p. 525.
[34] SERRANO ALONSO, *Manual...*, p. 73.
[35] Véase: ALBALADEJO, ob. cit., p. 103.
[36] ROCA FERRER *et al.*, ob. cit., p. 521, aunque de manera parcial o parcialista, pues evita la confusión del patrimonio de causante y heredero, pero solo para preservar los intereses de los acreedores del primero y no los del segundo, a lo que subordina totalmente en el ejercicio de sus derechos, sobre el caudal relicto.

Dispone, en este sentido, una decisión judicial: «... es bueno distinguir lo que es aceptar una herencia a beneficio de inventario y lo que es aceptarla a título universal, vale decir, pura y simple, como bien lo dispone el artículo 996 del Código Civil. En este orden de ideas, toda herencia, si no es aceptada a título de inventario, se entiende que es aceptada a título universal, donde el heredero asume la responsabilidad que arroje el balance del activo y el pasivo de la herencia; y si corre con el activo y el pasivo el heredero acepta la herencia a título universal...»[37].

La doctrina señala entre las características del beneficio de inventario: i. Que se trata de una institución de orden público, por lo que no puede ser modificada por el causante; ii. existe a favor del heredero, iii. es discrecional o facultativa de este último[38]. A lo que podría agregarse que debe solicitarse dentro del lapso legal y reviste ciertas formalidades de ley.

1.2. *Justificación*[39]

Un sentido de justicia orienta la idea de no asumir personalmente deudas que no han sido contraídas por el sujeto. Cuando la continuidad de las relaciones patrimoniales del difunto llega al extremo de perjudicar al heredero, la lógica apunta a la facultad o posibilidad de que este último pueda quedar libre por obligaciones de las que es sustancialmente ajeno. Ello es posible precisamente mediante la aceptación de la herencia no pura y simplemente, sino a beneficio de inventario, que es una de las formas de evitar la confusión de patrimonios entre heredero y causante, en «beneficio» del primero.

La doctrina refiere que su justificación encuentra base en que sirve para evitar el peligro de una serie de renuncias sucesivas por parte de los llamados, que causarían un perjuicio social por la incertidumbre de la pertenencia de la herencia. Por lo que el beneficio presenta un interés individual

---

[37] Juzgado Superior Cuarto Agrario de la Circunscripción Judicial de Barinas, sent. del 02-02-05, citada *supra*.
[38] SUÁREZ FRANCO, ob. cit., pp. 72 y 73.
[39] Véase: BRICEÑO C., ob. cit., pp. 52-55.

y social, que lo hace inderogable por el testador[40] (artículo 1024 del Código Civil[41]). A fin de cuentas, la aceptación pura y simple de la herencia, comporta un gran riesgo para el aceptante[42]. Se agrega que no debe confundirse el «inventario» con el beneficio bajo análisis[43]. Pues la formación del inventario[44] es cosa diversa a la aceptación con beneficio de inventario, aunque conexa a ella[45]. Tal beneficio se presenta como un mecanismo de protección al perjuicio económico que supone para el heredero la confusión de su patrimonio con el del causante[46].

---

[40] Véase: ROJAS, ob. cit., p. 525; BRICEÑO C., ob. cit., pp. 52 y 53.

[41] «El heredero puede pedir que se le admita al beneficio de inventario, no obstante prohibición del testador».

[42] Véase: RODRÍGUEZ DE RODRÍGUEZ, ob. cit., p. 12, la aceptación pura y simple «Conlleva un grave compromiso para quien acepta la herencia sin conocer las obligaciones del fallecido».

[43] Véase: SOJO BIANCO, ob. cit., p. 266; RODRÍGUEZ DE RODRÍGUEZ, ob. cit., p. 13; BRICEÑO C., ob. cit., p. 53.

[44] Véase sobre éste: VEGA CARDONA, Raúl José: «Hacia una reconstrucción del diseño legislativo del inventario y avalúo de los bienes hereditarios en Cuba». En: *Revista de Derecho Privado* N.º 27, Bogotá, 2014, www.scielo.org.co/scielo.php?pid=S0123-43662014000200010, «La realización del inventario encuentra su fundamento justamente en la necesidad de conocer exactamente los bienes, derechos y acciones dejados por el causante al momento de su fallecimiento, lo que permitirá saber qué se entrega y se recibe por la liquidación del caudal hereditario. Con esta operación se aseguran los bienes y derechos correspondientes a la persona cuya sucesión se trata, en cuanto su correcta identificación evita posibles actos de enajenación y ocultación que pueden derivar indudablemente en la lesión de los derechos hereditarios de los copartícipes. Este también permite determinar el alcance de la responsabilidad civil de los poseedores de los bienes de la herencia puesto que su descripción exhaustiva implica fijar la responsabilidad por el deterioro de los mismos, así como exigir los gastos incurridos para su mantenimiento».

[45] Véase: POLACCO, ob. cit., t. II, p. 55.

[46] Véase: IRIARTE ÁNGEL, ob. cit., p. 3, «la crisis económica en la que nos encontramos ha vuelto a traer a la práctica forense, e incluso a los medios de comunicación, el problema de la transmisión de las deudas del causante a los herederos; deudas en muchos casos desconocidas –incluso contingentes en el momento del fallecimiento– que pueden suponer un gravísimo quebranto económico para el heredero. Porque, tal y como veremos, la realidad jurídica española es que en la mayoría de los supuestos –a salvo de algunos regímenes forales– la transmisión de las deudas

En sentido semejante, indica la jurisprudencia: «Como un efecto patrimonial en las sucesiones hereditarias, encontramos la confusión que puede concurrir en la diferenciación del patrimonio del causante con el patrimonio de los herederos, lo cual conlleva a lesionar, tanto a los herederos como a los acreedores del causante. La vía judicial para evitar esta situación, la prevé nuestro ordenamiento jurídico mediante la solicitud del beneficio de inventario, cuyo objetivo principal es impedir tal confusión, logrando la separación de ambos patrimonios, evitando con ello que el o los herederos paguen con sus propios bienes las acreencias del causante»[47].

1.3. Caracteres

Entre los caracteres que pueden resumirse sobre el beneficio de aceptación de la herencia a beneficio de inventarios vale citar: i. Se trata de una institución facultativa prevista fundamentalmente en interés y beneficio del heredero, ii. evita la confusión de patrimonios del causante y el heredero, iii. permite que el heredero solo responda de las obligaciones de la herencia hasta concurrencia del activo de esta, iv. no puede ser excluido o limitado por la voluntad del testador, y v. está sometido a determinadas formalidades legales y plazos perentorios. Pues, como afirma Sanojo, «la aceptación bajo beneficio de inventario no puede hacerse tácitamente, puesto que la ley manda que se haga la correspondiente declaración por escrito ante el juez»[48].

---

al heredero es automática e ilimitada –de tal forma que responderá de las deudas del causante no solo con lo heredado sino con el resto de su patrimonio personal–, existiendo mecanismos de protección frente a la misma, que en general son de escasa aplicación en la vida diaria».

[47] Juzgado Primero de Primera Instancia Civil, Mercantil y de Tránsito de la Circunscripción Judicial del estado Zulia, sent. del 21-07-09, exp. N.º 3770, http://zulia.tsj.gov.ve/decisiones/2009/julio/512-21-3770-850.html.

[48] Sanojo, ob. cit., p. 66; Juzgado Superior Octavo en lo Civil, Mercantil, Tránsito y Bancario de la Circunscripción Judicial del Área Metropolitana de Caracas, sent. del 10-02-16, exp. P71-R-2015-000965, http://caracas.tsj.gob.ve/decisiones/2016/febrero/2145-10-ap71-r-2015-000965-.html, «se ha producido una aceptación tácita, que en criterio de quien aquí decide obra en contra del resto de los coherederos

El instituto existe o se justifica fundamentalmente en interés del heredero, a fin de no otorgarle a este más cargas que beneficios y evitar su responsabilidad personal. Amén de que con la institución se produzca cierto beneficio social, pues pretende evitar la renuncia del heredero[49]. El heredero solo responderá de las deudas de la herencia hasta concurrencia del pasivo de esta.

El testador o causante no puede prohibir tal beneficio; tal disposición se tendría por no puesta[50], pues, según indicamos, así lo dispone el artículo 1024 del Código Civil por considerarlo de orden público[51].

Se alude a su carácter solemne, pues la aceptación a beneficio de inventario debe solicitarse expresamente, a diferencia de la aceptación pura y simple que puede ser tácita. Ello igualmente ocurre en el Derecho español donde acertadamente se ha indicado: En el Código Civil la aceptación a beneficio de inventario es una excepción, siendo la regla la aceptación pura y simple, criterio –a decir de SERRANO– en abierta contradicción con la práctica en que la herencia se acepta generalmente a beneficio de inventario. Pero es una excepción en el sentido de que, para disfrutar del beneficio, es necesario que el heredero manifieste su voluntad, porque de lo contrario se entiende que ha aceptado en forma pura y simple. La regulación más lógica y realista –indica acertadamente el autor– sería la contraria: entender, como regla general, que toda aceptación lo es a beneficio de inventario, salvo que el heredero exprese su voluntad de hacerlo en forma pura y simple[52].

El presente beneficio es imperativo u obligatorio respecto de los incapaces de obrar, por lo que se presenta en tal caso con carácter de orden público,

---

y dispensa de prueba a quien la tiene a su favor (…) Todo esto patentiza, que a los demás coherederos del referido causante les ha precluído el lapso para obtener el beneficio de inventario y por tanto se ha producido respecto a ellos la confusión de patrimonio con el del *de cujus*, lo que es irreversible; así igualmente se establece».

[49] Véase *supra* 1.2.
[50] LACRUZ BERDEJO *et al.*, ob. cit., p. 73.
[51] Véase *supra* 1.2.
[52] SERRANO ALONSO, *Manual…*, p. 74.

dada la necesidad de protección que precisan tales personas[53]. De manera que los menores, entredichos e inhabilitados deben aceptar la herencia a beneficio de inventario, de conformidad con los artículos 998[54] y 999[55] del Código Civil; la herencia deferida a incapaces de obrar «no pueden aceptarse válidamente, sino a beneficio de inventario»[56]. Se precisa tal actuación previa como condición necesaria a otro proceso judicial[57]. Zannoni alude a tal situación de los incapaces de obrar, respecto del Derecho argentino como «herederos beneficiarios de pleno derecho»[58]. El legislador ha estimado que

---

[53] Véase *supra* ii.3.3.1.
[54] «Las herencias deferidas a los menores y a los entredichos no pueden aceptarse válidamente, sino a beneficio de inventario». Véase también del Código Civil artículo 367 «no podrá el tutor aceptar válidamente herencias sino a beneficio de inventario…».
[55] «Los inhabilitados no pueden aceptar sino con el consentimiento de su curador y a beneficio de inventario. Si el curador se opusiere a la aceptación, puede el tribunal, a solicitud del inhabilitado, autorizarle para que acepte bajo dicho beneficio».
[56] Juzgado Cuarto de Primera Instancia en lo Civil, Mercantil y del Tránsito de la Circunscripción Judicial del estado Zulia, sent. del 14-11-08, citada *supra*.
[57] Véase: Sala de Juicio del Tribunal de Protección del Niño y del Adolescente de la Circunscripción Judicial del estado Yaracuy, sent. del 22-04-08, exp. 10957/07, http://yaracuy.tsj.gov.ve/decisiones/2008/abril/1432-22-10957-07-sala02.html, «… para proceder a la admisión o no de la presente demanda, no presentó a los autos documentación alguna que ilustrara a esta juzgadora la aceptación de herencia a beneficio de inventario que constituye uno de los requisitos *sine qua non* para admitir todas las demandas referidas a liquidación y partición de bienes que involucre a un niño o adolescente, tal como lo consagra el artículo 998 del Código Civil venezolano, que reza: "las herencias deferidas a los menores y a los entredichos no pueden aceptarse válidamente, sino a beneficio de inventario". Con base en lo expuesto, y visto que con anterioridad a esta causa quien juzga fijó criterio (…) que no es procedente la admisión de demandas patrimoniales sobre partición y liquidación de herencia donde no se verifique la aceptación de herencia por el representante legal del niño y del adolescente, bajo beneficio de inventario, tal como lo estableció el artículo 998 (…) con lo cual pueda verificarse si el pasivo no supera los activos, y siendo el norte primordial de este Tribunal de Protección velar por los intereses de todo niño, niña y adolescente, declara que al no haberse cumplido con todos los requerimientos de ley, la presente demanda debe declararse inadmisible».
[58] Véase: Zannoni, ob. cit., p. 168.

en tal caso la aceptación pura y simple es peligrosa en razón de la responsabilidad *ultra vires*[59]. No es procedente renunciar a la herencia en perjuicio del incapaz por no someterse a la aceptación a beneficio de inventario[60].

Vale recordar que esta situación denominada también «aceptación a beneficio de inventario *ex lege*»[61], es extensible a tenor del artículo 1000 del Código Civil a entes públicos y otros entes incorporales[62]. Curiosamente, llama la atención cómo en nuestro ordenamiento sigue vigente la rigurosa

---

[59] PLANIOL y RIPERT, ob. cit., p. 304.
[60] Tribunal de Protección del Niño y del Adolescente de la Circunscripción Judicial del estado Lara Barquisimeto, sent. del 09-10-03, citada *supra*, «... el temor expresado por la solicitante, según el escrito que encabeza las presentes actuaciones es la incertidumbre en relación a los bienes que conforman la sucesión, ello se evidencia de la propia declaración de la ciudadana (...) quien señala "Desconozco los bienes que pudieran pertenecer a mi hija, y a mi persona como concubina que fui de (...) que pudieran existir en ese país. Ahora bien, he decidido, en bien de mi hija y para evitarle futuros inconvenientes con tíos o primos radicados en Italia, en su nombre y en el mío propio, renunciar a favor de (...) a todo derecho hereditario que pudiere correspondernos en dicha sucesión bien sea referente a bienes muebles, inmuebles o de tipo accionario". Así que mal puede éste Juzgado otorgar una autorización de renuncia a derechos que no están plenamente identificados y de los cuales también podría resultar algún beneficio a la niña (...) más aún cuando de la solicitud presentada y los recaudos que la acompañan no existe siquiera presunción alguna la existencia de acreedores del *de cujus*. Por si lo anterior no resultare suficiente la renuncia a una herencia cualquiera sea ella y sin importar la condición del sucesor requiere necesariamente ser pura y simple, lo que significa que no puede estar sometida ni a condición ni a términos, el extender una autorización bajo las condiciones expuestas sería convalidar un acto jurídico que desde su inicio estaría viciado de nulidad por ser efectuado bajo presión o inducido en error, y no existiendo la certeza e incluso la existencia de derechos o deberes a renunciar, mal puede esta juzgadora autorizar a dicha renuncia. Finalmente este juzgado no puede extender una autorización contraria a la ley y que, de forma inminente pueda afectar los derechos o intereses de la niña de autos».
[61] Véase: ESPARZA BRACHO, *Derecho...*, pp. 72-75.
[62] Véase: ibíd., p. 74, respecto de tales entes no aplica artículo 1031 relativo a los incapaces que perderán el beneficio luego de un período de salir de la incapacidad, por lo que no se entenderá que la aceptación es pura y simple, sino simplemente que no ha habido aceptación; LÓPEZ HERRERA, *Derecho...*, t. II, p. 74.

regla según la cual el heredero debe solicitar expresamente el beneficio de inventario para evitar la responsabilidad *ultra vires*, mientras que la persona incorporal resulta amparada por la aceptación beneficiaria *ex lege*; se trata de una situación donde el Derecho venezolano, ofrece mejor tratamiento a la persona moral, siendo que la persona natural es la persona por excelencia[63]. Cabe recordar que es distinta la función que cumple el representante del incapaz que el órgano de la persona jurídica[64].

"La realización del inventario encuentra su fundamento justamente en la necesidad de conocer exactamente los bienes, derechos y acciones dejados por el causante al momento de su fallecimiento, lo que permitirá saber qué se entrega y se recibe por la liquidación del caudal hereditario"[65].

1.4. *Efectos*[66]

Prevé el artículo 1036 del Código Civil: «Los efectos del beneficio de inventario consisten en dar al heredero las ventajas siguientes: No estar obligado

---

[63] Véase *infra* 1.5. De allí que aunque se entienda la condición y naturaleza del ente incorporal, cabe meditar sobre un cambio beneficioso para todo heredero, al margen de su condición de ente natural o incorporal.

[64] Véase: Rodríguez Prieto, Fernando: «Jurisdicción voluntaria. Subasta notarial y aceptación de herencia a beneficio de inventario». En: *El Notario del siglo XXI*. N.º 10. Madrid, Colegio Notarial de Madrid, 2006, http://www.elnotario.es, «Otra cosa iría en contra del sentido de la patria potestad o de la tutela. Y es claro que el propio menor por sus actos, no puede determinar la pérdida del beneficio de inventario, pues no tiene capacidad. Y ¿qué diferencia hay, por ejemplo, con lo que hemos visto con las fundaciones? La fundación actúa directamente a través de sus órganos, y el órgano es algo cuya actuación se imputa directamente a la persona, y sin embargo estos otros casos son de representantes legales, lo que supone que el tratamiento debe de ser totalmente distinto».

[65] Vega Cardona, Raúl José: «Hacia una reconstrucción del diseño legislativo del inventario y avalúo de los bienes hereditarios en Cuba». En: *Revista de Derecho Privado*. N.º 27. Bogotá, Universidad Externado, 2014, www.scielo.org.co/scielo.php?pid=S0123-43662014000200010.

[66] Véase: Rojas, ob. cit., pp. 553-559; Esparza Bracho, *Derecho…*, pp. 64-72; Franco García, Antonieta Elena: *Efectos del juicio de inventario como condición*

al pago de las deudas de la herencia ni al de los legados, sino hasta concurrencia del valor de los bienes que haya tomado, y poder libertarse de unas y otras abandonando los bienes hereditarios a los acreedores y a los legatarios. No confundir sus bienes personales con los de la herencia, y conservar contra ella el derecho de obtener el pago de sus propios créditos». Por la aceptación a beneficio reinventario se evade la confusión de los dos patrimonios de heredero y causante, evitándose las consecuencias de la aceptación pura y simple[67].

Para algunos por efecto del beneficio, el heredero no subentra en la posición del causante respecto de sus deudas[68]. Otros aclaran que el heredero con beneficio de inventario no responde de las deudas hereditarias con su patrimonio personal, pero esto no significa que él no suceda en las deudas hereditarias y que estas no pasen a él. Si no pasasen —aclara Messineo— deberían configurarse como deudas sin deudor. La verdad es que en virtud del beneficio las deudas pasan al heredero aunque de ellas responda *non ultra vires*, pues el pasa a ser un deudor con responsabilidad limitada[69].

Entre los principales efectos del beneficio de inventario se deriva la inexistencia de confusión de patrimonios —entre heredero y causante— y la limitación de la responsabilidad del heredero por las deudas de la herencia al activo de la misma. Así pues, está claro que la consecuencia fundamental del beneficio consiste en evitar la confusión de patrimonios entre el *de cujus* y heredero y permitir que este responda de las obligaciones de la herencia hasta concurrencia del activo, liberándose con el abandono[70] de los bienes a los acreedores y legatarios. Aclara la doctrina, que esta cesión

---

suspensiva en el juicio de partición de la comunidad hereditaria dentro del ordenamiento jurídico venezolano. Zulia, Universidad Rafael Urdaneta (trabajo especial para optar al título abogado, tutor: Luis Acosta), 2013, http://200.35.84.131/portal/bases/marc/texto/3501-13-06877.pdf.

[67] Polacco, ob. cit., t. II, p. 181.
[68] Cicu, ob. cit., p. 103.
[69] Messineo, ob. cit., p. 21.
[70] Véase sobre el abandono: Suárez Franco, ob. cit., pp. 75 y 76.

del heredero debe ser general objetiva y subjetivamente, a favor de todos los acreedores y legatarios, comprendiendo todos los bienes hereditarios, pero no constituye una renuncia a la herencia, pues el cedente, consumada la cesión, no pierde la cualidad de heredero que adquirió con la aceptación. Tampoco constituye una simple transmisión de la posesión y de la facultad de administrar: es un abandono total de la propiedad y la posesión para lograr una liberación definitiva a favor de todos quienes tengan derechos en la herencia[71].

En cuanto a la parte final de la norma citada, relativa a que el heredero a beneficio de inventario conserva frente a la herencia el derecho a cobrar sus créditos, ello es natural considerando que el beneficio deja inerme la posibilidad de satisfacción de los acreedores de la herencia, y en tal caso el heredero beneficiario sería una más. Al efecto, comenta ZANNONI que al no producirse la confusión de patrimonios, el heredero beneficiario conserva, como cualquier tercero, todos los derechos personales y reales contra la sucesión. Pero deberá hacerse tal pago conforme a las normas generales, por lo que no podrá retirar fondos o valores sino con autorización judicial[72].

Dispone el Código Civil, sin embargo, que el heredero que disfruta del beneficio de inventario es una suerte de administrador de bienes ajenos (artículo 1038[73]) que debe rendir cuentas (artículo 1039[74]), con cargo a la herencia (artículo 1047[75]) y en tal condición debe dar o rendir cuentas[76]

---

[71] SOJO BIANCO, ob. cit., p. 270.
[72] ZANNONI, ob. cit., p. 188.
[73] «El heredero a beneficio de inventario prestará la culpa que presta todo administrador de bienes ajenos».
[74] «Los acreedores y los legatarios pueden hacer fijar un término al heredero para el rendimiento de cuentas». Véase: POLACCO, ob. cit., t. II, p. 190; LÓPEZ HERRERA, *Derecho...*, t. II, pp. 100 y 101.
[75] «Los gastos de inventario y rendición de cuentas son de cargo de la herencia».
[76] Véase: Juzgado Segundo de Primera Instancia en lo Civil, Mercantil, Agrario, Tránsito y Bancario del Circunscripción Judicial del estado Carabobo, sent. del 12-04-07, exp. 2005/7697, http://carabobo.tsj.gov.ve/decisiones/2007/abril/741-12-2005-7697-.html, Encontramos entre las instituciones reguladas por el Código

a los acreedores y legatarios de la herencia. Pues, como indican Planiol y Ripert, «la administración de los bienes hereditarios se convierte para él, no en una facultad sino en una carga»[77]. Al efecto dispone el artículo 1037 del Código Civil: «El heredero a beneficio de inventario tiene la obligación de administrar los bienes de la herencia y de dar cuenta de su administración a los acreedores y a los legatarios. No puede compelérsele a pagar con sus propios bienes, sino en el caso de que, estando en mora para la rendición de la cuenta, no satisficiere esta obligación. Después de la liquidación de la cuenta, no puede compelérsele a hacer el pago con sus bienes personales, sino hasta concurrencia de las cantidades por las cuales sea deudor». Esto, pues el heredero beneficiario es un administrador respecto de los acreedores y legatarios[78]. El causante no podría exonerar al heredero de la rendición de cuentas por vía testamentaria porque se trata de una norma de orden público en protección de intereses de terceros[79].

El Código sustantivo prevé la posibilidad de constitución de garantía por parte del heredero a petición de los acreedores o interesados (artículo 1043[80]) y dispone el pago legítimo a estos, salvo los derechos de preferencia (artículo 1044[81]). Dicho texto también prevé, salvando los derechos

---

Civil, que dan lugar a la obligación de rendir cuentas y al derecho correlativo de exigirlas (…) los actos realizados por el heredero beneficiario (artículo 1047).

[77] Planiol y Ripert, ob. cit., p. 486.
[78] Dominici, ob. cit., p. 318.
[79] Suárez Franco, ob. cit., p. 77.
[80] «Si los acreedores u otras personas interesadas lo exigieren, el heredero dará garantía suficiente respecto de los bienes muebles comprendidos en el inventario, de los frutos de los inmuebles y del precio de los mismos inmuebles que quede después del pago de los créditos hipotecarios. A falta de aquellas garantías, el juez proveerá a la seguridad de los interesados».
[81] «El heredero paga legítimamente a los acreedores y a los legatarios que se presenten, salvo los derechos de preferencia de ellos, a no ser que algún acreedor u otro interesado se oponga a que haga los pagos extrajudicialmente o promueva preferencia en alguno o algunos pagos, pues entonces se harán éstos por el orden y según el grado que el juez señale, conforme a las disposiciones de este Código».

de los acreedores hipotecarios (artículo 1046[82]), en su artículo 1045: «Los acreedores que no hayan hecho oposición y se presentaren después de haberse agotado toda la herencia en pagar a los demás acreedores y a los legatarios, no tendrán acción sino contra los legatarios. Esta acción se extingue por el transcurso de tres años a contar desde el día del último pago».

Finalmente, el artículo 1048 del Código Civil, simplemente proyecta una consecuencia elemental en el ámbito procesal: «El heredero que haya seguido un pleito temerario, será condenado personalmente en las costas».

1.5. Procedimiento[83]

Dispone el artículo 1023 del Código Civil: «La declaración del heredero de que pretende tomar este carácter bajo beneficio de inventario, se hará por escrito ante el tribunal de primera instancia del lugar donde se abrió la sucesión, se publicará en extracto en el periódico oficial o en otro a falta de éste, y se fijará por edictos en la puerta del tribunal»[84]. Con base en dicha norma se afirma que el beneficio consiste en una declaración solemne del derecho de no querer asumir la cualidad de heredero, sino bajo responsabilidad limitada al activo de la herencia[85].

---

[82] «Quedan exceptuados de la disposición del artículo anterior los acreedores hipotecarios, quienes conservarán su acción para cobrarse de los bienes que estén afectos al pago de su crédito, aunque no hayan hecho oposición».

[83] Véase: Rojas, ob. cit., pp. 531 y ss.; Esparza Bracho, *Derecho…*, pp. 75-81.

[84] Juzgado de Primera Instancia del Tránsito y Agrario de la Circunscripción Judicial del estado Barinas, sent. del 10-02-09, citada *supra*, «… se aplicará lo conducente a la publicación del edicto en el periódico y su fijación en la puerta de la sede de este Tribunal, así como la remisión de los despachos correspondientes a los tribunales ejecutores de medidas competentes por la ubicación de los inmuebles y enseres sobre los que ha de recaer o realizarse el inventario judicial, igualmente el nombramiento y juramentación del experto sobre quien ha de acreditarse de parte de este órgano jurisdiccional la tarea de auxiliar a los tribunales que han de comisionarse».

[85] Briceño C., ob. cit., p. 53.

Dicha declaración que –según el Código Civil– bien puede realizar un solo heredero (artículo 1026[86]) para que todos se beneficien de la misma[87], precisa, como es lógico y natural, de las respectivas formalidades del «inventario»[88] que integran los bienes de la herencia. Pues, a tenor del artículo 1025[89], no es suficiente la declaración o solicitud del inventario, sino que este debe realizarse efectivamente[90], y a partir de cuya culminación se

---

[86] «Cuando haya varios herederos, bastará que uno declare que quiere que la herencia se acepte a beneficio de inventario, para que así se haga». Véase: Sojo Bianco, ob. cit., p. 267, «concurriendo varios herederos y habiendo entre ellos acuerdo en aceptar pero discrepancia en cuanto al modo de hacerlo, la herencia deberá ser aceptada por todos con beneficio de inventario, bastando para ello que uno solo haga la oportuna declaración».

[87] Véase: Rodríguez, ob. cit., p. 296, no sería concebible que en una misma herencia hubiese herederos amparados por el beneficio y otros condenados a tener el carácter de herederos puros y simples; Briceño C., ob. cit., p. 54, concurriendo varios herederos que discrepan en torno a la forma de aceptar la herencia, basta que uno solo haga la solicitud de beneficio de inventario para que la herencia sea aceptada por todos con dicho beneficio; Zannoni, ob. cit., p. 178, «entiende nuestra doctrina, con razón, que cuando coexiste el heredero beneficiario con aceptantes puros y simples, todos quedan obligados a seguir los procedimientos de administración y liquidación fijados en la ley para el caso de herencias aceptadas a beneficio de inventario. Ante la coexistencia no es posible desdoblar la administración: lo contrario sería reducir el heredero beneficiario a un legatario remanente».

[88] Véase: Código de Procedimiento Civil: «artículo 921.- Para dar principio a la formación del inventario deberán los jueces fijar previamente día y hora. Si se tratare del inventario de herencias, testadas o intestadas, o de cualquiera otro solemne, se hará, además, publicación por la prensa y por carteles, convocando a cuantos tengan interés»; «artículo 922.- El inventario se formará describiendo con exactitud los bienes, y firmarán el acta el juez, el secretario y dos testigos. Los interesados firmarán también el inventario, y si no supieren o no pudieren hacerlo, se expresará esta circunstancia», y «artículo 923.- Las disposiciones generales contenidas en este Capítulo se aplicarán a todo inventario ordenado por la ley, salvo lo establecido por disposiciones especiales».

[89] «Aquella declaración no produce efecto, si no la precede o sigue el inventario de los bienes de la herencia, formado con las solemnidades establecidas en el Código de Procedimiento Civil y en los términos fijados en este parágrafo».

[90] Véase: Polacco, ob. cit., t. ii, p. 123, no basta la declaración hecha pública; es necesario la formación efectiva del inventario en los modos proscritos por el Código de

cuenta con un lapso de 40 días para hacer la respectiva manifestación del beneficio so pena de considerarse aceptada pura y simplemente la herencia (artículo 1029[91]), plazo de que se computa distinto en caso de incapaces de obrar (artículo 1031[92], en consonancia con los citados artículos 998 y 999).

Procedimiento Civil; Dominici, ob. cit., p. 303, no basta pedir que se forme el inventario, es menester que el heredero lo haga practicar; Rodríguez, ob. cit., p. 295, no puede considerarse la declaración del heredero ante el tribunal, como suficiente por sí sola, para la obtención del beneficio del inventario, pues es obvio que se requiere que esté acompañada por la realización del inventario, de conformidad con las formalidades de ley.

[91] «Después de haber terminado el inventario el heredero que no haya hecho la declaración preceptuada en el artículo 1023, tendrá un plazo de 40 días, a contar desde la conclusión del inventario, para deliberar sobre la aceptación o repudiación de la herencia. Pasado este término sin haber hecho su declaración, se le considerará como heredero puro y simple».

[92] «Los menores, los entredichos y los inhabilitados, no se consideran privados del beneficio de inventario sino al fin del año siguiente a la mayor edad, o a la cesación de la interdicción o de la inhabilitación, si en este año no han cumplido las disposiciones del presente parágrafo». Véase: Corte Superior Primera del Circuito Judicial del Tribunal de Protección de Niños, Niñas y Adolescentes de la Circunscripción Judicial del Área Metropolitana de Caracas y Nacional de Adopción Internacional, sent 16-12-08, citada *supra*, «En este orden de ideas, señala igualmente nuestro Código Civil en el artículo 1031, que los menores no se considerarán privados del beneficio de inventario sino al fin del año siguiente a aquel en que alcancen la mayoridad. En tal sentido, es erróneo señalar que la herencia pueda ser aceptada pura y simplemente por parte de los menores de edad, entiéndase niños, niñas o adolescentes, quienes en virtud de la protección que les es atribuida por la ley, a objeto de resguardar sus intereses estableció en el artículo 1031 de nuestro Código Civil una norma excepcional, consistente en que, inclusive si estos han tomado posesión de los bienes hereditarios o de algún modo se hayan mezclado en la administración de los mismos, no limita el beneficio consagrado en la ley a su favor, pues de igual modo queda este protegido con el beneficio de inventario, incluso hasta un año después de cumplida la mayoridad, en consecuencia de lo anteriormente señalado, esta superioridad establece que siempre que existan niños, niñas o adolescentes como demandados en un juicio de partición de herencia, la herencia a que se refiera deberá ser aceptada a beneficio de inventario por éstos, quienes a tal efecto cumplirán con los requisitos que instituya la ley para dicho fin (…) Respecto de que el mencionado juicio se intente mediante procedimiento separado, esta superioridad establece que

Se deriva de lo anterior que la solicitud de beneficio de inventario se traduce en un acto jurídico solemne, esto es, en una declaración o petición formal que se le hace al juzgador, con los correspondientes recaudos de ley. A la par de la misma y como la denominación del instituto lo denota, la autoridad judicial procede a realizar el respectivo inventario[93], observando las formalidades

---

no corresponde a la parte intentar una acción autónoma, puesto que en tanto y en cuanto la ley solo exige que la aceptación del heredero bajo beneficio de inventario, tenga que ser hecha por escrito ante juez competente con jurisdicción en el lugar de la apertura de la sucesión, tal procedimiento puede perfectamente tramitarse a través de la apertura de un cuaderno separado, en el cual se ventile y se cumplan con las formalidades establecidas en la ley a objeto de la válida declaración, de conformidad con lo establecido en el artículo 1023 del Código Civil. En virtud del mencionado razonamiento esta Alzada ordena la apertura de cuaderno separado en el cual se ventile la aceptación a beneficio de inventario de las herederas coherederas»; López Herrera, Derecho..., t. ii, p. 74, tal regla no comprende ni aplica a los entes públicos ni a las personas jurídicas.

[93] Véase: Juzgado Cuarto de Municipio de la Circunscripción Judicial del Área Metropolitana de Caracas, sent. del 08-05-09, exp. AP-31-S-2009-000799, http://cfr.tsj.gov.ve/decisiones/2009/mayo/2151-8-AP31-S-2009-000799-.html, «En este aspecto se hace necesario precisar que de acuerdo con lo dispuesto en el artículo 1023 del Código Civil la aceptación de una herencia bajo beneficio de inventario es un acto jurídico solemne, que debe realizarse previo el cumplimiento de ciertas formalidades de carácter obligatorio como lo son la declaración de que previo levantamiento del inventario solemne de los bienes dejados por el *de cujus* se pretende aceptar la herencia a beneficio de inventario. Además deben señalarse en el escrito las deudas o cargas de la herencia y acompañarse a la solicitud en original los recaudos que sustentan la solicitud, como lo son las partidas de nacimiento, constancia de únicos y universales herederos, certificado de defunción. De esta manera el citado artículo 1023 del Código Civil, señala que la autoridad judicial que reciba la declaración de aceptación, por auto debe fijar el día, hora y lugar para dar inicio a la formación del inventario, ordenar la publicación de un extracto del auto en un periódico oficial, o a falta de éste, en cualquier otro periódico y hacer la publicación y fijación por edictos a la puerta del juzgado, esto con el fin de poner en conocimiento de tales actuaciones a los acreedores de la herencia, los demás herederos y a cualquier otra persona que pudiera estar interesada en la herencia que se pretende aceptar. En concordancia con lo anterior los artículos 921 y 922, respectivamente del Código de Procedimiento Civil, señalan que quien realiza el inventario es el órgano jurisdiccional con la asistencia de dos testigos. Una vez cumplidas

adjetivas. Al efecto, se procederá a la debida publicidad en un periódico oficial y en la puerta del respectivo tribunal a fin de la posibilidad de conocimiento de los acreedores y legatarios. Se trata de un procedimiento de jurisdicción voluntaria o no contenciosa[94], esto es, que no reviste carácter contencioso al no tratarse de una controversia entre partes con pretensiones contrapuestas[95], por ello basta que uno solo de los coherederos solicite el inventario para que el mismo tenga lugar[96]. Se trata de un beneficio que

> estas formalidades, es cuando procede el organismo jurisdiccional a dictar el auto por el cual se declara que la herencia ha sido aceptada bajo beneficio de inventario. En este sentido se observa que el inventario se inicia por auto expreso ante el tribunal actuante o en el tribunal competente por la ubicación de los bienes. En el caso bajo estudio, lo pretendido por la solicitante es que se le otorgue un plazo, para continuar realizando el inventario, es decir, que de acuerdo con lo expresado en la solicitud; es la solicitante quien se encuentra formando el inventario, sin que conste en actas procesales que el mismo haya principiado ante el órgano jurisdiccional, el cual como se señaló anteriormente debe realizarse con todas las formalidades previstas en la ley, es decir; no es a la solicitante a quien compete la realización del inventario sino al juez y el plazo al que hace referencia el artículo 1027, se otorga una vez iniciado el inventario, ante el juzgado competente para ello, de tal manera que se hace forzoso negar lo solicitado, por no ser este el procedimiento idóneo para ello».

[94] Véase: TSJ/SCC, sent. N.º 110, del 11-5-00, «los procedimientos no contenciosos –como es la aceptación de herencia a beneficio de inventario– no gozan de este recurso extraordinario. *Vid*. CSJ/SCC, sent. N.º 35, del 10-03-99; TSJ/SCC, sent. N.º 60, del 30-03-00, «esta Sala de Casación Civil sostiene que en los procedimientos de aceptación de herencia a beneficio de inventario, calificados por el Código Procesal como de jurisdicción voluntaria, por no ser de naturaleza contenciosa, al interponerse oposición o aparecer cualquier otro tipo de controversia, al juzgador no le queda otra alternativa que desestimar la solicitud misma e indicar a los intervinientes que la controversia entre ellos debe resolverse por el procedimiento ordinario, si el asunto controvertido no tiene pautado un procedimiento especial»; López Herrera, *Derecho…*, t. ii, p. 83.

[95] TSJ/Sala Plena (sala especial segunda), sent. N.º 40, 15-12-09, «Ciertamente, la elaboración del inventario se encuentra regulada en la Parte Segunda del Libro Cuarto del Código de Procedimiento Civil, referida a los asuntos que deben ventilarse ante la jurisdicción voluntaria».

[96] Juzgado Primero de Primera Instancia Civil, Mercantil y de Tránsito de la Circunscripción Judicial del estado Zulia, sent. del 21-07-09, citada *supra*.

–a decir de Dominici– lo da la ley, no dependiendo del juez quien no debe negarlo si se ha invocado en el tiempo y la forma que corresponde[97].

Se indica que la aceptación beneficiaria es un acto jurídico solemne, cuyas formalidades esenciales son dos: i. Declaración de que se toma el carácter y la condición de heredero bajo dicho beneficio (artículo 1023 del Código Civil), y ii. elaboración del inventario judicial del patrimonio hereditario (artículo 1025 del Código Civil). Formalidades que deben ser cumplidas con arreglo a los procedimientos señalados por la ley y dentro de los términos que esta fija al respecto. Alternativamente, el sucesor puede también limitarse a declarar a la autoridad judicial que estudia o que piensa –aunque sin haberlo decidido todavía en definitiva– aceptar la herencia a beneficio de inventario, pero que desea reservarse la correspondiente decisión para, una vez que haya concluido el inventario de la herencia, motivo por el cual solicita el mismo[98].

En el supuesto de «posesión real» de la herencia el Código Civil dispone un lapso perentorio para la aceptación en tales términos (artículos 1027 y 1028[99]); cuando el heredero no está en posesión real de la herencia conserva la posibilidad de aceptarla a beneficio de inventario mientras no

---

[97] Dominici, ob. cit., p. 301.
[98] López Herrera, Derecho..., t. ii, pp. 78 y 79; Sala de Juicio 16 del Circuito Judicial del Tribunal de Protección de Niños, Niñas y Adolescentes de la Circunscripción Judicial del Área Metropolitana de Caracas y Nacional de Adopción Internacional, sent. del 18-05-09, exp. AP51-S-2008-014061, http://cfr.tsj.gov.ve/decisiones/2009/mayo/2091-18-AP51-S-2008-014061-PJ0252009000569.html; Juez Unipersonal Octavo del Circuito Judicial de Protección del Niño y del Adolescente de la Circunscripción Judicial del Área Metropolitana, sent. del 13-02-08, exp. AP51-S-2007-018933, http://caracas.tsj.gov.ve/decisiones/2008/febrero/2083-13-AP51S2007018933-PJ0082008000226.html.
[99] «Artículo 1027.- El heredero que se halle en posesión real de la herencia, deberá hacer el inventario dentro de tres meses a contar desde la apertura de la sucesión, o desde que sepa que se le ha deferido aquella herencia. Si ha principiado el inventario y no lo pudiere terminar en este plazo, ocurrirá al juez de primera instancia del lugar donde se ha abierto la sucesión, para obtener una prórroga, que no excederá de otros tres meses, a menos que graves circunstancias particulares hagan necesario que

prescriba el lapso para aceptarla (artículo 1030[100]). La doctrina señala que parece razonable tratar con más rigor a quien tiene disponibilidad física de las cosas hereditarias[101]. La repudiación de la herencia dentro de los plazos indicados no genera gastos para quien la rechaza (artículo 1034[102]).

En cuanto al citado inventario que debe ser realizado en un lapso perentorio de conformidad con el Código Civil (citado artículo 1030), con cargo a la herencia (artículo 1047[103]), es de indicar que durante el tiempo

---

sea mayor», «artículo 1028.- Si en los tres meses dichos no ha principiado el heredero a hacer el inventario, o si no lo ha concluido en el mismo término, o en el de la prórroga que haya obtenido, se considerará que ha aceptado la herencia pura y simplemente». Véase: Dominici, ob. cit., p. 305, el precepto es terminante y se establece como una pena a la negligencia y en interés de acreedores y legatarios.

[100] «Cuando el heredero no esté en posesión real de la herencia, ni se haya mezclado en su administración, conserva el derecho de aceptarla bajo beneficio de inventario, mientras no se haya prescrito la facultad de aceptar la herencia. Una vez hecha la declaración a que se refiere el artículo 1023, de acogerse al beneficio de inventario, el heredero deberá dejar concluido el inventario dentro del término de tres meses contados desde la declaración, a menos que obtenga una prórroga del juez de primera instancia en la forma prevista en el artículo 1027. La falta en el oportuno levantamiento del inventario hace que la aceptación se tenga por pura y simple. Cuando el inventario ha sido terminado, el heredero debe hacer la manifestación de aceptación dentro de los 40 días siguientes. A falta de esta declaración, se tiene por repudiada la herencia. En el caso del artículo 1019, el heredero, que no se encuentra en la posesión real de la herencia, deberá concluir el inventario dentro del mismo plazo que le haya fijado el tribunal para su aceptación o repudiación, salvo que haya obtenido una prórroga de ese tribunal. Si hace la declaración y no hace el inventario se le tiene por heredero puro y simple». Véase: Juzgado Superior Décimo en lo Civil, Mercantil y del Tránsito de la Circunscripción Judicial del Área Metropolitana de Caracas, sent. del 05-03-12, exp. 6261, http://caracas.tsj.gob.ve/decisiones/2012/marzo/2147-5-6261-3.html, «El artículo 1030 rige cuando el heredero no está en posesión real de la herencia, ni se haya mezclado en su administración».

[101] Véase: Sojo Bianco, ob. cit., p. 267.

[102] «Si el heredero repudia la herencia durante los plazos establecidos, o la prórroga, los gastos que haya hecho legítimamente hasta la repudiación, serán de cargo de la herencia».

[103] Véase indicando que los honorarios del apoderado de alguno de los herederos no son de cargo de la herencia: sent. del 22-05-51, citada en: Perera Planas, Nerio: *Código Civil venezolano*. Caracas, 3.ª, s/e, 1992, p. 552.

de su realización por disposición de ley, el heredero no está obligado a tomar el carácter de tal, no obstante las previsiones procesales (artículo 1032[104]); y la necesidad de disponer de algún bien con autorización judicial durante dicho lapso tampoco puede considerarse una aceptación tácita de la herencia (artículo 1033[105]).

La importancia de la realización y veracidad del inventario y su especial trascendencia para el beneficio bajo análisis es considerada por el artículo 1035: «El heredero que de mala fe haya dejado de comprender en el inventario algún objeto perteneciente a la herencia, quedará privado del beneficio de inventario». En sentido semejante dispone el artículo 1041: «El heredero queda privado del beneficio de inventario, si enajena los inmuebles de la herencia sin autorización judicial». En consonancia con el artículo 1042: «Queda privado igualmente del beneficio de inventario, si vende los bienes muebles de la herencia sin autorización judicial, antes de que hayan transcurrido dos años de la declaración de la aceptación bajo beneficio de inventario; después de este plazo, puede vender los bienes muebles sin ninguna formalidad».

La doctrina alude a tales supuestos como «cesación del beneficio de inventario» que incluye, además de los citados casos de sanción por no comprender los bienes en el inventario y enajenar sin autorización judicial, el de ocultar bienes (artículo 1021 del Código Civil) por causa de tipo legal, a lo que agrega la renuncia del heredero[106]. En tales casos, el efecto

---

[104] «Durante el plazo concedido para hacer inventario y para deliberar, el llamado a la sucesión no está obligado a tomar el carácter de heredero. Sin embargo, se le considerará como curador de derecho de la herencia, y con tal carácter se le puede demandar judicialmente para que la represente y conteste las acciones intentadas contra la herencia. Si no compareciere, el juez nombrará un curador a la herencia para ese caso».

[105] «Si en la herencia se encontraren objetos que no puedan conservarse o cuya conservación sea costosa, el heredero, durante los plazos que quedan establecidos, podrá hacerse autorizar para venderlos, de la manera que juzgue más conveniente la autoridad judicial, sin que se pueda concluir de allí que haya aceptado la herencia».

[106] Véase: ROJAS, ob. cit., p. 559; ZANNONI, ob. cit., p. 195.

fundamental, como es lógico, es la responsabilidad *ultra vires hereditatis* y quedar emplazado a partir de ese momento como heredero aceptante puro y simple[107]. Polacco, amén de tratar también las «causas de cesación del beneficio de inventario»[108], se refiere a algunos de tales casos como «aceptación pura y simple impuesta o presunta por la ley» e incluye no solo los citados supuestos de sanción legal, sino también al heredero que deja transcurrir el tiempo de ley para solicitarlo[109]. La doctrina nacional igualmente alude en tales casos a «adquisición sin aceptación» o adquisición *ex lege*, que se presenta como un elemento de desarmonía en el Derecho Hereditario, en el que incluye la posesión efectiva de la herencia (artículos 1020 y 1028 del Código Civil) y la sustracción u ocultamiento de bienes[110].

Curiosamente, en el Derecho español, se indica que la gran paradoja es que, en la práctica, la utilización del beneficio de inventario es escasísima, pero sería un contrasentido señalar su costo como causa, ya que los riesgos económicos evitables son sin duda potencialmente más gravosos. Es un hecho comprobado que la regla normal y general es la aceptación pura y simple; y la excepción el beneficio en comentarios[111]. Si bien de una búsqueda electrónica pudiera concluirse una afirmación semejante en el caso venezolano, salvo en el supuesto obligatorio de los incapaces de obrar, tal vez el asunto se deba a que en la práctica la generalidad de las herencias se reducen a modestos patrimonios familiares con relación de confianza con el causante. Sin embargo, la prudencia aconseja considerar el beneficio bajo análisis, a fin de evitar situaciones desagradables derivadas de una carga económica con la que no se contaba.

---

[107] Zannoni, ob. cit., p. 195.
[108] Polacco, ob. cit., t. ii, p. 204-207.
[109] Ibíd., pp. 112-115.
[110] Véase: Esparza Bracho, *Derecho…*, pp. 42-45, el autor incluye el supuesto de la renuncia perjudicial para los acreedores del sucesor. Aunque es discutible que se trate de un supuesto de adquisición propiamente dicha.
[111] Roca Ferrer *et al.*, ob. cit., p. 583.

De allí que, como se indicó al comienzo del tema, en razón de la injusticia y los inconvenientes derivados del sistema de confusión de patrimonios o de responsabilidad *ultra vires* del heredero, sería considerable de *lege ferenda*, atenuar el rigor que data del Derecho romano, y deslastrarse de la concepción que obliga a responder personalmente al heredero. La responsabilidad *intra vires* lejana a la idea de confusión patrimonial, desestimado el sistema beneficial, ha sido considerada, aunque con matices, en otros ordenamientos de raigambre romana, como es el caso de Portugal[112], y se indica que existen otras experiencias prácticas positivas de sistemas liquidatorios que no ofenden la equidad y solo recurren a la confusión de patrimonios y al alcance *ultra vires* de la responsabilidad del heredero a título sancionador en caso de irregularidades graves cometidas por este en ese trámite de liquidación de deudas y cargas del caudal hereditario[113]. En el ordenamiento mexicano toda herencia se entiende aceptada a beneficio de inventario aunque no se exprese[114]. Curiosamente, la doctrina española atribuye la circunstancia de no haber generalizado la modificación a la inercia legislativa, pues es evidente que los ordenamientos imitan el sistema beneficial

---

[112] Ibíd., p. 586, indican que en tal derecho la liquidación se lleva a cabo por los propios herederos partiendo de la separación de patrimonios y de la responsabilidad *intra vires*. De modo que solo el incumplimiento culpable en la gestión liquidatoria puede provocar la sanción de la responsabilidad *ultra vires*. El artículo 2019 del Código portugués halló una solución original que Peña Bernaldo de Quirós elogia: la de que si la herencia se diera por aceptada pura y simplemente por no haberse realizado el inventario a tiempo legalmente marcado el efecto para el heredero no sería la imposición directa de la responsabilidad *ultra vires*; sino solo la carga de la prueba de no haber bienes bastantes en el caudal hereditario para el pago de las deudas y cargas, ante las acciones ejercidas por acreedores y legatarios. Siendo ello, una solución justa que no obstaculiza en lo absoluto los derechos-deseos de los acreedores y legatarios legitimados para ejercer dichas acciones.

[113] Ídem, los autores citan respecto de España, los ordenamientos de Aragón y de Navarra, comunidades autónomas que cuentan con un Derecho Civil propio. Véase sobre la responsabilidad limitada del heredero en el Derecho aragonés: Dolado Pérez y Bernabé Panos, ob. cit., pp. 68 y ss.

[114] Véase: Baqueiro Rojas y Buenrostro Báez, ob. cit., p. 270; Rojina Villegas, ob. cit., p. 59, no produciéndose por tal confusión de patrimonios entre el heredero y el autor de la herencia.

romano, sin percibir claramente que la estructura normativa dispuesta al efecto «se pasaba de rosca» –en llana pero clara expresión de la doctrina– e incurría en excesos negativos por injustos[115].

Es de recordar que el presente beneficio puede generar al heredero innumerables molestias liquidatorias que podrían hacer justificable la renuncia de la herencia[116], toda vez que el heredero beneficiario es un administrador de bienes ajenos. Al efecto comenta la doctrina francesa que la aceptación a beneficio de inventario, aunque sea menos peligrosa que la aceptación pura y simple, no carece sin embargo de inconvenientes. Las formalidades son numerosas y complicadas, los gastos de inventario son elevados, ciertos errores de gestión del heredero puede acarrearle una aceptación forzosa. Y agregan los Mazeaud: «Por último –y esta consideración no es, por desgracia, indiferente– la formación del inventario revela al fisco el contenido exacto de la sucesión. Por todas esas razones, es preferible rechazar una sucesión evidentemente mala, y aceptar pura y simplemente una sucesión indiscutiblemente solvente»[117]. Sin embargo, modernamente, el argumento fiscal que reseñan los últimos autores se presenta al margen de la ley, pues las obligaciones fiscales son imperativas. «Como podemos ver de todo lo expuesto, el heredero que tenga la sospecha de que la herencia a la que ha sido llamado puede tener un valor negativo dispone de un medio de limitar los riesgos mediante la aceptación de la herencia a beneficio de inventario. Esto le supondrá enfrascarse en un proceso probablemente largo y costoso pero que le evitará casi con total seguridad otros quebraderos de cabeza y otros perjuicios patrimoniales quizás mayores»[118].

---

[115] Roca Ferrer et al., ob. cit., p. 587 (los autores del tema en cuestión son José Luis Mezquita del Cacho y Emilio Mezquita García-Granero).
[116] Ibíd., p. 485.
[117] Mazeaud et al., ob. cit., vol. III, p. 55.
[118] Iriarte Ángel, ob. cit., p. 12.

2. La separación de patrimonios[119]

2.1. Noción

La separación de patrimonios constituye también una excepción a la regla de la confusión entre los patrimonios del *de cujus* y del heredero, que tiene lugar en beneficio exclusivo de acreedores y legatarios de la herencia frente a los acreedores del heredero. De allí que no altera la condición del heredero quien continúa expuesto con sus bienes a los acreedores de la herencia; por lo que no obtiene ventaja alguna de dicha separación[120].

La aceptación a beneficio de inventario es en provecho del heredero; la separación de patrimonio favorece a los acreedores de la herencia de la insolvencia de aquél[121]. Se trata de un derecho de preferencia que otorga la ley a los acreedores y legatarios de la herencia, con relación a los acreedores del heredero[122]. Los acreedores del difunto pueden en su propio provecho impedir la confusión, invocando la separación de patrimonios para salvaguardar sus créditos cuando el o los herederos sean o puedan ser insolventes[123].

---

[119] Véase: CRISTÓBAL-MONTES: Ángel: *El beneficio de la separación en el Derecho venezolano*. Madrid, Instituto Nacional de Estudios Jurídicos, 1970; LÓPEZ HERRERA, *Derecho...*, t. II, pp. 105-130; SANOJO, ob. cit., pp. 78-85; RAMÍREZ, ob. cit., pp. 304-307; ESPARZA BRACHO, *Derecho...*, pp. 85-98; BRICEÑO C., ob. cit., pp. 57-60; POLACCO, ob. cit., t. II, pp. 208-250; JOSSERAND, ob. cit., vol. II, pp. 221-236; VILLÓ TRAVÉ, Cristina: *La confusión patrimonial y el beneficio de separación de patrimonios. Estudio comparativo de su regulación en los ordenamientos jurídicos español y catalán*, http://www.eumed.net/libros-gratis/2014/1397/confusion-patrimonial.html; CÓRDOBA *et al.*, ob. cit., pp. 131-137.

[120] SOJO BIANCO, ob. cit., p. 271. Véase también: BRICEÑO C., ob. cit., p. 57, la separación de patrimonios del difunto y del heredero es otra derogación al principio de la confusión, si bien beneficia solamente a los acreedores y legatarios.

[121] Véase: BONNECASE, ob. cit., p. 587; ABOUHAMAD HOBAICA, ob. cit., p. 254.

[122] RODRÍGUEZ, ob. cit., p. 326.

[123] Juzgado Superior Segundo en lo Civil, Mercantil y Menores del estado Lara, sent. del 03-08-04, citada *supra*.

«La tradición jurídica ha implementado medios para evitar que los acreedores de la sucesión –es decir, acreedores del causante– concurran con los acreedores personales del heredero, viendo así menguada la garantía patrimonial que, para aquéllos, representaba el patrimonio del causante. Surge así la institución de la llamada separación de patrimonios que permite a los acreedores del causante, o acreedores de la sucesión, oponer un derecho de preferencia a cobrar ellos antes que los acreedores del heredero con los bienes que éste haya recibido de la herencia del causante»[124].

El instituto –a diferencia del beneficio de inventario[125]– aprovecha exclusivamente a los acreedores y legatarios que lo solicitaron[126], por lo que los acreedores separatistas tienen un beneficio sobre otros acreedores de la herencia y del propio heredero. De allí que la separación no es plena, universal o absoluta, ni constituye tampoco una suerte de derecho real; simplemente determina una vinculación objetiva de los bienes hereditarios singulares destinados a la satisfacción de los créditos contra el difunto con exclusión de los demás[127]. Al efecto, indica el artículo 1057 del Código Civil: «La separación de los patrimonios aprovecha únicamente a quienes la han pedido, y no modifica entre éstos, respecto de los bienes del *de cujus*, la condición jurídica originaria de los títulos respectivos, ni sus derechos de prelación».

Prevé el artículo 1049 del Código Civil: «Los acreedores de la herencia y los legatarios, pueden pedir la separación del patrimonio del *de cujus* y el del heredero, aun cuando tengan una garantía especial sobre los bienes de la herencia».

---

[124] Zannoni, ob. cit., p. 197.
[125] Que aprovecha a todos los coherederos y uno únicamente al solicitante (artículo 1026 del Código Civil).
[126] Véase: Sojo Bianco, ob. cit., p. 272, la separación es un beneficio personal que no es útil sino para quienes la solicitaron y solo respecto de los bienes singulares sobre los que se ejercita; Dominici, ob. cit., p. 329, aunque la separación de patrimonios no aprovecha sino a los que la han pedido, a diferencia del beneficio de inventario que se extiende a todos los herederos, aunque lo solicitara uno solo.
[127] Sojo Bianco, ob. cit., p. 272.

Señala Cristóbal-Montes que el ordenamiento venezolano contempla el clásico beneficio de separación de patrimonios como figura jurídica plenamente autónoma y dotada de una especial regulación. Las líneas de dicho mecanismo proceden en el actual Código Civil, como en los anteriores del Código italiano de 1865, aunque el legislador patrio superó el modelo francés e italiano al ubicar la *separatio bonorum* no entre las causas de preferencia de los derechos de crédito, sino en el campo más cónsono de las sucesiones[128].

2.2. Justificación

Así como la aceptación a beneficio de inventario presenta un sentido de justicia fundamentalmente en interés del heredero[129], por contrapartida, lo mismo acontece en este caso respecto de los acreedores y legatarios de la herencia, quienes se verían perjudicados en la satisfacción de sus créditos frente a la confusión de patrimonios entre heredero y *de cujus*. De allí que la ley permita que los acreedores del difunto o de la herencia puedan pedir la «separación de patrimonios», para satisfacer sus acreencias, frente a los acreedores de aquel heredero.

Es de recordar que el heredero continúa expuesto a la acción de los acreedores del difunto frente a sus propios bienes, pues la forma de evitarlo era precisamente a través de la aceptación de la herencia a beneficio de inventario. Sin embargo, este último beneficio a favor del heredero no es óbice para que los acreedores de la herencia y legatario soliciten la separación, toda vez que, si bien ambos evitan la confusión de patrimonio, presentan efectos y beneficiarios diferentes. Así prevé el artículo 1053 del Código Civil: «La aceptación de la herencia a beneficio de inventario, no dispensa a los acreedores del *de cujus* y a los legatarios que pretendan hacer uso del derecho de separación, de observar lo establecido en este parágrafo». Comenta Josserand que, si bien el interés de la separación de patrimonios se

---

[128] Cristóbal-Montes, *El beneficio...*, p. 331.
[129] Véase *supra* 1.2.

hace evidente en caso de aceptación pura y simple, nada se opone a que se pida inclusive en casos de aceptación beneficiaria[130]. Esparza señala, a propósito de la concurrencia de los dos institutos, que la aceptación beneficiaria no exime de solicitar la separación, a fin de mantener el patrimonio del *de cujus* fuera de la acción de los acreedores del causahabiente[131]. El beneficio de separación y el de inventario no son incompatibles[132]. Los efectos de la separación son distintos e independientes del beneficio de inventario[133]. De allí que se aluda a la «concomitancia de la separación con la aceptación a beneficio de inventario de la herencia»[134].

Dispone el artículo 1050 del Código Civil: «La separación tiene por objeto el pago, con el patrimonio del *de cujus*, a los acreedores y a los legatarios que la han pedido, con preferencia a los acreedores del heredero».

La *separatio bonorum* tiene como única justificación tutelar a los acreedores del causante y legatarios del perjuicio que pueda ocasionar la intromisión de los bienes de la herencia de los acreedores personales de un heredero cargado de deudas[135]. El beneficio pretende la incomunicabilidad del patrimonio del heredero y del causante en cuanto a las deudas, por lo que se otorga preferencia a los acreedores del causante o de la herencia, sin que se inmiscuyan los acreedores personales del heredero. Consiste, pues, una preferencia que reconoce la ley en cabeza de los acreedores hereditarios, sin que la misma implique la concesión de un privilegio de crédito en cuanto tal, pues conserva la misma naturaleza que tenía a su origen[136].

En razón de que la separación pretende la satisfacción de los acreedores de la herencia y legatarios, el Código Civil prevé la posibilidad del heredero

---

[130] Véase: Josserand, ob. cit., vol. ii, p. 221, y aun en esa coyuntura pudiera presentar cierta utilidad.
[131] Esparza Bracho, *Derecho...*, p. 89.
[132] Cristóbal-Montes, *El beneficio...*, p. 334.
[133] Briceño C., ob. cit., p. 59.
[134] Véase: Polacco, ob. cit., t. ii, p. 245.
[135] Cristóbal-Montes, *El beneficio...*, p. 333.
[136] Zannoni, ob. cit., p. 202.

de evitar la misma mediante el pago a aquellos. Al efecto, dispone el artículo 1058: «El heredero puede impedir o hacer cesar la separación, pagando a los acreedores y a los legatarios, o dando caución suficiente para el pago de aquéllos cuyo derecho estuviere pendiente de alguna condición o de algún plazo, o fuere controvertido».

2.3. Caracteres

En función de lo indicado, podría señalarse entre los caracteres de la separación de patrimonio: i. Constituye un beneficio a favor exclusivamente de los acreedores y legatarios solicitantes[137], ii. evita la confusión de patrimonio entre heredero y *de cujus*, a favor de los acreedores y legatarios de este último, iii. debe solicitarse formalmente dentro del lapso de ley y iv. no exime al heredero de quedar expuesto con su patrimonio a los acreedores no solicitantes de la herencia ni a sus propios acreedores.

Alguna decisión judicial, si bien alude al «juicio por separación de patrimonio»[138], indica que la preferencia no requiere demanda formal, pues sobre el beneficio no hay contienda; se hace efectivo con la petición del acreedor ante el juez, oponiendo su crédito al de los acreedores del heredero[139]. Se trata, pues, en principio, de un procedimiento contencioso o de jurisdicción graciosa[140]. La petición de separación puede ser contradicha por el heredero o sus acreedores porque no se haya realizado dentro el término legal –cuatro meses a partir de la apertura de la sucesión– o porque se niegue a los acreedores hereditarios que soliciten la misma el carácter de tales o se nieguen los créditos que reclamen. Oposición que se sustanciaría, a falta de previsión, por los trámites del juicio ordinario[141].

---

[137] Véase *supra* 2.1.
[138] Véase: TSJ/SCS, sent. N.º 439, del 11-07-02.
[139] ZANNONI, ob. cit., p. 219.
[140] LÓPEZ HERRERA, *Derecho*..., t. II, p. 172, agrega: «sin embargo, las disposiciones legales vigentes relativas a su tramitación, son sumamente imprecisas y deficientes».
[141] Véase: ROJAS, ob. cit., p. 601.

2.4. Efectos y condiciones

De conformidad con el citado artículo 1049 del Código Civil, se trata de un beneficio que corresponde indistintamente a todos los acreedores y legatarios que lo hayan solicitado. López Herrera considera, sin embargo, que el beneficio para los legatarios se limita a supuestos concretos[142], aunque admite que «aunque no saque de ello mayor ventaja, nada impide al legatario de un inmueble perfectamente individualizado y que existe en el patrimonio del testador cuando se abrió la sucesión, pedir la separación de patrimonios del *de cujus* y del heredero, toda vez que la ley no se lo prohíbe en forma alguna y de que no se trata de un procedimiento contencioso»[143]. Situación equivalente refería Polacco respecto del ordenamiento italiano[144].

Se destaca que el beneficio no pretende establecer una separación absoluta y definitiva entre el patrimonio hereditario y el particular del heredero, sino que dispone que los acreedores hereditarios y legatarios que se hayan acogido al mismo gozarán de preferencia en la satisfacción de sus derechos

---

[142] Véase: López Herrera, *Derecho...*, t. II, p. 109, «a nuestro modo de ver, el legatario no tiene verdadero interés en la separación de patrimonios, sino en los siguientes casos: a. cuando el objeto del legado es un inmueble que no esté debidamente individualizado –inmueble indeterminado solo *in genere*, que no ha sido todavía concretado; legado alternativo, mientras no se ha efectuado la escogencia, etc.– y b. o si el objeto es un bien mueble. Ya que en una u otras situación los acreedores personales del heredero podrían pretender cobrarse con los bienes que aparecen en la misma –aunque jurídicamente no pertenezcan al heredero– y entonces ya no sería posible al legatario perseguirlos».

[143] Ídem.

[144] Polacco, ob. cit., t. II, pp. 238 y 239, respecto del legatario si se trata de cosas determinadas sobre las cuales ya tiene la propiedad, además de aquellos que no son más que acreedores del heredero como el legatario de una suma de dinero, tienen derecho a hacerse separatistas en casos específicos por razón del crédito de la entrega de la posesión, por el eventual crédito a hacer valer por vía de repetición si sobre la cosa legada obtienen pago los acreedores separatistas o acreedores del difunto que tenga hipoteca. El legatario no podrá imprimir el vínculo de separación sobre otras cosas determinadas –especies– que constituyen objeto de otros legados.

frente a los acreedores del heredero, respecto de aquellos bienes relictos objeto de la separación[145]. De allí que se indique que el heredero continúa siéndolo y es deudor de las deudas y legados, el beneficio se reduce a un derecho de preferencia de los acreedores del difunto sobre los bienes de la sucesión[146].

Dispone el artículo 1051 del Código Civil: «Los acreedores y los legatarios que hayan aceptado al heredero por deudor, no tienen derecho a la separación». Esto es, se aclara, que no puede haber operado algún acto que implique renuncia al beneficio o novación[147].

En cuanto al lapso para pedir el beneficio bajo análisis, prevé el artículo 1052 del Código Civil: «El derecho a pedir la separación no puede ejercerse sino dentro del perentorio plazo de cuatro meses, a contar desde la apertura de la sucesión». La separación de patrimonios no opera *ipso iure*: el derecho a ella debe ejercerse en el término[148]. En el ordenamiento mexicano la separación de patrimonios opera *ipso iure*, sin necesidad de ser invocado, pues tiene lugar el beneficio de inventario del que se aprovechan también los acreedores del causante[149]. El citado término de cuatro meses, a decir de la doctrina, es de caducidad, por lo que corre fatalmente sin posibilidad de interrupción o suspensión[150]. No se establece preferencia alguna respecto del acreedor separatista por pedir antes el beneficio[151].

Vale recordar que la separación recae sobre bienes específicos o singulares de la herencia y no sobre su totalidad o universalidad. Dispone el artículo

---

[145] Cristóbal-Montes, *El beneficio…*, p. 333.
[146] Bonnecase, ob. cit., p. 588.
[147] Véase: Sojo Bianco, ob. cit., p. 273.
[148] Sanojo, ob. cit., p. 81.
[149] Véase: Rojina Villegas, ob. cit., p. 61; Baqueiro Rojas y Buenrostro Báez, ob. cit., p. 270, en nuestro derecho la herencia se entiende recibida a beneficio de inventario, aunque no se determine expresamente, a diferencia de la posición tradicional, en la que era necesaria su manifestación expresa a fin de evitar la confusión de patrimonios.
[150] Véase: Sojo Bianco, ob. cit., p. 274.
[151] Polacco, ob. cit., t. II, p. 241. Véase: ibíd., p. 242, todos los acreedores concurren juntos.

1054 del Código Civil: «Cuando alguna de las personas a quienes se refiere el artículo 1049, pidiere la separación de patrimonios, se procederá a la formación del inventarlo solemne de todos los bienes de la herencia, tanto muebles como inmuebles, y terminado que sea se enviará a las oficinas de registro de los departamentos o distritos a que correspondan las respectivas situaciones de los inmuebles, copia auténtica de las partidas del inventario que se refieran a inmuebles, juntamente con la de la solicitud del peticionario, a fin de que dichas copias sean protocolizadas en los protocolos de hipotecas correspondientes». Agrega el artículo 1055 *eiusdem*: «Respecto de los muebles ya enajenados, el derecho de separación se referirá únicamente al precio que se deba». Señala el artículo 1059: «Todas las disposiciones relativas a las hipotecas, son aplicables al vínculo que se deriva de la separación de los patrimonios, siempre que se haya verificado el registro legal sobre los inmuebles de la herencia».

Prevé el artículo 1056 del Código Civil: «Las hipotecas de los inmuebles de la herencia, otorgadas en favor de los acreedores del heredero y las enajenaciones de aquellos inmuebles, aunque estén registradas, no perjudican los derechos de los acreedores del *de cujus* ni los de los legatarios, siempre que unos y otros hayan llenado los requisitos establecidos en este parágrafo y en los plazos expresados en el mismo». Agrega la doctrina, que la separación tiene eficacia retroactiva, por lo que se extiende incluso a los bienes enajenados por el heredero, de allí que la norma indicada prevea que los derechos otorgados a favor de los acreedores del heredero, no obstante su registro, no perjudican los derechos de los acreedores del *de cujus* ni legatarios que han requerido la separación dentro de los parámetros de ley[152].

La doctrina igualmente considera algunos supuestos de «cesación de la separación de patrimonios» en los que cita: la caducidad del término para pedirla, la renuncia por parte del acreedor o legatario separatista, la pérdida de la cualidad de acreedor o legatario del *de cujus*, la enajenación de bienes muebles de la herencia y la pérdida de los bienes separados[153].

---

[152] Véase: Sojo Bianco, ob. cit., p. 273.
[153] Véase: López Herrera, *Derecho…*, T. II, pp. 126-130.

Vemos así que tanto el heredero como los acreedores del *de cujus* tienen interés en evitar la confusión de patrimonios. Se agrega que los acreedores del heredero también podrían verse perjudicados por la aceptación pura y simple del heredero, que, para algunos, podría ser impugnada por los acreedores de este[154].

La doctrina española admite que, dada la repercusión que puede tener la herencia en el acreedor del causante, bien puede aquel solicitar copia del respectivo testamento[155].

---

[154] Véase: Nikken, Pedro: «La impugnación de la aceptación de la herencia por los acreedores personales del heredero». En: *Revista de la Facultad de Derecho*. N.º 9. Caracas, UCAB, 1970, pp. 97-117, especialmente p. 98, No queda previsto, sin embargo, ningún instituto propio del Derecho Hereditario, que sirva para remediar la situación de los acreedores del heredero que aceptase pura y simplemente una herencia gravosa, haciéndose insolvente o agravando su insolvencia por dicha aceptación. El autor se dedica a considerar la acción pauliana como respuesta.

[155] Gomá Lanzón, Fernando: «¿Tiene el acreedor del causante interés legítimo para solicitar copia de su testamento?». En: *El Notario del siglo XXI*, N.º 43. Madrid, Colegio Notarial de Madrid, 2012, http://www.elnotario.es.

Tema IV
La colación

Sumario: 1. Noción 2. Obligados 3. Legitimados 4. Bienes colacionables 5. Modos 6. Efectos

1. Noción[1]

La colación implica el deber de los descendientes herederos de incorporar al haber hereditario los bienes o derechos que recibieron en vida del causante

---

[1] Véase: Lupini Bianchi, Luciano: «La colación en el Derecho venezolano». En: *Revista del Colegio de Abogados del Distrito Federal*, N.º 151, Caracas, 1993, pp. 83-115; Villalobos Acosta, Edison E.; «Persona y bienes sujetos a colacionar». En: Lex *Revista del Colegio de Abogados del Estado Zulia*, N.º 216, Maracaibo, 1994, pp. 73-80; Jiménez Salas, Simón: «La colación hereditaria», http://www.monografias.com/.../colacion.../colacion-hereditaria2.shtml; López Herrera, Francisco: «Contribución al estudio del artículo 1096 del Código Civil venezolano». En: *Boletín de la Academia de Ciencias Políticas y Sociales*, vol. 44, N.ᵒˢ 113-114, Caracas, 1988, pp. 227-247; Vallet de Goytisolo, Juan B.: *Estudios de Derecho Sucesorio. Computación imputación colación*. Madrid, Edit. Montecorvo, 1982, vol. iv; López Herrera, *Derecho...*, t. ii, pp. 275-333; Pueyo Moy, José Luis: «La colación». En: *Cuadernos Lacruz Berdejo*, N.º 2, 2005, http://www.derecho-aragones.net/cuadernos/document.php?id=294; López Goñi, Marta: *Colación y partición*. Pamplona, Aranzadi, 2006; García-Ripoll Montijano, Martín: *La colación hereditaria*. Madrid, Tecnos, 2003; García-Ripoll Montijano, Martín: «El fundamento de la colación y su dispensa». En: *Anuario de Derecho Civil*, vol. 48, N.º 3, 1995, pp. 1105-1196; Muñoz García, Carmen: *La colación como operación previa a la partición*. Pamplona, Aranzadi, 1998; López de Beltrán de Heredia, Carmen: *Computación, imputación y colación de donaciones en la sucesión mortis causa*. Valencia, Tirant Lo Blach, 2009; Piña Valles, Ovelio: «Colación», http://saqgiza.blogspot.com/2008/10/colacin.html, indica: «En los grupos familiares son frecuentes los obsequios o regalos que los padres efectúan a sus hijos y demás descendientes, tales como, cuota inicial para adquirir viviendas, pago de deudas, automóviles, etc. Esas

por vía de donación –directa o indirecta–, salvo que el donante haya dispuesto otra cosa[2]. La colación se presenta así como una figura que en materia sucesoral pretende evitar la desigualdad entre coherederos[3], aunque

---

dádivas constituyen transmisiones a título gratuito, por lo cual, han de considerarse jurídicamente como donaciones, con las consecuencias que ello conlleva. Luego, al ocurrir la muerte del donante, las personas beneficiadas con dichos actos gratuitos están en la obligación legal de traer a la masa hereditaria esas donaciones, directas o indirectas, que les fueron realizadas. Nos ubicamos así entonces en el ámbito de dos instituciones propias del Derecho Sucesoral, colación e imputación, que constituirán parte activa y principal al momento de proceder a la división de los bienes hereditarios, ya que entre otras razones, tienen como fundamento el principio de igualdad de los herederos, o sea, que el universo hereditario se distribuya proporcionalmente entre los interesados» (en lo sucesivo, al citar al autor nos referiremos a su obra: *Derecho Sucesoral...*). Véase: Juzgado Segundo de Primera Instancia en lo Civil, Mercantil y del Tránsito de la Circunscripción Judicial del estado Táchira, sent. del 14-08-07, exp. 18034, http://sucre.tsj.gov.ve/decisiones/.../1328-14-18034-.html.

[2] Véase: Jiménez Salas, *La colación...*, «La colación es una institución que sirve para llamar a la masa hereditaria bienes que fueron del *de cujus*, pero que fueron donados, directa o indirectamente –mediante operaciones disfrazadas– a herederos determinados con el fin de favorecerlos. Con la colación se procura mantener la igualdad hereditaria llevando, agregando o devolviendo a la masa hereditaria bienes que legal y técnicamente pertenecen al patrimonio heredado». Indica el autor que es una forma de considerar que el testador en realidad produjo un anticipo de la herencia o de las cuotas hereditarias en algún o algunos herederos, que procura entre estos la igualdad o proporcionalidad en las cuotas hereditarias y evitar tratos desiguales, más allá de lo permitido por la legítima.

[3] Véase: Albaladejo, ob. cit., p. 187, se dice que su finalidad es igualar al colacionante con los demás sucesores beneficiarios de la colación. Lo cual generalmente es cierto porque se iguala dando menos ahora al que se dio ya antes. Y cuando no sirve para igualar la colación es porque el causante no lo quiere así; Pueyo Moy, ob. cit., surgió para evitar desigualdad. Véase señalando que pretende la igualdad entre coherederos: Messineo, ob. cit., p. 412; Rojas, ob. cit., p. 646; López Herrera, *Derecho...*, t. ii, p. 275; Villalobos Acosta, ob. cit., pp. 73 y 74; Ramírez, ob. cit., p. 316; Zannoni, ob. cit., p. 373; De Ruggiero, ob. cit., p. 393; Jiménez Salas, *La colación...*; Juzgado Superior Noveno en lo Civil, Mercantil, Tránsito y Bancario de la Circunscripción Judicial del Área Metropolitana de Caracas, sent. del 13-12-10, exp. 8391, http://caracas.tsj.gov.ve/decisiones/2010/diciembre/2146-13-8391-.html, «La colación se presenta como institución que tiende a evitar la desigualdad entre coherederos, en

no propiamente logrando una igualdad matemática[4]; tiene por base la presunta voluntad del causante[5]. Explicación para algunos muy poco convincente porque es la misma que se atribuye a muchas instituciones de Derecho Sucesorio[6].

Para otros, más que pretender la igualdad, se fundamenta en una suerte de presunción de anticipo de la herencia, pues el causante podría instituir proporciones distintas por testamento[7]. Aunque debe admitirse que una forma de lograr en principio la igualdad, al menos en un sentido dispositivo que no afecte la legítima, es reconociendo lo donado como anticipo de la herencia.

---

el entendido, que todos los bienes donados en vida a los descendientes deben traerse a la masa hereditaria, la cual se forma con todos los bienes dejados por el difunto, sin omitir los que antes de su muerte hubieren salido de su patrimonio por donación; y esto todo así formado, será el que se distribuye entre los coherederos».

[4] Véase: VALLET DE GOYTISOLO, *Estudios de Derecho Sucesorio...*, vol. IV, pp. 487 y 488, «tampoco su fin es la consecución de la igualdad entre los herederos forzosos», la colación no pretende una igualdad absoluta, cuantitativa o aritmética entre coherederos, sino proporcional o cualitativa.

[5] Véase: LÓPEZ HERRERA, *Derecho...*, t. II, p. 275; VALLET DE GOYTISOLO, *Estudios de Derecho Sucesorio...*, vol. IV, pp. 488 y 500; LUPINI BIANCHI, ob. cit., p. 90; PIÑA VALLES, ob. cit., p. 225, PUEYO MOY, ob. cit., cita a DÍEZ-PICAZO que sigue a FOCHIELLI, para indicar que se presume que el causante tuvo la voluntad de imponer la obligación de colacionar puesto que en otro caso hubiere liberado de tal obligación al donatario; Juzgado Superior Primero en lo Civil, Mercantil del Tránsito y de Menores de la Circunscripción Judicial del estado Mérida, sent. del 19-10-09, exp. 4653, http://merida.tsj.gov.ve/decisiones/2009/octubre/956-19-4653-1602.html.

[6] Véase: ÁLVAREZ-CAPEROCHIPI, ob. cit., p. 117, tales como la sucesión intestada o el derecho de representación.

[7] Véase: DÍEZ-PICAZO y GULLÓN, ob. cit., pp. 578 y 579, obedece a la idea de que lo donado al heredero no es más que un anticipo de su herencia, que es cosa distinta de presumir que el causante quiere igualar a sus herederos forzosos, pues no tendría ello sentido cuando en el testamento los instituye en proporciones distintas. Por ello se preguntaba MORELL Y TERRY, que si los desigualaba en los bienes que dispuso al morir hay que presumir que los igualaba en los bienes que dispuso en vida; es pues, la presunción de que vida anticipó herencia al donatario la que da vida al instituto de la colación; MAZEAUD *et al.*, ob. cit., vol. IV, p. 51, «la ley presume que el donante ha querido hacerle a su heredero una anticipo de herencia y no mejorarlo».

La colación es la obligación por parte de determinados herederos legitimarios de aportar a la masa hereditaria los bienes o su valor, recibidos en vida del causante por donación directa o indirecta, con la finalidad de que los otros coherederos participen proporcionalmente en dicho caudal hereditario[8]. Se pretende que el heredero que trae a colación un bien reciba de menos lo que ya recibió en vida del causante[9], por lo que se persigue restituir a la herencia lo que se recibió del causante[10]. Se entiende que lo que han recibido gratuitamente del causante les ha sido atribuido, más o menos, como una suerte de anticipo de lo que por sucesión habría luego de recibir, por lo cual cada uno de ellos, al heredar, tiene que contar en su parte, frente a los restantes legitimarios[11]. Colación es la acumulación que se hace a la masa hereditaria de los bienes o valores, que, según la ley, deben volver a ella para la partición. Si se verifica de manera efectiva y material se llama «colación»; si se practica por descuento o sustracción se denomina «imputación»[12].

Se trata de un instituto sucesorio –que en acertada apreciación de De Ruggiero– es de las más arduas por su intrínseca dificultad y por la imprecisión del lenguaje de que tan frecuentemente adolece el propio legislador[13]. La figura era ya conocida en el Derecho romano[14], aunque respondía

---

[8] Juzgado Superior Primero en lo Civil, Mercantil del Tránsito y de Menores de la Circunscripción Judicial del estado Mérida, sent. del 19-10-09, citada *supra*.
[9] Serrano Alonso, *Manual…*, p. 95.
[10] Bonnecase, ob. cit., p. 591.
[11] Lacruz Berdejo *et al.*, ob. cit., p. 140.
[12] Dominici, ob. cit., p. 369. Véase también: Zannoni, ob. cit., p. 373, respecto del Derecho argentino se define como «la imputación de las donaciones realizadas en vida por el causante a cualquiera de los herederos forzosos que concurren a la sucesión, respecto de la parte o porción que al beneficiario de la donación –donatario– corresponde a la herencia».
[13] De Ruggiero, ob. cit., p. 391.
[14] Véase: Vallet de Goytisolo, *Estudios de Derecho Sucesorio…*, vol. iv, p. 65, históricamente es sabido que la colación como otras tantas instituciones nace en Roma, obra de los jurisconsultos, «fecundada por el genio jurídico de los pretores, y es definitivamente estructurada por Justiniano». Véase también: La colación en el Derecho romano, ibíd., pp. 131-156; Polacco, ob. cit., t. ii, p. 351, el origen de este

a un sentido y funcionamiento distinto. Se aprecia también en el Derecho francés anterior al Código Napoleón, el cual incorporó a la obligación de colación tanto a donaciones como legados, siendo esto último objeto de crítica[15]. Se acota que, nuestro legislador, como en muchas otras normas sucesorales, se limitó a reproducir el Código Civil italiano de 1865[16].

Prevé el artículo 1073 del Código Civil: «Cada uno de los coherederos traerá a colación, según las reglas que más adelante se establecen, lo que se le haya dado y las cantidades de que sea deudor». Dispone el artículo 1083 *eiusdem*: «El hijo o descendiente que entre en la sucesión, aunque sea a beneficio de inventario, junto con sus hermanos o hermanas, o los descendientes de unos u otras, deberá traer a colación todo cuanto haya recibido del *de cujus* por donación, directa o indirectamente, excepto el caso en que el donante haya dispuesto otra cosa».

Acota la doctrina que, no obstante que la norma alude a deber, la colación no se configura como una simple obligación entre coherederos ni como un desplazamiento cuantitativo de los herederos legales. Tal instituto pretende, en principio, evitar la desigualdad entre herederos, pero puede no lograrlo si el donante o *de cujus* dispone lo contrario, esto es, si exime al descendiente de la colación en virtud de la libertad de testar. Ciertamente, la limitación a ello viene dada por no afectar la legítima de los demás herederos. De tal suerte, que cuando no se haya dispuesto expresamente otra cosa rige el deber de colacionar[17]. De allí, que el legislador, interpretando

---

instituto se debe al pretor; Roca Ferrer *et al.*, ob. cit., pp. 771, 773 y ss. («Referencia histórica»); Sojo Bianco, ob. cit., p. 278, la institución tiene su origen en el Derecho romano y luego se extendió al Derecho moderno mediante el Código de Napoleón; López Herrera, *Derecho*..., t. II, pp. 278-280; Villalobos Acosta, ob. cit., p. 77; De Ruggiero, ob. cit., p. 391; Bernad Mainar, ob. cit., pp. 145 y 146.

[15] Lupini Bianchi, ob. cit., pp. 85-87.
[16] Ibíd., p. 88. Véase: ibíd., p. 89, muchas de las normas que tomó el legislador venezolano fueron modificadas a los fines de otorgar un tratamiento más claro a la figura en la reforma del Código Civil de 1942.
[17] Véase: Sojo Bianco, ob. cit., pp. 275 y 276.

la presunta voluntad del *de cujus*, obliga a reintegrar lo recibido[18]. Tiene, pues, la institución carácter supletorio de la voluntad del causante o naturaleza dispositiva[19] pues no se trata de una figura de orden público[20]. Se trata de un régimen meramente dispositivo, que obedece a la idea que lo donado a un descendiente forzoso no es más que un anticipo de su herencia[21]. No se trata, pues, de una institución de orden público.

De la interpretación del citado artículo 1083, «se puede deducir que la masa partible comprende no solo los bienes del *de cujus* que existan al momento de su muerte, sino también los bienes donados que deben regresar a la masa como consecuencia de la colación, es decir, con la colación de las donaciones directas o indirectas, viene a aumentarse la masa de bienes a partir»[22]. Se indica que el legislador consideró que normalmente una persona no quiere favorecer especialmente a uno de sus hijos al hacerle una donación, pues simplemente el hijo puede salir más beneficiado con esta que con los bienes que su progenitor le deje al fallecer. De allí que se admita que el fundamento de la figura es la voluntad presunta del causante de mantener la igualdad entre sucesores, y considerar, a falta de voluntad expresa en contrario del donante, que las donaciones constituyen adelantos sobre la futura herencia[23]. Por ello, Vallet señala acertadamente que tal presunción de voluntad del causante es *iuris tantum*[24]. Así se alude

---

[18] Piña Valles, ob. cit., p. 225.
[19] Gutiérrez Barrenengoa *et al.*, ob. cit., p. 452.
[20] Véase: López Herrera, *Derecho...*, t. ii, p. 285.
[21] Díez-Picazo y Gullón, ob. cit., pp. 578 y 579.
[22] Juzgado de Primera Instancia Civil y Mercantil de la Circunscripción Judicial del estado Mérida, sent. del 15-02-07, http://falcon.tsj.gov.ve/decisiones/2007/febrero/961-15-5989-00-.html.
[23] Lupini Bianchi, ob. cit., p. 90.
[24] Véase: Vallet de Goytisolo, *Estudios de Derecho Sucesorio...*, vol. iv, p. 488, su fundamento se halla en la presunta voluntad del causante, presunción legal *iuris tantum*. Véase también: ibíd., p. 500, la colación se basa en la presunción de voluntad *iuris tantum* del causante por lo que puede dispensar de la misma. Véase en el mismo sentido: Villalobos Acosta, ob. cit., p. 75, «es importante destacar que la presunción de voluntad no es absoluta y en tal sentido la ley determina que el

a la presunta voluntad del causante en que todos los herederos forzosos tengan iguales expectativas sobre el patrimonio familiar[25]. Tal voluntad del *de cujus* supone seguir la teoría subjetiva sobre el fundamento del instituto[26], por oposición a la teoría objetiva o normativa que señala que la colación se fundamenta en la ley[27], para finalmente concluir con razón que ambas teorías no son excluyentes[28], pues, en definitiva, la consagra la ley tomando en cuenta la presunta voluntad del causante, ya sea en función de la igualdad o como anticipo de la herencia.

Señala POLACCO que el sacrosanto principio de que los progenitores deben querer con igual afecto a sus hijos induce a la ley a consagrar la figura[29]. Se indica que el *de cujus* no quiere preferir a determinados hijos o descendientes más que a otros, por lo que no ha de procurarle a alguno una ventaja patrimonial sobre los demás en la sucesión[30]. LÓPEZ HERRERA considera, sin embargo, varias razones en contra de la colación como presunta voluntad del causante: señala que, si bien los padres profesan igual afecto por todos sus hijos, cuando realizan determinada donación a algunos de estos, lo hacen por algún motivo especial –por ejemplo, necesidad de apoyo económico–; que en nuestro medio los progenitores que hacen la donación ignoran que la ley obliga al donatario a colacionar; agrega que, desde el punto de vista económico, el hijo donatario puede recibir un perjuicio económico grave producto de la inflación, cuando se ha dispuesto del bien antes de la apertura de la sucesión o, contrariamente, cuando la

---

de cujus puede liberar al hijo de esta obligación de colacionar, manifestando expresamente su voluntad para ello, derivándose entonces la dispensa de este derecho-obligaciones, y no habrá lugar a colación».

[25] LACRUZ BERDEJO *et al.*, ob. cit., p. 141.
[26] Véase: ROCA FERRER *et al.*, ob. cit., pp. 784-786, las teorías objetivas ponen el acento en la voluntad del causante sin olvidar en ocasiones el componente familiar. Se refieren así a la presunta voluntad del causante.
[27] Véase: ibíd., pp. 786 y 787.
[28] Véase: ibíd., 787-789.
[29] POLACCO, ob. cit., t. II, p. 354.
[30] VILLALOBOS ACOSTA, ob. cit., p. 75.

donación es en efectivo la colación no restablece igualdad alguna, pues lo llevado a la masa hereditaria resultará disminuido por el poder adquisitivo[31]. Por lo que el autor concluye que, en su opinión, sería más razonable que la ley invirtiera los supuestos de la colación, estableciendo que toda colación de un progenitor o de un ascendiente, se presume con dispensa de colación, salvo que el donante haya establecido lo contrario al efectuar la liberalidad –con lo cual el hijo donatario estaría perfectamente en cuenta de las consecuencias que puede acarrearle la aceptación de esa donación–[32]. Ciertamente, por su sentido poco práctico a los efectos de la partición[33], luce atractiva la idea de limitar la colación al caso expresamente previsto por el causante, como efectivamente se ha hecho en otros ordenamientos[34] o como se interpreta en aquellos en que no se considera tal figura[35].

---

[31] López Herrera, *Derecho...*, t. ii, pp. 283 y 284. Véase también respecto al Derecho francés: Mazeaud *et al.*, ob. cit., vol. iv, pp. 98 y 99. Véase: Pérez Lasala, Fernando: «Indignidad, desheredación y legítima». xxii Jornadas Nacionales de Derecho Civil. v Congreso Nacional de Derecho Civil. Comisión Sucesiones. Córdoba, 2009, http://www.derechocivilcba.com.ar/docs/donaciones_heredero_forzoso_teoria_aplicacion_absoluta_colacion_lasala.doc., «Responde a la tendencia a igualar a los herederos forzosos a ultranza –mas allá de los límites de la colación–, y eso no coordina con los principios del Derecho Sucesorio que deja a la voluntad del causante un espacio para beneficiar a un hijo más que a otro –son múltiples los motivos que se pueden presentar, enfermedad de un hijo, incapacidad etc.–, que el Derecho debe respetar, siempre que su liberalidad no traspase la línea que la misma ley fija, que es el respeto a la legítima del otro hijo».

[32] López Herrera, *Derecho...*, t. ii, p. 284.

[33] En efecto, la figura puede ser fuente de disputas entre descendientes al momento de considerar la masa partible.

[34] Véase: Pueyo Moy, ob. cit., En el Derecho aragonés la tradición ha sido la no colacionabilidad de los bienes; se ha impuesto como premisa que la colacionabilidad depende de la voluntad expresa del disponente o donante. En Aragón, y en plena coherencia con nuestro sistema de Derecho Civil, el fundamento de la colación se encuentra únicamente en la voluntad expresa del donante en cuanto ordena, con las formalidades requeridas, que uno o varios herederos colacionen el bien o bienes que, recibidos en vida del donante, este haya establecido, para computarlos en el *relictum* e imputarlos posteriormente a los donatarios en su parte.

[35] Véase: Baqueiro Rojas y Buenrostro Báez, ob. cit., p. 304, señalan que el ordenamiento mexicano desconoce la institución de la colación, de manera que las

Es de reiterar, tal como se evidencia de la norma citada, que el deber de colacionar en nuestro ordenamiento atañe solo a los descendientes, y no se extiende, pues, ni a los demás herederos ni a los acreedores de la herencia, salvo disposición contraria del donante o testador[36]. La colación precisa ser hijo o descendiente del causante; concurrir a la herencia del causante con otros hijos o descendientes de él que sean donatarios del mismo[37]. De allí que la doctrina distinga entre las condiciones de la obligación de colacionar: ser heredero del causante, ser hijo o descendiente del *de cujus*, concurrir a la herencia a su vez con otros hijos o descendientes del causante y ser donatario de este último[38]. «La necesidad de la colación nace el día en que se hace la donación, pero dependiente de la condición suspensiva de que el donatario entre en la sucesión»[39].

La doctrina distingue la colación de la «reunión ficticia»[40], pues la última se configura como una operación preliminar a objeto de precisar si fue afectada la cuota no disponible o que en derecho le corresponde al legitimario; es decir, se trata de precisar si las donaciones realizadas por el *de cujus* estuvieron dentro de dicha cuota disponible. Ello de conformidad con los artículos 888 y 889 del Código Civil[41]. Se distinguen, sin embargo, ambas

---

disposiciones gratuitas hechas por el causante en vida nada afectan la parte de la herencia de los sucesores, pues son títulos de adquisición independientes; por lo que se afirma en tal Derecho se requiere disposición expresa en el testamento para que esta institución llegue a operar.

[36] Véase: Sojo Bianco, ob. cit., p. 276; Rojas, ob. cit., p. 663.
[37] López Herrera, *Contribución...*, p. 230.
[38] Véase: Polacco, ob. cit., t. ii, pp. 360-367, ser hijo o descendiente, ser donatario y ser coheredero; López Herrera, *Derecho...*, t. ii, pp. 287-295. Véase en el mismo sentido: Juzgado de Primera Instancia Civil y Mercantil de la Circunscripción Judicial del estado Mérida, sent. del 15-02-07, citada *supra*.
[39] Sanojo, ob. cit., p. 99.
[40] Véase: De Ruggiero, ob. cit., p. 394; Sojo Bianco, ob. cit., p. 276; Lupini Bianchi, ob. cit., pp. 91 y 92; Abouhamad Hobaica, ob. cit., p. 207; Rojas, ob. cit., pp. 650 y 651; López Herrera, *Derecho...*, t. ii, p. 277.
[41] «Artículo 888.- Las disposiciones testamentarias que excedan de la porción disponible, se reducirán a dicha porción en la época en que se abra la sucesión. La acción

figuras porque la reunión ficticia sirve para el cálculo, pero deja la propiedad de los bienes al donatario y comprende todas las donaciones hechas por el testador incluso a extraños, en tanto que la colación afecta únicamente donaciones hechas a los descendientes. Por otra parte, la colación puede ser dispensada por el testador si no afecta la legítima, a diferencia de la reunión ficticia porque precisamente procede cuando se afecta esta última, pues tiende a proteger la cuota legítima de todo donatario. Procediéndose en tal caso a la respectiva reducción (artículo 891)[42]. La reunión ficticia afecta todas las donaciones que haya hecho el causante en los últimos diez años (artículo 889); la colación a los descendientes no tiene limitación temporal[43]. La colación puede ser dispensada por el donatario, pero el causante no puede prohibir la reunión ficticia; esta última es un cálculo meramente contable para determinar el importe de la legítima, en tanto que la colación no es un mero cálculo, sino que puede conllevar a una agregación real de las cosas donadas[44]. La reunión ficticia implica que para calcular la legítima, hay que sumar –reuniéndolos de manera imaginaria– lo que el causante dejó al morir y las donaciones que hizo en vida[45].

---

para pedir esta reducción prescribe a los cinco años», «artículo 889.- Para determinar la reducción se suma el valor de los bienes pertenecientes al testador en el momento de la muerte, y se deducen las deudas. Se agrega luego, ficticiamente, el valor de los bienes de que él haya dispuesto a título de donación durante los diez últimos años de su vida. Formada así la masa, se calcula la porción de que el testador haya podido disponer. Cuando se trate de cosas de consumo o de cosas tangibles, el valor se determina por el que tuvieren en la época de la donación. En los demás casos de muebles y en todos de inmuebles, se les da el valor que habrían tenido en la época de la muerte del testador, según el estado que tenían cuando fueron donados».

[42] Véase: Sojo Bianco, ob. cit., pp. 276 y 277.
[43] Lupini Bianchi, ob. cit., p. 91.
[44] Ibíd., p. 92.
[45] Véase: Albaladejo, ob. cit., p. 188; Ramírez, ob. cit., p. 316, cuando se reduce la donación, los bienes donados se reúnen ficticiamente a la masa con el objeto de averiguar si la legítima sufrió disminución por efecto de la liberalidad y reducir ésta; en cambio la colación se efectúa mediante la reunión real de los bienes donados a la masa partible y no para salvar derechos del legitimario, sino para mantener la igualdad de los coherederos.

Se hace distinción entre colación y reducción, y se señala que la última supone lesión de la legítima, la colación procede aunque esta no resulte afectada; la reducción se ejerce contra quien quiera, la colación la puede pedir el heredero descendiente contra otro coheredero descendiente del causante. La primera aplica a las liberalidades entre vivos, la reducción afecta a las liberalidades testamentarias y solo cuando no baste afecta las donaciones hechas en vida[46].

Se diferencia también entre colación e «imputación» –en materia de legítima[47]–; en cuanto a la finalidad, los sujetos, objeto y estructura; la finalidad de la colación es provocar trato igual entre coherederos descendientes, en tanto que la imputación pretende mantener firme las disposiciones testamentarias y donaciones restringiendo el ejercicio de la acción de reducción por parte del heredero legitimario. Los sujetos en la colación son los coherederos descendientes y en la imputación todos los herederos legitimarios, respecto de cualquier favorecido aunque sea extraño. El objeto de la colación son las donaciones en tanto que en la imputación las donaciones y legados –la colación no afecta los legados a diferencia de la imputación–. En cuanto a la forma de la colación supone la integración real de los bienes a la masa hereditaria, mientras que la imputación requiere operaciones contables complejas[48]. La expresión «imputación»

---

[46] Véase: Rojas, ob. cit., pp. 651 y 652; Dominici, ob. cit., pp. 371 y 372; López Herrera, *Derecho*..., t. ii, pp. 277 y 278.

[47] Véase *infra* ix.

[48] Véase: De Ruggiero, ob. cit., p. 395; Abouhamad Hobaica, ob. cit., p. 206; Rojas, ob. cit., p. 653; López Herrera, *Derecho*..., t. ii, p. 278. Véase también: Lupini Bianchi, ob. cit., pp. 95 y 96, la colación tiende a mantener la igualdad entre coherederos descendientes, la imputación tiende a limitar el ejercicio de la acción de reducción para asegurar la integración de la legítima; la colación pesa sobre los descendientes entre sí, la imputación sobre los herederos legitimarios sean o no descendientes; la colación se refiere únicamente a las donaciones, la imputación incluye estas, lo que el cónyuge ha recibido por capitulaciones y por testamento; la colación conlleva a una reintegración real de los bienes donados, la imputación es una operación aritmética que no supone la reintegración efectiva de los bienes.

presenta dos acepciones[49]: una la obligación del legitimario que solicite la reducción de las donaciones o disposiciones de calcular cuánto ha recibido para sí del difunto[50], también denominada imputación «propia y verdadera»[51]; otra acepción, según veremos, de la palabra «imputación», se traduce simplemente en una forma de colacionar[52]. A la primera noción, refiere la doctrina la presente distinción.

También se distingue la figura en estudio de la «colación de deudas» que se reseña en el tema de la partición hereditaria, pero, aunque tenga afinidad con la verdadera y propia colación, se diferencia sustancialmente de ella[53].

2. Obligados[54]

Según indicamos, se desprende del citado artículo 1083 del Código Civil que en nuestro ordenamiento los sujetos obligados a colacionar son los descendientes. Recordemos que la norma alude a hijos o descendientes que concurran en la sucesión como herederos aunque sean a beneficio de inventario «… junto con sus hermanos o hermanas, o los descendientes de unos u otras…»[55]. Ello, pues, por lo general, las liberalidades a título

---

[49] Véase: Sojo Bianco, ob. cit., p. 277.
[50] Véase: artículos 1090, 1096 y 1108 del Código Civil.
[51] Véase: López Herrera, *Derecho…*, t. ii, p. 278.
[52] Véase *infra* 5.
[53] Polacco, ob. cit., t. ii, p. 349. Véase también: De Ruggiero, ob. cit., p. 395, la colación de deudas supone el deber de todo heredero de traer a la masa hereditaria lo que debe.
[54] Véase: Sojo Bianco, ob. cit., pp. 278 y 279.
[55] Véase: ibíd., p. 278; Juzgado Superior Noveno en lo Civil, Mercantil, Tránsito y Bancario de la Circunscripción Judicial del Área Metropolitana de Caracas, sent. del 13-12-10, citada *supra*, «Están obligados a colacionar, los hijos y demás descendientes que entren en la sucesión, aunque sea a beneficio de inventario y que concurran con sus hermanos o hermanas o con los descendientes de éstos, y que hubieren recibido del *de cujus* por donación, directa o indirecta, determinados bienes; salvo que el causante haya dispuesto otra cosa».

de anticipo de herencia se hacen a favor de los hijos[56]. De tal suerte que, respecto de los demás familiares, no media la obligación bajo análisis. En otras legislaciones, como la española, se extiende al heredero forzoso en genera[57], siendo que en el venezolano los descendientes son solo una categoría de herederos forzosos o legitimarios, pues lo es también el cónyuge, y a falta de descendientes lo serían los ascendiente[58]. No puedan pedirla otros parientes o personas, sino los descendientes[59].

Acota Lupini que, de conformidad con el citado artículo 1083 del Código Civil, para estar obligado a colación hay que reunir tres cualidades: ser hijo o descendiente del *de cujus*; ser donatario del causante y ser coheredero[60].

Quien renuncia a la herencia no está obligado a colacionar[61], porque no tiene la condición de heredero. En tal caso, el renunciante conservará lo donado, pero nada tendrá que reclamar a título de legítima por carecer de la condición de heredero. La renuncia comporta la exoneración para el renunciante de la obligación de colaciona[62]. Así lo prevé el artículo 1085 del Código Civil: «El heredero que renuncie la sucesión podrá, sin embargo, retener la donación o pedir el legado que se le haya hecho hasta el monto de la porción disponible, pero no podrá retener o recibir nada a título de legítima».

---

[56] Aunque otras legislaciones plantean la obligación de colacionar en general.
[57] Véase: Díez-Picazo y Gullón, ob. cit., p. 579.
[58] Véase *infra* v.4.
[59] Véase Juzgado Superior Primero en lo Civil, Mercantil del Tránsito y de Menores de la Circunscripción Judicial del estado Mérida, sent. del 19-10-09, citada *supra*, «… tendrán derecho a pedir la colación las personas que estarían obligadas a colacionar, es decir, los descendientes herederos, no pueden pedirla los extraños aunque sean parientes, ni los legatarios y acreedores hipotecarios, salvo disposición contraria del donante o del testador».
[60] Véase: Lupini Bianchi, ob. cit., pp. 96-101.
[61] Véase: Díez-Picazo y Gullón, ob. cit., pp. 579 y 580, no colacionará el que renuncia, doctrina que ha sido mantenida con carácter constante en el Derecho histórico y en el moderno.
[62] Sansó, *La repudiación*…, pp. 138 y 139.

La obligación de colacionar rige respecto del heredero descendiente que sucede por derecho propio o por representación. Respecto de los demás herederos no rige el deber de colación, aunque se trate de legitimarios tales como cónyuge o ascendientes, según se evidencia de las normas correspondientes. Por lo que se acota que estos últimos ni siquiera se aprovechan del instituto, y, al efecto, refiere Villalobos Acosta: «ni el cónyuge, ni el ascendiente están obligados a colacionar. Más aún, ninguna de estas personas puede aprovecharse de la obligación de colacionar. En quien exista la obligación de colación debe originarse una triple cualidad: heredero, descendiente y donatario»[63].

Prevé el Código Civil: «artículo 1086.- Las donaciones hechas al descendiente del heredero, se considerarán siempre hechas con la dispensa de la colación. El ascendiente que suceda al donante, no estará obligado a la colación», y «artículo 1088.- Las donaciones en favor del cónyuge de un descendiente, se presumen hechas con la dispensa de la colación. Si las donaciones se han hecho conjuntamente a dos cónyuges, uno de los cuales sea descendiente del donante, solo la porción de éste está sujeta a colación». Aclara la doctrina que, si bien tales normas aluden a que se consideran con dispensa de colación las donaciones hechas al descendiente o al cónyuge del heredero, en esencia no existe tal dispensa, sino que la colación no se hizo propiamente al heredero[64]. Pues el descendiente del heredero no es heredero[65].

Dispone el artículo 1087 del Código Civil: «Igualmente el descendiente que suceda en nombre propio al donante, no estará obligado a traer a colación las cosas donadas a su propio ascendiente, aun en el caso de haber aceptado su herencia. Si sucede por derecho de representación, debe traer a colación lo que se haya dado al ascendiente, aun en el caso de que haya repudiado la herencia de éste». Señala la doctrina que la primera parte

---

[63] Villalobos Acosta, ob. cit., p. 77.
[64] Véase: López Herrera, *Derecho…*, t. ii, p. 291.
[65] Ramírez, ob. cit., p. 317.

de la norma se refiere al caso del descendiente que concurre por derecho propio a la herencia de quien ha hecho donación a otro heredero que era descendiente del causante –ejemplo, el nieto que concurre por derecho propio y su padre ya había recibido donación–, en cuyo caso el heredero no está obligado a colacionar pues al suceder por derecho propio solo debe colacionar lo que haya recibido directamente del causante. En tanto que la segunda parte de la norma establece el supuesto contrario de que se suceda por derecho de representación, de un ascendiente a quien se le efectuó una donación, en cuyo caso, por la misma razón indicada, tiene que colacionar[66]. Se dice que el representante está obligado a colacionar a los fines de no vulnerar la igualdad entre coherederos[67].

En todo caso, dado el carácter meramente dispositivo que caracteriza al instituto de la colación, se admite que el causante, bien podría alterar las citadas previsiones de los artículos 1086, 1087 y 1088 del Código Civil, siempre que no afecte la legítima de los herederos[68]. Precisamente, la indisponibilidad de la cuota legítima, la cual no puede ser vulnerada por la dispensa de colación del causante, se refleja en el artículo 1084: «Aunque el hijo o descendiente haya sido dispensado de la obligación de traer a colación lo recibido, no podrá retener la donación sino hasta el monto de la cuota disponible. El exceso está sujeto a colación». Lupini señala que dicha norma en su parte final utiliza impropiamente el término colación, por lo que debió referirse a «reducción»[69].

Es de recordar que los citados descendientes obligados a colacionar podrían ser dispensados por el *de cujus*, siempre y cuando no se afecte la legítima de los demás herederos. Así como podría operar lo contrario, esto

---

[66] Véase: López Herrera, *Derecho...*, t. II, pp. 292 y 293.
[67] Piña Valles, ob. cit., p. 78, con inclusión de nota 11.
[68] Véase: López Herrera, *Derecho...*, t. II, p. 294.
[69] Lupini Bianchi, ob. cit., p. 94, agrega el autor que tal error cometido también por el legislador francés de 1804 (artículo 844) y el italiano de 1865 (artículo 1002) ha sido eliminado actualmente en tales legislaciones.

es, que los herederos no obligados legalmente a colacionar –cónyuge, ascendientes, colaterales– lo sean por voluntad del *de cujus*, lo que se conoce, según veremos, como «colación voluntaria», toda vez que se trata de un instituto de carácter dispositivo[70].

3. Legitimados

Nos preguntamos en este ítem: ¿Quiénes tienen derecho a solicitar la colación?[71]. Se responde que en razón de presentarse la colación como una obligación recíproca entre descendientes herederos que concurran a la herencia[72], debe concluirse que pueden solicitarla quienes a su vez están obligados a colacionar. Supone la intervención de pluralidad de herederos.

De allí que se sostenga como principio general que todos los herederos que están obligados a colacionar, tienen derecho a su vez, de demandarla[73]. La colación es un derecho y una obligación recíprocos[74], salvo dispensa o disposición contraria del causante, por lo que tienen derecho a exigirla quienes tienen derecho a prestarla[75]. Por eso, se señala que el instituto de la colación constituye «un derecho-obligación»[76], aludiéndose así a «la obligación recíproca de colación»[77]. Se trata de una obligación recíproca entre herederos «descendientes» del *de cujus*.

---

[70] Véase *infra* 3.
[71] Véase: Sojo Bianco, ob. cit., pp. 279 y 280.
[72] Lupini Bianchi, ob. cit., p. 101.
[73] Zannoni, ob. cit., p. 387. Véase también: De Ruggiero, ob. cit., p. 398, dada la reciprocidad de la obligación de colacionar tiene derecho a pedirla las personas que están obligadas a colacionar.
[74] Véase: Polacco, ob. cit., t. ii, p. 368, estamos frente a una obligación y a un derecho recíproco.
[75] López Herrera, *Contribución...*, p. 229.
[76] Véase: Villalobos Acosta, ob. cit., p. 73.
[77] Véase: ibíd., p. 74.

Así pues, están excluidos de requerirla otros parientes que no sean descendientes, el cónyuge, legatarios[78] o acreedores de la herencia —pero no los acreedores del heredero[79]—, salvo disposición contraria del donante testador o salvo el supuesto del legatario de la porción disponible que a su vez sea heredero legitimario. Este último podría exigir la colación a fin de precisar la cuota de su legítima, pero no para integrarla a la porción disponible, según dispone el artículo 1096 del Código Civil, que prevé: «Se debe la colación solo por el descendiente coheredero a sus coherederos descendientes, según el artículo 1083. No se debe ni a los demás herederos, ni a los legatarios, ni a los acreedores de la herencia, salvo disposición contraria del donador o del testador, y salvo lo que se establece en el artículo 1108. Sin embargo, el legatario de la porción disponible, que sea al mismo tiempo heredero legitimario, puede pretender la colación al solo efecto de establecer la cuota de su legítima, pero nunca para integrarla a la porción disponible»[80].

Sobre esta última indica POLACCO que nos encontramos con «una de las disposiciones más abstrusas y peor concebidas que existan en el Código»[81]. Es necesario leer como si se hubiese escrito «heredero de la parte de libre disposición» donde está escrito donatario o legatario de ella[82]. La doctrina aclara que, aunque dicha norma aluda a colación, realmente se trata de una «reunión ficticia», amén de la impropiedad del legislador de aludir a «legatario

---

[78] Véase: *infra* 4; DÍEZ-PICAZO y GULLÓN, ob. cit., p. 581; LÓPEZ HERRERA, *Contribución...*, p. 237, tampoco pueden pedir la colación los legatarios.

[79] Véase: LUPINI BIANCHI, ob. cit., p. 101, agrega que debe admitirse que los acreedores del heredero por vía de acción oblicua, cuando este descuida este derecho, por cuanto a través de tal mecanismo logran los acreedores del heredero negligente engrosar el lote o cuota de su deudor. Véase en el mismo sentido: LÓPEZ HERRERA, *Contribución...*, p. 232, la norma se refiere a los acreedores personales de la herencia, por lo que nada impide que los acreedores personales del heredero puedan exigir la colación por vía de la acción oblicua (artículo 1278 del Código Civil); ABOUHAMAD HOBAICA, ob. cit., p. 237, es un típico caso de acción oblicua.

[80] Véase sobre tal norma: LÓPEZ HERRERA, *Contribución...*, pp. 227-247; LÓPEZ HERRERA, *Derecho...*, t. II, pp. 297-302.

[81] POLACCO, ob. cit., t. II, p. 374.

[82] Ibíd., p. 375.

de la porción disponible»[83]. En cuanto a la remisión que hace el artículo 1096 de Código Civil al artículo 1108[84], en opinión de López Herrera, debe entenderse como no escrita, pues la primera norma alude a la colación de donaciones, en tanto la segunda nada tiene que ver con esta última, sino que trata sobre la «imputación» de liberalidades hechas a un legitimario por acto entre vivos o por testamento, a los efectos de determinar si se afecta la legítima[85]. Por lo que se recomienda que en una revisión del Código Civil la citada norma debería ser objeto de corrección[86].

La mención contenida en el citado artículo 1096 relativa a «salvo disposición contraria del donador o del testador» ha originado la denominación doctrinaria de «colación voluntaria», esto es, a la posibilidad del testador de establecer la obligación de colacionar a cargo de personas distintas a las legalmente obligadas. Esto, toda vez que la institución se rige por normas de carácter dispositivo[87]. Y así, la obligación de colacionar una liberalidad recibida supone que la misma se encuentra sujeta a un modo o carga, lo cual debería ser impuesto –a decir de la doctrina– en el mismo acto de la

---

[83] Véase: Sojo Bianco, ob. cit., p. 279. Véase ibíd., pp. 279 y 280, añade que también cuando la norma alude a «legatario de la porción disponible» observa que no sería legatario quien sea beneficiario con una porción no determinada; Lupini Bianchi, ob. cit., pp. 104 y 105, el autor critica el término «legatario de la porción disponible», por cuanto esta es cuota de herencia que confiere la cualidad de heredero; López Herrera, Contribución..., pp. 229, dicha norma actualmente ha desaparecido del Código Civil italiano, y agrega, tal figura no existe en nuestro ordenamiento que vendría a ser el heredero testamentario instituido por la totalidad o por una cuota parte de la porción disponible de la herencia (p. 241).

[84] «No obstante las disposiciones de los artículos 1088 y 1096, el donatario o legatario que tenga derecho a la legítima, y que pida la reducción de las liberalidades hechas en favor de un donatario, de un coheredero o de un legatario, aunque sea extraño, como excedente de la porción disponible, debe imputar a su legítima las donaciones y legados que se le hayan hecho, a menos que se le haya dispensado formalmente de tal imputación. Sin embargo, la dispensa no tiene efecto en perjuicio de los donatarios anteriores».

[85] Véase: López Herrera, Contribución..., pp. 238 y 239.

[86] Véase: López Herrera, Derecho..., t. II, p. 302.

[87] Lupini Bianchi, ob. cit., p. 102.

donación, y no en un acto jurídico *inter vivos*, dado que ello se traduciría en una infracción a la prohibición de pactos sobre sucesión futura[88]. Por la misma razón, se admite la dispensa[89] de la colación, cuando el donante así lo prevé, de conformidad con el artículo 1083 del Código Civil, que podría constar en el propio acto de donación o en instrumento posterior[90], admitiéndose que la misma es revocable[91] pero si media en el documento de donación precisa en principio de la voluntad del donatario por tratarse de un contrato y de una circunstancia que afecta sustancialmente el negocio en cuestión[92]; la dispensa tiene por límite los derechos de los legitimarios. Se discute si tal dispensa está implícita en las donaciones disimuladas[93].

---

[88] Ibíd., pp. 102 y 103.
[89] Véase: Roca Ferrer *et al.*, ob. cit., p. 858, «La dispensa es una declaración de voluntad de clara trascendencia sucesoria, enmarcada en un institución propia del Derecho Sucesorio, la colación dirigida a producir efectos a la muerte del disponente y calificable por tanto, como acto *mortis causa*»; Véase: ibíd., p. 859, su único fundamento la voluntad del donante.
[90] Véase: Sanojo, ob. cit., pp. 100 y 101, puede ser hecha en el mismo acto de liberalidad o en uno posterior, pero en el último caso no puede tener efecto retroactivo en perjuicio de derechos anteriormente adquiridos por terceros; puede ser formal o explícita, según sea concedida en expresiones claras o resulte del contexto de la disposición.
[91] Véase Roca Ferrer *et al.*, ob. cit., pp. 867 y 868, buena parte de la doctrina se inclina por la revocabilidad de la dispensa.
[92] Véase: ibíd., p. 858, la dispensa es independiente del momento e instrumento en que se haga; Diez-Picazo y Gullón, ob. cit., p. 582, la dispensa puede contenerse en el mismo acto de donación como en testamento respecto de donaciones anteriores, pues el tema pertenece al ámbito de la autonomía testamentaria, en cuanto a la revocación de la dispensa ninguna duda suscita la realizada en testamento que como éste es revocable pues el donante conserva libertad para regular la sucesión, pero si formó parte de la donación y fue aceptado por el donatario la revocación supone una alteración sustancial de la base del negocio jurídico –se acepta la donación porque subsistía la expectativa de la herencia– por lo que si se admite la revocación de la dispensa habría que admitir la renuncia del donatario a la donación; López Herrera, *Derecho...*, t. II, p. 321, puede ser hecha simultáneamente, separadamente o con posterioridad a la donación. Considera que si la dispensa se hace en el mismo acto de donación no puede ser revocada por la sola voluntad del donante por tratarse de un contrato, salvo que se reserve tal facultad. También sería válido para el autor revocar dicha dispensa, mediante testamento del donante, siempre que ello no afecte la

4. Bienes colacionables[94]

Respecto a los bienes o cosas colacionables u objeto de colación, vale tener en cuenta el referido artículo 1083 del Código Civil que prevé: «… deberá traer a colación todo cuanto haya recibido del *de cujus* por donación, directa o indirectamente, excepto el caso en que el donante haya dispuesto otra cosa». De tal expresión, la doctrina considera el concepto de «donación»[95] en sentido técnico como cualquier liberalidad[96] que proporciona una ventaja, bien sea en forma directa[97] o indirecta[98]. Esto es lo que podría denominarse las «donaciones típicas y las donaciones indirectas»[99].

---

legítima del donatario, ya que en tal caso se trataría simplemente de una institución a título universal, hecha con una carga.

[93] Lupini Bianchi, ob. cit., pp. 105-107, es de la opinión que las donaciones disimuladas o encubiertas no se encuentran por ese solo hecho dispensadas de colación. Véase también: Sanojo, ob. cit., p. 101, las donaciones hechas mediante personas interpuestas o bajo la forma de contrato oneroso no se reputan hechas con dispensa de colación; se indica que habría que analizar si se deriva la voluntad de dispensar del disponente, y ante la duda no debe presumirse la dispensa de la colación, por ser ésta de Derecho común y más conforme a la igualdad. Véase sobre la discusión o posibilidad de dispensa tácita: Messineo, ob. cit., pp. 415 y 416.

[94] Véase: Sojo Bianco, ob. cit., pp. 280 y 281; López Herrera, *Derecho…*, t. ii, pp. 302-310.

[95] Véase: artículos 1431 y ss. del Código Civil.

[96] Véase: Pueyo Moy, ob. cit., el objeto de colación son las liberalidades hechas en vida por el causante, de forma voluntaria.

[97] Aquella hecha personal e inequívocamente al donatario.

[98] Aquella que si bien no figure personalmente el sujeto es beneficiado por la misma.

[99] Lupini Bianchi, ob. cit., pp. 108 y 109, así en atención a los artículos 1431, 1083 y 1092 del Código Civil, debe incluirse la remisión tácita de deuda, la renuncia de una herencia *in favorem* y las renuncias extintivas de derechos reales limitados, la estipulación a favor de terceros, *negotium mixtum cun donatione*, la *satio, plantatio, inaedificatio*, la compra de un inmueble con dinero propio pero a nombre de un tercero. Véase también sobre las donaciones indirectas: Villalobos Acosta, ob. cit., p. 78, aquellas en que el donatario recibe un beneficio sin participar directamente, ejemplo, una venta por un precio inferior; López Herrera, *Derecho…*, t. ii, pp. 304-310; Juzgado de Primera Instancia Civil y Mercantil de la Circunscripción Judicial del estado Mérida, sent. del 15-02-07, citada *supra*.

De allí que se sostenga en la doctrina argentina que la colación comprende toda donación entre vivos, o todo contrato por el cual el causante hubiese transferido a título gratuito, la propiedad de una cosa[100]. No aplica a enajenaciones a título oneroso o ventas[101].

El Código Civil en su artículo 1089 considera sujeto a colación lo gastado por el *de cujus*, en constituir a sus descendientes un patrimonio separado[102], a diferencia de otros bienes que constituyen «excepciones»[103] al deber de colación, o cosas exentas de colación[104], a saber, los dejados por testamento (artículo 1090[105]), gastos de manutención[106] o regalos comunes

---

[100] Zannoni, ob. cit., p. 390. Véase: ibíd., pp. 397-440, el autor incluye el supuesto de la colación de deudas, que sería admisible entre coherederos como un modo de mantener la igualdad, aunque no trascienda a las relaciones externas en perjuicio de los acreedores personales del heredero (ibíd., p. 400).

[101] Juzgado Superior Cuarto Agrario de la Circunscripción Judicial de Barinas, sent. del 02-02-05, citada *supra*, «… no podemos anular tales ventas para luego mediante la institución de la colación traerlas a la masa hereditaria y luego incluirla en la partición…».

[102] «Queda sujeto a colación lo gastado por el *de cujus* en constituir a sus descendientes un patrimonio separado, ya con el fin de matrimonio u otro cualquiera, o de pagar las deudas de aquéllos; pero si el patrimonio constituido a una hija fuera entregado a su marido sin las garantías suficientes, la hija solo queda obligada a traer a colación la acción que tenga contra el patrimonio del marido».

[103] Se alude en tales supuestos a «excepciones» legales a la obligación de colacionar. Véase: Jiménez Salas, *La colación…*, *passim*, legados, donaciones especiales, gastos de alimentación, renuncia y sociedades mercantiles; López Herrera, *Derecho…*, t. ii, pp. 310-320; Villalobos Acosta, ob. cit., p. 79, la ley para evitar dudas menciona casos en los cuales coherederos descendiente no está obligado a colación.

[104] Díez Picazo y Gullón, ob. cit., p. 581.

[105] «Lo dejado por testamento no queda sujeto a colación, salvo el caso de disposición en contrario y de lo establecido en el artículo 1108».

[106] Entre los que ha de incluirse los relativos a la educación inclusive profesional de los hijos. Toda vez que hemos indicado esta se extiende más allá de la mayoridad. Véase: Domínguez Guillén, *Ensayos…*, pp. 209-213; Domínguez Guillén, *Manual de Derecho de Familia…*, pp. 54-56.

(artículo 1091[107]), ganancias en virtud de contratos (artículo 1092[108]), sociedades con el *de cujus* (artículo 1093[109]), el inmueble perecido sin culpa del donatario (artículo 1094[110]), frutos o intereses anteriores a la apertura de la sucesión (artículo 1095[111]). La doctrina española discute el carácter colacionable de las donaciones remuneratorias[112] concluyéndose, en todo caso, que corresponderá al legitimario reclamante probar el *plus* valor que la donación tuvo con respecto al servicio remunerado[113].

En nuestro ordenamiento los legados no están sujetos a colación, de conformidad con el citado artículo 1090 del Código Civil[114]. La razón es lógica: las donaciones se presumen como anticipo de herencia, pero el legado es una atribución hecha por testamento, por lo que la idea de anticipo se cae por su propio peso[115]. De allí que se aluda en materia del objeto de la colación a la «exclusión de las liberalidades testamentarias»[116]. Finalmente, se indica que la colación permite incluir en el acervo hereditario

---

[107] «No se debe traer a colación los gastos de manutención, curación, educación, instrucción ni los ordinarios por vestido, matrimonio y regalos de costumbre».

[108] «Tampoco se traerán a colación las ganancias que el heredero haya obtenido en virtud de contratos celebrados con el *de cujus*, con tal de que éstos no hayan contenido alguna ventaja indirecta en el momento de su celebración».

[109] «No se debe colación por consecuencia de las sociedades formadas sin fraude entre el *de cujus* y alguno de sus herederos, si las condiciones se han establecido por un acto que tenga fecha cierta».

[110] «El inmueble que haya perecido por caso fortuito y sin culpa del donatario, no está sujeto a colación». Véase: Dominici, ob. cit., p. 388, el inmueble demolido por causa de utilidad pública, debe ser traído a colación por el donatario porque recibió un precio en lugar de aquel.

[111] «Los frutos y los intereses de las cosas sujetas a colación, se deberán solo desde el día de la apertura de la sucesión».

[112] Véase: Vallet de Goytisolo, *Estudios de Derecho Sucesorio...*, vol. IV, pp. 369-372.

[113] Ibíd., p. 372.

[114] Lupini Bianchi, ob. cit., p. 107.

[115] Díez-Picazo y Gullón, ob. cit., p. 581.

[116] Polacco, ob. cit., t. II, p. 379; Messineo, ob. cit., p. 414.

bienes que actualmente no estarían en el patrimonio del *de cujus*[117]. La expresión donaciones colacionables son precisamente las que pesan sobre los descendientes a los efectos de la figura bajo análisis[118].

5. Modos[119]

Respecto de los modos de colacionar, de conformidad con el artículo 1097 del Código Civil[120], se distinguen dos, a saber, presentando la cosa en especie[121] o haciendo que se impute su valor a la correspondiente porción. En el último supuesto, denominado «colación por imputación», el bien permanece en poder del donatario, quien simplemente verá reducido de la masa hereditaria el valor de la cosa traída a colación; en el primer caso, el bien donado ingresa a la masa hereditaria a los fines de su partición. Así, la imputación es ciertamente uno de los modos de realizar la colación, dado que esta puede hacerse *in naturam* –denominada también «colación

---

[117] Véase: Juzgado de Protección del Niño y del Adolescente de la Circunscripción Judicial del estado Vargas, Juez N.º 1, sent. del 26-03-08, exp. N.º A-8179, http://vargas.tsj.gov.ve/decisiones/2008/marzo/150-26-A-8179-.html, «… a los efectos sucesorales, como se dijo, se entienden como bienes hereditarios todos los que se hallen en el patrimonio del causante al momento de su fallecimiento, incluso existe el caso de bienes que no estando dentro del patrimonio del *de cujus*, también integran el acervo hereditario, como son aquellos sujetos a colación».

[118] Véase: Pita Broncano, Carmen: «El cálculo de la legítima». En: *Anuario de la Facultad de Derecho*, N.º 18, Cáceres, Universidad de Extremadura, 2000, p. 290.

[119] Véase: Polacco, ob. cit., t. ii, pp. 400-412; Messineo, ob. cit., pp. 422-431; De Ruggiero, ob. cit., pp. 402-404; Sojo Bianco, ob. cit., pp. 281 y 282; Rojas, ob. cit., p. 675; López Herrera, *Derecho…*, t. ii, pp. 323-333; Villalobos Acosta, ob. cit., pp. 79 y 80.

[120] «La colación se hace, sea presentando la cosa en especie, sea haciendo que se impute su valor a la respectiva porción, a elección del que hace la colación».

[121] Véase: artículo 1074 del Código Civil: «Si no se hace en especie la colación, los coherederos a quienes se les deba tienen derecho a una parte igual de la masa hereditaria, que debe adjudicárseles, en cuanto sea posible, en objetos de la misma naturaleza y calidad de los que no se han traído a colación en especie».

material»¹²²– o bien por imputación. Por lo que con base en los artículos 887 y 1108 del Código Civil cabe distinguir entre imputación propiamente dicha o *ex se*¹²³. La colación por imputación también es denominada por la doctrina francesa colación «por deducción», pues deja al heredero los bienes que se le habían donado y solo entrega a la masa su valor¹²⁴. También otros aluden a colación «en valor»¹²⁵.

En función del sentido de «valor» que orienta esta última variante de la colación, en el Derecho argentino se consideró al respecto la noción de «obligación de valor»¹²⁶, que pesaba sobre el heredero forzos¹²⁷. Situación que se

---

[122] Véase: Vallet de Goytisolo, *Estudios de Derecho Sucesorio…*, vol. iv, p. 331.
[123] Lupini Bianchi, ob. cit., p. 95.
[124] Véase: Bonnecase, ob. cit., p. 594; Planiol y Ripert, ob. cit., p. 664.
[125] Véase también aludiendo a «colación en valor o colación tomando de menos»; Mazeaud *et al.*, ob. cit., vol. iv, p. 69, le permite al heredero conservar el bien con que haya sido favorecido. Véase ibíd., p. 70, se opone trazo por trazo a la colación en especie; Alonso Ttica, David: «La masa hereditaria en el Código Civil peruano», http://www.monografias.com/trabajos72/masa-hereditaria-codigo-civil-penal/masa-hereditaria-codigo-civil-penal.shtml, distingue entre colación en especie y colación «en valor».
[126] La obligación o deuda de valor es aquella donde lo determinante es el valor «real» o sustancial del dinero, y no su valor «nominal» o netamente numérico. En función del valor real del dinero, es que se puede acceder en determinado momento a ciertos bienes y servicios que varían en su valor o importe económico a través del tiempo. Generalmente, cuando se incurre en mora la obligación de dinero –en que el deudor estaba obligado a devolver únicamente cierta cantidad de dinero– se convierte en una obligación de valor (artículo 1737 del Código Civil), porque la cantidad es sustancialmente afectada por la inflación. Véase: Domínguez Guillén, *Curso de Derecho Civil iii Obligaciones…*, pp. 131 y ss.; Domínguez Guillén, María Candelaria: *Diccionario de Derecho Civil*. Caracas, Panapo, 2009, pp. 88 y 89.
[127] Véase: Zannoni, ob. cit., pp. 377 y 378, la doctrina y la jurisprudencia acudieron a la hoy ya clásica consideración de las obligaciones de valor, reputándose que la que pesa sobre el coheredero forzoso que fue beneficiado en vida por una donación del causante. Sobre esta base, se consideró que, si el bien ha de tomarse el valor intrínseco que tenían las cosas al tiempo de la donación, la liquidación de ese valor, en dinero, debe practicarse al momento de la partición y teniendo en cuenta las alteraciones del poder de cambio de la moneda operada desde la donación hasta que

refleja en el caso venezolano en los artículos 1099 y 1106 del Código Civil, que consideran el valor del inmueble o mueble no fungible al momento de la apertura de la sucesión. Aunque ciertamente, entre este último momento y el de la efectiva partición –en que tiene lugar la colación– puede mediar un tiempo considerable[128].

Se objeta que el legislador patrio incluye una regulación de ambas figuras –colación e imputación– a pesar de ser distintas[129]. El Código Civil prevé varias disposiciones respecto a la colación; los inmuebles se colacionan en el estado actual, pero se reconocen mejoras al momento de la apertura de la sucesión (artículo 1100[130]); se admiten gastos de conservación del bien aunque no lo hayan mejorado (artículo 1101[131]); se cargan deterioros que disminuyan el valor del bien por culpa del donatario (artículo 1102[132]); en caso de enajenación del inmueble se consideraran mejoras y deterioros en función de lo indicado (artículo 1103[133]).

---

se practica la partición. Se lograba así una solución razonable y equitativa, pues se conjugaba que toda variación intrínseca del valor de lo donado beneficia o perjudica al donatario con la variación extrínseca al momento de la partición para evitar que coexistan criterios desiguales.

[128] Véase: ibíd., p. 379, ZANNONI crítica la reforma argentina de la Ley 17 711, precisamente porque consagró que las donaciones colacionables se valúan al tiempo de la apertura de la sucesión en tanto que los bienes del caudal relicto se avaluarán al momento de la partición, siendo que en opinión del autor ha de acudirse a la obligación de valor igual que antes de la reforma y reputar que si bien el valor colacionable se calcula la tiempo de la apertura de la sucesión, esto es a la muerte del causante, este valor es actualizable al momento de la partición.

[129] Véase: RODRÍGUEZ, ob. cit., pp. 365-367.

[130] «En todo caso deberán abonarse al donatario las impensas con que haya mejorado la cosa, habida consideración a su mayor valor en el momento de la apertura de la sucesión». Véase: DOMINICI, ob. cit., pp. 396 y 397, distingue entre impensas necesarias, útiles y voluntarias. Respecto de las últimas no cabe derecho de indemnización.

[131] «También se abonarán al donatario las impensas necesarias que haya hecho para la conservación de la cosa, aunque no la haya mejorado».

[132] «El donatario, por su parte, será responsable de los deterioros y desmejoras provenientes de hecho, culpa y negligencia suyas, que hayan disminuido el valor del inmueble».

[133] «Caso de haber el donatario enajenado el inmueble, las mejoras y los deterioros causados por el adquirente se tendrán en cuenta, con arreglo a los tres artículos anteriores».

Dispone el artículo 1104 del Código Civil: «La donación hecha a un descendiente heredero con dispensa de colación, tiene por objeto un inmueble que exceda de la porción disponible, el donatario deberá traer a colación el inmueble en especie, o puede retenerlo todo, según las reglas establecidas en el artículo 893». Señala la doctrina que tal dispositivo alude impropiamente a obligación de colacionar, cuando en verdad se trata de una hipótesis de reducción[134].

Agrega el artículo 1105 *eiusdem*: «El coheredero que trae a colación un inmueble en especie, puede retener su posesión hasta el reembolso efectivo de las cantidades que se le deban por impensas y mejoras». Si bien el legislador obliga a colacionar, dicha norma otorga el ejercicio del derecho de retención, hasta que no le sea reembolsado efectivamente las cantidades debidas por los demás coherederos en concepto de impensas o mejoras[135]. El derecho de retención del heredero se apoya en la conexidad entre el crédito y el inmueble, ya que los gastos que ha realizado en el inmueble para conservarlo o mejorarlo, se han incorporado a él, formando una yuxtaposición de intereses que dan derecho al titular a retenerlo hasta que se le page el importe de gastos y mejoras, pues no es justo que los otros coherederos se enriquezcan con perjuicio del coheredero obligado a colacionar[136]. Respecto de los gastos que debe abonársele al heredero se citan los gastos necesarios –sin los cuales la cosa hubiese perecido– y los gastos útiles o mejoras[137].

Según el artículo 1106 del Código Civil: «La colación de los muebles se hace por imputación y atendido el valor que tenían cuando se verificó la

---

[134] Lupini Bianchi, ob. cit., pp. 94, 114 y 115.
[135] Hernández, Santiago: *El contrato de anticresis y el derecho de retención en el Derecho venezolano*. Caracas, Mobil-Libros, 2008, p. 295.
[136] Burgos Villasmil, José Ramón: *El derecho de retención en el Código Civil venezolano*. Caracas, Pierre Tapia, 1980, p. 123, señala que se trata de un *debitum in re junctum*.
[137] Ibíd., pp. 123 y 134. Véase ibíd., p. 124, afirma que respecto de los gastos voluntarios ante el silencio de la ley debería aplicarse la solución prevista en el artículo 600 del Código Civil.

donación, si se trata de cosas de consumo o fungibles. En los demás casos de muebles, la imputación se hará conforme lo dispuesto para los inmuebles en los artículos anteriores». Tal norma es criticada por cuanto resulta cuestionable que no se tome en consideración que ciertos bienes muebles sufren un deterioro natural que puede ser notable entre el momento de la donación y la apertura de la sucesión. Situación que sí se consideró en el artículo 889 del Código Civil[138].

El artículo 1107 del Código Civil prevé: «La colación del dinero se hace agregando ficticiamente el donado al que haya en la herencia. Si no hubiere dinero, o si el que hubiere no bastare para dar a cada heredero el que le corresponda, el donatario puede eximirse de la colación, abandonando, hasta la debida concurrencia, el equivalente en muebles y, a falta de éstos, en inmuebles». El artículo 1109: «Cualquiera otra liberalidad que, según las reglas precedentes esté exenta de la colación, lo estará también de la imputación».

Respecto a la colación por imputación, el Código sustantivo dispone que la misma tiene lugar atendiendo al valor del inmueble al momento de la apertura de la sucesión (artículo 1099) y que tal modalidad de colación procede en aquellos casos en que el donatario ha enajenado o hipotecado el inmueble (artículo 1098). Así, no obstante la facultad del donatario de optar por el modo de efectuar la colación, existen casos en que es obligatoria la colación por imputación[139].

En función de lo anterior se aclara que la colación por imputación no siempre es discrecional del obligado sino que en ocasiones –como las indicadas– depende de la naturaleza de los bienes de que se trate y de los actos verificados. Un sector de la doctrina pretende explicar la naturaleza de dicha imputación atendiendo a la idea de un derecho de crédito por una

---

[138] LUPINI BIANCHI, ob. cit., pp. 115 y 116.
[139] Ibíd., p. 113. Véase: ibíd., p. 114, ello tiene lugar cuando el donatario haya enajenado el inmueble recibido en donación; cuando el inmueble haya perecido por culpa del donatario.

suma equivalente al valor del inmueble a favor del descendiente no donatario, pero se critica que no es admisible una modificación de la cuota hereditario con posterioridad a la vocación; de allí que otros acepten que responde a la adjudicación en pago de la parte del donatario que modifica las respectivas cuotas hereditarias al momento de la apertura de la sucesión. En todo caso, lo fundamental de la imputación es atribuir determinado valor al bien a colacionar, equivalente al que tenía al momento de la apertura de la sucesión[140].

Se agrega que el medio técnico para obtener la colación es la «acción de colación»[141], que se presenta como una fase o incidencia de la partición, pero en tanto que la acción e partición es indivisible pues debe promoverse contra todos los herederos, la de colación es divisible porque puede intentarse contra un solo coheredero[142]. Y así lo ha referido la jurisprudencia[143].

---

[140] Véase: Sojo Bianco, ob. cit., pp. 283 y 284.
[141] Véase: Polacco, ob. cit., t. ii, pp. 399 y 400.
[142] Lupini Bianchi, ob. cit., p. 112. Véase también: Rojas, ob. cit., p. 674, constituye el medio que tiene el coheredero descendiente para conseguir la colación de otro coheredero descendiente; su ejercicio supone necesariamente una demanda de partición de herencia; la acción es divisible, pues, puede promoverla un solo coheredero contra otro, al ser una acción persona prescribe a los diez años de conformidad con el artículo 1977 del Código Civil. Véase aludiendo a acción o juicio de colación y partición de bienes hereditarios: TSJ/SCS, sent. N.º 171, del 26-07-01; TSJ/SCC, sent. N.º 733, del 01-12-03; Juzgado Segundo de Primera Instancia en lo Civil, Mercantil, Agrario y Tránsito del Primer Circuito de la Circunscripción Judicial del estado Bolívar, sent. del 04-08-14, exp. FP02-V-2013-000990, http://bolivar.tsj.gob.ve/decisiones/.../2177-4-fp02-v-2013-000990-pj019, «La colación es una operación accesoria de la partición porque ella es un mecanismo que contribuye a la determinación del líquido partible. Por este motivo no existe una acumulación prohibida si se pide en un mismo libelo la colación y subsiguiente partición de unos bienes hereditarios en vista que la colación y la partición no son pretensiones excluyentes una de la otra ni son contrarías entre sí. Cuando se demanda la partición la parte accionante puede pedir que se traiga a colación los bienes que fueron donados directa o indirectamente al demandado y si éste no se opone el partidor queda autorizado para incluir en la masa partible los bienes donados directa o indirectamente al demandado. Si se opone alegando, por ejemplo, que no está obligado a colacionar

No obstante, también se admite que la acción de colación puede ser interpuesta independientemente de la acción de partición[144]. Se trata de una

---

los bienes reclamados por la parte actora entonces se debe aplicar lo dispuesto en el artículo 780 del Código Procesal Civil porque tal oposición equivale a una contradicción relativa al dominio común respecto de alguno, algunos o todos los bienes cuya división reclama la parte actora. En el juicio de partición se puede trabar discusión respecto del dominio común de ciertos bienes o de todos los bienes lo que implica que el juez tiene la potestad con base en el material probatorio de resolver si tal o cual bien es un bien indiviso que debe ser partido o si, por el contrario, es un bien propio de alguno de los comuneros que por tal razón no puede quedar comprendido en la partición. El juez examina, compara y valora las probanzas de las partes para llegar a una u otra resolución. La colación es, pues, un incidente dentro de la partición por lo que es perfectamente deducible junto con ésta en juicio».

[143] Véase en este sentido: Juzgado Superior Noveno en lo Civil, Mercantil, Tránsito y Bancario de la Circunscripción Judicial del Área Metropolitana de Caracas, sent. del 13-12-10, citada *supra*, agrega: «… el accionante en el presente juicio, quien pretende la colación a la masa hereditaria del causante (…) de unos bienes que –se señala en el libelo– están colocados en el fideicomiso (…) tendría la carga de demostrar dentro del propio juicio de partición tal alegato; pues carece de sentido seguir un juicio autónomo para demostrar que esos bienes están o no colocados en ese fideicomiso y otro posterior para pedir la partición de esos mismos bienes colacionados a la masa hereditaria que, en definitiva, se deba liquidar o partir»; Juzgado Octavo de Primera Instancia en lo Civil, Mercantil, Tránsito y Bancario de la Circunscripción Judicial del Área Metropolitana de Caracas, sent. del 07-07-15, exp. AP11-V-2010-001097, http://caracas.tsj.gob.ve/decisiones/2015/julio/2123-7-ap11-v-2010-001097-pj0082015000299.html.

[144] Véase: LÓPEZ HERRERA, *Derecho…*, t. II, p. 285, «la colación es solo una incidencia de la partición de herencia y, por consiguiente un accesorio de la misma. Lo que no implica que la acción de colación tenga necesariamente que proponerse dentro del procedimiento –extrajudicial o judicial– de división de la comunidad hereditaria, sino que además, puede perfectamente concebirse y admitirse su ejercicio fuera de la partición, es decir, antes o después de ella»; Juzgado de Primera Instancia Civil y Mercantil de la Circunscripción Judicial del estado Mérida, sent. del 15-2-07, citada *supra*, «Según la doctrina, la colación es solo una incidencia de la partición de la herencia, pues precisamente el primer momento de la partición consiste en la formación y determinación de la masa a partir. No obstante –indica la doctrina– ello no "… implica que la acción de colación tenga necesariamente que proponerse dentro del procedimiento (…) de división de la comunidad hereditaria, sino que además,

acción que pretende la restitución del bien al patrimonio hereditario[145] y que ciertamente precisa la indicación y prueba específica del bien objeto que deba traerse a colación[146].

---

puede perfectamente concebirse y admitirse su ejercicio fuera de la partición, es decir, antes o después de ella" (…) Dicho esto, la presente acción de colación, que ha sido intenta antes de la acción de partición, en el supuesto de ser declarada con lugar en la definitiva solo será ejecutable cuando vayan a iniciarse las operaciones de división de la herencia. Como corolario de lo anterior, resulta claro que si se trata de una donación simulada como contrato oneroso, los descendientes herederos titulares de la acción de colación pueden demostrarlo dentro del mismo proceso seguido para demostrar la colación con todo género de pruebas. Así lo ha manifestado la doctrina más autorizada, "… como el descendiente heredero titular de la colación es un tercero extraño a la donación que debe ser colacionada, puede establecer por todo medio de prueba que un acto aparentemente oneroso, es en realidad una liberalidad disminuida –artículo 1360 del Código Civil, *in fine*–" López Herrera, F. ob. cit. p. 787. En conclusión, los accionantes en el presente juicio, quienes pretenden la colación a la masa hereditaria del causante (…) de unos bienes enajenados a título oneroso por su causante a otros herederos, tienen la carga de demostrar dentro del propio juicio de colación la simulación de dichos actos, pues carece de sentido seguir un juicio autónomo para demostrar la simulación y otro posterior para demostrar la obligación de colacionar a la masa hereditaria esos bienes enajenados a través de ventas simuladas. En consecuencia, por las razones antes expuestas resulta improcedente el alegato hecho por la parte demandada».

[145] Véase Juzgado Cuarto de Primera Instancia en lo Civil, Mercantil y del Tránsito de la Circunscripción Judicial del estado Táchira, sent. del 13-02-07, exp. 3891, http://tachira.tsj.gov.ve/decisiones/2007/febrero/1330-13-3891-.html, la parte demandada alego: «Que la presente demanda se trata de unos herederos contra otros herederos que persigue la restitución al patrimonio sucesoral de unos bienes enajenados en vida por el causante a algunos herederos, por lo que, si la demanda pretende la restitución al patrimonio sucesoral de unos bienes enajenados en vida por el causante a algunos de sus herederos, y en consecuencia, si la demanda persigue la restitución al caudal hereditario de bienes cedidos por el *de cujus*, a favor de alguno de sus herederos, no se trata entonces de una acción de nulidad, sino de una acción de colación prevista en los artículos 886 y 1083 del Código Civil».

[146] Véase: Juzgado Accidental Primero de Primera Instancia en lo Civil, Mercantil, del Tránsito y Bancario de la Circunscripción Judicial del estado Guárico, sent. del 12-06-06, exp. 5329-04, http://guarico.tsj.gov.ve/decisiones/2006/junio/368-12-5329-04-.html, «no obstante, el accionado no probó en la etapa procesal correspondiente

6. Efectos[147]

Según se ha indicado, la colación tiene el efecto de traer a la masa hereditaria, al momento de la apertura de la sucesión, aquellos bienes que fueron objeto de donación. Tal regreso o reintegro, según señalamos, puede hacerse efectivo en especie o mediante imputación. Así, el heredero donatario deberá traer al haber de la herencia, el bien donado o el valor del mismo, según el tipo o modo de colación.

La colación es una operación correspondiente a la partición de herencia[148] o, para algunos, previa a la misma[149] o que incrementa los bienes entre coherederos logrando igualdad, tiene un efecto *ex nunc* o hacia atrás, retrotrayéndose a la apertura de la sucesión[150]. Ciertamente, para algunos la colación es una figura u operación propia de la partición[151] pues considérese o no

---

la existencia de tales bienes, solo se limitó a pedir la colación de unos activos sin indicar taxativamente en su escrito cuáles eran. En este sentido, no es posible determinar cuáles son esos activos que de acuerdo al criterio del demandado debían ser traídos a colación, por lo que mal podría este juzgador de acuerdo a su sana crítica, acordar que se traigan a colación unos bienes que procesalmente hablando no existen, pues no consta en autos documento alguno, ni mucho menos indicación precisa, que permita inferir la preexistencia de tales bienes».

[147] Véase: Sojo Bianco, ob. cit., pp. 282 y 283; Rojas, ob. cit., pp. 646 y 647.

[148] Pita Broncano, ob. cit., p. 294; Álvarez-Caperochipi, ob. cit., p. 115, «la colación es una operación particional».

[149] Rojas, ob. cit., p. 646. Véase también: Muñoz García, ob. cit., cuyo título: «La colación como operación previa a la partición» denota la posición asumida por la autora.

[150] Rojas, ob. cit., pp. 649 y 650.

[151] Véase: Roca Ferrer *et al.*, ob. cit., p. 771. Véase incluyendo la figura dentro de la «liquidación y partición de la herencia» (capítulo xxv): López Herrera, *Derecho...*, t. ii, pp. 275-333. Véase también comentario en: Juzgado Superior en lo Civil, Mercantil, Tránsito, Niños y Adolescentes de la Circunscripción Judicial del estado Falcón, sent. del 12-03-08, exp. 4230, http://falcon.tsj.gov.ve/decisiones/2008/marzo/163-12-4230-023-M-12-03-08.html, «… Finalmente, la acción de nulidad incoada por los demandantes es muy distinta a la acción de simulación fincada en los indicios o a la acción de colación de bienes vendidos en vida por el causante a los fines de la partición de la herencia…».

propiamente particional, está indudablemente en la órbita de la partición por cuanto repercute en el resultado de las operaciones particionales[152].

Finalmente, LÓPEZ HERRERA alude a la «extinción de la obligación de colación» entre cuyos supuestos ubica: la ejecución o cumplimiento de la obligación, la renuncia al derecho de exigir la colación, la pérdida fortuita del bien donado y la compensación en el caso de donación de sumas de dinero[153]. El citado autor es de la opinión que la obligación de colacionar no se extingue por prescripción al igual que la acción de partición, por ser entre otras razones una incidencia de ésta[154] –o fase de la misma[155]– aunque admite que la mayoría de la doctrina considera que dicha acción sí prescribe al término de diez años de conformidad con el artículo 1977 del Código Civil, no obstante discutir si se computa a partir de la apertura de la sucesión o cuando la respectiva partición se haya consumado[156]. Precisamente, por ser la colación una incidencia o fase de la partición –aunque también puede ser ejercida independientemente[157]– no parece lógico atribuirle un carácter perpetuo una vez verificada esta última, por lo que adherimos a la tesis de la prescripción de la «obligación» de colacionar. Así pues, a partir de la partición, ya fuera amigable o judicial, comienza a correr para los legitimados el respectivo lapso de prescripción decenal.

Se alude finalmente a las causas por las que se deja de hacer la colación, entre las que se incluye, la dispensa, el perecimiento fortuito y sin culpa del donatario del inmueble[158].

---

[152] ROCA FERRER et al., ob. cit., p. 772.
[153] Véase: LÓPEZ HERRERA, Derecho…, t. II, p. 333.
[154] Véase: ídem. Véase: ibíd., pp. 285 y 286.
[155] Véase supra 5, opinión de LUPINI BIANCHI (ob. cit., p. 112) y ROJAS (ob. cit., p. 674).
[156] Véase: LÓPEZ HERRERA, Derecho…, t. II, pp. 285 y 286. Véase considerando su prescripción decenal: ROJAS, ob. cit., p. 674.
[157] Véase supra 5.
[158] Véase: POLACCO, ob. cit., t. II, pp. 412-423.

Tema V
La sucesión legal, *ab intestato* o intestada

Sumario: **1. Noción 2. Fundamento 3. Caracteres 4. Sujetos a quienes se defiere 5. Incapacidad para suceder** *5.1. Consideraciones sobre la denominada incapacidad por «inexistencia» 5.2. La indignidad 5.3. La ausencia 5.4. La conmoriencia 5.5. El reconocimiento post mortem* **6. Representación 7. Orden de suceder 8. Herencia yacente y herencia vacante**

1. Noción

Según indicamos, las fuentes del Derecho Sucesorio son la ley o, en su defecto, el testamento, a saber, la voluntad del causante[1]. Señalamos que la sucesión legal entra en juego a falta de testamento, pero inclusive existiendo este la ley plantea la aplicación de ciertas normas imperativas como las relativas a la legítima. De allí que algunos critiquen el término «sucesión legítima», toda vez que la fuente o causa de la sucesión testamentaria, también es la ley[2] que ha previsto su aplicación dentro de su propio marco jurídico. «Tan legítima como la sucesión por la ley es la sucesión testamentaria»[3]. Por eso, no

---

[1] Véase *supra* 1.3.
[2] Véase: Sojo Bianco, ob. cit., p. 285, «Aunque suele denominarse también sucesión legítima, esta denominación no resulta del todo acertada, ya que la disposición testamentaria es también legítima por estar conforme a la ley».
[3] Torres-Rivero, *Teoría...*, t. i, p. 87. Véase también: Roca Ferrer *et al.*, ob. cit., p. 165, la sucesión testamentaria o voluntaria, también está reconocida y regida por la ley, que representa su causa y título. Véase también criticando el término pero con base en que se confunde con la figura de la sucesión forzosa: Aquino Granados, Mónica Leticia: *La sucesión intestada o legal*. Guatemala, Universidad Rafael Landívar, 2011, p. 7, http://biblio3.url.edu.gt/tesis/2011/07/01/aquino-monica.pdf.

obstante la existencia de las dos clases de sucesión *mortis causa* –legal y testamentaria– se reconoce que ambas tienen como fuente la propia ley. Pero, según titulamos el presente capítulo, la doctrina admite distintos términos, a saber, sucesión: intestada, *ab intestato*[4], legítima y legal[5]. Aunque se acota que el término sucesión «legítima» pudiera provocar confusión con la sucesión forzosa, necesaria o legitimaria[6], a la que nos referiremos posteriormente[7]. Se distingue, pues, entre sucesión legal necesaria y no necesaria[8], según el llamado de la ley imponga la legítima a los herederos legales o no, respectivamente.

La sucesión intestada o *ab intestato*, régimen común del Derecho Sucesorio[9], es aquella que regla el legislador[10]; significa sucesión en virtud de

---

[4] Véase: Prieto-Castro y Ferrándiz, Leonardo: *Derecho Concursal. Procedimientos sucesorios. Jurisdicción voluntaria. Medidas cautelares.* Madrid, Tecnos, 2.ª edic., 1986, p. 148, *ab intestato* es una denominación romana (latina) no del todo expresiva, porque solo denota el caso de la defunción del causante sin haber otorgado testamento, esto es, intestado, que hace necesaria la denominada sucesión «legítima». Pero importa, no solamente la inexistencia de testamento sino también la falta, ineficacia o insuficiencia del llamamiento.

[5] Roca Ferrer *et al.*, ob. cit., pp. 163 y 164. Véase también: de Oleaga y Echeverría, Francisco Javier: «Sobre la sucesión intestada». En: *Jado: Boletín de la Academia Vasca de Derecho*, N.º extra 5, Bilbao, 2008, pp. 73-79, alude a sucesión intestada o legal, también conocida como sucesión *ab intestato*.

[6] Roca Ferrer *et al.*, ob. cit., p. 164. Véase haciendo la distinción entre ambas expresiones: Esparza Bracho, *Derecho…*, pp. 101 y 102. Véase: Martínez Martínez, ob. cit., p. 443, convendría eliminar el término «sucesión legítima» cuando se aluda en el Código Civil a sucesión intestada para no confundir con la sucesión legitimaria o forzosa y las legítimas.

[7] Véase *infra* ix.

[8] Véase: Maia Nevares, Ana Luiza: «*A solidariedade familiar e a sucessão legítima*», en: http://www.arpensp.org.br.

[9] Álvarez-Caperochipi, ob. cit., p. 121. Véase sobre el tema: Lafont Pianetta, ob. cit., pp. 523 y ss.

[10] Somarriva Undurraga, ob. cit., p. 99. Véase también: Sepúlveda Cerliani, ob. cit., es aquella en que los asignatarios y la parte que estos llevan en la herencia las determina el legislador.

la ley[11]. Cuando la ley determina la persona del sucesor en atención a los vínculos familiares con el fallecido, se alude a sucesión legal[12]. Opera en virtud de llamamientos legítimos, sin intervención de la voluntad del causante expresada en su testamento[13]. La sucesión intestada es la delación hecha por la ley para regular la ordenación y distribución de las titularidades de quien fallece sin testamento, o cuando habiéndolo hecho, este es insuficiente o ineficaz para ordenar su sucesión[14]. La sucesión *ab intestato* tiene lugar por imperio de la ley; la ley dispone los sujetos a quien se transfiere el patrimonio del causante si no existe manifestación de este[15]. La transmisión de los bienes del difunto tiene lugar fuera de su voluntad[16]. La sucesión legal

---

[11] Messineo, ob. cit., p. 48.
[12] Carrión Olmos *et al.*, ob. cit., p. 468.
[13] Véase: Zannoni, ob. cit., p. 421; Arrue, Marcelo Alejandro: «Derecho Sucesorio. Parte ii», http://www.monografias.com.
[14] Carrión Olmos *et al.*, ob. cit., p. 398. Véase también: Suárez Franco, ob. cit., pp. 124 y 125, porque no existe testamento, o porque este solo afecta una parte de los bienes, porque afectó la legítima, o porque no tenga efecto; Rojina Villegas, ob. cit., pp. 135 y 136; Claro Solar, ob. cit., t. xiii, pp. 192 y 193; Juzgado Tercero de Primera Instancia en lo Civil, Mercantil, Agrario y de Tránsito de la Circunscripción Judicial del estado Anzoátegui, sent. del 13-10-06, exp. BP02-S-2006-004876, http://anzoategui.tsj.gov.ve/decisiones/2006/octubre/1066-13-BP02-S-2006-004876-.html, «La sucesión intestada o legal tiene establecida su base legal en el Capítulo i, Libro Tercero del Código Civil, desprendiéndose de los artículos que rigen la materia, que dicha sucesión se produce cuando el *de cujus* no deja testamento, por lo que la misma se defiere por ministerio de la ley, o en los casos que ella misma expresamente lo disponga. En tal sentido, la sucesión intestada es supletoria de la voluntad del causante, por lo que se produce la transmisión de los derechos y obligaciones del mismo, según normas legales cuando esa voluntad no existe o está viciada»; Esparza Bracho, *Derecho...*, pp. 103 y 104.
[15] Véase: Sojo Bianco, ob. cit., p. 285; Piña Valles, ob. cit., p. 39, «la transferencia se hace por imperio legal»; Serrano Alonso, *Manual...*, p. 236, la sucesión intestada es un sucesión legal en cuanto que es la ley la que llama a ser sucesores a determinados familiares del causante, es supletoria porque opera en defecto o insuficiencia de la sucesión testamentaria; Gutiérrez Barrenengoa *et al.*, ob. cit., p. 475, es la que tiene lugar por ministerio de la ley, cuando falten en todo o en parte los herederos testamentarios; Rojas, ob. cit., p. 45, se produce por imperio de la ley.
[16] Mazeaud *et al.*, ob. cit., vol. ii, p. 67.

e intestada es la que se abre a falta de testamento ante la insuficiencia o ineficacia de éste último. Se indica que la sucesión legal, *ab intestato* o legítima, es primera en el tiempo que la testamentaria[17]. Esto es, a falta de previsión del *de cujus* mediante testamento, la ley regula detalladamente el destino y la suerte de sus relaciones patrimoniales.

Al efecto indica la jurisprudencia: «… Se habla de sucesión intestada o *ab intestato* haciendo referencia a la figura jurídica mediante la cual, por imperio de la ley, a la muerte de un sujeto de derecho se realiza una trasferencia de sus derechos y obligaciones a otro u otros sujetos expresamente señalados por la misma ley, a no ser que exista una manifiesta declaración de voluntad del fallecido»[18]. «La sucesión es legítima o intestada, por lo que una porción de la sucesión intestada corresponde de pleno derecho a ciertos herederos legítimos, la cual es la sucesión hereditaria que se defiere por ministerio de la ley»[19].

Sin embargo, aclara acertadamente Zannoni que debe advertirse que la sucesión legítima no solo suple la ausencia de testamento, pues de ser así sería simplemente supletoria, sino que cuando los herederos gozan además de vocación legitimaria, resulta imperativa para el causante su no exclusión[20]. Dado aquel sentido, se ha considerado como una sucesión supletoria, complementaria, subsidiaria o negativa[21].

En tal sentido, el artículo 807 del Código Civil prevé: «Las sucesiones se defieren por la ley o por testamento. No hay lugar a la sucesión intestada sino cuando en todo o en parte falta la sucesión testamentaria».

---

[17] Suárez Franco, ob. cit., p. 126.
[18] Juzgado de Primera Instancia en lo Civil, Mercantil, Tránsito y Bancario de la Circunscripción Judicial del estado Aragua, sent. del 16-06-08, citada *supra*.
[19] Superior Sexto de lo Contencioso Administrativo de la Región Capital, sent. del 20-09-07, exp. 05-1131, http://lara.tsj.gov.ve/decisiones/2007/septiembre/2111-20-05-1131-.html.
[20] Zannoni, ob. cit., p. 420.
[21] Roca Ferrer *et al.*, ob. cit., pp. 166 y 167.

Así pues, según dicha norma, la sucesión puede tener lugar en virtud de la ley o de testamento. La testamentaria tiene preeminencia sobre la sucesión legal siempre que se mantenga dentro de los límites de la propia ley, pero la sucesión legítima o *ab intestato* entra en juego a falta de aquella o puede concurrir con esta si fuera el caso, si las previsiones del causante son insuficientes o exceden la autonomía de la voluntad. Así pues, podría tener lugar la concurrencia entre la sucesión testada y *ab intestato* cuando la regulación de la primera es insuficiente[22], esto es, la sucesión intestada puede coexistir con la testamentaria, a diferencia de lo que ocurría en el Derecho romano donde la última excluía la primera[23], aunque ciertamente dicho Derecho constituye antecedente de la figura[24]. En el Derecho moderno no constituye problema la coexistencia de las dos formas de sucesión testada e intestada[25]. De allí que se aluda entre las clases o especies de sucesión, a la «mixta» para referirse al

---

[22] Véase: Bosch Capdevilla, ob. cit., pp. 64-67; Ferrandio Bundio, ob. cit., p. 12, son perfectamente compatibles en una misma sucesión, la disposición voluntaria y la legal, ocupando cada una la posición que le corresponda. Siendo posible porque el ordenamiento admite la validez del testamento a pesar de no contener la institución de heredero, lo que permite concurrencia de sucesión testada e intestada; Carrión Olmos *et al.*, ob. cit., p. 367.

[23] Sojo Bianco, ob. cit., p. 287, agrega el autor que ello acontecía porque la cualidad de heredero hecha por el testador era un título que investía al designado como titular de la universalidad del patrimonio y demás derechos del *de cujus*, y por tanto cerraba la posibilidad de que cualquier otra persona pudiera participar, aunque fuera parcialmente, de la soberanía del grupo doméstico y por ende del patrimonio. Nuestro Derecho por el contrario, en el artículo 807 del Código Civil admite la sucesión legítima si falta en todo o en parte la testamentaria, o incluso contra la voluntad del causante como cuando se afecta la legítima. Véase: Bernad Mainar, ob. cit., pp. 143, existía la regla nadie puede morir en parte testado y en parte intestado (*nemo pro parte testatus pro parte intestates decedere potest*), esto es, la incompatibilidad de los dos llamamientos.

[24] Véase: Louzan de Solimano, Nelly Dora: «Sucesión intestada y "la legítima" en Roma», http:/ www.salvador.edu.ar/romano1.html; Turiel de Castro, Gerardo: «La sucesión intestada en el Derecho romano». En: *IV Congreso Iberoamericano de Derecho romano*. Universidad de Vigo, 1999, vol. I, pp. 63-88; Bernad Mainar, ob. cit., pp. 95-100.

[25] Camus, ob. cit., p. 55.

supuesto de concurrencia de sucesión parte testada y parte intestada[26]. De hecho, se admite que podrían concurrir herederos nacidos de distintas vocaciones; testamentaria y legal[27]; así como herederos y legatarios, siendo que los últimos suponen necesariamente la voluntad testamentaria mientras que los primeros, además de la ley, pueden ser instituidos por testamento. Al efecto, comenta Kipp que sucesión legal y la sucesión voluntaria pueden coexistir una al lado de la otra. El causante puede nombrar un heredero parcial. En tal caso, para una parte del caudal vale la disposición *mortis causa* y para el resto la sucesión legal[28].

Por ello, la doctrina cita entre los supuestos de apertura de la sucesión legal: la inexistencia de título testamentario, la vulneración de ciertas normas imperativas como la legítima[29], así como la revocatoria[30], nulidad y caducidad del testamento. Los tres últimos supuestos los califica la doctrina de ineficacia[31]. Así pues, la sucesión bajo análisis puede entrar en aplicación no solo a falta de previsión o manifestación del *de cujus*, es decir, no solo en caso de ausencia de testamento, sino cuando este es incompleto –previsiones parciales– o ineficaz, vulnera la legítima, en caso

---

[26] Véase: ídem; Pérez Puerto, ob. cit.; Núñez Barroso, Plácido: «Sucesión universal o sucesiones». En: *Revista de Derecho Notarial*, N.º 105. México D. F., Asociación Nacional del Notariado Mexicano, 1994, p. 100, http:// www.juridicas.unam.mx; Díez-Picazo y Gullón, ob. cit., pp. 324 y 325; Rojas, ob. cit., p. 28.
[27] Vallet de Goytisolo, *Estudios de Derecho Sucesorio...*, vol. iv, p. 23.
[28] Kipp *et al.*, ob. cit., p. 21.
[29] Roca Ferrer *et al.*, ob. cit., pp. 207-209.
[30] Véase: Juzgado Primero de Primera Instancia en lo Civil, Mercantil y Agrario de la circunscripción judicial del estado Carabobo, sent. del 05-11-04, exp. 48 166, http://cojedes.tsj.gov.ve/decisiones/.../721-5-48.166-.html, «al haber el causante revocado tácitamente su testamento, queda sin efecto alguno la llamada sucesión testamentaria para la sucesión (...) quedando en consecuencia sustituida por la prevista en la Ley, o lo que es lo mismo, sucesión *ab intestato*...».
[31] Véase *infra* vii.5; Tribunal Cuarto de Municipio Ordinario y Ejecutor de Medidas de la Circunscripción Judicial del Área Metropolitana de Caracas, sent. del 13-03-15, exp. AP31-S-2014-005685, http://caracas.tsj.gob.ve/decisiones/2015/marzo/3047-13-ap31-s-2014-005685-pj0042015000042.html.

de incumplimiento de la condición de la disposición testamentaria, premoriencia del beneficiario al testador, si el heredero repudia la herencia o es incapaz de suceder[32]. La jurisprudencia también indica: «La sucesión *ab intestato* procede cuando no hay la voluntad manifiesta del causante y esto ocurre no solo cuando no se ha dejado testamento»[33].

La sucesión intestada se caracteriza porque ocurre por causa de muerte, es decir, requiere del fallecimiento del causante; siempre es a título universal, por cuanto no existiendo declaración expresa del causante no puede haber sucesores a título particular o legatarios; se produce por ordenarlo la ley de forma expresa y es supletoria de la voluntad del causante, en el sentido que el acto jurídico de última voluntad –testamento– no existe o existiendo está viciado total o parcialmente[34]. Efectivamente, la sucesión intestada es siempre una sucesión universal, pues la ley en ella nombra herederos y no legatarios, estos últimos corresponden a la voluntad del causante[35].

---

[32] Véase: Sojo Bianco, ob. cit., p. 286; Rojas, ob. cit., p. 45; Villaroel Rión, ob. cit., p. 126. Véase también: Louzan de Solimano, ob. cit., La sucesión intestada o legítima –como también decimos hoy– tiene lugar cuando el causante no otorgó testamento, o el otorgado no es válido o ninguno de los instituidos llegan a ser herederos. Es lo que expresan las instituciones de Justiniano.

[33] Juzgado de Primera Instancia en lo Civil, Mercantil, Tránsito y Bancario de la Circunscripción Judicial del estado Aragua, sent. del 16-06-08, citada *supra*, «a. el testamento es nulo o ineficaz; b. si el testador no ha dispuesto por testamento la totalidad de los bienes de que podía disponer, en cuyo caso la porción no dispuesta, será objeto de sucesión intestada; c. cuando se haya afectado en el testamento parte de la porción legítima; d. cuando el beneficiario de la disposición testamentaria deje de cumplir la condición que le haya sido impuesta; e. cuando el beneficiario de la disposición testamentaria muere antes que el testador, f. cuando el heredero testamentario repudia la herencia y no existe sustituto ni tiene lugar el derecho de acrecer a favor de los otros coherederos; g. finalmente, si el heredero es incapaz de suceder».

[34] Juzgado Superior en lo Civil, Mercantil, Tránsito y Menores de la Circunscripción Judicial del estado Nueva Esparta, sent. del 16-09-05, citada *supra*.

[35] Lacruz Berdejo *et al.*, ob. cit., p. 415.

2. Fundamento[36]

La sucesión *ab intestato* encuentra sentido en dos ideas que admite el legislador; los afectos naturales de quien fallece sin manifestación de última voluntad y la necesidad de cumplir cierta exigencia de orden social[37]. La última descansa en la primera: el afecto y el amor de toda persona debe orientarse por naturaleza y lógica a su familia; pero aunque así no fuera para algunos sujetos en particular, la paz social reconocida jurídicamente reclama su consagración por parte del orden jurídico.

La realidad de las distintas legislaciones demuestra que, con mayor o menor pureza, la sucesión legal se dirige a los familiares del difunto, pero aparece discutida la razón última por la que se imponen tales llamamientos. Se ha sostenido en líneas generales que el orden sucesorio es expresión de una comunidad patrimonial de la familia, que es una simple y necesaria consecuencia de la protección que dada su importancia social, ha de otorgarse a la misma[38]. Se admite como fundamento o justificación de la sucesión intestada –que prevé en principio un orden imperativo de suceder al menos en lo relativo a los herederos legitimarios– la importancia natural de algunos vínculos familiares, y respecto de los cuales ni siquiera la voluntad del propio testador tiene la fuerza de excluir de la sucesión[39]. Se funda en

---

[36] Véase: Maia Nevares, ob. cit., *passim*; Esparza Bracho, *Derecho...*, pp. 102 y 103; Aquino Granados, ob. cit., pp. 18-24.

[37] Polacco, ob. cit., t. i, pp. 34 y 35, tiene un doble fundamento el orden natural de los afectos y el orden social. Véase también: Martínez Martínez, ob. cit., p. 353, se basa en una presunción de afectos típicos del causante medio, pero existen también razones de política legislativa y de política social, como pueden ser la protección de los intereses familiares.

[38] Roca Ferrer *et al.*, ob. cit., p. 172.

[39] Véase: Abouhamad Hobaica, ob. cit., p. 119, la doctrina apoya la sucesión intestada en la idea de comunidad doméstica, pues los miembros de una misma familia tienen eventuales derechos a la muerte del titular. Otros lo ven en la voluntad presunta del causante, y el interés social que limita la afectividad para la búsqueda de protección de la familia; Rojas, ob. cit., p. 46, se fundamenta en el orden natural de los afectos y en el orden social.

la relación familiar, pues el legislador no habiendo dispuesto el causante, y en trance de elegir heredero, dirige el nombramiento hacia sus familiares, únicos respecto de los que cabe fácilmente un nombramiento abstracto. A tal razón de comodidad, cabe añadir, para los grados más próximos y el cónyuge, la solidaridad familiar[40], el deber de asistencia y la presunción típica de afecto[41].

La sucesión legal descansa objetivamente sobre la idea de que el patrimonio del difunto de ser heredado por su familia[42]. Para MESSINEO, la sucesión legal se explica mejor haciendo de ella un medio con el cual el orden jurídico reafirma el vínculo familiar y el conyugal[43]. De allí que el legislador atribuya en el orden natural de los afectos[44] que el derecho de sucesión atañe, en primer lugar, a los descendientes, a quienes se orienta primariamente nuestra protección por ser producto de la propia reproducción, luego a los ascendientes en razón de habernos brindado esta última y finalmente a los colaterales por compartir parte de nuestras vivencias familiares. La necesidad de incluir al cónyuge concurriendo con los primeros como parte fundamental del orden jurídico y social es igualmente reconocida por el legislador[45]. Se sostiene así generalmente, que la sucesión intestada reposa sobre el afecto presunto del causante, aun cuando tal presunción varíe según las diversas legislaciones[46], así como a la naturaleza de las relaciones de familia, a pesar de que autores como LAFAILLE indican que «el grado de afecto atribuido al causante» es una construcción jurídica y lógica actualmente en decadencia[47].

---

[40] Véase: MAIA NEVARES, ob. cit., *passim*, se fundamenta en la prioridad de la familia.
[41] LACRUZ BERDEJO *et al.*, ob. cit., p. 416.
[42] KIPP *et al.*, ob. cit., p. 23.
[43] MESSINEO, ob. cit., p. 49.
[44] Véase en tal sentido: POLACCO, ob. cit., t. I, pp. 34 y 35, la ley interpreta la voluntad del mismo inspirándose en el orden natural de los afectos; LÓPEZ HERRERA, *Derecho...*, t. I, p. 49, respecto de los miembros de la familia.
[45] Véase: SOJO BIANCO, ob. cit., pp. 286 y 287; RODRÍGUEZ DE RODRÍGUEZ, ob. cit., pp. 16 y 17.
[46] LÓPEZ DEL CARRIL, ob. cit., p. 33.
[47] Ibíd., p. 35.

Debe admitirse que, al margen de los conflictos familiares o de la lejanía que pudiere existir entre determinados parientes o cónyuges, lo lógico, obvio y natural por simple sentido humano es que entre estos mediara un mínimo de sentido de socorro y afecto, que necesariamente debe proyectarse en el ámbito económico en lo atinente al destino de las relaciones pecuniarias de quien fallece.

Polacco señala que también se armoniza tal elemento relativo al orden natural de los afectos con consideraciones de orden social, la ley dicta particulares restricciones en homenaje a la familia legalmente constituida. Por razón de este segundo fundamento sería demasiado absurdo decir que «la sucesión legítima es el testamento tácito del difunto», de allí que –acertadamente indica el autor– no es correcto sostener que la sucesión legal se basa en la presunta voluntad del difunto[48], pues el pensar de este podría ser lejano a la ley[49]. Messineo igualmente rechaza la presunta voluntad del difunto como fundamento de la sucesión legal[50]. De allí que el remanido fundamento de la «presunta» voluntad del causante, invocado para justificar diversas figuras sucesorias, no sirve de fundamento a la sucesión intestada[51]. La ley simplemente se inspira en lo que debería naturalmente ser el curso de los afectos familiares y ni siquiera la voluntad expresa del causante logra descartar parte del efecto de la sucesión legal, a saber, el orden de suceder y el respeto a la legítima que, como bien se afirma, forma parte de la sucesión bajo análisis.

Indica Rojas que la sucesión legal se inspira, para los llamamientos y atribuciones que hace, en las relaciones que ligan al causante con los miembros de sus familia y con el Estado, de manera que el vínculo familiar y el

---

[48] Polacco, ob. cit., t. i, p. 35.
[49] Ibíd., p. 36, pues puede suceder que la regulación legal no se corresponda con la verdadera voluntad del causante, pero la ley se apoya en lo que sería el hombre medio en atención a sus afectos y sobre el regula los llamados a suceder.
[50] Messineo, ob. cit., pp. 49 y 50.
[51] Como tampoco a la sucesión necesaria como especie de ésta, esto es no es la esencia o justificación de la figura que analizamos ni de la legítima. Véase *infra* ix.2.

nacional constituyen la causa y el título de la misma[52]. Se admite así que se fundamenta, salvo en el supuesto excepcional del llamamiento del Estado, en la relación familiar[53].

Es natural que la ley regle el destino lógico de las relaciones patrimoniales del individuo en atención a lo que la naturaleza y el afecto demandaría. No se trata de una voluntad presunta, es realmente un orden impuesto, al menos en lo atiente a cierta categoría de sucesores. Pero ha de existir un destino previsto por ley, incluso para aquellos sucesores que el causante pudiendo excluir no lo hizo, porque ante la inercia u omisión del interesado, el orden jurídico trata de preservar la regularidad en la transmisión de las relaciones pecuniarias, considerandos los familiares del *de cujus* por orden de proximidad y en defecto de estos, queda a la persona incorporal por excelencia o de existencia necesaria asumir el papel de último sucesor. Alguien debe asumir la continuidad de las relaciones del causante, las primeras llamadas será en función del vínculo afectivo familiar; las demás responden a una necesidad jurídica y social. La sucesión legal encuentra así su fundamento en un requerimiento familiar, social y jurídico en virtud del cual, el Derecho prevé un orden lógico y subsidiario de la transmisión hereditaria.

3. Caracteres

Entre las características, algunas ya referidas de la sucesión legal o *ab intestato*, cabe citar: i. Opera por imperio o voluntad de la ley; i. acontece a falta de la voluntad del causante y para completar la voluntad parcial o viciada de este[54], de allí que se aluda a supletoria o subsidiaria; iii. al igual

---

[52] Rojas, ob. cit., p. 105.
[53] Gutiérrez Barrenengoa *et al.*, ob. cit., p. 476. Véase comentario final de: Esparza Bracho, *Derecho...*, p. 103, La ausencia de testamento debe ser suplida por la ley, pues, de lo contrario, las relaciones patrimoniales quedarían limitadas a la temporalidad de la vida humana.
[54] Véase *supra* 1.

que la sucesión testamentaria, y en el sentido limitado o restringido de la acepción, se trata de una sucesión *mortis causa* o por causa de muerte, esto es que tiene lugar ante la muerte del sujeto; iv. si entra en aplicación a falta de testamento supone una sucesión a título universal, en defecto de previsión testamentaria de legatarios[55], es decir, la sucesión bajo análisis no prevé nunca la figura del legatario característica de la sucesión testamentaria[56], de allí que se aluda a «universalidad» –en tal sentido respecto de los caracteres se pronuncia una decisión judicial[57]–; v. compatibilidad con la sucesión testada, porque en aquellos casos en los que la voluntad del causante no agota la totalidad del haber hereditario coexistirán ambas clases de sucesión, testada e intestada[58].

4. Sujetos a quienes se defiere

En la sucesión *ab intestato*, la herencia se defiere a determinados familiares[59] en atención al orden de suceder que prevé el Código sustantivo en

---

[55] Véase: Sojo Bianco, ob. cit., p. 287.
[56] Véase: Juzgado Superior en lo Civil, Mercantil, Tránsito y Menores de la Circunscripción Judicial del estado Nueva Esparta, sent. del 16-09-05, citada *supra*.
[57] Juzgado de Primera Instancia en lo Civil, Mercantil, Tránsito y Bancario de la Circunscripción Judicial del estado Aragua, sent. del 16-06-08, citada *supra*. Entre las características fundamentales se señalan cuatro, a saber: i. Es una situación a causa de muerte o al menos de muerte, ii. siempre la sucesión es a título personal, pues no habiendo testamento no existen herederos particulares o legatarios, iii. ocurre siempre por imperio de la ley, iv. es supletoria de la voluntad del causante, puesto que surge solo cuando esa voluntad no existe o está viciada total o parcialmente.
[58] Pérez-Pujazón Millán, Encarnación y Rodríguez Ramos, F. Javier: «El régimen de sucesión intestada en España. Régimen general». En: *Economist & Jurist*, vol. 21, N.º 168, Madrid, 2013; Aquino Granados, ob. cit., pp. 27 y 28.
[59] Sostuvimos la trascendencia del concepto de «familia» a propósito de la sucesión *ab intestato* en: Domínguez Guillén, María Candelaria: «La familia: su proyección en la sucesión legal y en la sucesión forzosa». En: *I Jornadas Franco-venezolanas de Derecho Civil «Nuevas Tendencias en el Derecho Privado y Reforma del Código Civil Francés»*. Caracas, Capítulo Venezolano de la Asociación Henri Capitant Des Amis

los artículos 822 y ss. que precisaremos más adelante[60]. Indica al efecto una decisión judicial: «De allí, que suceden al causante determinada categoría de personas; y el orden de suceder lo establece la Ley en los artículos 822 y siguientes del Código Civil; así encontramos ciertos órdenes sucesivos: descendientes; cónyuge, ascendientes y hermanos y sus descendientes y otros parientes comprendidos entre el tercero y sexto grado (artículo 830 del Código Civil)»[61]. En efecto, los sujetos que pueden figurar en la sucesión bajo análisis son: cónyuge –o concubino[62]–, descendientes, ascendientes, colaterales y en defecto de los anteriores, es llamado en último lugar el Estado. Veremos en qué orden y porción[63].

---

de la Culture Juridque Francaise. José ANNICCHIARICO, Sheraldine PINTO y Pedro SAGHY, coords. Editorial Jurídica Venezolana, 2015, pp. 63-89.

[60] Véase *infra* 7; SOJO BIANCO, ob. cit., p. 288.

[61] Juzgado Superior en lo Civil, Mercantil, Tránsito y Menores de la Circunscripción Judicial del estado Nueva Esparta, sent. del 16-09-05, citada *supra*. Véase también: Juzgado Tercero de Primera Instancia en lo Civil, Mercantil, Agrario y de Tránsito de la Circunscripción Judicial del estado Anzoátegui, sent. del 13-10-06, citada *supra*, «… es necesario señalar que en la sucesión intestada, las personas llamadas a suceder son los ascendientes, descendientes, cónyuges y parientes colaterales hasta el sexto grado del causante».

[62] Declarado judicialmente como tal o acreditado mediante la respectiva acta del estado civil. *Vid.* Ley Orgánica de Registro Civil, artículos 117 al 122; Consejo Nacional Electoral, Resolución N.º 121220-0656, mediante la cual se resuelve dictar el Reglamento N.º 1 de la Ley Orgánica de Registro Civil, *Gaceta Oficial* N.º 40 093, del 18-01-13, artículos 65-68 (previamente: Resolución N.º 100623-0220: «Normas para regular los libros, actas y sellos del Registro Civil», *Gaceta Oficial* N.º 39 461, del 08-07-10, artículos 52-55). Véase *infra* 7; PIÑA VALLES, ob. cit., p. 67; HERNÁNDEZ DE SOJO-BIANCO, Milagros: «El derecho de los concubinos a heredarse, según el artículo 77 de la Constitución de la República Bolivariana de Venezuela». En: *Temas de Derecho Civil. Libro homenaje a Andrés Aguilar Mawdsley*. Vol. I, Caracas, TSJ, Fernando PARRA ARANGUREN, editor, 2004, p. 711, el Servicio Autónomo de Administración Tributaria solicita al interesado la sentencia definitivamente firme que declare el concubinato, toda vez que tales derechos se tienen por reconocidos a través de un órgano jurisdiccional. Vale acotar al comentario de la autora que la Ley Orgánica de Registro Civil admite como opción probatoria la respectiva acta por lo que la sentencia merodeclarativa tendrá lugar a falta de ésta–; TSJ/SCC. sent. N.º 107, del 11-04-19.

[63] Véase *infra* 7.

De allí que la doctrina distinga que en la sucesión *ab intestato* se llaman a los parientes consanguíneos, al cónyuge y al Estado[64]; los primeros pueden concurrir, el Estado, por el contrario, viene cuando faltan las otras[65]. Los parientes[66] más próximos excluyen a los más lejanos[67]. Así, se cita como principio básico de la sucesión *ab intestato* «la mejor condición del parentesco próximo»[68]. En cada orden es llamado a la sucesión el pariente más próximo, teniéndose en cuenta el grado de parentesco; los parientes del mismo grado suceden en condición de igualdad[69].

Se alude a «herederos legítimos», esto es, aquellos sujetos determinados expresamente por la ley a la herencia en razón de parentesco, matrimonio o concubinato[70]. Los herederos o sucesores legítimos o legales, llamados por el orden legal a la herencia a falta de testamento, se diferencian, según veremos,

---

[64] Véase al respecto: Polacco, ob. cit., t. i, p. 39; López Herrera, *Derecho…*, t. i, pp. 50-64; Esparza Bracho, *Derecho…*, p. 104.

[65] Polacco, ob. cit., t. i, p. 39.

[66] Véase: Juzgado de Primera Instancia en lo Civil, Mercantil y Tránsito del Primer Circuito de la Circunscripción Judicial del estado Portuguesa, sent. del 20-06-06, citada *supra*, «… Esta forma de sucesión intestada tienen vocación hereditaria los parientes consanguíneos del *de cujus*, las cuales son gobernadas por dos principios básicos y fundamentales como lo son: el de calidad de línea y el de la proximidad de grado. Hay tres tipos de líneas de parentesco consanguíneo que corresponden distintas categorías en cuanto a la vocación *ab intestato*, en primer lugar esta línea recta descendente, en segundo lugar la línea recta ascendente y por último la línea colateral. La Ley llama a suceder, es decir, el Código Civil venezolano primeramente a los parientes consanguíneos del causante, en línea recta descendente –hijos–, cuando estos rechazan la herencia o no exista pariente del causante, la Ley llama a los parientes consanguíneos del causante en línea recta ascendente y si no existen estos o han rechazado o repudiado la herencia la Ley llama a los parientes consanguíneos del causante en línea colateral».

[67] Véase: Sojo Bianco, ob. cit., p. 288.

[68] Alcalá-Zamora y Torres, ob. cit., pp. 93 y 94, así como constituye un principio el respeto a la voluntad en la sucesión testada –ambos principios básicos de las dos formas sucesorias–.

[69] Ripert y Boulanger, ob. cit., p. 88.

[70] Rojina Villegas, ob. cit., pp. 75.

de los herederos «legitimarios», titulares de la «legítima» y ambas categorías no necesariamente coinciden[71]. Son herederos legitimarios los primeros llamados en la sucesión legal, a saber, cónyuge[72], descendientes y ascendientes, proyección del carácter imperativo del llamamiento[73]. La sucesión legal impone un orden –en parte imperativo– al menos en lo que respecta a los herederos legitimarios –a quienes debe respetársele su cuota legítima–. El testador puede variar parte del orden sucesorio legal[74]; aquel que no sea imperativo porque no supone la existencia de herederos legitimarios.

El *de cujus* podría efectivamente excluir por testamento a determinados parientes en forma expresa o tácita[75] llamados en la sucesión legal, a lo que cabe reiterar que tal exclusión en nuestro ordenamiento es válida como forma de manifestación de la autonomía de la voluntad del causante, únicamente respecto de herederos no legitimarios –hermanos, sobrinos y otros colaterales–. Afirma Pino, en este sentido, que los parientes colaterales en general pueden ser excluidos de la sucesión por el causante, pues

---

[71] Véase *infra* ix.1; TSJ/SCC, sent. N.º 698, del 10-08-07; Esparza Bracho, *Derecho...*, p. 135, se les denomina «legítimos» en una terminología no exenta de confusión. Los «legitimarios» son los llamados por la ley a suceder aun contra la voluntad del causante.

[72] O de ser el caso, el concubino o concubina –acreditado judicialmente o mediante la respectiva acta de conformidad con la Ley Orgánica de Registro Civil–.

[73] Véase: Juzgado Primero de Primera Instancia en lo Civil, Mercantil y Tránsito del Primer Circuito de la Circunscripción Judicial del estado Portuguesa, sent. del 12-02-08, citada *supra*. Estas tres normas sustantivas (artículos 822, 823 y 824 del Código Civil) que son de orden público no pudiendo ser relajadas ni contravenidas por los particulares, en el sentido, de que establece quienes son los sujetos llamados a suceder al causante, como vemos en primer lugar, el padre y la madre y a todo ascendiente lo heredan sus hijos o descendientes, y el matrimonio crea derechos sucesorales y la viuda concurre a la herencia con todos los descendientes correspondiéndole una cuota parte de la herencia igual a la de un hijo.

[74] Véase: Pino, Augusto: *La esclusione testamentaria dalla successione legittima*. Roma, Tipografia del Senato del Dott. G. Bardi, 1955; Cámara Lapuente, Sergio: *La exclusión testamentaria de los herederos legales*. Madrid, Civitas, 2000.

[75] Véase: Cámara Lapuente, ob. cit., pp. 74-121. Véase también: Pino, *La esclusione...*, p. 5.

presentan una vocación eventual[76]. También cabría que el causante excluya al Estado si no tiene otros familiares, para evitar la herencia vacante, instituyendo un sucesor por vía testamentaria.

5. Incapacidad para suceder[77]

Para suceder se precisa «capacidad». No obstante, los supuestos que ubica la ley y la doctrina dentro de tal noción a los fines de la sucesión no se corresponde con el concepto técnico de «capacidad de obrar» o posibilidad de realizar actos jurídicos por voluntad propia[78], toda vez que los incapaces de obrar pueden suceder[79] con los debidos mecanismos o regímenes de protección de incapaces y a beneficio de inventario. La incapacidad de suceder se asocia a la «incapacidad de goce», que constituyen prohibiciones que la ley impone por la especial posición de los sujetos o por razones de moralidad[80].

La capacidad para suceder que se refiere al sucesor, es una capacidad pasiva porque es para recibir[81]; y por tal se afirma que es una capacidad jurídica o de derecho[82], por contraposición a la capacidad de obrar o ejercicio; de allí

---

[76] Véase: Pino, *La esclusione...*, p. 11.
[77] Véase «la capacidad en la sucesión» en: Torres-Rivero, *Teoría...*, t. i, pp. 199-409; y la capacidad para suceder de manera intestada en López Herrera, *Derecho...*, t. i, pp. 67-85; Esparza Bracho, *Derecho...*, pp. 107-122.
[78] Véase: Domínguez Guillén, *Ensayos...*, pp. 27 y ss.; Varela Cáceres, Edison Lucio: *La capacidad de ejercicio en los niños y adolescentes (especial referencia al Derecho español y venezolano).* Editorial RVLJ. Caracas, 2018, pp. 26 y ss.
[79] Véase: Serrano Alonso, *Manual...*, p. 240, si el llamado a suceder es una persona física no hace falta capacidad de obrar.
[80] Véase sobre la capacidad de goce: Domínguez Guillén, *Ensayos...*, pp. 50-59; Varela Cáceres, ob. cit., pp. 22 y ss.
[81] Torres-Rivero, *Teoría...*, t. i, p. 201.
[82] Véase: Messineo, ob. cit., p. 43, la capacidad de suceder es un caso particular no de capacidad de obrar sino de capacidad jurídica; Toglio, ob. cit., «La capacidad para suceder a título universal o *mortis causa* es la aptitud para ser titular de los

que puedan suceder los incapaces de obrar[83]. Señala en tal sentido López del Carril que la ley no trata la capacidad para suceder, ni la define ni da el concepto de la misma en razón de su propia especificidad y destino. Siguiendo a Prayones, podría considerarse que «capacidad para suceder es el conjunto de requisitos que la ley exige para que una persona pueda ser sujeto pasivo de la transmisión hereditaria». Y tal capacidad es de derecho, pues se refiere al goce o titularidad del derecho sucesorio, y comprende la capacidad receptiva de adquirir o recibir. Esta capacidad para suceder es distinta a la capacidad para aceptar o repudiar la herencia, que es una capacidad dinámica, relativa a la «capacidad de obrar»; en tanto que la capacidad para suceder es estática o «capacidad de derecho», y consiste en la calidad misma de sucesor o heredero en virtud de un título válido[84]. Tampoco debe confundirse la capacidad o aptitud para suceder con la «vocación hereditaria»[85].

Zannoni define la capacidad para suceder *mortis causa* como «la aptitud para ser titular de los derechos activos y pasivos que contiene la herencia a cuya adquisición se es llamado en el todo, en una parte alícuota o en un objeto determinado, en carácter de heredero o legatario». Se trata así de una capacidad de derecho o de goce[86]. Dicha capacidad –agrega el autor–, no constituye un presupuesto de la vocación, sino una condición de

---

       derechos activos y pasivos que contiene la herencia a cuya adquisición se es llamado en el todo, en una parte alícuota o en un objeto determinado en carácter de heredero o legatario. Es una capacidad de derecho. Toda aptitud para adquirir es de derecho, independientemente del ejercicio de los derechos adquiridos»; Esparza Bracho, *Derecho...*, p. 107, la capacidad para suceder es una capacidad jurídica o de goce.

[83] La capacidad de obrar o de ejercicio es la posibilidad de realizar actos jurídicos por voluntad propia, de allí que se considere dinámica, por contraposición a la capacidad jurídica o de goce que es la medida de la aptitud para ser titular de deberes o derecho, esto es la medida de la personalidad. Se afirma que la capacidad para suceder se asocia propiamente a esta última.

[84] López del Carril, ob. cit., pp. 9 y 10.

[85] De Page, ob. cit., p. 55.

[86] Zannoni, ob. cit., p. 61.

eficacia de ella. Si fuese su presupuesto, afectaría la existencia del llamamiento. Como es una de las condiciones de eficacia, podría acontecer que el llamado en razón de su incapacidad no pueda adquirir eficazmente la herencia[87].

De tal suerte, que, combinando las nociones anteriores con los conceptos asociados a la capacidad jurídica[88], podemos afirmar que la capacidad para suceder viene dada por la aptitud para recibir o aceptar los derechos y deberes derivados del fenómeno sucesorio, bien sea a título universal o particular. Se aprecia que es ajena a la capacidad de obrar o de ejercicio, vinculada a la realización de actos jurídicos por propia voluntad, porque esta puede ser subsanada por el mecanismo legal correspondiente.

Dispone el artículo 808 del Código Civil: «Toda persona es capaz de suceder, salvo las excepciones determinadas por la ley». La doctrina clasifica las incapacidades en absolutas o relativas, según que afecten en todo caso o en relación con una sucesión determinada[89]. En la absoluta no se puede recibir de persona alguna, en la relativas no se puede recibir de determinada persona[90]. Para suceder *ab intestato*[91], al igual que acontece en materia de sucesión testamentaria, rige la regla de que la capacidad es la regla y la incapacidad es la excepción[92], así como que en materia de incapacidades no se admite la analogía, pues las causas de incapacidad –en virtud de sus graves consecuencias– son taxativas[93]. El Código Civil regula lo relativo a la capacidad para suceder en los artículos 808 al 813. Veamos cada uno de los supuestos contenidos en tales normas.

---

[87] Ibíd., p. 63.
[88] Según la cual esta viene dada por la medida de la aptitud para ser titular de deberes y derechos o la medida de la personalidad. La cual la tiene todo sujeto por el solo hecho de ser persona.
[89] Véase: Sojo Bianco, ob. cit., p. 288.
[90] Torres-Rivero, *Teoría...*, t. i, p. 207.
[91] Véase: Esparza Bracho, *Derecho...*, p. 108.
[92] Véase ídem; *infra* vi.2.
[93] Véase Domínguez Guillén, *Ensayos...*, pp. 46-49.

5.1. Consideraciones sobre la denominada incapacidad por «inexistencia»

En el presente ítem, vale distinguir comentarios sobre tres situaciones o supuestos referidos por la doctrina: el concebido o *conceptus* –que tiene capacidad sucesoria si llega a nacer vivo por su condición de persona–, el no nacido vivo –quien nunca llegó a ser persona– y el *concepturus* o por concebir –quien no es persona ni concebido, sino una mera expectativa–.

Prevé el artículo 809 del Código Civil: «Son incapaces de suceder los que en el momento de la apertura de la sucesión no estén todavía concebidos. A los efectos sucesorios la época de la concepción se determinará por las presunciones legales establecidas en los artículos 201 y siguientes para la determinación de la filiación paterna».

Una antigua regla que se remonta al Derecho romano exige que las sucesiones se abran a favor de seres que ya existen, pues los bienes del difunto son recogidos por aquellos que viven al momento de su fallecimiento[94]. El concebido o *conceptus* –si bien no es persona– a la fecha de la apertura de la sucesión tiene capacidad de suceder siempre que se consolide su condición de persona al producirse el nacimiento con vida. Explicamos en otra oportunidad que el concebido o *conceptus* constituye un supuesto excepcionalísimo en que, sin tener personalidad jurídica –porque esta se adquiere con el nacimiento vivo de conformidad con el artículo 17 del Código Civil– puede temporalmente considerarse en algunas situaciones jurídicas que se traten de su bien con la necesaria condición de que se nazca con vida[95]. Se trata de una flexibilización del Derecho que reconoce derechos al no nacido en materia sucesoria[96]. En tal caso no se precisa haber nacido para

---

[94] Ripert y Boulanger, ob. cit., p. 55.
[95] Véase: Domínguez Guillén, *Inicio y extinción...*, pp. 104-137.
[96] Ferrandio Bundio, ob. cit., p. 68.

que el ordenamiento lo considere, pues se trata de su bien[97]. De allí que se afirme que «el concebido es siempre capaz para suceder»[98].

La concepción o fusión de las células sexuales que originan una nueva vida es fundamental para la consideración de derechos sucesorales *ab intestato*; su cálculo a partir del nacimiento con vida supone tener igualmente en cuenta la presunción establecida en el artículo 213 del Código Civil[99]. Según tan presunción *iuris tantum*, lo importante será, a los efectos de la capacidad sucesoral del concebido, que la concepción haya operado al instante de la apertura de la sucesión o muerte del causante, para lo cual se considerará los primeros 121 días de los 300 que preceden al día del nacimiento.

Ahora bien, respecto del «no nacido vivo», vale observar que nuestro sistema vigente adopta la teoría de la «vitalidad» consagrada en el citado artículo 17 del Código Civil, en virtud del cual se precisa para ser persona natural nacer «con vida», por lo que carece de existencia jurídica el ser que nació muerto o no vivió ni un instante siquiera fuera del claustro materno[100]. Si bien algunos autores patrios incluyen el supuesto del no nacido vivo entre los casos incapacidad por «inexistencia»[101], siguiendo la

---

[97] Véase: Sojo Bianco, ob. cit., p. 288, «Obsérvese que no hace falta haber nacido, pues basta que el llamado a heredar esté concebido para el momento de la apertura de la sucesión, para que se le tenga por nacido, en virtud de la regla '*coneptus pro nato habetur*' –el concebido se tiene por nacido–», esto último cuando se trate de su bien, situación obvia en una sucesión de activo superior al pasivo.

[98] Torres-Rivero, *Teoría...*, t. i, p. 214.

[99] Que prevé: «Se presume, salvo prueba en contrario, que la concepción tuvo lugar en los primeros 121 días de los 300 que preceden al día del nacimiento». Véase también: Domínguez Guillén, María Candelaria: «El cálculo de la concepción». En: *Revista de Derecho*, N.º 24. Caracas, TSJ, 2007, pp. 63-96 (también en: *Manual de Derecho de Familia...*, pp. 483-509).

[100] Véase sobre la teoría de la vitalidad: Domínguez Guillén, *Inicio y extinción...*, pp. 57-74.

[101] Véase: López Herrera, *Derecho...*, t. i, p. 68; Torres-Rivero, *Teoría...*, t. i, pp. 215 y 216; Piña Valles, ob. cit., p. 41; Aguilar Gorrondona, José Luis: *Derecho Civil i Personas*. Caracas, UCAB, 23.ª edic., 2010, pp. 205 y 206. Véase:

doctrina extranjera tradicional que alude a la incapacidad por «falta de existencia»[102], extensible al no concebido[103], según referimos en otra oportunidad, más que una incapacidad –noción que presupone la existencia del sujeto o la persona– lo que se configura en el caso concreto es la inexistencia de personalidad o subjetividad jurídica[104] y no habiendo ésta, mal puede existir capacidad o incapacidad. Lo mismo cabe decir del supuesto del *concepturus* o por concebir que comentaremos de seguidas.

En cuanto al *concepturus* o por concebir, cabe indicar que si el concebido ni siquiera es «persona» jurídicamente hasta que nazca con vida –aunque excepcionalmente dada su potencialidad y proximidad a ser sujeto de derecho, sea admitido por expresa disposición de ley a la sucesión–, mal podría aceptarse al ni siquiera concebido a una sucesión legítima o *ab intestato*. Un ser inexistente que representa una mera expectativa nunca sería llamado a una sucesión legal o *ab intestato*, por lo que el *concepturus* o por concebir no es llamado en modo alguno en la sucesión intestada; ello está fuera de toda lógica jurídica. Sin embargo, según veremos, dada la distinta naturaleza del llamamiento testamentario, el *concepturus* sí podría ser considerado a los efectos de la sucesión testamentaria por expresa voluntad del causante[105]. De allí que desde un punto de vista estrictamente técnico –al igual que comentamos respecto del no nacido vivo– la imposibilidad de suceder del no concebido para la época de la apertura de la sucesión

---

Torres-Rivero, Arturo Luis: *Mis comentarios y reparos a la reforma del Código Civil en 1982*. Caracas, UCV-Colegio de Abogados del Estado Lara, 1984, vol. I, pp. 64 y 65, quien indica al comentar el artículo 809 que, en efecto, exprésese o no en la ley, determinadas situaciones, por biológicas, por naturales, producen siempre fatalmente sus consecuencias. «Los que no hayan nacido vivos» no son personas naturales, y por ende, no son personas jurídicas, lo cual evidencia la incapacidad de ellos, incapacidad general por inexistencia, que es un axioma.

[102] Véase: Messineo, ob. cit., p. 45, la incapacidad jurídica es en sustancia el equivalente a falta de personalidad aunque sea potencial; De Ruggiero, ob. cit., p. 405.
[103] Véase en tal sentido: Polacco, ob. cit., t. I, pp. 61 y 62.
[104] Véase: Domínguez Guillén, *Ensayos...*, p. 56.
[105] Véase *infra* VI.2.2.

legal, más que constituir una incapacidad por inexistencia[106], que presupone –a nuestro criterio– la personalidad, se presenta como la carencia de un presupuesto natural de las situaciones jurídicas, a saber, la existencia de subjetividad al momento que se configura la situación de derecho en cuestión[107]. Ello llevaría a concluir que el supuesto de la fecundación artificial *post mortem* excluiría al concebido con posterioridad a la apertura de la sucesión, aunque el máximo Tribunal refirió lo contrario[108], y algunos lo han considerado por vía analógica[109].

Recapitulando, somos del criterio que los supuestos del «no nacido vivo» y del «no concebido» no configuran propiamente una «incapacidad» para suceder, pues, no obstante los términos de la Ley y la doctrina, es elemental que quien no existe no tiene subjetividad o personalidad jurídica, presupuesto previo y necesario a los fines de la capacidad jurídica[110]. En los citados casos, simplemente no se tiene la condición de persona o sujeto de derecho de conformidad con el artículo 17 del Código Civil[111]. De allí que

---

[106] Véase: López Herrera, *Derecho…*, t. i, p. 68; Torres-Rivero, *Teoría…*, t. i, pp. 212 y 213; Piña Valles, ob. cit., p. 41; Aguilar Gorrondona, ob. cit., p. 205.

[107] Véase en sentido semejante: Lacruz Berdejo *et al.*, ob. cit., p. 55, tanto las «criaturas abortivas» como las asociaciones no constituidas, más que defecto de capacidad, presentan defecto de existencia pues «no es que sean incapaces: es que no son personas».

[108] Véase: TSJ/SC, sent. N.º 1456, del 27-07-06, «Pero, cuando la persona ha autorizado en vida la reproducción asistida, para que pueda realizarse *post mortem*, con persona señalada o señalable, hay una clara voluntad de que nazca alguien con la condición de hijo, a quien la Constitución y las leyes le reconocen el derecho de conocer a sus padres, lo que para esta Sala es un conocer integral y jurídico, y el artículo 809 del Código Civil debe ceder ante esta situación, ya que el conocer a qué tiene derecho este hijo, debe ser igual al de los otros hijos…».

[109] Lacruz Berdejo *et al.*, ob. cit., p. 58.

[110] Véase: Domínguez Guillén, *Ensayos…*, p. 56.

[111] Tales casos no se presentan como verdaderas incapacidades de goce, pues lo que ocurre es que en los supuestos indicados no existe «persona» y la capacidad de goce es simultánea a ésta. Véase en el mismo sentido: de Freitas de Gouveia, Edilia: «La noción de capacidad en la doctrina jurídica venezolana». En: *Estudios de Derecho Civil. Libro homenaje a José Luis Aguilar Gorrondona*. Vol. i, Caracas, TSJ, Fernando Parra Aranguren, editor, 2002, p. 334.

constituya una impropiedad de la ley o, en todo caso, una aclaratoria innecesaria, por obvia, aludir a una incapacidad de suceder de quien no esté concebido al tiempo de la apertura de la sucesión.

Por la misma razón, no resulta apropiado aludir a «incapacidad», respecto de quien ya perdió la subjetividad jurídica en razón de la muerte. En efecto, algunos autores incluyen en la citada incapacidad para suceder por «inexistencia», los supuestos de «premoriencia» –muerte previa al causante[112]– y de «conmoriencia» –muerte simultánea (artículo 994 Código Civil)[113]–. Es obvio que quien ha muerto previamente –premuerto– al causante no le sucede porque ha dejado de ser persona y para suceder debe sobrevivirse al *de cujus*, sin perjuicio de la figura de la «representación sucesoria» de los descendientes. Respecto de la conmoriencia haremos una consideración especial de seguidas, por lo que preferimos sustraerla de la «inexistencia». Reiteramos que la problemática de la capacidad o la incapacidad presupone la existencia o subjetividad jurídica; si no se tiene esta última, ya sea por no nacer vivo o por haber muerto, se carece del presupuesto o sustrato básico de cualquier atributo o consecuencia de la personalidad[114]. Así pues, a pesar de la expresión utilizada por el legislador, resulta impropio en general, aludir a «inexistencia» como causa de incapacidad[115].

---

[112] Véase: López Herrera, *Derecho...*, t. I, p. 68; Torres-Rivero, *Teoría...*, t. I, p. 217; Piña Valles, ob. cit., pp. 41 y 42.

[113] Véase: Torres-Rivero, *Teoría...*, t. I, pp. 217 y 218; Piña Valles, ob. cit., pp. 41 y 43.

[114] Afirmar que el no nacido y el fallecido es incapaz para suceder se presenta como una impropiedad, habría que citar tales casos en todo supuesto de incapacidad de goce, lo cual sería absurdo. La carencia se personalidad no genera una «incapacidad» sino que la personalidad es presupuesto del tema de la capacidad.

[115] De lo contrario, tendríamos que llegar a la absurda conclusión que todos los no concebidos, no nacidos vivos y los fallecidos son incapaces, lo que propiciaría un examen o pronunciamiento ilógico e infinito sobre una pretendida incapacidad que no es tal.

5.2. La indignidad[116]

El artículo 810 del Código Civil consagra las causas taxativas de indignidad como causa de incapacidad relativa –con relación al causante exclusivamente–: «Son incapaces de suceder como indignos: 1. El que voluntariamente haya perpetrado o intentado perpetrar un delito, así como sus cómplices, que merezca cuando menos pena de prisión que exceda de seis meses, en la persona de cuya sucesión se trate, en la de su cónyuge, descendiente, ascendiente o hermano. 2. El declarado en juicio adúltero con el cónyuge de la persona de cuya sucesión se trate. 3. Los parientes a quienes incumba la obligación de prestar alimentos a la persona de cuya sucesión se trate y se hubieren negado a satisfacerla, no obstante haber tenido medios para ello»[117].

Se trata de causales taxativas y, por tal, de orden público, que no pueden extenderse analógicamente dada su naturaleza sancionatoria a otros hechos distintos a los previstos por el legislador aunque sean censurables[118], lo que es de orden privado es plantearlas[119]. No toda conducta indebida o inadecuada da lugar a indignidad, sino las expresamente consagradas por la ley[120]. Tales causales son objeto de consideraciones particulares por la doctrina[121].

---

[116] Véase: SALAS, Acdeel E. *Obligaciones, contratos y otros ensayos*. Buenos Aires, Ediciones Depalma, 1982, pp. 483-510; CÓRDOBA et al., ob. cit., pp. 88-98; LAFONT PIANETTA, ob. cit., pp. 266-288; SERRANO GARCÍA, *Las sucesiones en general...*, pp. 13 y 15.

[117] Véase: DOMINICI, ob. cit., pp. 26 y 27, el autor al comentar el Código Civil de 1896, señalaba el artículo 706 que incluía 7 causas de indignidad: 1. matar o intentar matar al *de cujus*, 2. acusar de un crimen que merezca prisión si la acusación fue calumniosa, 3. forzar a hacer o reformar testamento, 4. impedir hacer o revocar testamento, así como suprimir, ocultar o alterar un testamento, 5. adulterio, 6. no cuidar o socorrer al pariente demente, y 7. padres que abandonen hijos menores de 15 años o que hayan tratado de corromperlos o prostituirlos a cualquier edad.

[118] TORRES-RIVERO, *Teoría...*, t. I, p. 245.

[119] Ibíd., p. 271.

[120] SERRANO ALONSO, *Manual...*, p. 41.

[121] Véase: TORRES-RIVERO, *Teoría...*, t. I, pp. 246-266.

La primera causal precisa, en principio, sentencia condenatoria penal[122] que se reproducirá en juicio civil[123], aunque se aclara que puede acontecer que no exista sentencia penal porque no exista la primera, como sería el caso de suicidio del homicida[124]. Se aprecia decisión judicial[125] confirmada

---

[122] Véase: ESPARZA BRACHO, *Derecho...*, p. 112, se precisa sentencia definitivamente firme. El autor excluye el delito culposo porque la indignidad implica una intensión ofensiva.

[123] Véase: Tribunal de Protección del Niño y del Adolescente de la Circunscripción Judicial del estado Lara, Sala de Juicio N.° 3, sent. del 25-09-08, exp. KP02-V-2005-4261, http://lara.tsj.gov.ve/decisiones/2008/septiembre/645-25-KP02-V-2008-004261-.html, «... la parte actora presentó junto con el libelo de la demanda, original de la querella interpuesta por el ciudadano (...) pero no así la sentencia condenatoria emanada de un tribunal penal que condene a los ciudadanos (...) por la comisión de algún delito específico en contra de su padre (...) y mal podría este Tribunal pronunciarse sobre la responsabilidad de los demandados porque incurriría en extralimitación de competencia por lo que esta juzgadora al estudiar y analizar los medios de prueba aportados por la parte actora, con los mismos no se demostró por las vías legales establecidas que los demandados (...) hayan perpetrado algún hecho punible en contra su padre por lo que no quedo configurado así, estar incursos en la causal establecida en el ordinal 1° del artículo 810 del Código Civil, para ser declarados incapaz de suceder como indignos». Véase también: LÓPEZ HERRERA, *Derecho...*, t. I, p. 76, en el juicio civil bastara la copia certificada de la decisión penal.

[124] Véase: TORRES-RIVERO, *Teoría...*, t. I, pp. 249-257.

[125] Tribunal Primero de Primera Instancia en lo Civil y Mercantil de la Circunscripción Judicial del estado Nueva Esparta, sent. del 07-10-03, http://zulia.tsj.gov.ve/decisiones/2003/octubre/282-7-20.183-.html, «Del espíritu de la Ley, establecida en los artículos precedentemente transcritos, se desprende que el legislador sancionó al declarado incapaz de suceder por indignidad, a la pérdida del derecho hereditario. Y ha sido doctrina jurisprudencial, que: "La indignidad funciona en sucesión tanto testada como intestada, la indignidad existe en mérito a la Ley, sin requerir declaración del causante contra el indigno que pretende heredar, accionan los coherederos". Así las cosas, tenemos que quedó demostrado en las actas procesales con todas y cada una de las pruebas aportadas por la parte actora, que la ciudadana (...) perpetró el delito de estafa agravada en contra de su padre (...) sumando con este hecho a su patrimonio bienes del acervo universal de la herencia legítima de su mencionado padre (...) en perjuicio de sus hermanos (...) por lo cual fue condenada (...) Configurándose así, estar incursa en la causal establecida en el ordinal 1° del

por el Juzgador Superior Civil[126] que considera la figura procedente en el caso de estafa agravada. Se ha presentado también cuando el heredero es el homicida del causante[127].

En cuanto, a la causal segunda[128], la mayor parte de la doctrina consideraba que no se limitaba la prueba del mismo a una sentencia condenatoria penal de adulterio que se haría valer en juicio civil, sino que también podía derivarse de juicio civil[129]. Otros consideran que el adulterio debía derivarse de sentencia penal porque otros juicios civiles no serían oponibles al tercero[130].

---

artículo 810 del Código Civil, para ser declarada incapaz de suceder como indigna (…) razón por la cual la presente acción está ajustada a derecho y por consiguiente debe prosperar».

[126] Juzgado Superior en lo Civil, Mercantil, Tránsito y Menores de la Circunscripción Judicial del estado Nueva Esparta, sent. del 16-09-05, citada *supra*, «Ahora bien, el numeral 1 del artículo 810 del Código Civil establece esta causal –la perpetración de un delito– como motivo suficiente para que se declare al sucesor incapaz para suceder como indigno; aún más la referida norma exige que el delito merezca cuando menos pena de prisión que exceda de seis meses y en el presente caso, la demandada (…) fue condenada a un año cuatro meses de prisión por el delito de estafa agravada, razón legal eficiente para que el tribunal de con lugar la acción intentada; esto es, la declare incapaz para suceder al causante (…) por indignidad. Es decir, incurrió la accionada en una de las causales previstas en la Ley para que se repute indigna y en consecuencia incapaz para suceder al *de cujus*; perdiendo de esta manera la herencia de su causante (…) por indignidad; causal de carácter moral que le priva heredar, devolver los bienes que posea y que pertenezcan al patrimonio del causante y restituir los frutos que haya gozado desde la apertura de la sucesión». Véase declarando perecido el respectivo recurso de casación: TSJ/SCC, sent. N.º 205, del 20-03-06.

[127] Barrios, Plácido: «Acta de herederos a favor de condenado por asesinato de su esposa-causante». En: *El Notario del siglo XXI*, N.º 50. Madrid, Colegio Notarial de Madrid, 2013, http://www.elnotario.es.

[128] Véase sobre la causal: Torres-Rivero, *Teoría…*, t. I, pp. 258-263.

[129] Véase: ibíd., p. 258, si el legislador hubiese querido exigir sentencia penal condenatoria firme hubiese referido ello en la redacción –condenado por el delito de adulterio–. Véase: López Herrera, *Derecho…*, t. I, pp. 77 y 78, tal declaratoria podría tener lugar en juicio civil de divorcio o de desconocimiento de la paternidad.

[130] Véase: Esparza Bracho, *Derecho…*, p. 113, necesariamente tendrá que ser un juicio penal del cual resulte su condenatoria por la comisión del delito; un juicio

Pero, actualmente, la Sala Constitucional del Tribunal Supremo de Justicia le quitó el carácter punible al adulterio[131], por lo que simplemente cabría acreditar el mismo dentro del juicio de indignidad, pues la norma no pretendía limitarlo a la sentencia penal. No aplica al caso concreto la prueba trasladada de otro juicio civil en el que el presunto indigno no fue parte[132]

---

de divorcio fundado en la causal de adulterio no parece suficiente para establecer la indignidad del tercero que no fue parte en el juicio. Véase rechazando la traslación de la prueba de otro juicio civil: Zannoni, ob. cit., p. 85, aunque sea susceptible de crítica, tampoco bastará el adulterio probado en juicio de divorcio que promovió el causante contra su cónyuge y del cual puede resultar la identidad del codelincuente.

[131] Véase: TSJ/SC, sent. N.° 738, del 11-08-16, «Sentencia que declara nulas por inconstitucionales las disposiciones previstas en los artículos 394 y 395 del Código Penal, normas que contemplan los tipos penales de adulterio, por ser contrarias, tal como están concebidas, a los principios de igualdad, no discriminación de la mujer y respeto a la dignidad humana consagrados en los artículos 2, 3 y 21 de la Constitución...»; Riquezes Contreras, Oscar: «La sentencia 738/2016 de la Sala Constitucional y los artículos 394 y 395 del Código Penal ¿Se eliminó la discriminación por el sexo o se creó otro problema?». En: *Revista Venezolana de Legislación y Jurisprudencia*. N.° 9. Caracas, 2017, pp. 183-202, www.rvlj.com.ve.

[132] Véase sobre la prueba trasladada: TSJ/SCC, sent. N.° 463, del 13-08-09, «las pruebas trasladadas, son aquellas que ya fueron admitidas, promovidas y evacuadas en otro juicio, y, previo cumplimiento de los requisitos exigidos legalmente, han sido transportadas, con la finalidad de utilizar elementos probatorios que pudieran ser útiles, relevantes y determinantes, en un nuevo proceso»; Juzgado Cuarto de Primera Instancia en lo Civil, Mercantil y del Tránsito de la Circunscripción Judicial del estado Zulia, sent. del 06-05-09, exp. 11657, http://zulia.tsj.gov.ve/decisiones/2009/mayo/515-6-11657-23.html, «Con relación a estas pruebas la tesis del profesional del derecho Nelson Urdaneta González (…) titulada *"La prueba trasladada en la legislación procesal civil venezolana"*, presentada en la maestría de Derecho Procesal Civil de La Universidad del Zulia, en el año de 1996, dispone que las pruebas trasladadas son aquellas que se practican o se admiten en un primer proceso y que son presentadas en un proceso distinto mediante copia auténtica, o mediante el desglose del expediente original en el cual reposa, si la prueba lo permite. En el presente caso, la prueba trasladada fue presentada en copia auténtica –copia certificada–. También refiere que la prueba trasladada es un medio de prueba indirecto con referencia al hecho que se pretende demostrar. El medio de prueba que por cualquier circunstancia fue aportado a un proceso primigenio bien sea testifical,

al juicio civil de indignidad. A todo evento, sería recomendable de *lege ferenda* no excluir al cónyuge de causante o, en su defecto, eliminar la referida causal, pues no tiene sentido tan injustificada e inmoral exclusión.

---

confesión, inspección judicial, fotografía, experticia o cualquiera otra que quedó transcrita y constituida en instrumento en las actas procesales, conformando el respectivo expediente debe ser considerado un medio de prueba indirecto, por cuanto, existe una relación de intermediación entre el medio de prueba de carácter fundamental, el hecho probado –objeto de prueba– y el sentenciador del nuevo proceso en que se quiere hacer valer; porque el juez solo percibe la representación de los hechos por intermedio de la transcripción gráfica certificada de la cual podrá inducir o inferir la existencia del hecho o los hechos que se pretende probar. Desde otra perspectiva, las fotografías, las testifícales, la confesión, la inspección judicial utilizadas y valoradas en el primer juicio serían prueba directa en tanto que ellas servirían para demostrar de una manera directa el hecho o hechos controvertidos. Según el trabajo antes mencionado la prueba trasladada no tiene contenido propio, pues éste deriva de otra prueba ya promovida y evacuada. Tal cosa nos permite afirmar que la prueba trasladada como tal no tiene contenido propio, carece de esencia, no es un tipo de prueba, a lo sumo es una herramienta que permite vehicular una determinada prueba –inspección judicial, ocular, testimonial, posiciones juradas, experticias o prueba libre– en un proceso distinto a aquel en que fue originalmente promovida y evacuada. Si bien es cierto que ni la legislación, ni la doctrina de nuestro país han hecho pronunciamiento sobre la prueba trasladada o son pocos sus pronunciamientos, no es menos cierto que la sentencia de la Corte Superior en lo Civil y Mercantil del Distrito Federal y estado Miranda, de fecha 30 de abril del año 1962, señaló que son válidas en un juicio las pruebas evacuadas en otro que tuvo lugar entre las mismas partes, porque la parte interesada tuvo la oportunidad de hacer valer contra ellas los medios de verificación e impugnación que la ley otorga en el juicio en el cual se produjeron (…) Así pues, y al revisar este juzgador exhaustivamente las copias certificadas que como prueba trasladada fueron promovidas constata que, efectivamente, lo que se persigue es que por ser pruebas, las cuales fueron promovidas y evacuadas en otro juicio, en el cual actuaron las mismas partes, se procure la reducción de gastos judiciales, para conseguir una sentencia más justa y pronta, así como también eliminar el excesivo ritualismo, pues eso conlleva a un desgaste judicial innecesario»; Juzgado Primero de Primera Instancia en lo Civil, Mercantil, del Tránsito y Agrario de la Circunscripción Judicial del estado Nueva Esparta, sent. del 12-05-09, exp. 23382, http://jca.tsj.gov.ve/decisiones/2009/mayo/282-12-23.382-.html, «la prueba trasladada requiere que se trate de procesos llevados entre las mismas partes, y si las partes son parcialmente distintas, la

La doctrina señala que la norma contiene la impropiedad de referirse al tercero coautor del adulterio y no al cónyuge adúltero –«El declarado en juicio adúltero con el cónyuge de la persona de cuya sucesión se trate»[133]–, exclusión que pareciera absurda[134], pero que justifica Torres-Rivero porque puede que el causante haya decidido perdonar «hasta por sinvergüenza» a su cónyuge lo que en lo civil equivale a una reconciliación, de allí que el autor concluya que «es explicable, por tanto, que el legislador haya establecido la causal únicamente para el tercero coautor, ya que resultaría inútil que incluya al cónyuge adúltero, quien frente al otro cónyuge mantiene la vocación sucesoral si hubo reconciliación, o la pierde en caso de divorcio o de separación de cuerpos contenciosa»[135]. Por lo que dado

---

parte que no actúo en el anterior proceso, debe contar con la oportunidad de controlar la prueba, dado el elemental principio de que una prueba no puede producir efectos contra quien no fue parte en el proceso donde dicha prueba fue admitida y evacuada»; Juzgado Superior Quinto del Trabajo de la Circunscripción Judicial del estado Zulia, sent. del 08-07-08, exp. VP01-R-2008-000399, http://jca.tsj.gov.ve/decisiones/2008/julio/2251-8-VP01-R-2008-000399-PJ06420080000133.html, para su validez se precisa vigencia del principio de bilateralidad; Juzgado Tercero de Primera Instancia en lo Civil, Mercantil, Agrario y Bancario de la Circunscripción Judicial del estado Carabobo, sent. del 15-02-08, exp. 17078, http://cfr.tsj.gov.ve/decisiones/2008/febrero/723-15-17.078-.html; Juzgado Tercero de los Municipios San Cristóbal y Torbes de la Circunscripción Judicial del estado Táchira, sent. del 13-08-09, exp. 5573, http://tachira.tsj.gov.ve/decisiones/2009/agosto/1347-13-5573-.html; TSJ/SCS, sent. N.º 307, del 28-05-02, «Las copias certificadas consignadas por el demandado no pueden ser consideradas lo que la doctrina y la jurisprudencia patria denominan "prueba trasladada", por cuanto en aquel y en este juicio los demandantes no son los mismos y, por tanto, los hechos controvertidos también son disímiles».

[133] Esparza Bracho, *Derecho...*, p. 113, el Código no se refiere al cónyuge adúltero del causante, sino al tercero que incurrió en una relación adúltera con el cónyuge del *de cujus*, si este tercero es llamado a suceder con forme al orden legal, su relación de adulterio con el cónyuge del causante lo incapacita para suceder; Torres-Rivero, *Teoría...*, t. i, p. 261.

[134] Véase: Torres-Rivero, *Teoría...*, t. i, p. 261, comenta el autor que ningún autor venezolano toca el punto.

[135] Ibíd., p. 262.

que la sanción debe interpretarse estrictamente debería –a decir del autor– reformarse legalmente[136].

El cónyuge del *de cujus*, obviamente es coautor de adulterio[137]. La verdad es que, por más ingenio que se aporte en justificar la exclusión de la causal al cónyuge adúltero del causante, el asunto no resiste mayor análisis, no obstante el carácter taxativo de las incapacidades, toda vez que el adulterio no puede ser individual; el argumento del perdón no resulta convincente porque perfectamente el causante podía desconocer el hecho o, de conocerlo, diversos motivos distintos al perdón podrían justificar su inacción. La situación de que el cónyuge adúltero del causante no resulte afectado por la presente sanción sucesoria a diferencia del pariente adúltero llamado *ab intestato* –con quien con consumó la unión carnal–, constituye una ilógica inmoralidad –para no utilizar términos poco elegantes– que contraría la propia esencia de la indignidad. Se pudiera llegar al absurdo de que el propio cónyuge adúltero del *de cujus* pretenda la indignidad del sucesor –pariente del causante en la sucesión *ab intestato*– con quien consumó el adulterio[138]. Resultaría más sano eliminar la citada causal que consagrar tan injustificada diferencia.

Señalaba ESPARZA que la manera en la que está redactada la disposición obliga a excluir de la causal al cónyuge adúltero del causante, pero acota

---

[136] Ibíd., p. 263, considera el autor que ha incluirse que, a pesar de que el juicio de divorcio o de separación de cuerpos termina por la muerte de uno de los cónyuges, debe continuar a los solos efectos del adulterio del cónyuge sobreviviente, si ello fuere la base de la acción.

[137] Véase sobre el adulterio –aunque a propósito de causal de divorcio–, DOMÍNGUEZ GUILLÉN, *Manual...*, pp. 155-161 –unión carnal entre un hombre y una mujer si uno de ellos está casado–.

[138] Pero de presentarse tan insólito e inmoral supuesto, la causal en comentario sería violatoria del principio de igualdad consagrada en la Carta Magna (artículo 21.1) y por ende susceptible de desaplicación (Constitución, artículos 334.1 y 44.3; 20 del Código de Procedimiento Civil) por configurar un tratamiento distinto entre los coautores del adulterio, cuando en esencia mayor gravedad reviste el adulterio del cónyuge del causante.

que «sin embargo, al cónyuge le sería aplicable la causal primera, es decir la que se refiere a la comisión de un hecho punible que merezca pena de prisión superior a seis meses, si la sanción por el delito de adulterio alcanza ese tiempo»[139]. Pero reiteramos que la Sala Constitucional del Máximo Tribunal declaró la nulidad de las normas penales realtivas al adulterio como delito[140], por lo que el punto actualmente no puede resolverse con base en la causal primera del artículo 810 Código Civil.

Respecto a la tercera causal, el incumplimiento «injustificado» de la obligación de alimentos[141]. No se requiere que esta prestación alimentaria fuera acordada judicialmente, pues el legislador no lo exige expresamente, basta con la existencia de condiciones que la justifiquen[142]. Se indica que es necesario que exista la obligación legal de alimentos, que se hayan tenido medios económicos y que, no obstante, el sucesor se haya negado a satisfacerla[143]. Se afirma que se precisa declaración judicial que declare la indignidad por la presente causal[144]. TORRES-RIVERO considera que ello

---

[139] ESPARZA BRACHO, *Derecho...*, p. 114.
[140] Véase: TSJ/SC, sent. N.º 738, citada *supra*.
[141] Véase: TORRES-RIVERO, *Teoría...*, t. I, pp. 263-266. La obligación de alimentos en el ámbito de los menores de edad, la denomina la Ley Orgánica para la Protección de Niños, Niñas y Adolescentes de 2007 «obligación de manutención» (véase artículos 365 y ss.).
[142] ESPARZA BRACHO, *Derecho...*, p. 114.
[143] LÓPEZ HERRERA, *Derecho...*, t. I, p. 79.
[144] Véase: Juzgado Cuarto de Primera Instancia en lo Civil, Mercantil y del Tránsito de la Circunscripción Judicial del estado Zulia, sent. del 03-10-12, exp. 13284, http://zulia.tsj.gob.ve/decisiones/2012/octubre/515-3-13284-10.html, «se declara inadmisible la reconvención o mutua petición presentada en el juicio especial de partición, mucho más cuando el motivo de la reconvención de la parte demandada se basa entre otros aspectos, en el supuesto contemplado en el numeral tercero del artículo 810 del Código Civil que trata la incapacidad relativa para suceder *ab intestato* por indigno a "Los parientes a quienes incumba la obligación de prestar alimentos a la persona de cuya sucesión se trate y se hubieren negado a satisfacerla, no obstante haber tenido medios para ello", la cual solo es posible previa existencia de una sentencia definitivamente firme que así lo declare».

no se extiende al «cónyuge» porque este no es pariente[145], por lo que señala Esparza que en atención al carácter taxativo de las causales de indignidad no es extensible el supuesto al cónyuge, y no será posible corregir este posible error en la enunciación legislativa mediante interpretación analógica o extensiva[146]. Debe recordarse, sin embargo, que existe una diferencia sustancial entre la analogía y la interpretación extensiva –los términos no son sinónimos–; la primera supone aplicar a un supuesto no previsto por el legislador la misma consecuencia jurídica, la segunda implica que el texto de la ley se quedó corto en relación con su espíritu, por lo que la respectiva corrección viene autorizada por la propia ley. Las limitaciones a la capacidad sí admiten dentro de sus justos límites la interpretación extensiva; lo que ciertamente está vedado es la analogía[147]. En el caso que nos

---

[145] Torres-Rivero, *Teoría*…, t. i, p. 264.
[146] Esparza Bracho, *Derecho*…, p. 114.
[147] Véase: Domínguez Guillén, *Ensayos*…, pp. 494-497, Señala Castán Tobeñas que la idea de que las normas excepcionales no admiten la interpretación extensiva es solo el resultado de la confusión entre esta y la analogía. La jurisprudencia española ha reconocido que no es siempre cierto que las normas de Derecho singular o excepcional estén necesariamente sustraídas del juego de la interpretación extensiva, ni rechacen el empleo del procedimiento analógico, ya que la norma relativamente excepcional puede consentir la aplicación de esta última dentro del ámbito de su contenido estricto y en tanto la *ratio* del tratamiento excepcional corresponda también al caso no regulado. Se ha indicado que fuera del Derecho Penal, las disposiciones taxativas y las excepcionales rige la admisibilidad de la analogía, pues la excepción es la aplicación del argumento a contrario. Francisco Parra también indica que «la norma de excepción no admite analogía». Obsérvese, pues, que la prohibición respecto de las normas excepcionales se refiere a la analogía y no a la interpretación extensiva. Refiere sabiamente Orgaz que el principio de que la capacidad es la regla y la incapacidad es la excepción, significa que la incapacidad no puede extenderse por analogía a otros supuestos no previstos por la norma. La analogía jamás procede en leyes excepcionales. Esto no quiere decir que la incapacidad deba interpretarse siempre restrictivamente –como suele afirmarse con ligereza– ni siquiera que sean de interpretación estricta. Las leyes que sancionan la incapacidad deben ser interpretadas con propiedad, esto es, penetrando en su inteligencia y en su voluntad real: el resultado de esta interpretación puede conducir, también aquí, a restringir el alcance de la ley cuando el texto aparezca excesivamente amplio –restrictiva– o ampliar

ocupa es obvio que el texto de la ley debe referirse a «familiares» en lugar de «parientes». En sentido semejante, a propósito de las causales de indignidad se ha pronunciado la doctrina extranjera señalando que el término «pariente» presenta una sinonimia con el término «heredero»[148].

Sería un contrasentido ante el incumplimiento «injustificado» del deber de alimentos del cónyuge, que pretenda este no incurrir en «indignidad» porque la ley alude a «parientes» cuando lo cierto que debe mediar una interpretación correctiva de tal término por «familiares», ya que el estado

---

ese alcance cuando se demuestre que el texto está redactado con demasiada limitación –interpretación extensiva–. Estos resultados serán correctos siempre que la interpretación lo sea. Lo único que está vedado es extender incapacidades a casos de ningún modo comprendidos en la ley, ni expresa ni implícitamente, que es, por definición, la hipótesis de la analogía. Siguiendo estas ideas, y entendiendo el criterio que permite distinguir entre interpretación extensiva y analogía podemos sostener que las limitaciones a la capacidad no pueden ser objeto de analogía, pero sí de interpretación extensiva, porque esta última implica que el supuesto en concreto se encuentra dentro del espíritu de la norma aunque no en su letra. La analogía por el contrario, alude a un supuesto no previsto ni por el texto ni por el espíritu de la ley. De manera que podemos concluir, no como una regla pero sí como un criterio orientador, que en efecto, las normas que limitan la capacidad no pueden ser objeto de analogía. Respecto a la interpretación extensiva, nos atrevemos a sostener que la misma en ocasiones sería procedente, obviamente manteniendo los justos límites que impone lo delicado del contexto en cuestión.

[148] Véase Zannoni, ob. cit., p. 85, a propósito de la causal que establece en el Derecho argentino «el pariente del difunto que, hallándose éste demente y abandonado, no cuido de recogerlo...», el término «pariente» empleado por la ley no solo alude a quienes gozan de vocación legítima, sino también contra el heredero instituido que incurrió en abandono. Se produce la sinonimia accidental a la que alude Rébora entre el término «pariente» y el término «heredero». Véase también: Rolleri, Gabriel *et al.*: «Legitimación activa de la acción de indignidad». En: *XXII Jornadas Nacionales de Derecho Civil. V Congreso Nacional de Derecho Civil. Comisión N.º 6 (Sucesiones)*. Córdoba, 23, 24 y 25 de setiembre de 2009, http://www.derechocivilcba.com.ar/docs/legitimacion_activa_accion_indignidad_rolleri.doc, «coincidimos con la mayor parte de la doctrina en extender el concepto "pariente" como sinónimo de 'heredero', pero dejando en claro que la legitimación debe ser más amplia aún, a otros interesados que pretendan excluir al indigno».

«familiar» incluye a los parientes, así como al cónyuge[149] y al concubino. No se puede extender la incapacidad por analogía, pero sí se puede interpretar correctivamente en función del espíritu de la ley y la finalidad de la institución especialmente en función de criterios de igualdad.

Se aprecia decisión judicial que declara con lugar la indignadad con base en la causal referida de incumplimiento de obligación de alimentos, respecto de una madre con ocasión de la sucesión de su fallecido hijo, toda vez que quienes habían contribuido a su cuidado fueron otros familiares[150].

En otras legislaciones rigen otras causales como el abandono del familiar[151], la falta de reconocimiento filiatorio[152] o no aceptar el cargo de albacea[153]. Se han propuesto otras causales en ordenamientos extranjeros con especial referencia a la «problemática actual de desamparo de algunos

---

[149] Lo cierto es que sobre los esposos pesa el deber de alimentos con características más especiales porque ni siquiera se precisa –al igual que en caso de menores– probar el estado de necesidad; se trata de una obligación consustancial al estado conyugal como parte del deber de socorro.

[150] Véase: Juzgado Séptimo de Primera Instancia en lo Civil, Mercantil, del Tránsito y Bancario de la Circunscripción Judicial del Área Metropolitana de Caracas, sent. del 15-01-16, exp. AP11-V-2012-000638, http://caracas.tsj.gob.ve/decisiones/2016/enero/2122-15-ap11-v-2012-000638-pj0072016000004.html, «este Tribunal llega a la conclusión de que la ciudadana demandada incumplió con su obligación de alimentos establecida en el artículo 282 del Código Civil, de modo que incurrió en la causal contenida en el ordinal 3º del artículo 810 del Código Civil, por lo que este Tribunal se ve forzado a declarar con lugar la demanda y en consecuencia incapaz para suceder por indignidad».

[151] Véase: ZANNONI, ob. cit., p. 85, Cámara de Apelaciones de Trelew, sent. N.º 034, del 11-11-08, http://blog.juschubut.gov.ar/sijblog/2010/01/indignidad-sucesoria-concepto.html, «Declarar formalmente que, de conformidad con lo dispuesto en los artículos 3295, 3302, 3303 y ss. del Código Civil, la demandada de autos, sra. A. A. F., es indigna de suceder a su madre, sra. G. C., por haber configurado su conducta la causal de indignidad prevista y sancionada por el artículo 3295 del Código Civil –abandono de su madre demente–».

[152] Véase ZANNONI, ob. cit., p. 86.

[153] Véase *infra* XII.2.

sectores de la sociedad en riesgo como la ancianidad en desamparo y la violencia de género»[154]. Sería recomendable de *lege ferenda* ampliar la causal comentada, no limitándola al incumplimiento técnico de la obligación de alimentos, y acoger una fórmula más genérica asociada al «abandono», que permitiría incluir la desidia afectiva respecto del causante. Logrando así una justicia material respecto de quienes nunca se han ocupado afectivamente del *de cujus* especialmente en supuestos de ancianidad y discapacidad; caso no poco común en la realidad cotidiana[155].

La indignidad se presenta como una sanción civil exclusiva de la persona natural[156] que priva de la capacidad de suceder en razón de haberse configurado alguno de los hechos o circunstancias que la ley taxativamente considera ofensivos o injuriosos respecto de la persona del causante. Es, pues, una incapacidad relativa de goce que impone el orden jurídico como una suerte de sanción moral[157]; la conducta del llamado a suceder es ofensiva

---

[154] MOREDA, Liliana Alicia y LUJAN MILLÁN, Liliana: «Inclusión nuevas causales de indignidad». En: *XXII Jornadas Nacionales de Derecho Civil. V Congreso Nacional de Derecho Civil. Comisión N.º 6 (Sucesiones)*. Córdoba, 23, 24 y 25 de setiembre de 2009, http://www.derechocivilcba.com.ar/docs/inclusion_nuevas_causales_indignidad_moreda_millan.doc.

[155] Véase: MARTÍNEZ MARTÍNEZ, ob. cit., p. 444, Las causas de indignidad deben reformularse con independencia de los tipos delictivos del Código Penal. Deben ser causas de indignidad todo tipo de malos tratos de obra y palabra entre cualesquiera llamados a sucederse entre sí, sea por derecho propio o por derecho de representación, incluyendo no prestarse alimentos entre obligados; PÉREZ GALLARDO, Leonardo B.: «La negativa de atención o alimentos al causante como causal de incapacidad para suceder (*rectius* inhabilitación o exclusión sucesoria)». En: *Revista de Derecho de Familia y de las Personas*. Año VI, N.º 5. Buenos Aires, La Ley, 2014, pp. 162-167.

[156] Véase: KRIEG, Claude: *L'indignité en Droit Successoral suisse*. Lausanne, Université de Lausanne, (tesis), 1966, p. 35, solo las personas psíquicas pueden ser declaradas indignas, el instituto no aplica a las personas morales.

[157] Véase: DOMÍNGUEZ GUILLÉN, *Ensayos...*, pp. 56 y 57. Véase: CÓRDOBA *et al.*, ob. cit., p. 89, para algunos la indignidad no es una incapacidad, sino una causa que contraría la vocación sucesoria.

a la memoria del *de cujus*, no haciéndolo merecedor de suceder, y de allí la denominación de «indigno».

Es, pues, una pena civil que impone la ley contra el heredero o legatario por un agravio al *de cujus*[158]. La indignidad es una sanción establecida por la ley, cuando el llamado a título universal o singular, ya sea por ley o testamento, haya incurrido en conductas que «… representan agresiones o menoscabos a la integridad, a la libertad, el honor, la salud, las afecciones o la memoria del causante». El fundamento es, pues, doble: está en la presunta voluntad del causante y también en el sentimiento de moral social[159]. «La indignidad es una sanción legal que provoca la pérdida del derecho hereditario del sucesor que ha cometido en agravio del causante un hecho grave previsto en la ley; es decir, pesan sobre aquel sucesor de la herencia testada o intestada razones graves de carácter moral que le privan heredar»[160] Rojas indica que a la indignidad se le atribuyen distintos sentidos: como una «pena», una desheredación legal, la pérdida de la capacidad relativa de suceder, causa de exclusión o caducidad del derecho hereditario[161]. La indignidad en sus orígenes aparece asociada a la desheredación, incluso

---

[158] Romero Cifuentes, ob. cit., p. 30. Véase también: Lacruz Berdejo et al., ob. cit., p. 59, la indignidad constituye una sanción civil que tiene de común con la penal, su falta de función satisfactoria del derecho violado, ya que no tiende a reintegrarlo; Ripert y Boulanger, ob. cit., p. 63, la indignidad es la exclusión de la sucesión pronunciada a título de pena contra quien ha sido culpable de faltas graves contra el difunto y su memoria.

[159] Ciarrocca de Cervetto, Laura: «Indignidad, desheredación y legítima». En: *XXII Jornadas Nacionales de Derecho Civil. V Congreso Nacional de Derecho Civil. Comisión N.º 6 (Sucesiones)*. Córdoba, 23, 24 y 25 de setiembre de 2009, http://www.derechocivilcba.com.ar/docs/indignidad_desheredacion_legitima_ciarrocca_cervetto.doc.

[160] Juzgado Superior en lo Civil, Mercantil, Tránsito y Menores de la Circunscripción Judicial del estado Nueva Esparta, sent. del 16-09-05, citada *supra*. En el mismo sentido: Tribunal de Protección del Niño y del Adolescente de la Circunscripción Judicial del estado Lara, Sala de Juicio N.º 3, sent. del 25-09-08, citada *supra*.

[161] Rojas, ob. cit., pp. 52 y 53.

desde el Derecho romano[162]; otros ordenamientos consagran la desheredación que atiende mayormente a la voluntad privada del causante, por las causas de ley, entre las que ubica la indignidad[163], pero nuestro Derecho no prevé la desheredación, sino la indignidad como causa de suceder que para algunos es una suerte de desheredación legal.

Para POLACCO, su fundamento deriva básicamente de la presunta voluntad del causante, toda vez que este puede condonar la falta[164]. Efectivamente, la inmoralidad cometida cede ante la rehabilitación del causante, funcionando esta como excepción a la incapacidad. Siendo así una suerte de excepción al carácter de orden público o insubsanable de las incapacidades de goce.

La indignidad para suceder ha sido calificada por un sector de la doctrina patria como una «incapacidad especial de goce», que se traduce en una suerte de prohibición de ley por razones de moralidad[165]. La indignidad deriva de la conducta incorrecta, censurable y bochornosa[166], que se aprecia no solo en el Derecho Sucesoral, sino en el Derecho de Familia en general, en materia de donaciones (artículo 1459 del Código Civil)

---

[162] ZANNONI, ob. cit., p. 80; MOREDA y LUJAN MILLÁN, ob. cit., «La institución de la indignidad, tiene su origen en el Derecho romano, En este, a la par de la *exheredatio*, con la que se protegía el interés privado tutelando el resentimiento personal del ofendido contra el ofensor, quien podía o no ejercitar esa facultad, existía la indignidad, que tutelaba más bien el interés público, en cuanto repugnaba a la conciencia social que se pudiese suceder a quien se había hecho víctima de ultraje de cierta gravedad». *Véase sobre la indignidad en el Derecho romano:* REIMUNDO, Benito María: *La sistematización de la indignidad para suceder según el Derecho romano clásico*. Oviedo, Universidad de Oviedo, 1983.
[163] Véase: FERRANDIO BUNDIO, ob. cit., p. 59; ALBALADEJO, ob. cit., p. 397; CIARROCCA DE CERVETTO, ob. cit. Véase sobre la diferencia entre indignidad y desheredación: ALONSO TTICA, ob. cit., *passim*.
[164] POLACCO, ob. cit., t. I, p. 65.
[165] Véase: DOMÍNGUEZ GUILLÉN, *Ensayos...*, pp. 56 y 57; KRIEG, ob. cit., p, 106, la indignidad entraña una incapacidad legal relativa de suceder.
[166] TORRES-RIVERO, *Teoría...*, t. I, p. 238.

y alimentos (artículo 292 *eiusdem*)[167]. Ello, pues es inmoral o contrario al respeto familiar pretender suceder cuando se está incurso en un agravio grave contra el causante estipulado por la ley.

En el Derecho extranjero, López del Carril –siguiendo a Martínez Paz–, sostiene que la incapacidad y la indignidad no son la misma cosa, porque en la primera hay falta de cualidades legales para suceder, en tanto que en la indignidad tiene lugar la inconducta de una persona con respecto al causante o su memoria, y cuyo derecho a sucederlo es declarado caduco en un juicio al efecto[168]. En su opinión, la indignidad no es una incapacidad para suceder, sino simplemente una causa que contraría la vocación sucesoria al ser declarada judicialmente[169]. Al indigno se le reputa inepto para suceder, con una sanción relativa –no absoluta– a una herencia determinada, en razón de una acción ilícita[170]. «La demanda mediante la cual se solicita la declaratoria de indignidad de alguno de los herederos conforme a los extremos exigidos en el artículo 810 del Código Civil, tiene como finalidad en primer término la declaratoria de una incapacidad relativa para suceder del heredero como sanción moral ante una conducta bochornosa del mismo ejecutada contra el *de cujus* o las otras personas mencionadas en el prenombrado artículo del Código Civil»[171].

---

[167] Véase: Ibíd., pp. 238-243.
[168] López del Carril, ob. cit., p. 17. Véase también: Josserand, ob. cit., vol. ii, p. 19, la teoría de la indignidad es completamente distinta de la incapacidad; Hernández Ibáñez, Carmen: «La causa séptima de indignidad sucesoria: una medida de protección jurídica». En: *Revista de Derecho*, N.º 1, Uned 2006, p. 173, la relación entre indignidad e incapacidad no suscita opiniones concordantes en la doctrina.
[169] López del Carril, ob. cit., pp. 18 y 19.
[170] Gutiérrez Barrenengoa *et al.*, ob. cit., p. 60.
[171] Juzgado Tercero de Primera Instancia en lo Civil, Mercantil, Agrario y Tránsito de la Circunscripción Judicial del estado Anzoátegui, sent. del 16-09-04, exp. BH01-X-2004-000035, http://anzoategui.tsj.gov.ve/decisiones/2004/septiembre/1066-16-BH01-X-2004-000035-.html, agrega: «pero tiene como finalidad ulterior el establecer el derecho de acrecer de los restantes herederos de conformidad con lo previsto en el artículo 942 y siguientes del Código Civil, es decir, de hacerse de la cuota hereditaria que en condiciones normales le hubiese correspondido al heredero declarado indigno

Señala LÓPEZ DEL CARRIL que el indigno es capaz de suceder plenamente al momento del deceso del *de cujus*, pues es imposible que en ese instante exista pronunciamiento mediante sentencia civil que lo declare como tal[172]. La indignidad no opera de pleno derecho o *ipso iure*, sino mediante declaración judicial[173] y en juicio contradictorio»[174]. La figura, según refiere acertadamente la jurisprudencia, «no opera de pleno derecho y se requiere que la acción sea incoada por el interesado con vocación hereditaria y que el tribunal expresamente haga la declaratoria de indignidad[175]. Señala TORRES-

---

sea cual fuere el valor monetario de dicha cuota hereditaria, pero no es fin de esta acción el reparar los daños y perjuicios que uno de los coherederos pudo ocasionarle a los restantes, en cuyo caso es imperioso determinar la cuantía del daño, monto al cual estará supeditada la indemnización que se pueda acordar judicialmente».

[172] LÓPEZ DEL CARRIL, ob. cit., p. 18. Véase en igual sentido: TORRES-RIVERO, *Teoría…*, t. I, p. 266, no es posible en vida ejercer la acción de indignidad, puesto que mientras la persona esté viva lo que hay es vocación de suceder, expectativa en sucesión futura.

[173] Véase: LÓPEZ DEL CARRIL, ob. cit., p. 17; PIÑA VALLES, ob. cit., p. 44; ABOUHAMAD HOBAICA, ob. cit., p. 122, «es cierto que la indignidad ha de ser declarada judicialmente, no opera *ipso iure*»; RODRÍGUEZ DE RODRÍGUEZ, ob. cit., p. 15, esta incapacidad relativa debe ser declarada por un Tribunal; RODRÍGUEZ, ob. cit., p. 20, «la indignidad para ser invocada debe haber sido declarada»; ZANNONI, ob. cit., p. 80, la indignidad se hace efectiva cuando ha sido declarada judicialmente, el estado potencial de indignidad no constituye ninguna anomalía de la vocación hereditaria, pues mientras no exista tal declaración no surte ningún efecto jurídico; CLARO SOLAR, ob. cit., t. XIII, p. 109; ÁLVAREZ-CAPEROCHIPI, ob. cit., p. 89, la postura más probable apunta a que debe ser declarada por sentencia firme, y causa típica y probada.

[174] Juzgado Superior Sexto en lo Civil, Mercantil y del Tránsito de la Área Metropolitana de Caracas, sent. del 29-11-99, *Jurisprudencia Ramírez & Garay*, t. CLX, p. 22, agrega: No basta, por título, el simple alegato de indignidad, si los demandados pretendían tal declaratoria debieron proponerla por vía de reconvención para permitir a los demandantes ejercer su derecho a la defensa; la causal alegada de indignidad supone incumplimiento de la obligación alimentaria y esta obligación a su vez presupone que quien la exija se encuentre en la imposibilidad de proporcionarse alimentos (artículo 289 del Código Civil), circunstancia que tampoco fue alegada por los demandados.

[175] Véase: Juzgado Superior en lo Civil, Mercantil, Tránsito y Menores de la Circunscripción Judicial del estado Nueva Esparta, sent. del 16-09-05, citada *supra*; Tribunal de

Rivero que, si bien las causales de indignidad son de taxativas y de orden público, es de orden privado plantearla, «por lo que es menester el juicio. Se precisa accionarla –demanda, o reconvención o contrademanda–, probarla y que se declare»[176].

Algunos pretenden sostener, sin embargo, la necesidad de la acción únicamente cuando el indigno se encuentra en posesión de los bienes[177]. Otros señalan que, vista que la primera causal de indignidad presupone una sentencia penal, sería suficiente con la misma a diferencia de las demás causales[178]. El adulterio ha de probarse en el respectivo juicio de indignidad pero no configura «delito» actualmente; en cuanto a la primera causal se aprecian decisiones judiciales emanadas de la jurisdicción civil donde efectivamente se hizo valer la respectiva sentencia penal[179] –que será prueba

---

Protección del Niño y del Adolescente de la Circunscripción Judicial del estado Lara, Sala de Juicio N.° 3, sent. del 25-09-08, citada *supra*. Véase también: Primero de Primera Instancia en lo Civil, Mercantil y del Tránsito de la Circunscripción Judicial del estado Táchira, sent. del 03-08-06, exp. 30813-2004, http://tachira.tsj.gov.ve/decisiones/2006/agosto/1327-3-30813-.html, «… así como tampoco consta en autos la declaratoria de indignidad del ciudadano (…) alegada por la abogada para impedir este herede a la causante»; Juzgado Segundo de Primera Instancia en lo Civil, Mercantil, del Tránsito y Agrario de la Circunscripción Judicial del estado Nueva Esparta, sent. del 17-11-05, exp. 8567-05, http://nueva-esparta.tsj.gov.ve/decisiones/2005/noviembre/283-17-8567-05-.html, «… la misma constituye una sanción que debe ser declarada en sede judicial para que surta efectos los cuales se traducen en la pérdida de la herencia aplicable en los casos de sucesiones testadas e intestadas cuando concurran algunas de las causales expresamente señaladas en el artículo 810 del Código Civil…».

[176] Torres-Rivero, *Teoría*…, t. i, p. 271.
[177] Véase: López Herrera, *Derecho*…, t. i, p. 80, la acción, a su criterio, solo precisa ser ejercida cuando el indigno se encuentra de hecho en posesión del patrimonio hereditario; Laurent, ob. cit., t. ix, p. 27.
[178] Véase: Esparza Bracho, *Derecho*…, p. 116, comenta que cuando no se precise sentencia penal será discutido en disputa judicial del sucesor calificado como indigno si reclama su derecho a heredar o cuando se le exija la restitución de lo que ha tomado, pero tal sentencia será solamente «constitutiva» de la situación de indignidad.
[179] Véase citadas *supra*: Tribunal Primero de Primera Instancia en lo Civil y Mercantil de la Circunscripción Judicial del estado Nueva Esparta, sent. del 07-10-03;

suficiente[180]–, pero recordemos que pudiera no existir la sentencia penal, como en el caso del suicidio en que la causal precisará necesariamente ser acreditada por primera vez en juicio civil. Por lo que sería más prudente concluir, dada la naturaleza de sanción –a fin de evitar la discusión de una defensa relativa a la prescripción–, que la declaratoria de indignidad se hace necesaria cuando el indigno no acepte voluntaria y formalmente su condición de tal. Es decir, como acontece con cualquier acción, el actor o demandante acude a la jurisdicción, porque ante la prohibición de hacerse justicia por sí mismo, precisa de una decisión judicial. Obviamente, de existir sentencia penal definitivamente firme, será suficiente hacerla valer dentro del respectivo juicio de declaratorio de indignidad.

No puede el causante por vía testamentaria pretender declarar la indignidad del heredero porque ello equivaldría a una desheredación no admisible en nuestro ordenamiento que impone el respeto a la legítima[181]. De tal suerte, que dada la gravedad de sus consecuencias, la indignidad es independiente de la declaratoria del testador. La voluntad de este tiene cabida solo a los efectos de la rehabilitación del indigno, mas no para configurar la incapacidad o sanción bajo análisis.

El efecto de la declaratoria de indignidad es la pérdida de la herencia de su causante, con el cargo devolver los bienes que posee y que forman parte

---

Juzgado Superior en lo Civil, Mercantil, Tránsito y Menores de la Circunscripción Judicial del estado Nueva Esparta, sent. del 16-09-05; TSJ/SCC, sent. N.º 205.

[180] Véase: ALONSO TTICA, ob. cit., «Que el o los accionantes prueben dentro del proceso los hechos constitutivos de la indignidad, salvo que se trate de causas de puro derecho».

[181] Véase apertura de testamento cerrado, señalando se tomen las acciones al respecto: Juzgado Tercero de Primera Instancia en lo Civil, Mercantil, Agrario, Tránsito y del Trabajo, sent. del 15-06-06, http://sucre.tsj.gov.ve/decisiones/2006/junio/1242-15-4769-4769-.html, «... entonces he permanecido enfermo hasta la presente fecha y la que dice ser mi esposa me abandonó en los momentos más difíciles de mi vida. Es mi voluntad, que se tomen las acciones necesarias para anular el matrimonio entre mi persona y la ciudadana (...) por estar fundado en vicios del consentimiento o declararla indigna para suceder».

del patrimonio del causante y restituir los frutos de que haya gozado desde la apertura de la sucesión como lo preceptúa el artículo 812 del Código Civil[182]: «El excluido como indigno quedará en el deber de restituir todos los frutos de que haya gozado desde la apertura de la sucesión». El indigno no debe, pues, retener los bienes ni recibir beneficio derivado de una sucesión que para él no surtió efecto alguno en razón de su conducta.

La indignidad es una causa de exclusión meramente personal[183], pues tiene carácter personalísimo por propia disposición de ley por lo que no se transmite a los descendientes del indigno, según el artículo 813 del Código Civil que prevé: «La indignidad del padre, o de la madre, o de los descendientes, no daña a sus hijos, o descendientes, ora sucedan por derecho propio, ora sucedan por representación. En este caso ni el padre ni la madre tienen, sobre la parte de la herencia que pasa a sus hijos, los derechos de administración que acuerda la Ley a los padres de familia». Pues, como refiere Farrera, constituye un principio de justicia que cada quien debe cargar con sus propias culpas[184].

Sin embargo, el carácter de incapacidad de goce de la indignidad excepcionalmente cede por voluntad del propio causante a tener del artículo 811 del Código Civil que prevé: «Quien haya incurrido en la indignidad puede ser admitido a suceder, cuando la persona de cuya sucesión se trate lo haya rehabilitado por acto auténtico». En la doctrina española se considera que dicho instrumento auténtico puede ser un testamento posterior donde se incluya una rehabilitación tácita, porque sin ser expresamente rehabilitado, el causante procede a instituir al indigno[185]. Consideración

---

[182] Juzgado Superior en lo Civil, Mercantil, Tránsito y Menores de la Circunscripción Judicial del estado Nueva Esparta, sent. del 16-09-05, citada *supra*. En el mismo sentido: Tribunal de Protección del Niño y del Adolescente de la Circunscripción Judicial del estado Lara, Sala de Juicio N.º 3, sent. del 25-09-08, citada *supra*.
[183] Polacco, ob. cit., t. i, p. 77; Ramírez, ob. cit., p. 200.
[184] Farrera, ob. cit., p. 39.
[185] Véase: Albaladejo, ob. cit., p. 86; Serrano Alonso, *Manual…*, pp. 43 y 44; Messineo, ob. cit., p. 46.

compartida por la doctrina nacional, según la cual la rehabilitación en nuestro orden actual puede ser expresa o tácita siempre que sea clara la voluntad de causante[186]. Rojas, por su parte, indica que no basta que el causante haya favorecido al indigno nombrándolo heredero o legatario, pues la ley quiere que la condonación sea declarada y el testador puede haber ignorado la causa[187]. La rehabilitación tácita se traduce –a nuestro criterio– en el otorgamiento de una disposición testamentaria a favor del presunto indigno con posterioridad a la causa que le dio origen. El argumento o alegato de que el testador desconocía la indignidad, corresponderá probarlo a quien lo alegue a los fines de la procedencia del instituto, en el juicio correspondiente al efecto[188].

La rehabilitación constituye una excepción legal al carácter de orden público de las incapacidades especiales de goce en que la voluntad del particular tiene cabida por propia disposición de ley (artículo 811). De tal suerte que no presenta carácter imperativo o de orden público[189], porque el legislador le confirió un papel fundamental a la voluntad del sujeto pasivo de la indignidad, esto es, al causante[190]. Agrega la doctrina que el perdón del causante no admite prueba en contrario aunque pueda someterlo al

---

[186] Véase: López Herrera, *Derecho...*, t. I, p. 84, con inclusión de nota al pie N.º 23, reseña que los códigos anteriores al de 1942 solo permitían la rehabilitación expresa; Esparza Bracho, *Derecho...*, pp. 120 y 121, la moderna doctrina italiana acepta tanto la rehabilitación expresa como la implícita, esta última procede del llamamiento testamentario que se hace a quien había incurrido en indignidad siempre que el testador lo hiciera a sabiendas de la misma; doctrina que es perfectamente aplicable a nuestro régimen sucesorio.

[187] Rojas, ob. cit., pp. 56 y 57.

[188] Más exactamente, lo que se probaría es que el testador no tuvo posibilidad de conocer los hechos que configuran la indignidad y por tal ignorancia dispuso a favor del indigno.

[189] Véase: Dominici, ob. cit., p. 32, «la indignidad del heredero solo atañe en realidad a su causante: puede éste por tanto remitir el mal o la ofensa que se le hizo. No hay en ese punto nada de orden público...».

[190] Gutiérrez Barrenengoa, *et al.*, ob. cit., pp. 60 y 61.

cumplimiento de ciertas condiciones[191]. La rehabilitación supone la devolución de la capacidad de suceder para el indigno[192] y no es revocable[193]. No debe confundirse la declaración expresa de rehabilitar, que es un acto unilateral y formal, con la reconciliación o perdón[194]. Se afirma que la indignidad se basa en la presunción *iuris tantum* de la voluntad del testador, relativa a que este hubiese excluido al indigno[195]; la prueba en contrario para desvirtuar tal presunción, viene dada precisamente por la rehabilitación que haga el propio testador.

La acción de indignidad pertenece a quien corresponda la herencia en lugar del indigno[196] y puede ser ejercida por los sucesores universales que concurran con el indigno, por los sucesores particulares si el legitimario indigno pretende reducir su cuota, y por los acreedores del heredero o del legatario –con autorización judicial–. Tales son los legitimados a los efectos del ejercicio de la acción[197]. La indignidad aplica a la sucesión *ab intestato* y testada[198]. Algunos, sin embargo, pretenden excluir al legatario[199], lo que es improcedente en nuestro ordenamiento toda vez que

---

[191] Véase: Sojo Bianco, ob. cit., p. 289; Vizcarrondo P., ob. cit., p. 14, agrega que cuando se trata de disposición testamentaria el perdón debe ser posterior a los hechos que causaron la indignidad; Rojas, ob. cit., p. 57.
[192] Rodríguez, ob. cit., p. 21.
[193] Véase: López Herrera, *Derecho...*, t. I, p. 84; Esparza Bracho, *Derecho...*, p. 121.
[194] Lacruz Berdejo *et al*, ob. cit., p. 62.
[195] Roca Ferrer *et al.*, ob. cit., p. 1040.
[196] Juzgado Superior en lo Civil, Mercantil, Tránsito y Menores de la Circunscripción Judicial del estado Nueva Esparta, sent. del 16-09-05, citada *supra*. En el mismo sentido Véase: Tribunal de Protección del Niño y del Adolescente de la Circunscripción Judicial del estado Lara, Sala de Juicio N.º 3, sent. del 25-09-08, citada *supra*.
[197] Véase: Toglio, ob. cit., «Solo pueden demandar los parientes a quienes corresponda suceder a falta del excluido de la herencia o en concurrencia con él».
[198] Véase: Alonso Ttica, ob. cit., «Es una institución que funciona tanto en la sucesión testada como en la sucesión intestada».
[199] Véase referencia de: Zannoni, ob. cit., pp. 88 y 89, sosteniendo que la acción supone la vocación para suceder en concurrencia o con exclusión del indigno lo que no ocurre con el legatario.

el legatario es un sucesor o causahabiente, y el artículo 810 del Código Civil alude en términos generales a «incapaces de suceder» lo que incluye al sucesor a título particular[200]. En efecto, la indignidad afecta también la capacidad de recibir legados, porque la institución aplica en general a la sucesión aunque sea testamentaria[201]. Entre los legitimados activos se agrega a la Nación, que puede estar interesada por haber sido instituida sucesora o por falta de heredero[202]. Algunos han planteado la necesidad de ampliar la legitimación activa[203]. Es de recordar[204] que al concubino, declarado judicialmente o acreditado mediante el acta respectiva, lo rigen las mismas normas sucesorales que al cónyuge, lo que se extiende a la «indignidad»[205].

---

[200] Véase: Ibíd., p. 90, señala la procedencia en el Derecho argentino respecto al legatario, aunque ordenamientos como el francés la consideran exclusiva de la sucesión legítima pues respecto de la sucesión testamentaria –legados y donaciones– aplica la revocación por ingratitud. Véase sobre el Derecho francés: PLANIOL y RIPERT, ob. cit., p. 77, el indigno pierde sus derechos hereditarios en la sucesión *ab intestato*, pero solo esos derechos. Una liberalidad solo podría ser impugnada por los artículos correspondientes.

[201] DOMINICI, ob. cit., p. 33, las donaciones anteriores tendrían que ser revocadas por causa de ingratitud.

[202] Véase: TORRES-RIVERO, *Teoría*..., t. I, p. 272; ROLLERI, ob. cit., «consideramos que se encuentra legitimado y puede demandar la indignidad, si por falta del indigno tiene que recibir los bienes hereditarios (...) Autores como MACHADO, RÉBORA, MEDINA, PÉREZ LASALA, CÓRDOBA, LEVY, SOLARI, WAIGMASTER y ZANNONI, admiten su legitimación. Este último sostiene que el Fisco siempre tiene un interés legítimo para controvertir la vocación de sucesores cuando tal controversia lleva a la vacancia de de la herencia».

[203] Véase: ROLLERI, ob. cit., «Si consideramos a la indignidad como un instituto que vela por el buen orden y la moral social, podremos ver con gran claridad cuán conveniente sería que su legitimación activa sea ampliada. Ello se debe a que aumentaría el número de personas capaces de controlar aquellas situaciones reprochables por nuestro sistema, disminuyendo así en gran cantidad el número de situaciones que han de quedar impunes».

[204] Véase *supra* 4.

[205] Véase: TSJ/SC, 1682, del 15-07-05; Juzgado de Tercero de Primera Instancia en lo Civil, Mercantil y Agrario de la Circunscripción Judicial del estado Aragua, sent. del 14-01-09, exp. 10818, http://jca.tsj.gov.ve/decisiones/2009/enero/222-19-10.818-10.818.html, «... se establece como un efecto lógico el derecho sucesoral de la concubina sobreviviente, sobre los bienes del concubino fallecido al cual

Dicha acción pretende que por vía judicial sea revocada la delación a favor del indigno o que sea revocada la cuota que haya recibido. Se indica que, a falta de previsión expresa de plazo para su ejercicio, ha de aplicársele el plazo de prescripción ordinario establecido en el artículo 1011 del Código Civil, a saber, diez años contados a partir de la apertura de la sucesión[206]. Otros consideran que, efectivamente, podrá intentarse la acción de indignidad mientras no se extinga la posibilidad de aceptar, que, si bien está sujeta a la prescripción ordinaria, se trata de una acción real[207]. La acción, a falta de procedimiento especial, se regiría por el juicio ordinario[208]; se aprecia decisión judicial que reseña acción mero declarativa[209].

---

accede esta en el mismo modo y forma establecida en el Código Civil para con el marido o la mujer, siendo aplicables incluso las normas respecto a la declaración como indigno, que limitan al heredero a participar de la herencia»; Juzgado Superior en lo Civil, Mercantil, Agrario y Tránsito de la Circunscripción Judicial del estado Anzoátegui, sent. del 27-11-07, exp. BP12-R-2007-000213, http://anzoategui.tsj.gov.ve/decisiones/2007/noviembre/1071-27-BP12-R-2007-000213-BP12-R-2007-000213.html.

[206] Véase: Sojo Bianco, ob. cit., pp. 289 y 290; Vizcarrondo P., ob. cit., p. 15; Rojas, ob. cit., pp. 58 y 59.
[207] Torres-Rivero, *Teoría…*, t. i, p. 266.
[208] Ibíd., p. 274.
[209] Véase: Juzgado Segundo de Primera Instancia en lo Civil, Mercantil y del Tránsito de la Circunscripción Judicial del estado Miranda, sent. del 06-11-06, exp. 13998, http://miranda.tsj.gov.ve/decisiones/2006/noviembre/102-6-13.998-.html, «la solicitud de indigna efectuada por el ciudadano (…) parte actora en el presente procedimiento se sustanció como una acción mero-declarativa consagrada en el artículo 16 del Código de Procedimiento Civil, es decir, con la finalidad de obtener la declaración de la existencia o inexistencia de un derecho o una relación jurídica, pero es el caso, como se señaló anteriormente que si bien es cierto la parte actora en su texto libelar invocó la norma *ut supra*, no es menos cierto que solicitó al Tribunal fuese declarada indigna de suceder (…) Ahora bien por cuanto los asuntos de familia y patrimoniales son de eminente orden público, el cual representa una noción que cristaliza todas aquellas normas de interés público que exigen observancia incondicional, y que no son derogables por disposición privada y visto que en los casos relativos de solicitud de indignos de suceder, se encuentra involucrado el orden público, el cual implica un procedimiento especial para su tramitación, con la intervención del Ministerio Público tal como lo establece el artículo 132 del Código de Procedimiento

5.3. La ausencia[210]

El ausente es aquella persona natural de cuya existencia se duda, esto es, reina «incertidumbre» sobre su existencia. Nuestro ordenamiento consagra varias fases o etapas del régimen de la ausencia, bien sea bajo el sistema ordinario[211] o bien el supuesto especial de «presunción de muerte por accidente»[212]. Esta última permite acceder directamente[213] a la ausencia declarada o fase de declaración de ausencia para luego acceder con lapsos abreviados a la fase de «presunción de muerte». Pero en ninguno de los casos existe plena prueba de la muerte del individuo, razón por la cual, la ley dispuso de un mecanismo especial que tiende a proveer sobre la incertidumbre del sujeto, sin que se le asimile a la muerte, la cual constituye la única causa extintiva de la capacidad de obrar en nuestro ordenamiento.

Civil, notificación ésta que será previa a toda otra actuación, razón por la cual este Tribunal haciendo uso de las facultades que le confiere la ley y a los fines de dar cumplimiento a lo establecido en los artículos 206 del Código de Procedimiento Civil y 49 de la Constitución de la República Bolivariana de Venezuela, deberá decretar la reposición de la causa al estado de admitir y sustanciar la misma por el procedimiento especial». No creemos que el juicio de indignidad precise de la notificación al Ministerio Público, toda vez que no se encuentra en los referidos por los artículos 130 y 131 del Código de Procedimiento Civil.

[210] Véase: Domínguez Guillén, María Candelaria: «El procedimiento de ausencia». En: *Revista Venezolana de Legislación y Jurisprudencia*, N.º 3, Caracas, 2014, pp. 13-271 (www.rvlj.com.ve); Gravina, Orlando: «La ausencia». En: *Revista de la Facultad de Derecho de la Universidad de Carabobo*, N.ᵒˢ 43-45, Caracas, Tipografía Vargas, 1972, pp. 107-110; Domínguez Guillén, *Manual de Derecho Civil I...*, pp. 463-492.

[211] Véase artículos 418 a 437 del Código Civil.

[212] Véase artículos 438 a 440 del Código Civil; Binstock, Hanna: *La presunción de muerte por accidente en la legislación venezolana*. Caracas, Universidad Central de Venezuela, 1974.

[213] Esto es, prescindiendo de la primera fase del régimen ordinario, a saber, la presunción de ausencia.

En materia de incapacidad para suceder se cita el caso del ausente, es decir, aquel de quien se duda de su existencia (artículo 442[214] y ss. del Código Civil), quien directamente no puede suceder dada la incertidumbre sobre su subjetividad. De allí que la doctrina lo ubique dentro de la incapacidad general «absoluta» para suceder[215], aunque no esté expresamente consagrada en la ley[216]. En tal caso, de conformidad con la citada norma, los derechos sucesorios del ausente «declarado», pasan a los que con él hubiesen tenido derecho a concurrir, o a aquellos a quienes corresponda tal sucesión a falta suya, salvando el derecho de representación, con el cumplimiento de la respectiva constitución de caución o garantía[217]. Podría operar la extinción de los derechos sucesorios del ausente por prescripción de conformidad con el artículo 443 del Código Civil.

Reiteramos que la ausencia no se asimila a la muerte, única circunstancia por la que se extingue la subjetividad humana. Respecto del ausente, e inclusive en el caso de la presunción de muerte[218], subsiste la posibilidad de retorno del ausente, en tanto que la muerte supone la total extinción del ser humano.

---

[214] «Si se abriere una sucesión a la cual se llame en todo o en parte a una persona cuya existencia no conste, la sucesión pasará a los que con esa persona hubiesen tenido derecho a concurrir, o a aquellos a quienes correspondería dicha sucesión a falta suya, salvo el derecho de representación. En este caso se procederá también a hacer inventario formal de los bienes. Aquellos a quienes pasa la sucesión deben dar caución hipotecaria, prendaria o fideyusoria por la cantidad que fije el tribunal. Esta caución se cancelará transcurridos 13 años desde las últimas noticias del ausente, si no ha dejado mandatario para la administración de sus bienes, o 16, en caso de que lo haya dejado, o antes, si se cumplieren los cien años del nacimiento del ausente».

[215] Véase: Sojo Bianco, ob. cit., p. 288; Torres-Rivero, *Teoría*…, t. i, pp. 230-237; Rodríguez, ob. cit., p. 18; Piña Valles, ob. cit., p. 41.

[216] Véase: Torres-Rivero, *Teoría*…, t. i, p. 230.

[217] Véase intervención de Jesús Delgado Echeverría, en: Serrano García et al., ob. cit. En el caso de una herencia donde es llamado el ausente y no puede aceptarla por estar ausente. La solución es quienes prescindiendo del ausente heredarían y reservan a favor del ausente.

[218] Véase sobre la diferencia entre la muerte y la presunción de muerte: Domínguez Guillén, *Inicio y extinción*…, pp. 164-168.

Precisamente, en razón de la no asimilación entre «ausencia» y «muerte» que rige en nuestro ordenamiento, mal podría ubicarse el caso del ausente en la ya cuestionada categoría de incapacidad por «inexistencia»[219], a la que nos referimos previamente[220]. Pues, por definición, el ausente no ha perdido su «existencia», sino que se duda de esta, de lo contrario, esto es, de existir prueba de la inexistencia del individuo, lo que operaría sería la muerte.

5.4. La conmoriencia[221]

Indicamos que algunos autores incluyen entre las causas de incapacidad para suceder por «inexistencia» los supuestos de premoriencia –muerte previa al causante[222]– y de conmoriencia –muerte simultánea, artículo 994 del Código Civil[223]–. Señalamos, sin embargo, que preferimos excluir la premoriencia –premuerte al *de cujus*– de las causas de incapacidad para suceder porque, según indicamos, no compartimos la idea de una incapacidad por inexistencia toda vez que quien no existe para el momento de la apertura de la sucesión simplemente no tiene personalidad, y mal se puede plantear un

---

[219] Véase señalando la ausencia dentro de los supuestos de inexistencia: López Herrera, *Derecho...*, t. i, p. 68.

[220] Véase *supra* 5.1.

[221] Véase sobre la conmoriencia: Pérez Gallardo: Leonardo B.: «La conmoriencia: venturas y desventuras de una presunción legal». En: *Boletín de la Academia de Ciencias Políticas y Sociales*, N.º 146, Caracas, 2008, pp. 427-496; del Valle Hillermann, Luis Pedro: *La conmoriencia y el derecho de representación en la sucesión intestada*. Guatemala, Universidad Francisco Marroquin, 2005, pp. 11-19, www.tesis.ufm.edu.gt/pdf/3999.pdf; Sols García, Pedro: «Un caso realmente de conmoriencia». En: *Estudios de Derecho Civil en honor del profesor Castán Tobeñas*. Vol. iv. Pamplona, Ediciones Universidad de Navarra, 1969, pp. 627-634; Domínguez Guillén, *Inicio y extinción...*, pp. 232-243; de Page, ob. cit., pp. 62-72.

[222] Véase: López Herrera, *Derecho...*, t. i, p. 68; Torres-Rivero, *Teoría...*, t. i, p. 217; Piña Valles, ob. cit., pp. 41 y 42.

[223] Véase: Torres-Rivero, *Teoría...*, t. i, pp. 217 y 218; Piña Valles, ob. cit., p. 43, toda persona con vocación hereditaria en cualquiera de las respectivas sucesiones que tenga interés jurídico en sostener la muerte anterior de uno o de otro, deberá probarla –experticias médico-forenses–. En ausencia de tal prueba, la ley presume que ambos murieron al mismo tiempo y no hay transmisión de derechos del uno al otro.

problema de incapacidad siendo la subjetividad presupuesto de esta[224]. De hecho, en ocasiones, la ley alude a «premoriencia» e «incapacidad»[225], lo que denota que lógicamente constituyen supuestos diversos. De allí que algunas aluden a quienes no pueden ser herederos por falta de personalidad entre quienes incluyen los que hayan fallecido antes del autor –premoriencia–[226].

Ahora bien, el especial caso de la «conmoriencia»[227] o presunción de muerte simultánea, dada su evidente particularidad, efectivamente se traduce en el caso concreto en una incapacidad para suceder, porque ante la imposibilidad de probar la prioridad en la muerte o premuerte de uno de los llamados a sucederse, lo que opera es la presunción de simultaneidad en la muerte, esto es, la conmoriencia. La imposibilidad de probar la inexistencia o muerte previa de uno de los sucesores, los convierte en conmorientes, y por tal incapaces de transmitirse derechos sucesorios.

Tal supuesto, previsto en el artículo 994 del Código Civil: «Si hubiere duda sobre cuál de dos o más individuos llamados recíprocamente a sucederse, haya muerto primero que el otro, el que sostenga la anterioridad de la muerte del uno o del otro deberá probarla. A falta de prueba se presumen todos muertos al mismo tiempo y no hay transmisión de derechos del uno al otro».

Es principio fundamental del Derecho Sucesorio que solo puede heredar o suceder quien sobreviva al difunto[228]. No siempre es posible precisar el

---

[224] Véase *supra* 5.1.
[225] Véase: artículos 953 –representación testamentaria–, 815 y 820 –representación *ab intestato* según la cual son causas de la misma: la premoriencia, la ausencia y la indignidad– del Código Civil.
[226] Véase: ARCE Y CERVANTES, ob. cit., p. 20.
[227] La expresión denota reunión, comunidad y simultaneidad en la muerte. Véase: DEL VALLE HILLERMANN, ob. cit., p. 11, la voz no existe en el lenguaje español, se trata de una noción jurídica; DOMÍNGUEZ GUILLÉN, *Manual de Derecho Civil* I..., pp. 114-118.
[228] DE RUGGIERO, ob. cit., p. 405. Véase también: DE PAGE, ob. cit., p. 63, para suceder es necesario existir en el momento en que se abre la sucesión.

momento exacto de la muerte[229]. Nuestro ordenamiento, en caso de duda en el orden de los fallecimientos, adopta el sistema de la conmoriencia, estableciendo la respectiva presunción al efecto[230], como acontece en la mayoría de las legislaciones modernas, toda vez que el antiguo sistema de la premoriencia, según el cual sobrevive el más fuerte –según ciertos criterios como la edad o el sexo–, fue desestimado con el curso del tiempo en razón de lo arbitrario[231], pues la supervivencia no depende de la fortaleza, sino de circunstancias fortuitas[232].

La norma atañe fundamentalmente al ámbito sucesorio, aunque es extensible a cualquier supuesto jurídico en que importe el orden de los fallecimientos[233] y no precisa –a diferencia de otros ordenamientos– que la muerte haya

---

[229] Cicu, ob. cit., p. 19.

[230] Véase: Juzgado Primero de Primera Instancia Civil, Mercantil y del Tránsito de la Circunscripción Judicial del estado Zulia, sent. del 06-05-08, exp. 8288, http://zulia.tsj.gov.ve/decisiones/2008/mayo/512-6-8288-371.html, «La mencionada norma contiene lo que en el foro jurídico se conoce como presunción de conmoriencia, según la cual, ocurrida la muerte de dos o más sujetos llamados a sucederse mutuamente, queda sin efecto entre ellos la respectivas transmisiones hereditarias; ello es así por la manifiesta imposibilidad de determinar con precisión cuál de todos murió primero y a cuál de ellos favoreció la transmisión de derechos, lo cual supondría ventajas o perjuicios indebidos a cargo de los eventuales sucesores supérstite».

[231] Véase: Domínguez Guillén, *Inicio y extinción...*, pp. 231 y 232.

[232] Sols García, ob. cit., p. 630, porque la fortaleza, no se mide por la edad, ni por el sexo, sino por la constitución individual. De allí que la teoría de la premoriencia pueda considerarse hoy derrotada en el terreno científico y legislativo; Peñaranda Quintero, Héctor Ramón: «Fin de la personalidad jurídica», http://www.monografias.com/trabajos17/fin-personalidad-juridica/fin-personalidad-juridica.shtml, «Este sistema es criticado porque presenta una solución arbitraria porque en muchos casos la sobrevivencia no tiene relación ni con el sexo ni con la edad, ni siquiera con la fortaleza, y existen otras situaciones además del sexo y edad que podrían influir en la capacidad de un individuo a la hora de hacer frente a los peligros de la muerte».

[233] Como es el caso de seguro de vida, así como reversión o revocatoria de donación (artículos 1453 y 1462 del Código Civil). Véase: Domínguez Guillén, *Inicio y extinción...*, pp. 236 y 237; Pérez Gallardo, *La conmoriencia...*, p. 436; del Valle Hillermann, ob. cit., p. 19 (el autor sigue a De Ruggiero).

acontecido en el mismo suceso[234]. Se establece entonces una presunción de muerte simultánea a falta de prueba de la prioridad en el fallecimiento.

La circunstancia de que los derechos hereditarios se transmiten en el momento de la muerte confiere gran importancia a la determinación de dicho instante, pues de quien falleció primero depende si la transmisión entre herederos recíprocos puede efectuarse[235]. Cuando dos o más personas son llamadas a sucederse recíprocamente, los sucesores de los fallecidos posiblemente tendrán interés en acreditar la prioridad en la muerte del sujeto que aumente su caudal sucesorio, toda vez que para suceder o heredar debe sobrevivirse al causante; el primero en morir transmite su caudal al sucesor que fallece después de él aunque la muerte sea inmediata. «La vocación sucesoria no puede ser invocada sino en favor de aquel que sobrevive al causante»[236]. Se trata –a decir de Pérez Gallardo– de supuestos donde reina «incerteza» respecto del momento cronológico de los decesos[237].

La doctrina da ejemplos de cómo puede afectar al orden de suceder la prioridad en la muerte, pues precisar quién ha muerto primero tiene trascendencia decisiva en orden al destino de los bienes[238]. Si, por ejemplo, en un accidente fallece una pareja de esposos, la determinación de quién de ellos murió primero será fundamental a los efectos de los llamados a sucederlos porque para heredar a alguien se precisa sobrevivir al causante y el cónyuge que muera con posterioridad heredaría al premuerto y aumentaría el haber de sus propios causantes[239]. Una interesante sentencia

---

[234] Domínguez Guillén, *Inicio y extinción...*, pp. 237-239.
[235] Baqueiro Rojas y Buenrostro Báez, ob. cit., p. 271.
[236] Véase: http://upauderecho2.blogspot.com/2008/08/familia-y-sucesiones-apunte-sobre.html.
[237] Pérez Gallardo, *La conmoriencia...*, p. 447.
[238] Véase: Domínguez Guillén, *Inicio y extinción...*, pp. 229-231; Sols García, ob. cit., pp. 627-634.
[239] Véase ejemplos en: Domínguez Guillén, *Inicio y extinción...*, p. 230, «Si tales esposos tuviesen únicamente descendientes comunes probablemente el orden de la defunción no tendría mayor repercusión, pero de no existir descendientes, la herencia

española del 4 de diciembre de 1948, precisamente a propósito del fallecimiento de dos cónyuges en la Guerra Civil española, concluye que «la premoriencia debe probarse», inclusive contra los asientos del Registro del Estado Civil[240].

---

entonces se dividiría entre los ascendientes, y en tal caso, el orden de las muertes sería determinante a los fines de acrecentar o disminuir la cuota de cada uno de los herederos en cuestión. Si el esposo falleció primero, a falta de descendientes le sucede su esposa y ascendientes; a su vez, a la esposa le suceden los ascendientes, a falta de cónyuge y descendientes. Ciertamente los ascendientes de la esposa verán sustancialmente incrementada su cuota en el caso de que ella falleciera con posterioridad. Todo ello evidencia la importancia patrimonial del orden de las muertes en un caso concreto».

[240] Véase: MARTÍNEZ DE AGUIRRE Y ALDAZ, ob. cit., p. 356, La sentencia dictada por el STS español analizaba el caso de dos cónyuges que se habían instituido recíprocamente herederos y fueron fusilados el mismo día durante la Guerra Civil española; de las respectivas inscripciones de defunción resultaba que había fallecido la mujer en primer lugar, y cinco minutos después su marido. El TS afirma que quien sostenga la muerte anterior es el que debe justificarla pero quien afirme la conmoriencia y consiguientemente la intransmisión de derechos entre las mismas, no tiene que probar otra cosa sino el estado de duda que existe porque supuesta tal situación, la conmoriencia es una presunción establecida en la ley y las presunciones establecida en la ley relevan de toda prueba a los favorecidos por ellas. Se señala que la sentencia recurrida declara que no pudo determinarse, dadas las circunstancias en que la muerte de ambos cónyuges se produjo, cuál de los dos murió primero, a cuya declaración llega la sentencia como consecuencia de la apreciación de las pruebas al indicar que si bien es cierto que las actas del Registro Civil constituyen la prueba de estado civil de las personas, tal prueba tiene carácter provisional en cuanto no se suscita contienda ante los tribunales que pongan en entredicho la verdad del contenido de tales actas, pues cuando tal contienda se suscita, la eficacia de las mismas queda subordinada a que los tribunales las confirmen, por responder su contenido a la realidad de los hechos, o las nieguen por no reflejar tal realidad y esto último es lo que declara la sentencia recurrida. Agrega el autor, citando a DIEZ-PICAZO, que la sentencia es llamativa porque parece pasar por alto la presunción de conmoriencia del artículo 33 del Código Civil español por delante del valor probatorio de la inscripción de Registro Civil, pero no es tan incorrecta su doctrina, pues considera como hechos probados, así establecidos en la sentencia de instancia que no ha podido demostrarse cuál de los cónyuges falleció primero, es decir, que se desvirtúa mediante una declaración judicial la verdad oficial que consta registralmente, que genera el estado de duda que hace que entre en aplicación la conmoriencia (véase también referencia en: DEL VALLE HILLERMANN, ob. cit., p. 18).

Así pues, la norma en comentario establece la presunción de conmoriencia[241] o presunción de muerte simultánea, que se traduce en que la premoriencia debe probarse, pues, en caso contrario, regirá una presunción de fallecimientos conjuntos en el mismo instante y por tal no habrá transmisión de derechos entre sí. Entre conmorientes no existe, pues, transmisión hereditaria[242]. Consecuentemente, si se prueba la premoriencia, habrá sucesión a favor del fallecido en último lugar[243]. Así ha considerado nuestra jurisprudencia que de no probarse la prioridad en la muerte, no habrá transmisión de derechos, de conformidad con el artículo 994 del Código Civil[244]. La prueba del tiempo de la muerte es fundamental a los fines de desvirtuar la conmoriencia, y, al efecto, señala una decisión judicial que ciertamente el padre del adolescente falleció primero porque la muerte tuvo lugar en la autopista al momento del accidente y la del menor con posterioridad en el hospital, por lo que este hereda a su progenitor[245] –lo

---

[241] Véase: Domínguez Guillén, *Inicio y extinción…*, pp. 235 y 236, somos del criterio de que el artículo 994 del Código Civil establece una presunción *iuris tantum*, porque a falta de prueba contraria permite partir del hecho conocido de la muerte, a fin de establecer un hecho desconocido –su simultaneidad–. Algunos autores refieren que la disposición solo consagra una simple aplicación de las reglas de pruebas.

[242] Zannoni, ob. cit., p. 23.

[243] Moreno Quesada, Bernardo et al.: *Curso de Derecho Civil I. Parte general y Derecho de la Persona*. Valencia, Tirant Lo Blanch, 2.ª edic., 2004, p. 98.

[244] Juzgado Superior Cuarto Agrario de la Circunscripción Judicial de Barinas, sent. del 02-02-05, citada *supra*, «En relación con la muerte de ambas personas cónyuges entre sí, si hubiese duda de quien murió primero que el otro deberá probarse y a falta de prueba se presume que todos murieron al mismo tiempo, tal como lo dispone el artículo 994 del Código Civil. En este sentido quien reclama su derecho en una sucesión tiene la obligación de probar su derecho y las circunstancias con motivo a ese alegato, en este sentido compartimos criterio con el Tribunal *a-quo* cuando sostuvo que no hay transmisión de derechos de uno al otro, por cuanto murieron al mismo tiempo y que en todo caso estaríamos en presencia de dos sucesiones y es la razón por la cual conforme a lo anteriormente expuesto no hay transmisión de derecho de uno a otro».

[245] Véase: Tribunal de Protección del Niño y del Adolescente de la Circunscripción Judicial del estado Zulia, Juez Unipersonal N.º 1, sent. del 26-03-07, exp. 7804, http://lara.tsj.gov.ve/decisiones/2007/marzo/521-26-7804-213.html, «De lo antes

que fue ratificado por el Tribunal superior[246]–. Para probarse el orden de los fallecimientos, además de las respectivas partidas de defunción que

---

explicado, se puede observar que en el presente caso, de los sistemas de muerte antes descritos, premoriencia y conmoriencia, solo se podría aplicar el sistema de conmoriencia, ya que el mismo es acogido por nuestra legislación, en virtud de que es el más aceptado, y en el caso de autos, se evidencia que tanto el ciudadano (…) como el adolescente (…) fallecieron en el mismo accidente automovilístico, por lo que se debe determinar si los mismos murieron al mismo tiempo o no, para la aplicación de este sistema», y se agrega: «No obstante, en virtud de que el ciudadano (…) falleció en la autopista (…) y el adolescente falleció en el Hospital (…) se puede determinar que el mencionado ciudadano falleció con anterioridad al adolescente (…) pasando este entonces a ser heredero de su progenitor, y posteriormente con la muerte del adolescente su progenitora, ciudadana (…) pasó a ser heredera del referido adolescente, ya que el mismo no dejaba bienes ni fortuna, adquiriendo de esta manera la cualidad necesaria para intentar la pretensión de desconocimiento de paternidad, en nombre de su hijo fallecido (…) y le nació el interés para obrar, por ser ésta la única y universal heredera del mismo en forma ascendente».

[246] Véase: Sala de Apelaciones Accidental 5.ª, Tribunal de Protección de Niños Niñas y Adolescentes de la Circunscripción Judicial del estado Zulia Corte Superior, exp. 1018-07, (referencia incompleta en la web), http://jca.tsj.gov.ve/decisiones/2009/septiembre/528-23-1018-07-01-09Acc..html, «… el juez de la causa realiza un preámbulo sobre las teorías de extinción de la personalidad del ser humano –que se produce con la muerte– y sobre la premoriencia y la conmoriencia como sistemas aplicables para determinar la muerte de los individuos, refiere que este último es acogido en el artículo 994 del Código Civil, por lo que solo se podría aplicar el sistema de conmoriencia. Luego señala que en el caso de autos se evidencia que tanto el ciudadano (…) como el adolescente (…) fallecieron en el mismo accidente automovilístico, por lo que se debe determinar si los mismos murieron al mismo tiempo o no, para la aplicación de este sistema. Posteriormente, realiza un interesante y lógico estudio sobre las actas de defunción que constan en autos (…) correspondientes al ciudadano (…) y al adolescente (…) las cuales a juicio de esta Alzada poseen pleno valor probatorio conforme a lo previsto en el artículo 457 del Código Civil, en concordancia con los artículos 1359 y 1360 *eiusdem*, para concluir que el progenitor falleció primero en el sitio del accidente y el adolescente después en el hospital. Así se determina que el adolescente (…) pasó a ser heredero de su progenitor y, a su muerte, la ciudadana (…) pasó a ser heredera del referido adolescente, adquiriendo de esta manera la cualidad necesaria para intentar la pretensión y le nació el interés para obrar, por ser ésta la única y universal heredera de éste en forma ascendente».

indican la hora del deceso[247], podría acudirse, de ser necesario, a experticias médico-forenses, que incluyen el estudio de los fenómenos cadavéricos y la entomología forense[248]. La posibilidad de destruir la presunción legal de conmoriencia le compete a quien sostenga lo contrario, esto es, a quien alegue la sobrevivencia de la que se trate aunque conste una verdad distinta en el Registro Civil[249].

Comenta Torres-Rivero que «conmoriencia» supone dos o más fallecimientos coetáneos, por lo que se abre la sucesión de cada quien y respecto de cada causante, el otro es un conmuerto. La situación es plural y recíproca: la persona de cuya sucesión se trate y el conmuerto dejaron de ser al mismo tiempo persona[250]. El supuesto que comentamos supone una vocación hereditaria recíproca[251].

De tal suerte que, abierta una sucesión en la cual no pueda probarse que el llamado a la herencia sobrevivió al causante a pesar de morir inmediatamente, es decir, que no pueda acreditarse la premuerte o muerte previa del causante, operará la citada presunción de conmoriencia o presunción de muerte simultánea. En razón de la cual, las personas llamadas a sucederse recíprocamente se presumirán a falta de prueba contraria, fallecidas al mismo tiempo, sin que

---

[247] Véase: artículo 130.3 de la Ley Orgánica de Registro Civil.
[248] Esta última consiste en la precisión del tiempo de la muerte a través del estudio de la fauna del cadáver. Véase referencias detalladas en: Domínguez Guillén, *Inicio y extinción…*, pp. 241 y 242. Véase: Juzgado en función de Juicio N.º 2 del Circuito Judicial Penal del estado Portuguesa, sent. del 08-04-08, exp. N.º 2M-206-07, http://jca.tsj.gov.ve/decisiones/2008/abril/1121-8-2M-206-07-.html, se formuló preguntas en cuanto al reconocimiento médico legal: «4. ¿Cómo se determina la conmoriencia y premoriencia?», señaló: «Desde el punto de vista médico se hace necesario la autopsia para determinar con precisión la causa de la muerte y la diferencia de un traumatismo en relación con el resultado para uno poder saber si antes del accidente existía algún precedente que condicionó al hecho y que haya acelerado la muerte, por lo que hay que tener la historia clínica del paciente».
[249] Pérez Gallardo, *La conmoriencia…*, p. 458.
[250] Torres-Rivero, *Teoría…*, t. i, pp. 217 y 218. Véase también: ibíd., p. 53.
[251] De Page, ob. cit., p. 69.

opere sucesión o transmisión de relaciones jurídicas entre una y otra. Significa entonces que dos sujetos respecto de los que ha recaído la presunción de conmoriencia no se suceden entre sí, y no verán los sucesores de ninguno de ellos aumentado el caudal hereditario en razón de la fallida sucesión de los conmorientes. Los respectivos herederos de los conmorientes se tendrán que conformar con lo que exista en el haber hereditario de cada uno, sin que medie aumento en razón de lo señalado. De allí que la conmoriencia se traduzca –aunque se asocie a los supuestos de inexistencia– a una incapacidad para suceder a falta de prueba de la supervivencia del llamado a la herencia respecto del causante[252]. Se afirma que la presunción de conmoriencia es de suma importancia pues resuelve un problema de tipo sucesorio que podría ser fuente de complicaciones[253].

No creemos que la presunción de conmoriencia sea descartable por voluntad del causante, toda vez que aplica a falta de prueba sobre el momento de exacto de varios fallecimientos, y la determinación del inicio y el fin de la existencia jurídica constituye materia de orden público; por lo que los límites temporales de la subjetividad humana están sustraídos del principio de la autonomía de la voluntad[254]. Pérez Gallardo comenta

---

[252] La doctrina coloca la conmoriencia como causa de incapacidad absoluta a la par de la «premoriencia» asimilándola a una incapacidad por inexistencia, pues quien no existe no puede suceder a nadie (véase al efecto: Torres-Rivero, *Teoría…*, t. i, pp. 217 y 218; Piña Valles, ob. cit., p. 41). Sin embargo, dado que no compartimos tal expresión porque es obvio que quien no existe, no es persona y mal se puede plantear un problema de incapacidad, preferimos no calificar la conmoriencia como «incapacidad absoluta», ya que es obvio que el sujeto falleció y por tal no podrá suceder, pero su incapacidad por muerte simultánea se plantea únicamente respecto del o los demás conmorientes. De allí que se acerque –dada su particularidad– a una «incapacidad relativa», que aplica, respecto de la sucesión en torno a la cual no puede probarse la premoriencia. Esto es, respecto de los conmorientes rige en el caso concreto una suerte de incapacidad relativa recíproca a falta de pruebas del orden de los fallecimientos.
[253] Del Valle Hillermann, ob. cit., p. 19.
[254] Véase: Domínguez Guillén, *Inicio y extinción…*, pp. 43 y 44, «En efecto, el inicio y el fin de la existencia jurídica de la persona natural lo determina únicamente y exclusivamente la ley; se trata de una materia de extrema importancia que define los

que la presunción tiene alcance de una norma meramente dispositiva, susceptible de ser excluida por la voluntad del testador[255], la cual operaría no contra las pruebas objetivas de premoriencia, sino a falta de tales[256], colocándose, al efecto, como interesante ejemplo el caso de la cláusula contenida en el testamento de John Lennon[257]. Por nuestra parte, reiteramos que en nuestro ordenamiento la forma de desvirtuar la presunción es mediante la prueba de la premoriencia, y ella no se desprende de la simple voluntad del causante, sino de las circunstancias objetivas que logren acreditar la prioridad del momento en que se pierde la personalidad, materia sustraída del juego de la libre voluntad del causante. La circunstancia de que se trate

---

límites de la subjetividad en Derecho y que en modo alguno podría quedar a la discrecionalidad de los particulares. Estos es, no podría alguien en razón de su personal voluntad concederle la condición de persona a un ser que según el ordenamiento legal no la detenta; así por ejemplo, no podría un testador disponer que el feto que no llegare a ser persona sucedería o participaría en su herencia o que la apertura de la sucesión no vendría determinada por la muerte del difunto. Se trata de momentos cruciales en la determinación de la personalidad que escapan de la voluntad de los particulares. Así pues, en nuestro concepto, los límites temporales de la subjetividad humana constituyen materia de orden público». Véase también: DE FREITAS DE GOUVEIA, *El principio de la autonomía...*, pp. 132 y 133.

[255] Véase: PÉREZ GALLARDO, *La conmoriencia...*, pp. 481 y 482, comenta el autor respecto de la legislación cubana: «Una mera lectura al precepto contenido en el artículo 27 de nuestro Código Civil nos indica que estamos frente a una norma dispositiva al alcance de la autonomía de la voluntad, cuyo poder permite su exclusión».

[256] Véase: Ibíd., p. 483, cabe concluir que el testador en su testamento no puede imponer su voluntad a la realidad objetiva de los hechos y con ello evadir la aplicación de las reglas de prueba, dirigidas a determinar el orden de los fallecimientos. Si a través de tales pruebas es dable demostrar el orden de los fallecimientos no cabe atenernos a la *voluntas testatoris*; pero si el resultado de las pruebas no lo acredita tal, nada impide que la previsión testamentaria cobre fuerza normativa, «pues con ello no se afectan intereses de orden público, ni de terceros».

[257] Véase: Ibíd., p. 482, llama la atención la cláusula cuarta del testamento de ex Beatle John LENNON fallecido en 1980 que refiere el autor: «en caso de que mi esposa y yo muriéramos bajo tales circunstancias en las cuales no existiera evidencia suficiente cuál de nosotros ha precedido al otro, declaro en el presente documento que es mi voluntad que sea juzgado que yo la precedí y que éste, mi testamento, cualquiera otra de sus disposiciones deberán entrar en efecto con base a tal entendido».

de una presunción *iuris tantum* no le priva del carácter imperativo a falta de la respectiva prueba en contrario.

5.5. *El reconociente* post mortem

Esparza reseña dentro de las incapacidades para suceder el supuesto previsto en el artículo 219 del Código Civil que prevé: «El reconocimiento que se haga de un hijo muerto no favorece como heredero al que lo reconoce, sino en el caso de que éste pruebe que aquél gozaba en vida de la posesión de estado»[258].

Tal norma establece la posibilidad de reconocimiento *post mortem* del hijo, pero precisa de posesión de estado para surtir efectos sucesorios[259]. Dicha norma pretende evitar los reconocimientos filiatorios *post mortem* con ánimo de obtener ventaja patrimonial. De allí que dicho acto jurídico solo surte efecto a fines sucesorios[260] del progenitor cuando se gozó en vida de posesión de estado[261].

---

[258] Esparza Bracho, *Derecho...*, p. 121.
[259] Domínguez Guillén, María Candelaria: «Breve referencia a la filiación *post mortem*». En: *Revista de la Facultad de Ciencias jurídicas y Políticas*, N.º 134, Caracas, UCV, 2009, pp. 202 y 203.
[260] Véase: CSJ/SCC, sent. del 06-06-78, en: *Jurisprudencia de la Corte Suprema de Justicia*, N.º 6, Caracas, Oscar Pierre Tapia, 1978, p. 135, Si bien es verdad que el reconocimiento de un hijo muerto no favorece como heredero a quien lo reconoce, sino en el caso de que el hijo hubiera gozado de la posesión de estado, no es menos cierto que la indemnización a que tienen derecho los parientes del trabajador fallecido en accidente de trabajo, según lo previsto en la normativa laboral, no ingresa al patrimonio de las beneficiarios a título de herencia, sino como una compensación o resarcimiento que tiene su fuente directa e inmediata en la propia ley y no en el Derecho Sucesorio. Por lo que el mencionado artículo no es aplicable en la situación de especie.
[261] Véase: Domínguez Guillén, *Manual de Derecho Civil I...*, p. 234; *Boletín de la Comisión Codificadora Nacional*, año v, N.º 35 extraordinario. Caracas, Imprenta Nacional, 1941, p. 28, El reconocimiento en todo caso puede hacerse; pero con el fin de evitar abusos y litigios, para que el reconocimiento otorgue carácter de heredero a quien lo hace se requiere que en la vida le hubiere dado la posesión de estado de hijo que le correspondía. De este modo se evita que, muerta una persona, le aparezcan

Se indica entonces que esta incapacidad sucesoria ha sido creada por la ley con el propósito de evitar reconocimientos filiatorios *post mortem* fraudulentos[262]. Se trataría de una incapacidad para suceder relativa porque afecta solo respecto del hijo reconocido[263]. Pero los descendientes del hijo reconocido podrían beneficiarse del reconocimiento[264], ya que la prohibición media respecto del progenitor que efectúa el reconocimiento sin previa posesión de estado.

6. Representación[265]

Algunas de las incapacidades que se acaban de estudiar[266] quedan matizadas o suavizadas por efecto de la figura que veremos a continuación, a saber, la «representación».

---

padres póstumos, es decir, salidos a luz después de la muerte del hijo, con todas las dificultades que presenta la verificación o contradicción de tal hecho cuando no existe la posesión de estado; Bastidas, Luis Ignacio: *Comentarios y reparos al Proyecto de Código Civil*. Caracas, Editorial Bolívar, 1939, Tomo I, p. 194, como el reconocimiento póstumo puede ser desinteresado de parte del que lo hace, el artículo lo permite siempre, pero le niega, a quien lo haga, derechos en la herencia del hijo, si éste no gozaba de la posesión de estado, lo que es justo, porque por éstas habían sido creadas, aunque solo de hecho, las relaciones de familia que son el fundamento del derecho recíproco de herencia.

[262] Esparza Bracho, *Derecho...*, p. 121.

[263] Véase: ídem, «constituye una incapacidad relativa que se manifiesta en la carencia de vocación hereditaria por parte de quien hace el reconocimiento para acudir a la sucesión que se defiere a la muerte del hijo reconocido».

[264] Véase: Ramírez, ob. cit., p. 236, «Es posible el reconocimiento de un hijo muerto, porque además de permitirlo el artículo 215, ello puede redundar en beneficio de quienes de él descienden»; Viso, Luis René: *Derecho de Familia*. Cabimas, Impresora Petrolandia, 1985, p. 515, pero sí puede hacerse el reconocimiento en favor de los descendientes del premuerto, pues ello iría en beneficio de estos, no del que reconoce.

[265] Véase: Sanoja Clavo, José Rafael y Branger de Sanoja y Adriana: «El derecho de representación en la sucesión intestada». En: *Primera Jornadas Nacionales de Derecho Civil, 2 al 5 de febrero de 1988*. Maracaibo, Universidad del Zulia, 1989, pp. 63-91; Rizo Pérez, Nilda Haydée: «La representación sucesoria. Regulación

La representación en materia sucesoral presenta una acepción distinta a su sentido tradicional de realizar actos jurídicos en nombre de otro[267], pues supone entrar en la sucesión en el lugar de alguien que no está en posibilidad de heredar. Y lo cierto es que, como afirma Roca Ferrer, es técnicamente imposible representar a un difunto[268]. Pero en el lenguaje sucesorio se distingue quien hereda por derecho propio de quien sucede por representación[269], según se sea llamado a suceder directa y personalmente o según se entre en el lugar de otra persona, respectivamente.

Existen dos maneras de suceder *ab intestato*: por derecho propio y por derecho de representación; la primera, cuando el llamado a la herencia

---

en el vigente Código Civil cubano», http://www.monografias.com/trabajos15/repr-sucesoria/repr-sucesoria.shtml; Esparza Bracho, Derecho..., pp. 123-134; Martínez Calcerrada, Luis: *La representación en el Derecho Sucesorio*. Pamplona, Aranzadi, 1966; Aquino Granados, ob. cit., pp. 77-93.

[266] Véase *supra* 5.

[267] Que bien sea legal o convencional, denota la realización de actos jurídicos en nombre del representado, siendo que los efectos activos y pasivos correspondientes recaen sobre este último. Véase: Serrano Alonso, Manual..., p. 46, la expresión representación es equívoca, pues no hay una representación en el sentido estricto del término; Albaladejo, ob. cit., p. 69, no es correcto aquí hablar de representante y representado porque no hay alguien que actúa en nombre de otro y en cuya cabeza recaen los efectos; Lacruz Berdejo et al., ob. cit., pp. 43 y 44, de allí que se aluda a «representación sucesoral»; Carrión Olmos et al., ob. cit., p. 481, el término no es el más adecuado, pues no existe una actuación en nombre de otro; Gutiérrez Barrenengoa et al., ob. cit., p. 496; Roca Ferrer et al., ob. cit., pp. 265 y 266, en la figura está completamente ausente la verdadera noción de representación, pero la denominación tiene arraigo no obstante la crítica; Díez-Picazo y Gullón, ob. cit., p. 345, es manifiestamente impropia la terminología; López Herrera, Derecho..., t. i, p. 97; Esparza Bracho, Derecho..., p. 126; Martínez Calcerrada, ob. cit., p. 3, la mayoría de la doctrina censura la aplicación de la frase *ius repraesentationis* en que degeneró la genuina *succesio per stirpem* romana.

[268] Roca Ferrer et al., ob. cit., p. 265.

[269] Véase: Sansó, Benito: «Sucesión legítima por derecho propio y por derecho de representación». En: *Repertorio Forense*. Caracas, 2º trimestre 1967, tomo iii, pp. 39 y 40; D'Jesús M., ob. cit., pp. 47-51; Ramírez, ob. cit., pp. 201-204.

recibe un llamamiento directo y personal; la segunda, cuando el llamado va a ocupar la herencia en el lugar que le correspondería originalmente a un heredero por derecho propio que no puede suceder[270]. Se suele heredar por ser llamado directa y personalmente a suceder a una persona fallecida; pero también puede heredarse por entrar en el lugar de alguien que no está en capacidad de suceder[271]. Se trata de una institución jurídica que data –como otras tantas– del Derecho romano[272] y que permite al pariente de grado más cercano recoger la cuota herencial que correspondía a su ascendiente que no puede hacerlo[273].

La sucesión por derecho propio no puede coexistir en una misma persona con la sucesión por derecho de representación: son excluyentes[274]. El sucesor por derecho de representación ocupa la posición o el lugar de otro, del representado; en tanto que el sucesor por derecho propio, *iure proprio* o *proprio nomine*, es *per se*, ocupa en la sucesión su propio lugar, recibe directa e inmediatamente del causante[275]. Por lo que se destaca que el representante sucede directamente al causante y no al representado[276]. Así, cuando el llamamiento a suceder se dirige a alguien para que en lugar de otra persona que no hereda suceda al difunto en el puesto de ella se habla de derecho de representación[277].

---

[270] Sansó, *Sucesión legítima...*, p. 39 (reproducido en Montiel Villasmil, ob. cit., pp. 311-315). Véase también: Polacco, ob. cit., t. i, p. 43, se sucede *iure proprio* o *iure repraesentationis*; López Herrera, *Derecho...*, t. i, pp. 85; Rojas, ob. cit., pp. 65-67; Rodríguez de Rodríguez, ob. cit., p. 24.
[271] Juzgado de Primera Instancia en lo Civil, Mercantil, Tránsito y Bancario de la Circunscripción Judicial del estado Aragua, sent. del 16-06-08, citada *supra*.
[272] Véase: Sanoja Clavo y Branger de Sanoja, ob. cit., pp. 66 y 67. Véase sobre la evolución histórica de la figura, incluyendo los distintos códigos civiles de Venezuela: ibíd., pp. 66-72.
[273] Suárez Franco, ob. cit., p. 138.
[274] Torres-Rivero, Arturo Luis: *Teoría General del Derecho sucesoral*. Caracas, Universidad Central de Venezuela, 1986, t. ii, p. 37.
[275] Ibíd., p. 38. Véase: Ibíd., p. 44, en la sucesión por derecho de representación los sujetos son tres: el causante, el representado y el representante.
[276] Roca Ferrer *et al.*, ob. cit., p. 266.
[277] Véase: Albaladejo, ob. cit., p. 67.

Se coloca el ejemplo de A que muere con dos hijos vivos y dos nietos de otro que murió, la ley llama a sucederle a cada hijo en un tercio, y a los dos nietos juntamente en el tercio que habría correspondido a su padre, de vivir. Y se dice que sus hijos heredan a A por derecho propio, y sus nietos en representación de su difunto padre[278].

La representación ha sido denominada por la doctrina italiana como supuesto que propicia lo que se ha dado en llamar «vocación indirecta», que comprende diversos casos en los cuales un sujeto que habría venido a suceder, no sucede efectivamente, porque no puede y hereda otro por voluntad de la ley en lugar suyo. Al aludir a vocación indirecta no se pretende afirmar que el llamado indirectamente no asume un derecho propio en la sucesión, sino que, en cierto sentido, se refiere a otro llamamiento, al que se podría denominar «directo», que ha fallado en su origen –premoriencia– o después de la apertura de la sucesión[279].

La ley, teniendo en cuenta las consecuencias poco equitativas que nacen de la regla de la exclusión del pariente más remoto, quien tras la desgracia de perder a su padre o madre se vería también privado de la herencia, previene una importante excepción a través del «derecho de representación». En virtud de esta, ante el supuesto de una persona que no llegó a heredar por haber muerto antes que el causante, perdiendo una herencia que habría recaído en él si viviera, tal derecho se confiere a sus descendientes por referencia al lugar y grado del ascendiente fallecido[280]. La representación supone una excepción al principio de proximidad de grado[281], permitiendo, en determinados

---

[278] Ídem.
[279] ZANNONI, ob. cit., p. 431, esta referencia a una vocación anterior, preexistente aunque fallida, es esencial para instrumentar el principio general según el cual los parientes más cercanos excluyen a los más remotos. Por tal, los derechos sucesorios de estos se determinan en cuanto a tu existencia, cuantía y posición respecto del causante, por referencia a los de aquellos ascendientes suyos que los excluirían de la herencia en caso de haber heredado.
[280] LACRUZ BERDEJO et al., ob. cit., p. 41.
[281] DE PAGE, ob. cit., p. 119, la representación sucesoral deroga la regla de la proximidad del grado.

casos, y por razones de equidad, la concurrencia, en una misma sucesión de parientes de grado más próximo con otros de grado más remoto[282]. Así comenta Dominici que si la figura no estuviere establecida resultaría una de dos cosas: o que los hijos vivos excluirían a los descendientes del hijo premuerto o que estos entrarían cada uno de ellos con igual derecho que los hijos vivos, siendo ambas situaciones contrarias a la razón y a la equidad[283]. De allí que, la institución pretende evitar este tipo de injusticias[284] o divisiones poco equitativas[285].

En el fundamento de la representación entran en juego varias teorías; una de ellas se orienta por la misma razón que justifica la sucesión legítima[286], que a su vez se basa en el afecto o voluntad presunta del causante[287], entre otras[288]. Amén de teorías, tales como la de «igualdad distributiva» y la

---

[282] Carrión Olmos et al., ob. cit., p. 481. Véase también: Esparza Bracho, Derecho…, p. 124.
[283] Dominici, ob. cit., p. 36.
[284] Suárez Franco, ob. cit., p. 135.
[285] López Herrera, Derecho…, t. i, p. 87.
[286] Martínez Calcerrada, ob. cit., p. 139.
[287] Ibíd., pp. 140-143. Véase también: de Page, ob. cit., p. 122, su fundamento reposa en la presunta voluntad del difunto; Sojo Bianco, ob. cit., p. 291, la justificación que le atribuye la doctrina es semejante a la de la sucesión legítima, a saber, que los afectos del causante descienden a quienes de él derivan; es decir, a falta de descendiente directo, sean a su vez sus descendientes quienes resulten beneficiados económicamente. Por lo que la representación para algunos se apoya en la presunta voluntad del causante; Piña Valles, ob. cit., p. 72; Rojas, ob. cit., p. 64; Sanoja Clavo y Branger de Sanoja, ob. cit., p. 75, para muchos autores la figura se fundamenta en la presunta voluntad del causante, en razón de la naturaleza humana según la cual los nietos reemplazan en el corazón del abuelo al hijo que perdió. Véase sobre las distintas teorías en torno al fundamento de la figura: Ibíd., pp. 75-78, amén de la presunta voluntad del causante citan las teorías de: la comunidad familiar, de la tutela de la unidad, de la continuidad, y de fundamento técnico sociológica.
[288] Véase: Martínez Calcerrada, ob. cit., pp. 143-147, teoría del patrimonio familiar, ética, de la tutela de la unidad familiar, de la continuidad biológico-económica de la familia.

«teoría sincrética»[289], esta última sostenida por Castán y seguida por Martínez Calcerrada y que entremezcla «la interpretación de la presunta voluntad del testador, si hubiese testado, la protección de la familia en el círculo social, así razones de equidad y humanidad»[290].

La figura solo puede ser modificada por decisión testamentaria[291], siempre que no resulte afectada la legítima. La representación viene a ser una «sustitución» legal[292] que permite a los descendientes de quienes no puedan heredar, subrogarse en el lugar y grado de estas, de conformidad con el artículo 814 del Código Civil que prevé: «La representación tiene por efecto hacer entrar a los representantes en el lugar, en el grado y en los derechos del representado»[293]. En tal caso, la persona hereda para sí[294], pero en modo subsidiario porque ello no sería posible sino a falta del representado.

La representación tiene lugar en línea recta descendente, es decir, entre descendientes no tiene límites, de conformidad con el artículo 815 del Código Civil: «La representación en la línea recta descendente tiene efecto indefinidamente y en todo caso, sea que los hijos del *de cujus* concurran con los descendientes de otro hijo premuerto, sea que, habiendo muerto todos los hijos del *de cujus* antes que él, los descendientes de los hijos concurran a heredarlos; ya se encuentren entre sí en grados iguales, ya en grados desiguales y aunque encontrándose en igualdad de grados, haya desigualdad de número de personas en cualquiera generación de dichos descendientes». La representación en línea recta descendiente opera hasta

---

[289] Véase: Ibíd., pp. 150-152.
[290] Ibíd., p. 152.
[291] Véase: Sojo Bianco, ob. cit., p. 291.
[292] Pues la «sustitución», según veremos *infra* X, supone que una persona entra en el lugar de otra, pero por voluntad del testador.
[293] Véase: Rojas, ob. cit., p. 94, la representación hace subentrar al representante en la misma posición jurídica que tendría el representado si pudiese suceder, por tanto, la medida del derecho hereditario del representante es exactamente la misma que corresponde al representado, como lo dispone el artículo 814 del Código Civil.
[294] A diferencia de la representación «tradicional».

el infinito o *ad infinitum*[295] y procede desde el segundo grado –nietos– nunca por el primer grado –hijos–[296].

Mientras que respecto de los ascendientes no opera la representación[297]. El derecho no admite la representación en línea recta ascendente. Se considera natural que el ascendiente más próximo excluya al más remoto y que otra cosa sería contraria al curso de los sucesos[298]. Al efecto, indica el artículo 816 *eiusdem*: «Entre los ascendientes no hay representación: el más próximo excluye a los demás».

En tanto, que en línea colateral, la representación se admite a favor de los hijos de los hermanos, es decir, de los sobrinos, por lo se afirma que en tal caso la representación es procedente en forma limitada[299], según prevé el artículo 817 del Código Civil: «En la línea colateral la representación se admite en favor de los hijos de los hermanos y de las hermanas del *de cujus*, concurran o no con sus tíos». Esto atiende a que el legislador presume que los lazos de afecto se debilitan más allá de los hijos de los hermanos[300]. Esta línea de representación no pasa del tercer grado, no llega sino a los sobrinos[301].

---

[295] Dominici, ob. cit., p. 38; Esparza Bracho, *Derecho*…, pp. 124 y 126; Piña Valles, ob. cit., p. 76; Juzgado de Protección del Niño y del Adolescente de la Circunscripción Judicial del estado Vargas, sent. del 26-03-08, citada *supra*, «Los descendientes que entran en el primer orden han de ser legítimos. Este orden es verdaderamente privilegiado, pues con el no se mezcla ninguno de los otros órdenes, y por tanto los excluye en absoluto: se extiende hasta lo infinito y en él se prefiere el grado más próximo al más remoto, salvo el derecho de representación».
[296] Torres-Rivero, *Teoría*…, t. ii, p. 61.
[297] Véase: Dominici, ob. cit., p. 38, disposición con carácter absoluto; Torres-Rivero, *Teoría*…, t. ii, p. 60.
[298] Roca Ferrer *et al.*, ob. cit., p. 271.
[299] Esparza Bracho, *Derecho*…, p. 128; Piña Valles, ob. cit., p. 76.
[300] Dominici, ob. cit., p. 39.
[301] Farrera, ob. cit., p. 48.

De tal suerte, que la representación funciona siempre e indefinidamente en línea descendiente; en la línea ascendiente no hay representación porque el más próximo excluye al más lejano; en línea colateral la representación solo opera a favor de los hijos de los hermanos del *de cujus*, esto es del sobrino[302]; el cónyuge nunca puede ir a una sucesión por derecho de representación, sino por derecho propio[303]. Así, de conformidad con el artículo 825 del Código Civil, la representación en línea colateral llega hasta los sobrinos, pues a partir de allí el grado de afecto ha sufrido un alejamiento considerable[304]. Se aprecian decisiones judiciales que se pronuncia al efecto[305].

La representación precisa para tener lugar que el representado sea indigno de suceder, esté ausente o haya premuerto al *de cujus*; esto es procede por premoriencia, ausencia e indignidad[306]. Es decir, la representación supone

---

[302] Véase: TORRES-RIVERO, *Teoría...*, t. II, p. 60.
[303] SANSÓ, *Sucesión legítima...*, p. 39.
[304] RODRÍGUEZ, ob. cit., p. 30.
[305] Véase: Juzgado Superior Primero en lo Civil, Mercantil y Menores de la Circunscripción Judicial del estado Lara, sent. del 10-06-04, citada *supra*; Juzgado de Primera Instancia en lo Civil, Mercantil, Tránsito y Bancario de la Circunscripción Judicial del estado Aragua, sent. del 16-06-08, citada *supra*, Heredan por representación en línea recta descendente, los hijos de los hijos fallecidos, por su parte los ascendientes no heredan por representación, pues el más próximo excluye a los demás; en línea colateral se admite la representación a favor de los hijos de los hermanos del *de cujus*, concurran o no con sus tíos. En cualquier caso, la división se hace por estirpe y hace concluir a quien juzga que con base en las reglas que rigen el orden de suceder, los demandantes no tienen la cualidad de herederos del causante.
[306] Véase: POLACCO, ob. cit., t. I, p. 55, procede por premoriencia, ausencia e indignidad; ARRUE, ob. cit. Véase: Juzgado del Municipio Lagunillas de la circunscripción judicial del estado Zulia, sent. del 20-04-09, exp. S/5314, http://lara.tsj.gov.ve/decisiones/.../506-20-S-5314-.html, «... la representación precisa que el lugar del representado esté vacante por muerte, indignidad, o renuncia...»; LÓPEZ HERRERA, *Derecho...*, t. I, p. 88; TORRES-RIVERO, *Teoría...*, t. I, p. 236, son causas de representación la ausencia y la premoriencia; PIÑA VALLES, ob. cit., p. 75, premoriencia, ausencia e indignidad; VILLAROEL RIÓN, ob. cit., p. 135; SANOJA CLAVO y BRANGER DE SANOJA, ob. cit., p. 79, premoriencia, ausencia e incapacidad (ibíd., p. 80, esta

en principio la premoriencia del representado al causante, pues la representación de personas vivas solo acontece en el caso de los incapaces para suceder, a saber, en caso de la indignidad y la ausencia. Al efecto dispone el artículo 820 del Código Civil: «No se representa a las personas vivas, excepto cuando se trata de personas ausentes o incapaces de suceder». La norma alude a ausencia o incapacidad, aunque, según vimos, la ausencia –incertidumbre sobre la vida– constituye una incapacidad para suceder[307] y por tal la ley llama a la sucesión a aquellos que habrían de ocupar el puesto del ausente. Se aclara que la incapacidad a que se refiere la norma es la relativa a la indignidad[308].

Prevé el artículo 1015 del Código Civil: «No se sucede por representación de un heredero que haya renunciado. Si el renunciante fuere el único heredero en su grado, o si todos los coherederos renunciaren, los hijos de ellos suceden por derecho propio y por cabeza». En función de ello se concluye que no hay representación del heredero que repudia la herencia, en consonancia con el respeto del *vocatus* a rechazar la herencia, que posiblemente tendrá razones por lo que mal puede la ley suponer el perjuicio de sus herederos[309]; en caso de repudio los otros coherederos acrecen en sus cuotas, pero no opera la representación. Y de existir otros coherederos se sigue al grado siguiente a tenor del artículo 1014 *eiusdem*[310]. Se agrega que lo anterior –exclusión de la representación en caso de repudio– no debe confundirse con el supuesto consagrado en el artículo 821 *eiusdem*[311]: «Se puede

---

última la relativa o indignidad); Esparza Bracho, *Derecho...*, pp. 131-133, premoriencia, ausencia e indignidad.

[307] Véase *supra* 5.3.
[308] Véase: Farrera, ob. cit., p. 51, pues la denominada incapacidad absoluta por «inexistencia» no podría producirse en tal caso; Esparza Bracho, *Derecho...*, p. 133, la incapacidad a la que se refiere el Código no es otra que la indignidad y ello está en conexión con el carácter personal que impone el artículo 813.
[309] Véase: Esparza Bracho, *Derecho...*, p. 133.
[310] «En las sucesiones intestadas, la parte del que renuncia acrece a sus coherederos; si no hay otro heredero, la herencia se defiere al grado subsiguiente».
[311] Véase: ídem.

representar a la persona cuya sucesión se ha renunciado». Con base en la norma se indica que «la aceptación de la herencia deferida por el representado no es condición para que se dé la representación sucesoria. Puede rechazarse la herencia del representado y sin embargo entrar a representarle en la sucesión a su ascendiente»[312]. Así, coloca el ejemplo SANOJO a propósito de dicha norma que «El nieto cuyo padre haya muerto, puede renunciar a su herencia, y con todo entrará a heredar a su abuelo en representación de su indicado padre». Lo cual es una prueba de que quien hereda por representación es heredero directo de la persona de cuya sucesión se trate[313]. Así pues, el nieto puede renunciar a la herencia de su padre y sin embargo heredar a su abuelo (artículo 821), mas no pudiera heredar por representación a su abuelo si su padre ha renunciado a la de éste (artículo 1015). Así en la legislación española[314].

Al efecto, se aprecia decisión judicial que indica que «... es posible representar a la persona cuya sucesión se ha renunciado, a los ausentes y a los declarados indignos»[315]. Vale recordar que a ellos debe agregarse la premoriencia.

Finalmente, prevé el artículo 819 del Código Civil: «En todos los casos en que se admite la representación, la división se hará por estirpes. Si una estirpe ha producido más de una rama, la sub-división se hace por estirpes también en cada rama; y entre los miembros de la misma rama, la división se hace por cabezas»[316].

---

[312] Ibíd., p. 134.
[313] SANOJO, ob. cit., p. 203.
[314] RODRÍGUEZ-PALMERO SEUMA, Pablo: «Un intento de superar las tesis opuestas sobre la situación del heredero en el marco del artículo 1006 del Código Civil español». En: *Revista de Derecho*, año 9, N.º 9, Temuco, UCT, 2008, pp. 9-28.
[315] Juzgado de Primera Instancia en lo Civil, Mercantil, Tránsito y Bancario de la Circunscripción Judicial del estado Aragua, sent. del 16-06-08, citada *supra*.
[316] Véase: SANOJA CLAVO y BRANGER DE SANOJA, ob. cit., pp. 88-91, Tradicionalmente, se indica con base en dicha norma que la pluralidad de estirpes da lugar al derecho de representación, pues en caso de unicidad se sucede por derecho propio; D'JESÚS, ob. cit., p. 50, el criterio de la pluralidad de estirpes es sustentado por nuestro Código Civil en los artículos 815 y 817.

Nuestro Código Civil sigue la regla que cuando procede la representación la división se hará por estirpes, por ello sucesión por estirpes y representación son equivalentes[317]. El efecto de la representación es que los descendientes no quedan excluidos de la sucesión por causas atribuibles a la culpa o muerte de su representado, pero no pueden recibir más de lo que hubiere correspondido a este, de allí que sin importar cuántos sean los descendientes, pues todos serán contados como una sola persona –estirpe–, a los efectos de la división y no por cabezas. Por ello, todos los descendientes de un heredero al margen de cuántos sean, serán contados como una sola persona –estirpe–[318]. «La estirpe es el conjunto de personas que descienden de aquel a quien representan en una sucesión cuyo lugar toman»[319]. De allí que se afirme que, aun cuando no es esencial a la representación, su efecto característico es la división del as hereditario[320] por estirpes[321]. Habiendo una pluralidad de ellas, la partición tendrá lugar considerando a cada una como una unidad, y no por cabezas, sin respetar el principio de proximidad de grado, sino dentro de cada estirpe y subestirpe[322].

---

[317] D'Jesús, ob. cit., p. 50.
[318] Véase: Sojo Bianco, ob. cit., p. 292; Sansó, *Sucesión legítima…*, pp. 39 y 40.
[319] Esparza Bracho, *Derecho…*, p. 124.
[320] Véase: *Diccionario LID de Empresa y Economía*, LID Editorial Empresarial, Madrid, http://www.diclib.com/cgi-bin/d1.cgi?l=en&base=alkonaeconomia&page=showid&id=704, «As hereditario: Neto haber universal de una sucesión testada o intestada». Véase también: Domínguez Águila, ob. cit., p. 162, la sentencia comentada se refiere a la herencia usando el sustantivo «haz», error bastante común en la literatura jurídica. En verdad la tradición jurídica hace referencia a la herencia con un «as», pues esta era la moneda romana que significaba la unidad o entero y no a la herencia como un «haz», es decir, una atadura de leña o mieses; González y Martínez, ob. cit., p. 436, alude al «as» hereditario o masa relicta.
[321] Véase: Albaladejo, ob. cit., p. 71, agrega el autor que si los representantes lo son del único descendiente que tenía el causante, como también en ese caso suceden por representación, dividen la herencia por partes iguales, ya que esta corresponde entera a una sola estirpe, y dentro de ella se divide por cabezas; D'Jesús, ob. cit., p. 50, la representación supone que concurran varias estirpes pues si solo es llamado un único heredero éste sucede en todo caso por derecho propio y por cabeza.
[322] Lacruz Berdejo *et al.*, ob. cit., p. 45.

La doctrina diferencia entre «sucesión por representación» y «transmisión de herencia»[323] en cuanto a la causa, al sujeto favorecido y al modo de división de la herencia[324]. En la transmisión[325] el heredero ejerce un derecho propio[326]. En cuanto a la causa, en la primera el llamado directo premuere, es ausente o indigno, en tanto que en la segunda, el heredero era capaz para suceder a su causante y se verificó efectivamente la delación de la herencia con la adquisición por parte del heredero del *ius delationis* pero murió después de éste y antes de poder ejercer el derecho de aceptar o de renunciar la herencia[327]. En tal caso ese derecho se transmite a sus herederos[328], pues la delación hereditaria es transmisible a estos últimos[329]. Es decir, cuando el heredero muere después del causante, pero antes de aceptar la herencia, habrá transmisión de esta última[330]. En cuanto a los

---

[323] Véase: POLACCO, ob. cit., t. I, pp. 57-59, la transmisión supone la falta de llamamiento a suceder después que la herencia es deferida y antes de la aceptación (ibíd., p. 57); SUÁREZ FRANCO, ob. cit., p. 88, transmisión es la facultad que tiene el heredero de traspasar a sus herederos derechos herenciales sujetos a aceptación o repudiación, sin haber ejercido dicha opción; LAURENT, ob. cit., t. IX, pp. 80-82.

[324] Véase: LÓPEZ HERRERA, *Derecho*..., t. I, pp. 99 y 100; ROJAS, ob. cit., pp. 95-99; RODRÍGUEZ DE RODRÍGUEZ, ob. cit., p. 27, Por efecto de la transmisión recibe la herencia otra persona distinta a la que le correspondía, de allí que se tienda a confundir con la representación; FARRERA, ob. cit., pp. 43-45.

[325] Véase *supra* II.3.2.

[326] CLARO SOLAR, ob. cit., t. XIII, p. 55.

[327] Véase: SERRANO ALONSO, *Manual*..., pp. 35 y 36, el titular del *ius delationis* tiene la facultad de transmitirlo a sus herederos, denominada *sucesión iure trasmisionis* o derecho de transmisión, consagrada en el artículo 1006 del Código Civil español que prevé que si muere el heredero sin aceptar o repudiar la herencia pasará a los suyos el mismo derecho que se tenía.

[328] Véase: ALBALADEJO, ob. cit., p. 45, cuando el llamado fallece sin haber usado el *ius delationis*, es decir, sin haber optado por la facultad que le confiere, sus sucesores reciben la opción que él no utilizó. Se trata de una verdadera transmisión, en que el *ius delationis* pasa a sus herederos.

[329] LACRUZ BERDEJO *et al.*, ob. cit., p. 41; CARRIÓN OLMOS *et al.*, ob. cit., p. 259, el *ius transmissionis* es por tanto, el derecho a recibir por transmisión el *ius delationis*; GUTIÉRREZ BARRENENGOA *et al.*, ob. cit., pp. 490 y 491.

[330] Véase: SANSÓ, *Sucesión legítima*..., p. 40, agrega el autor que las consecuencias son muy importantes: si hay representación el representante puede suceder aunque se

sujetos, la sucesión por representación aplica a los descendientes, la transmisión favorece a más personas. En cuanto al modo, en la representación los representantes entran en el grado y derechos del representado, mientras que en la transmisión los herederos del transmitente no suceden al causante de éste sino al verdadero transmitente[331]. Agrega Torres-Rivero que la sucesión por representación es una sucesión singular, mientras la transmisión está referida a sucesiones sucesivas conectadas –plural–, por lo menos dos[332]. La transmisión opera tanto en la sucesión *ab intestato* como en la testamentaria[333], mientras que la representación –en principio– solo en la primera[334]. La transmisión de la herencia[335] está regulada en los artículos 1007[336] y 1008[337] del Código Civil.

Se agrega, como se aprecia de la ubicación del tópico dentro del tema a tratar, que la figura de la representación es característica de la sucesión

---

haya renunciado o sea indigno el anterior; si hay transmisión de herencia, el heredero solo puede suceder en cuanto pueda hacerlo el causante inmediato, es decir que no medie renuncia o indignidad. La transmisión de la herencia puede hacerse aún a herederos testamentarios que no sean, por ejemplo, parientes, en tanto que la representación siempre se verifica entre parientes, mediando dicho vínculo entre causante, representante y representado.

[331] Rojas, ob. cit., pp. 97 y 98.
[332] Véase: Torres-Rivero, *Teoría…*, t. ii, p. 63.
[333] Suárez Franco, ob. cit., p. 90.
[334] Véase, sin embargo, *infra* vi.5.
[335] Véase sobre tal figura: Torres-Rivero, *Teoría…*, t. ii, pp. 77-89.
[336] «Si la persona en cuyo favor se ha abierto una sucesión, muere sin haberla aceptado expresa o tácitamente, trasmite a sus herederos el derecho de aceptarla».
[337] «Si estos herederos no están de acuerdo para aceptar o para renunciar la herencia, el que la acepta adquiere solo todos los derechos y queda sometido a todas las cargas de la herencia, considerándose al renunciante como extraño». Véase: Rodríguez, ob. cit., p. 272, «cuando entre los coherederos a quienes se le ha trasmitido el derecho de aceptar o renunciar a una herencia no hay un consenso para la aceptación o renuncia, quienes la aceptan adquieren todos los derechos y obligaciones que entraña dicha herencia, teniéndose al resto como renunciantes, y considerándoseles como extraños».

intestada, *ab intestato* o legítima[338]. Se afirma que la representación es equivalente en la sucesión intestada a la sustitución hereditaria o por voluntad del causante en la sucesión testada[339]. Esto es, se presenta como una suerte de «sustitución legal»[340] o, más precisamente, una sustitución por imperativo legal que acontece dada su naturaleza en la sucesión *ab intestato*[341].

Sin embargo, en la doctrina española, se discute si la figura aplica igualmente a la sucesión testamentaria, respecto de la que se observa una tendencia a expandir su aplicación a la sucesión testada[342]. Y en tal sentido, MADRIÑÁN VÁZQUEZ comenta que, a partir de los años 40 del pasado siglo, se acusó una mayor amplitud hasta el punto de hablar de «tendencia

---

[338] Véase: Juzgado del Municipio Lagunillas de la circunscripción judicial del estado Zulia, sent. del 20-04-09, citada *supra*, «La representación no funciona en la sucesión testamentaria, sino solo en la intestada». Véase también, consideraciones en: Juzgado Segundo de Primera Instancia en lo Civil, Mercantil, Agrario, Tránsito de la Circunscripción Judicial del estado Falcón, sent. del 13-01-06, exp. 5043, http://falcon.tsj.gov.ve/decisiones/.../165-13-5043-06.html; SUÁREZ FRANCO, ob. cit., p. 139. No obstante, reseña el autor, respecto de Colombia, que el criterio ha cambiado por la Ley 29 de 1982 que dispone en su artículo 2 que hay siempre lugar a la representación en la descendencia del difunto.

[339] ABOUHAMAD HOBAICA, ob. cit., p. 135. Véase *infra* x.

[340] Véase utilizando tal denominación: MESSINEO, ob. cit., p. 303, alude a «la sustitución legal del llamado –denominado derecho de representación–»; MARTÍNEZ CALCERRADA, ob. cit., p. 10, es «la sustitución legal de un descendiente del causante por sus descendientes de inferior grado»; SERRANO GARCÍA *et al.*, ob. cit. Véase ibíd., p. 92, en la sucesión *ab intestato*, la sustitución legal es un mecanismo que completa el orden legal de suceder.

[341] Véase sobre la naturaleza jurídica de la representación: SANOJA CLAVO y BRANGER DE SANOJA, ob. cit., pp. 72-74, al efecto citan cinco teorías fundamentales: ficción legal, subrogación, sustitución, beneficio legal, derecho o imperativo legal. Véase ibíd., p. 74, los autores concluyen que se trata de una creación imperativa de la ley consagrada para proteger el verdadero alcance y esencia de la sucesión *ab intestato*, compaginándose en sus efectos con la sustitución ordinaria. Véase citando la doctrina francesa e italiana que indica que se trata de una ficción legal: ESPARZA BRACHO, *Derecho...*, p. 125.

[342] ROCA FERRER *et al.*, ob. cit., p. 263.

expansiva del derecho de representación», con base en argumentos, tales como la voluntad presunta del testador, la equidad, y el sentido familiar y humanitario, muy claros en caso de premoriencia[343]. En la doctrina nacional, López Herrera señala acertadamente que, si bien la representación es una institución típica y característica de la sucesión *ab intestato*, puede funcionar aunque no exactamente de la misma manera en la sucesión testamentaria[344] pues el artículo 953 del Código Civil[345] prevé la «representación testamentaria»[346], que se torna particularmente importante respecto del acrecimiento o derecho de acrecer[347].

7. Orden de suceder[348]

En la sucesión legítima los llamados a la sucesión son indicados taxativamente por ley en un orden que atiende a la proximidad familiar inspirada en

---

[343] Madriñán Vázquez, Marta: *El derecho de representación en la sucesión testada*. Madrid, Aranzadi-Thomson Reuters, 2009, acota que en el Derecho español, el debate perdió virulencia con el artículo 814.3 del Código Civil de la reforma del 13 de mayo de 1981, con un párrafo innovador que, pese a su ubicación, parece establecer un verdadero derecho de representación en el caso de premoriencia de los hijos del causante, en la sucesión testada.

[344] López Herrera, *Derecho...*, t. i, pp. 100 y 385-388.

[345] «Queda sin efecto toda disposición testamentaria, si el favorecido por ella no ha sobrevivido al testador o es incapaz. Sin embargo, los descendientes del heredero o legatario premuerto o incapaz participarán de la herencia o del legado en el caso de que la representación se hubiere admitido en su provecho, si se tratase de sucesión *ab intestato*; a menos que el testador haya dispuesto otra cosa, o que se trate de legados de usufructo o de otro derecho personal por su naturaleza».

[346] Ibíd., pp. 385-388. Véase *infra* vi.5. Véase en el mismo sentido: Villaroel Rión, ob. cit., pp. 170 y 171, el artículo 953 establece una excepción a la regla de que en caso de en caso de incapacidad o premoriencia las instituciones testamentarias quedan sin efecto, pues se prevé la participación de los descendiente a través de la representación –que es una figura característica de la sucesión *ab intestato*–, y que en tal caso se aplica a la sucesión testamentaria.

[347] Véase *infra* xi.5.

[348] Véase: Sansó, Benito: «Orden de suceder en el Derecho venezolano». En: *Repertorio Forense*. Caracas, 2º trimestre, 1967, t. iii, pp. 28-32; Torres-Rivero, *Teoría...*,

el afecto natural. Por eso, los llamados en primer término son los familiares más cercanos al causante, quienes excluyen a los más lejanos, llegando inclusive hasta el sexto grado respecto de los parientes colaterales. De no existir familiares –parientes o cónyuge– la herencia se le atribuye al Estado[349].

De allí que se concluya que los sujetos llamados a suceder son los parientes, el cónyuge y el Estado[350], sin que tal enumeración sea subsidiaria respecto de los dos primeros, pues los parientes más allegados no excluyen al cónyuge sino que concurren con este; aunque el Estado sí queda excluido por cualquiera de los anteriores. Dentro de los parientes, en atención al afecto natural de quienes se reproducen, los descendientes excluyen a los ascendientes[351], y en cualquier caso el pariente más próximo excluye al más lejano. Así, dentro de los parientes, se afirma que el orden inspirado por la jerarquía de los afectos, primero desciende, luego asciende y finalmente se extiende hacia los colaterales[352]. El orden de suceder está regulado en los

---

t. II, pp. 111 y ss.; López Herrera, *Derecho...*, t. I, pp. 101-127; Bastidas, Luis I.: «Sobre el orden de suceder». En: *Sucesiones*. t. II, Caracas, Italgráfica, 1977, pp. 211-229; Polacco, ob. cit., t. I, pp. 83-164; Ramírez, ob. cit., pp. 204-213; Esparza Bracho, *Derecho...*, pp. 137-149.

[349] Véase en este sentido: Juzgado Primero de Municipio de la Circunscripción Judicial del Área Metropolitana de Caracas, sent. del 27-06-16, exp. N.º AP31-S-2015-011675, http://aragua.tsj.gob.ve/decisiones/2016/junio/3044-23-ap31-s-2015-011675-.html.

[350] Véase *supra* 4.

[351] Véase: Farrera, ob. cit., pp. 46 y 47, «el amor desciende, no asciende: grande para los hijos, se acrecienta y acentúa para los nietos y descendientes. Por más fuerte que sea el afecto para el padre, se debilita y disminuye al remontarse al abuelo, y va debilitándose y mermándose cada vez más a medida que se sube. Podrá parecer injusta y chocante esa ley del afecto, pero no por eso es menos natural y humana, y a ella ha tenido que ajustarse el legislador».

[352] Véase: Pérez-Pujazón Millán y Rodríguez Ramos, ob. cit., «Frente a los sistemas objetivos o reales que atienden a la raíz familiar de los bienes, en Derecho Civil común la sucesión intestada se ordena siguiendo un criterio subjetivo o personal que atiende al vínculo que existe entre ciertas personas y el causante. Dentro de este, se sigue el sistema de las tres líneas, de origen romano y basado en el afecto: el cariño desciende,

artículos 822 al 832 del Código Civil. Este ítem es denominado por un sector de la doctrina como «los órdenes hereditarios»[353] o también «orden de llamamientos»[354].

Se acota que el orden de suceder es el conjunto de personas que integran las diferentes categorías, líneas y grados, que concurren o se excluyen entre sí a objeto de precisar determinada vocación hereditaria[355]. De allí que se alude a que la sucesión legal supone un orden de concurrencia y exclusión[356]. Como elementos de la transmisión sucesoria se citan: el orden, la

---

asciende y por último se reparte a los lados, que supone que heredan primero los descendientes, después los ascendientes y por último los colaterales».

[353] Véase: SUÁREZ FRANCO, ob. cit., pp. 142 y ss.
[354] Véase: DE RUGGIERO, ob. cit., p. 418.
[355] RODRÍGUEZ DE RODRÍGUEZ, ob. cit., p. 20.
[356] Juzgado, Segundo de Primera Instancia en lo Civil, Mercantil, Tránsito y Agrario de la Circunscripción Judicial del estado Vargas, sent. del 28-10-11, citada *supra*, «El orden de suceder es un complejo sistema de concurrencia, ya que los familiares del *de cujus* concurren en la búsqueda de lo que llamamos patrimonio, y al cual se accede mediante la concurrencia para poder ser partícipes de lo que pueda corresponderle a cada uno de la masa hereditaria. Además de ser un complejo sistema de concurrencia, es un complejo sistema de exclusiones, esto quiere decir que no todos los que concurren van a recibir una cuota parte de la masa hereditaria que estos van a ser excluidos (…) Puede observarse que el llamado a suceder se da de manera excluyente en tres órdenes, el de los descendientes, el de los ascendientes y el de los colaterales. Evidentemente, los descendientes entran en el primer orden y estos deben ser legítimos, lo cual es verdaderamente un orden privilegiado, pues con él no se mezcla ninguno de los otros órdenes, y por tanto los excluye en absoluto, se entiende hasta lo infinito y en él prefiere el grado más próximo al más remoto, salvo el derecho de representación. Este orden de suceder contiene dos reglas, la primera es que el hijo hereda siempre, es decir, nunca es excluido de la sucesión *ab intestato*, y la segunda, es que el hijo excluye a todos los demás parientes, con excepción del cónyuge del causante». En el mismo sentido: Tribunal Primero de Primera Instancia de Mediación, Sustanciación, Ejecución y para el Régimen Procesal Transitorio de Protección de Niños, Niñas y Adolescentes de la Circunscripción Judicial del Área Metropolitana de Caracas y Nacional de Adopción Internacional, sent. del 14-01-13, exp. AP51-J-2012-022548, http://caracas.tsj.gob.ve/decisiones/2013/…/2462-14-ap51-j-2012-022548.

línea y el grado[357]. El orden viene dado por las relaciones de parentesco en sentido ascendente, descendente y colateral. A lo que se suma el orden privilegiado conyugal, que siempre concurre con descendientes, ascendientes y hermanos y sobrinos, pero excluye a los demás colaterales. La línea es la relación de procedencia consanguínea de los parientes entre sí, que puede ser recta o colateral; es recta, si los parientes ascienden unos de otros y es colateral cuando sin descender los unos de otros descienden de un autor común. La línea interesa para precisar la estirpe en caso de representación[358]. El grado de parentesco se determina por la distancia existente entre dos parientes, bien sea directamente o a través del autor común; cada generación forma un grado[359]; la proximidad en el grado determina la preferencia en el llamamiento sucesorio y establece los límites de la delación legal[360].

Ahora bien, en relación con las personas indicadas llamadas a la sucesión, a saber, parientes, cónyuge y Estado, vale hacer algunas precisiones en torno al funcionamiento del orden preciso de suceder. Los parientes que podríamos calificar de próximos –descendientes, ascendientes y hermanos– concurren en un orden subsidiario con el cónyuge. Los parientes subsiguientes a los hermanos del *de cujus*, esto es, los colaterales de tercer hasta el sexto grado, solo entran en la sucesión a falta de cónyuge, pues en tal nivel, este excluye a aquellos. Veamos, pues, detalladamente –a los fines de su mejor comprensión– la forma en que el ordenamiento venezolano dispone lo relativo a los órdenes hereditarios.

Los parientes son aquellos sujetos ligados por un vínculo, que si es de sangre es de consanguinidad, pues los parientes por afinidad simplemente

---

[357] Esparza Bracho, *Derecho…*, p. 135. Véase: Juzgado Primero de Primera Instancia Civil, Mercantil y del Tránsito de la Circunscripción Judicial del estado Zulia, sent. del 06-05-08, citada *supra*, «De acuerdo a la legislación venezolana, la transmisión de los derechos se ordena en función de tres elementos: por orden, línea y grado».
[358] Esparza Bracho, *Derecho*, p. 136.
[359] Véase: Sojo Bianco, ob. cit., p. 28; Domínguez Guillén, *Manual…*, p. 33.
[360] Esparza Bracho, *Derecho…*, p. 137.

son los consanguíneos del cónyuge[361]. Estos últimos no tienen derechos sucesorios[362]. Por lo que cuando en el ámbito de la sucesión intestada se alude a pariente se entiende que son los consanguíneos o de sangre. En el Derecho comparado continental los afines han carecido de vocación sucesoria[363], no faltando, sin embargo, quien haya considerado su incorporación[364]. No obstante, es indudable que, salvo excepciones, entre los afines en modo alguno se configura una relación análoga a la de los parientes consanguíneos, desde múltiples puntos de vista, amén de la anacrónica disposición según la cual la afinidad no se extingue con el matrimonio (artículo 40 del Código Civil), lo que podría generar situaciones absurdas de pretensión de sucesión[365], cuando sustancialmente ni siquiera media contacto real. De allí que quien pretenda favorecer a un pariente afín, precisa hacerlo por disposición testamentaria. La idea de que el parentesco de sangre debe constituir la base de la sucesión legal viene desde el Derecho romano[366]. Los parientes pueden ser de tres órdenes: descendientes, ascendientes y los colaterales[367].

---

[361] Véase: Domínguez Guillén, María Candelaria: *Manual de Derecho de Familia*, Caracas, Paredes, 2ª edic., 2014, pp. 32-35.
[362] Ibíd., p. 35. Véase también: Suárez Franco, ob. cit., p. 142, «la afinidad no es fuente de Derecho Herencial».
[363] Véase: López del Carril, ob. cit., p. 119. Véase: Ripert y Boulanger, ob. cit. p. 88, los afines no forman parte de la familia y por tanto no suceden.
[364] Véase: López del Carril, ob. cit., p. 121, cita el artículo 138 del Proyecto de Código Civil italiano que establecía: «A quien muere sin dejar parientes en grado de suceder ni cónyuge, suceden en cuotas iguales yernos y nueras, o en defecto de estos, suegros y suegras». Disposición que no fue receptada en el Código Civil italiano de 1942. Cita en la doctrina a Josserand, quien considera que debería incorporarse la sucesión entre afines sosteniendo que su ausencia en el Derecho francés es una «inelegancia» de dicho sistema legislativo.
[365] Inclusive simultánea dada la subsistencia del vínculo, no obstante la extinción del matrimonio. Véase: Martínez Martínez, ob. cit., p. 382, evidentemente, no tiene derecho a heredar ni por derecho de representación un afín, un cuñado (Auto de la AP Zaragoza, sección 2.ª, del 07-03-07, JUR 2007, 1374).
[366] Kipp *et al.*, ob. cit., p. 30.
[367] Ripert y Boulanger, ob. cit., p. 87.

Así pues, los parientes consanguíneos que tienen derecho a heredar son en ese orden de gradación; descendientes, ascendientes, hermanos –y sobrinos por derecho de representación–, y colaterales hasta el sexto grado.

El Código Civil, en atención al afecto primario que surge de la reproducción[368], llama, en primer término, a la herencia a los descendientes, comenzando por los hijos[369]; los descendientes de estos solo son llamados por vía de representación en caso de premoriencia, indignidad o ausencia, pues en caso de renuncia concurren por derecho propio. Pero en tales supuestos se atribuye una cuota igual a cada hijo que se distribuirá al grupo correspondiente[370].

Prevé el artículo 822: «Al padre, a la madre y a todo ascendiente suceden sus hijos o descendientes cuya filiación esté legalmente comprobada». Con los descendientes concurre el cónyuge del causante en los términos del

---

[368] Véase: Rojas, ob. cit., p. 108, en homenaje al principio de que el afecto desciende primero hacia los hijos, la ley llama a estos a la sucesión excluyendo a otros parientes.

[369] Es de recordar, aunque se peque de obvio, que los hijos adoptivos se encuentran exactamente en la misma situación que los biológicos, toda vez que la ley asimila ambas filiaciones en cuanto a sus efectos. La Ley Orgánica para la Protección de Niños, Niñas y Adolescentes eliminó la adopción «simple» y actualmente solo subsiste la «plena» (artículo 411), no obstante la referencia del artículo 829 del Código Civil que disponía: «Los hijos adoptivos en adopción simple tienen, en la herencia del adoptante o adoptantes, los mismos derechos que los otros hijos». Así mismo, el matrimonial y el extramatrimonial tienen la misma condición jurídica a partir de la reforma del Código Civil de 1982 y así lo reconoce el artículo 826: «Una vez que haya sido establecida su filiación, el hijo nacido y concebido fuera del matrimonio tiene, en la sucesión del padre y de la madre, en la de los ascendientes, y demás parientes de éstos, los mismos derechos que el hijo nacido o concebido durante el matrimonio». En tal sentido dispone el artículo 827: «Salvo lo previsto en el artículo 219, el padre y la madre, sus ascendientes y demás parientes del hijo nacido y concebido fuera del matrimonio, tienen en la sucesión de este último y en la de sus descendientes, los mismos derechos que la ley atribuye al hijo nacido o concebido durante el matrimonio». Véase Varela Cáceres, Edison Lucio: «El principio de unidad de filiación». En: *Revista Venezolana de Legislación y Jurisprudencia*, N.º 2. Caracas, 2013, pp. 173 y ss.

[370] Véase: Sojo Bianco, ob. cit., pp. 295 y 296.

artículo 824: «El viudo o la viuda concurre con los descendientes cuya filiación esté legalmente comprobada, tomando una parte igual a la de un hijo». Conforme a dicha norma «… el cónyuge supérstite tiene derecho a suceder en la herencia de su consorte tomando una parte igual a la de un hijo»[371]. De tal suerte, que los hijos o descendientes concurren con el cónyuge del *de cujus*, excluyendo a los demás familiares[372], quien hereda en cuota como si fuere un hijo más –a diferencia de concurrir con los ascendientes donde la cuota se divide por mitad–. De no existir cónyuge, la herencia corresponde íntegramente a los descendientes. Los descendientes excluyen a los ascendientes.

Si no existen descendientes, la ley llama a la sucesión en concurrencia de por mitad con el cónyuge a los ascendientes. Si no existe cónyuge la herencia corresponde íntegramente a los ascendientes, que entran en la sucesión según la proximidad de grado. Respecto de los ascendientes no opera la representación. «Basta que exista un descendiente, sin importar lo lejano que se encuentre respecto al *de cujus*, para que los padres y demás ascendientes queden fuera de la sucesión»[373].

Prevé al respecto el artículo 825 del Código Civil: «La herencia de toda persona que falleciere sin dejar hijos o descendientes cuya filiación esté legalmente comprobada, se defiere conforme a las siguientes reglas: Habiendo ascendientes y cónyuge, corresponde la mitad de la herencia a aquéllos y a éste la otra mitad. No habiendo cónyuge la herencia corresponde íntegramente a los ascendientes. A falta de ascendientes, corresponde la mitad de la herencia al cónyuge y la otra mitad a los hermanos y por derecho

---

[371] Juzgado de Protección del Niño y del Adolescente de la Circunscripción Judicial del estado Vargas, Juez N.º 1, sent. del 26-03-08, citada *supra*.

[372] Véase: ABELIK MANASEVICH, René: «Últimas modificaciones del Código Civil chileno. Materia de Derecho de Familia y Sucesorio». En: *Revista Jurídica*, N.º 14, Universidad Católica de Santiago de Guayaquil, 2001, https://www.revistajuridicaonline.com/edicion-14-2/, «se fortalece los derechos del cónyuge y de los hijos en desmedro de ascendientes y de la familia colateral».

[373] PIÑA VALLES, ob. cit., p. 48.

de representación a los sobrinos. A falta de estos hermanos y sobrinos, la herencia corresponde íntegramente al cónyuge y si faltare éste corresponde a los hermanos y sobrinos expresados. A falta de cónyuge, ascendientes, hermanos y sobrinos, sucederán al *de cujus* sus otros colaterales consanguíneos».

De la citada norma se deriva que: el cónyuge concurre como un hijo más con los descendientes del *de cujus*; pero a falta de estos, el cónyuge concurre con los ascendientes del causante de por mitad. Señala la doctrina: «El llamamiento a ascendientes se produce, en general, ante lo que se considera un "accidente sucesorio" pues no hay nada más antinatural ni triste que sobrevivir a un descendiente»[374].

A falta de ascendientes, el cónyuge concurre de por mitad con los hermanos[375] del *de cujus* y los sobrinos por derecho de representación[376]. El hermano es el pariente consanguíneo en línea colateral más inmediato, transversal en segundo grado y el sobrino es pariente colateral oblicuo o diagonal hacia abajo en tercer grado. En virtud de la excepción de la representación, junto con un hermano del causante puede concurrir su sobrino[377]. Otros consideran que los hermanos no ofrecen la misma intensidad que los parientes en línea recta[378].

---

[374] Martínez Martínez, ob. cit., p. 270.
[375] Véase: Poviña, Horacio L.: *Sucesión de los parientes colaterales*. Tucumán, Universidad Nacional de Tucumán, 1967, p. 17, el concepto de hermanazgo o hermandad que constituye la más propincua o cercana relación de parentesco en la línea colateral es aplicable a los hermanos bilaterales o carnales –padres comunes– y a los medio hermanos o hermanos unilaterales –correspondientes a la categoría de doble y simple conjunción, respectivamente–.
[376] Véase: Sansó, *Apertura...*, p. 31, en caso de concurrir hermanos y cónyuge, la herencia se divide de por mitad entre el grupo de hermanos y la otra mitad se le asigna al cónyuge.
[377] Torres-Rivero, *Teoría...*, t. II, p. 134
[378] Véase: Núñez y Núñez, María: *La sucesión intestada de los parientes colaterales*. Madrid, Dykinson, 2007, p. 168, la postergación de los hermanos es correcta, acorde con los tiempos y la realidad social del momento. Los deberes respecto de ellos, son menos imperiosos que respecto del cónyuge y ascendientes quienes contribuyen

A falta de hermanos y sobrinos por representación, la herencia corresponde íntegramente al cónyuge, dándose uno de los supuestos de heredero único. De tal suerte, que de existir cónyuge, este excluye a los demás parientes colaterales distintos a hermanos y sobrinos por derecho de representación, los cuales solo entran en la sucesión a falta de los demás sucesores *ab intestato*. Esto es los colaterales entre el tercero y sexto grado entran en la sucesión en defecto de todos los demás parientes «y» del cónyuge, pues este los excluye.

La situación del cónyuge supérstite varía según los parientes con los que concurra; pues mientras concurre con los hijos, la cuota del viudo equivale a la de un hijo, pero la cuota aumenta a la mitad si concurre con ascendientes, así como con hermanos y sobrinos por representación. Mientras que el cónyuge excluye a parientes colaterales ulteriores. Al afectó indicó De Ruggiero –pero aplicable a nuestro ordenamiento– que el Código llegó más lejos que otras legislaciones al considerar el vínculo conyugal y la intimidad de vida y afectos entre cónyuges como un título no inferior y a veces superior al de los parientes consanguíneos. Pues el cónyuge tiene un derecho sucesorio en todo caso cualquier que sea el número y la calidad de los herederos con quienes concurra[379].

Los hermanos son excluidos por los descendientes del *de cujus* y falta de estos por los ascendientes[380]. Tampoco es posible la concurrencia de

---

generalmente con la preservación del patrimonio familiar. Los hermanos forman su propia familia y a ella destinan los esfuerzos económicos.
[379] De Ruggiero, ob. cit., p. 435.
[380] Véase: Juzgado de Primera Instancia en lo Civil, Mercantil y Tránsito del Primer Circuito de la Circunscripción Judicial del estado Portuguesa, sent. del 20-06-06, citada supra, «… lo cual demuestra que el causante (…) dejó hijos como descendiente en línea recta y como pariente más próximo, y al tener estas cualidades según el citado artículo 822 del Código Civil, nunca podrán ser excluidos por las restantes categorías y clases de herederos legítimos correspondiéndole por derecho propio la legítima, que es una cuota de la herencia que tiene derecho de exigir por tener tal condición, lo que significa que la hermana del causante (…) no tiene la condición de descendiente, que es la de primer

ascendientes y hermanos, pues los primeros excluyen a los últimos[381]. Es de observar que los hermanos –aunque concurran de por mitad con el cónyuge en la sucesión legal– no son herederos legitimarios –como tampoco los demás colaterales–[382], –a diferencia de los descendientes, ascendientes y cónyuge– por lo que pudieran ser excluidos de la sucesión legítima por voluntad del testador.

El artículo 828 del Código Civil prevé: «Cuando concurran hermanos de doble conjunción, aun cuando hayan sido concebidos y nacidos fuera del matrimonio, con hermanos de simple conjunción, a estos últimos les corresponderá una cuota igual a la mitad de lo que a cada uno de aquellos corresponda»[383]. La doctrina argentina señala que en la sucesión de los hermanos pueden caber dos soluciones: la absoluta equiparación de ambas categorías que se traduce en iguales porciones hereditarias o la asignación a los medios hermanos de una cuota generalmente de la mitad[384]. Nuestro ordenamiento acoge este último, de tal suerte que a los hermanos de simple conjunción que comparten un solo progenitor –únicamente hermanos de padres «o» de madre– les corresponde la mitad de la cuota de los hermanos de doble conjunción –de padre y madre–. Así los hermanos unilaterales heredan la mitad que los bilaterales o de doble vínculo[385].

---

grado, ascendiente –madre o padre– que es la de segundo grado, tampoco es cónyuge –del heredero por tener tal condición–, solo es hermana del causante, por lo cual no tiene derecho a la herencia, porque los descendientes por imperativo legal solo concurren a la herencia con la cónyuge del causante y los hijos adoptados según disposición de los artículos 823 y 829 del Código Civil, en consecuencia por no encontrarse en los grados de heredero legítimo y por encontrarnos con la aplicación de normas de orden público que no pueden ser quebrantadas por las partes, ni por el órgano jurisdiccional, se declara (…) que la ciudadana (…) no tiene la cualidad de heredero del causante…».

[381] Rojas, ob. cit., p. 111.
[382] Véase *infra* ix.3.
[383] Véase: Juzgado Primero de Municipio de la Circunscripción Judicial del Área Metropolitana de Caracas, sent. del 15-05-13, exp. AP31-S-2012-011926, http://caracas.tsj.gov.ve/decisiones/2013/mayo/2148-15-AP31-S-2012-011926-.html.
[384] Véase: Poviña, ob. cit., p. 17.
[385] Messineo, ob. cit., p. 54.

Para Torres-Rivero, la «la única desigualdad sucesoral hoy imperante es entre hermanos de doble conjunción y hermanos de simple conjunción»[386]. Desigualdad, a nuestro criterio, injustificada, toda vez que los hermanos de simple conjunción son parientes más cercanos que el resto de los colaterales, respecto de los que la ley no toma en cuenta la simple conjunción a los efectos sucesorales[387], amén del hecho biológico de compartir un solo progenitor es en la práctica indiferente, ante la necesaria crianza conjunta de hermanos de múltiples matrimonios[388]. Es de recordar que la igualdad constituye principio fundamental del Derecho de Familia[389], expresamente consagrado en la Constitución[390] y en la Ley de Protección a la Familia, la Maternidad y la Paternidad[391]. Sería recomendable suprimir de *lege ferenda* tan infundada diferencia entre hermanos.

Por regla general, el cónyuge es la persona que más cerca ha estado del causante, compartiendo su vida, y esto aboga por concederle un derecho

---

[386] Torres-Rivero, *Teoría…*, t. ii, p. 135. Véase contrariamente: Martínez Martínez, ob. cit., pp. 390 y 391, «El profesor Vattier Fuenzalida mantiene que es muy dudosa la adaptación de esta diferenciación al marco constitucional por los imperativos del derecho a la igualdad (…) Es opinión razonable y que suscita fuerte consenso 45 pero, a mi juicio, la regla no entraña exactamente discriminación por razón de filiación ni es incompatible con la CE (…) En puridad, la regla del duplo no es exactamente discriminatoria en razón de filiación. Sencillamente refleja en el derecho a heredar la mayor vinculación familiar, mayores lazos y mayor proximidad parentelar del doble vínculo respecto del hermano de vínculo sencillo».

[387] Lo que resulta injusto o ilógico, dada la proximidad del grado del hermano respecto del colateral.

[388] Véase referencia en: Juzgado de Primera Instancia Agraria de la Región Agraria del estado Lara, sent. del 10-05-06, exp. KH06-A-2001-000021, http://lara.tsj.gov.ve/decisiones/2006/mayo/656-10-KH06-A-2001-000021-.html.

[389] Véase: Domínguez Guillén, *Manual de Derecho de Familia…*, p. 30.

[390] Véase: artículo 75.

[391] Véase: artículo 5 «El principio de igualdad de derechos y obligaciones entre las y los integrantes de las familias constituye la base del ejercicio del principio de la responsabilidad compartida y la sociedad familiar, y su cumplimiento contará con el apoyo del estado y sus órganos; y promoverán políticas, programas, proyectos y acciones dirigidas a apoyar dicho principio».

sucesorio preferente[392]; el fundamento del derechos sucesorio del cónyuge reposa en el afecto, la mutua asistencia, la comunidad de ideales e intereses durante la vida matrimonial que pretendió formar un solo ser[393]. Desde nuestro Código Civil de 1862, nuestro legislador, poseído de un amplio espíritu de humanidad, y con una exacta noción del fundamento racional de la sucesión *ad intestado* reaccionado contra la legislación española imperante y los vientos que soplaban en Francia, salvó al cónyuge sobreviviente de la situación precaria y lastimosa en que yacía para hacerlo ocupar un puesto preferente a la par de los hijos, en el primer orden de suceder[394]. Se aprecia que el cónyuge[395], en su especial y estrecha condición familiar con el *de cujus*, concurre –previa partición de la comunidad conyugal ajena al fenómeno sucesoral[396]– con los demás parientes del *de cujus*,

---

[392] Kipp *et al.*, ob. cit., p. 52.

[393] García, Ibraim: *Derecho sucesoral del cónyuge sobreviente. Análisis crítico de varias disposiciones del Código Civil venezolano relativas a esta materia. Apuntaciones para futuras reformas de la legislación*. Caracas, Tesis para optar al título de Doctor en Ciencias Políticas Universidad Central de Venezuela, Tip. Americana, 1926, p. 15.

[394] Ibíd., p. 22. Véase sobre la situación del cónyuge en nuestros primeros Códigos sustantivos (1862-1867-1873-1880-1896-1904 y 1916) ibíd., pp. 21-28. Véase sobre el Código Civil de 1922, vigente para la fecha del análisis del autor: ibíd., pp. 31-67.

[395] Véase reseña histórica de la sucesión del cónyuge en: López del Carril, ob. cit., pp. 59 y ss.; Parra Aranguren, Gonzalo: «Los derechos sucesorales del cónyuge superviviente». En: *Sucesiones*. t. II, Caracas, Italgráfica, 1977, pp. 307-320.

[396] De no existir capitulaciones matrimoniales que establezcan separación de bienes, rige entre cónyuges la comunidad supletoria de gananciales por la cual son comunes de por mitad los bienes obtenidos en la misma de conformidad con las respectivas normas del Código Civil (artículos 148 y ss.). Véase: Torres-Rivero, *Teoría...*, t. II, pp. 104 y 105, no debe confundirse el régimen legal supletorio de la comunidad conyugal con el derecho del cónyuge en la sucesión *ab intestato*. Véase: Juzgado de Protección del Niño y del Adolescente de la Circunscripción Judicial del estado Vargas, sent. del 26-03-08, citada *supra*, «… poco importa la existencia previa o no de una comunidad conyugal, ya que la norma anteriormente referida no excluye de los bienes sucesorales los que hayan sido adquiridos con anterioridad al matrimonio. Ellos no forman parte de la comunidad conyugal; pero sí del patrimonio hereditario. Por lo tanto, al momento de efectuar la partición y a los efectos de la distribución de los lotes y de obtener la cuota que a cada heredero corresponde, el partidor

aunque en distintas porciones según se trate de descendientes[397] –como un hijo más– u otros parientes –ascendientes y hermanos de por mitad–. Pero, a partir de esta última, el cónyuge excluye a los ulteriores colaterales.

Así, afirma Sansó que el cónyuge excluye a los colaterales desde el tercer grado y «el cónyuge nunca puede ser excluido por los otros herederos»[398], pues es la única persona que concurre con cualquier categoría de herederos[399]. El cónyuge no es excluido por nadie, excluye a los colaterales de ulteriores grado, concurre con todos los otros sucesores y es legitimario[400]. El cónyuge «no soporta en ningún caso, la concurrencia de los parientes llamados "demás colaterales"»[401]. El artículo 823 prevé: «El matrimonio crea derechos sucesorios para el cónyuge de la persona de cuya sucesión se trate. Estos derechos cesan con la separación de cuerpos y de bienes sea por mutuo consentimiento, sea contenciosa, salvo prueba, en ambos casos, de reconciliación». Se evidencia de la citada norma que la vocación hereditaria *ab intestato* precisa que no exista separación judicial de cuerpos «y» de bienes. La citada conjunción denota que se requiere concurrencia de las citadas separaciones[402]. Por lo que la sola separación de cuerpos sin

---

deberá tomar en cuenta la totalidad del patrimonio que pertenezca al *de cujus*, excluyendo, si es el caso, la porción de los bienes que pertenezcan al cónyuge como liquidación de la comunidad conyugal, caso en el cual forma parte del acervo hereditario solo el 50 % de su valor».

[397] Véase: Juzgado Primero de Primera Instancia en lo Civil, Mercantil y Tránsito del Primer Circuito de la Circunscripción Judicial del estado Portuguesa, sent. del 24-10-06, exp. 15023, http://monagas.tsj.gov.ve/decisiones/.../1125-24-15.023-.html, «Todo este bloque de normativas nos indica quienes son las personas llamadas a suceder con la muerte del causante (…) siéndole aplicables los artículos 822, 823 y 824 del Código Civil, por la calidad de la línea o vocación hereditaria, ya que primeramente les suceden los parientes consanguíneos del causante en línea recta descendiente –hijos– y si se encuentra casado crea derechos sucesorales para el cónyuge…».

[398] Sansó, *Apertura…*, p. 30; Rojas, ob. cit., p. 120.
[399] Rodríguez de Rodríguez, ob. cit., p. 21.
[400] Torres-Rivero, *Teoría…*, t. ii, p. 101.
[401] D'Jesús M., ob. cit., p. 40.
[402] Véase: Esparza Bracho, *Derecho…*, p. 142, «solo cuando concurran la separación de cuerpos y la separación de bienes queda excluida la vocación sucesoria privilegiada del

separación de bienes no hace perder la vocación hereditaria; no es suficiente a los efectos sucesorios la simple separación[403], se precisa sentencia definitivamente firme de separación de cuerpos y de bienes[404].

Según tuvimos ocasión de explicar detalladamente, somos del criterio –como se deriva de la norma citada– de que la separación de bienes que, a la par de la separación de cuerpos, hace perder la vocación hereditaria, es la judicial –de mutuo acuerdo o contenciosa[405]–, mas no las capitulaciones matrimoniales, que, ciertamente, no equivalen a una separación judicial de bienes, pues como manifestación de la autonomía de la voluntad no podrían ni privar de la vocación hereditaria[406] ni de la legítima[407]. En caso de mediar nulidad, ante el supuesto de matrimonio putativo, la vocación hereditaria se mantiene respecto al cónyuge de buena fe[408]. Se aclara que no

---

cónyuge». Cuando esté pendiente juicio de divorcio la vocación se mantiene pues la ley alude los supuestos indicados. Recordemos que el juicio de divorcio se extingue con la muerte por ser una acción personalísima.

[403] Messineo, ob. cit., p. 63.

[404] Sojo Bianco, ob. cit., p. 298.

[405] Véase: Piña Valles, ob. cit., p. 54, si la solicitud tiene lugar por vía contenciosa y el demandado muere en el curso del procedimiento sin haberse dictado sentencia, el actor hereda pues se presume que la causa no le es atribuible; si el que fallece es el demandante y no se ha dictado sentencia, el demandado sucede; pero si se dictó sentencia el demandado no hereda porque se presume que la causa le fue imputable; Rojas, ob. cit., pp. 119 y 120.

[406] Véase: Domínguez Guillén, *Manual de Derecho de Familia…*, pp. 109-117. Véase en sentido contrario: Garbati Garbati, Guido y León Parada, Alejandra: «Las capitulaciones matrimoniales y sus implicaciones». En: *Temas de Derecho Civil. Homenaje a Andrés Aguilar Mawdsley*. Caracas, TSJ, 2004, tomo I, 582, indican: «En caso de muerte de uno de los cónyuges el sobreviviente pierde la vocación hereditaria como efecto inmediato de las capitulaciones matrimoniales que hubieren acordado».

[407] Véase *infra* IX.3.

[408] Véase: artículo 127 del Código Civil; Sansó, *Apertura…*, p. 29, «cuando el matrimonio ha sido declarado nulo, y el matrimonio es putativo, tendrá vocación hereditaria cuando la apertura de la sucesión se ha verificado antes de la sentencia firme de nulidad»; Parra Aranguren, ob. cit., p. 315. Véase sobre el derecho sucesoral del cónyuge en caso de matrimonio nulo: García, ob. cit., pp. 91-112.

debe confundirse la participación hereditaria del cónyuge en la sucesión *ab intestato* que corresponde como un hijo más o de por mitad según el caso, de la partición de la comunidad conyugal o bienes habido en el matrimonio[409] –a falta de capitulaciones matrimoniales– que es de por mitad entre cónyuges y que se extingue por la muerte. Así pues, a falta de capitulaciones matrimoniales, entra en juego el régimen legal supletorio de la «comunidad conyugal» o «de gananciales», que prevé una distribución de por mitad entre los cónyuges[410]. En conclusión, la parte sujeta a sucesión es la correspondiente al causante una vez liquidada la comunidad conyugal.

Es de recordar que el concubino o concubina declarado judicialmente como tal[411] por juicio contradictorio[412] –existente al momento de la muerte

---

[409] Véase: Juzgado de Protección del Niño y del Adolescente de la Circunscripción Judicial del estado Vargas, Juez N.º 1, sent. del 26-03-08, citada *supra*.

[410] Véase artículo 148 del Código Civil.

[411] Véase entre otras además de la citada sentencia líder: TSJ/SC, sent. N.º 1682, citada *supra*; Juzgado Segundo de Primera Instancia en lo Civil, Mercantil, del Tránsito y Agrario de la Circunscripción Judicial del estado Nueva Esparta, sent. del 22-09-08, exp. 9355-06, http://zulia.tsj.gov.ve/decisiones/.../283-22-9355-06-.html, «El juicio de partición no puede ser a la vez declarativo de la existencia de la comunidad concubinaria, pues requiriere de un proceso de conocimiento distinto y por lo tanto previo…»; Juzgado Superior en lo Civil, Mercantil, Agrario y Tránsito de la Circunscripción Judicial del estado Anzoátegui, sent. del 27-11-07, citada *supra*, «la condición de heredero del causante no es posible atribuírsele al concubino sobreviviente de la persona fallecida, el concubinato es una situación de hecho, y si bien es cierto que es reconocido constitucionalmente, y de acuerdo a jurisprudencia de casación, solo previa demostración de dicho estado mediante sentencia mero declarativa que declare su existencia»; Juzgado Superior Primero en lo Civil, Mercantil y del Tránsito de la Circunscripción Judicial del Área Metropolitana de Caracas, sent. 30-05-08, exp. 079949, http://caracas.tsj.gov.ve/decisiones/.../2138-30-07.9949-08.063-def-civ.html, «… considera quien juzga que la parte actora no cumplió con su carga probatoria de acreditar mediante una declaración de certeza judicial su alegada condición de concubina, y al no acreditarla su accionar debe sucumbir»; Juzgado Segundo de Primera Instancia en lo Civil, Mercantil, del Tránsito y Agrario de la Circunscripción Judicial del estado Nueva Esparta, sent. 30-10-07, exp. 7287/03, http://sucre.tsj.gov.ve/decisiones/.../283-30-7287-03-.

del causante–[413], amén de la posibilidad de acta de conformidad con la Ley Orgánica de Registro Civil[414], se encuentra en la misma situación

>html; TSJ/SCC, sent. N.º 470, del 21-05-04, «si bien es cierto que la Constitución (...) en su artículo 77 consagra como norma vigente que las uniones estables de hecho (...) no es menos cierto que tal postulado solo puede ser hecho efectivo judicialmente mediante la acción respectiva en un procedimiento contencioso y no en uno de jurisdicción voluntaria»; Juzgado Quinto de Primera Instancia en lo Civil, Mercantil y del Tránsito de la Circunscripción Judicial del Área Metropolitana de Caracas, sent. del 17-04-09, citada *supra*; Juzgado Undécimo de Municipio de la Circunscripción Judicial del Área Metropolitana de Caracas, sent. del 07-10-09, exp. AP31-S-2009-005768, http://aragua.tsj.gov.ve/decisiones/2009/octubre/2158-7-AP31-S-2009-005768-.html; Juzgado Tercero de Primera Instancia en lo Civil, Mercantil, Agrario y de Tránsito de la Circunscripción Judicial del estado Anzoátegui, sent. del 13-10-06, citada *supra*. Véase, sin embargo, decidiendo la declaración universal de único heredero a la concubina sin previa sentencia judicial, en atención a las circunstancias, lo que entre otros afectaría el principio de igualdad: Juzgado Segundo de Primera Instancia en lo Civil, Mercantil, Agrario y Tránsito de la Circunscripción Judicial del estado Vargas, sent. del 25-04-08, exp. 5932, http://vargas.tsj.gov.ve/decisiones/2008/abril/130-25-5932-08-6300.html, «... la solicitante acredita haber vivido en concubinato con el causante durante 37 años, y en la oportunidad de su comparecencia (...) alegó tener problemas económicos y de salud que le impiden realizar otros trámites necesarios para obtener la declaratoria judicial de concubina, resolución que se requiere para que se le declare como única y universal heredera (...) Siempre procurando darle satisfacción a los principios que informan nuestra Carta Magna, estima este juzgador que dadas las condiciones de salud y los problemas económicos que afectan a la solicitante, se le ocasionaría un perjuicio irreparable si se le negara la cualidad de concubina por la falta de declaratoria judicial en virtud de que no se acreditó la sentencia judicial que así lo declara, pues someterla a un proceso judicial cuya duración es indeterminada no garantiza que al final pueda acceder al disfrute de lo que por derecho le corresponde, más aún cuando en el caso de marras se trata de una solicitud de jurisdicción graciosa, donde no hay contención y se dejan siempre a salvo derechos de terceros. Por todas las razones antes expuestas, jurado el estado de necesidad y cumplidas como han sido las anteriores actuaciones, y no obstante que la parte necesita acudir a la vía ordinaria para interponer la acción merodeclarativa de concubinato, dadas las particulares circunstancias del caso, las pruebas consignadas resultan suficientes salvo mejor derecho de terceros, para tener a la ciudadana (...) como concubina del causante (...) en consecuencia, con cualidad de única y universal heredera y por ende con derecho

que el cónyuge en materia de vocación hereditaria, de conformidad con el artículo 77 de la Carta Magna, tal y como había sido admitido por la

---

sobre el acervo de bienes quedantes al fallecimiento del ciudadano (…) siempre dejando a salvo derechos de terceros, a tenor de lo dispuesto en el artículo 937 del Código de Procedimiento Civil». Véase Varela Cáceres, Edison Lucio: «Una lección. La unión estable de hecho (comentario a la sentencia N.º 326, de la Sala de Casación Civil del TSJ)». En: *Revista Venezolana de Legislación y Jurisprudencia*. N.º 1. Caracas, 2013, pp. 329 y ss.

[412] Véase: Juzgado Segundo del Municipio Páez del Segundo Circuito de la Circunscripción Judicial del estado Portuguesa, sent. del 21-05-09, exp. 867-2009, http://zulia.tsj.gov.ve/decisiones/2009/mayo/1156-21-867-2009-.html, «Ahora bien, la pretensión de «declaración de la existencia de unión concubinaria», debe someterse al control y contradicción, es decir, con demandados y contestación de la demanda. En este cometido, el Juez debe garantizar las formas procesales que aseguren la posibilidad de que se plantee una contención –sea que se dé o no en la realidad–. Por ello, debe demandarse a quienes aparezcan como causahabientes a título de herederos naturales o legatarios, se debe garantizar el derecho a alegar y probar igualmente a todo aquel que pudiese deducir un derecho».

[413] Así pues, aunque se pretenda imponer registro a las declaraciones concubinarias (artículos 3.3, 117 a 122 de la Ley Orgánica de Registro Civil), podría ser necesaria la correspondiente declaratoria judicial a fin de acreditar fehacientemente el tiempo de duración de la unión de hecho y su existencia al tiempo del fallecimiento del causante, que es definitivo lo que da origen a la vocación sucesoria en caso de concubinato. Se precisa obviamente que el concubinato exista al momento de la muerte del *de cujus*», pues «a diferencia del matrimonio se trata de una situación de hecho que precisa control judicial a los fines de delimitar su vigencia en el tiempo. Pero ciertamente puede presumirse su existencia si la unión de hecho estable está registrada y al tiempo de la muerte no ha operado registro de su extinción, sin perjuicio, de que ello sea judicial impugnable, pues, la unión de hecho estable se disuelve por la sola voluntad de uno de los convivientes y el registro solo cumple una función meramente probatoria.

[414] Véase: artículos 3.3, 117 a 122; Reglamento N.º 1 de la Ley Orgánica de Registro Civil, artículos 65 al 68. No obstante que la Ley prevea la posibilidad de registro de la unión de hecho estable, por su propia naturaleza de situación fáctica, generalmente a falta de reconocimiento de las partes, se precisará acudir a la referida sentencia merodeclarativa de concubinato, pues se requiere certeza respecto de la fecha de disolución de la unión, más aún a efectos sucesorales. Ello, pues, el concubinato ha de estar vigente a la fecha de la muerte del causante. Por lo que es obvio, que en tal caso no pudo existir declaración conjunta o unilateral ante el funcionario de

doctrina[415] y la jurisprudencia[416] y que posteriormente reiteró la Sala Constitucional en interpretación de dicha norma: «Como resultado de la equiparación reconocida en el artículo 77 constitucional, en cuanto a los efectos y alcances de la unión estable –concubinato– con el matrimonio, la Sala interpreta que entre los sujetos que la conforman, que ocupan rangos similares a los de los cónyuges, existen derechos sucesorales a tenor de lo expresado en el artículo 823 del Código Civil, siempre que el deceso de uno de ellos ocurra durante la existencia de la unión. Una vez haya cesado,

---

registro sobre la disolución de la unión. Dicha declaración de las partes constituirá prueba útil de la existencia de la situación cuando se reclamen efectos de la unión en tal período. De allí que, si bien la Ley Orgánica de Registro Civil (artículo 122) prevé la declaración de voluntad en la extinción de la unión –conjunta o unilateral, en este último caso con notificación–, en materia sucesoral no habrá mediado dicha manifestación para que puede considerarse o presumirse vigente la unión espontánea a la fecha de la muerte del concubino causante.

[415] Véase: DOMÍNGUEZ GUILLÉN, María Candelaria: «Las uniones concubinarias en la Constitución de 1999». En: *Revista de Derecho*, N.º 17, Caracas, TSJ, 2005, pp. 232-236 (también en: *Manual...*, pp. 434-468).

[416] Véase entre otras: Juzgado Décimo de Primera Instancia en lo Civil, Mercantil y del Tránsito de la Circunscripción Judicial del Área Metropolitana de Caracas, sent. del 24-06-04, exp. 26759, indica a propósito del artículo 77 de la Constitución: «A criterio de este Juzgado, la norma transcrita no ha limitado ni especificado los efectos del matrimonio que el concubinato produzca, y por ello no le es dado a este órgano jurisdiccional interpretar restrictivamente dicha norma jurídica, como tampoco es procedente ese tipo de interpretación cuando de derechos de los particulares se trata. Por esa razón, los efectos que producirá el concubinato habrán de ser efectos personales y patrimoniales similares a los del matrimonio, entre los cuales se encuentra la vocación hereditaria del cónyuge, y en este caso, de la concubina»; Sala de Juicio del Tribunal de Protección del Niño y del Adolescente de la Circunscripción Judicial del estado Portuguesa, sent. del 21- 09-04, exp. N.º 2343, http://portuguesa.tsj.gov.ve/decisiones/2004/septiembre/1179-21-2343-.html; Juzgado Segundo de Primera Instancia en lo Civil, Mercantil, Agrario, Tránsito y del Trabajo de la Circunscripción Judicial del estado Apure, sent. del 15-11-04, exp. 4510, http://apure.tsj.gov.ve/decisiones/2004/noviembre/446-15-4.510-.html; Juzgado Primero de Primera Instancia en lo Civil, Mercantil y del Tránsito de la Circunscripción Judicial del estado Miranda, sent. 30-11-04, exp. N.º 24681, http://miranda.tsj.gov.ve/decisiones/2004/noviembre/101-30-24.681-.html.

la situación es igual a la de los cónyuges separados de cuerpos o divorciados. Al reconocerse a cada componente de la unión derechos sucesorales con relación al otro, el sobreviviente o supérstite, al ocupar el puesto de un cónyuge, concurre con los otros herederos según el orden de suceder señalado en el Código Civil (artículos 824 y 825) en materia de sucesión *ab intestato*, conforme al artículo 807, y habrá que respetársele su legítima (artículo 883) si existiere testamento. Igualmente, las causales de indignidad que haya entre los concubinos, se aplicarán conforme al artículo 810»[417].

Interpretación del Máximo Tribunal que respecto de la vocación hereditaria de los concubinos en esencia consideramos acertada al margen de críticas suscitadas, algunas de precaria objetividad académica[418].

Se aprecian decisiones de instancia que se pronuncian en igual sentido: «De esta manera se consagra definitivamente el derecho sucesoral del concubino sobreviviente, sobre los bienes del concubino fallecido al cual

---

[417] Véase: TSJ/SC, sent. N.º 1682, citada *supra*. Véase, nuestros comentamos con anterioridad a la citada sentencia: DOMÍNGUEZ GUILLÉN, María C.: «Las uniones concubinarias en la Constitución de 1999». En: *Revista de Derecho*. N.º 17. Caracas, TSJ, 2005, p. 233, «La especialidad del vínculo y el estrecho afecto que la ley presume une al *de cujus* con el heredero es el fundamento que inspira la vocación hereditaria; es indudable que tales elementos llevan a sostener tal vocación respecto de la concubina en la sucesión *ab intestato* o sin testamento», y especialmente nota 65, «Las interrogantes en esta materia deberán tener por norte las normas correspondientes en materia de sucesión hereditaria. Y así, por ejemplo, no podría el concubino en vida desconocer por vía testamentaria la legítima que le correspondería a su concubina en aplicación de los artículos del Código Civil» (también en: *Manual de Derecho de Familia…*, pp. 433-436).

[418] Véase referencias contenidas en: DOMÍNGUEZ GUILLÉN, *Manual de Derecho de Familia…*, pp. 460 y ss. (también en: DOMÍNGUEZ GUILLÉN, María Candelaria: «Más sobre las uniones estables de hecho según la Sala Constitucional del Tribunal Supremo de Justicia». En: *Revista de Derecho*, N.º 27, Caracas, TSJ, 2008, pp. 133-167. No compartimos con la sentencia la posibilidad de «concubinato putativo», la limitación del tiempo de estabilidad a los fines del concubinato a un mínimo de dos años, así como la imposibilidad de realizar una suerte de capitulaciones concubinarias.

accede este en el mismo modo y forma establecida en el Código Civil (1982) para con el marido o la mujer, siendo aplicables incluso las normas respecto a la declaración como indigno, que limitan al heredero a participar de la herencia, sin duda, esto sí constituyó una innovación radical, en el régimen patrimonial que regulaba al concubinato en los últimos tiempos, y por ende cobra gran importancia en el marco del tema tratado, pues es preciso incluir a la concubina o concubino dentro de los herederos *ab intestato* a tomar en cuenta a la hora de la partición. No obstante, se precisa probar la unión de hecho estable mediante el acta respectiva (artículos 117-122 de la Ley Orgánica de Registro Civil) o en su defecto a través de la correspondiente sentencia merodeclarativa[419]. «... Entre los concubinos existen derechos sucesorales conforme a lo previsto en el artículo 823 del Código Civil, siempre que la muerte de uno de ellos ocurra durante la existencia de la unión»[420]. La vocación hereditaria del concubino ya había sido considerada en otros ordenamientos[421].

---

[419] Véase: Juzgado de Primera Instancia en lo Civil, Mercantil, Tránsito y Bancario de la Circunscripción Judicial del estado Aragua, sent. del 25-01-08, exp. 05-12738, http://jca.tsj.gov.ve/decisiones/.../223-25-05-12738-.html, Previamente el concubino(a) ha de haber obtenido la declaración de tal, según sentencia definitivamente firme, de lo contrario, no podrá acreditar el derecho sucesoral ante los terceros que pretendan desconocer tal derecho.

[420] Juzgado Superior Segundo en lo Civil, Mercantil, del Tránsito, Bancario y de Protección del Niño y del Adolescente de la Circunscripción Judicial del estado Táchira, sent. del 12-06-08, exp. 5743, http://sucre.tsj.gov.ve/decisiones/.../1321-12-5743-12.html.

[421] Véase: AGUILAR GUTIÉRREZ, Antonio: *Síntesis de Derecho Civil*. México D. F., UNAM, 1966, p. 122; NÚÑEZ Y NÚÑEZ, Eduardo Rafael: *Unión extramatrimonial*. La Habana, Ediciones Montero Obispo, 1945, pp. 5 y 22, señala el autor que en la Constitución cubana de 1940 tuvo lugar la institución de equiparación al matrimonio de las uniones no matrimoniales. El autor señala que fue él quien en 1943 a cargo del Juzgado de Primera Instancia del Sur de la Habana dictó la primera sentencia abordando el problema, criterio seguido por el Máximo Tribunal en sent. N.º 45, del 09-04-45, entre la equiparación de efectos económicos ciertamente se ubican los sucesorales; ROJINA VILLEGAS, ob. cit., p. 176, respecto del Derecho mexicano indica que el Código vigente, reconoce el derecho de la concubina a heredar –el autor alude en la p. 185 al Código vigente de 1928–.

No consideró lo mismo la Sala Constitucional en el caso de la uniones de hecho homosexuales en atención a que la citada norma constitucional alude a uniones entre un hombre y una mujer, sin que ello configure una situación violatoria de la igualdad, pues existen instituciones como el matrimonio y el concubinato que precisan la diversidad sexual; sin que ello sea óbice para la existencia de comunidad ordinaria[422]. En otros ordenamientos sí se ha considerado la posibilidad de suceder del conviviente homosexual[423] y algunos recomiendan un cambio en tal sentido[424] o a todo evento la protección de tales uniones[425]. No obstante, la Sala Constitucional del Máximo Tribunal admite la posibilidad de familia homoparental a propósito de un caso de reproducción asistida de una de las mujeres de

---

[422] Véase: TSJ/SC, sent. N.º 190, del 28-02-08 (véase declarando improcedente solicitud de aclaratoria de dicha decisión: TSJ/SC, sent. N.º 1739, del 12-11-08); Domínguez Guillén, *Más sobre...*, pp. 157-167 (también en: *Manual...*, pp. 472-482); Domínguez Guillén, María Candelaria: «Breves consideraciones jurídicas sobre las uniones homosexuales en el marco de la Constitución venezolana». En: *Revista Cuestiones Jurídicas*, vol. VII, N.º 1, Maracaibo, Universidad Rafael Urdaneta, 2013.

[423] Véase: Llevaría Samper, Sergio: «La sucesión intestada del conviviente homosexual. Comentario a y desde la STSJ Cataluña, 9.3.2009». En: *InDret Revista para el análisis del Derecho*, N.º 3, Barcelona, 2009, http://www.indret.com; Castella, Albert Domingo: «Las uniones estables de pareja y la ley intestada en Cataluña», http://www.notariosyregistradores.com/doctrina/articulos/2009-%20cataluña-parejasdehecho.html.

[424] Véase: Pérez Gallardo, «Familia y herencia...», p. 185.

[425] Véase: Varela Cáceres, Edison Lucio: «La última sentencia de la Sala Constitucional en materia de instituciones familiares: La familia homoparental». En: *Revista Venezolana de Legislación y Jurisprudencia*. N.º 9. Caracas, 2017, p. 230, donde comenta que a pesar de la restricción constitucional: «podría perfectamente, a través de una ley, regularse estos nexos de pareja sin denominarlos 'matrimonio' o 'unión estable de hecho', sino por ejemplo: "pactos de convivencia", donde se establezcan los efectos más relevantes: comunidad ordinaria de bienes, vocación hereditaria, obligación de alimentos, derechos sobre prestaciones de seguridad social –pensión de sobreviviente, seguro médico, etcétera–, preferencias habitacionales, laborales, crediticias, entre otros»; Lugo Holmquis, Claudia y Mirian Rodríguez Reyes: «Las uniones homoafectivas celebradas en el extranjero. Sistema venezolano de derecho internacional privado». En: *Boletín Mexicano de Derecho Comparado*. Vol. 50, N.º 149. México, Unam, 2017, http://www.scielo.org.mx/scielo.php?script=sci_arttext&pid=S0041-86332017000200777.

la pareja[426]. Si en el futuro cambia el artículo 77 de la Constitución[427] a favor de su inclusión perderá sentido la discusión[428], que apuntará a otros aspectos como el derecho de todo niño de tener un padre y una madre[429].

Finalmente, a falta de hermanos y sobrinos por derecho de representación, y de cónyuge, es que suceden únicamente otros parientes colaterales hasta el sexto grado[430]. «La vocación hereditaria solo alcanza hasta el sexto grado inclusive»[431]. Así pues, este renglón incluye los parientes colaterales del tercer grado hasta el sexto inclusive[432].

---

[426] Véase: TSJ/SC, sent. N.° 1187, del 15-12-16. Véase sin embargo el respectivo voto salvado «... esta Sala Constitucional ha debido centrar sus análisis en el reconocimiento del derecho de toda persona, en especial de todo niño o niña, a conocer y que sea legalmente reconocida su identidad como parte fundamental de su personalidad, y, no, en interpretar el artículo 75 de la Constitución...»; VARELA CÁCERES, «La última sentencia...», pp. 225-259.

[427] Véase: DOMÍNGUEZ GUILLÉN, *La familia...*, p. 79, la posibilidad de matrimonio o unión concubinaria precisaría de una reforma o enmienda constitucional o una reinterpretación del artículo 77 de la Constitución por parte de la Sala Constitucional, por lo que la vía para incluir la pareja homosexual o cualquier tercero en una sucesión tendría lugar mediante el acto testamentario como manifestación de la autonomía de la voluntad.

[428] Véase nuestro: *Derecho Civil Constitucional...*, pp. 186 y 187, si el ordenamiento constitucional consagrase el matrimonio homosexual, no cabrá cuestionar su validez jurídica, sino simplemente se podrán cuestionar sus efectos con base al propio texto de la Carta Magna, por ejemplo, en cuanto también al derecho de orden constitucional de todo niño de tener un padre y una madre, esto es, una figura materna y otra paterna, amén del principio –también constitucional– del interés superior del niño.

[429] Véase nuestro trabajo: «Breves consideraciones jurídicas sobre las uniones homosexuales en el marco de la Constitución venezolana». En: *Revista Cuestiones Jurídicas*. Vol. VII, N.° 1. Maracaibo, Universidad Rafael Urdaneta, 2013, pp. 11-40.

[430] Véase: RIPERT y BOULANGER, ob. cit., pp. 120 y 121, en el Derecho antiguo no había ningún límite por lejano que fuese el parentesco, mientras fuera reconocible daba derecho a la sucesión; MAIA NEVARES, ob. cit., *passim*, indica que en tal legislación se extiende hasta el décimo grado; véase: RAMÍREZ, ob. cit., p. 213, el Código anterior lo extendía al octavo grado.

[431] Véase: POVIÑA, ob. cit., p. 37.

[432] Véase: SOJO BIANCO, ob. cit., p. 297.

Son, pues, llamados a suceder, tíos, primos y otros colaterales, quedando el más remoto excluido por el más próximo[433]. Se ha señalado que este grado de parentesco colateral debería –en una reforma– limitarse al cuarto grado de consanguinidad[434], porque más allá de este los vínculos de afecto son débiles[435]. Sobre la necesidad de limitar el grado de parentesco a los más cercanos, a saber, cuarto grado en atención a otras normas que se apuntan en tal sentido, nos pronunciamos anteriormente a propósito de la legitimación activa del procedimiento de interdicción[436]. Ello pues es bien sabido, que al salir de la familia reducida, los vínculos afectivos se van perdiendo por la fuerza de las circunstancias actuales[437].

Señala D'Jesús que «es un tópico de la opinión jurídica de nuestro tiempo la escasa justificación racional de la herencia entre colaterales, pues en estos parientes no se produce un equiparamiento lógico y racional del Derecho Hereditario»[438]. Pero, amén del interesante comentario del autor de limitar en una reforma la vocación sucesoria al cuarto grado del parentesco[439],

---

[433] De Ruggiero, ob. cit., p. 430.
[434] Véase: D'Jesús M., ob. cit., p. 28.
[435] Ibíd., p. 35, y no hay reciprocidad en el ejercicio de los derechos y obligaciones. El autor señala que autores como Aramburo proponen una reforma más audaz que no pase del segundo grado.
[436] Véase: Domínguez Guillén, *Ensayos…*, pp. 360, 509 y 510. Véase artículos 303, 309 y 330 del Código Civil.
[437] Véase: Ibíd., pp. 238 y 239, citamos a de Apalátequi y Ocejo a propósito del consejo de tutela que indica que en la familia moderna fuera del vínculo estrecho del hogar, no existen vínculos de solidaridad necesarios para acudir a parientes. Véase: de Apalátequi y Ocejo, Pedro: *La tutela de Autoridad*. Madrid, Real Academia de Jurisprudencia y Legislación, discurso de recepción, 1954, p. 60.
[438] D'Jesús M., ob. cit., p. 38.
[439] Véase: Ibíd., p. 39. Véase en el mismo sentido en España: Martínez Martínez, ob. cit., pp. 371 y 373, señala la conveniencia de limitar del cuarto al tercer grado el llamamiento. En el Código Civil español la restricción del sexto al cuarto grado del parentesco se produjo en 1928. Agrega: ibíd., 382, un llamamiento muy extenso a la línea colateral no tiene buena acogida en nuestros días, y mucho menos la troncalidad que provoca atender al origen familiar de los bienes que deja el causante.

esto es hasta los primos[440], resulta drástico que una herencia se dirija al Estado antes que a otros parientes colaterales –aunque lejanos– del *de cujus*. Pues, si bien en los tiempos modernos el vínculo afectivo respecto de estos últimos es ínfimo[441], la intervención del Estado como último llamado es excepcional y responde a una necesidad jurídica por lo que la justificación de consagrar a los colaterales hasta un grado considerable como el actual pareciera no apoyarse tanto en premiar el afecto entre parientes, sino en agotar la incorporación de estos al llamado hereditario antes de acudir al Estado en virtud de un último y necesario llamamiento[442].

Debe recordarse que la sucesión legal rige a falta de voluntad del causante, quien puede excluir por vía testamentaria inclusive a los hermanos. Por lo que, salvo previsión del *de cujus*, resulta lógico que a falta de otros parientes, la herencia –antes de proyectarse hacia el Estado– se dirija a los colaterales de un grado medio, con quienes debió mediar alguno contacto familiar o afectivo en algún momento de la vida.

Los parientes colaterales distintos a hermanos y sobrinos, solo entran en la sucesión a falta de cualquiera de los demás familiares citados. Dispone

---

[440] Véase: Torres-Rivero, *Teoría...*, t. ii, pp. 134 y 135. Véase sobre los colaterales de ulteriores grados: ibíd., pp. 137-139; Iglesias Martínez, José Ignacio: «Grados de parentesco en las relaciones laborales», http://www.adrformacion.com/articulos/laboral/grados_de_parentesco_en_las_relaciones_laborales_/articulo85.html; Martínez Martínez, ob. cit., p. 376, señala respecto a España que los primos (4°) media más un contexto de amistad que familiar, por contraste a los sobrinos (3°) y hermanos (2°).

[441] Se presenta *per se* lejano inclusive respecto de los primos –cuarto grado–.

[442] Véase en sentido contrario: Domínguez Benavente, ob. cit., p. 44, parientes en sexto grado y aún más cercanos en la línea colateral no han contribuido a la formación del contenido patrimonial, por lo que no resulta de justicia que en ciertas condiciones reciban bienes por herencia cuando hay un interés superior de la colectividad. El legislador no debería preocuparse por la suerte de esos parientes lejanos. Señala el autor, sin embargo, que los bienes generales que el Estado reciba por esta vía no debería ingresar a las rentas generales de la Nación, sino a aspectos especiales como educación.

el artículo 830 del Código Civil: «Cuando los llamados a suceder son los colaterales distintos a los hermanos y sobrinos, sucederán al *de cujus* según las reglas siguientes: 1. El o los colaterales del grado más próximo excluyen siempre a los demás. 2. Los derechos de sucesión de los colaterales no se extienden más allá del sexto grado».

Agrega el artículo 831: «Los colaterales de simple conjunción gozan de los mismos derechos que los colaterales de doble conjunción». No hay, pues, diferencia entre colateral por doble o por simple conjunción y el pariente colateral más próximo excluye al más remoto por cuanto en esta línea no existe representación sino hasta los sobrinos[443]. Lo cual no se compadece –según indicamos– con la infundada diferencia que el legislador impone a los hermanos de simple conjunción, a pesar de ser los colaterales más cercanos al *de cujus*.

Ante la inexistencia de todos los anteriores, la ley llama al Estado, según dispone el artículo 832 del Código Civil: «A falta de todos los herederos *ab intestato* designados en los artículos precedentes, los bienes del *de cujus* pasan al patrimonio de la Nación, previo el pago de las obligaciones insolutas». Derecho del Estado que, a decir de POLACCO, tiene una larga historia[444] y que cuya situación veremos de seguidas. De tal suerte que si no se cuenta con herederos *ab intestato*, se debe instituir otro heredero por vía testamentaria para excluir al Fisco[445]. Razones de necesidad jurídica justifican que la persona incorporal de existencia necesaria asuma el último llamado sucesorio a falta de familiares del *de cujus*.

Finalmente, algunos sugieren «una revisión del Código Civil en materia de efectos del parentesco, en atención a las nuevas realidades familiares

---

[443] SANSÓ, *Apertura*…, p. 32. Véase también: RODRÍGUEZ, ob. cit., p. 56.
[444] POLACCO, ob. cit., t. I, p. 155, en el Derecho romano fue introducido por la *Lex Julia*.
[445] Véase: GONZÁLEZ Y MARTÍNEZ, ob. cit., p. 357.

(familias ensambladas), y en materia sucesoral»[446]. Se indica igualmente que debería existir correspondencia entre la institución de la sucesión y la de alimentos[447], vista la divergencia entre el Código Civil y la Ley Orgánica para la Protección de Niños, Niñas y Adolescentes[448], estableciendo esta última un orden diverso a la obligación alimentaria llamando primero a los hermanos mayores del niño antes que a los abuelos[449]. Lo cual no ocurre en sede sucesoria.

---

[446] Véase: SOTO DE BAPTISTA, Ana Lucy: *Valoración crítica a la obligación alimentaria subsidiaria en la Ley Orgánica para la Protección del Niño y del Adolescente*. Maracaibo, LUZ (Trabajo especial de grado de Especialización Derecho de la Niñez y de la Adolescencia, tutora: Carmen Celinda ALCALÁ DE ÁRRAGA), 2005, p. 191. Véase también citados *supra* sobre la necesidad de una revisión que afectaría el orden sucesorio: COBAS COBIELLA Y DE JOZ LATORRE, ob. cit., pp. 1-68; PÉREZ GALLARDO, «En pos de necesarias reformas al Derecho Sucesorio en Iberoamerica...», pp. 11-90; PÉREZ GALLARDO, *Familia y herencia...*, p. 185, «se impone una adecuación de los órdenes sucesorios *ab intestato* a los nuevos modelos familiares (...) y los parientes con discapacidades severas...»; MARTÍNEZ MARTÍNEZ, ob. cit. p. 32, el sistema de sucesión *ab intestato* debería estar adaptado a los modelos familiares social y jurídicamente imperantes.

[447] Véase SOTO DE BAPTISTA, ob. cit., p. 191, la autora recomienda «la adecuación del orden de suceder intestado con la obligación alimentaria subsidiaria, dada su relación directa en la proporción de cumplimientos de la prestación, cuando existen varios deudores alimentarios».

[448] Véase: Ibíd., p. 69, «El orden de llamamiento legal de los parientes consanguíneos en la sucesión intestada del causante –ausencia de testamento–, coincide con el orden de concurrencia de los obligados subsidiarios en el Código Civil, llamando a los parientes consanguíneos en línea recta con preferencia a los colaterales (...) según lo que tradicionalmente se ha considerado en la doctrina más calificada, como el orden natural de los afectos (...) Contrasta el orden de prelación en la obligación alimentaria subsidiaria previsto en la Ley Orgánica para la Protección de Niños, Niñas y Adolescentes con el orden de suceder intestado...».

[449] Ibíd., pp. 63 y 65, «Este criterio se ha modificado con la Ley Orgánica para la Protección de Niños, Niñas y Adolescentes, cuando son más importantes los hermanos mayores del niño y adolescente que los abuelos que se encuentran en línea recta, para ser llamados a satisfacer los alimentos de niños y adolescentes cuyos padres están imposibilitados de hacerlo (...) Las diferencias entre la obligación alimentaria legal y la obligación alimentaria familiar o propiamente dicha, radica en que para esta última es necesario demostrar el estado de penuria o de necesidad de quien reclama

8. Herencia yacente y herencia vacante[450]

La herencia yacente, según refiere el artículo 1060 del Código Civil, es aquella respecto de la que se ignora quién es el heredero, o cuando estos han renunciado a la misma. Precisa de la administración de un curador, del cumplimiento de los requisitos legales y el transcurso del lapso correspondiente, a los fines de considerar la herencia vacante y transferir los bienes al Fisco Nacional. Al efecto indica la citada norma: «Cuando se ignora quién es el heredero, o cuando han renunciado los herederos testamentarios o *ab intestato*, la herencia se reputa yacente y se proveerá a la conservación y administración de los bienes hereditarios por medio de un curador»[451]. La yacencia de la herencia es un procedimiento dirigido a asignarle a una sucesión acéfala un curador temporal, para que provea a su conservación y administración[452].

---

los alimentos y la capacidad económica de quien debe prestarlos (…) la obligación alimentaria legal por la especial consideración de tratarse de niños y adolescentes prevista en el artículo 368 de la Ley Orgánica para la Protección de Niños, Niñas y Adolescentes, donde concurren parientes obligados subsidiariamente, en un orden distinto a los familiares consanguíneos obligados subsidiariamente en el Código Civil».

[450] Véase: Hidalgo García, Santiago: *La sucesión por el Estado. El derecho de las instituciones de interés general y de algunas comunidades autónomas*. Barcelona, José María Bosch Editor S. A., 1995; Gutiérrez Barrenengoa, Ainhoa y Monje Balmaseda, Oscar: «La administración y representación de la herencia yacente en el Derecho español». En: Ética y Jurisprudencia. N.º 3. Valera, Universidad Valle del Momboy, 2004, pp. 9-55; Orrego Acuña, Juan Andrés: «Acerca de la herencia yacente y de la herencia vacante, en el Código chileno y comparado». En: *Revista Entheos*, año 6, vol. único, Santiago, Universidad de Las Américas, 2008, pp. 15 a 54; López Herrera, Derecho…, t. ii, pp. 145-158; Lafont Pianetta, ob. cit., pp. 377-381.

[451] Véase: Ley de Impuesto sobre Sucesiones, Donaciones y demás Ramos Conexos, artículo 76: «Cuando falleciere una persona sin herederos aparentes o conocidos o cuando hubieren renunciado los herederos testamentarios o *ab intestato* la herencia se reputará yacente y el juez de primera instancia con jurisdicción en el lugar de apertura de la sucesión, de oficio o a petición de cualquier ciudadano, abrirá el correspondiente procedimiento y proveerá a la conservación y administración de los bienes hereditarios».

[452] Juzgado Superior Quinto en lo Civil, Mercantil y del Tránsito de la Circunscripción Judicial del Área Metropolitana de Caracas, sent. del 16-01-09, exp. 8443, http://cfr.tsj.gov.ve/decisiones/2009/enero/2142-16-8443-.html.

La palabra «yacente» deriva –según la doctrina– del hecho atinente a que la herencia parece yacer o esperar por alguien que tenga derecho a ella[453]. Yacencia viene de «yacer» –estar echada o tendida– cuyo participio activo es yacente –que yace–[454]. *Hereditas iacet*, que significa en español «herencia yacente», al no substantivarse significa: «la herencia yace»[455]. Yacencia y vacancia son los pasos o *iter* previos para que los bienes del *de cujus* pasen a la Nación[456], lo cual no deja de ser singular[457]. Pues se dice que la herencia yacente en su honda sustancia no es una simple cosa de nadie, sino una cosa sin nadie, y por tanto una cosa destinada a alguien[458]. Se habla así de herencia yacente en el sentido de desatendida[459]. Institución cuya problemática vierte sus raíces en el *humus* del Derecho romano[460].

El procedimiento de herencia yacente pretende la conservación de los bienes de la herencia, mientras se precisa la titularidad definitiva de la misma. Tal supuesto está regulado en el Código Civil (artículos 1060 al 1065) y también referida en los artículos 924 a 926 del Código de Procedimiento Civil[461].

---

[453] Véase: Sojo Bianco, ob. cit., p. 292.
[454] Torres-Rivero, *Teoría...*, t. II, p. 159.
[455] Véase: Castro Sáenz, Alfonso: «Precisiones terminológicas sobre la herencia yacente: *res nullius in bonis* y *hereditas iacet*», p. 25, http://local.droit.ulg.ac.be/sa/rida/file/2001/castro%20saenz.pdf.
[456] Torres-Rivero, *Teoría...*, t. II, p. 156.
[457] Ibíd., p. 157.
[458] Véase: Castro Sáenz, ob. cit.; Ramírez, ob. cit., p. 213, el patrimonio queda sin dueño y se convierte en *res nullius*, lo cual ofrecería serios inconvenientes y riesgos al legislador.
[459] Véase: Albaladejo, ob. cit., p. 40.
[460] Castro Sáenz, Alfonso: «Nueva aproximación a la herencia yacente desde la perspectiva civil». En: *Anuario da Facultade de Dereito*. N.º 4, La Coruña, Universidade da Coruña, 2000, http://ruc.udc.es/dspace/bitstream/2183/2061/1/AD-4-39.pdf. Véase sobre la herencia yacente en el Derecho romano: Bernad Mainar, ob. cit., pp. 91-93.
[461] Véase: Juzgado Primero de Primera Instancia en lo Civil, Mercantil y Tránsito de la Circunscripción Judicial del estado Barinas, sent. del 20-01-14, exp. 004-14, http://barinas.tsj.gob.ve/decisiones/2014/enero/802-20-004-14-4392.html, en el Capítulo III,

Dispone el artículo 1061 del Código Civil: «El juez de primera instancia con jurisdicción en el lugar donde se haya abierto la sucesión[462], nombrará el curador, a petición de persona interesada o de oficio»[463]. Se impone el deber de notificar al juez por quien tenga conocimiento de una herencia yacente[464] con la relación de sus bienes[465], pues sin tal indicación mal puede proceder el

---

Título IV, Parte II del Libro IV del Código de Procedimiento Civil, evidenciándose que la parte segunda de la Ley adjetiva civil venezolana, se encuentra referida a los procedimientos de «jurisdicción voluntaria».

[462] Véase: Ley de Impuesto sobre Sucesiones, Donaciones y demás Ramos Conexos, artículo 77: «El juez que haya abierto el procedimiento de yacencia será el único competente para conocer de las reclamaciones que en contra o respecto de la herencia puedan intentar presuntos acreedores o herederos del causante, cualesquiera que fuese la naturaleza, causa y cuantía de esas acciones y el lugar donde hubieren de ejercerse. El fuero establecido en este artículo es de orden público y su violación será causal de invalidación del juicio que lo hubiere contravenido, siguiéndose el procedimiento que a tal efecto establece el Código de Procedimiento Civil».

[463] Véase: Ley de Impuesto sobre Sucesiones, Donaciones y demás Ramos Conexos, artículo 80: «La administración y conservación de los bienes de la herencia se hará por medio de un curador que el juez nombrará de oficio o a petición de parte interesada. Si la persona fallecida fuera extranjera, se preferirá al funcionario consular de la nación a que pertenece esa persona para la designación del curador. En tal caso, el juez citará al funcionario consular para que exprese si está dispuesto a encargarse de la defensa y administración de la herencia, y en caso de aceptar en él recaerá el nombramiento, a menos que el tratado público celebrado entre el país a que pertenece el causante y la República de Venezuela hubiere dispuesto otra cosa».

[464] Véase como ejemplo de tal conocimiento: Tribunal Superior de lo Contencioso Tributario de la región Central, sent. del 19-11-07, exp. S-06-07, http://jca.tsj.gov.ve/decisiones/2007/noviembre/735-19-S-06-07-1089.html, «existe la posibilidad cierta de que dicho valor accionario se transfiera como bien perteneciente a la República, en virtud que es un patrimonio hereditario cuyos titulares se desconoce (…) asimismo es importante destacar que no existe en los archivos de la Administración Tributaria declaración sucesoral presentada por los posibles causahabientes, razones éstas suficientes para que la Administración recurra por ante los tribunales competentes para solicitar la vacancia de dicha herencia».

[465] Véase: Ley de Impuesto sobre Sucesiones, Donaciones y demás Ramos Conexos, artículo 78: «Los funcionarios fiscales, todas las demás autoridades y los particulares están en la obligación de denunciar en el término más breve posible las herencias

juzgador[466]. Del inicio del procedimiento se notificará al Procurador General de la República[467].

A la herencia yacente se le da un curador[468]. El curador nombrado es libre de aceptar o renunciar el cargo[469]. El artículo 1062 del Código Civil alude

---

yacentes de las cuales tuvieren noticias, dirigiendo un escrito al juez competente en el cual expresarán el nombre, fecha y lugar de fallecimiento del causante, los bienes y derechos dejados por él, de los cuales tuvieren conocimiento, y las demás circunstancias que consideren útiles, o necesarias para determinar el estado y situación de la herencia».

[466] Véase: Corte Federal, sent. del 20-01-60, *Jurisprudencia Ramírez & Garay*, t. II, p. 312, «Todo esto implica, por lo tanto, la existencia de bienes hereditarios para que haya lugar a la tramitación judicial relativa a herencias yacentes», pero en el caso consultado el Fiscal solicitó el procedimiento, pero no hizo señalamiento de los bienes ni afirma que los haya, por lo que resultaría inconducente e inoficiosa tramitar la solicitud.

[467] Véase: Ley de Impuesto sobre Sucesiones, Donaciones y demás Ramos Conexos, artículo 79: «El juez, en la audiencia siguiente después de abierto el procedimiento, notificará al Procurador General de la República y al administrador de hacienda de la localidad, enviándoles copias de todo lo actuado y solicitará de este último funcionario que designe al fiscal que intervendrá en el proceso. La personería del Fisco se entenderá notificado por la actuación procesal de sus órganos, o en todo caso, transcurridos 15 días continuos después de que conste el recibo de oficio de notificación»; artículo 84: «Mientras la herencia estuviere bajo curatela, el Procurador General de la República y el fiscal designado por el Ministerio de Finanzas tendrán derecho a intervenir en todos los actos del procedimiento en protección y salvaguarda de los intereses del Fisco Nacional, para lo cual podrán oponerse u objetar cualquier medida o actuación que se soliciten en el procedimiento, y una vez acordadas éstas podrán ejercer todas las acciones y recursos que contra ellas concedan las leyes. A tal efecto, tanto uno como otro deberán ser notificados de todo pedimento o acto que envuelva enajenación o disposición de bienes de la herencia, de toda acción o reclamo que con ella se relacione y en general, para todo aquello que directa o indirectamente pueda afectar el monto del acervo hereditario. A falta de disposición expresa de la ley su intervención deberá producirse dentro de las tres audiencias siguientes a aquellas en que conste la notificación. Pasado ese término su silencio equivaldrá a falta de objeción y el juez podrá decidir con vista en los autos».

[468] POLACCO, ob. cit., t. II, p. 481.

[469] SANOJO, ob. cit., p. 86.

a las facultades y deberes del curador de la herencia, quien desempeña la administración[470,] y representación[471] de bienes ajenos[472], debe constituir

---

[470] Véase: Rodríguez de Rodríguez, ob. cit., p. 60, el curador actúa como un verdadero administrador, con las mismas facultades y deberes. Para realizar actos que exceden de la simple administración deberá solicitar la autorización del tribunal, que decidirá con vista a la necesidad y perentoriedad de la operación; López Herrera, *Derecho...*, t. II, p. 154, indica que al curador también corresponde cumplir los deberes formales relativos a los tributos a cargo de la sucesión.

[471] Véase: Polacco, ob. cit., t. II, pp. 483 y 484, corresponde al curador la representación de la herencia, en juicio como actor o como demandado y cumplirá respecto de ella los actos de administración.

[472] Véase: TSJ/SC, sent. N.º 2538, del 08-11-04, «... al poseer el accionante la condición de curador del proceso de herencia yacente contenido en la causa principal, como tal tiene bajo su responsabilidad la administración y representación, en forma provisional, del inmueble o acervo hereditario cuya yacencia se reputa, siendo una actividad que debe ser cumplida con la diligencia de un buen padre de familia, hecho éste que habilita por sí solo para el ejercicio de las acciones y actuaciones que tiendan al cumplimiento de tal fin, de conformidad con los artículos 1060 y siguientes del Código Civil, resulta en este caso improcedente el argumento relacionado con la falta de legitimación del accionante para interponer el amparo constitucional»; TSJ/SC, sent. N.º 1234, del 13-07-01, «Consecuencia de los razonamientos antes anotados, y para proteger los derechos del Fisco y el debido proceso al cual tiene derecho, se anula todo lo actuado en ambas instancias al estado de nueva admisión de la demanda, teniendo en cuenta que conforme al artículo 1061 del Código Civil venezolano debe abrirse el proceso de herencia yacente, lo que significa que se nombrará un curador de dicha herencia, con quien se entenderá la citación en el proceso de prescripción adquisitiva conjuntamente con las otras personas que deben ser llamados a dicho juicio, previo cumplimiento de los requisitos de admisibilidad de dicha demanda de prescripción adquisitiva»; Juzgado de Primera Instancia en lo Civil, Mercantil, Tránsito y Trabajo de la Circunscripción Judicial del estado Falcón, sent. del 09-02-04, exp. 97-926 http://falcon.tsj.gov.ve/decisiones/2004/febrero/333-9-97-926-S-No..html, «Con relación a la presunción de la existencia de una herencia vacante, alegada por el apoderado judicial del tercero interesado, el Tribunal observa que la herencia vacante no puede ser una presunción, sino un acto declarado expresamente por un órgano jurisdiccional. Lo que eventualmente pudiera estar presente (...) es la existencia de alguna herencia yacente, situación regulada en los artículos 1060 y siguientes del Código Civil. Ahora bien, no obstante que el apoderado judicial del tercero interesado no ha denunciado ningún caso específico de herencia yacente, el

garantía y rendir cuentas[473]: «El curador está obligado a hacer formar el inventario de la herencia, a ejercer y hacer valer los derechos de ésta, a seguir los juicios que se le promuevan, a administrarla, a depositar en un instituto bancario el dinero que se encuentre en la herencia[474] y el que perciba de la venta de los muebles y, de los inmuebles, y, por último, a rendir cuenta de su administración[475]. El curador nombrado deberá dar cau-

---

Tribunal observa que dado el prolongado lapso de la existencia de la comunidad pudieran eventualmente estar afectados intereses de la República en materia fiscal, razón por la cual se debe proceder a notificar a la ciudadana Procuradora General de la República» (en el mismo sentido: Juzgado de Primera Instancia en lo Civil, Mercantil, Tránsito y del Trabajo de la Circunscripción Judicial del estado Falcón, sent. del 28-08-03, http://falcon.tsj.gov.ve/decisiones/2003/agosto/333-28-2226-S-No..html).

[473] Véase: TSJ/SCC, sent. N.º 193, del 25-04-03; Juzgado Segundo de Primera Instancia en lo Civil, Mercantil, Agrario, Tránsito y Bancario del Circunscripción Judicial del estado Carabobo, sent. del 12-04-07, citada *supra*, Encontramos entre las instituciones reguladas por el Código Civil, que dan lugar a la obligación de rendir cuentas y al derecho correlativo de exigirlas (…) los actos realizados por el curador de la herencia yacente (artículo 1063).

[474] Véase: Ley de Impuesto sobre Sucesiones, Donaciones y demás Ramos Conexos, artículo 85: «El juez podrá autorizar al curador, previa solicitud razonada de éste, para enajenar los bienes muebles o inmuebles de la herencia, cuando se comprobare que haya riesgo grave de su pérdida, deterioro o devaluación. El producto de la venta de dichos bienes deberá colocarse en un instituto bancario conforme a lo previsto en el artículo 83. Igualmente, podrá autorizar el gravamen de dichos bienes cuando sea indispensable para la conservación y administración del acervo hereditario»; artículo 86: «El dinero de la herencia que está obligado el curador a depositar en un instituto bancario, no podrá ser retirado ni invertido en forma alguna en ningún momento sino con la autorización del juez, quien solo lo otorgará en el caso en que el curador compruebe fehacientemente la necesidad y utilidad de la operación».

[475] Véase: artículo 925 del Código de Procedimiento Civil: «El curador nombrado debe, antes de entrar en la administración, dar caución, como se establece en el artículo 1062 del Código Civil y prestar ante el tribunal juramento de custodiar fielmente la herencia y de administrarla como un buen padre de familia»; Ley de Impuesto sobre Sucesiones, Donaciones y demás Ramos Conexos, artículo 83: «El curador está obligado a hacer formar el inventario de los bienes, derechos y deudas que constituyen el activo y el pasivo de la herencia, a custodiarla y administrarla,

ción por la cantidad que fije el tribunal, sin lo cual no podrá entrar en el ejercicio de sus funciones. Si la caución dada no hubiere sido suficiente a cubrir las resultas de la curatela, el juez será responsable de los daños y perjuicios sobrevenidos a los interesados»[476]. El curador ejerce pues un delicado cargo que genera costos[477]. Las disposiciones relativas al inventario,

---

a depositar las sumas de dinero y valores al portador que formen parte de ella en un instituto bancario, a hacer valer y ejercer sus derechos y representación, todo con la diligencia de un buen padre de familia, y por último a rendir cuenta de su administración, de acuerdo con el resultado del inventario el juez podrá exigir de oficio o a pedimento de la representación fiscal que se aumente el monto de la caución del curador».

[476] Véase: Ley de Impuesto sobre Sucesiones, Donaciones y demás Ramos Conexos, artículo 81: «En todo caso el curador deberá, antes de entrar en el ejercicio de sus funciones, prestar juramento de cumplirlas fielmente y ofrecer caución suficiente, a satisfacción del juez, quien previamente a la aceptación deberá oír las opiniones del Procurador General de la República y del fiscal acreditado en el juicio. Estos funcionarios deberán expresar su opinión dentro de las cinco audiencias siguientes a partir de la fecha en que conste la garantía ofrecida, si se hubiere practicado su notificación conforme al artículo 79. Su silencio equivaldría a conformidad por su parte»; artículo 82: «El juez será responsable de los daños y perjuicios sobrevenidos a los interesados o al Fisco Nacional, si la caución aceptada por él no hubiere sido suficiente para cubrir las resultas de la curatela».

[477] Véase: Ley Arancel Judicial, artículo 56 «Los curadores de herencias yacentes cobrarán: l. Por las diligencias necesarias para determinar y asegurar el monto de los bienes, incluso la defensa en cualquier forma de la herencia, 10 % sobre el líquido de la herencia, cuando ésta no exceda de 100 U.T. el 8 % por el exceso de 1000 U.T.; el 5 % por el exceso de 5000 U.T. y 2 % por el exceso sobre esta última cantidad. 2. Por la administración, el 10 % de la renta producida por los bienes. Parágrafo Único. Cuando para administrar los bienes se valiere el curador de terceros, la remuneración de éstos la pagará del porcentaje que se acuerda en el ordinal 2»; Tribunal Primero de Primera Instancia en lo Civil, Mercantil, Agrario y Bancario de la Circunscripción Judicial del estado Carabobo, sent. del 29-09-05, exp. 348, http://carabobo.tsj.gov.ve/decisiones/2005/septiembre/721-29-348-.html, «… al entablarse el procedimiento de herencia yacente, era obligatorio para el tribunal designar un curador de la misma, y en tal sentido nacen para el designado (…) el derecho de cobrar los gastos de administración y mantenimiento de los bienes objeto de la herencia y sus emolumentos (…) lo anterior concuerda con lo establecido en la Ley de Arancel Judicial en su artículo 56 y llevan a la convicción de esta juzgadora de que,

administración y rendición de cuentas del heredero beneficiario son comunes a los curadores de herencias yacentes, de conformidad con el artículo 1063 del Código Civil[478]. Las funciones del curador podrían cesar antes de desaparecer el estado de herencia yacente por muerte, renuncia, remoción o incapacidad[479].

Dada la particularidad del caso concreto, y a fin de agotar la posible existencia de derechos de terceros, la ley prevé la debida publicidad. Al efecto indica el artículo 1064 del Código Civil: «El juez deberá emplazar por edicto y por la imprenta si fuere posible, a los que se crean con derecho a la herencia, para que comparezcan a deducirlo»[480]. Dispone el artículo 926 del Código de Procedimiento Civil la citación del funcionario consular si los bienes pertenecieren a extranjero[481]. Prevé el artículo 88 de la Ley

---

efectivamente la solicitante cumplió con su obligación administrar y mantener los bienes dejados por el *de cujus* y que los ciudadanos (…) no cumplieron con su obligación de reembolsarle los gastos en que incurrió y pagarle los emolumentos generados, en consecuencia existe causal para pedir el reembolso y pago de los conceptos antes indicados»; TSJ/SCC, sent. N.º 397, del 17-06-05.

[478] Véase: artículo 1063 del Código Civil: «Las disposiciones del parágrafo 3 de esta Sección sobre inventario, sobre la manera de administrar la herencia y rendición de cuentas por parte del heredero beneficiario, son comunes a los curadores de las herencias yacentes».

[479] Véase: POLACCO, ob. cit., t. ii, p. 487.

[480] Véase también: artículo 924 del Código de Procedimiento Civil: «El nombramiento de curador de una herencia yacente se insertará en la orden de emplazamiento prevenida en el artículo 1064 del Código Civil»; Ley de Impuesto sobre Sucesiones, Donaciones y demás Ramos Conexos, artículo 87: «Después de que hubiere entrado el curador en ejercicio de sus funciones, el juez deberá emplazar por edicto, que se publicará por dos veces, con intervalos de ocho días continuos, en uno de los periódicos de mayor circulación en la jurisdicción del tribunal, a todos los que se creyeren con derecho a la herencia, para que comparezcan a deducirlo dentro del plazo de un año a contar de la última publicación. En el edicto se identificará al curador designado».

[481] Prevé la norma: «Si los bienes pertenecieren a extranjero, y en el lugar donde se encuentren aquellos residiere algún cónsul o agente consular de la nación a que aquél pertenecía, se citará a dicho funcionario, y si quisiere hacerse cargo de la defensa y administración de la herencia, se hará en él el nombramiento de curador; pero si en

de Impuesto sobre Sucesiones, Donaciones y demás Ramos Conexos: «Solo podrán reclamar su derecho como herederos en el procedimiento de yacencia quienes comprueben mediante documento auténtico su filiación o grado de parentesco con el *de cujus*, o hayan sido instituidos herederos o legatarios por disposición testamentaria formulada conforme al Código Civil. En el procedimiento de yacencia no se admitirán acciones de estado tendientes a fundamentar la vocación hereditaria por filiación o parentesco y los juicios en que se deduzcan no podrán acumularse al de yacencia ni paralizar o suspender su decurso». De conformidad con el artículo 89 de la citada Ley los interesados deben dirigir escrito razonado al tribunal con las respectivas pruebas y al efecto se abrirá una articulación probatoria[482].

Finalmente, dispone el artículo 1065 del Código Civil: «Pasado un año después de fijados los edictos a que se refiere el artículo anterior, sin haberse presentado nadie reclamando fundadamente derecho a la herencia reputada yacente, el juez que haya intervenido en las diligencias de su administración provisional, declarará vacante la herencia, y pondrá en posesión de ella al empleado fiscal respectivo, previo inventario y avalúo que

---

tratados públicos celebrados con la nación a que pertenecía el difunto se dispusiere otra cosa, se observará lo que en ellos estuviere convenido»... Véase también: Ley de Derecho Internacional Privado artículo 36: «En el caso de que, de acuerdo con el Derecho competente, los bienes de la sucesión correspondan al Estado, o en el caso de que no existan o se ignoren los herederos, los bienes situados en la República pasarán al patrimonio de la Nación venezolana». Véase: Ochoa Muñoz, Javier: «Herencia Yacente». En: *Ley de Derecho Internacional Privado comentada*. Caracas, UCV, 2005, t. ii, pp. 913-921.

[482] «Quienes pretendan derechos como herederos del *de cujus* deberán deducirlos mediante escrito razonado que presentarán al juez con los mismos requisitos del libelo de la demanda, acompañando los documentos en que funden su acción, o indicando el lugar donde deban compulsarse. Admitida la solicitud y practicada la notificación establecida en el artículo 79 se abrirá una articulación probatoria de 20 audiencias para que el solicitante y las demás partes constituidas en el procedimiento promuevan y hagan evacuar todas las pruebas que consideraren convenientes. Dentro de dicho lapso las partes podrán solicitar que éste se amplíe hasta por diez audiencias más para completar la evacuación de alguna de las pruebas promovidas».

se hará de acuerdo con el curador»[483]. Así pues, se considera que, una vez transcurrido un tiempo suficientemente amplio como que los interesados se apersonen, es procedente la declaratoria de vacancia[484], la cual precisa de un pronunciamiento judicial[485].

---

[483] Véase declarando sin lugar la herencia yacente: Juzgado de Primera Instancia en lo Civil, Mercantil, Agrario de la Circunscripción Judicial del estado Táchira, sent. del 26-01-06, exp. 5648, http://bolivar.tsj.gov.ve/decisiones/2006/enero/1331-26-5648-.html. Véase también; CS1CDF, sent. del 03-02-67, *Jurisprudencia Ramírez & Garay*, t. XVI, pp. 13 y ss., tales trámites de publicación tiene por objeto emplazar a quienes se crean con derecho a la herencia, pero durante la situación de yacencia como ocurrida la vacancia, siempre estarán debidamente administrados y protegidos los bienes, en el beneficio de los definitivos herederos, si aparecen.

[484] Véase: Juzgado Segundo de Primera Instancia en lo Civil, Mercantil y Agrario de la Circunscripción Judicial del estado Carabobo, sent. del 29-10-04, exp. 21 679, http://caracas.tsj.gov.ve/decisiones/2004/octubre/722-29-21.679-363D-291004.html, «Siendo la presente un procedimiento de yacencia denunciado por funcionarios del Seniat, desde el 26 de noviembre de 1986, tiempo suficiente para que cualquier persona interesada, hubiese hecho acto de presencia en defensa de sus derechos, sin que hasta la fecha esto haya sucedido, como heredero o como comunero, este tribunal presume que no existen derecohabientes interesados, y conforme con la solicitud hecha se declara la vacancia de la herencia demandada en el presente procedimiento».

[485] Véase: Juzgado Superior Quinto en lo Civil, Mercantil y del Tránsito de la Circunscripción Judicial del Área Metropolitana de Caracas, sent. del 14-01-09, exp. 8819, http://lara.tsj.gov.ve/decisiones/2009/enero/2142-14-8819-.html, «... aun cuando había transcurrido el lapso concedido para la reclamación de los presuntos herederos desconocidos, la herencia no había pasado a manos del Fisco Nacional (...) Ante tal circunstancia, declarar la vacancia de la herencia, aun cuando se presentaron presuntos herederos en reclamo de dicha sucesión, sería desconocer una tutela judicial efectiva y una resolución inoportuna (...) Dicho en otras palabras, el lapso del año a que se refieren dichas normas, no podría aplicarse si ya se le había dado el carácter y reconocimiento por el tribunal de la causa como herederas a las reclamantes, lo cual resultaría contraria a las disposiciones elementales establecidas en los artículos 115 y 257 de la Constitución de la República Bolivariana de Venezuela, por ser éstas norma protectoras del derecho de propiedad y el acceso a la justicia como función jurisdiccional. En consecuencia, se desecha lo esgrimido por la representación judicial de la solicitante y del curador, con relación a la preclusión del año para la comparecencia de los interesados a la herencia».

La Ley Orgánica de Bienes Públicos[486] que derogó la antigua Ley Orgánica de Hacienda Pública Nacional[487] contiene referencia a la figura en estudio[488].

Se aprecia que la herencia reputada yacente[489] se declarará judicialmente vacante. Indica Torres-Rivero que yacencia y vacancia son pasos sucesivos: primero yacencia y luego vacancia. Puede haber yacencia sin vacancia, pero jamás vacancia sin yacencia, mediante esta se llega a aquella[490]. Orrego Acuña señala que «la herencia yacente es aquella herencia por el momento no reclamada, mientras que la herencia vacante es aquella herencia que definitivamente carece de herederos»[491]. La sucesión

---

[486] *Gaceta Oficial de la República Bolivariana de Venezuela* N.º 6155 extraordinario, del 19-11-14 (que deroga la ley previa *Gaceta Oficial* N.º 39945, del 15-06-12), artículo 50 «Para la incorporación al patrimonio de la República de los bienes muebles o inmuebles que se encuentren en el territorio de la República y que no tengan dueño, el Superintendente o la Superintendenta de Bienes Públicos, solicitará la posesión real de ellos al juez de primera instancia en lo civil de la circunscripción judicial correspondiente, quien la otorgará en forma ordinaria».

[487] Su artículo 20 disponía: «Para la incorporación en el patrimonio nacional de los bienes a que se refiere el inciso 2 del artículo anterior, el Procurador de la Nación pedirá la posesión real de ellos al juez de primera instancia en lo civil de la jurisdicción quien la mandará a dar en forma ordinaria. Esta posesión acordada al Fisco no perjudica los derechos o acciones de quienes tengan un derecho preferente, derecho o acciones que no se extinguen sino por la expiración del término fijado para la prescripción. A los efectos de este artículo, los empleados nacionales y especialmente los de Hacienda, están obligados a acusar ante el Procurador de la Nación los bienes a que se refiere el citado inciso». Dicho texto no fue afectado por la Ley Derogatoria Parcial de la Ley Orgánica de Hacienda Pública Nacional en su disposición transitoria única (*Gaceta Oficial* N.º 39238, del 10-08-09). Véase: López Herrera, *Derecho...*, t. ii, p. 158, señalaba a propósito de dicha norma que la circunstancia de que la herencia hubiese sido declarada vacante no perjudica a quienes tengan derechos preferentes a los del Fisco mientras no haya operado la prescripción.

[488] «Artículo 5.- Se consideran bienes públicos: (...) 3. Los bienes muebles e inmuebles, títulos valores, acciones, cuotas o participaciones en sociedades y demás derechos provenientes de herencias yacentes».

[489] Véase sobre la herencia yacente: Cicu, ob. cit., pp. 131-139.

[490] Torres-Rivero, *Teoría...*, t. ii, p. 159.

[491] Orrego Acuña, ob. cit.

del Estado coincide con la vacancia de la herencia, y su justificación estriba en que por interés general es conveniente que exista en todos los casos un titular del patrimonio hereditario y evitar así que se rompa la continuidad de las relaciones patrimoniales[492] La herencia es vacante cuando no existe heredero conocido y viene a recibirla en última término el Estado[493].

Se indica que el procedimiento de herencia yacente[494] no es contencioso[495], por lo que ante una decisión negativa del juzgador el solicitante tiene libre la vía ordinaria[496]. En todo caso, se precisa, como es lógico, decisión judicial para reputar un bien como tal[497]. Se añade que el tribunal que repute la yacencia deberá acordar la notificación al Fisco a través de su representante[498]. La doctrina refiere el alcance de la decisión[499].

La naturaleza jurídica del derecho del Estado y si este tiene o no la calidad de heredero es vieja disputa que viene desde tiempo de los glosadores[500]. Algunos señalan que parece cierto que en nuestro Derecho el Estado no es un heredero[501] y que los bienes de herencias vacantes son adquiridos

---

[492] Aguilar Gutiérrez, ob. cit., pp. 127 y 128.
[493] Suárez Franco, ob. cit., p. 96.
[494] Véase sobre el mismo: Rojas, ob. cit., pp. 626-630.
[495] Ibíd., p. 627; TSJ/SCC, sent. N.º 470, del 21-05-04, citada *supra*, «… la jurisprudencia ha considerado con fundamento en el Código de Procedimiento Civil, que el procedimiento de herencia yacente no es de naturaleza contenciosa, sino de jurisdicción voluntaria, y no está presente una contraposición de intereses o derechos».
[496] Rojas, ob. cit., p. 627.
[497] Véase: Juzgado Tercero de Primera Instancia en lo Civil, Mercantil, Agrario y Tránsito de la Circunscripción Judicial del estado Anzoátegui, sent. del 10-06-04, exp. BH03-R-2002-000008, http://anzoategui.tsj.gov.ve/decisiones/2004/junio/1066-10-BH03-R-2002-000008-.html, «… la herencia yacente tiene su procedimiento establecido en el Código Civil, y que está sujeto a que previo sometimiento al régimen respectivo (…) sea declarado yacente y propiedad de la Nación el inmueble en cuestión».
[498] Rodríguez de Rodríguez, ob. cit., p. 60.
[499] Véase: López Herrera, *Derecho*…, t. II, p. 151,
[500] Polacco, ob. cit., t. I, p. 159. Véase sobre la misma: Ibíd., pp. 159-164.
[501] Véase: López Herrera, *Derecho*…, t. II, p. 158; Rodríguez de Rodríguez, ob. cit., pp. 19 y 20, diferimos de quienes califican al Estado como un verdadero

en virtud de su dominio[502] o por una suerte de desherencia[503]. Según tal perspectiva, se incluye dentro de las prerrogativas del Derecho público del Estado sobre los bienes de su territorio, fundamentado efectivamente en la soberanía[504]. Algunos sostienen que se trata de un verdadero derecho de sucesión[505], y otros agregan que el Estado en ningún caso puede considerarse

---

sucesor, pues solo viene a suplir una falta absoluta de sucesores y ante la serie de problemas que pudieran surgir, la ley concede al Estado dentro de su potestad el derecho a tomar la herencia. Véase Ibíd., p. 59, el Estado asume la titularidad de tal universalidad patrimonial no como un sucesor más, sino en ejercicio de su potestad. La mayoría de los principios generales del Derecho Sucesoral no le son aplicables a esta relación *sui generis* en la cual aparece: el Estado como «beneficiario» de la herencia. Véase también: Ripert y Boulanger, ob. cit., p. 18, el derecho acordado al Estado sobre las sucesiones vacantes no es un derecho de sucesión.

[502] Sansó, *La repudiación...*, p. 147. Véase también: Zannoni, ob. cit., pp. 474 y 475, los bienes de la herencia vacante se le atribuyen al Estado como titular de lo que se ha dado en llamar el «dominio eminente» que le corresponde en virtud de su soberanía y del derecho eminente sobre los bienes mismos. Esta es la posición de la jurisprudencia dominante que niega al Estado el carácter de heredero o como sucesor universal no heredero; López Herrera, *Derecho...*, t. II, p. 158, el Estado no asume la condición de heredero del *de cujus* sino que procede en ejercicio del dominio eminente que tiene sobre los bienes carentes de propietario en el territorio nacional.

[503] Véase: Dominici, ob. cit., p. 54, «en realidad la Nación no entra como heredera sino por virtud de un derecho que algunos autores llaman de desherencia, es decir, por falta de herederos». Esta observación es importante porque la Nación no adquiere la herencia por prescripción, contra un heredero que se presentase a reclamar la misma, aunque la hubiese renunciado.

[504] Véase: Roca Ferrer *et al.*, ob. cit., p. 325.

[505] Véase en la doctrina nacional: D'Jesús M., ob. cit., p. 45, indica el autor: «Nuestro Código encuentra al Estado como un verdadero heredero, es el último de los sucesores intestatos»; Esparza Bracho, *Derecho...*, p. 104, se discute si el Estado adquiere por causa sucesoria o como adquisición *ex lege* del patrimonio relicto; el autor señala que al referirse la Ley de Impuestos sobre Sucesiones, Donaciones y demás Ramos Conexos a «De los bienes de la República provenientes de transmisiones gratuitas explícitamente señala que reconoce esta adquisición como un acto de transmisión, que no puede tener en el contexto que regula otro significado que el de transmisión hereditaria». Véase reseña de posturas que hace: Rojas, ob. cit., pp. 97 y 98; Valls Lloret, José Domingo: *La sucesión intestada a favor del Estado*. Barcelona,

heredero intestado porque tal cualidad es característica de las personas naturales[506]. A lo que podría señalarse que la única persona incorporal que –al margen de su condición de heredero– podría figurar en la sucesión legal o *ab intestato* es la persona moral por excelencia o persona jurídica de existencia necesaria, a saber, el Estado[507].

Hidalgo García, a propósito de las distintas soluciones aportadas en el Derecho comparado, distingue los sistemas que configuran al Estado como último *haeres* o último orden de suceder con carácter necesario –Derecho italiano, alemán, portugués y suizo–, de los ordenamientos en los que la adquisición del Estado de la herencia intestada opera *ex iure publicum* o de la misma manera que los bienes vacantes o sin dueño conocido, manifestación del *ius imperii* –Derecho francés e inglés–[508].

Universitat de Barcelona, 1996, *passim*, «El Estado es un heredero puro y duro (...) El llamamiento sucesorio al Estado se hace a título particular, y no en virtud de su posición preeminente de personalidad jurídica especial. El Estado es un heredero ordinario, como los demás, radicando su especialidad en la existencia de una legislación administrativa aplicable en los actos de gestión, distribución y adjudicación de los bienes adquiridos. El Estado, por tanto, no adquirirá en virtud de un dominio eminente o como sucesor irregular, como ocurre en otras legislaciones de Derecho comparado, sino como un heredero ordinario»; Polacco, ob. cit., t. I, p. 162, comprobado que el Estado es heredero, no por ello desaparecen los problemas y dudas; De Ruggiero, ob. cit., p. 442, se trata de un verdadero y propio derecho de sucesión, es la doctrina más conforme al espíritu y letra de la ley, que incluye al Estado entre los «sucesores».

[506] Piña Valles, ob. cit., p. 57.

[507] Véase: Messineo, ob. cit., p. 44, la persona jurídica *strictu sensu* a excepción del Estado, no sucede sino por voluntad del *de cujus*.

[508] Véase: Hidalgo García, ob. cit., pp. 83-143. Véase: ibíd., pp. 133-139, señala que otros sistemas de naturaleza análoga al último son el de los Estados Unidos y el Derecho belga. Véase también ibíd., pp. 139-141, un supuesto de difícil inclusión en cualquiera de los sistemas es el Código Civil peruano de 1984, pues en un solo artículo, el 830 bajo el título «Sucesión del Estado y de las beneficencias públicas» regula el punto, pero la atribución de las últimas no opera a través del Estado, sino que procede a un reparto de la herencia, por la que al Estado corresponden los predios rústicos con los bienes que lo integran y el resto de la herencia a la beneficencia pública.

En España, a falta de herederos, igualmente al causante le sucederá el Estado[509]. Respecto de tal ordenamiento comenta ALBALADEJO que siempre existe un heredero porque a falta de todos parientes llamados «quedará en todo caso el Estado, que es el último de los herederos intestados, y que no pudiendo repudiar, asegura un heredero para cualquier causante»[510]. En el mismo sentido indica LACRUZ BERDEJO que «... siempre hay un heredero: en último término el Estado»[511]. En el mismo sentido, comenta VALLET DE GOYTISOLO que el Estado es a todo evento «heredero *ab intestato* de último grado»[512]. Se trata de un «llamamiento de cierre», residual o de último grado[513].

En todo caso, la discusión sobre el carácter de «heredero» del Estado, pareciera presentarse netamente teórica. Pero cada postura tiene algo de cierto, porque, efectivamente, el Estado se presenta en cuanto a sus efectos como un «sucesor» pero necesario, simplemente en razón de su posición privilegiada que se estudia en materia de Derecho público, en virtud de lo cual se puede justificar el motivo del denominado «llamamiento de cierre». No es, pues, cualquier sucesor aunque pueda ser calificado técnicamente de tal, es el ente que, por su naturaleza, ha de asumir una herencia a falta de los demás herederos porque no existe ningún familiar del causante capaz de satisfacer la continuidad del vital mecanismo jurídico de la sucesión hereditaria.

Véase también: VALLS LLORET, José Domingo: «Llamamiento sucesorio hereditario al Estado: Un estudio de Derecho comparado». En: *Revista Jurídica del Notariado*, N.º 37. Madrid, 2001, pp. 251-288.

[509] Véase: SERRANO ALONSO, *Manual...*, p. 63.
[510] ALBALADEJO, ob. cit., p. 27.
[511] LACRUZ BERDEJO *et al.*, ob. cit., p. 35.
[512] VALLET DE GOYTISOLO, *Estudios de Derecho Sucesorio...*, vol. I, p. 68. Véase también: MARTÍNEZ MARTÍNEZ, ob. cit., p. 405, título el capítulo «El Estado, último heredero abintestato».
[513] Véase: ROCA FERRER *et al.*, ob. cit., p. 325; VALLS LLORET, ob. cit., «Del estudio de la legislación vigente se desprende el llamamiento sucesorio al Estado en la sucesión intestada, con carácter de cierre».

Refiere acertadamente Rojas que, independientemente de la aceptación a beneficio de inventario, el Estado resultaría siempre exonerado del gravamen de la deuda *ultra vires*, debiendo reputarse como heredero beneficiario de derecho. El Estado no responderá más allá del activo de la herencia y por tal no asume las cargas y deudas de esta[514]. El hecho de que el Fisco deba satisfacer con el producto de los bienes relictos las deudas del causante y tenga a su cargo la liquidación de la herencia, no transforma al Estado en sucesor, porque tal circunstancia se base en la obvia necesidad de salvaguardar la seguridad del tráfico, erigiéndose así en una solución de Derecho positivo incuestionable[515]. El interés general reclama que exista en todos los casos un titular del patrimonio hereditario[516] que en última instancia será la Nación[517]. En todo caso, al margen de la distinción teórica entre sucesor o heredero, por una necesidad social y jurídica, el Estado, en su condición de persona incorporal de existencia imprescindible asume el patrimonio del *de cujus* a falta de herederos *ab intestato*[518]. Se impone así un llamamiento –acertadamente calificado– «de cierre» a la persona incorporal por excelencia.

---

[514] Rojas, ob. cit., p. 125.
[515] Zannoni, ob. cit., p. 475, el Fisco en tal caso actúa como liquidador, con la diferencia de que liquidada la herencia, se atribuye ministerio *legis* el saldo producido de los bienes relictos.
[516] Messineo, ob. cit., p. 67.
[517] Véase: Juzgado Superior Quinto en lo Civil, Mercantil y del Tránsito de la Circunscripción Judicial del Área Metropolitana de Caracas, sent. del 16-1-09, citada *supra*, «El fundamento normativo estriba en razones de interés social, el cual exige que los bienes relictos no queden abandonados, ni expuestos a pérdidas, deterioros, usurpación y demás peligros consiguientes, y ese interés es tanto más concreto y evidente cuanto que en definitiva, cuando faltan absolutamente herederos bien sea testamentarios o *ab intestato*, la herencia debe referirse al patrimonio de la Nación tal como lo dispone el artículo 832 del Código Civil».
[518] Véase, sin embargo, sobre la discutida posilidad del Estado de repudiar una herecia: Martínez Martínez, ob. cit., pp. 434-439, la autora no encuentra argumentos para impedir que el Estado pueda repudiar la herencia *ab intestato* ni para impedirle que pueda renunciar y transigir sobre derechos hereditarios (ibíd. p. 439).

Recordemos que el Estado podría resultar beneficiario de la sucesión en casos especiales en que así se disponga, o en los supuestos de los artículos 899 y 900 del Código sustantivo. Supuestos que, en opinión de Torres-Rivero, se presenta al Estado como un sucesor *sui generis*[519].

---

[519] Torres-Rivero, *Teoría...*, t. II, p. 153.

Tema VI
La sucesión testamentaria

SUMARIO: **1. Noción 2. Capacidad** *2.1. Para testar 2.2. Para recibir por testamento* **3. Vicios del consentimiento 4. Principios 5. Representación testamentaria**

1. NOCIÓN

Hemos reiterado que las fuentes de la sucesión vienen dadas por la ley y por el testamento, que presentan una suerte de carácter subsidiario, toda vez que la ley entra en juego a falta de la voluntad del testador, pero que igualmente podrían concurrir en caso de insuficiencia o defecto de este último[1]. De allí que algunos se refieran a la «primacía de la sucesión testamentaria sobre la intestada»[2].

Así pues, la sucesión testamentaria –también denominada «voluntaria»[3]– es la que tiene lugar como manifestación de la última voluntad del *de cujus*[4], mediante testamento, por el cual en vida se dispone[5] del destino

---

[1] Véase *supra* v.1.
[2] Véase: ESPARZA BRACHO, *Derecho…*, p. 105.
[3] Véase: ÁLVAREZ-CAPEROCHIPI, ob. cit., p. 109.
[4] Véase: SOJO BIANCO, ob. cit., pp. 303 y 304; PIÑA VALLES, ob. cit., p. 101, aquella que ocurre por voluntad del causante expresada en testamento válido; ROJAS, ob. cit., p. 129, es aquella que tiene lugar por voluntad expresa del autor; RODRÍGUEZ DE RODRÍGUEZ, ob. cit., p. 28, es aquella en la herencia se difiere de acuerdo al testamento; BELLOD, Elena: *La sucesión testamentaria (parte de un manual inédito).* www.unizar.es/derecho/derecho_aragones/…/testamentos.pdf; SERRANO ALONSO, *Manual…*, p. 103, la sucesión testamentaria es la que se rige por la voluntad del causante manifestada en su testamento; http://www.mailxmail.com/curso-derecho-civil-guatemala-2/sucesion-testamentaria, es la sucesión por causa de muerte que tiene lugar por voluntad del causante, manifestada por testamento; MAZEAUD

de sus bienes a su muerte, dentro de ciertos límites legales[6]. Es la sucesión que se basa en un negocio jurídico por causa de muerte, a saber, el testamento, por el cual la persona capaz dispone de sus relaciones transmisibles para después de su muerte[7]. Es «aquella en que la vocación sucesoria es determinada por la voluntad del causante, manteniendo siempre el respeto a la legítima»[8]. Pero se aclara que la persona que no tenga herederos legitimarios tiene la más absoluta libertad de testar[9], y en tal caso la sucesión testamentaria no concurre, sino que reemplaza a la sucesión *ab intestato*[10].

Se citan entre las condiciones o supuestos para que la sucesión testamentaria se verifique de modo total o parcial, que haya una válida declaración de voluntad del *de cujus* emitida por la forma de ley –testamento–, que el *de cujus* sea capaz de disponer y el instituido capaz de adquirir y la sucesión necesaria o forzosa sea respetada[11].

La sucesión testamentaria constituye una manifestación del derecho de disposición relacionado con la propiedad[12] y, si se quiere, un reflejo de

---

et al., ob. cit., vol. II, p. 6, la sucesión testamentaria es la que se rige por la voluntad del difunto expresada en testamento válido; CLARO SOLAR, ob. cit., t. XIII, p. 15, la sucesión testamentaria depende de la voluntad expresa manifestada por testamento, que es un acto, otorgado con las solemnidades legales, en que una persona dispone de todo o parte de sus bienes, consignando o no otras disposiciones, para que tenga efecto después de sus días; MESSINEO, ob. cit., p. 70, la sucesión testamentaria es aquella que trae su origen en la voluntad del *de cujus* expresada en acto negocial especial denominado testamento.

[5] Véase: LAURENT, ob. cit., t. XI, pp. 118 y 119, el testamento y la donación constituyen actos de disposición de bienes a título gratuito, el primero *mortis causa* y el último por acto entre vivos. Ambos limitados por restricciones de forma.
[6] Véase *infra* VII.
[7] ARCE Y CERVANTES, ob. cit., p. 35.
[8] QUISBERT, ob. cit., p. 16.
[9] RIPERT y BOULANGER, ob. cit., p. 280.
[10] Ídem.
[11] DE RUGGIERO, ob. cit., p. 446.
[12] Véase: ARMUZZI, Vincenzo: «*Le liquidazioni ereditarie*». En: *Studio Contabile-legale*. Milán, A. Mondadori Milano, Nuova edizione interamente riveduta ed aggiornata

la voluntad de la persona dentro –cabe reiterar– de las respectivas restricciones legales. Esto último pues la voluntad del causante no es absoluta, sino que ha de manifestarse bajo las limitaciones y formalidades de ley.

El fundamento del derecho de testar viene, para algunos, de una facultad que responde a un sentimiento natural del alma, siendo el testamento un feliz creación del Derecho Civil[13]. Se alude así a la libertad de testar como la posibilidad que el Derecho concede al individuo de poder tomar disposiciones jurídicamente eficaces sobre su patrimonio para el tiempo después de su muerte[14]. En ningún otro acto jurídico la voluntad conserva el carácter y la trascendencia que tiene en la sucesión testamentaria[15]. Pues, en virtud del derecho de testar, se concede plena eficacia a la voluntad expresa libre y solemnemente más allá de los límites de la vida; haciéndose ejecutar cuando ella ya no existe y el poder ha cesado[16]. Se trata de un acto que se hace efectivo cuando su autor ya no existe porque ha perdido su subjetividad jurídica.

La voluntad del *de cujus* se presenta así como la esencia que conceptúa la sucesión testamentaria[17], siendo un supuesto del acto jurídico que, curiosamente, tendrá efecto con posterioridad a la extinción de la personalidad del sujeto del cual emanó. En el ordenamiento jurídico venezolano, el testamento constituye la única forma de disponer de los bienes en caso de muerte, pues no encuentra aplicación la donación *post mortem*, toda vez

---

dal prof. Ettore Boncinelli, 1940, p. 109, la sucesión testamentaria es una manifestación del derecho de propiedad.
[13] POLACCO, ob. cit., t. II, p. 176.
[14] KIPP *et al.*, ob. cit., p. 181.
[15] CAMUS, ob. cit., p. 67.
[16] Ibíd., pp. 67 y 68, el autor cita a IHERING para indicar que se ha dicho con razón que el testamento expresa la voluntad pasada del que en un momento dado no tiene voluntad.
[17] Véase: LÓPEZ HERRERA, *Derecho...*, t. I, p. 131, su fundamento lo constituye el principio de la autonomía de la voluntad para la transmisión del patrimonio por causa de muerte; PIÑA VALLES, ob. cit., p. 101, su justificación es la voluntad del causante; ROJAS, ob. cit., p. 129, su fundamento es la autonomía de la voluntad del testador.

que la liberalidad deberá revestir la forma de «legado», así como no es factible el pacto sobre sucesión futura (Código Civil, arts. 1156, 1022 y 1484)[18], es decir, aquel contrato que recaiga sobre una sucesión aún no abierta[19].

Es de reiterar que la voluntad del causante, para que surta efectos, ha de estar dentro de ciertos límites y formalidades de ley, entre los que se cita; el respeto a la legítima, la capacidad tanto del testador como del instituido y el cumplimiento de las solemnidades legales.

Dispone el artículo 895 del Código Civil: «Las disposiciones testamentarias pueden hacerse a título de institución de heredero, o de legado, o bajo cualquiera otra denominación propia para manifestar la voluntad del testador». Las disposiciones testamentarias, ya sea de herederos o legatarios, precisan la determinación del instituido –que sea identificable– y la determinación de lo que se deja, de conformidad con los artículos 898 y 901 *eiusdem*[20].

Se afirma, en cuanto a su origen, que el testamento presenta data de tiempo remoto, pero que el antecedente directo de nuestro testamento es

---

[18] PLANIOL y RIPERT, ob. cit., p. 32, mientras la sucesión no resulte abierta la ley no admite pacto ni contrato que tenga como objeto sucesión considerada para cuando ella se abra.

[19] Véase: ROJAS, ob. cit., pp. 130 y 131, señala que la prohibición de todo pacto sobre sucesión futura se desprende del artículo 1156 del Código Civil concatenado con los artículos 1022 y 1484 *eiusdem*. El autor distingue tres tipos de pactos sobre sucesión futura: «institutivo» por el que se dispone de la herencia propia para después de la muerte; «renunciativo» por el que el llamado a la herencia renuncia a ella en vida del *de cujus*; «dispositivo» por el que quien podría suceder dispone de la herencia a favor de un tercero antes de abrirse la sucesión; LINAZASORO CAMPOS, Gonzalo: *Convenciones sucesorias: pactos sobre sucesiones futuras*. Editorial Jurídica Chile. Santiago, 1981, pp. 7 y ss., el autor refiere que tal prohibición de sucesión futura data del Derecho romano; POLACCO, ob. cit., t. II, p. 51, la facultad de aceptar supone una herencia ya abierta, y por eso no pueden existir aceptaciones o renuncias en vida del causante, ni siquiera por medio de contrato hecho con el causante mismo. Tales pactos eran frecuentes en el pasado; DOMÍNGUEZ GUILLÉN, *Curso de Derecho Civil III Obligaciones...*, p. 522.

[20] ESCOVAR LEÓN, *Institución de heredero...*, p. 234.

el *testamentum* que diseñaron los romanos, que pretendió inicialmente designar un nuevo jefe de la familia manteniendo la unidad ancestral formada por elementos personales y familiares[21]. En efecto, comenta Camus que la forma testamentaria, que es la expresión de la voluntad libre del individuo, aparece en los pueblos en época bastante avanzada. Sin embargo, en Roma, se conoce la idea testamentaria desde tiempos remotos, por razones derivadas de su constitución política y religiosa[22]. Aun cuando se aclara que en el Derecho romano, la sucesión testamentaria y la *ab intestato*, no podían concurrir[23]. Se indica que «la sucesión testamentaria en la doctrina romana y la confección del testamento, respondía a un hecho normal de la vida, por tanto era excepcional que no se testase»[24]. Generalmente se afirma que entre las dos especies de vocación a la hereditarias que existieron –*ab intestato* y voluntaria–, prevaleció en la costumbre romana la testamentaria[25].

A través del testamento, el *de cujus* puede ampliar los sujetos beneficiados por la sucesión legal o *ab intestato*[26], así como excluir a aquellos herederos no legitimarios llamados a esta. Esto implica la posibilidad de extender los sujetos en su condición de herederos o instituir también legatarios, pues ambas figuras pueden concurrir, no obstante ser los últimos exclusivos de la sucesión bajo análisis. Curiosamente, se indica que en algunos países

---

[21] Roca Ferrer *et al.*, ob. cit., pp. 20 y 21. Véase sobre la historia del testamento: ibíd., pp. 20-30.
[22] Camus, ob. cit., p. 13. Véase ibíd., p. 59, «La idea de testamento es sutil, y por esto solo germina en pueblos de avanzada cultura jurídica. Muchos pueblos no la concibieron, y otros tardaron en aceptarla. Roma, sin embargo, constituye una excepción, pues regula la herencia testamentaria con todas sus consecuencias, antes que ningún otro pueblo. El problema está en poder determinar la fecha de su aparición». Véase sobre la sucesión testamentaria en Roma: Bernad Mainar, ob. cit., pp. 101-107.
[23] Sojo Bianco, ob. cit., pp. 287 y 303. Véase *supra* v.1.
[24] Chinchilla Santiago, ob. cit., p. 79.
[25] Mora, Patricia Silvina: *Hereditas Primitiva. El derecho hereditario arcaico en Roma. Origen del testamento.* www.edictum.com.ar/miweb4/hereditas.doc.
[26] «Sucesión testamentaria». En: *Temas de Derecho*. 13-08-08. http://sobretododebates.blogspot.com/2008/08/sucesin-testamentaria.html.

hispanoamericanos no es común la utilización de la figura. La razón podría estar dada en la falta de una cultura entre la población o el temor reverencial hacia la muerte[27]. Pero la vía está abierta como manifestación de la autonomía de la voluntad del causante.

2. Capacidad

2.1. Para testar

Dispone el artículo 836 del Código Civil: «Pueden disponer por testamento todos los que no estén declarados incapaces de ello por la Ley»[28]. Y el artículo 837 *eiusdem* establece incapacidades absolutas –referidas a todas las personas– que delimitan la capacidad para disponer por testamento o capacidad de testar[29], denominada también «testamentificación activa»[30]. Prevé dicha norma: «Son incapaces de testar: 1. Los que no

---

[27] Pérez Gallardo, *El Derecho de Sucesiones en cifras…*, p. 327.
[28] Véase en este sentido: Lacruz Berdejo *et al.*, ob. cit., p. 160, Gutiérrez Barrenengoa *et al.*, ob. cit., p. 73, indica respecto del Derecho español que según el artículo 662 del Código Civil pueden testar todos aquellos a quienes la ley no lo prohíbe expresamente. Véase sobre el tema: Romero Coloma, Aurelia María: *La capacidad de testar*. Barcelona, Bosch, 2007; Rodríguez Guitian, Alma María: *La capacidad de testar. Especial referencia al testador anciano*. Madrid, Thomson Civitas, 2006.
[29] Véase sobre tal norma o sobre la capacidad de testar: Dominici, ob. cit., p. 59; Rojas, ob. cit., pp. 143-149; Sojo Bianco, ob. cit., pp. 304-307; López Herrera, *Derecho…*, t. i, pp. 146-152; Piña Valles, ob. cit., pp. 106-109; Rodríguez, ob. cit., pp. 73-76.
[30] Por oposición a la «testamentificación pasiva» o capacidad para recibir por testamento. Véase: Polacco, ob. cit., t. i, p. 196; López Herrera, *Derecho…*, t. ii, p. 146, Vizcarrondo P., ob. cit., p. 23; Carrión Olmos *et al.*, ob. cit., p. 331, Rojas, ob. cit., pp. 149-152; Roca Ferrer *et al.*, ob. cit., p. 55, se hablaba de *testamenti factio activa* –capacidad para hacer testamento– y *testamenti factio passiva* –capacidad para recibir–; Juzgado Superior Civil, Mercantil, Bancario, Tránsito, y de Protección del Niño y del Adolescente de la Circunscripción Judicial del estado Guárico, sent. del 20-10-06, exp. 6044-06, http://guarico.tsj.gov.ve/decisiones/2006/octubre/350-20-6044-06-100.html, «A la capacidad para disponer

hayan cumplido 16 años, a menos que sean viudos, casados o divorciados. 2. Los entredichos por defecto intelectual. 3. Los que no estén en su juicio al hacer el testamento. 4. Los sordomudos y los mudos que no sepan o no puedan escribir».

La capacidad para testar asociada a la capacidad de obrar[31] es distinta a la capacidad para transmitir la herencia, que tiene toda persona al margen de su incapacidad de obrar o de ejercicio. Aclara López del Carril que no se precisa capacidad de obrar para transmitir la herencia, porque es pasiva o estática, y la tiene el incapaz como sería el caso de un entredicho, que al fallecer transmite su patrimonio a sus herederos legítimos[32]. En cambio, la capacidad para testar está asociada a la capacidad de obrar o de ejercicio y esta es exclusiva a la persona humana o natural, pues la incapacidad de obrar es un *status* que solo afecta al ser humano, se aclara, aunque resulte obvio, que solo las personas naturales, mas no las incorporales, pueden disponer de sus bienes por testamento[33], aunque algunos ordenamientos lo indican expresamente[34].

---

por testamento se le denomina testamentificación activa. La palabra «testamentificación» proviene de dos voces latinas *«testamenti factio»* o derecho de testar, en el Derecho romano, encontrándolo originariamente en las *Institutas* de Gayo»; Véase: Salguero Quintana, Carlos Alberto y Vivar Sanabria, Lilian Victoria: *La sucesión testada, en el ejercicio de la libre testamentificación en El Salvador.* El Salvador, Universidad Francisco Gavidia, Monografía presentada para optar al grado de licenciado en Ciencias Jurídicas, 2007, pp. 14 y 15 http://wwwisis.ufg.edu.sv/wwwisis/documentos/TE/346.05.../346.05-S164s.pdf, se alude a testamentificación activa con relación a la facultad de testar y disponer de los bienes. Así como a testamentificación pasiva que recae sobre las personas que tiene vocación sucesoral con respecto de un testamento.

[31] Véase sobre la capacidad para testar: Kipp *et al.*, ob. cit., pp. 190 y ss.
[32] López del Carril, ob. cit., p. 11.
[33] Zannoni, ob. cit., p. 546. Véase en el mismo sentido: Roca Ferrer *et al.*, ob. cit., p. 977, es evidente que solo pueden testar las personas físicas.
[34] Véase respecto de Aragón (España): Bellod, ob. cit., p. 3, refiere que el artículo 93.1 de la Ley que indica: «pueden testar todas las personas físicas que al tiempo de otorgar el testamento sean mayores de 14 años y no carezcan de su capacidad natural».

Ahora bien, las incapacidades, dada la gravedad que aparejan, son de carácter taxativo, esto es, no pueden ser objeto de analogía[35], lo cual, ciertamente, es extensible al ámbito testamentario[36], en el que rige igualmente la regla general según la cual la capacidad se presume y la incapacidad debe ser expresa, así como la capacidad es la regla y la incapacidad es la excepción[37]. Siendo así, el citado artículo 836 del Código Civil[38], deja claro

---

[35] Véase Domínguez Guillén, *Ensayos...*, pp. 46-49.

[36] Véase: Juzgado Superior Civil, Mercantil, Bancario, Tránsito, y de Protección del Niño y del Adolescente de la Circunscripción Judicial del estado Guárico, sent. del 20-10-06, citada *supra*, «En materia testamentaria, el artículo 836 *eiusdem*, reitera el principio del Derecho común, según el cual, la capacidad es la regla y la incapacidad es la excepción, cuando establece que pueden disponer por testamento todos los que no estén declarados incapaces de ello por la ley. De allí resulta, por una parte, que nadie está obligado a demostrar su propia capacidad o la capacidad de determinada persona para disponer por testamento, sino que la respectiva carga de la prueba –como dijimos *ut supra*–, recae exclusivamente sobre quien alega la incapacidad testamentaria; y, por otra, que las normas legales sobre incapacidad para testar son de carácter excepcional, motivo por el cual deben ser interpretadas restrictivamente y nunca pueden extenderse por vía de analogía».

[37] Véase también: Polacco, ob. cit., t. i, p. 196, la capacidad es la regla y la incapacidad la excepción; Laurent, ob. cit., t. xi, p. 131; Josserand, ob. cit., vol. ii, p. 12, la capacidad constituye la regla en materia sucesoria como en las demás, por lo que hay que preguntarse no quién es capaz, sino quiénes son los incapaces; Ramírez, ob. cit., p. 216; Rodríguez de Rodríguez, ob. cit., p. 30, en materia testamentaria también tiene aplicación el principio según el cual «la capacidad es la regla y la incapacidad la excepción». Y que de conformidad con los artículos 836 y 837 del Código Civil todas las personas son capaces para testar o recibir y algunos excepcionalmente no pueden hacerlo; Juzgado Superior Civil, Mercantil, Bancario, Tránsito, y de Protección del Niño y del Adolescente de la Circunscripción Judicial del estado Guárico, sent. del 20-10-06, citada *supra*; Juzgado Sexto de Primera Instancia en lo Civil, Mercantil y del Tránsito de la Circunscripción Judicial del Área Metropolitana de Caracas, sent. del 25-07-08, exp. N.º 14.165, http://cfr.tsj.gov.ve/decisiones/2008/julio/2121-25-14165-.html.

[38] Véase: Juzgado Superior Segundo en lo Civil, Mercantil, del Tránsito y de Menores de la Circunscripción Judicial del estado Mérida, sent. del 03-10-06, exp. 01951, http://jca.tsj.gov.ve/decisiones/2006/octubre/957-3-01951-.html, norma rectora para la capacidad de testar.

que todo el que no declara la ley incapaz para testar tiene capacidad para dicho acto jurídico y, ciertamente, tal declaración se desprende del artículo siguiente, a saber, el 837 del Código sustantivo. De allí, que no se puede derivar una incapacidad general de testar de todos los incapaces de obrar, sino que tal incapacidad especial viene dada por la última norma citada. Al efecto, son incapaces para disponer por testamento:

i. Los que no hayan cumplido 16 años, a menos que sean viudos, casados o divorciados. Es bien sabido, que la ley concede capacidad de obrar plena –actúa por sí solo– al menor de edad para realizar cierto actos personalísimos, una vez que el adolescente avanza hacia la mayoridad. Uno de tales supuestos viene dado precisamente por su capacidad para testar, que alcanza el adolescente una vez cumplidos los 16 años. Antes de tal edad, la norma en comentario, concede capacidad para testar a los menores «viudos, casados o divorciados», lo que se corresponde con el menor «emancipado», *status* que solo se adquiere en nuestro Derecho vigente, por efecto del matrimonio–por ello la ley alude a «casados»– y no se pierde con la extinción del vínculo –muerte o divorcio, por ello la ley lo extiende a viudos o divorciados–. Aunque en la actualidad difícilmente antes de tal edad tendrán tal estatus dada la sentencia de la Sala Constitucional N.º 1353/2014 que fijó la edad mínima para contraer matrimonio a los 16 años[39]. El citado artículo 837.1 del Código Civil, no incluye expresamente el supuesto de nulidad de

---

[39] Por aplicación del artículo 77 de la Constitución se admite que la unión de hecho estable o concubinato también podría propiciar la «emancipación» (Véase: Domínguez Guillén, *Manual de Derecho Civil I...*, pp. 420 y 421) y la prueba sería el acta de registro correspondiente (Ley Orgánica de Registro Civil, artículo 121.2, que establece que no pueden registrarse las uniones «de los adolescentes menores de 14 años de edad», 120.8). Señalamos en su momento que ello debía entenderse en la misma edad que prevé el Código Civil para el matrimonio en su artículo 46 –14 para la mujer y 16 para el hombre–. Sin embargo, la Sala Constitucional varió la edad mínima de la mujer a 16 para contraer matrimonio, a fin de equipararla a la del varón (TSJ/SC, sent. N.º 1353, del 10-10-14); Arteaga Flamerich, María Fernanda: «El matrimonio y la nulidad parcial del artículo 46 del Código Civil». En: *Revista Venezolana de Legislación y Jurisprudencia*. N.º 11. Caracas , 2018,

matrimonio del menor de edad contraído de buena fe, en el que se admite con base en el artículo 382 del Código Civil –que prevé la pérdida del régimen en caso de mala fe–, que la emancipación no se extingue[40]. Nuestro ordenamiento consagra acertadamente la capacidad para testar antes de la mayoridad[41], en atención al discernimiento del adolescente, ya sea por tener 16 años o por haber realizado un acto trascendente que precisa de razón, a saber, el matrimonio. Otras legislaciones, como la española, lo consagran a la edad de 14 años[42], lo cual sería válido en nuestro ordenamiento de *lege ferenda*, en consonancia con la capacidad plena en el ámbito laboral que el artículo 100 de la Ley Orgánica para la Protección de Niños, Niñas y Adolescentes le reconoce al adolescente de tal edad, en atención a su discernimiento[43]. Recordemos que la tendencia apunta a la concesión de capacidad de obrar del adolescente en función de su discernimiento[44].

ii. El entredicho judicial, esto es, aquel sujeto afectado por una sentencia de incapacitación absoluta que acarrea una incapacidad de obrar total –sometido a un régimen de representación a través del tutor– y la pérdida

---

pp. 339-365, www.rvlj.com.ve; Varela Cáceres, Edison Lucio: «La emancipación y la capacidad evolutiva de los niños y adolescentes». En: *Revista Venezolana de Legislación y Jurisprudencia*. N.º 10-III (Edición homenaje a María Candelaria Domínguez Guillén). Caracas, 2018, pp. 763 y ss.

[40] Una interpretación estricta llevaría a concluir que por no incluirse en la norma en comentario, sería el único caso de emancipado menor de 16 años que no tendría testamentificación activa. Sin embargo, el supuesto es poco probable en la práctica porque el referido artículo 382 del Código Civil precisa cosa juzgada y para tal fecha de seguro ya se habría alcanzado la edad mínima para testar.

[41] Chinchilla Santiago, ob. cit., p. 75, indica que contrariamente en la legislación de Guatemala, la capacidad para testar se adquiere a la mayoridad, esto es a los 18 años.

[42] Véase: Pinto Andrade, Cristóbal: «El patrimonio de los menores sometidos a patria potestad», 2008, http://noticias.juridicas.com, «El menor por sí puede otorgar testamento desde los 14 años, salvo el ológrafo. No puede ser testigo excepto en el de caso de epidemia si es mayor de 16 años (artículos 663 y 688 del Código Civil)».

[43] Véase: Varela Cáceres, *La capacidad de ejercicio…*, pp. 125 y ss.

[44] Véase: Ibíd., *in totum*.

del libre gobierno de la persona[45]. El entredicho judicial es el único adulto sometido a incapacidad civil que no puede testar[46], dada la absoluta carencia de discernimiento. Ello es natural, porque el testamento constituye por esencia un acto personalísimo que no admite la representación, ni siquiera voluntaria[47], salvo el cuestionado supuesto de la mal llamada «sustitución pupilar»[48]. Los hermanos MAZEAUD comentan que la ley limita la libertad de ciertas personas para disponer por testamento reforzando las incapacidades de derecho al punto de transformar simples incapacidades de obrar en incapacidades de goce[49]. En el caso indicado, la incapacidad se acredita con la respectiva sentencia de interdicción recaída con anterioridad al otorgamiento del testamento, sin que sea factible probar que se actuó en un intervalo de lucidez[50] –como ocurre en materia de hecho ilícito[51]–, porque opera una suerte de presunción *iuris et de iure*, respecto a la ausencia de capacidad en materia testamentaria.

iii. El que no esté en su sano juicio al testar. Se trata del individuo respecto del cual no media sentencia de incapacitación absoluta, pero igualmente presenta una afección o estado mental grave que lo priva del

---

[45] Véase: DOMÍNGUEZ GUILLÉN, *Ensayos...*, pp. 397-403; DOMÍNGUEZ GUILLÉN, María Candelaria: «El procedimiento de incapacitación». En: *Revista de la Facultad de Ciencias Jurídicas y Políticas*, N.º 122, Caracas, Universidad Central de Venezuela, 2001, pp. 259-401; DOMÍNGUEZ GUILLÉN, María Candelaria: «La incapacitación en el Derecho venezolano». En: *Revista de Derecho de Familia y de las Personas*. La Ley, Buenos Aires, año VII, N.º 2, 2015, pp. 143-168.

[46] Pues si puede realizar tal acto el entredicho legal –condenado a presidio– y el inhabilitado.

[47] Véase *infra* VII.2.

[48] Véase *infra* X.2.3.

[49] MAZEAUD *et al.*, ob. cit., vol. III, p. 298. Véase ibíd., p. 299, de allí la afirmación de los autores que el entredicho judicial está sujeto a «incapacidad de goce en cuanto al derecho a disponer a título gratuito».

[50] FARRERA, ob. cit. p. 88; Juzgado Superior Civil, Mercantil, Bancario, Tránsito, y de Protección del Niño y del Adolescente de la Circunscripción Judicial del estado Guárico, sent. del 20-10-06, citada *supra*.

[51] Véase, artículo 1186 del Código Civil.

discernimiento al momento de testar⁵². El supuesto responde al caso de la denominada «incapacidad natural» que tiene lugar cuando sin mediar incapacitación se carece de discernimiento⁵³. Debe tratarse de una afección que menoscabe sustancialmente la decisión o voluntad del testador; no es, pues, suficiente cualquier enfermedad mental, sino que la misma debe privar de la lucidez que precisa el acto de testar⁵⁴. Se aboga por una afección que

---

52 Véase: en sentido semejante: artículo 406 del Código Civil, regla general que consagra que los actos de una persona no pueden impugnarse después de su muerte alegando defecto de sus facultades intelectuales, pero admite una excepción cuando la interdicción de la persona de cuyo acto se trata se hubiere promovido antes de su muerte o cuando la prueba de la enajenación mental resulte del acto mismo que se impugne. Véase: Torres-Rivero, *Teoría...*, t. I, pp. 370 y 371, señala que priva la norma especial en materia testamentaria. En el mismo sentido: Juzgado Superior Cuarto en lo Civil, Mercantil, Tránsito, Protección del Niño y del Adolescente, Agrario y Bancario de la Circunscripción Judicial del estado Táchira sent. del 17-01-06, exp. 1107, http://www.tsj.gov.ve/tsj_regiones/decisiones/2006/enero/1323-17-1107-.html, «no obstante la aparente contradicción con lo previsto en el artículo 406 del Código Civil que estatuye expresamente que los actos realizados por una persona no podrán impugnarse después de su muerte por defecto de sus facultades intelectuales, sino cuando la interdicción se hubiere promovido antes de la muerte o cuando la prueba de la enajenación resulte del acto mismo que se impugna, ya que tal contradicción no existe; en el artículo 406 el legislador hace alusión a los actos *inter vivos*, mientras que en el artículo 837 se refiere al testamento que es un acto *mortis causa*; la primera disposición es de carácter general y la segunda, de carácter especial, por lo que prevalece esta última sobre aquélla».
53 Véase: Juzgado Superior Segundo en lo Civil, Mercantil, del Tránsito y de Menores de la Circunscripción Judicial del estado Mérida, sent. del 03-10-06, citada *supra*.
54 Véase: CS3CDF, sent. del 28-04-69, en: *Jurisprudencia Ramírez Garay*, t. XXII, pp. 158-160, la doctrina y la jurisprudencia están acordes en que la insania mental, como causa de anulación de un testamento, debe ser de tal naturaleza que impida la normal decisión por el testador; si bien se encontraba afectado de un padecimiento cerebral que mermaba sus facultades mentales, para el momento de otorgar el testamento, es decir, no se hallaba en el pleno goce de sus facultades mentales, tal como aparece de la expertica, pero no hay evidencia en autos de que su enfermedad los privase totalmente del estado de lucidez que se requiere para celebrar válidamente el otorgamiento del testamento. Al no acreditar debidamente el actor que la incapacidad del testador resultaba tan grave como para privarlo del juicio necesario para

prive enteramente de la capacidad o discernimiento para dicho acto, porque lo contrario supondría un menoscabo de la autonomía y la dignidad[55].

En tal caso, lo importante será la prueba de tal estado mental al momento del otorgamiento del acto testamentario, pues, aunque fuese temporal, afectó sustancialmente el discernimiento y la libre voluntad. Se ha admitido, que afectivamente es impugnable un acto realizado por un sujeto carente de discernimiento no obstante su capacidad legal –por no mediar incapacitación– en atención a la falta de consentimiento en la realización del acto[56]. Tales casos podrían incluirse en supuestos de anulabilidad del acto jurídico por falta de consentimiento como requisito fundamental del negocio de última voluntad. Pero la prueba de la ausencia de discernimiento, ciertamente, ha de ser rigorosa a los fines de desvirtuar la voluntad del causante en materia testamentaria; no ocurre como en el ordinal anterior, que basta la simple sentencia de interdicción judicial, dada la incapacitación, sino que

---

otorgar el testamento, la acción debe declararse improcedente. Dominici, ob. cit., p. 60, la locura o la demencia debe probarse cuando el testador no estaba entredicho.

[55] Véase: Miguel Alhambra, Luciana: «Demencia y capacidad para testar. A propósito de una sentencia». En: *El Notario del siglo XXI, Revista on line del Colegio Notarial de Madrid*. N.º 59, 2015, http://www.elnotario.es, «En la evolución de algunas demencias, es característica precisamente la existencia de fluctuaciones en el grado de alteración de las funciones cognitivas hasta estadios avanzados. Podría ser discutible si en los momentos en los que el sujeto presenta alteraciones mentales se encuentra anulada o limitada su capacidad de juicio. Pero es indiscutible que aquellos otros en los que existe integridad de las funciones cognitivas debe presumirse la capacidad legal. Es decir, en estos momentos de lucidez, el respeto a la presunción de capacidad y a la autonomía, a pesar de tener demencia, debiera incluir el respeto a otorgar el testamento que libremente decida. Y es que 'el respeto a los derechos fundamentales de la persona que sufre algún trastorno quiere decir rescatar al máximo los ámbitos en los que sea competente y desee decidir por sí mismo, ya que en ello radica su libertad y su dignidad'». Véase también: Calcedo Ordoñez, Alfredo: «La evaluación médico-legal en la impugnación del testamento». En: *El Notario del siglo XXI, Revista on line del Colegio Notarial de Madrid*. N.º 58, 2014, http://www.elnotario.es, «los trastornos mentales no siempre convierten a los enfermos mentales en incompetentes intelectuales, conductuales o sociales».

[56] Véase: Domínguez Guillén, *Ensayos…*, pp. 70-74.

se precisa prueba cierta –que se hará valer en juicio al efecto[57]– de la afección mental al momento de testar.

---

[57] Véase: Juzgado Superior Cuarto en lo Civil, Mercantil, Tránsito, Protección del Niño y del Adolescente, Agrario y Bancario de la Circunscripción Judicial del estado Táchira, sent. del 17-01-06, citada *supra*, «Con relación al argumento de la parte actora de que la causante (…) antes, al momento y después de otorgar el testamento no se encontraba en su sano juicio, por lo que debe ser declarado nulo el testamento por ella otorgado con fundamento en el artículo 837.3 del Código Civil venezolano, cabe señalar que el referido ordinal hace referencia al testador afectado de enfermedad mental que le prive del juicio, pero cuya interdicción no ha sido declarada, ni siquiera promovida. En el caso bajo estudio correspondía a la demandante probar fehacientemente la circunstancia de insanidad mental alegada (…) Además, el citado artículo 837 del Código Civil al consagrar quienes son incapaces para testar, en su numeral 2 hace referencia a los entredichos por defecto intelectual, caso en el cual sí se requiere que la interdicción, provisional o definitiva, haya sido declarada, no pudiendo el entredicho hacer testamento válido y tal incapacidad persistirá mientras dure ese estado, esto es mientras no sea revocada la interdicción; supuesto distinto al invocado por la demandante, la cual no logró demostrar la insanidad mental de la testadora para la fecha del otorgamiento del referido documento, y por el contrario, de las declaraciones rendidas por los testigos de la parte demandada se evidenció que la causante (…) gozaba de buena salud física y mental antes, en el momento, y luego de haber otorgado el testamento objeto de la presente *litis*».; Juzgado Superior Civil, Mercantil, Bancario, Tránsito, y de Protección del Niño y del Adolescente de la Circunscripción Judicial del estado Guárico, sent. del 20-10-06, citada *supra*, «Para esta Alzada, quien ha sido declarado entredicho por defecto intelectual, está incapacitado para testar, desde el mismo día del decreto judicial. Hasta la existencia de la revocación del decreto judicial de interdicción. Dicha regla es absoluta, y en consecuencia, no cabe alegar o probar al respecto que el entredicho llevó a cabo el acto en un intervalo lúcido; y a los efectos de la declaración judicial de nulidad del testamento otorgado por el entredicho, basta demostrar que para la fecha del acto, existía el decreto de interdicción, sin que sea necesario presentar prueba adicional alguna de la insana mental del testador, pues la misma se presume. Ahora bien, la incapacidad por carencia de juicio sano, impide al *de cujus* testar válidamente –aunque no haya sido declarado entredicho–, pues, la persona que no esté en su sano juicio cuando realiza el acto de última voluntad, no puede testar».

Es de recordar que quien alega la incapacidad deber probarla, norma elemental en materia probatoria aplicable al ámbito que nos ocupa[58]. No cabe

---

[58] Véase: DOMÍNGUEZ GUILLÉN, *Ensayos...*, p. 47; Juzgado de Primera Instancia en lo Civil, Mercantil, del Tránsito y del Trabajo de la Circunscripción Judicial del estado Lara, sent. del 26-10-05, exp. 6622-03, http://lara.tsj.gov.ve/decisiones/2005/octubre/654-26-6622-03-254-05.html, «... ya que quien afirma la incapacidad propia o ajena tiene la carga de probarla, lo que lleva a concluir a quien juzga que dicho testamento tiene plena validez por haber sido otorgado en forma legal y por cuanto el testador se encontraba en pleno goce de sus facultades civiles»; Juzgado Superior Civil, Mercantil, Bancario, Tránsito, y de Protección del Niño y del Adolescente de la Circunscripción Judicial del estado Guárico, sent. del 20-10-06, citada *supra*; Juzgado Superior Tercero en lo Civil, Mercantil y del Tránsito de la Circunscripción Judicial del estado Lara, sent. del 04-12-08, exp. 05-0669 (KP02-R-2005-002043), http://jca.tsj.gov.ve/decisiones/2008/diciembre/678-4-KP02-R-2005-002043-05-0669.html, «... por cuanto la parte actora no logró demostrar que el ciudadano (...) se encontraba incapacitado mentalmente para testar para el día (...) oportunidad en la cual suscribió el testamento objeto de la presente acción de nulidad, y por cuanto ha quedado demostrado que en el testamento se cumplieron con las formalidades previstas en los artículos 853 y 854 del Código Civil, así como de haberse indicado de manera expresa, la razón por la cual el testador se abstenía de suscribir el mismo y en su lugar lo haría el firmante a ruego, quien juzga considera que el testamento objeto de la presente acción es válido, y por tanto lo procedente es declarar sin lugar el presente recurso de apelación y por consiguiente sin lugar la presente acción de nulidad de testamento»; Juzgado de Primera Instancia Civil, Mercantil, Agrario y del Tránsito de la Circunscripción Judicial del estado Guárico, s/f, exp. 6052-04, http://guarico.tsj.gov.ve/decisiones/2006/mayo/379-2-6052-04-02.html, «del exhaustivo análisis de las pruebas aportadas por el actor, este Juzgador encuentra que el mismo no demostró que el testador al momento de otorgar el testamento se encontraba en interdicción por defecto intelectual (artículo 837.2 del Código Civil), así como tampoco produjo a los autos la prueba de que el testador (...) no estaba en su juicio al hacer el testamento (artículo 837.3 del Código Civil). De tal manera que quien alega la incapacidad del testador al momento de otorgar el testamento debe necesariamente demostrar el hecho que determina tal incapacidad, por lo tanto no existiendo en autos la plena prueba de la incapacidad del ciudadano (...) al momento de otorgar el testamento objeto de la pretensión de nulidad, por mandato del artículo 254 del Código de Procedimiento Civil, la pretensión del demandante no puede prosperar en derecho tal como se resolverá en la dispositiva de este fallo».

aquí la experticia médico-psiquiátrica –vital en juicio de interdicción– porque se trata de un estado mental pretérito y, aunque es obvio que tales profesionales serían los idóneos para dar fe que el causante no estaba en su sano juicio, pretender necesariamente su intervención limitaría sobremanera la prueba de la incapacidad natural; aunque ello no siempre será posible, sería ideal la intervención del médico tratante en el pasado como perito testigo –pues el informe médico debe ser ratificado en juicio–, amén de otras pruebas que pudieran denotar el estado de insania intelectual[59].

---

[59] Véase: Juzgado Superior Civil, Mercantil, Bancario, Tránsito, y de Protección del Niño y del Adolescente de la Circunscripción Judicial del estado Guárico, sent. del 20-10-06, citada *supra*, «La prueba de la insania mental, en criterio de quien aquí decide, puede efectuarse por toda clase de medios legales, aunque nuestra jurisprudencia ha establecido que el defecto mental susceptible de invalidar el testamento no puede demostrarse a través de apreciaciones personales y subjetivas de quienes no sean expertos (*Jurisprudencia de los tribunales de la República*, vol. 16, p. 464). Estamos de acuerdo con ello, siempre y cuando se trate en realidad de meras apreciaciones personales y subjetivas de testigos no expertos, pero mediante esa misma clase de testigos se puede perfectamente demostrar la insania del testador, cuando ellos deponen sobre hechos y actos reales y objetivos que evidencian la demencia de aquél (…) Se observa del caso de autos, que a la actora le correspondía la carga de la prueba del defecto intelectual del *de cujus* al momento de testar, para lo cual se limitó única y exclusivamente, en esencia, a traer dos testigos, sin embargo, esta alzada considera que si bien es cierto la testimonial es un medio de prueba que permite establecer determinados hechos objetivos relativos a la demencia o al defecto intelectual, no es menos cierto que en materia probatoria una cosa es el "saber" de tipo común y el "saber" de tipo técnico que puede darse como distinción entre el testimonio común y el testigo técnico, lo cual nos conduce a la tesis del procesalista italiano POMPEO (*La distincione fra perizia e testimonianza*. Foro Italiano, 1937, Tomo IV, Columna 58, N.º 10), donde expresa que el testimonio relativo a un objeto que no puede comprender un dato cuya comprensión exige una experticia de la cual está privado, no puede llegar a ser testigo de ese dato (…) Ello evidencia, que si bien es cierto debe permitirse la utilización del medio de prueba testimonial que conduce al juez, a través de la sana crítica, dejar constancia de los hechos o actuaciones del *de cujus* que pueden denotar insania mental, no es menos cierto, que el carácter fundamental y conducente de la prueba sería la del perito testigo, o la experticia como medio de prueba, conducente capaz de llevar al juez la plena convicción de esa insania mental. Ello no es óbice para que con los solos testigos se puedan acumular en los autos, en

Algunos señalan que en tal supuesto podría llegarse al extremo de incluirse a quien esté bajo los efectos del alcohol o sustancias estupefacientes aunque sea en forma temporal[60], u otros estados como sonambulismo, delirio febril, hipnosis o extrema postración física[61]. Por lo que admiten no solo la misma afección mental grave que propiciaría la interdicción judicial, sino otros estados que priven del discernimiento al testador[62]. Curiosamente, refiere FARRERA, que las condiciones imposibles en un testamento ponen en duda la salud mental del testador, por lo que sería más prudente examinar su estado de juicio, antes que la condición impuesta[63].

---

defecto de peritaje, los elementos necesarios para que, de conformidad con el artículo 508, en concordancia con el 510 del Código de Procedimiento Civil, pueda el juzgador lograr la adminiculación de idóneos con el resto del material probatorio necesario que le permita obtener la plena prueba que requiere el artículo 254 *eiusdem*, para poder declarar con lugar una acción de nulidad testamentaria (…) corre un informe médico (…) y al ser éste un documento privado emanado de terceros que no fue ratificado en el proceso debe desecharse de conformidad con lo establecido en el artículo 431 del Código de Procedimiento Civil».

[60] Véase: RODRÍGUEZ, ob. cit., p. 75.

[61] ROCA FERRER *et al.*, ob. cit., p. 60. Véase también: FARRERA, ob. cit., p. 89, «la embriaguez, el delirio y la exaltación pueden llegar a perturbar la inteligencia de tal modo que hagan perder el juicio al se halla en dicho estado, bien que es falta de conciencia desparezca luego con la desaparición de la causa que la produjo».

[62] Véase Juzgado Superior Civil, Mercantil, Bancario, Tránsito, y de Protección del Niño y del Adolescente de la Circunscripción Judicial del estado Guárico, sent. del 20-10-06, citada *supra*, «La insania mental que se requiere para que surja la incapacidad en cuestión –como en el caso de autos–, es la misma que ameritaría la interdicción del testador: ni más, ni menos. Pero el caso en referencia comprende no solo el demente no entredicho, sino también a cualquier otra persona privada de cordura en el momento de testar, como serían, el individuo ebrio, el que se encuentre bajo la influencia de estupefacientes, del hipnotizado, del sonámbulo, etc.; prueba ésta, que le corresponde al actor, sobre el hecho de que el testador no estaba en su sano juicio dentro del periodo de testación –al cual corresponde la fecha del otorgamiento del testamento (…)– no pudiendo considerarse incapaces para testar, las personas simplemente maniáticas, las de carácter meramente extraño o las iracundas».

[63] FARRERA, ob. cit., p. 214.

iv. El mudo o sordomudo que no sepa o pueda escribir[64], dada su imposibilidad natural de constatar la veracidad o regularidad de su voluntad *mortis causa*. Creemos que esta última limitación sigue vigente –en consonancia con el artículo 861 del Código Civil– no obstante la derogatoria por parte de la Ley para las Persona con Discapacidad[65] de la inhabilitación legal que consagraba el artículo 410 del Código Civil, toda vez que la norma especial testamentaria ni siquiera incluía a todos los inhabilitados legales, sino a quienes resultaban afectados por una discapacidad específica –pues no alude al ciego– e incluye al «mudo» que no constituía un inhabilitado legal –pues este lo era el «sordomudo»–, dado el carácter taxativo de las incapacidades.

Se aprecia de las incapacidades referidas en el artículo 837 del Código Civil que, en su mayoría, se asocian al tema de la capacidad de obrar, pues una de ellas deriva de una minoridad especial y otra de la interdicción judicial; en tanto que otra se asocia al *status* de la incapacidad natural o ausencia de discernimiento –no estar en su sano juicio–. Finalmente, el caso del sordomudo o mudo que no sabe leer ni escribir no implica incapacidad general, sino impedimento para verificar el acto en cuestión. Se aprecia decisión judicial que indica: «La legislación venezolana, reconoce únicamente tres casos de incapacidad general para testar: Defecto de edad, defecto mental y mudez o sordomudez de quien no sabe o no puede escribir, y un caso adicional de incapacidad para disponer por testamento cerrado que es el relativo a no saber o no poder leer»[66]. A esta última nos referiremos al considerar el testamento cerrado[67].

---

[64] Véase: Torres-Rivero, *Teoría…*, t. i, p. 379, no todo sordomudo o mudo es incapaz de testar, solo el que no sabe o no pueda leer ni escribir.

[65] *Gaceta Oficial de la República Bolivariana de Venezuela* N.º 38 598, del 05-01-07.

[66] Véase Juzgado Superior Civil, Mercantil, Bancario, Tránsito, y de Protección del Niño y del Adolescente de la Circunscripción Judicial del estado Guárico, sent. del 20-10-06, citada *supra*.

[67] Véase infra vii.3.

Del citado carácter taxativo de las incapacidades que incluyen la de testar, debe concluirse que los sujetos no referidos en la enumeración del artículo 837 del Código Civil son plenamente capaces para disponer por testamento, aunque estén afectados en términos generales por una incapacidad de obrar; así por ejemplo, puede otorgar testamento el «entredicho legal» o condenado a presidio porque este adicionalmente tiene discernimiento, su incapacidad es de sanción según prevé el artículo 23 del Código Penal, que lo priva de la disposición de sus bienes «por acto entre vivos» lo que excluye al testamento que es un acto por esencia *mortis causa*[68]. Así mismo, la incapacidad para testar tampoco se extiende a los «inhabilitados»[69], porque, no obstante la limitación o restricción de la ley (artículos 409 y ss. del Código Civil), ellos no ven afectado sustancialmente su discernimiento, y por tal pueden realizar actos personalísimos (los actos para los que precisan asistencia de curador son los indicados en el artículo 409 del Código Civil). Es de observar que el acto de testar por su carácter personalísimo no admite la representación y como se evidencia, de los casos indicados respecto de los incapaces relativos ni siquiera media la asistencia o autorización, pues esta como forma de suplir la incapacidad relativa se dirige fundamentalmente a actos negociales de contenido patrimonial[70]. Vale recordar, según indicamos, que ha desaparecido la inhabilitación legal[71].

De allí que afirmen acertadamente Ripert y Boulanger que, si bien el testamento como acto jurídico precisa de capacidad de obrar y si bien la ley se muestra más severa que otros actos respecto de la forma, es más amplia en cuanto a la capacidad de obrar de testar. Pues este acto desinteresado solo producirá efectos a la muerte del testador, no ofreciendo como

---

[68] Véase: Domínguez Guillén, *Ensayos...*, p. 463; Farrera, ob. cit., p. 88.
[69] Véase: Torres-Rivero, *Teoría...*, t. i, p. 374, ninguna norma establece que el inhabilitado es incapaz para testar; Dominici, ob. cit., p. 60, el pródigo y cualquier otro inhabilitado no está incapacitado para hacer testamento; López Herrera, *Derecho...*, t. ii, p. 150; Domínguez Guillén, *Ensayos...*, p. 450.
[70] Véase artículos 383 y 409 del Código Civil; *infra* vii.2.
[71] Véase: Domínguez Guillén, María Candelaria: «La derogatoria de la inhabilitación legal». En: *Revista de Derecho*. N.º 26, Caracas, TSJ, 2008, pp. 223-249.

otros actos de disposición *inter vivos*, los peligros de una donación o de una venta[72]. Se trata de un acto personalísimo que adicionalmente precisa de la muerte del testador, de allí la amplitud de la ley en materia de testamentificación activa.

Finalmente, como es natural, debe tenerse en cuenta el artículo 838 del Código Civil: «Para calificar la capacidad de testar se atiende únicamente al tiempo en que se otorga el testamento». De tal suerte, que poco importa el estado mental posterior al acto testamentario, pues la capacidad se determina por el tiempo de su otorgamiento. Así pues, al legislador le es indiferente la suerte de la salud mental del causante con posterioridad al otorgamiento del testamento, porque tal época no incide en la validez o eficacia del acto o negocio jurídico *mortis causa*. Indica, al efecto, una decisión judicial: «Para calificar la capacidad de testar se atiende únicamente al tiempo en que se otorga el testamento (artículo 838 del Código Civil), en consecuencia, solo se necesita tener capacidad testamentaria en el momento del otorgamiento del acto de última voluntad, siendo indiferente cuál haya sido la situación anterior o la posterior al mismo. Es irrelevante, pues, que el causante sea o no capaz para disponer por testamento en el momento de su muerte»[73]. De tal suerte que la voluntad tomada en cuenta es al momento de otorgar el testamento[74] y, así mismo, la capacidad.

No cabe entonces para atacar la validez del acto testamentario la incapacidad sobrevenida[75]. Se discute si el tiempo del otorgamiento conforme el

---

[72] Ripert y Boulanger, ob. cit., p. 320.
[73] Juzgado Superior Civil, Mercantil, Bancario, Tránsito, y de Protección del Niño y del Adolescente de la Circunscripción Judicial del estado Guárico, sent. del 20-10-06, citada *supra*.
[74] Véase: Miquel González, José María: «Notas sobre "la voluntad del testador"». En: *Revista Jurídica*, N.º 6, Universidad Autónoma de Madrid, 2002, p. 177, https://repositorio.uam.es/bitstream/handle/10486/3093/14240_6RJ152.pdf?sequence=1, La voluntad real del testador no puede ser otra que la expresada en el momento del otorgamiento.
[75] Ramírez, ob. cit., p. 216.

instante mismo de este o se presenta como un proceso que rodea ese momento, a lo que FARRERA comenta que no se debe pecar ni en uno ni en otro extremo, pues pretender el mismo instante del otorgamiento supondría exigir participación en la prueba de parte de los que intervinieron en el acto, los cuales tendrán interés en preservar la validez del acto. Por lo que concluye el autor, que ante tal grave dificultad el estado de demencia inmediatamente antes o después del momento del otorgamiento se halla dentro de los límites lógicos de la ley[76].

2.2. *Para recibir por testamento*

La capacidad para recibir por testamento[77] está regulada en los artículos 839 y siguientes del Código Sustantivo. Los supuestos citados tienen que ver –a diferencia de la capacidad para testar generalmente asociada con la capacidad de obrar o de ejercicio (como es el caso de los ordinales 1 y 2, del artículo 836 del Código Civil)– con casos que la doctrina incluye dentro de las incapacidades especiales de goce, a saber, prohibiciones especiales que impone la ley por razones de moralidad o por la posición que ocupan los sujetos en la relación en particular y que como tal no son subsanables[78]. Alude en tales casos la doctrina dentro de las incapacidades especiales de goce, precisamente a las «incapacidades para recibir por testamento»[79].

---

[76] FARRERA, ob. cit., pp. 89-91.
[77] Denominada también «testamentificación pasiva»; Véase: LÓPEZ HERRERA, *Derecho...*, t. II, p. 146; VIZCARRONDO P., ob. cit., p. 23, a la capacidad para recibir por testamento también se le conoce como «testamentificación pasiva»; CARRIÓN OLMOS *et al.*, ob. cit., p. 331, aluden a testamentificación activa o capacidad para testar; ROJAS, ob. cit., pp. 149-152; ROCA FERRER *et al.*, ob. cit., p. 55, se hablaba de *testamenti factio activa* –capacidad para hacer testamento– y *testamenti factio passiva* –capacidad para recibir–.
[78] Véase sobre las incapacidades especiales de goce: DOMÍNGUEZ GUILLÉN, *Ensayos...*, pp. 50-59, Si la capacidad de goce es la medida de la aptitud para ser titular de deberes y derechos o la medida de la personalidad, las incapacidades especiales de goce se traducen en prohibiciones particulares de ley, en los que en una relación concreta no se tiene tal posibilidad.
[79] Véase ibíd., p. 57.

Prevé el artículo 839 del Código Civil: «Pueden recibir por testamento todos los que no estén declarados incapaces de ello por la Ley». Rige en materia testamentaria la misma regla sobre el carácter taxativo de las incapacidades, esto es la improcedencia de la analogía[80].

El Código sustantivo prevé las incapacidades legales para recibir por testamento, que veremos de seguidas:

i. Incapaces de recibir *ab intestato* –caso del *concepturus*–
Dispone el artículo 840 del Código Civil: «Son incapaces para recibir por testamento los que son incapaces para suceder *ab intestato*. Sin embargo, pueden recibir por testamento los descendientes inmediatos, es decir, los hijos de una persona determinada que viva en el momento de la muerte del testador, aunque no estén concebidos todavía».

---

[80] Véase: Juzgado Superior Cuarto en lo Civil, Mercantil, Tránsito, Protección del Niño y del Adolescente, Agrario y Bancario de la Circunscripción Judicial del estado Táchira, sent. del 17-01-06, citada *supra*, «Con relación al alegato de la parte demandante de que con el testamento otorgado por la ciudadana (…) se violentó la legislación venezolana para beneficiar a extranjeros, específicamente la Ley Orgánica de Seguridad y Defensa en su artículo 16, debe señalarse que dentro de las normas que rigen la sucesión testamentaria en la legislación patria no existe prohibición alguna para que los extranjeros puedan recibir por testamento. En efecto el artículo 839 del Código Civil establece que pueden recibir por testamento todos los que no estén declarados incapaces por la ley. Y el artículo 840 *eiusdem*, nos enseña que son incapaces para recibir por testamento los incapaces para suceder *ab intestato*, esto es, los que en el momento de la apertura de la sucesión no estén todavía concebidos ni los indignos. Debe agregarse además en cuanto a las personas incapaces para heredar por testamento a las iglesias de cualquier credo y los institutos de manos muertas, así como los ordenados *in sacris* y ministros de cualquier culto, a menos que el instituido sea cónyuge, ascendiente, descendiente o pariente consanguíneo dentro del cuarto grado inclusive del testador, conforme lo prevé el artículo 841 del Código Civil. De lo expuesto se infiere claramente que no hay disposición dentro de nuestro Código Civil que prohíba a los extranjeros recibir por testamento, por lo cual el señalamiento de la parte actora de que el instrumento contentivo de la última voluntad o *mortis causa* de la ciudadana (…) violenta la Ley Orgánica de Seguridad y Defensa, es improcedente».

La primera parte de la norma, dispone, como es natural, que la incapacidad de suceder *ab intestato* se extienda a la sucesión testamentaria. De allí que rigen en principio las mismas incapacidades que referimos respecto de la sucesión *ab intestato*, a saber, la indignidad (artículo 843 del Código Civil[81]), la ausencia y la conmoriencia, a la sucesión testamentaria de conformidad con el artículo 839 del Código Civil[82]. Creemos, sin embargo, que es discutible o dudoso que la incapacidad referida en la sucesión *ab intestato* que afecta al progenitor que reconoce *post mortem* un hijo con quien no ha tenido posesión de estado (artículo 219 del Código Civil)[83], sea extensible –dada su naturaleza y finalidad– a la sucesión testamentaria, que instituye un sujeto «determinado»[84], porque en tal caso la vocación hereditaria emana no del reconocimiento, sino del acto testamentario previo como libre manifestación de la autonomía de la voluntad del sujeto capaz de testar al margen del nuevo estado filiatorio[85]. Ante tal caso excepcional valdría reconsiderar la incapacidad[86], al margen del reconocimiento *post mortem*[87].

---

[81] «Son aplicables al indigno para recibir por testamento las disposiciones de los artículos 811 y 812 y las de la primera parte del artículo 813». Véase Sojo Bianco, ob. cit., p. 311, el indigno para recibir *ab intestato*, lo es igualmente para recibir por testamento. Prevé el artículo 842 del Código Civil: «Los descendientes del indigno tienen siempre derecho a la legítima que debería tocarle al que es excluido».

[82] Véase *supra* v.5.

[83] Véase *supra* v.5.5.

[84] Obviamente si la designación testamentaria se dirige genéricamente al favor del «progenitor» cuando no existe filiación legalmente establecida regiría la misma incapacidad que en la sucesión legal porque el reconocimiento *post mortem* pretendería un provecho sucesorio. Supuesto por lo demás todavía más excepcional.

[85] Por lo que mal puede sostenerse que un reconocimiento *post mortem* en la sucesión testamentaria tenía por objeto ser llamado a la herencia del hijo, si el instituido era tal antes del reconocimiento filiatorio que propicia su estado familiar formal.

[86] Ante tal excepcional hipótesis en que el *de cujus* instituyó sucesor a un sujeto determinado quien con posterioridad a su muerte lo reconoció, pareciera que la incapacidad podría ser reconducida –de ser el caso– por los demás coherederos a través de la «indignidad» –que aplica tanto a la sucesión legal como testamentaria, véase *supra* v.5.2– en su causal tercera, a saber, los «parientes» que incumplieron la obligación de alimentos teniendo medios para ello. Esto como reflejo de la falta de posesión de

El *concepturus*, quien por no ser sujeto ni concebido, no participa en la sucesión intestada, es considerado excepcionalmente en la sucesión testamentaria por expresa voluntad del testador[88]. Se trata de un supuesto enteramente excepcional, porque el «por concebir» en la actualidad es una mera expectativa. Obsérvese que constituye un caso enteramente distinto al «concebido» al momento de la apertura de la sucesión, quien tiene capacidad para suceder si nace con vida[89] al margen de la promática temporal de su idenficación[90]. El supuesto de la previsión testamentaria a favor del *concepturus* o «por concebir», y que ni siquiera se sabe si será concebido, atiende básicamente a la voluntad del causante. Se trata de una mera expectativa, pues es un sinsentido referirse a la protección de quien ni siquiera existe todavía, a cuyo particular *status* jurídico ya nos referimos en otra oportunidad[91].

Indica TORRES-RIVERO que el no concebido es una excepción en la sucesión testamentaria, que precisa de dos condiciones: que la persona determinada o progenitor viva al momento de la muerte del testador y que el favorecido llegue a ser concebido, situación que se dilucidará si llega a ser concebido

---

estado toda vez que su elemento más importante es el «trato» siendo una de sus manifestaciones más importantes el auxilio económica. Esto en el supuesto de que el progenitor tuviera conocimiento de tal *status* en vida del hijo.

[87] De no mediar tal acto de reconocimiento la disposición testamentaria en principio es válida y estará sustraída de la enumeración taxativa de las incapacidades para suceder. Salvo que se pretenda probar judicialmente la filiación y el conocimiento que tenía el progenitor de la misma, con el fin de excluir al beneficiario en razón de la citada indignidad.

[88] Véase: RAMÍREZ, ob. cit., p. 199, la ley exige la concepción para la fecha de la apertura de la sucesión siendo ésta intestada: no sucede lo mismo tratándose de sucesión testamentaria porque el instituido puede adquirir por testamento aun cuando no esté concebido a la muerte del testador.

[89] Véase *supra* v.5.1.

[90] Véase sobre el tema: PLAZA MARTÍNEZ, Fanny: *Situación jurídica del nasciturus: especial referencia al derecho a la identidad*. Caracas, UCV (Tesis Doctoral, tutora: María C. DOMÍNGUEZ G.), 2016.

[91] Véase: DOMÍNGUEZ GUILLÉN, *Inicio...*, pp. 137-141.

o porque no llegue a tal[92]. «En tal caso se deberá esperar al nacimiento vivo, a los fines de la adquisición del derecho o al advenimiento del tiempo en que quede definitivamente descartado dicho nacimiento. Esto es, cuando por circunstancias atinentes a la naturaleza sea evidente que "la persona determinada" no tendrá descendencia»[93]. No cabe pensar en una suerte de lapso de prescripción sin que acontezca el hecho que consolida la condición[94].

De tal suerte que, por las razones obvias explicadas, el *concepturus* o por concebir, encontraría sentido, por previsión expresa del causante, en la sucesión testamentaria y de ningún modo en la sucesión *ab intestato*. Mal podría la ley considerar los posibles no concebidos en una sucesión sin previsión expresa del testador[95], toda vez que el asunto se reduce a una mera expectativa que tal vez nunca se concrete.

Dispone el artículo 841 del Código Civil: «Son igualmente incapaces de heredar por testamento: 1. Las iglesias de cualquier credo y los institutos de manos muertas. 2. Los ordenados *in sacris* y los ministros de cualquier culto, a menos que el instituido sea cónyuge, ascendiente, descendiente

---

[92] Torres-Rivero, *Teoría*..., t. i, pp. 208-214. Véase también: López Herrera, *Derecho*..., t. i, p. 158, se mantiene hasta que sean concebido y nazcan o hasta que se pueda tener plena seguridad de que ya no podrán nacer. En consecuencia, si se ha instituido a todos los hijos que eventualmente pueda tener determinada persona habrá que esperar a que esta fallezca, o si trata de un varón, que transcurran 300 días a partir del deceso de éste.

[93] Domínguez Guillén, *Inicio*..., p. 140.

[94] Véase contrariamente en Colombia: Suárez Franco, ob. cit., p. 108, señala que el artículo 1019.3 del Código Civil establece que las asignaciones a personas que al tiempo de la sucesión no existan no se invalidaran si existieren dichas personas antes de expirar los 30 años subsiguientes a la apertura de la sucesión. El autor considera que el plazo debe entenderse reducido a diez años por disposición del artículo 5 de la Ley 791 de 2002, relativo al tiempo máximo para la ejecución o extinción de cualquier derecho patrimonial.

[95] Véase: Rojas, ob. cit., p. 52, diferencia que se explica porque en la sucesión testamentaria está de por medio la voluntad expresa del *de cujus*.

o pariente consanguíneo dentro del cuarto grado inclusive del testador». Veamos de seguidas cada una de las incapacidades indicadas:

ii. Las iglesias

Respecto a las iglesias, indica López Herrera que el origen remoto de la incapacidad legal de las iglesias fue la reacción en las legislaciones europeas contra el carácter semirreligioso que había adquirido el testamento y contra la influencia ejercida por la Iglesia contra los testadores: Dominici[96] y Farrera señalan que ello es a fin de evitar que las iglesias se conviertan en instituciones de manos muertas, lo cual es infundado porque si alguna vez lo fueron –agrega López Herrera– ya dejaron de serlo. Además, lo que caracteriza a los institutos de manos muertas es la prohibición que les afecta de acuerdo a sus propias reglas de enajenar los inmuebles que les pertenezcan[97]. En sentido semejante, refiere Torres-Rivero que la fe es decisiva en la conducta y que la Iglesia ha tenido gran influencia en el poder espiritual, por lo que con agrado y hasta con ideas ultraterrenas, las personas se desprendería de cuanto tiene por beneficiar a la Iglesia. Evitar esto es la razón de dicha incapacidad para suceder[98].

Se trata de una incapacidad por razones de conveniencia social porque puede no medir la voluntad espontánea del testador[99]. Ochoa Gómez ubica el caso de la Iglesia entre las incapacidades creadas por ley por «desconfianza» en función de un interés general; pretende evitar que la titularidad de un derecho sea adquirido mediante «alguna maquinación rayana a la deshonestidad o mala fe»[100]. Dominici considera extensible la

---

[96] Dominici, ob. cit., p. 63.
[97] López Herrera, *Derecho...*, t. i, pp. 160 y 162.
[98] Torres-Rivero, *Teoría...*, t. i, p. 283. Véase también: Piña Valles, ob. cit., p. 111.
[99] Rojas, ob. cit., p. 150.
[100] Ochoa Gómez, Oscar: *Personas Derecho Civil i*. Caracas, Universidad Católica Andrés Bello, 2006, p. 231. La misma idea aplica a los ordenados *in sacris*, tutores, registradores.

Manual de Derecho Sucesorio

prohibición a cualquier religión[101] y tal criterio se adhiere Farrera[102] entre otros[103], criterio acertado toda vez que la norma es clara al referirse a las iglesias «de cualquier credo».

Indica Aguilar Gorrondona que las iglesias de cualquier credo lo que están es impedidas de «heredar» por testamento, de modo que pueden recibir por testamento «legados»[104]. Al efecto, indicó una sentencia de casación de 1935 que tal incapacidad no puede extenderse a aquellos que reciben por disposición del testador un objeto a una cantidad que no constituye una parte alícuota de los bienes del *de cujus*, lo que es lo mismo, que no hiere a los legatarios, puesto que ellos no son herederos, conforme a la técnica jurídica[105]. López Herrera se adhiere al citado criterio de que la incapacidad es absoluta pero solo para heredar, es decir, las iglesias y los institutos de manos muertas no pueden ser instituidos como herederos por persona alguna, en cambio, sí pueden recibir legados[106].

---

[101] Dominici, ob. cit., p. 63, «no hay motivo para que concrete a las congregaciones cristianas, y es racional extenderla a cualquier otra religión, siquiera sea la hebrea, mahometana, búdica, etc. En sentido contrario: López Herrera, *Derecho...*, t. i, pp. 162 y 163.
[102] Farrera, ob. cit., p. 96.
[103] Véase: Piña Valles, ob. cit., p. 111.
[104] Aguilar Gorrondona, ob. cit., p. 207, nota 7, señala que el Código Civil declara incapaces para recibir por donación las personas incapaces para recibir por testamento, y hay quienes consideran incluidas las iglesias. La Consultoría Jurídica del Ministerio de Hacienda dictaminó, en un caso que se proyectaba hacer una donación a la Arquidiócesis de Ciudad Bolívar, que la incapacidad establecida en el Código Civil no se aplicaba a ese caso porque en la materia privaba la Ley de Patronato Eclesiástico. Conforme a este criterio, la Iglesia Católica y las personas que las integran –Arquidiócesis, Diócesis...– no estarían afectadas para recibir por testamento o donación, ni siquiera antes del Convenio entre la Santa Sede y Venezuela. Véase también: Rodríguez, ob. cit., pp. 79 y 80.
[105] CFyC/SCC, sent. del 28-01-35, citada en Perera Planas, ob. cit., p. 473.
[106] López Herrera, *Derecho...*, t. i, p. 164, con inclusión de nota al pie 22, que señala que así lo indicó Casación, *Memoria*, 1936, p. 250.

En sentido contrario se manifiesta Farrera, quien refiere que la expresión «heredar» debe tomarse como sinónimo de «suceder», lo que incluye la sucesión particular, porque lo contrario supondría burlar la prohibición por vía de legados[107]. El autor censura arduamente la citada interpretación de Casación de 1935, por considerar que la prohibición o incapacidad de la Iglesia responde a razones sociales y morales[108] y los legados piadosos conforman una captación religiosa[109]. De allí que López Herrera concluya que, visto que es perfectamente posible, mediante la institución de legados, disponer de una porción importante del patrimonio hereditario y aun agotar éste, debe concluirse que la intención del legislador fue solo permitir la institución de los legados a las iglesias e institutos de manos muertas «cuando el beneficio que se deriva de ellos es relativamente pequeño, en relación con el monto total del patrimonio dejado por el *de cujus*; y que, en consecuencia, el legado o los legados que excedan de ese límite impreciso, deben considerarse nulos por constituir fraude a la ley»[110]. Límite cuya determinación quedará a la soberana apreciación del juez de

---

[107] Véase: Farrera, ob. cit., p. 98, señala: «Un legado puede abrazar la totalidad de una herencia, puede contraerse a muchas propiedades mobiliarias e inmobiliarias, ser más cuantioso que lo dejado por el testador a su propio heredero (…) según la tesis de casación, aun cuando él o los favorecidos por ellos sean una o varias iglesias, uno o varios institutos de manos muertas, porque las liberalidades no las recibirían entonces a título de herederos, sino de simples legatarios. El absurdo de semejantes tesis es flagrante. La frase empleada en el precepto de que "son igualmente incapaces de heredar por testamento", no significa lo que en forma restrictiva le atribuye la aludida sentencia, esto es, la de incapacidad de suceder únicamente como heredero, pero capaz de hacerlo como legatario, porque ambos títulos, el de heredero y el de legatario, pueden emplearse en el mismo testamento, son comunes e igualmente propios a las disposiciones testamentarias, de uno y otro modo se sucede, se hereda al testador, se toma una parte o el todo de la herencia de éste, bien para destinarla a la libre circulación de la riqueza, como lo hacen los herederos y legatarios ordinarios y capaces, bien para estancarla en manos muertas, para distraerla de la circulación, como lo hacen comúnmente las iglesias y congregaciones religiosas».

[108] Véase: ibíd., pp. 97 y ss. (cita la referida sentencia del 28-1-35 de *Gaceta Oficial de la República de Venezuela* N.º 18 593 del 09-03-35).

[109] Véase: ibíd., p. 102, cita de Laurent que hace Nicomedes Zuloaga.

[110] López Herrera, *Derecho…*, t. i, p. 164.

instancia[111]. Idea mejor esbozada con anterioridad por Farrera cuando, al criticar la sentencia de Casación, señalaba que distinto hubiese sido que la Corte en lugar de su aventurada interpretación considerase por ejemplo a tono con un espíritu moderno consagrado en otras legislaciones que las congregaciones religiosas pueden recibir donaciones o legados moderados o en limitadas cantidades de dinero, pero no de inmuebles o de muebles de crecido valor[112].

Esta última idea de Farrera constituye una apreciación distinta a pretender sostener la capacidad para recibir legados con base en una estimación respecto de la totalidad o cuantía de determinada herencia carente de límite objetivo. Ciertamente, ante tal subjetiva situación que se le podría presentar al juzgador, y en la que cobraría sentido la posición de Farrera respecto de la finalidad de la incapacidad que nos ocupa, cobra vigencia –en este punto– la posibilidad de la interpretación correctiva que incluye la extensiva en materia de incapacidad, pues la prohibición se dirige a la analogía, según nos referimos al considerar la indignidad[113]. Pero, en definitiva, para evitar discusiones que servirían de apoyo para contrariar el verdadero sentido de la incapacidad con base en el propio texto de la ley, sería mejor de *lege ferenda* limitar la capacidad a donaciones y legados «moderados», manuales o remuneratorios, en lugar de interpretar textualmente una palabra –«heredar» en lugar de «suceder»– que no responde al fin que persigue la prohibición. Pareciera que ante la vigencia de una norma inconsecuente con la voluntad del testador, se optó por una interpretación textual que diera pie a levantar veladamente la prohibición[114], pues limitar el asunto a un problema del *quantum* de la herencia no pareciera la forma efectiva de determinar una incapacidad de goce.

---

[111] Ibíd., pp. 164 y 165.
[112] Véase: Farrera, ob. cit., p. 100.
[113] Véase *supra* v.5.
[114] Pues es bien sabido que se puede disponer de toda herencia por vía de legados. Véase *infra* viii.6.

Pues, aunque para algunos «ya no tiene sentido ni justificación en los tiempos actuales la aludida incapacidad»[115], es indudable que la religión todavía ejerce notable influencia en algunos seres humanos, por lo permanece vigente la causa que le dio origen a la incapacidad de las iglesias, esto es, el poder moral, la influencia y la sugestión que puede proyectar el ente que representa la religión en el causante y que es perfectamente extensible a los ministros de cualquier culto (como lo reconoce el artículo 841.2 del Código Civil).

iii. Institutos de manos muertas

En cuanto a los institutos de manos muertas, según el artículo 1144 del Código Civil, son aquellos que por sus leyes o reglamentos no pueden enajenar los inmuebles que adquieran[116]. Manos abiertas o vivas para recibir y manos muertas o cerradas para enajenar, que como tales no existen —a decir de Torres-Rivero— actualmente en Venezuela[117]. Se ha querido evitar el estancamiento de la propiedad, pues los bienes en manos muertas están precisamente muertos para el comercio[118]. Tal incapacidad suele explicarse por los inconvenientes de tipo político, económico y social, que derivaron en el pasado de entidades de ese tipo, como consecuencia de la extraordinaria acumulación de riqueza de que llegaron a ser titulares. En todo caso —a criterio de López Herrera— esa incapacidad no tiene sentido ni justificación en los tiempos actuales, pues ya en 1867 Sanojo los calificaba como «fantasmas»[119]. A todo evento, de configurarse un caso de existencia legal de tales entes, les afecta la misma incapacidad que a las iglesias (artículo 841.1 del Código Civil).

---

[115] López Herrera, *Derecho…*, t. i, p. 164.
[116] Ídem. Rojas, ob. cit., p. 150. Véase referencia en: TSJ/SCC, sent. N.º 386, del 15-07-09, argumenta la legataria que «Esta sociedad civil no es un instituto de manos muertas, porque tiene la libre facultad de enajenar sus propios bienes…».
[117] Torres-Rivero, *Teoría…*, t. i, p. 284. En el mismo sentido: Farrera, ob. cit., pp. 101 y 102.
[118] Farrera, ob. cit., p. 97.
[119] López Herrera, *Derecho…*, t. i, p. 164.

iv. Ordenados *in sacris* y ministros de cualquier culto
Existen incapacidades determinadas por razones de incompatibilidad entre la cualidad del instituido y la función ejercida[120]. En esta cabe ubicar la incapacidad afecta a los ordenados *in sacris*, esto es, que han recibido la primera de las órdenes mayores o sagradas de acuerdo con el Código Canónico que impera en la religión católica, por lo que es una incapacidad exclusiva del ámbito religioso[121]. Pero la norma también alude a los ministros de cualquier culto, por lo que excede el ámbito católico, afectando, por ejemplo, a rabino, al pastor protestante, etc.[122]. Son incapacidades que tocan a la persona natural, y que Torres-Rivero califica de «incapacidad parcial» debido a que deja a salvo la condición de pariente o cónyuge –este último más en caso de culto no católico–[123]. Se afirma que en tal caso es posible que la institución sea resultado de la sugestión[124], posibilidad que cede si se trata de cónyuges o parientes consanguíneos[125] del testador[126].

Tal incapacidad presenta el mismo sentido que la que arropa a las iglesias de cualquier culto; es indudable la influencia que ejerce la religión en algunos individuos, bien sea a través del ente propiamente dicho o de las personas naturales que la componen. De allí que afirme, acertadamente, Torres-Rivero que la incapacidad deriva de la imposibilidad para recibir

---

[120] Messineo, ob. cit., p. 109.
[121] Torres-Rivero, *Teoría*..., t. i, pp. 285 y 286.
[122] Véase: Ibíd., 288. Véase también: Farrera, ob. cit., p. 105, los motivos que militan para unos aplican para los otros.
[123] Torres-Rivero, *Teoría*..., t. i, pp. 286 y 287.
[124] Véase: Dominici, ob. cit., p. 64; Rojas, ob. cit., p. 151; Farrera, ob. cit., p. 105, la captación de la voluntad del testador lo podría desviar de su inclinación natural de dejar a los parientes cercanos para dejárselo a extraños que ejercerían una influencia perturbadora. Véase en sentido contrario: López Herrera, *Derecho*..., t. i, p. 167, señalando que se trata de una incapacidad que no tiene justificación jurídica alguna en la actualidad y presentar dudosa constitucionalidad, solo explicable por los sentimientos anticlericales que estuvieron en boga a finales del siglo xix y comienzos del siglo xx.
[125] Rojas, ob. cit., p. 151.
[126] Chinchilla Santiago, ob. cit., p. 76, igualmente en Guatemala se consagra a los ministros de cualquier culto a menos que sean parientes del testador.

que atañe a las iglesias de cualquier credo, pues existe una muy estrecha relación entre las iglesias y sus respectivos ministros[127]. Si los encargados de divulgar la fe fuesen capaces para recibir por testamento recibirían para ellos y, a lo mejor, para sus iglesias, con lo que se estimularía el fraude a la incapacidad[128]. Efectivamente, no tendría sentido imponer una incapacidad de recibir a las iglesias que pudiera ser evadida a través de sus ministros, pero, aunque el bien quedara solo en manos de estos últimos, no podría negarse que en gran medida la liberalidad pudo responder a su investidura religiosa. La presente incapacidad está dirigida, pues, a tales personas naturales, porque la posibilidad de sugestión derivada de la fuerza de la religión no ha perdido vigencia en los tiempos actuales.

v. El tutor

Dispone el artículo 844 del Código Civil: «El tutor no podrá aprovecharse jamás de las disposiciones testamentarias de su pupilo, otorgadas antes de la aprobación de la cuenta definitiva de la tutela, aunque el testador muera después de la aprobación de la cuenta. Son eficaces, sin embargo, las disposiciones otorgadas en favor del tutor, cuando es ascendiente, descendiente, hermano, hermana o cónyuge del testador»[129].

Se trata de una incapacidad sometida a la aprobación definitiva de las cuentas de la tutela. La disposición se dicta en razón del ánimo o la sugestión que puede ejercer el tutor sobre el pupilo, sobre todo, en vista de cubrir la irregularidad de la administración tutelar[130]. La incapacidad del tutor deja a salvo, al igual que el caso de los ministros, la existencia de vínculo familiar. Tal incapacidad no es extensible al «curador», que solo asiste al incapaz relativo adulto y no ejerce el atributo de la representación, así como a otros órganos tutelares[131].

---

[127] Torres-Rivero, *Teoría...*, t. i, p. 288.
[128] Ibíd., p. 289.
[129] Véase sobre ésta: ibíd., pp. 291-309.
[130] Polacco, ob. cit., t. i, p. 272.
[131] Véase: Dominici, ob. cit., p. 66, la incapacidad no se extiende al curador, protutor o miembros del consejo de tutela que no tienen la administración de los bienes; López Herrera, *Derecho...*, t. i, p. 169.

vi. Cónyuge del bínubo

El artículo 845 del Código Civil prevé en protección de los hijos de padres unidos en ulteriores nupcias: «El cónyuge en segundas o ulteriores nupcias no puede dejar al cónyuge sobreviviente una parte mayor de la que le deje al menos favorecido de los hijos de cualquiera de los matrimonios anteriores». La Sala Constitucional declaró parcialmente con lugar la nulidad de la citada norma y señaló que debe omitirse la referencia a matrimonios anteriores en razón del principio de igualdad toda vez que podrán existir hijos no derivados de unión matrimonial. Por lo que la norma ha de leerse así: *«El cónyuge en segundas o ulteriores nupcias no puede dejar al cónyuge sobreviviente una parte mayor de la que le deje al menos favorecido de los hijos»*[132]. La doctrina se refiere al presente supuesto como del cónyuge del bínubo[133], o incapacidad derivada de la «condición de segundo cónyuge»[134], admitiendo que en tales casos una incapacidad parcial del excedente en relación a quienes sean llamados a suceder conjuntamente con el incapaz[135]. Se alude también a la incapacidad del nuevo o ulterior cónyuge[136]. La norma protege a los hijos no comunes, y nunca a los comunes, pues se indica que no es racional pensar en que un cónyuge motive al otro a perjudicar a los hijos de ambos[137]. Según DOMINICI, la limitación se encamina a «moderar favores inconsiderados que perjudiquen a los hijos, cuando el influjo de la pasión entre consortes es casi siempre incontrolable»[138] Se pretende impedir

---

[132] Véase: TSJ/SC, sent. N.º 1342, del 09-10-12, agrega: «De donde se sigue que otorgar el beneficio a una categoría de hijos del *de cujus*, esto es los hijos de un matrimonio anterior, obviando la inclusión de los hijos no habidos en matrimonio, no obstante la igualdad que distingue a todos los hijos de una persona, constituye si una violación al derecho a la igualdad contenido en el parcialmente transcrito artículo 21 de la Constitución».

[133] Véase: MESSINEO, ob. cit., p. 116, aquel que ha pasado a nupcias válidamente más de un vez.

[134] POLACCO, ob. cit., t. I, p. 275.

[135] SOJO BIANCO, ob. cit., p. 312.

[136] Véase: TORRES-RIVERO, *Teoría...*, t. I, pp. 329-351.

[137] Ibíd., p. 334.

[138] DOMINICI, ob. cit., p. 66.

que el segundo cónyuge ejerza sobre el otro un influjo dañoso a los hijos del primer matrimonio[139]. De operar el exceso, procede, a decir de López Herrera, la reducción de las disposiciones testamentarias resultado de la anulación parcial de las mismas[140].

Se aprecia decisión judicial que indica que, conforme a la disposición contenida en el artículo 845, no puede la causante mediante testamento, en segundas o ulteriores nupcias favorecer al cónyuge supérstite desmejorando a los hijos del matrimonio anterior. En razón de ello, del líquido hereditario determinado, le corresponde al cónyuge sobreviviente concurrir en proporciones iguales a la de cada uno de los hijos de la causante[141]. De allí, que se haya comentado que la presente incapacidad más bien se traduce como una limitación al monto de la cuota[142].

vii. Funcionarios públicos y testigos

A la prohibición dirigida a ciertos funcionarios públicos alude el artículo 846 del Código Civil: «Las instituciones y legados en favor del registrador o de cualquiera otro oficial civil, militar, marino o consular que haya recibido el testamento abierto, o de alguno de los testigos que hayan intervenido en él, no tendrán efecto». Se trata de una incapacidad referida al funcionario interviniente en el otorgamiento del instrumento testamentario[143], que pretende evitar el fraude y la falsedad por parte de los funcionarios llamados a intervenir en la formación del testamento. Incapacidad que se extiende a los testigos[144], a fin de evitar pretensión de beneficio de

---

[139] De Ruggiero, ob. cit., p. 453, reminiscencia de la prevención con la que la legislación miraba las segundas nupcias.
[140] López Herrera, *Derecho*..., t. i, p. 172.
[141] TSJ/SPA, sent. N.º 1082, del 17-08-04, agrega: «calculándose de conformidad con la previsión contenida en el artículo 7 de la Ley de Impuesto sobre Sucesiones, Donaciones y demás Ramos Conexos de 1982. Es decir, tomando el líquido hereditario de Bs. (…) dividirlo entre cuatro herederos (cónyuge sobreviviente más tres hijos)…».
[142] Véase: Aguilar Gorrondona, ob. cit., p. 206; Domínguez Guillén, *Ensayos*..., p. 57.
[143] Véase: Torres-Rivero, *Teoría*..., t. i, pp. 309-321.
[144] Dominici, ob. cit., p. 67.

estos últimos igualmente[145]. De allí que Polacco califique el presente supuesto como «incapacidad derivada de la participación en la formación del testamento»[146].

viii. Transcriptor del testamento cerrado

El artículo 847 del Código Civil impone prohibición a quien transcribe el testamento cerrado: «Carecerán igualmente de efecto las instituciones y legados en favor de la persona que haya escrito el testamento cerrado, a menos que la disposición fuere aprobada en cláusula escrita de mano del testador, o verbalmente por este, ante el registrador y testigos del otorgamiento, haciéndose constar estas circunstancias en el acta respectiva». La norma trata al igual que la del funcionario, de una incapacidad particular relativa[147]. La razón de la incapacidad de quien escribió el testamento cerrado sigue en pie aun cuando se tenga nexo familiar con el testador causante[148].

ix. Personas interpuestas[149]

Prevé el artículo 848 del Código Civil: «Las disposiciones testamentarias en favor de las personas incapaces, designadas en los artículos 841, 844, 845, 846 y 847 son nulas, aunque se las haya simulado bajo la forma de un contrato oneroso, o se las haya otorgado bajo nombre de personas interpuestas. Se reputan personas interpuestas, al padre, la madre, los descendientes y el cónyuge de la persona incapaz».

Señala Dominici que tal norma fue tomada del Código francés que se refiere especialmente a las donaciones ocultas bajo la forma de contrato oneroso, pero nuestro Código Civil lo refiere a disposiciones testamentarias, las cuales no pueden darse en aplicación directa por las prohibiciones indicadas[150].

---

[145] Véase: Torres-Rivero, *Teoría...*, t. i, p. 318.
[146] Polacco, ob. cit., t. i, p. 283.
[147] Torres-Rivero, *Teoría...*, t. i, pp. 321 y ss.
[148] Ibíd., p. 324.
[149] Véase: Polacco, ob. cit., t. i, pp. 286-288; Messineo, ob. cit., pp. 109 y 110.
[150] Dominici, ob. cit., pp. 68 y 69.

La norma consagra una presunción *iure et de iure* respecto a considerar simulada y hecha en beneficio de los citados incapaces las disposiciones a favor de los indicados familiares del incapaz[151]. No puede, pues, burlarse las citadas incapacidades legales instituyendo sucesores a los familiares del incapaz, esto es, mediante «personas interpuestas».

Las referidas incapacidades pueden ser absolutas o relativas, si afectan al sujeto respecto de cualquier sucesión o de una sucesión en particular, respectivamente. Es de recordar, aunque resulte obvio, que, dada la naturaleza de las incapacidades, estas son taxativas y no admiten la analogía. Así, por ejemplo, en la legislación de Guatemala se consagra como incapacidad para suceder por testamento al «médico» que hubiere asistido al testador en su última enfermedad[152]. Contrariamente, en nuestro ordenamiento, tal supuesto estaría incluido en la norma del artículo 898.3 del Código Civil, que por vía excepcional consagra la validez de la elección por parte del heredero del objeto de legados remuneratorios por servicios prestados en última enfermedad[153].

x. Breve referencia a los entes incorporales —caso de la fundación—

A propósito de la capacidad para suceder de los entes incorporales, obviamente, ello solo puede tener lugar por vía testamentaria. Vimos que, salvo el Estado, las personas incorporales no participan de la sucesión *ab intestato*, porque esta es característica de la persona natural o humana[154]. Si bien algunos entes incorporales sí pueden suceder, ninguno puede dar lugar a una sucesión porque respecto de estos no opera la muerte, sino que se extinguen[155]. El fenómeno sucesorio solo lo puede originar la persona por excelencia, esto es, la persona física o natural, porque solo respecto del

---

[151] Véase: López Herrera, *Derecho...*, t. I, p. 177.
[152] Chinchilla Santiago, ob. cit., p. 76.
[153] Véase *infra* VIII.3.
[154] Véase *supra* v.8; Piña Valles, ob. cit., p. 57. Véase: Juzgado Superior Cuarto Agrario de la Circunscripción Judicial de Barinas, sent. del 02-02-05, citada *supra*.
[155] Véase: Rojas, ob. cit., p. 125; Carrión Olmos *et al.*, ob. cit., p. 203.

ser humano acontece siempre el hecho jurídico de la muerte. A excepción del Estado, la persona incorporal no participa de la sucesión *ab intestato* porque esta se apoya en vínculos familiares de los que obviamente carece el ente moral. Pero salvo las limitaciones de ley[156] o estatutarias[157], la personas jurídica en estricto sentido o incorporal, bien podría figurar como sucesor o causahabiente en una sucesión testamentaria.

---

[156] Como la referida en el citado artículo 841.1 del Código Civil.

[157] Cabe recordar que la capacidad de goce de la persona moral viene determinada además de por su naturaleza por sus estatutos, los cuales podrían imponer restricciones o requisitos respecto de la materia bajo análisis. A la naturaleza y estatutos del ente ideal debe atenderse a fin de precisar la incapacidad para recibir por testamento. Véase en tal sentido: Tercero de Primera Instancia en lo Civil, Mercantil y Tránsito de la Circunscripción Judicial del Área Metropolitana de Caracas, sent. del 18-09-06, exp. 29.292, http://caracas.tsj.gov.ve/decisiones/2006/septiembre/2118-18-29.292-.html, «Se observa en la reforma del libelo de demanda (…) que la parte actora señaló "ocurro ciudadano juez, ante su competente autoridad para demandar como en efecto lo hacemos, por partición de herencia a los demás legítimos herederos ciudadanos: (…)" sin incluir a la Sociedad Benéfica de Protección Social (Religiosas Adoratrices), quien forma parte integrante de la comunidad sucesoral testamentaria, cuya partición aquí se ventila. Aquella exclusión la hace la actora en la reforma de la demanda porque en su sentir, la mencionada sociedad sería incapaz de recibir por testamento, por disposición del artículo 841.1 del Código Civil, afirmando que ella daría cumplimiento a dicho legado una vez culminado el litigio, "sin que dicha institución, pueda ser parte del proceso". Sin embargo, leídos con detenimiento los estatutos sociales de la referida sociedad, visibles a folios 470 al 482, pieza I, el Tribunal puede constatar que ésta resulta ser una persona de existencia ideal constituida bajo la forma de una sociedad civil, y que si bien entre sus objetivos tiene, entre otros fines, el religioso, no por ello resulta ser una iglesia y mucho menos un instituto de manos muertas. Hay más, el artículo 1 de los mencionados estatutos sociales da al traste con la noción de manos muertas del ente que ocupa al Tribunal, ya que ahí expresamente los socios han convenido en que entre los fines de la sociedad, está el religioso y el de beneficencia, y añaden que la misma puede comprar, vender, hipotecar, permutar, arrendar y adquirir en cualquier forma, bienes, muebles e inmuebles y en general hacer con sus bienes y recursos monetarios, todos los negocios y operaciones que las leyes permitan. Siendo así, resulta incierta la afirmación de la demandante de que la referida Sociedad de Protección Benéfica y Social no puede ser parte de este juicio y que la misma sea incapaz de recibir por testamento».

Se indica en torno de las personas incorporales que en razón de que respecto de ellas no se plantea la situación del «concebido», se requiere para que sean capaces de recibir por testamento, que en el momento de la apertura del testamento tengan existencia legal[158]. «Si esa existencia no la han adquirido, no poseen aquella facultad de recepción»[159]. Cabe recordar que existe un caso especial de persona jurídica aún no constituida que será tal en virtud de disposición testamentaria y subsiguiente protocolización, a saber, las fundaciones constituidas por testamento, a tenor del artículo 19.3 del Código Civil[160]. Ciertamente, tal mecanismo encuentra sentido a fin de atribuirle a dicho ente una asignación testamentaria con un fin benéfico, altruista o de interés social[161]. Señala López Herrera, adicionalmente, que mediante testamento puede instituirse a título universal o particular a favor de personas natural y personas jurídicas, pero, en su criterio, también podrían ser válidas disposiciones a favor de entes carentes de personalidad al momento de su muerte, siempre que así, como ocurre con la fundación, el causante prevea la obligación de organizar y constituir dicho ente[162]. Esparza señala que, si bien la situación de la fundación no es extensible a otras asociaciones civiles de Derecho privado que harían ineficaz la institución testamentaria, no acontece así respecto de sociedades mercantiles[163], en cuyo caso se discute su subjetividad jurídica[164].

---

[158] Farrera, ob. cit., p. 93.
[159] Ibíd., p. 94, agrega que si la creación de la persona incorporal se ha producido a la muerte del testador, la transmisión puede desde luego realizarse; pero si ello no ha sucedido, la disposición testamentaria queda sin efecto.
[160] Véase al respecto: López Herrera, Derecho…, t. i, p. 37, en especial nota al pie número 16.
[161] Véase: Alcalá-Zamora y Torres, ob. cit., p. 37, comenta el autor que la frecuencia de que las fundaciones se inauguren o desenvuelvan después de muerto el fundador, confirma esa ligazón indestructible del egoísmo, aún en las más altruistas. Esa creencia y ese reflejo de inmortalidad han sido, a no dudar, el filón último en donde se han formado el manantial de las fundaciones.
[162] Véase al respecto: López Herrera, Derecho…, t. i, pp. 158 y 159. También: ibíd., p. 37.
[163] Esparza Bracho, Aceptación…, pp. 127 y 128, se pronuncia sobre la necesidad de protocolización de personas civiles, salvo el caso de la fundación constituida por testamento. Pero señala que la situación reconocida respecto de las sociedades mercantiles

Sin embargo, dado el carácter taxativo de la personalidad incorporal, la cual es una creación del legislador, no parece extensible analógicamente una norma excepcional como la relativa a la fundación a entes incorporales de distinta naturaleza. De allí que autores como Sojo Bianco, comenten acertadamente al respecto que el citado caso de la fundaciones constituye «una excepción a la incapacidad que hiere a las asociaciones»[165], pues en sana lógica tal excepción no es extensible a otras personas como las tipo asociativo en general. En similar sentido, Torres-Rivero incluye dentro de la denominada –por algunos– incapacidad por «inexistencia»[166] la persona o ente jurídico no constituido, pues en tal caso es inexistente para el Derecho, incapacidad propia o típica de la sucesión testamentaria[167]. Pues, como bien afirma la doctrina española, las asociaciones no constituidas, más que defecto de capacidad, presentan defecto de existencia, pues «no es que sean incapaces: es que no son personas»[168]. Es obvio que quien no existe no puede figurar como persona o sujeto de una situación o relación jurídica, entre ellas las sucesorias. Lo cual es extensible a los entes incorporales, que existen formalmente ante el Derecho cuando cumplen los respectivos

---

es diferente, pues se ha aceptado su existencia antes de la publicidad registral, pero debidamente constituida según el Código de Comercio; Esparza Bracho, *Derecho...*, p. 28, señala que la extinta CSJ en sent. del 05-05-66, aceptó la posibilidad de la sociedad irregular producto de la simple manifestación de voluntad de los socios.

[164] Véase reseñando autores que la admiten: TSJ/SCS, sent. N.º 21, del 15-02-01. En sentido contrario: Juzgado Superior en lo Civil, Mercantil, Tránsito y de Protección del Niño y del Adolescente de la Circunscripción Judicial del estado Anzoátegui, sent. del 21-12-05, exp. BP02-R-2004-001774, http://anzoategui.tsj.gov.ve/decisiones/2005/diciembre/1038-21-BP02-R-2004-001774-807.html, «por cuanto no tiene organicidad jurídica que es propia de las sociedades y entes mercantiles de carácter colectivo, que una vez constituidas, en uso de la forma que prescribe la ley, tienen que ser registradas para poder adquirir vida negociable plena, a través de sus legítimos representantes».

[165] Sojo Bianco, ob. cit., p. 311.

[166] Expresión que si bien no compartimos (véase *supra* v.5.1), aunque sí la conclusión del autor.

[167] Torres-Rivero, *Teoría...*, t. i, pp. 218-220.

[168] Véase: Lacruz Berdejo *et al.*, ob. cit., p. 55.

requisitos legales, a diferencia del ser humano que existe como persona con el simple nacimiento con vida.

3. Vicios del consentimiento[169]

Vale recordar que el contrato puede ser anulado por: 1. Incapacidad de obrar. 2. Vicios del consentimiento (artículo 1142 del Código Civil). Pero las normas relativas a los contratos han sido extendidas a los negocios jurídicos en general. Así pues, el testamento, como acto jurídico unilateral, precisa de capacidad de obrar y no estar afectado por «vicios del consentimiento», aunque presente normas especiales al efecto. A la primera ya nos referimos[170], y en cuanto a los últimos cabe a hacer una remisión general a la teoría general de los mismos (artículos 1146 al 1154 del Código Civil), los cuales se configuran por error, dolo y violencia[171].

«Conforme a las previsiones del Código Civil, en el capítulo referido a los vicios en el consentimiento, se señala que aquel consentimiento que haya sido dado a consecuencia de un error excusable, o arrancado por violencia o sorprendido por dolo, puede pedir la nulidad del contrato». Lo cual es aplicable, igualmente, a un acto que en principio resulta volitivo y unilateral[172].

---

[169] Véase: López Herrera, *Derecho...*, t. i, pp. 178-183; Sojo Bianco, ob. cit., pp. 307 y 308; Vizcarrondo P., ob. cit., pp. 24-26; Piña Valles, ob. cit., pp. 188-190; Farrera, ob. cit., pp. 91 y 92; Kipp *et al.*, ob. cit., pp. 256-286.

[170] Véase *supra* vi.2.1.

[171] Véase: Urdaneta Fontiveros, Enrique: «El régimen de los vicios del consentimiento en la reforma del Código Civil francés de 2016». En: *Revista Venezolana de Legislación y Jurisprudencia* N.º 8 (Edición homenaje a juristas españoles en Venezuela). Caracas, 2017, pp. 355 y ss.; Urdaneta Fontiveros, Enrique: *El error el dolo y la violencia en la formación de los contratos*. Caracas, Acienpol, reimp., 2010; Domínguez Guillén, *Curso de Derecho Civil iii Obligaciones...*, pp. 494 y ss.

[172] Juzgado Superior Sexto de lo Contencioso Administrativo de la Región Capital, sent. del 09-06-08, exp. 07-2114, http://cfr.tsj.gov.ve/decisiones/2008/junio/2111-9-07-2114-.html.

«El testamento, por ser un acto de manifestación de voluntad, en cuanto a sus requisitos de existencia y validez se rige por las reglas comunes a los demás negocios jurídicos. No obstante, dada su índole de negocio jurídico personalísimo y su carácter formal y solemne, ese acto jurídico está sometido a ciertas reglas especiales que establecen un conjunto de formalidades *ad substantiam*, esenciales para su validez, que deben necesariamente cumplirse, de acuerdo con lo previsto expresamente por la ley. Entre estas exigencias se encuentran la plena capacidad del testador para efectuar el acto y que su voluntad sea consciente y libre. En consecuencia, sería anulable el testamento otorgado por aquel que no reúna los requisitos de capacidad exigidos por la ley o que sea inducido a testar bajo engaño o sometido a violencia»[173].

Se afirma que la capacidad del testador es la plataforma desde la que se proyecta la voluntad que el testamento recoge. Pero para que esa voluntad sea jurídicamente atendible hace falta que se haya formado correctamente y que no sea producto en todo o en parte de engaño, violencia, intimidación o error. Siendo el testamento una declaración de voluntad esta ha de formarse libremente[174]. La voluntad del disponente deber ser libre, espontánea y clara, ajena de error esencial, solo o violencia, so pena de ser anulable[175].

La incidencia de un error en las disposiciones testamentarias[176] constituye un vicio o defecto de la declaración de voluntad que provoca una discordia entre la voluntad y la declaración que afecta la validez del acto[177].

---

[173] Juzgado Superior Segundo en lo Civil, Mercantil, del Tránsito y de Menores de la Circunscripción Judicial del estado Mérida, sent. del 03-10-06, citada *supra*.
[174] Roca Ferrer *et al.*, ob. cit., p. 69.
[175] Rojas, ob. cit., p. 458.
[176] Véase sobre el error: Espiau Espiau, Santiago: *El error en las disposiciones testamentarias. La regulación del «Codi de successions per causa de mort en el Dret Civil de Catalunya»*. Madrid, Tecnos, 1994; Gómez Calle, María Esther: *El error del testador y el cambio sobrevenido de las circunstancias existentes al otorgamiento del testamento*. Madrid, Civitas, 2007.
[177] Espiau Espiau, ob. cit., p. 118.

La voluntad del testador no ha de contener un error sustancial. Se indica que el error que ha de ser sustancial se rige por las normas especiales del testamento y subsidiariamente por las relativas al contrato en general[178], pues en cuanto al error de la persona y la cosa, el Código sustantivo contiene previsiones especiales[179]. El Código Civil considera la posibilidad de la causa errónea en el artículo 896: «Las disposiciones a título universal o particular, motivadas por una causa que se reconociere como errónea, no tendrán ningún efecto cuando aquella causa sea la única que haya determinado la voluntad del testador». De tal suerte, que para que la causa sea susceptible de acarrear la nulidad de la disposición testamentaria se precisa que aquella haya sido la única circunstancia que propició la voluntad del causante, por lo que habría que precisar si fue determinante o es accidental[180]. Se alude así a un «motivo determinante» el que provocó la declaración de voluntad afectada por error; el error es determinante por serlo el motivo al que afecta[181]. De allí que indique la doctrina que no puede tratarse la causa en las disposiciones testamentarias con la misma óptica que en los contratos en general[182], lo cual en efecto no parece procedente, dada la existencia de una norma especial en la materia.

La doctrina hace varias consideraciones sobre el error en las disposiciones testamentarias, pues, si bien la citada norma del artículo 896 alude a

---

[178] Véase: Lacruz Berdejo *et al.*, ob. cit., p. 207, el error habrá de ser sustancial, y puede recaer sobre cualquier de los elementos de la disposición, rigiéndose en cada caso por las normas del Código Civil relativas a él y subsidiariamente por los principios del Código Civil en materia de contratos.

[179] Farrera, ob. cit., p. 91.

[180] Véase: Dominici, ob. cit., p. 139, no será así cuando la que parece causa de la disposición es razón incidental. Ejemplo: lego mi biblioteca a mi sobrino que estudia Derecho en Caracas –poco importa que tales circunstancias no sean ciertas–. Véase: Farrera, ob. cit., p. 193, citando a Dominici refiere que contrariamente, si la causa es errónea las disposiciones quedan sin efecto, por ejemplo, lego mi casa a Pedro que salvo a mi hijo del naufragio, si tal hecho no es cierto la disposición queda sin efecto; Ramírez, ob. cit., pp. 241-243.

[181] Espiau Espiau, ob. cit., p. 115.

[182] Véase: Sojo Bianco, ob. cit., pp. 330 y 331, cita en tal sentido a Sanojo y a Dominici.

causa, en materia testamentaria, la misma lo es la voluntad del causante, quien no está obligado a motivar o explicar la razón de la disposición. En todo caso, el error en los motivos –ejemplo agradecimiento, cuando en realidad la conducta fue reprochable– precisa la difícil prueba de que este constituyó lo único que determinó la voluntad del testador[183]. Esto es, que fue determinante en la voluntad del causante[184].

RIPERT y BOULANGER señalan que son raros los casos de error, salvo supuestos de anulación porque se legó creyendo que se carecía de herederos[185]. Se aclara que el error sobre el objeto o sobre las cualidades esenciales del mismo carece de relevancia –de conformidad con el artículo 1148 del Código Civil relativo al contrato– porque ello pertenece al fuero interno del testador y es de difícil prueba[186]. Se acota que posiblemente el error más factible es el relativo a la identidad o cualidades de la persona (artículo 1148), en que se instituye a una persona cuando se deseaba otra[187] o se equivoca en cuanto a las cualidades del sujeto[188]. En todo caso, se acota respecto del vicio del error en el negocio testamentario serian particularmente útiles las reglas de interpretación testamentaria[189]. Se aprecian disposiciones asociadas a tal aspecto, según veremos (artículos 898 y 901 del Código Civil)[190], así como normas especiales en materia de legado[191].

---

[183] Véase: LÓPEZ HERRERA, *Derecho...*, t. I, p. 180.
[184] Véase: RIPERT y BOULANGER, ob. cit., p. 337; VIZCARRONDO P., ob. cit., p. 24; RAMÍREZ, ob. cit., p. 243, si la causa es «final» como decían los romanos porque ella por sí sola ha determinado la institución y sin ella el testador habría adoptado otra disposición.
[185] RIPERT y BOULANGER, ob. cit., p. 337.
[186] Véase: LÓPEZ HERRERA, *Derecho...*, t. I, p. 180.
[187] PIÑA VALLES, ob. cit., p. 188.
[188] Véase: VIZCARRONDO P., ob. cit., p. 24, coloca el ejemplo de que el testador instituye a alguien en la falsa creencia de que es un brillante abogado cuando no es abogado.
[189] ESPIAU ESPIAU, ob. cit., pp. 121 y 122. Véase ibíd., pp. 122-128, relativo a «la eficacia positiva del error: «la denominada interpretación complementaria», el autor señala que el legislador catalán se ha limitado a privar de efectos la disposición viciada pero no se ha preocupado de atribuirlos a un voluntad no exteriorizada (ibíd., pp. 125 y 126).
[190] Véase *infra* VI.4.
[191] Véase *infra* VIII.

El dolo, como sinónimo de maquinaciones fraudulentas orientadas en la realización del testamento como negocio jurídico, podría viciar la voluntad de testar y, como es lógico, debe ser debidamente probado[192]. Farrera, citando una antigua decisión judicial, indica que el dolo es «todo lo que obra sobre la inteligencia del testador y falsea sus conceptos, corrompe su juicio, insinuándole ideas y haciéndole adoptar resoluciones que por sí mismo estaría muy lejos de adoptar; todo lo que con malas artes o con maniobras reprobables se encamine a ganarse la voluntad ajena, a fin de conseguir liberalidades que de otro modo no se obtendría, constituye la esencia de la sugestión y captación dolosa, causa de nulidad de testamentos…»[193]. Se agrega que no basta probar las artes fraudulentas empleadas, sino que la disposición testamentaria fue consecuencia de las mismas; de tal modo que entre estas y la disposición tuvo lugar una relación de causa a efecto[194].

La doctrina reseña que el engaño sobre el testador vicia el acto aunque no sea conocido por el beneficiario. Hace ineficaz la disposición testamentaria cuando es determinante, grave e injusto[195]. Se acota que los cuidados y atenciones ofrecidos al testador, así como las demostraciones de afecto no constituyen dolo a diferencia de otras conductas que sí podrían configurarlo, como sería el alejamiento del testador de su familia, el incentivo en el descrédito de esta y la inducción a disponer a favor de quien se trate[196]. De allí que las disposiciones realizadas por el testador en agradecimiento

---

[192] Sojo Bianco, ob. cit., p. 308. Véase también: Juzgado Superior Segundo en lo Civil, Mercantil, del Tránsito y de Menores de la Circunscripción Judicial del estado Mérida, sent. del 03-10-06, citada *supra*; Piña Valles, ob. cit., p. 190, supone maniobras engañosas para que el testador designe beneficiarios distintos a los que hubiese preferido; Vizcarrondo P., ob. cit., p. 25, se induce al testador a disponer de su acervo hereditario de una manera que no lo habría hecho de no mediar engaño o maniobra.
[193] Farrera, ob. cit., p. 91.
[194] Ibíd., p. 92. En el mismo sentido: Sojo Bianco, ob. cit., p. 308.
[195] Véase: López Herrera, *Derecho…*, t. i, p. 182.
[196] Ibíd., p. 183.

a determinada conducta del instituido son ajenas a la idea de dolo y quedan en el estricto ámbito de la autonomía de la voluntad del causante. Para algunos, es posiblemente el vicio del consentimiento más frecuente en los testamentos[197].

Finalmente, la violencia, si es de tal naturaleza que afectó sustancialmente la voluntad de testar, cuando obligue al testador a emitir un disposición que no habría dictado de no mediar la misma, constituye igualmente un vicio del consentimiento sujeto a afectar la validez del acto de última voluntad. Rige la misma idea general relativa a que la violencia o coacción podría recaer sobre el propio testador o un familiar o allegado, y que la misma pudiera ser física o moral[198]. Por aplicación de los artículos 1151 al 1153 del Código Civil se indica que debe ser capaz de impresionar a una persona sensata y que no basta el simple temor reverencial.

Sin embargo, se acota que no es común la violencia como vicio de la voluntad testamentaria porque no es suficiente ejercerla en momento del otorgamiento del acto testamentario, sino que habría que mantenerla hasta la muerte, a fin de impedir la posibilidad de revocación[199].

4. Principios[200]

La doctrina[201] alude a algunos principios que orientan las instituciones o disposiciones testamentarias, a saber:

---

[197] Vizcarrondo P., ob. cit., pp. 25 y 26.
[198] Véase: Sojo Bianco, ob. cit., p. 308. En el mismo sentido: Juzgado Superior Segundo en lo Civil, Mercantil, del Tránsito y de Menores de la Circunscripción Judicial del estado Mérida, sent. del 03-10-06, citada *supra*.
[199] Véase: López Herrera, *Derecho...*, t. I, p. 181; Vizcarrondo P., ob. cit., p. 25. Piña Valles, ob. cit., pp. 188 y 189, sin embargo, el autor señala que de los tres vicios del consentimiento este constituye el más frecuente en la deliberación del acto testamentario.
[200] Véase: López Herrera, *Derecho...*, t. I, pp. 279-292.
[201] Ídem.

a. Ausencia de sacramentalismos[202]: En el sentido al que no se precisan fórmulas formales o sacramentales para la validez de la manifestación de voluntad del causante. Por ejemplo, en lo atinente a las designaciones correspondientes, sino atender a la naturaleza o esencia del instituto en cuestión. Al efecto, se afirma que poco importa la palabra que utilizó el testador para instituir un legado o una herencia, lo importante será precisar si se trata de una institución singular o universal[203]. Lo cual se desprende de la parte final del artículo 895 del Código Civil: «Las disposiciones testamentarias pueden hacerse a título de institución de heredero, o de legado, o bajo cualquiera otra denominación propia para manifestar la voluntad del testador».

b. Certeza del instituido[204]: La persona del favorecido debe ser cierta, ya sea heredero o legatario[205]. Al efecto, se prevén normas especiales en materia testamentaria que vienen dadas por los artículos 898 y 901 del Código Civil[206]. Si la persona es determinable (artículos 898.1 y 901), la designación es válida, pues se admite que la omisión del nombre no genera necesariamente

---

[202] Véase: ibíd., p. 280.
[203] Véase *supra* I.4.2.
[204] Véase: ibíd., pp. 281-289. Véase sobre la certeza del instituido; Polacco, ob. cit., t. I, pp. 336 y ss.; Ramírez, ob. cit., pp. 244-247.
[205] De Ruggiero, ob. cit., p. 482.
[206] «Artículo 898.- Es nula toda disposición: 1. Que instituya heredero o legatario a una persona incierta, hasta el punto de no podérsela determinar. 2. Que se haga a favor de una persona incierta, cuya designación se encomiende a un tercero; pero será válida la disposición a título particular en favor de una persona a quien haya de elegir un tercero entre varias determinadas por el testador, o pertenecientes a familias o a cuerpos morales designados por él. 3. Que deje al heredero o a un tercero libre facultad de determinar el objeto de un legado. Se exceptúan los legados que se ordenen a título de remuneración por servicios prestados al testador en su última enfermedad»; «artículo 901.- Si la persona del heredero o del legatario se ha designado con inexactitud, la disposición tiene efecto cuando el contexto del testamento u otros documentos o hechos claros, demuestren cuál es la persona que el testador ha querido indicar. Lo mismo sucederá cuando la cosa se ha indicado o descrito inexactamente, si se reconoce de una manera cierta de qué cosa ha querido disponer el testador».

indeterminación, si no hay duda sobre quién es el instituido[207]. Se requiere claridad respecto a la institución de heredero o legatario, esto es, la precisión del instituido, aunque el legislador no ha sido severo siempre que el sujeto designado sea determinable[208]. Por ejemplo, la determinación es posible si se indica «dejo o lego al primero de mis nietos que se gradúe o se case x inmueble». En la doctrina española se discute si la expresión genérica del testador «a quien me cuide» constituye un ejemplo de indeterminación, lo cual dependerá de la posibilidad efectiva de precisar el instituido[209]. Ahora

---

[207] Ferrandio Bundio, ob. cit., p. 30.
[208] Véase: López Herrera, *Derecho...*, t. i, pp. 281 y 282.
[209] Véase: Domínguez Mena, Antonio: «Institución de heredero a favor de persona incierta». En: *El Notario del siglo XXI*, N.º 4. Madrid, Colegio Notarial de Madrid, 2005, http://www.elnotario.com, «¿Es factible la institución genérica de heredero a favor de quien cuide o procure cuidados al testador en los últimos momentos? De lo anteriormente expuesto hemos comprobado que la nulidad de la institución a favor de persona incierta solo se predica respecto de esa disposición, y que se evita la nulidad si por algún "evento" puede resultar cierta la persona. El evento podría llegar a considerarse como un suceso futuro e incierto y, recordemos, los artículos. 790 y ss. del Código Civil permiten las disposiciones bajo condición, aunque cabría discutir si realmente estamos ante una institución bajo condición, aunque ahora no entraremos en esta cuestión. El "evento" puede consistir en alguna circunstancia identificativa de cualquier índole, por ejemplo, de tipo personal, familiar, profesional o circunstancial; lo importante es, por un lado, que sean conocidas del testador y, por otro, que permitan identificar al designado, porque le caractericen o se acrediten –STS del 19-01-1899–. También puede consistir el "evento" en un suceso que haya de ocurrir posteriormente al testamento y que, de verificarse, aparezca con total claridad cuál sea la persona del favorecido, sea o no conocida del testador –STS del 31-01-1899–. Por tanto, comprobamos que nuestra jurisprudencia refrenda que la designación puede completarse también "por circunstancias", es decir, por nuestro 'evento'. Definitivamente, no son personas inciertas las que por algún evento pueden ser conocidas, puesto que tales personas no son indeterminadas ni inciertas, sino susceptibles de ser identificadas con certeza y, por tanto, determinables. En nuestro caso, lo más normal es que siempre haya alguien que haya estado cuidando o haya procurado cuidados al testador al momento de su fallecimiento, ya sea persona física o jurídica –recordemos la existencia de un creciente número de centros geriátricos y de acogida de personas mayores, en sus diferentes versiones, tanto desde el punto de vista de la iniciativa privada como de la pública–. Y esas

bien, según veremos[210], en cuanto a la posibilidad de que el testador disponga que el instituido sea decidido por un tercero (artículo 898.2) lo prohíbe en términos generales, no obstante admitirlo respecto del legatario si la escogencia del tercero tiene lugar entre varios sujetos designados por el testador[211].

La ley prohíbe las instituciones genéricas, ya sean universales o particulares a favor del alma[212], así como de los pobres o semejantes, que se entenderán hechas a favor de Nación, según se deriva de los artículos 899 y 900 del Código Civil. Así prevé el artículo 899: «La disposición universal o parcial que haga de sus bienes el testador en favor de su alma, sin determinar la aplicación o simplemente para misas, sufragios usos u obras pías, se entenderá hecha en favor del patrimonio de la Nación. Esto no obsta para que el testador pueda disponer que sus herederos o albaceas lleven a efecto sufragios determinados, con tal que la suma de tales mandas no exceda del dos por ciento líquido de su herencia».

---

personas son perfectamente conocidas del testador, por su proximidad o trato cotidiano. Y también es normal que el testador desee premiarles y no son pocos los casos que nos han planteado esta cuestión a los notarios (…) Finalmente, por si existieran dudas sobre la cuestión, hay que destacar que la sentencia del Tribunal Supremo de 21 de diciembre de 1920 admitió un supuesto de institución de heredero hecha a favor de persona que cuidase al testador en su última enfermedad y se hiciese cargo de su perra, ya que "claramente se expresan las circunstancias que habían de concurrir en el instituido, que le individualizan en la mente del testador y excluyen toda incertidumbre respecto al mismo, en cuanto por ellas podía venirse en conocimiento de cual fuere el favorecido por la institución"; y en un sentido similar, la de 2 de julio de 1977». Véase del mismo autor: «La voluntad del testador (el testamento de los "los aristogatos")». En: *El Notario del siglo XXI*, N.º 9. Madrid, Colegio Notarial de Madrid, 2006, http://www.elnotario.com, explica cómo se podría canalizar la preocupación del testador de instituir una persona con miras al cuidado de sus mascotas «Para ello, una solución recomendable es disponer testamentariamente la entrega inmediata de los animales a asociaciones o fundaciones destinadas a su protección, instituyendo herederas a esas personas jurídicas».

[210] Véase *infra* VIII.2.
[211] Véase: *infra* VIII.2; López Herrera, *Derecho…*, t. I, pp. 282-284.
[212] Esto es a los efectos de la salvación del alma o espíritu del causante.

Norma que, a decir de Farrera, permite al testador formular disposiciones sobre sufragios determinados siempre que no excedan del 2 % líquido de su herencia[213], por ejemplo, dar satisfacción a sus piadosos sentimientos con mandas a un número de misas, socorros entre pobres de la ciudad, erección de un monumento sobre su tumba u otro semejante[214]. El autor cita una sentencia del Casación del 26 de julio de 1905 que consideró la validez de una disposición testamentaria por el cual se destina el valor de las tres cuartas partes de los bienes a levantar un monumento de mármol en el cementerio de Valera, señalando que la intención del legislador ha sido dar un empleo cónsono con la voluntad del testador a las disposiciones vagas e indeterminadas por lo que cuando se señala el uso o la obra pía o determina el fin de la disposición testamentaria no existe vaguedad ni incertidumbre[215]. La norma no invalida totalmente la disposición testamentaria –lo cual sería lo lógico[216]–, sino que le cambia su destino, que en lugar de atender a la razón indicada por el testador, lo será el patrimonio nacional a través de la Nación, persona jurídica cierta y reconocida al menos para determinados fines[217].

La participación del bien del alma en la sucesión, según se reseña, data de las tendencias cristianas de comienzo del siglo v[218]. En el Derecho de Sucesiones medieval leonés-castellano es que puede encontrarse la distribución de una cierta parte del caudal relictio, unas veces siguiendo una disposición expresa del causante y otras aun sin que este lo haya dispuesto así, a servir una finalidad de tipo religioso en beneficio del alma del difunto,

---

[213] Farrera, ob. cit., p. 199.
[214] Ibíd., pp. 199 y 200.
[215] Ibíd., p. 200, cita *Memoria de la Corte Federal y de Casación*, t. i, 1907, p. 288.
[216] Véase: Polacco, ob. cit., t. i, p. 371, refiere que el Código Civil italiano comentado por el autor prevé que las disposiciones a favor del alma expresadas genéricamente son nulas.
[217] Farrera, ob. cit., p. 201.
[218] Maldonado y Fernández del Torco, José: *Herencias a favor del alma en el Derecho español*. Madrid, Editorial Revista de Derecho Privado, 1944, p. 24.

que se suele expresar con la fórmula de sucesión o cuota *pro anima*[219]. Generalmente, son escasas las aportaciones de la ciencia histórico-jurídica en tal sentido[220], pero su origen es de tipo religioso[221]. Modernamente, los códigos civiles recogen tales disposiciones siempre que recaigan sobre una suma de bienes determinada o determinable y que constituyan una carga de los sucesores[222]. Y aunque la Iglesia se la encargada de velar por el bien de las almas no puede verse en esta la heredera de las asignaciones *pro anima*[223].

Por otra parte, el artículo 900 dispone: «Las disposiciones en favor de los pobres u otras semejantes, expresadas en general, sin que se determine la aplicación o establecimiento público en cuyo favor se han hecho, o cuando la persona encargada por el testador de determinarlo no puede o no quiere aceptar este cargo, se entenderán hechas en favor del patrimonio de la Nación».

Es incuestionable, a decir de Farrera, que en tal caso nos hallamos en presencia de una persona incierta, completamente indeterminable, favorecida con una liberalidad[224]. Se observa, acertadamente, que la presunción de que dichas disposiciones fueron realizadas a favor de la Nación y que coloca a esta como una suerte de sucesor *sui generis*[225], no luce acorde con el espíritu de la voluntad del testador[226], por lo que lo lógico hubiese sido considerar nulas tales disposiciones[227]. La citada norma requiere un mínimo de determinación, a pesar de no hacerlo en los mejores términos

---

[219] Ibíd., p. 26.
[220] Ibíd., p. 36.
[221] Ibíd., p. 97.
[222] Ibíd., pp. 217 y 218.
[223] Ibíd., p. 221.
[224] Farrera, ob. cit., p. 201.
[225] Torres-Rivero, *Teoría*…, t. ii, p. 153.
[226] Rodríguez, ob. cit., p. 144.
[227] Véase: López Herrera, *Derecho*…, t. i, p. 285. Véase: Farrera, ob. cit., p. 201, la disposición debiera ser nula, pero el legislador no ha querido llevara a ese extremo su rigor, y solo ha fijado el destino de la disposición ordenando que ella se entenderá hecha a favor del patrimonio de la Nación; Ramírez, ob. cit., p. 247, la disposición no es nula sino que se entiende hecha a favor de la Nación.

—«sin que se determine la aplicación o establecimiento público en cuyo favor se han hecho»— so pena de considerar la liberalidad en beneficio de la Nación. Pero la solución legislativa se presenta inconsecuente con la voluntad del testador, por lo que, efectivamente, lo propio hubiese sido considerarla nula, de tal suerte que los bienes afectados se encausaran a los herederos *ab intestato* del testador, y que la Nación solo encontrara cabida a falta de todos estos[228].

Aclara DOMINICI que tales normas, como es natural, solo aplican íntegramente si el testador no tiene herederos forzosos, en cuyo caso debe respetarse la legítima; si no son tales sí se aplican porque la voluntad del testador fue privarlos de la herencia[229]. Se aprecia una antigua decisión judicial de 1935 que interpretó que la referencia a «pobres vergonzantes» no era genérica, pues son aquellos que sienten vergüenza de pedir y se complementaba con lista dada al albacea[230]; criterio que, a juicio de LÓPEZ HERRERA, es «absolutamente inaceptable»[231]. FARRERA, por su parte, en forma acertada, señala que en tal caso la verdadera determinación requerida por la ley se halla no en la calificación de «vergonzantes» dada a los pobres, sino en la «lista» de tales pobres con sus nombres y apellidos,

---

[228] Véase *supra* v.4 y 8.
[229] Véase: DOMINICI, ob. cit., pp. 144 y 145.
[230] Véase: CFyC/SCC, sent. del 28-01-35, citada en PERERA PLANAS, ob. cit., p. 505, la calificación de vergonzantes coloca a los referidos pobres fuera del concepto general, constituyendo una determinada clases, aquellos que experimentan vergüenza en implorar la caridad pública. El testador determinó en la cláusula octava la clase de pobres que quería favorecer, a saber, los pobres vergonzantes cuyos nombres y apellidos dio en lista separada al albacea, no se trata pues de un legado hecho a los pobres en general. Véase también: FARRERA, ob. cit., p. 202, que cita que dicha decisión fue publicada en *Gaceta Oficial de la República de Venezuela* N.º 18 593, del 09-03-35.
[231] Véase: LÓPEZ HERRERA, *Derecho…*, t. I, pp. 281 y 282, nota 3, indica que equivale a admitir instituciones fiduciarias contrariando la regla del artículo 897 del Código Civil ya que jamás podrá existir seguridad objetiva respecto a que la lista del albacea sea elaborada por el causante; contraria la prohibición del artículo 898.2 de encomendar a un tercero la designación de heredero o legatario y finalmente porque contraria el carácter esencialmente formal que tiene el testamento en nuestro sistema legal.

entregada por el testador a su albacea, pues, ciertamente, la expresión «pobres vergonzantes» por sí sola habría dejado indeterminado e impreciso el legado en referencia[232]. Debe recordarse que el citado artículo 901 del Código Civil permite deducir la determinación del instituido del «contexto del testamento u otros documentos», por lo que resulta, dentro del marco de la ley, el supuesto de la lista entregada a la albacea, amén de que la grave consecuencia que consagra la norma ha de tener lugar solo en caso de efectiva indeterminación[233]. Una solución ciertamente más justa y cónsona con la voluntad del testador, consagrada en otros ordenamiento viene dada porque las disposiciones genéricas a favor de los pobres o semejantes, se entiendan hechas a favor de los pobres del lugar del domicilio del testador al tiempo de su muerte y son deferidas al instituto local de caridad[234].

El artículo 897 del Código Civil[235] prohíbe atacar designaciones testamentarias bajo el alegato de ser solo aparentes, a excepción de que se trate de incapaces a través de personas interpuestas[236]. Se indica que el legislador ha considerado peligrosa tal averiguación, queriendo impedir interpretaciones arbitrarias prohibiéndolas todas[237]. La norma pretende, a decir de la doctrina, quitarle todo valor legal al fideicomiso tácito o secreto, suprimiendo así interpretaciones violentas y arbitrarias[238].

---

[232] Farrera, ob. cit., p. 202.
[233] A tono con el principio de la *benigna interpretatio* (véase *infra* vii.1).
[234] Véase respecto del Derecho italiano: Polacco, ob. cit., t. i, p. 367; Messineo, ob. cit., p. 118; de Ruggiero, ob. cit., pp. 483 y 484.
[235] «Artículo 897.- No se admitirá ninguna prueba para demostrar que las disposiciones hechas en favor de una persona designada en el testamento son solo aparentes, y que en realidad se refieren a otra persona, no obstante cualquiera expresión del testamento que lo indique o pueda hacerlo presumir. Esto no se aplica al caso en que la institución o el legado se ataquen como hechos en favor de incapaces por medio de persona interpuesta».
[236] Véase: López Herrera, *Derecho…*, t. i, pp. 287-289.
[237] Dominici, ob. cit., p. 140.
[238] Farrera, ob. cit., p. 194, aclara el autor que el fideicomiso tácito, es la disposición hecha aparentemente a favor del heredero o legatario designado en el testamento y realmente a favor de un tercero a quien el aparentemente instituido debía entregar

c. Objeto determinado: El objeto de la institución también debe ser precisado o determinado, so pena de nulidad de la respectiva disposición testamentaria[239]. Sin embargo, el citado artículo 901 del Código Civil también prevé la validez de la disposición testamentaria en caso de inexactitud en la indicación de la cosa, siempre que la misma sea determinable, porque ello se derive del «contexto del testamento u otros documentos o hechos claros», aunque lo recomendable, obviamente, es hacer la designación en forma clara y precisa[240]. El artículo 898.3 del Código, según veremos, se refiere a la prohibición de determinar el objeto del legado a cargo del heredero o de un tercero, salvo el caso de legados a título remuneratorio por servicios prestados[241]. Se indica con ocasión a la disposición del patrimonio, que el causante puede por vía testamentaria disponer de este designando uno o varios herederos o legatarios. Puede asignarle diferentes cuotas a cada uno de los herederos y puede instituir varios legatarios con relación a un bien o bienes. De no especificarse cuota o partes se entenderán instituidos por cuotas o partes iguales, por aplicación del artículo 760 *eiusdem*[242]. Los artículos 902 y ss. contienen previsiones relativas a la cosa o bien objeto del legado, que se tratan en dicho tema[243].

d. Autonomía de la voluntad: El testador es libre de disponer de sus bienes dentro de las limitaciones de orden público que impone la ley, tales como el respeto a la legítima o el cumplimiento de las solemnidades de ley. Así pues, bien puede afirmarse que en esta materia como en otras tantas asociadas al Derecho de la Persona y de Familia, la voluntad entra en juego en

---

la herencia o el legado, fue en tiempos anteriores en determinados países particularmente en Italia, donde dio lugar a serios litigios, por lo que surgió la conveniencia de suprimirlo por medio de una disposición legal expresa.

[239] Véase: López Herrera, *Derecho...*, t. I, p. 292.

[240] Véase: ibíd., pp. 290-292; Ramírez, ob. cit., p. 247, no habiendo incertidumbre absoluta, la disposición testamentaria no puede caer bajo nulidad; pudiéndose determinar la persona del instituido eso basta para descifrar la voluntad del testador.

[241] Véase *infra* VIII.3.

[242] López Herrera, *Derecho...*, t. I, pp. 139 y 140.

[243] Véase *infra* VIII.4.

la medida en que la propia ley lo permite[244]. El testador es completamente libre de establecer sus disposiciones sin indicación o explicación alguna de los motivos que la originan.

f. Cumplimiento de las condiciones de procedencia: A lo anterior, cierto sector de la doctrina agrega como condiciones de procedencia o eficacia de la sucesión testamentaria, que sea emitida en forma válida, que el *de cujus* sea capaz de disponer, que el instituido sea capaz de recibir y que se hayan respetado los derechos de la sucesión necesaria –legítima–[245]. Entre las prescripciones legales forzosas que limitan la libertad de testar, se ubican sobre todo las reglas relativa a la legítima[246]. El respeto a la legítima como cuota no disponible por el testador como consecuencia de normas imperativas, constituye quizás la más ardua limitación a la autonomía de la voluntad del testador. La sucesión forzosa o legítima se presenta como una parte de la sucesión *ab intestato* que rige al margen del alcance del instrumento testamentario[247]. A lo anterior, habría que agregar, no obstante sea inmanente al testamento, más que a sus disposiciones, el carácter «solemne» que reviste el acto testamentario[248]. La jurisprudencia igualmente alude a las limitaciones o restricciones de la facultad de testar[249].

---

[244] Véase *supra* I.1.
[245] Véase: Sojo Bianco, ob. cit., p. 303; Piña Valles, ob. cit., pp. 101 y 102; Rojas, ob. cit., pp. 129 y 130.
[246] Kipp *et al.*, ob. cit., p. 185.
[247] Véase *infra* IX.
[248] Véase *infra* VII.2.
[249] Véase. Juzgado Superior Civil, Mercantil, Bancario, Tránsito, y de Protección del Niño y del Adolescente de la Circunscripción Judicial del estado Guárico, sent. del 20-10-06, citada *supra*, «Las restricciones o limitaciones de forma que afectan la facultad de testar, son las solemnidades previstas en la ley para el otorgamiento de testamentos válidos (artículos 849-881 del Código Civil). Las restricciones o limitaciones de fondo concernientes al derecho de testar, son de tres tipos diferentes: Las prohibiciones legales de hacer testamentos conjuntos o mancomunados; la institución de la legítima o reserva, en virtud de la cual ciertos familiares del causante no pueden ser privados de determinada porción del caudal hereditario (artículos 883-894 y 1468-1473 del Código Civil); y, finalmente, la capacidad tanto para disponer como

5. Representación testamentaria[250]

Señalamos al referirnos a la figura de la «representación», tradicionalmente entendida como característica de la sucesión *ab intestato* o legal, que en materia testamentaria se presentaba una suerte de tendencia expansiva de la figura que llega inclusive al ámbito de la sucesión testamentaria[251], y que el caso venezolano, viene dada por el artículo 953 CC.

Dicha norma prevé: «Queda sin efecto toda disposición testamentaria, si el favorecido por ella no ha sobrevivido al testador o es incapaz. Sin embargo, los descendientes del heredero o legatario premuerto o incapaz participarán de la herencia o del legado en el caso de que la representación se hubiere admitido en su provecho, si se tratase de sucesión *ab intestato*; a menos que el testador haya dispuesto otra cosa, o que se trate de legados de usufructo o de otro derecho personal por su naturaleza». Según veremos, la citada norma prevé la figura de la representación testamentaria precisamente a los fines de la improcedencia del derecho de acrecer o acrecimiento entre coherederos o colegatarios[252].

Ahora bien, algunos señalan que la interpretación de dicha norma, dada la remisión a la sucesión *ab intestato*, supone que la representación testamentaria solo procede cuando las disposiciones testamentarias del causante reproducen exacta y fielmente la normativa legal que regiría respecto de la sucesión en caso de que esta fuese *ab intestato*, siempre que en la última proceda la sucesión por derecho de representación[253]. Pero lo cierto es que,

---

para recibir por testamento (artículos 836-848 del Código Civil)». En el mismo sentido: Juzgado Segundo de Primera Instancia en lo Civil, Mercantil y del Tránsito de la Circunscripción Judicial del estado Miranda, sent. del 24-09-08. exp. 12098, http://miranda.tsj.gov.ve/decisiones/2008/septiembre/102-24-12.098-.html.

[250] Véase: López Herrera, *Derecho...*, t. i, pp. 385-388.
[251] Véase *supra* v.6; Madriñán Vázquez, ob. cit.
[252] Véase *infra* xi.5.2.
[253] Véase: López Herrera, *Derecho...*, t. i, p. 385.

de aceptarse tal posición, el citado artículo 953 del Código Civil no tendría mayor sentido, pues cuando el causante otorga testamento es porque decide en principio alterar las previsiones relativas la sucesión intestada. De allí que la tesis más amplia sostiene la procedencia de la representación testamentaria siempre que el heredero o legatario instituido sea incapaz y deje descendencia[254]. Posición esta última inadmisible para López Herrera, porque supondría admitir la figura en la sucesión testamentaria en casos en que no es procedente en la sucesión *ab intestato*, ya que no funciona por el simple hecho de que el heredero que falta tenga descendencia, sino que además requiere que el llamado sea descendiente o hermano del *de cujus*[255]. De allí que la interpretación intermedia y lógica –a la que nos adherimos– señala que para que funcione la representación testamentaria es necesario simplemente que el instituido incapaz sea descendiente o hermano del testador, al margen de que testamento reproduzca o no la sucesión *ab intestato*, pero con las limitaciones de esta última[256]. Siendo procedente en los mismos supuestos, respecto de los que se admite la figura en la representación *ab intestato*, a saber, premoriencia o incapacidad –indignidad y ausencia–[257]. Pues no existe razón alguna que justifique una distinción de trato en este sentido[258].

La representación testamentaria encuentra su fundamento en la intención o voluntad presunta del causante, por lo que ha de quedar descartada si este desea suprimirla y lo manifiesta expresamente en el acto testamentario[259]. Así como también la ley estima, según se aprecia de la parte final del artículo 953, que el causante no desea la representación en caso de derechos personales, como usufructo, uso y habitación[260]. En cuyo caso,

---

[254] Véase: ibíd., p. 386.
[255] Ídem.
[256] Ibíd., pp. 386 y 387.
[257] Madriñán Vázquez, ob. cit., p. 219.
[258] Ídem.
[259] López Herrera, *Derecho...*, t. i, p. 387.
[260] Ibíd., p. 388.

valdría admitir porque no contraría normas de orden público, ya que la representación testamentaria se apoya en la presunta voluntad del causante, que por disposición expresa de este, aun en los citados derechos patrimoniales pero de contenido personal, podría operar la representación.

Tema VII
El testamento

Sumario: **1. Noción 2. Caracteres 3. Clases o especies** *3.1. Ordinarios* 3.1.1. Abiertos 3.1.2. Cerrados *3.2. Especiales* 3.2.1. En lugares donde haya epidemia 3.2.2. A bordo de buques 3.2.3. En caso de militares *3.3. Otorgados en el extranjero* **4. Modalidades o elementos accidentales 5. Revocación 6. Nulidad y anulabilidad 7. Caducidad**

1. Noción[1]

El testamento se presenta como un acto jurídico unilateral, personalísimo, solemne, y revocable por el cual el individuo dispone para después de su muerte del destino de su patrimonio, así como de otros aspectos de

---

[1] Véase: Urdaneta Sandoval, Carlos Alberto: «Introducción al análisis dogmático del acto jurídico testamentario. Fundamento, definición y caracteres». En: *Studia Iuris Civilis. Libro homenaje a Gert F. Kummerow Aigster*. Caracas, TSJ, Fernando Parra Aranguren, editor, 2004, pp. 833-877; Sansó, Benito: «Naturaleza jurídica del testamento». En: *Revista de la Facultad de Derecho*, N.º 25. Caracas, UCV, 1963, pp. 87-94; Cicu, Antonio: *El testamento*. Madrid, Editorial Revista de Derecho Privado, 1959 (en lo sucesivo nos referiremos a «Le *Successioni*»); Vázquez Bote, Eduardo: «Algunas notas generales sobre el testamento en el Derecho puertorriqueño». En: *Revista de la Facultad de Derecho*, N.º 51. Caracas, UCAB, 1997, pp. 375-456; Traviesas, Miguel: *El testamento*. Madrid, Editorial Revista de Derecho Privado, s/f; García Amor, Julio Antonio Cuauhtémoc: *El testamento*. México D. F., 3.ª, Trillas, 2007; Alarcón Flores, Luis Alfredo: «El testamento según nuestro Código Civil peruano». En: http://www.monografias.com; Yustiz, José: «Testamento». En: http:// www.monografias.com; Polacco, ob. cit., pp. 176-182; Villaroel Rión, ob. cit., pp. 139-143; Chinchilla Santiago, ob. cit., pp. 85-87; Camus, ob. cit., p. 69; Ramírez, ob. cit., pp. 213 y 214; Martinicorena, José María: «La testamentifacción activa en el Derecho navarro». En: *Revista Crítica de Derecho Inmobiliario*, N.º 119, Madrid, 1934, pp. 818-832; Lafont Pianetta, Pedro: *Derecho de Sucesiones. Sucesión testamentaria y contractual. La partición y protección sucesoral*. Bogotá, 4.ª, Ediciones Librería del Profesional, 1986, t. II, pp. 1 y 2.

orden extrapatrimonial[2]. Es el instrumento por el cual se plasma la voluntad del testador en los términos por él dispuestos para hacerse efectiva a su fallecimiento.

La expresión testamento proviene de la mención latina *testatio mentis* que significa «testimonio de la voluntad»[3] o «testimonio de la mente»[4]. En atención a sus caracteres integrados a la definición, la doctrina considera al testamento como «un acto jurídico *sui generis*, unilateral, no recepticio, personalísimo, libre, gratuito, de naturaleza solemne, de última voluntad y esencialmente revocable, por cuya vía una persona natural con capacidad para ello dispone, para el tiempo que siga a su muerte, de su patrimonio, en forma total o parcial, o hace ordenación de otros intereses»[5].

---

[2] Véase: Juzgado Noveno de Municipio Ejecutor de Medidas e Itinerante de Primera Instancia en lo Civil, Mercantil, Tránsito y Bancario de la Circunscripción Judicial del Área Metropolitana de Caracas, sent. del 14-04-14, exp. antiguo N.º AH1A-V-2003-000034, exp. itinerante N.º 0406-12, http://jca.tsj.gob.ve/decisiones/2014/abril/2136-14-0406-12-.html. Véase también: PÉREZ GALLARDO, Leonardo B.: «El Derecho de Sucesiones a la luz de la interpretación de la Sala de lo Civil y de lo Administrativo del Tribunal Supremo en el cuatrienio 2005-2008». En: *Boletín de la Organización Nacional de Bufetes Colectivos*, N.º 37, La Habana, 2010, primera parte, pp. 2-23, el Tribunal Supremo cubano define al testamento como un tipo negocial a causa de muerte, de carácter general y contenido variable, patrimonial y no patrimonial. Según esta variante el testamento se asimila con el acto de última voluntad y éste con aquél, donde tienen cabida las más disímiles disposiciones del testador, no ligadas necesariamente con el patrimonio.

[3] DURÓN MARTÍNEZ, ob. cit., p. 46. Véase también: SUÁREZ FRANCO, ob. cit., p. 167, significa «testamento de la voluntad»; CHINCHILLA SANTIAGO, ob. cit., p. 85.

[4] Véase: ALARCÓN FLORES, *El testamento*…, «Etimológicamente se dice que la palabra viene de *testatio mentis* que quiere decir *testimonio de la mente*»; CHINCHILLA SANTIAGO, ob. cit., p. 85.

[5] URDANETA SANDOVAL, ob. cit., p. 850. Véase en sentido semejante: LÓPEZ HERRERA, *Derecho*…, t. I, p. 132, «acto jurídico *sui géneris*, unilateral, personalísimo, solemne, de última voluntad y esencialmente revocable, mediante el cual una persona dispone de la totalidad o parte de su patrimonio, o hace cualquier otro tipo de ordenación»; ROJAS, ob. cit., p. 131; RODRÍGUEZ DE RODRÍGUEZ, ob. cit., p. 28, «acto revocable por el cual una persona dispone para después de su muerte de la totalidad

El testamento es un acto por el cual el testador dispone para el tiempo en que el no exista de todo o parte de sus bienes[6].

Aun cuando el testamento en su finalidad primordial «suele ser un acto de disposiciones de bienes»[7], por tratarse de un acto de «última voluntad»[8], podría incluir también intereses o disposiciones no patrimoniales, tales como las relativas al destino del cadáver, designación de tutor o reconocimiento filiatorio[9]. Siendo calificado por tal razón, para algunos, como un acto esencialmente delicado y complicado por la variedad de materias de la

---

o parte de su patrimonio o hace alguna otra ordenación, según las reglas establecida en por la ley»; YUSTIZ, ob. cit., *passim*; NÚÑEZ BARROSO, ob. cit., p. 101, es un acto jurídico personalísimo, revocable, libre, solemne, *mortis causa*, unilateral; Juzgado Superior en lo Civil, Mercantil, Tránsito y Menores de la Circunscripción Judicial del estado Nueva Esparta, sent. del 16-09-05, citada *supra*; CÓRDOBA, Marcos *et al*.: *Derecho Sucesorio*. Buenos Aires, Edit. Universidad, 1993, t. III, pp. 19 y 20.

[6] LAURENT, ob. cit., t. XI, p. 128.

[7] SUÁREZ FRANCO, ob. cit., p. 169, puede no obstante contener cláusulas que no tengan carácter económico o patrimonial.

[8] Véase: GONZÁLEZ Y MARTÍNEZ, ob. cit., pp. 259 y 260, indica el autor que entre los actos de última voluntad caben algunos tan variados como la vida humana, a saber, tales como: i. profesión de fe, declaraciones políticas, consejos, recomendaciones, revelación de secretos, invocaciones, ii. disposiciones sobre el propio cuerpo –enterramiento, cremaciones, etc.–, iii. declaraciones sobre el estado civil –número de hijos–, iv. acciones particionales –adjudicación de bienes, legados, etc.–, v. instituciones de herederos, sustituciones, albaceas, partidores, etc.

[9] Véase: ALBALADEJO, ob. cit., pp. 211 y 237, no solo puede contener disposición de bienes sino disposiciones de tipo no patrimonial e incluso sin ninguna de aquellas, esto es, contenga solo éstas; GUTIÉRREZ BARRENENGOA *et al*., ob. cit., p. 69; ZANNONI, ob. cit., p. 538, es claro que el testamento no solo prefigura un acto de disposición patrimonial, pues puede contener disposiciones de orden extrapatrimonial, por lo que sería más ajustado definirlo como el acto unilateral y unipersonal mediante el cual una persona dispone de sus intereses patrimoniales o extrapatrimoniales para después de su muerte (véase también: ibíd., p. 544); RODRÍGUEZ DE RODRÍGUEZ, ob. cit., p. 29; MESSINEO, ob. cit., p. 71, la ley haciendo uso de la práctica ha atribuido al testamento la función autónoma de vehículo de algunas declaraciones de última voluntad no patrimonial; PIÑA VALLES, ob. cit., p. 105; ARCE Y CERVANTES, ob. cit., pp. 100-109.

persona que puede comprender[10]. Algunos autores indican que se precisa de alguna disposición patrimonial para que el testamento sea tal[11] al menos en su aspecto «sustancial»[12], lo cual es lógico, porque el testamento es fundamentalmente un acto relativo al destino de los bienes operada la muerte, mientras que otros afirman que es posible un testamento que únicamente contenga cláusulas extrapatrimoniales –que serían atípicas a diferencia de las típicas o patrimoniales–[13]. Por ello, algunos prefieren atender a su forma, que es lo único «esencial» del testamento[14].

El asunto podría presentar trascendencia en lo relativo a si las disposiciones *post mortem* de contenido no patrimonial precisarían revestir las

---

[10] Gomá Lanzón, Ignacio: «El testamento del anciano». En: *El Notario del siglo XXI*, N.º 8. Madrid, Colegio Notarial de Madrid, 2006, http://www.elnotario.com, comprende «todas las partes del ordenamiento –derechos de la personalidad, reales, personales, de familia y los propiamente sucesorios– lo convierte, además, en uno de los actos más delicados y complicados…».

[11] Véase: Arrue, ob. cit., «El testamento para ser tal al menos debe contener siempre una disposición patrimonial. Si no contiene ninguna, o si contiene solamente disposiciones no patrimoniales, pero de contenido diverso admitido por la ley, no será testamento ni desde el punto de vista de la sustancia ni de la forma –en sentido estricto–».

[12] Véase: Zannoni, ob. cit., pp. 544 y 545, refiere distinción entre testamento en sentido formal y en sentido sustancial que hace la doctrina italiana (Messineo) según el cual el testamento, desde el punto de vista formal, por la variedad de su contenido, puede ser patrimonial o no patrimonial, pero en su aspecto sustancial para ser tal, deben contener siempre al menos una disposición patrimonial. Si no contiene ninguna no será testamento.

[13] Carrión Olmos *et al.*, ob. cit., pp. 325 y 326. Véase también: Ripert y Boulanger, ob. cit., pp. 315 y 316, aunque el acto de voluntad no contenga ninguna disposición relativa a los bienes, no por ello se lo deja de considerar como testamento, siendo preciso aplicarle las condiciones de validez de éste –ejemplo: acto del que se dispone del funeral–.

[14] Véase: Álvarez-Caperochipi, ob. cit., p. 223, nota 19; Martinicorena, ob. cit., *passim*, aunque la ley pretenda atribuir como único fin del testamento la disposición de bienes y éste sea su principal objeto, las disposiciones testamentarias pueden contener materias alejadas por completo del terreno económico y patrimonial.

formalidades del acto testamentario para su validez[15] o bastaría solo su contenido «auténtico». Así, por ejemplo, lo relativo al destino del cadáver, o designación de tutor, que, en caso de no acompañarse por alguna disposición patrimonial, resultaría extremo interpretar que ha de regirse por las solemnidades testamentarias, no obstante precisarse el carácter de auténtico. De hecho, la designación de tutor bien puede hacerse por acto auténtico *inter vivos*[16], pues la previsión podría no implicar la muerte del progenitor, sino una causa de exclusión absoluta del ejercicio de la patria potestad, como la ausencia, la no presencia o la interdicción. La donación de órganos ni siquiera precisa necesariamente el carácter de «auténtico» dado la facilidad o sencillez que previó la ley en tal sentido por cuestiones de practicidad[17]. Comenta ALCALÁ-ZAMORA: «Constituyen contenidos habituales del acto de testar el nombramiento de tutores, reconocimiento de prole, confesión de deuda o recibo de entrega, actos que conservan su naturaleza y no se someten a las propensiones invasoras de las formas que los cobija, rebelándose a veces la condición de revocable, que ésta da al acto conjunto, en el que aquéllos son injertos ocasionales»[18]. Por lo que cabe concluir que, aun cuando el testamento contenga disposiciones no patrimoniales, no siempre estas por sí solas deben revestir las solemnidades de este, aunque generalmente precisen de autenticidad. Ahora bien, si las disposiciones de última voluntad de contenido no pecuniario o personal pueden ser válidas

---

[15] Véase en sentido afirmativo: DÍEZ-PICAZO y GULLÓN, ob. cit., p. 351, «la utilización de las formas y solemnidades testamentarias para realizar declaraciones que no son disposiciones de bienes *post mortem*, deben atraer en principio la normativa reguladora de los testamentos típicos...».

[16] Véase: TORRES-RIVERO, *Mis comentarios...*, vol. I, p. 100. Véase en el mismo sentido: LÓPEZ DEL CARRIL, ob. cit., p. 171; DOMÍNGUEZ GUILLÉN, *Ensayos...*, p. 199.

[17] Véase: la Ley sobre Donación y Trasplante de Órganos, Tejidos y Células en Seres Humanos (*Gaceta Oficial de la República Bolivariana de Venezuela* N.º 39 808, del 25-11-11) que dispone: «Artículo 27.- Donación presunta. Toda persona mayor de edad, civilmente hábil, a quien se le haya diagnosticado la muerte, se presumirá donante de órganos, tejidos y células con fines terapéuticos, salvo que existiese una manifestación de voluntad en contrario...».

[18] ALCALÁ-ZAMORA Y TORRES, ob. cit., p. 86.

por un acto de distinto al testamento, ello denota que el testamento está concebido fundamentalmente como un acto de disposición patrimonial; pues tal situación que no se desvirtúa por dicha posibilidad[19]. En cambio, la institución de heredero o legatario, no puede asumir otra forma distinta al acto testamentario.

El testamento pudiera contener disposiciones de última voluntad no solo positivas, sino inclusive negativas, al punto que algunos aluden a «testamento negativo» para referirse a exclusiones que pudiera hacer el testador, respecto de herederos legítimos no legitimarios sin efectuar alguna disposición positiva como instituir heredero o legatario[20]. Exclusión que podría ser explícita[21] o implícita[22]. De tal suerte que la exclusión testamentaria de algún sucesor legal tiene por efecto principal deferir la sucesión como si tales personas no existieran[23]. Así, por ejemplo, por un testamento de tal naturaleza simplemente pudiera excluirse de la sucesión legal a todos o algunos de los colaterales del causante y, en caso de no instituirse sucesor, ciertamente operaría la respectiva sucesión legal, con inclusión de la vocación de cierre del Estado. Ello, pues, recordemos que operaría respecto de quienes tienen una simple «vocación eventual»[24].

Aclara LACRUZ que debe tratarse de un contenido «imperativo», pues debe contener «disposiciones» del causante, por lo que las «admoniciones,

---

[19] Así por ejemplo, un testamento sin ningún tipo de disposición patrimonial que prevea el destino del cadáver a los efectos de donación de órganos y la designación de tutor de los hijos, será tal en su forma pero deja dudas precisamente sobre la necesidad de dicha «forma» porque ninguna de las disposiciones precisaban por sí solas necesariamente del acto testamentario, aunque la relativa al tutor precisara autenticidad —escritura pública— de conformidad con el artículo 307 del Código Civil.
[20] Véase: CÁMARA LAPUENTE, ob. cit., p. 11.
[21] Véase: ibíd., pp. 74-84.
[22] Véase: ibíd., pp. 84-121, se trata de disposiciones a favor de alguien que entrañen implícitamente la exclusión de determinados herederos eventuales *ab intestato*.
[23] Ibíd., p. 123. Véase también: PINO, *La esclusione...*, p. 5, la exclusión por testamento podría operar en forma expresa o tácita.
[24] Véase *supra* v.4. PINO, *La esclusione...*, p. 11.

ruegos o consejos» no elevados por el *de cujus* a normas obligatorias para los herederos, no se incluyen en tal definición y no producen acciones. Aunque no siempre la expresión «recomendar», u otra equivalente, debe entenderse como un simple ruego. Situación que, para su interpretación, se atenderá a las circunstancias del caso en su conjunto[25]. De tal suerte que bastaría precisar el ámbito en que el causante tiene facultad o potestad legal de disponer aún en el área extrapatrimonial y, solo en ese, su indicación será válida y obligatoria. Por ejemplo, no puede señalar previsiones asociadas a la patria potestad o sus atributos, porque a su muerte se extingue el régimen con relación a su persona y rigen las respectivas disposiciones legales que son de orden público.

Se aclara, respecto de su naturaleza, que, no obstante ser un acto de última voluntad, el acto o negocio jurídico testamentario es perfecto de cumplirse todos sus elementos, al margen del hecho jurídico de la muerte[26]. Así, refiere Sansó que «el evento de la muerte, por lo tanto, no puede considerarse como elemento constitutivo del acto, el cual al contrario, es perfecto antes de que este evento se verifique». La muerte se presenta como un término inicial implícito en todo acto de última voluntad, pero ello es un elemento accidental que puede darse o faltar. Si bien es cierto que hasta que no se verifique no se producen los efectos del negocio, creándose una mera expectativa, ello no convierte a la muerte en un requisito de eficacia[27]. La norma que veremos de seguidas indica que con el testamento se dispone de todo o parte del patrimonio, lo que confirma que ha de concurrir en el último caso, la sucesión testamentaria con la intestada[28]. El artículo 833 del Código Civil dispone: «El testamento es un acto revocable por el cual una persona dispone para después de su muerte de la totalidad

---

[25] Lacruz Berdejo *et al.*, ob. cit., pp. 167 y 168, citan sentencias españolas de STS del 20-03-1902, 01-02-1907, 15-01-1916, 15-12-1920 y 20-03-1968. Véase también: López Herrera, *Derecho...*, t. i, p. 141, las simples recomendaciones o consejos, salvo en casos realmente excepcionales no pueden tener fuerza obligatoria de carácter legal.
[26] Sansó, *Naturaleza...*, pp. 88 y 89.
[27] Ibíd., p. 89.
[28] Véase: Dominici, ob. cit., pp. 55 y 56.

o de parte de su patrimonio, o hace alguna otra ordenación, según las reglas establecidas por la Ley».

El instituto tiene antecedentes en el Derecho romano[29], a partir del cual evolucionó en diversas modalidades. En nuestro ordenamiento se han experimentado cambios tanto en testamentos abiertos como cerrados desde el Código Civil de 1904 hasta el vigente[30]. En cuanto al fundamento del derecho a testar, la doctrina ha indicado dos orientaciones; una socio-política –ya sea por su origen como creación del Derecho natural o como creación del Derecho positivo– y otra estrictamente jurídica. Este último enraizado con el punto de vista absoluto del derecho de propiedad[31]. Otros encuentran un fundamento extrajurídico ajeno al ámbito que nos ocupa[32].

El acto testamentario debe ser interpretado según la voluntad del testador en tanto no contraríe la normativa sucesoria[33], pero de conformidad con la interpretación de los negocios jurídicos en general[34], a la fecha del otorgamiento y no de la muerte[35], y con lógica limitación de los medios de prueba

---

[29] Véase: Urdaneta Sandoval, ob. cit., pp. 836 y 837; Kipp *et al.*, ob. cit., p. 287, el testamento como disposición de última voluntad es una creación del Derecho romano.
[30] Véase: Sojo Bianco, ob. cit., pp. 313 y 314.
[31] Urdaneta Sandoval, ob. cit., pp. 835-844.
[32] Chinchilla Santiago, ob. cit., p. 84, «las causas para que un hombre se decida a redactar su testamento se pueden dividir en dos planos; el natural y el sobrenatural. Es decir, la transmisión de bienes temporales, y la conciencia de la necesidad de presentarse libre de acusaciones ante el juicio divino».
[33] Vallet de Goytisolo, *Estudios de Derecho Sucesorio. Computación…*, vol. IV, p. 95, «si la voluntad del causante, mientras no ataque con normas imperativas del Código, es ley de sucesión, su interpretación deberá darnos en cada caso la solución perseguida dentro de los límites fijados por dichas normas imperativas». Véase sobre la interpretación del testamento: Lafont Pianetta, ob. cit., t. II, pp. 435-444.
[34] Ripert y Boulanger, ob. cit., p. 334, por analogía se aplican las normas de interpretación de los contratos si la ley no ha establecido otra, se trata de investigar cual fue la voluntad del testador.
[35] Albaladejo, ob. cit., pp. 347 y 348; Roca Ferrer *et al.*, ob. cit., p. 156. Véase sobre el tema: Vaquer Aloy, Antoni: *La interpretación del testamento*. Madrid, Reus, 2008;

extrínsecos[36]. La intención del testador debe ser descubierta en los elementos intrínsecos del testamento[37]. Como indicaba Ramírez, «la expresión de la voluntad del *de cujus*, debe solicitarse en el testamento y no fuera de él»[38]. En la doctrina extranjera se alude al principio de la *benigna interpretatio*, orientado en la presumible o complementada voluntad hipotética del testador, según el cual cuando no se pueda averiguar de un modo inequívoco la voluntad real del causante, debe preferirse aquella interpretación en virtud de la cual la disposición pueda tener efecto[39]. La doctrina española reseña tres reglas de interpretación del acto testamentario: i. el carácter ritual de la voluntad testamentaria y la preeminencia de la expresión literal, ii. subsidiariedad de la búsqueda de la voluntad real –solo en caso de duda–, iii. especialidad de la voluntad testamentaria –solo se tiene en cuenta la voluntad del causante en la medida que se pueda deducir del propio testamento–[40]. Asunto que, en caso de discusión, quedará en manos del juzgador[41].

Jordano Barea, Juan B.: *Interpretación del testamento*. Barcelona, Bosch, 1958; Rescigno, Pietro: *Interpretazione del testamento*. Nápoles, Eugenio Jovene, 1952; Lacruz Berdejo *et al.*, ob. cit., pp. 209-215; Gutiérrez Barrenengoa *et al.*, ob. cit., pp. 77-86; Carrión Olmos *et al.*, ob. cit., pp. 349-358. Véase ibíd., p. 358, se indica que si bien el criterio mayoritario es de interpretación al momento del otorgamiento pues si después cambia puede revocarse u otorgarse nuevo testamento, sin embargo sentencias españolas del STS del 02-12-91 interpreta la condición impuesta al hijo que se case con beneplácito de la madre en relación con la realidad social existente 22 años después de su otorgamiento y la del 21-01-03 se refiere a la conducta de la testadora posterior al testamento; Zannoni, ob. cit., pp. 643-648; Vallet de Goytisolo, Juan B.: *Estudios de Derecho Sucesorio. Interpretación de testamentos. Lo literal, lo tácito y lo conjetural, en mejoras y fideicomisos. Cláusulas cautelares expresas y tácitas*. Madrid, Edit. Montecorvo, 1981, vol. ii, pp. 43 y ss.; Roca Ferrer *et al.*, ob. cit., pp. 148-160; Díez-Picazo y Gullón, ob. cit., pp. 357-360; Suárez Franco, ob. cit. pp. 245 y 246; Kipp *et al.*, ob. cit., pp. 218-255; López Herrera, *Derechos*…, t. i, pp. 316 y 317; Claro Solar, ob. cit., t. xiv (ii), pp. 373-387.

[36] Vallet de Goytisolo, *Estudios de Derecho Sucesorio. Interpretación de testamentos*…, vol. ii, p. 48, por ser el testamento rigurosamente formal.
[37] Mazeaud *et al.*, ob. cit., vol. ii, p. 405, citan sentencia del 28-06-56.
[38] Véase: Ramírez, ob. cit., p. 243.
[39] Kipp *et al.*, ob. cit., p. 225.
[40] Álvarez-Caperochipi, ob. cit., p. 240.
[41] Véase: Piña Valles, ob. cit., p. 106.

Valen las acertadas palabras de De Ruggiero: «De todos los negocios jurídicos patrimoniales, no hay ninguno que supere al testamento, por la importancia de sus efectos, por las solemnidades de forma que lo acompañan, por el especial cuidado que la ley dedica a las declaraciones de voluntad y a la efectividad de estas»[42].

2. Caracteres[43]

La doctrina refiere entre los caracteres del testamento las siguientes:

i. Es un acto jurídico[44]: se traduce en una manifestación de voluntad dirigida a producir efectos jurídicos dentro de los requisitos de ley. Algunos lo consideran una subespecie del «acto», señalando más precisamente que constituye un «negocio jurídico»[45]. El testamento es un negocio jurídico por su naturaleza, orígenes y fundamentos[46]. Se afirma que el testamento

---

[42] De Ruggiero, ob. cit., p. 468.
[43] Véase: López Herrera, *Derecho...*, t. i, pp. 132-142; Rojas, ob. cit., pp. 131-135; Piña Valles, ob. cit., pp. 102-105; Rodríguez de Rodríguez, ob. cit., pp. 28 y 29; Urdaneta Sandoval, ob. cit., pp. 850-877; Farrera, ob. cit., pp. 81-83; Lacruz Berdejo *et al.*, ob. cit., pp. 166 y 167; Carrión Olmos *et al.*, ob. cit., p. 327; Gutiérrez Barrenengoa *et al.*, ob. cit., pp. 70-72; Díez-Picazo y Gullón, ob. cit., pp. 352-354; Baqueiro Rojas y Buenrostro Báez, ob. cit., pp. 275-277; Suárez Franco, ob. cit., pp. 167-170; Bellod, ob. cit., p. 2; Chinchilla Santiago, ob. cit., pp. 87 y 88; Mazeaud *et al.*, ob. cit., vol. ii, pp. 344 y 345; Camus, ob. cit., pp. 69 y 70; Messineo, ob. cit., pp. 70-80; De Ruggiero, ob. cit., pp. 469-472; Córdoba *et al.*, ob. cit., 1993, t. iii, pp. 20-27; Lafont Pianetta, ob. cit., t. ii, pp. 2-7.
[44] Véase: Farrera, ob. cit., p. 81.
[45] Véase: Roca Ferrer *et al.*, ob. cit., pp. 30-37. Véase ibíd., p. 30, la doctrina moderna viene incardinando la institución del testamento dentro de la figura mucho más amplia del negocio jurídico; Urdaneta Sandoval, ob. cit., p. 853; Sansó, *Naturaleza...*, p. 94; Lacruz Berdejo *et al.*, ob. cit., p. 165, el testamento es un acto o negocio jurídico, que tiene como elemento esencial una declaración de voluntad; Gutiérrez Barrenengoa *et al.*, ob. cit., p. 72, indican que es «un acto o negocio jurídico».
[46] Roca Ferrer *et al.*, ob. cit., p. 903.

es en principio el único acto jurídico que hace posible la transmisión o sucesión a título universal[47] –heredero–, aunque también permite la sucesión particular –legado–[48].

ii. Unilateral: solo puede ser otorgado por una sola persona[49]. Basta para formarlo la voluntad de una sola persona[50]; emana de un único sujeto y su validez no depende de terceros. Se prohíbe que en dicho acto partícipe más de una persona, por lo que no es procedente el testamento recíproco, conjunto o mancomunado[51], a diferencia de otros ordenamientos[52] y del Código Civil venezolano de 1922[53]. Prevé el artículo 835 del Código Civil: «No pueden dos o más personas testar en un mismo acto, sea en provecho recíproco o de un tercero». Aunque un sector de la doctrina distingue lo anterior, una unión meramente física o material, de uno a continuación de otro, siendo distintos y válidos[54]. López Herrera considera que los testamentos conjuntos –ya sean recíprocos o colectivos–, al margen

---

[47] Rojina Villegas, ob. cit., p. 63.
[48] Ibíd., p. 70.
[49] López Herrera, Derecho..., t. I, p. 133. Véase: Juzgado Superior Sexto de lo Contencioso Administrativo de la Región Capital, sent. del 09-06-08, citada *supra*.
[50] Zannoni, ob. cit., p. 538.
[51] Véase: Torres-Rivero, Teoría..., t. I, p. 386, siendo tal prohibición de orden público internacional; López Herrera, Derecho..., t. I, p. 134; Rojas, ob. cit., pp. 135 y 136.
[52] Véase: http://derechoaragones.blogia.com/2004/enero.php, en Aragón el testamento mancomunado es el habitualmente elegido por las personas casadas para ordenar juntos sus herencias. Desde 1999, pueden otorgarlo cualesquiera dos personas que, por las razones que sean, quieran testar juntos. Desde 1995 es también posible en Galicia –como, desde siempre, en Navarra y, desde 1992, en el País Vasco–: se refiere monografía sobre el *Testamento mancomunado en el Derecho Civil de Galicia*, de Marcos A. López Suárez.
[53] Véase: López Herrera, Derecho..., t. I, pp. 134 y 135.
[54] Véase: Urdaneta Sandoval, ob. cit., pp. 855 y 856, el autor cita a favor de tal opinión a Fassi, Demolombe, Barassi y Fornieles, en tanto que en sentido contrario refiere a López Herrera, señala que los testamentos otorgados de manera conjunta, implican en todo caso una prohibición legal.

de su forma, son absolutamente nulos[55]. Lo que prohíbe la ley es que la institución ocurra en un mismo acto, no que dos personas pueden instituirse herederos recíprocamente[56]. Por otra parte, la aceptación de la herencia no guarda relación sobre el testamento que continúa siendo un acto unilateral, pues su validez no depende de ésta[57]. La muerte del autor no perfecciona el acto, sino que solamente determina el comienzo de producción de efectos[58].

Al efecto, señala Sansó que el testamento es «un negocio jurídico unilateral», porque una sola voluntad, exclusivamente la de su autor, es suficiente para que el acto se produzca; no es un contrato, pues el acto volitivo del testador y el acto volitivo del aceptante no constituyen elementos de un negocio bilateral, sino que dan vida, respectivamente, a dos distintos negocios jurídicos unilaterales[59]. El testamento se presenta así como el típico ejemplo de acto jurídico unilateral.

La doctrina distingue entre testamento y contrato, este último precisa por esencia un acuerdo de voluntades, es un acto *inter vivos* y supone una forma de transmisión a título particular; por su parte, el testamento es una acto unilateral[60], que supone transmisión *mortis causa*, bien sea a título universal –heredero– o particular –legatario–. Ambos actos tienen en común ser formas de transmisión a título particular, son fuentes jurídicas de los que nacen derechos[61].

iii. De última voluntad: se trata de disposiciones que entran en aplicación con posterioridad a la muerte del sujeto, en modo alguno surte efectos

---

[55] López Herrera, *Derecho...*, t. i, p. 134.
[56] CSJ/SCC, sent. del 04-08-52, citado por Perera Planas: ob. cit., pp. 469 y 470.
[57] Véase: Urdaneta Sandoval, ob. cit., p. 857.
[58] Arce y Cervantes, ob. cit., p. 53.
[59] Sansó, *Naturaleza...*, p. 94, agrega «Falta la base misma de un contrato: el acuerdo entre las partes, el encuentro de voluntades entre testador y aceptante».
[60] Véase: Laurent, ob. cit., t. xi, p. 128, el testamento es un acto no un contrato, el legatario aunque figura en él no es parte del mismo.
[61] Rojina Villegas, ob. cit., pp. 70 y 71.

en vida del individuo. Salvo excepcionalmente, como el caso del reconocimiento voluntario de la filiación. Se trata de un acto *mortis causa*[62], que adquiere consistencia jurídica solo a la muerte del disponente, sin que antes tenga en principio valor jurídico[63]. De allí que se critique el uso de la expresión «testamento vital»[64], para referirla a la declaración de voluntad por la que un sujeto dispone que no se le apliquen medidas extraordinarias de mantenimiento de la vida, pues el instrumento no operaría a la muerte del declarante[65]. La expresión testamento vital debería asociarse más al destino del cadáver para responder a su designación[66].

---

[62] Arce y Cervantes, ob. cit., p. 55, es la muerte la que señala el principio de la producción de sus efectos y las disposiciones propiamente testamentarias, no deben producir ningún efecto antes de este hecho.

[63] Roca Ferrer *et al.*, ob. cit., p. 624.

[64] Por el cual el sujeto realiza previsiones sobre el destino de su cadáver o el empleo de medidas extraordinarias en caso de situaciones límites o cercanas a la muerte. Véase sobre éste: Bernad Mainar, Rafael: «A propósito del testamento vital». En: *Revista de la Facultad de Ciencias Jurídicas y Políticas*, N.º 129. Caracas, UCV, 2007, pp. 297-320; Martínez-Pereda, José Manuel: «El testamento vital y su aplicación en España». En: http://www.aeds.org/congreso8/ponencias/tv_apes.html; Sivila, Silvia Mabel: «El derecho de las personas al testamento vital y el respeto a su autonomía», http://www.bioetica.org/bioetica/mono27.html; Aguado Borrajo, Pilar: «Conductas eutanásicas. El testamento vital». En: *Boletín de los Colegios de Abogados de Aragón*, N.º 166 (3ª, época), 2004, pp. 14-23, www.reicaz.es/circubol/boletcol/bolc0166/bolc0166.pdf; Aguiar-Guevara, Rafael: *Tratado de Derecho Médico*. Caracas, Legis, 2001, pp. 617-619; Domínguez Guillén, *Inicio y extinción...*, pp. 264-266; Roca Ferrer *et al.*, ob. cit., p. 1022; Jiménez Maggiolo, Roberto: «Eutanasia: i testamento biológico». Academia de Medicina del Estado Zulia (conferencia); Moscoso Torres, Ramón María: «La validez en Andalucía del testamento vital ante notario». *XXXV Jornadas Aequitas*, ponencia pronunciada en Sevilla el 01-12-09, http://www.notariosyregistradores.com; Espert Sanz, Vicente: «El testamento vital». En: *El Notario del siglo XXI*, N.º 28. Madrid, Colegio Notarial de Madrid, 2009, http://www.elnotario.com; Vicente-Almazan, Miguel: «Testamento vital y notariado». En: *El Notario del siglo XXI*, N.º 28. Madrid, Colegio Notarial de Madrid, 2009, http://www.elnotario.com.

[65] Véase: Martínez-Pereda, ob. cit., el autor cuestión el término «testamento vital» para referirlo al cuerpo o medidas sobre éste: «Hay que criticar la designación de testamento, porque el testamento es un acto de disposición de bienes para después de

iv. Solemne: el testamento es invariablemente un acto solemne[67]. Las disposiciones por causa de muerte está sujeta a formalidades, lo que es un rasgo característico del Derecho Sucesorio[68]. El testamento precisa para su validez del cumplimiento de ciertos requisitos o formalidades de ley[69], pues es el acto solemne[70] por excelencia[71]. El legislador ordena una serie de trámites que hacen del testamento un acto serio, verdadero y libre[72].

---

la muerte»; Espert Sanz, ob. cit., «No es testamento porque no reúne ninguna de las condiciones que exige el Código Civil para ser acreedor a esta denominación, y no es vital porque se hace en contemplación a la muerte (…). El testamento vital, por consiguiente no merece el nombre de testamento, sino que es una manifestación de voluntad que podrá cumplirse o no dependiendo de las personas y de las actitudes que concurran cerca del muriente en el momento que se den las circunstancias terminales de su vida. Llamarlo testamento solo puede conducir a una inaceptable confusión conceptual».

[66] Aunque sería más preciso aludir a testamento corporal o relativo al destino del cadáver. Véase: Domínguez Guillén, *Inicio y extinción…*, p. 256, en nuestra opinión, el término debería más bien responder al destino del cuerpo una vez acaecida la muerte, como corresponde la acepción testamento respecto del destino de los bienes de una persona.

[67] Josserand, ob. cit., vol. iii, p. 16. Véase también: Laurent, ob. cit., t. xi, pp. 128 y 129; *Arce y Cervantes*, ob. cit., pp. 57-59.

[68] Kipp et al., ob. cit., p. 204, a diferencia de otras ramas del Derecho patrimonial como el de Obligaciones.

[69] Véase: Tobar Donoso, Julio: *Doctrina sobre Derecho Sucesorio*. Quito, Corporación de Estudios y Publicaciones, 1969, p. 97, indica que en materia de testamento hay formalidades esenciales y otras no, las primeras deben constar en el instrumento; Lacruz Berdejo et al., ob. cit., p. 170, es un acto cuya validez se vincula estrechamente a la observancia de las formalidades legales; Bastidas, Luis I.: «Otorgamiento de testamentos abiertos». En: *Sucesiones*. Caracas, Italgráfica, 1977, t. ii, p, 205, el testamento ha de ser autorizado con las formalidades legales por el funcionario que tiene facultad para darle fe pública.

[70] Véase: Zannoni, ob. cit., pp. 539 y 540, no se admite el «codicilo» de origen romano, que si bien era escrito no estaba sometido a ninguna formalidad testamentaria. Véase referencia a «testamento y codicilo»: López Herrera, *Derecho…*, t. i, pp. 144-146; Polacco, ob. cit., p. 177, en nuestro Código no se habla de codicilo.

[71] Farrera, ob. cit., p. 82.

[72] Polacco, ob. cit., p. 213.

Al efecto, refiere una sentencia de casación de 18 de abril de 1933: «el legislador ha revestido de rigurosas formalidades la fracción testamental, para garantizar la libertad volitiva del individuo en el momento en que dicta sus disposiciones de última voluntad, procurando evitar con ellas, en lo posible, la obra de la sugestión o de la coacción del interés extraño y en la materia de testamento cerrado, con las ritualidades cuyo cumplimiento ordena, ha querido asimismo asegurar el mantenimiento de la peculiaridad esencial de tales disposiciones, como es la de que no se hagan trascendentes a terceros, dada la escogencia por el testador de la forma empleada para consignarlas, expresiva de querer exponer su voluntad con absoluto sigilo»[73]. «Las formas impuestas pretenden garantizar el respecto a la voluntad del difunto[74]. Al efecto, señala VALLET DE GOYTISOLO que, si bien es principio fundamental del Derecho de Sucesiones la voluntad del testador, la expresión de la misma tiene un cauce formal que determina su eficacia[75]. Se dice que, siendo el acto testamentario pobre en la «causa», la ley ha extremado el rigor a la hora de fijar la causa para la plasmación de la voluntad del testador[76] y como medio de asegurar su autenticidad[77]. El fundamento de la solemnidad se halla en la naturaleza del acto testamentario, que por ser estrictamente individual y reglamentar una situación jurídica cuando el testador no esté, necesita garantizar su autenticidad, así como de dotar de indubitada certidumbre a la declaración[78]. De allí que la voluntad del testador ha de quedar plasmada en el testamento y jamás fuera de este[79].

---

[73] Citada en: PARRA, Ramiro Antonio: *Ensayos de Derecho Civil y Procesal Civil (votos salvados y testamento cerrado)*, Caracas, Ediciones Fabretón, 1975, vol. II, p. 431.
[74] MAZEAUD *et al.*, ob. cit., vol. II, p. 342.
[75] VALLET DE GOYTISOLO, *Estudios de Derecho Sucesorio...*, vol. II, p. 13.
[76] ROCA FERRER *et al.*, ob. cit., p. 48, señalan los autores que es un acto sin causa onerosa pero no de estricta liberalidad.
[77] CLARO SOLAR, ob. cit., t. XIV (II), p. 43.
[78] DÍEZ-PICAZO y GULLÓN, ob. cit., p. 360.
[79] Véase: MIQUEL GONZÁLEZ: ob. cit., p. 159, «La voluntad efectiva del testador es una voluntad expresada de algún modo en el testamento, sin que el recurso a la llamada prueba extrínseca altere esa idea, porque la voluntad efectiva del testador ha de resultar de alguna manera del testamento. Por eso no es voluntad efectiva del testador la que solamente se encuentre expresada fuera del testamento».

En efecto, el testamento adquiere fuerza a la muerte del otorgante, cuando ya este no puede hacer el menor esclarecimiento sobre la misma[80].

v. Con intervención del funcionario competente: el Código Civil alude a protocolización ante «registrador», pero a partir del Decreto Ley del Registro Público y del Notariado[81] (Gaceta Oficial N.º 5556 del 27-11-01 que reproduce Decreto 1554 del 13-11-01) en materia de otorgamiento de testamento se le atribuye competencia a los «notarios» (artículo 74, 5 a 7). Sin embargo, comenta López Herrera que resulta incómodo exponer en forma precisa el sistema de formalidades testamentarias que rige en el país, pues no se dictaron normas sustitutivas de las derogadas[82]. Por nuestra parte, pensamos que, no obstante las modificaciones legales, las solemnidades testamentarias sustanciales que hacen del testamento un documento público, debido a la citada importancia del acto, deben permanecer inalterables. Posteriormente, en 2006 fue dictada una nueva Ley de Registro Público y del Notariado[83], que igualmente alude a la competencia del notario en materia de otorgamiento de testamento (artículo 75.6 al 8)[84].

---

[80] Farrera, ob. cit., p. 82. Véase también: De Ruggiero, ob. cit., p. 468, la voluntad se hace efectiva cuando el sujeto no existe y por ello precisamente más que en cualquier otra declaración se impone respeto y se exige obediencia.

[81] Véase: *Gaceta Oficial de la República Bolivariana de Venezuela* N.º 5556 extraordinario, del 27-11-01.

[82] López Herrera, *Derecho…*, t. i, pp. 185-187.

[83] Véase: *Gaceta Oficial de la República Bolivariana de Venezuela* N.º 5833 extraordinario, del 22-12-06.

[84] Artículo 75: «Los notarios o notarias son competentes, en el ámbito de su jurisdicción, para dar fe pública de todos los actos, hechos y declaraciones que autoricen con tal carácter, particularmente de los siguientes: (…) 6. Otorgamiento de testamentos abiertos, de conformidad con los artículos 852 al 856 del Código Civil. 7. Presentación y entrega de testamentos cerrados, con expresión de las formalidades requeridas en los numerales 1, 2 y 3 del artículo 857 del Código Civil. 8. Apertura de testamentos cerrados, de conformidad con lo previsto en los artículos 986 al 989 del Código Civil y 913 al 920 del Código de Procedimiento Civil. El notario o notaría tendrá potestades para realizar los actos que se atribuyen al registrador o registradora subalterno en el Código Civil».

Por su parte, en 2014, el Decreto con rango, valor y fuerza de Ley de Registros y del Notariado[85] mantiene la exigencia de la inscripción en el Registro Público en la misma norma y ordinales.

El asunto ha generado diversas opiniones respecto al acto testamentario[86]. Algunos señalan que, en virtud de dicha Ley especial, el testamento no puede ser otorgado ante otro funcionario distinto al notario autorizado para dar fe pública, incluyendo al «registrador»[87], pero resulta más lógica y acertada la opinión según la cual, a partir de tal normativa especial, es competente tanto el notario como el registrador[88], pues «no ha de entenderse que la mencionada Ley especial deroga la facultad para protocolizar testamentos atribuida al registrador, sino que se complementa o adiciona con el notario, o sea, el testador puede seleccionar a su libre albedrío la oficina pública donde desea inscribir el acto testamentario»[89]. En tal sentido se ha pronunciado acertadamente alguna decisión judicial: «Respecto a este último punto relacionado con la incompetencia o no del registrador subalterno para presenciar el otorgamiento de un testamento abierto en la forma prevista en el artículo 852 del Código Civil, quien juzga observa que si bien es cierto que existe un instrumento legal de reciente data, como lo es el Decreto con Fuerza de Ley de Registro Público y del Notariado (…) donde el artículo 74.5 le confiere a los notarios públicos la potestad de registrar testamentos abiertos, conforme a las disposiciones previstas en los

---

[85] Véase: *Gaceta Oficial de la República Bolivariana de Venezuela* N.º 6156 extraordinario, del 19-11-14.
[86] Véase: AMONI REVERÓN, Gustavo Adolfo: «El testamento electrónico». En: *Derecho y Tecnología*, N.º 4. San Cristóbal, UCAT, 2004, pp. 200-208, el autor reseña la diversidad de opiniones obtenidas mediante encuestas en algunas notarías y registros del estado Carabobo, una vez entrada en vigencia la citada ley especial de 2001, que denotan múltiples opiniones en los consultados, a saber, para algunos el funcionario competente sería el registrador –principal o inmobiliario en caso de inmuebles–, para otros el notario y para otros podría ser ambos funcionarios por no ser dicha competencia exclusiva ni excluyente.
[87] Véase: LÓPEZ HERRERA, *Derecho…*, t. I, pp. 189 y 190.
[88] PIÑA VALLES, ob. cit., pp. 103, registro subalterno o inmobiliario y notaría, y 116.
[89] Ibíd., p. 116.

artículos 852 al 856 del Código Civil; del cual se infiere que dicha facultad no es exclusiva de los notarios, por lo que es perfectamente aplicable el principio que establece que donde el legislador no distingue no le está dado al intérprete hacerlo, máximo si se observa que en las disposiciones derogatorias del referido texto legal tampoco se estableció nada, por lo cual se desecha el referido alegato»[90]. Así pues, que resulta enteramente improcedente pretender una nulidad testamentaria con la gravedad que ello acarrea, bajo el alegato que el instrumento se otorgó ante registrador y no ante notario, cuando en modo alguno se deriva de la propia ley la exclusividad del último[91].

Se afirma que los avances tecnológicos no son aplicables al testamento, en el sentido de que este no se puede presentar al funcionario a través de reproducciones, inclusive computarizadas[92]. Sin embargo, hay quien opina que de contarse con la debida certificación e infraestructura sería posible

---

[90] Juzgado de Primera Instancia en lo Civil, Mercantil, del Tránsito y del Trabajo de la Circunscripción Judicial del estado Lara, sent. del 26-10-05, citada *supra*.

[91] Dada la preeminencia que en la tradición registral venezolana ha tenido el registrador sobre el notario, pero cuyas funciones resultan semejantes en la citada Ley especial –al punto que las capitulaciones matrimoniales estaban referidas al notario en la citada Ley de 2001 (artículo 74.8) y posteriormente en la Ley del 2006 (artículo 45.11) se refiere nuevamente al registrador– luce a todas luces exagerado –para no calificar de ilógico– pretender una nulidad de testamento en atención a que el otorgamiento del testamento tuvo lugar no ante notario sino ante registrador, si efectivamente se cumplieron las respectivas formalidades legales; ello se traduciría en desconocer la voluntad del causante por una competencia que ni siquiera está clara en la ley, amén que es el funcionario quien debe precisar su propia competencia en cuanto a la celebración de los actos que le atañen. El artículo 45 de la citada Ley de Registro Público y del Notariado de 2006 indica en su encabezado: «Además de los actos señalados con anterioridad y aquellos previstos en el Código Civil, en el Código de Comercio y en otras leyes, en el Registro Público se inscribirán también los siguientes actos…». El artículo 75.8 según indicamos prevé que el notario tendrá potestades para realizar los actos que se atribuyen al registrador o registradora subalterno en el Código Civil. La Ley de 2014 no varía la situación.

[92] Piña Valles, ob. cit., p. 103.

en nuestro medio considerar el «testamento electrónico»[93]. No faltando casos en que mal puede la *web* sustituir las formalidades que suponen el acto testamentario[94].

vi. Revocable: es susceptible de ser revocado en sí mismo sin efectuar uno nuevo, o mediante un testamento posterior. Las normas relativas a la revocación del testamento están contenidas en los artículos 990 al 992 del Código Civil[95]. Se alude así al principio de la revocabilidad como nota esencial propia del testamento, porque al no producirse sus efectos hasta la muerte del testador, este no puede, en tales circunstancias, quedar vinculado consigo mismo[96]. Ha de ser esencialmente revocable para que prevalezca realmente la última voluntad del testador[97]. Por cuanto el testamento expresa la última voluntad y esta es cambiante[98].

---

[93] Véase: AMONI REVERÓN, ob. cit., pp. 193-218. En atención a los avances informáticos con base en la Ley de Mensajes de Datos y Firmas Electrónicas, y no obstante lo dispuesto en el artículo 1 de dicha Ley especial, que indica: «… La certificación a que se refiere el presente Decreto-Ley no excluye el cumplimiento de las formalidades de registro público o autenticación que, de conformidad con la ley, requieran determinados actos o negocios jurídicos». Véase ibíd., p. 215, el autor concluye que «La importancia del testamento electrónico radica en la apertura de otra posibilidad, una nueva opción al ciudadano para que pueda expresar su "última voluntad" (…) es necesario, antes de la efectiva entrada en funcionamiento de la Superintendencia de Servicios de Certificación Electrónica y del Proveedor de Servicios de Certificación del Estado, comenzar a capacitar al personal de las notarías, principalmente al notario y al registrador, para que puedan saber cómo funciona una firma electrónica, especialmente la firma digital y la que se equipara legalmente con la firma autógrafa, y no esperar, que comience a funcionar para postergar aún más los beneficios que las nuevas tecnologías han proporcionado a la ciencia del Derecho».

[94] Véase: GONZÁLEZ MENESES, Manuel: «¿Un banco on line de testamentos?». En: *El Notario del siglo XXI*, N.º 42. Madrid, Colegio Notarial de Madrid, 2012, http://www.elnotario.es.

[95] Véase *infra* VII. 5.

[96] LACRUZ BERDEJO *et al.*, ob. cit., p. 223.

[97] ROCA FERRER *et al.*, ob. cit., p. 52.

[98] ARCE Y CERVANTES, ob. cit., p. 56.

vii. Personalísimo: se trata –por su naturaleza– de un acto esencialmente personalísimo, inherente a la exclusiva y directa voluntad del sujeto, sin que pueda mediar representación, ni voluntaria ni legal[99], no obstante que algunos actos personales admiten la primera[100]. En razón del carácter personalísimo del testamento se excluye la representación, pues nadie puede decidir en lugar del causante[101]. Los menores de edad y los relativamente capaces que pueden testar lo hacen sin intervención de un tercero[102], porque se trata de un acto personal que no admite ni siquiera la autorización o asistencia, como forma de suplir la incapacidad relativa. El testamento es un acto personalísimo por lo que queda prohibido dejar su formación en todo o en parte al arbitrio de un tercero[103]. De su carácter personalísimo se deriva su indelegabilidad[104].

De allí, la crítica de la sustitución pupilar[105]. Esto es, el artículo 966 del Código Civil producto de una reminiscencia histórica prevé, sin embargo, una excepción a favor de los padres del hijo incapaz que comentaremos al referirnos a la sustitución, y que choca con el carácter esencialmente personalísimo del acto testamentario, traduciéndose en un testamento sustitutorio[106].

viii. No recepticio: No constituye una declaración dirigida a las personas llamadas a suceder sino a la posteridad, creando simplemente vocaciones.

---

[99] Véase: SERRANO ALONSO, *Manual...*, p. 104, «no cabe hacer testamento por medio de representante».
[100] La representación puede ser legal o voluntaria, la primera la impone la ley a los incapaces de obrar, en tanto la voluntaria supone la capacidad de obrar o de ejercicio. Los actos personalísimos no admiten la representación legal, aunque ciertos actos personales admiten excepcionalmente la voluntaria (matrimonio, artículo 85 del Código Civil), pero el testamentario ni siquiera a diferencia de otros admite esta última, por su sentido y naturaleza.
[101] KIPP *et al.*, ob. cit., p. 198.
[102] Véase: ibíd., p. 199.
[103] ROCA FERRER *et al.*, ob. cit., p. 42.
[104] CÓRDOBA *et al.*, ob. cit., 1993, t. III, p. 23.
[105] Véase *infra* X.
[106] Véase *infra* x.2.3.

Por tanto, es perfectamente válido antes de la aceptación de los instituidos por lo que la renuncia de estos, no afecta la perfección o validez del testamento[107]. Declaración de voluntad que, para algunos, se considera realizada con la emisión al salir formalmente de la esfera jurídica del declarante[108]. No requiere ser conocido por los interesados para surtir efecto[109].

ix. Libre o espontáneo: constituye una manifestación libre o espontánea del causante, quien no puede bajo ningún concepto obligarse a testar. Dicho acto tampoco puede estar afectado por vicios del consentimiento[110], a saber, error, dolo o violencia[111].

x. Acto de disposición: se trata de un acto trascendental en que el sujeto decide el destino de su patrimonio acaecida su muerte, que se configura en un acto que excede de la simple administración, y por tal es calificado de «disposición»[112]. Aunque se discute su carácter o contenido netamente patrimonial[113].

xi. Contenido fundamentalmente patrimonial: si bien puede incluir disposiciones de orden personal[114], como las referidas al destino del cadáver del causante, el nombramiento de tutor a los hijos (artículos 305 y 307 del Código Civil), reconocimiento filiatorio (artículo 217.3), el perdón del indigno (artículo 811), disposición del cadáver, etc.[115]. A lo que se ha agregado inclusive el reconocimiento de una unión de hecho estable o concubinaria[116].

---

[107] Véase: URDANETA SANDOVAL, ob. cit., p. 857; SANSÓ, *Naturaleza...*, p. 92.
[108] SANSÓ, *Naturaleza...*, pp. 92 y 93.
[109] DÍEZ-PICAZO y GULLÓN, ob. cit., p. 353.
[110] Véase: URDANETA SANDOVAL, ob. cit., p. 859.
[111] Véase *supra* vi.3.
[112] Véase: CHINCHILLA SANTIAGO, ob. cit., p. 88, «Es un acto dispositivo de bienes, porque está en su esencia, que por medio del testamento una persona pueda disponer de sus bienes para después de su fallecimiento».
[113] Véase *supra* vii.1.
[114] Véase: *supra* vii.1; URDANETA SANDOVAL, ob. cit., pp. 874-877.
[115] Véase: PÉREZ GALLARDO, Leonardo B.: «La aplicación de la Convención de los Derechos de las Personas con Discapacidad (CDPD) por la Sala de lo Civil y de lo Administrativo del Tribunal Supremo cubano». En: *Revista Venezolana de Legislación*

xii. Puede referirse a la totalidad o a parte de los bienes[117]: según indicamos al referirnos a la definición y lo indica expresamente el citado artículo 833 del Código Civil, el acto testamentario podría incluir todos sus bienes del causante o parte de estos, dando en el último caso cabida a la sucesión *ab intestato*. Farrera considera tal aclaratoria del legislador redundante porque, a su decir, «la parte está comprendida en el todo», aunque la redundancia podría tener un motivo histórico[118].

xiii. *Mortis causa*: se trata de un acto destinado a producir efectos después de la muerte[119]. Señala Sansó que de la definición que el Código Civil (artículo 833) ofrece del testamento, resulta su característica primera y esencial, de disponer para después de la muerte. Siendo así un acto *mortis causa*, respecto del cual Giampiccolo lo diferencia del acto de última voluntad, que, si bien ambos pretenden regulaciones para después de la muerte, el acto de última voluntad es solo una especie del género del acto *mortis causa*[120]. De allí que Santoro-Passarelli señale que se trata

---

y Jurisprudencia. N.° 10-III (Edición homenaje a María Candelaria Domínguez Guillén). 2018, p. 907, www.rvlj.com.ve.

[116] Véase: TSJ/SCS, sent. N.° 722, del 29-05-14, «Como se observa es perfectamente válida la manifestación de voluntad del testador en cuanto a la existencia de la unión estable de hecho con la demandante, pues ésta es equiparable al reconocimiento filiatorio. En consecuencia, solo dicha declaración es capaz de aportar convicción al respecto». Véase sin embargo, voto salvado de dicha decisión: «Obliga para quien discrepa, cuestionar respecto a la mencionada manifestación de voluntad revelada mediante documento público o auténtico, si el testamento constituye un medio idóneo que otorgue plenos efectos jurídicos en los términos contenidos en el artículo 118 del texto normativo comentado, vista la restricción prevista en el artículo 835 del Código Civil, en cuanto a que no pueden dos o más personas testar en un mismo acto, sea en provecho recíproco o de un tercero, observaciones éstas para futuras decisiones».

[117] Farrera, ob. cit., p. 83.
[118] Ídem, pues el Código Civil francés e italiano contienen la misma frase.
[119] Baqueiro Rojas y Buenrostro Báez, ob. cit., p. 277.
[120] Sansó, *Naturaleza…*, p. 87, por cuanto en dicha especie particular no entra ni el mero acto jurídico *mortis causa* –ejemplo pertenencia de la cosa legada– ni el negocio *mortis causa* que no existe en el Derecho venezolano.

de un negocio, cuyas vicisitudes vienen determinadas como consecuencia esencial de la muerte de su autor[121]. Díez-Picazo y Gullón aluden al mismo como un acto de «eficacia *post mortem*», pues despliega sus efectos a la muerte de su autor[122]. Es el único acto por el cual el sujeto dispone de sus bienes para después de su muerte[123].

xiv. Exclusivo de la persona natural o humana: señalamos que, por su naturaleza, las personas incorporales no pueden ser causantes de una sucesión *mortis causa*, porque el hecho natural de la muerte no existe en tal creación del Derecho. Por ello, en el tema anterior, precisamos que la capacidad para testar o disponer por testamento es exclusiva de la persona humana[124]. Constituye, pues, el testamento un acto o negocio exclusivo del ser humano, pues es obvio que las personas incorporales no mueren ni fallecen, por lo que mal podrían testar, ni siquiera a través de sus órganos o representantes.

3. Clases o especies[125]

La doctrina refiere, en atención al Código sustantivo, tres clases, especies o tipos de testamentos, según las circunstancias, a saber, i. ordinarios, ii. especiales y iii. otorgados en el extranjero[126].

---

[121] Santoro-Passarelli, ob. cit., p. 270.
[122] Díez-Picazo y Gullón, ob. cit., p. 354.
[123] Farrera, ob. cit., p. 81.
[124] Véase *supra* vi.2.1.
[125] Véase: López Herrera, *Derecho...*, t. i, pp. 187-198; Dominici, ob. cit., pp. 71 y ss.; Sojo Bianco, ob. cit., pp. 316-326; Rojas, ob. cit., pp. 155-176; Rodríguez de Rodríguez, ob. cit., p. 31; Amoni Reverón, ob. cit., pp. 208-214.
[126] Véase: Juzgado Segundo de Primera Instancia en lo Civil, Mercantil y del Tránsito de la Circunscripción Judicial del Estado Miranda, sent. del 24-09-08, citada *supra*, «El ordenamiento jurídico venezolano, reconoce tres tipos de testamentos: El testamento ordinario; el testamento especial y el testamento otorgado en el extranjero»; Juzgado Undécimo de Primera Instancia en lo Civil, Mercantil y del Tránsito de la Circunscripción Judicial del Área Metropolitana de Caracas, sent. 8-5-07, exp. N.º S.-5897, http://aragua.tsj.gov.ve/decisiones/2007/mayo/2126-8-S-5897-.html,

Debe tenerse en cuenta, respecto a las formalidades correspondientes, según indicamos, que la competencia del registrador en el otorgamiento del instrumento testamentario concurre con la del notario a partir del 2001, situación que se mantuvo en la Ley de Registro Público y del Notariado del 2006 y del 2014[127].

3.1. Ordinarios

Se indica que reciben su denominación porque suelen utilizarse en situaciones normales u ordinarias –no excepcionales o especiales– de la vida. Esto es, no precisan circunstancias extraordinarias.

Los testamentos ordinarios o comunes pueden ser, a su vez, abiertos y cerrados, de conformidad con el artículo 849 del Código Civil. Los requisitos de los testigos están referidos en el artículo 864 *eiusdem*[128].

«Es decir que tenemos una variedad de clases y formas de testamentos, dependiendo de los caracteres específicos de cada uno de ellos, tenemos: testamento abierto y cerrado; común u ordinario y especial o privilegiado; mancomunado; marítimo; militar; nuncupativo; ológrafo, etc., nuestro Código Civil admite tres clases de testamentos: ordinarios, especiales, otorgados en el extranjero. Por lo que el testamento abierto, es aquel en el cual el testador, al momento de otorgarlo, manifiesta su última voluntad en presencia de las personas que deben autorizar el acto quedando enteradas de lo que en él se dispone, o sea ante de cinco testigos sin la concurrencia del registrador, todos los testigos deberán firmar el testamento; y dos de ellos, por lo menos, reconocerán judicialmente su firma y contenido del testamento, dentro de los seis meses siguientes al otorgamiento, so pena de nulidad».

[127] Véase *supra* VII.2; Ley de Registro Público y del Notariado, artículo 75.6 al 8: «… 6. Otorgamiento de testamentos abiertos de conformidad con los artículos 852 al 85 del Código Civil. 7. Presentación y entrega de testamentos cerrados, con expresión de las formalidades requeridas en los numerales 1, 2 y 3 del artículo 857 del Código Civil. 8. Apertura de testamentos cerrados, de conformidad con lo previsto en los artículos 986 al 989 del Código Civil y 913 al 920 del Código de Procedimiento Civil. El notario público o notaria pública tendrá potestades para realizar los actos que se atribuyen al registrador público o registrador pública en el Código Civil».

[128] «artículo 864.- Los testigos en los testamentos deben ser mayores de edad, conocer al testador y saber leer y escribir. No pueden ser testigos en los testamentos los ciegos

3.1.1. Abiertos

Dispone el artículo 850 del Código Civil: «Es abierto o nuncupativo el testamento cuando el testador, al otorgarlo, manifiesta su última voluntad en presencia de las personas que deben autorizar el acto, quedando enteradas de lo que en él se dispone». La acepción viene –según Dominici– de *nuncupare heredem* que significaba entre los romanos nombrar herederos en voz alta[129]. El testamento abierto es denominado también por la ley *nuncupatio*, lo que no coincide con su acepción en el Derecho romano, que se asociaba al otorgado de viva voz[130], no obstante que este último no lo admite nuestro Derecho positivo[131].

El testamento abierto tiene por característica fundamental la «publicidad»[132], supone así el conocimiento del contenido del mismo por las personas que intervienen en el acto, a diferencia del cerrado, donde aquellas

---

y los totalmente sordos o mudos, los que no entienden el idioma castellano, los parientes dentro del cuarto grado de consanguinidad o segundo de afinidad del registrador que autoriza el acto; los herederos y legatarios instituidos en el testamento y los parientes de los mismos dentro de los grados expresados, respecto de los testamentos abiertos; ni, en fin, el que tuviere algún impedimento general para declarar en todo juicio». Véase igualmente: López Herrera, *Derecho*..., t. I, pp. 201 y 202, señala que ha considerarse igualmente el artículo 477 del Código de Procedimiento Civil –entredicho judicial y testigos de oficio– pues las inhabilidades de los artículos 478 y ss. constituyen impedimentos de procedimientos judiciales especiales. En el mismo sentido: Piña Valles, ob. cit., p. 119.

[129] Dominici, ob. cit., p. 73.
[130] Véase: Sojo Bianco, ob. cit., p. 317; Zannoni, ob. cit., p. 539, el testamento *nuncupatio* o testamento oral los recogieron las partidas y el Derecho escrito del sur de Francia.
[131] Véase: Farrera, ob. cit., p. 116.
[132] Véase: Gutiérrez Barrenengoa *et al.*, ob. cit., p. 91, señalan que algunos consideran la publicidad como uno de los inconvenientes del testamento abierto, y citan a Planiol para referir que ello, en especial por los testigos, puede ser «peligroso». Sobre los méritos e inconvenientes de las distintas formas de testar, véase: Josserand, ob. cit., vol. III, pp. 33 y 34, califica el testamento secreto o confidencial «un lujo de formalidades verdaderamente excesivo» (ibíd., p. 34).

solo saben del otorgamiento de un testamento y no de su contenido[133]. Así pues, su texto es conocido por todos los que tienen acceso a él»[134].

Los abiertos, según el Código Civil, incluyen tres posibilidades[135]: i. Otorgado por documento público ante notario o registrador (artículo 852[136]),

---

[133] Véase: SERRANO ALONSO, *Manual...*, p. 119, el testamento abierto es aquel en que el testador manifiesta su voluntad ante personas que deben autorizar el acto y quedan enteradas de lo que el testador dispone. Se trata de un testamento público ya que su otorgamiento se otorga ante funcionario, siendo su característica la publicidad de su contenido; LACRUZ BERDEJO *et al.*, ob. cit., p. 175, se caracteriza por que el autorizante, en su caso y los testigos, conocen el contenido de la última voluntad.

[134] ALARCÓN FLORES, *El testamento...*, «Lo que lo diferencia del testamento cerrado, por esencia secreto cuyo texto resulta incomprobable hasta después de muerto el testador o de ser revocado».

[135] Véase: CSJ, sent. del 28-01-65, *Jurisprudencia Ramírez & Garay*, t. XI, p. 396.

[136] «El testamento abierto debe otorgarse en escritura pública con los requisitos y formalidades exigidos por la Ley de Registro Público para la protocolización de documentos». Véase: LÓPEZ HERRERA, *Derecho...*, t. I, p. 190, para que se cumplan las exigencias del artículo 852 del Código Civil, el testamento tiene que constar *ab initio* en escritura pública, debe ser otorgado directamente ante el funcionario. Véase también: TSJ/SCS, sent. N.º 50, del 15-03-00, «En efecto, establece el artículo 1357 del Código Civil, que instrumento público o auténtico es el que ha sido autorizado con las solemnidades legales por un registrador, por un juez u otro funcionario o empleado público que tenga facultad para darle fe pública, en el lugar donde el instrumento se haya autorizado. Los documentos autenticados o reconocidos ante un notario no adquieren carácter público, pues dicho funcionario no presencia el acto, ni tiene facultad para darle fe pública al documento, sino que recibe la declaración del otorgante sobre la autoría y luego lo declara autenticado, o reconocido, según sea el caso. En este caso, lo único que tiene carácter público es la declaración del funcionario, en el sentido de que recibió, a su vez la manifestación del otorgante»; PIÑA VALLES, ob. cit., p. 115, nota 24, el autor se pregunta a propósito de la sentencia citada previamente la posibilidad del «testamento notariado», pues la Ley de Registro Público y del Notariado que concede competencia al notario para dar fe pública a los actos. Pensamos que la función que le concede la citada Ley especial también al notario no puede por la trascendencia del acto testamentario entenderse disminuido en sus solemnidades, por lo que el testamento debe ser necesariamente un instrumento público.

ii. sin protocolizar ante notario −o registrador− y dos testigos[137] (artículos 853[138], 854[139], 856[140] y 882[141]), iii. sin protocolizar, ante cinco testigos sin concurrencia de funcionario[142] (artículos 853, 855[143], 856 y 882).

---

[137] Que deben quedar plenamente identificados −según sentencia citada *infra*−. Véase: CSJ, sent. del 28-01-65, *Jurisprudencia Ramírez & Garay*, t. XI, p. 396, «por declaración oral, posteriormente reducida a escrito, o declaración escrita de la voluntad del testador ante el registrador y dos testigos, cuyas formalidades aparecen determinadas en el propio Código».

[138] «También podrá otorgarse sin protocolización ante el registrador y dos testigos, o ante cinco testigos sin la concurrencia del registrador».

[139] «En el primer caso del artículo anterior, se llenarán las formalidades siguientes: 1. El testador declarará ante el registrador y los testigos su voluntad que será reducida a escrito bajo la dirección del registrador, si el otorgante no presentare redactado el documento. 2. El registrador, si el testador no prefiere hacerlo, leerá el testamento a quienes concurran al acto, sin que baste que la lectura se haga separadamente. 3. El registrador y los testigos firmarán el testamento. 4. Se hará mención expresa del cumplimiento de estas formalidades. Este testamento se protocolizará sin ninguna otra formalidad, no pudiendo deducirse derecho alguno derivado del mismo sin que antes se haya verificado su protocolización en la Oficina de Registro correspondiente al registrador que autorizó el acto». Véase: TSJ/SCC, sent. N.º 444, del 29-06-06, «A juicio de la Sala, era imprescindible que el juez superior resolviera lo relativo a si en el documento testamentario propiamente dicho, se cumplió o no la solemnidad de mencionar e identificar plenamente a los testigos que actuaron en la formación del instrumento, pues de conformidad con el artículo 854 *eiusdem*, los dos testigos y el registrador deben firmar el instrumento frente al testador y además éste último debe dejar constancia expresa del cumplimiento de dicha formalidad en la nota de registro».

[140] «El testamento en ambos casos deberá firmarse por el testador, si supiere y pudiere hacerlo; en caso contrario, se expresará la causas por qué no lo firma, y lo suscribirá a su ruego la persona que él designe en el acto, la cual será distinta de los testigos instrumentales».

[141] «Las formalidades establecidas por el artículo 854, en sus disposiciones 1, 2, 3 y 4 y por los artículos 855, 856, 857, 858, 861, 862, 863, 864, 865, 867, 868, 869, 870 y 875, deben observarse bajo pena de nulidad».

[142] Véase: CSJ, sent. del 28-01-65, *Jurisprudencia Ramírez & Garay*, t. XI, pp. 395-402.

[143] «En el segundo caso del artículo 853, todos los testigos firmarán el testamento, y dos por lo menos reconocerán judicialmente su firma y el contenido del testamento, dentro de los seis meses siguientes al otorgamiento, bajo pena de nulidad; lo que deberá hacer también el testador si viviere en la fecha del reconocimiento, a menos que

Se indica que, a pesar de la denominación de «testigos», los mismos adquieren en realidad una suerte de carácter de funcionarios en virtud de la ley[144]. Se discute jurisprudencialmente si el testador debe estar gravemente enfermo, pero la extinta Corte Suprema de Justicia indicó que no debe limitarse a tal supuesto[145].

Respecto de los testamentos abiertos debe adicionalmente tenerse en cuenta el Código Civil, especialmente los artículos 861[146] –mudo y sordo-

---

se pruebe que estuvo en la imposibilidad de hacerlo». Véase: Juzgado de primera Instancia en lo Civil y Mercantil de la Circunscripción Judicial del estado Mérida, sent. del 26-02-08, http://cfr.tsj.gov.ve/decisiones/.../961-27-742-08-.html, «Como se observa, de la interpretación concordada de las normas antes trascritas, el reconocimiento de la firma y contenido de un testamento abierto hecho sin registrador ante cinco testigos, deben hacerlo por lo menos dos de esos cinco testigos dentro de los seis meses siguientes al otorgamiento (…) resulta evidente que el testamento abierto cuya firma y contenido se pretende reconocer ante este órgano judicial, fue presentado después del lapso de seis meses siguientes a su otorgamiento, por lo que resulta forzoso concluir que tal reconocimiento resulta inadmisible, por ser contrario a una disposición expresa de la Ley, específicamente la contenida en el artículo 855 del Código Civil…».

[144] Abouhamad Hobaica, ob. cit., p. 191.

[145] Véase: CSJ, sent. del 28-01-65, *Jurisprudencia Ramírez & Garay*, t. xi, p. 396, «No se desprende del texto de la ley que esta última forma de testar, pueda ser utilizada como lo sostiene la recurrida, cuando el testador se encuentre en estado de suma gravedad y haya sido imposible lograr la presencia del registrador, circunstancia ésta de la cual debe dejarse constancia»; Sojo Bianco, ob. cit., p. 319, cita sentencia de 28-01-65 (*Jurisprudencia de los Tribunales de la República*, vol. ix, p. 801; en sentido contrario: sent. del 21-06-61, ibíd., p. 803).

[146] «El sordomudo y el mudo pueden hacer testamento, si saben y pueden escribir. Al hacer testamento abierto, deben manifestar por escrito ante el registrador y los testigos su voluntad; y después que ésta esté redactada, deben poner al pie su aprobación. En caso de presentar escrito el testamento, deberán escribir a su pie, también en presencia del registrador y testigos, la nota que exprese que aquél es su testamento. Al hacer testamento cerrado, deben escribir, a la cabeza de la cubierta que lo contenga y en presencia del registrador y testigos, que el pliego presentado contiene su testamento, y si lo ha escrito un tercero deben agregar que lo han leído. El registrador expresará en el acta del otorgamiento que el testador ha escrito en su presencia y la de los testigos las palabras antes indicadas. Además, se observará todo lo que establece el artículo 857».

mudo que sabe leer y escribir–, 862[147] –absolutamente sordo– y 863[148] –si el testador no habla el idioma castellano–. De conformidad con el artículo 856 *eiusdem*: «El testamento en ambos casos deberá firmarse por el testador, si supiere y pudiere hacerlo; en caso contrario, se expresará la causa por qué no lo firma, y lo suscribirá a su ruego la persona que él designe en el acto, la cual será distinta de los testigos instrumentales». La firma del testador, como es natural, es requisito fundamental del acto[149]. En tal sentido, es fundamental obviamente indicar la causa por la que el causante deja de firmar[150]. Pues la firma ejerce una doble función: poner en claro de quién procede la declaración y demostrar que esta es completa y cerrada[151]. El Código de Procedimiento Civil contiene previsiones sobre el testamento abierto[152], así como de los actos asociados al testamentario que en «general» deban practicarse ante el juez[153] y su subsiguiente registro[154].

---

[147] «El absolutamente sordo, que quiera hacer testamento abierto, debe, además de las otras formalidades necesarias, leer el acta testamentaria, y en la misma se hará mención de esta circunstancia». Véase: Sent. 18-12-45, citada por Perera Planas, ob. cit., p. 489. Si el testador no sabe o no puede leer, se necesitan dos testigos más de los requeridos en el artículo 853 y debe expresar de palabra su voluntad ante ellos.

[148] «Si el testador no hablare ni entendiere el idioma castellano, deberá ser asistido en todo caso por un intérprete que él mismo elegirá y que deberá también firmar el acta».

[149] Véase: Sojo Bianco, ob. cit., p. 320, cita sentencia de casación en memoria de 1935, p. 380.

[150] Véase: Juzgado Undécimo de Primera Instancia en lo Civil, Mercantil y del Tránsito de la Circunscripción Judicial del Área Metropolitana de Caracas, sent. del 08-05-07, citada *supra*, «Es decir que el testamento otorgado en fecha (…) por la ciudadana (…) no se dejó expresamente la causa por el cual no firmaba dicho testamento, tal y como lo prevé el artículo 856 del Código Civil venezolano (…) En razón de las consideraciones antes expuestas este Tribunal declara inadmisible la presente solicitud».

[151] Kipp *et al.*, ob. cit., p. 293. Véase ibíd., p. 294, por lo general la firma estará debajo del texto o junto a las últimas palabras pero obviamente no el sobre que contiene el testamento cerrado, pues en este caso, falta una firma que «cierre» el documento.

[152] Véase: «artículo 916.- Cuando el testamento abierto se hubiere otorgado ante el registrador y dos testigos sin registro en el mismo acto en los protocolos, ni posteriormente a solicitud del testador, podrá protocolizarse a solicitud de los herederos o de cualquier interesado»; «artículo 917.- El testamento abierto hecho sin registrador, ante cinco testigos, deberá presentarse ante el juez de primera instancia del lugar donde se

3.1.2. Cerrados

El testamento «cerrado»[155] se caracteriza por su carácter secreto; es aquel en que no se conoce la voluntad del testador, la cual permanece reservada hasta después de su muerte, porque el otorgante declara que su última voluntad está contenida en el pliego –plica– cerrado que presenta, que podría incluir cualquier otro documento relacionado[156]. En el testamento cerrado ni el funcionario ni los testigos conocen el contenido de las disposiciones

---

encuentre el testamento, dentro del término que fija el Código Civil para el reconocimiento, acto en el cual deberá preguntarse a los testigos si se verificó el acto estando todos reunidos en presencia del testador; si el testamento fue leído en alta voz en presencia del otorgante y los testigos; si las firmas son las de las respectivas personas, y si las vieron poner en su presencia al testador, o a quien firmó a su ruego, y a cada uno de los testigos. Si el testador viviere para la fecha del reconocimiento deberá hacerlo también, a cuyo efecto declarará sobre los mismos hechos. También dirán los testigos si, a su juicio, el testador se hallaba en estado de hacer testamento», «artículo 918.- En los testamentos especiales, hechos de conformidad con lo preceptuado en el Código Civil, se procederá de acuerdo con las disposiciones precedentes, en cuanto sean aplicables».

[153] Véase: «artículo 914.- Los demás actos que deban practicarse según el Código Civil se harán constar en actas firmadas por el juez, el secretario, los testigos y los solicitantes. Si el solicitante no pudiere o no supiere firmar, se hará constar así en el acta respectiva», «artículo 915.- Podrá usarse para con los testigos que no comparezcan a la citación que se les haga para este acto, de los mismos apremios que en juicio ordinario; y los del testamento serán además responsables de los daños y perjuicios que causaren por inasistencia inmotivada», «artículo 919.- Todas las diligencias de declaración de los testigos o sus reconocimientos, deberán hacerse en actos separados y con las formalidades que exige este Código para el examen de testigos».

[154] Véase: «artículo 920.- Practicadas todas las diligencias con relación a los diversos testamentos de que tratan los artículos anteriores, el juez ordenará que la copia certificada de las disposiciones testamentarias se registre en la respectiva oficina de registro, y que se agreguen a los comprobantes el original y las actuaciones practicadas».

[155] Denominado también «secreto» o «místico». Véase: Roca Ferrer *et al.*, ob. cit., p. 106; Camus, ob. cit., p. 107; Dominici, ob. cit., p. 85; Ripert y Boulanger, ob. cit., p. 309, el testamento místico se toma en su prístino sentido significa: secreto.

[156] Véase: Serrano Alonso, *Manual...*, p. 125, el testador, sin revelar su última voluntad, declara que ésta se halla en el pliego que presenta a las personas que han de autorizar el acto; Lacruz Berdejo *et al.*, ob. cit., p. 183, se caracteriza por la certeza de su otorgamiento junto al secreto de su contenido.

de última voluntad, pues su conocimiento queda limitado a presenciar el acto de entrega del testamento y la declaración del testador de que está contenido en el pliego cerrado por el presentado[157]. El testamento cerrado, una vez otorgado con las formalidades de ley, «queda en poder del testador»[158], lo que, ciertamente, constituye uno de los riesgos o inconvenientes de este tipo de acto testamentario dada la posibilidad de extravío o pérdida, antes de la apertura. El Código Civil no lo define, sino que indica las formalidades necesarias en el artículo 857[159]. Así prevé dicha norma:

> En el testamento cerrado deberán observarse las solemnidades siguientes: 1. El papel en que esté escrito el testamento, o por lo menos el que le sirva de cubierta, estará cerrado y sellado de manera que el testamento no pueda extraerse sin ruptura o alteración del pliego, o se hará cerrar y sellar de esa misma manera en presencia del registrador y de tres testigos. 2. El testador, al hacer la entrega, declarará en presencia de los mismos, que el contenido de aquel pliego es su testamento. 3. El testador expresará si el testamento está o no escrito y firmado por él. Si no lo firmó porque no pudo, lo declarará en el acto de la entrega. 4. El registrador dará fe de la presentación y entrega con expresión de las formalidades requeridas en los números 1, 2 y 3, todo lo cual hará constar encima del testamento o de su cubierta[160],

---

[157] Véase: CSJ, sent. del 28-01-65, *Jurisprudencia Ramírez & Garay*, t. XI, p. 399; Piña Valles, ob. cit., p. 118.

[158] López Herrera, *Derecho...*, t. I, p. 198.

[159] Véase: Sojo Bianco, ob. cit., p. 320. Véase también: Casación, sent. del 20-12-60. *Jurisprudencia Ramírez & Garay*, t. II, pp. 303-312, «Pretender que, una vez introducido el sobre contentivo del pliego testamentario en una nueva envoltura, en presencia del registrador, del testador y de los testigos instrumentales, sea menester que el testador reitere al propio registrador y a los mismos testigos instrumentales la entrega y declaración ya hechas con anterioridad, cuando el pliego testamentario estaba contenido solamente en el sobre, es pretender el cumplimiento de una formalidad que la ley no consagra» (ibíd., p. 305). Véase también sentencia de casación de fecha 18-04-33, en Parra, ob. cit., pp. 431-434).

[160] Véase: Sojo Bianco, ob. cit., p. 321, cita sentencia de la CSJ (*Gaceta Forense*, t. XXX, p. 182), que indica que el registrador podría precisar de una segunda cubierta de dimensiones mayores, sin que ello denote extralimitación de sus funciones.

y firmarán también el testador y todos los testigos. 5. Si el testador no pudiere firmar en el acto en que hace la entrega, el registrador hará también constar en la cubierta esta circunstancia, y firmará a ruego del testador la persona que éste designe en el mismo acto, la cual será distinta de los testigos instrumentales.

Deben considerarse también los artículos 858 al 860 y 882 del Código Civil. En efecto, se precisa saber y poder leer y escribir para otorgar testamento cerrado a fin de cerciorarse del contenido[161], pero debe recordarse el artículo 861 *eiusdem* que prevé en tal caso, «Al hacer testamento cerrado, deben escribir, a la cabeza de la cubierta que lo contenga y en presencia del registrador y testigos, que el pliego presentado contiene su testamento, y si lo ha escrito un tercero deben agregar que lo han leído. El registrador expresará en el acta del otorgamiento que el testador ha escrito en su presencia y la de los testigos las palabras antes indicadas. Además, se observará todo lo que establece el artículo 857». Por otra parte, agrega el artículo 858 que si el testador sabe leer pero no puede escribir o no pudo poner su firma, deberá indicar la causa y ello constará en el acta respectiva[162]. En el acta se han de cumplir las formalidades vigentes al momento del acto[163]. Los testigos igualmente

---

[161] Véase: Código Civil «artículo 859.- Quienes no sepan o no puedan leer no podrán hacer testamento cerrado». Véase: TORRES-RIVERO, *Teoría*…, t. I, pp. 382-385. Véase: ibíd., p. 385, el no saber o no poder leer ni escribir solo afecta el testamento cerrado, pero se es capaz para otorgar testamento abierto: la incapacidad general a cualquier a tipo de testamento afecta al sordomudo y mudo que no sabe leer ni escribir. El autor indica que el ciego podría incluirse en el primer supuesto equivalente a no poder leer, aunque pueda otorgar testamento abierto; DOMINICI, ob. cit., pp. 91 y 92, se explica porque pueden ser engañados pues no le es posible cerciorarse de lo que se ha dispuesto, por lo que lo considera también aplicable a todo tipo de ciego.

[162] Véase: «artículo 858.- El testador que sepa leer, pero no escribir, o que no haya podido poner su firma cuando hizo escribir sus disposiciones, deberá también declarar haberlas leído e indicar la causa o motivo que le haya impedido firmarlas, y de todo esto se hará mención en el acta».

[163] Véase: artículo 860.- El acta en la cual el registrador da fe de la presentación del testamento cerrado y del cumplimiento de las formalidades requeridas por la Ley, será protocolizada si así lo exigiere la Ley de Registro Público vigente al tiempo de su otorgamiento, sin que la falta de protocolización pueda en ningún caso producir su nulidad».

han de cumplir los requisitos del citado artículo 864 *eiusdem*[164], pues dicha norma se ubica dentro de los testamentos ordinarios en general.

Los artículos 986 al 989 del Código Civil disponen lo relativo a la apertura, publicación y protocolización del testamento cerrado[165], procedimiento de jurisdicción voluntaria[166] que se aprecia en algunas decisiones

---

[164] Véase: Dominici, ob. cit., p. 95, las condiciones exigidas a los testigos testamentarios deben ser concurrentes.

[165] Véase: «artículo 986.- Toda persona que tenga en depósito un testamento cerrado, está en la obligación de manifestarlo ante el juez de primera instancia más cercano tan pronto como conozca la muerte del testador, para que sea abierto y publicado. Cualquiera que se crea interesado puede solicitar del mismo funcionario que ordene la entrega del testamento, comprobando la muerte del testador. Véase sobre tal norma: Rodríguez, ob. cit., pp. 249 y 250, indica que el incumplimiento de tal obligación no tiene penalidad práctica. «Artículo 987.- En la misma audiencia en que se presente la solicitud o se haga la manifestación a que se refiere el artículo anterior, el juez fijará audiencia y hora para la consignación, apertura y publicación del testamento. El auto del juez se publicará oportunamente por la prensa en los lugares en que la hubiere o por carteles donde no existan periódicos», «artículo 988.- En la audiencia y a la hora fijada se procederá a la consignación, apertura y publicación del testamento en presencia de dos testigos por lo menos, prefiriéndose, si fuere posible, dos de los que suscribieron el acta del testamento. Se verificará previamente el estado en que se encuentre el pliego y si hay o no indicios de haber sido alterados o violados los sellos. De todo se levantará acta en que se hará constar expresamente la verificación del estado del pliego. Dicha acta será firmada por el juez, los testigos, los interesados que hayan concurrido y el secretario», «artículo 989.- En la misma audiencia, el juez ordenará que se expida copia certificada del testamento y del acta de consignación, apertura y publicación, para su remisión al registrador subalterno de la jurisdicción donde se hubiere otorgado el testamento, para su protocolización. Si el testamento se hubiere otorgado en país extranjero pero ante el agente diplomático o consular de la República, las copias certificadas se remitirán, por el órgano legal correspondiente, para su protocolización, a la oficina subalterna de registro donde fue protocolizada la copia del acta del otorgamiento de dicho testamento. Si el testamento se otorgó ante un funcionario de país extranjero, las copias certificadas se remitirán para su protocolización, a una cualquiera de las oficinas subalternas de registro del departamento Libertador del Distrito Federal».

[166] Véase referencia en: artículo 333.2 del Código Procesal Civil modelo para Iberoamérica. http://www.iprocesalcolombovenezolano.org/legislacion/codigo_modelo_ibero.doc.

judiciales[167] –a pesar que algunos reseñan que es de escasa incidencia práctica–[168] y que en razón de la Resolución del Máximo Tribunal de 2009[169]

---

[167] Véase entre otras: Juzgado Segundo de Primera Instancia en lo Civil y Mercantil de la Circunscripción Judicial del estado Barinas, sent. del 05-12-08, sol. N.º 08-2500, http://barinas.tsj.gov.ve/decisiones/2008/diciembre/803-5-Sol.N%C2%BA08-2500.-03-12-08..html; Juzgado Tercero de Primera Instancia en lo Civil, Mercantil y del Tránsito de la Circunscripción Judicial del Área Metropolitana de Caracas, sent. del 09-02-07, Exp. 29.218, http://jca.tsj.gov.ve/decisiones/2007/febrero/2118-9-29.218-.html; Juzgado Segundo de Primera Instancia en lo Civil, Mercantil y del Tránsito de la Circunscripción Judicial del estado Yaracuy, sent. del 16-10-08, http://yaracuy.tsj.gov.ve/decisiones/2008/octubre/1430-16-604-2008-.html; Juzgado Tercero de Primera Instancia en lo Civil, Mercantil, Agrario, Tránsito y del Trabajo del estado Sucre, sent. del 15-06-06, citada *supra*. Véase también: Juzgado del Municipio Diego Ibarra de la Circunscripción Judicial del estado Carabobo, sent. 30-06-05, http://cojedes.tsj.gov.ve/decisiones/2005/julio/752-1-523-05-02.html; Juzgado del Municipio Diego Ibarra de la Circunscripción Judicial del Estado Carabobo, sent. del 04-07-05, sol. 523-05 http://jca.tsj.gov.ve/decisiones/2005/julio/752-4-523-05-04.html.

[168] Véase sobre su incidencia en el Derecho español: DURÁN CORSANEGO, Emilio: «El testamento cerrado». En: *El Notario del siglo XXI*, N.º 11. Madrid, Colegio Notarial de Madrid, 2007, http://www.elnotario.com, «Es mínimo o casi nulo el uso del testamento cerrado autorizado por los notarios españoles. Más recientemente, el profesor ALBALADEJO considera que el testamento cerrado entre nosotros se da escasísimamente en la práctica, lo que viene motivado por tres principales razones: una, las muchas formalidades que requiere, de modo que resulta más sencillo otorgar, por ejemplo, el abierto; dos, el engorroso trámite y los gastos que suponen su apertura y protocolización; y otra, que no tiene interés el testador que se desconozca lo que ordena en su última voluntad o, aunque lo tenga, en la práctica lo mismo de desconocido permanece para los afectados lo que disponga en su testamento abierto cuando el propio testador y los testigos lo callan».

[169] Véase: TSJ, Resolución mediante la cual se modifican a nivel nacional, las competencias de los Juzgados para conocer de los asuntos en materia Civil, Mercantil y Tránsito, Res. N.º 2009-0006, publicada en *Gaceta Oficial de la República Bolivariana de Venezuela* N.º 39152, del 02-04-09, que establece en su artículo 3: «Los juzgados de municipio conocerán de forma exclusiva y excluyente de todos los asuntos de jurisdicción voluntaria o no contenciosa en materia civil, mercantil, familia sin que participen niños, niñas y adolescentes, según las reglas ordinarias de la competencia por el territorio, y en cualquier otro de semejante naturaleza. En consecuencia, quedan sin efecto las competencias designadas por textos normativos

actualmente correspondería a la competencia de los tribunales de municipio[170]. Al efecto, prevé el artículo 913 del Código de Procedimiento Civil: «La solicitud que se dirija para la apertura de un testamento cerrado, se realizará en la forma prevista en el artículo 899 de este Código», este último aplicable en materia de jurisdicción voluntaria.

3.2. Especiales

Los testamentos especiales suponen circunstancias particulares o excepcionales[171], en lo que no se exigen las formalidades inherentes a los testamentos ordinarios[172]. Aunque todos deben cumplir con los citados requisitos del artículo 882 del Código Civil que son comunes a todos los testamentos. Los ordenamientos han conservado de manera diferente, en parte por razones de arrastre histórico y en parte por motivos de oportunidad, la posibilidad de testar en defecto de funcionario[173], cuando media un apremio y no es posible el otorgamiento del testamento ordinario[174]. Los testamentos especiales –también denominados «privilegiados»[175]– son otorgados cuando

---

preconstitucionales. Quedando incólume las competencia que en materia de violencia contra la mujer tienen atribuida».

[170] Véase: Juzgado Primero de Primera Instancia en lo Civil, Mercantil y del Tránsito de la Circunscripción Judicial del estado Miranda, sent. del 22-06-09, exp. 47.099, http://miranda.tsj.gov.ve/decisiones/2009/junio/101-22-47099-.html.

[171] Véase: FARRERA, ob. cit., p. 115, los testamentos especiales son los que se hacen en casos excepcionales, cuando es imposible o por lo menos difícil el empleo de las formas ordinarias, en atención la ley establece formas simplificadas; CHINCHILLA SANTIAGO, ob. cit., p. 96, su especialidad se fundamenta también en el hecho de que solo determinados sujetos –militares, tripulantes y pasajeros de barcos, etc.– y en particulares circunstancias que determina la ley, están afectados para otorgar esta clase de testamentos. Agrega que «el artículo 972 del Código Civil de Guatemala, faculta a los privados de libertad para testar, en caso de necesidad, ante el jefe de la prisión, pudiendo ser testigos, a falta de otros, los mismos detenidos o presos, con tal que no sean inhábiles por otra causa y que sepan leer y escribir» (ibíd., p. 100).

[172] RAMÍREZ, ob. cit., p. 225.

[173] ROCA FERRER et al., ob. cit., p. 121.

[174] BAQUEIRO ROJAS y BUENROSTRO BÁEZ, ob. cit., pp. 338 y 339.

[175] Véase: JOSSERAND, ob. cit., vol. III, p. 17; CLARO SOLAR, ob. cit., t. XIV (II), p. 303; MESSINEO, ob. cit., p. 98.

las condiciones normales sufren alteración por causa de epidemia, de viaje de buques mercantes o de guerra, de circunstancias surgidas en conflicto bélico en lo atiente a testadores de profesión militar. Esto es, se trata de motivos de peculiar naturaleza que obligan y justifican la especialidad del acto[176]. En nuestro ordenamiento tienen lugar en tres supuestos:

3.2.1. En lugares donde haya epidemia

Así prevé el artículo 865 del Código Civil: «En los lugares donde reine una epidemia grave que se repute contagiosa, es válido el testamento hecho por escrito ante el registrador o ante cualquiera autoridad judicial de la jurisdicción, en presencia de dos testigos, no menores de 18 años y que sepan leer y escribir. El testamento siempre será suscrito por el funcionario que lo recibe y por los testigos, y, si las circunstancias lo permiten, por el testador. Si el testador no firmare, se hará mención expresa de la causa por la cual no ha sido cumplida esta formalidad».

El Código Civil prevé una caducidad de tres meses con posterioridad al cese de la epidemia; si el testador murió en dicho lapso para su validez precisa de la formalidad de ley[177]. Indica la doctrina que la ley alude en tal caso particular del testamento a caducidad porque tal acto contiene una «cláusula implícita de caducidad»[178] o procede en tal lapso la caducidad de pleno

---

[176] CSJ, sent. del 28-01-65, *Jurisprudencia Ramírez & Garay*, t. XI, p. 395.

[177] «Artículo 866.- Estos testamentos caducarán tres meses después que la epidemia haya dejado de reinar en el lugar donde se encuentre el testador, o tres meses después que éste se haya trasladado a un lugar no dominado por la epidemia. Si el testador muere entretanto, el testamento mantiene su carácter de instrumento público, pero no podrá deducirse ninguna acción derivada del mismo, mientras no sea protocolizado en la oficina subalterna de registro correspondiente al lugar del otorgamiento».

[178] Véase: ZULETA GONZÁLEZ, Atilio: «La caducidad y la prescripción en la legislación venezolana». En: *Revista de la Universidad del Zulia*, Vol. 3, N.º 11, Maracaibo, 1960, pp. 27-32, «nuestro legislador civil, emplea la acepción "caduca", única y exclusivamente en los artículos 866, 878, 954, 950 y 970 del Código Civil, que se refieren a la sucesión testamentaria, para hacer decaer los efectos jurídicos de alguna clase de testamento, esto es, los testamentos especiales, incluyendo en ello, en el

derecho[179]. Lacruz indica, acertadamente, que no se precisa para la validez del otorgamiento de esta clase de testamento que la epidemia se halle oficialmente declarada, y que tal declaración oficial no es necesaria ni suficiente. Lo único preciso es la presencia masiva y en sus manifestaciones más agudas de una enfermedad epidémica con alto índice de mortalidad, de profilaxis difícil y muy contagiosa. Y el testamento vale aunque el testador no contraiga el morbo epidémico y fallezca por otra causa[180]. En el caso venezolano tampoco la ley precisa declaratoria oficial de la existencia de la epidemia, por lo que simplemente se probará esta última; tampoco se requiere incomunicación; como indica la norma que la epidemia sea grave –capaz de producir la muerte– y contagiosa –transmisible a un número considerable de personas–[181]. No es la enfermedad en sí lo que autoriza esta forma de testar, sino el sentimiento general de miedo que domina en la población[182].

En el Derecho colombiano, el supuesto bajo análisis se subsume en un supuesto más amplio que da lugar al testamento verbal, otorgado de viva voz ante tres testigos cuando su vida se halle en eminente peligro, por lo que parezca no haber modo o tiempo de otorgar el testamento solemne. Se indica que el legislador colombiano fue amplio al consagrar simplemente la inminencia de muerte, que podría deberse a circunstancias endógenas –enfermedades– o exógenas –guerra, motín, alteraciones del orden

---

articulado del Código, lo que los expositores franceses denominan "cláusula implícita de caducidad en los actos". Dichos autores asientan que un acto caduca cuando, reuniendo todos los elementos propios de su existencia y de su validez, queda privado de todo efecto jurídico independientemente de la voluntad de sus autores. Es una situación que llaman excepcional para los actos bilaterales, pero bastante frecuente en los unilaterales, especialmente en cuanto a los legados y testamentos, y no hay que olvidar que el Código Civil venezolano, define el testamento como un acto, es decir, para poner de manifiesto su unilateralidad –véase Planiol y Ripert, en su obra *Derecho Civil francés*, t. v, p. 536–».

[179] Véase: Zannoni, ob. cit., pp. 575 y 576.
[180] Lacruz Berdejo et al., ob. cit., p. 181.
[181] Dominici, ob. cit., p. 98.
[182] Farrera, ob. cit., p. 154.

público– de la persona[183]. Tal supuesto genérico de eminente riesgo de muerte podría considerarse en nuestro ordenamiento de *lege ferenda*, pues ciertamente las circunstancias en que corre efectivo peligro la vida, no se reducen a una epidemia, la cual ciertamente presenta escasa incidencia práctica hoy en día.

3.2.2. A bordo de buques

Dispone el artículo 867 del Código Civil: «Los testamentos hechos a bordo de los buques de la marina de guerra, durante un viaje, se otorgarán en presencia del comandante o del que haga sus veces. A bordo de los buques mercantes se otorgarán ante el capitán o patrón, o el que haga sus veces. En ambos casos deben presenciar el otorgamiento, además de las personas anteriormente expresadas, dos testigos mayores de edad». Y el artículo 868 *eiusdem*: «En los buques de la marina de guerra el testamento del comandante o del que haga sus veces, y en los mercantes el del capitán o patrón o del que haga sus veces, se otorgarán ante quienes estén llamados a subrogarlos, según el orden del servicio, observándose siempre las formalidades establecidas en el artículo precedente».

Dicho testamento se hará por duplicado[184], debe firmarse por el testador, quien haya autorizado y por los testigos[185]. El testamento se conservará entre los instrumentos importantes del buque y se referirá en el diario[186]. Si el buque arriba a puerto extranjero debe entregarse un original y copia

---

[183] SUÁREZ FRANCO, ob. cit., pp. 208 y 209.
[184] Véase: artículo 869 del Código Civil.
[185] Véase: «artículo 870.- El testamento hecho a bordo de buques de guerra o mercantes, debe firmarse, por el testador, por la persona que lo haya autorizado y por los testigos. Si el testador o los testigos no saben o no pueden firmar, se debe indicar el motivo que les haya impedido hacerlo».
[186] Véase: «artículo 871.- Los testamentos hechos durante el viaje se conservarán entre los papeles más importantes del buque, y se hará mención de ellos en el diario y a continuación del rol de la tripulación». Véase: FARRERA, ob. cit., p. 157, refiriendo a DOMINICI indica que la falta de mención en el diario no acarrea la nulidad del testamento.

de la nota de diario al respectivo agente diplomático o consular[187], quien levantará un acta y la remitirá a la autoridad competente[188]. La ley aclara que dicho testamento solo tiene efecto si el testador muere durante el viaje o dentro de los dos meses siguientes al desembarque[189].

La doctrina aclara que no se precisa que el testador se encuentre enfermo o que haya riesgo de siniestro; basta la simple circunstancia del viaje[190], aunque Domínici aclara que debe hacerse durante el viaje, por lo que no sería válido el otorgado todavía fondeada la nave o después de haber llegado al puerto de destino[191].

---

[187] Véase: «artículo 872.- Si el buque arriba a un puerto extranjero donde resida un agente diplomático o consular de la República, quienes hayan autorizado el testamento o quienes les reemplacen, le entregarán uno de los originales y una copia de la nota puesta en el diario y en el rol de la tripulación. Al llegar el buque a cualquier puerto de la República, se entregarán a la primera autoridad local, marítima o civil, los dos ejemplares del testamento, o el que quede, en el caso de haberse entregado el otro durante el viaje, junto con copia de las notas indicadas. Al margen de la nota escrita en el diario y en el rol de la tripulación, se pondrá otra en que se diga haberse hecho la entrega».

[188] Véase: «artículo 873.- Los agentes diplomáticos o consulares y las autoridades locales de quienes se ha tratado en el artículo anterior, formarán un acta de la entrega del testamento, suscrita también por las personas que lo consignen, y remitirán todo al ministro de guerra y marina, quien ordenará el depósito de uno de los originales en su archivo y remitirá otro a la oficina de registro del lugar del domicilio o de la última residencia del testador. En el caso de ignorarse estos, o de que nunca los hubiere tenido en la República, la remisión se hará a una de las oficinas subalternas de registro del departamento Libertador del Distrito Federal. Si solo hubiere recibido un ejemplar, lo remitirá a la oficina de registro, dejando copia certificada.

[189] Véase: «artículo 874.- El testamento hecho a bordo en el curso de un viaje, según la forma establecida en los artículos precedentes, tendrá efecto únicamente en el caso de que el testador muera durante el viaje, o dentro de dos meses después que haya desembarcado en un lugar en donde hubiere podido hacer nuevo testamento según las formas ordinarias».

[190] Véase: Sojo Bianco, ob. cit., p. 324.

[191] Dominici, ob. cit., p. 100.

El denominado testamento «marítimo»[192], es tal porque para la época en que datan tales normas no se conocía el vuelo aéreo[193]. Procede también del Derecho romano siendo una forma paralela al testamento militar para situaciones de emergencia, que la doctrina no le ve mucha fortuna toda vez que generalmente un viaje de este tipo no se improvisa pudiéndose tomar las debidas previsiones, pues en catástrofes como la del hundimiento del Titanic no parece probable que los viajeros realicen testamentos que se hundirán con ellos[194]. Se ha definido como aquel testamento que pueden otorgar todos aquellos que vayan a bordo de una nave en un viaje marítimo[195]. Acota López Herrera que la ley venezolana alude a «buques», es decir, a naves adecuadas para empresas marítimas de importancia, que han de tener bandera venezolana[196].

Vizcarrondo refiere que si bien el Código Civil no hace referencia al testamento aéreo, esto es al otorgado en aeronaves ya de sea de uso militar o de policía, pudiera tener aplicación en razón de la normativa especial[197]. Por su parte, López Herrera señala que dicha norma no es extensible

---

[192] Véase: ídem.
[193] Suárez Franco, ob. cit., p. 215, señala respecto del Derecho colombiano, que parece necesaria la expedición de un estatuto que reglamente el testamento en aviones.
[194] Roca Ferrer et al., ob. cit., p. 128.
[195] Ibíd., p. 129.
[196] López Herrera, Derecho..., t. i, p. 206. Véase también; Piña Valles, ob. cit., p. 121, nota 32, siguiendo a Cabanellas indica que buque no se refiere a cualquier embarcación marítima sino con cubierta, tamaño, solidez y fuerza para navegación de importancia; cita TSJ/SCC, sent. N.º 311, del 15-04-04.
[197] Véase: Vizcarrondo P., ob. cit., p. 30, citaba el artículo 85 de la antigua Ley de Aviación Civil: «El comandante registrará en el libro respectivo los hechos ocurridos a bordo durante el vuelo, que puedan tener consecuencias legales, y los pondrá en conocimiento de las autoridades competentes del primer lugar de aterrizaje en territorio nacional, o de las autoridades extranjeras competentes y del cónsul venezolano, si el aterrizaje se realizara fuera del país». Véase posterior: Ley de Aeronáutica Civil, artículo 41 contiene una norma sumamente genérica sobre las facultades del comandante de aeronave, que culmina indicando que los requisitos y demás obligaciones serán previstos en lal normativa aeronáutica respectiva.

a personas que viajan en aeronave porque se trata de una norma excepcional no susceptible de aplicación analógica y porque adicionalmente el viaje aéreo es siempre de relativa corta duración, por lo que no se justifica en el mismo esta manera especial de testar[198].

3.2.3. En caso de militares

Dispone el artículo 875 del Código Civil: «Pueden recibir el testamento de los militares y de las demás personas empleadas en el ejército: un jefe de batallón o cualquier otro oficial de grado igual o superior, o un auditor de guerra, o un comisario de guerra, en presencia de dos testigos mayores de edad. El testamento se reducirá a escrito y se firmará por quien lo escriba y, si fuere posible, por el testador y los testigos, expresándose, caso de que éstos no lo hagan, el motivo que lo haya impedido. El testamento de militares pertenecientes a cuerpos o puestos destacados del ejército, puede también recibirlo el capitán o cualquiera otro oficial subalterno que tenga el mando del destacamento. Si el testador se halla enfermo o herido, puede también recibir el testamento, el capellán o el médico cirujano de servicio, en presencia de dos testigos, de la manera establecida en el artículo precedente».

El testamento militar aparece ya en el Derecho romano, solo para el caso de que el soldado u oficial se halle formando parte de una expedición bélica y como una forma muy sencilla de evitar que el militar muriera intestado, pues ello era mal visto por los romanos[199]. El presente supuesto se limita al caso militares como expedición por causa de guerra, prisioneros, o interrupción de comunicaciones[200]. Esta forma simplificada de testamento

---

[198] LÓPEZ HERRERA, *Derecho...*, t. I, p. 206.
[199] ROCA FERRER *et al.*, ob. cit., p. 126. Véase también: KIPP *et al.*, ob. cit., p. 336, las formas de testamento especiales y simplificadas para los militares, es debida a los emperadores de la monarquía militar romana.
[200] «Artículo 877.- Pueden testar en la forma establecida en el artículo 875, solamente los que estén en expedición militar por causa de guerra, así en país extranjero como en el interior de la República, o en cuartel o guarnición fuera de la República, prisioneros en poder del enemigo, o en una plaza o fortaleza sitiada por el enemigo, o en otros lugares en que las comunicaciones estén interrumpidas».

no precisa que el militar esté enfermo, sino que se encuentre bajo la jurisdicción militar por razón de servicio o empleo[201].

LACRUZ, respecto a la utilización de la frase «tiempos de guerra» que utiliza el Código español, opina acertadamente que la proclamación del estado de guerra no es requisito necesario ni suficiente para la validez del testamento, pues lo importante será una situación real bélica[202]. Se trata, pues, de una situación que, al margen de la declaración oficial, constituya un eminente riesgo de muerte por razones militares asociadas a la guerra. Así, se admite en la doctrina española que sería posible acudir a este tipo de testamento en el curso de misiones militares con finalidad pacificadora en cualquier punto caliente del planeta, pues una cosa sería que la finalidad de la misión sea mantener la paz y otra que la situación allí sea de auténtica guerra imposibilitando al soldado nacional la posibilidad de testar; interpretación que, en definitiva, debe hacerse si se quiere mantener la figura en el siglo XXI, a diferencia de motines, algaradas, pronunciamientos o revoluciones que, en principio, salvo que adquieran determinadas proporciones, no justifican estas formas testamentarias[203].

El Código Civil agrega que tales testamentos deben transmitirse de inmediato a las autoridades de ley a fin de seguirse con la tramitación correspondiente[204] y somete también este tipo de testamento a un lapso de

---

[201] Véase: FARRERA, ob. cit., p. 159.
[202] LACRUZ BERDEJO et al., ob. cit., p. 194.
[203] ROCA FERRER et al., ob. cit., p. 127.
[204] Véase: «artículo 876.- Los testamentos de que trata el artículo anterior deben transmitirse a la brevedad posible, al cuartel general, y por éste al ministro de guerra, quién ordenará su depósito en la oficina de registro del lugar del domicilio o de la última residencia del testador, dejándose copia certificada, así en el cuartel general como en el Ministerio. En el caso de ignorarse el domicilio o última residencia del testador, o de no haberlos tenido nunca en la República, se procederá conforme lo dispuesto en el artículo 873». Véase: DOMINICI, ob. cit., pp. 107 y 108, la expresión a la mayor brevedad debe entenderse tan pronto lo permitan las operaciones militares y la seguridad de las comunicaciones.

caducidad de dos meses una vez que se tenga oportunidad de hacerse en forma ordinaria[205].

3.3. Otorgados en el extranjero[206]

El testamento otorgado en el extranjero está previsto en el Código Civil[207]. Para algunos no constituye una forma especial de testar, sino la regulación del derecho del nacional de testar fuera de su país[208]. Supone la aplicación de la regla *locus regit actum* reconocida igualmente en el artículo 37.1 de la Ley de Derecho Internacional Privado –que sustituye el artículo 11 del Código Civil–. No obstante, el cumplimiento de tales formalidades en el exterior a fin de surtir efecto en Venezuela, se admite como norma de orden público internacional la prohibición de testamento

---

[205] «Artículo 878.- El testamento de los militares, hecho según los artículos anteriores, caducará dos meses después de la llegada del testador a un lugar donde pueda hacer testamento en la forma ordinaria».

[206] Véase: LÓPEZ HERRERA, *Derecho...*, t. I, pp. 209-211; PIÑA VALLES, ob. cit., pp. 122 y 123.

[207] «Artículos 879.- Los venezolanos y los extranjeros podrán otorgar testamento en el exterior para tener efecto en Venezuela, sujetándose en cuanto a la forma a las disposiciones del país donde se realice el acto. Sin embargo, el testamento deberá otorgarse en forma auténtica, no se admitirá el otorgado por dos o más personas en el mismo acto, ni el verbal ni el ológrafo», «artículo 880.- También podrán los venezolanos o los extranjeros otorgar testamento en el exterior para tener efecto en Venezuela, ante el agente diplomático o consular de la República en el lugar del otorgamiento, ateniéndose a las disposiciones de la Ley venezolana. En este caso, el funcionario diplomático o consular hará las veces de registrador y cumplirá en el acto del otorgamiento con los preceptos del Código Civil», «artículo 881.- El agente diplomático o consular que presencia el acto, remitirá copia certificada del testamento abierto o del acta de otorgamiento del cerrado, al Ministerio de Relaciones Exteriores, el cual a su vez remitirá dicha copia por el medio legal al registrador del último domicilio de testador en el país; y si no fuese conocido o no lo hubiere tenido nunca en el mismo, se le enviará a uno de los registradores subalternos del departamento Libertador del Distrito Federal, para su protocolización».

[208] LACRUZ BERDEJO *et al.*, ob. cit., p. 197 (el autor cita y sigue a PUIG BRUTAU).

no auténtico, verbal u ológrafo[209] aunque otra legislación los contemple. Lo misma aplica, según indicamos, al testamento mancomunado[210].

Aclara López Herrera que el artículo 880 del Código Civil se refiere únicamente a testamentos ordinarios, y no a todos sino solo a aquellos que implican intervención de un notario –registrador–, lo que excluye el testamento ordinario otorgado ante cinco testigos sin la presencia de funcionario[211]. Otorgado el testamento en el exterior, el respectivo agente diplomático o consular debe remitir copia certificada del mismo a las autoridades competentes –Ministerio de Relaciones Exteriores a los fines consiguientes–[212].

4. Modalidades o elementos accidentales

Si bien el acto jurídico testamentario se rige por las reglas relativas a los negocios jurídicos, la doctrina requiere algunas condiciones[213] o requisitos, que en esencia se relacionan o son reflejo de sus caracteres, a saber, la voluntad del testador debe realizarse directamente por lo que no se admite la representación –ni siquiera mediante poder especial–[214], la voluntad debe expresarse en forma clara e inequívoca –carece de validez si es dudosa o indefinida– y de forma consciente y libre –no afectada por

---

[209] Véase: Dominici, ob. cit., p. 72, escrito todo por la mano del testador; Serrano Alonso, *Manual…*, p. 111, el testamento ológrafo es el testamento que el testador escribe por sí mismo, no interviene en el mismo un funcionario, carece de eficacia por sí mismo; Lacruz Berdejo *et al.*, ob. cit., p. 187, es aquel que escribe por su mano totalmente y firma el propio testador; Roca Ferrer *et al.*, ob. cit., pp. 78-92; Josserand, ob. cit., vol. iii, p. 18; Mazeaud *et al.*, ob. cit., vol. ii, p. 361; Camus, ob. cit., p. 103.

[210] Véase *supra* vii.2.

[211] Véase: López Herrera, *Derecho…*, t. i, p. 210.

[212] Véase: ibíd., pp. 210 y 211.

[213] Véase: Sojo Bianco, ob. cit., pp. 315 y 316.

[214] Véase *supra* vii.2.7.

vicios del consentimiento–[215], el sujeto debe tener capacidad de obrar[216], debe cumplirse con las solemnidades de ley[217].

Adicionalmente, a los referidos requisitos de capacidad y ausencia de vicios del consentimiento que deben acompañar al acto testamentario, vale referir algunas precisiones específicas sobre las disposiciones testamentarias. En cuanto a la causa, hicimos referencia a esta al tratar el error como vicio del consentimiento[218], pero se agrega que el motivo es elemento integrante del consentimiento del cual depende la existencia de los contratos, pero el testador es libre de establecer sus disposiciones sin necesidad de señalar los motivos[219].

La doctrina alude, adicionalmente, a los «elementos accidentales»[220] de las condiciones testamentarias, a saber, condición, término y modo[221], denominadas también «modalidades»[222]. El negocio jurídico a causa de muerte

---

[215] Véase *supra* VI.3.
[216] Véase *supra* VI.2.1.
[217] Véase *infra*.
[218] Véase *supra* VI.3.
[219] Escovar León, *Institución de heredero…*, pp. 232 y 233. Véase también: López Herrera, *Derecho…*, t. I, pp. 180 y 280. El testador no tiene obligación de explicar o indicar motivos de las disposiciones.
[220] Véase: Piña Valles, ob. cit., pp. 161-163; Messineo, ob. cit., p. 134.
[221] Véase: Escovar León, *Institución de heredero…*, pp. 239 y ss.; Piña Valles, ob. cit., pp. 161-163; Rodríguez, ob. cit., pp. 161-175; Rojas, ob. cit., pp. 204-213; Serrano Alonso, *Manual…*, pp. 51-56.
[222] Véase: Martínez Estévez, Jaime L.: «Las modalidades en las disposiciones testamentarias». En: *Revista del Consejo de la Judicatura*, N.º 34, Caracas, 1985, pp. 45-62; Polacco, ob. cit., pp. 457 y ss.; López Herrera, *Derechos…*, t. I, pp. 293 y ss.; Baqueiro Rojas y Buenrostro Báez, ob. cit., p. 309, aluden a modalidades civiles que pueden adoptar los actos jurídicos; Suárez Franco, ob. cit., p. 247, se refieren a «las asignaciones sometidas a modalidades»; Josserand, ob. cit., vol. III, pp. 179 y ss.; Mazeaud, ob. cit., vol. III, p. 336; Claro Solar, ob. cit., t. XIV (II), p. 391, las asignaciones testamentarias pueden ser puras y simples o sujetas a modalidades, esto es con gravámenes o cargas; Fassi, Santiago C.: *Tratado de los testamentos*. Buenos Aires, Editorial Astrea de Rodolfo Depalma y Hnos, 1971, vol. II, pp. 49-126 («De las modalidades en las disposiciones testamentarias»).

constituye –en feliz opinión de Lacruz– el principal campo de aplicación de las denominadas modalidades accesorias –condición, término y modo–[223]. Las modalidades son de práctica frecuente en el derecho de las liberalidades, particularmente en los testamentos[224]. Por lo que las disposiciones testamentarias pueden realizarse de manera pura y simple o contrariamente, acompañadas de elementos accidentales o modalidades[225].

En cuanto a la «condición», esto es, la dependencia de la disposición a un hecho futuro e incierto[226]; podría ser suspensiva o resolutoria[227]. El Código Civil admite la posibilidad de la condición en el artículo 913: «La disposición a título universal o particular puede hacerse bajo condición»[228]. La condición supone la subordinación de disposición testamentaria a una circunstancia futura e incierta. En materia de obligaciones se distingue la condición suspensiva de la condición resolutoria[229]. Se discute si en materia

---

[223] Lacruz Berdejo et al., ob. cit., p. 216.
[224] Josserand, ob. cit., vol. III, p. 178.
[225] Martínez Estévez, ob. cit., 48; Fassi, ob. cit., p. 49, el testador que crea la vocación puede agregarle a su arbitrio elementos circunstanciales que le dicten su previsión, su buen juicio y aun su capricho, mientras se mantenga dentro de los límites la licitud; Quesada González, María Corona: *La institución de heredero sometida a condición, a término o a modo (Derecho Común y Foral)*. Madrid, Reus, 2018.
[226] Véase: Ferrandio Bundio, ob. cit., pp. 13 y 14, la condición es una institución jurídica que delimita la actuación negocial; Baqueiro Rojas y Buenrostro Báez, ob. cit., p. 309, la condición supone que los efectos de un acto jurídico están supeditados a un hecho futuro e incierto; Fassi, ob. cit., p. 54, acontecimiento incierto y futuro al que el causante, por decisión de su arbitrio, ha subordinado la existencia, el cumplimiento o la extinción de disposiciones testamentarias.
[227] Véase: Cruz Martínez, Mario: «Algunas reflexiones sobre la condición». En: *Boletín Mexicano de Derecho Comparado*. N.º 100, México, Unam, 2001, pp. 101 y ss. http://www.juridicas.unam.mx.
[228] Véase: Ramírez, ob. cit., pp. 252-261.
[229] «Artículo 1197.- La obligación es condicional cuando su existencia o resolución depende de un acontecimiento futuro e incierto», «artículo 1198.- Es suspensiva la condición que hace depender la obligación de un hecho futuro e incierto. Es resolutoria, cuando verificándose, repone las cosas al estado que tenían, como si la

testamentaria podría admitirse la condición resolutoria[230] respecto a la institución universal o de heredero, pues la suspensiva es aceptada e incluso referida por el Código[231].

Respecto al Derecho español, se indica que la referencia a la condición en general supone admisión de la última[232]; de producirse la condición resolutoria en un llamamiento sucesorio el derecho del sucesor deja de pertenecerle[233]. Por nuestra parte, nos adherimos a la tesis que en nuestro ordenamiento la condición resolutoria podría aplicarse al sucesor a título particular –legado– mas no al sucesor a título universal o heredero. Al efecto, indica VALLET DE GOYTISOLO que no es posible heredar bajo condición resolutoria, que presupondría la posibilidad de la retroacción del fenómeno sucesorio –regreso tan difícil como el del parto al claustro materno–[234], pues si el fenómeno sucesorio no puede destruirse, no se puede perder una vez adquirida la cualidad de heredero[235].

---

obligación no se hubiese jamás contraído». Véase: DOMÍNGUEZ GUILLÉN, *Curso de Derecho Civil III...*, pp. 101-104.

[230] Véase: SOJO BIANCO, ob. cit., p. 332, cita en contra de la condición resolutoria a DE RUGGIERO y a favor de la misma a POLACCO (ob. cit., pp. 459-464); en el mismo sentido; ROJAS, ob. cit., p. 207, POLACCO señala que todas las condiciones, ya sean suspensivas o resolutorias, al verificarse tienen efecto retroactivo (ob. cit., p. 460), lo que hace dicha hipótesis sea diferente al término; DOMINICI, ob. cit., p. 171, la condición resolutoria puede también ponerse en los testamentos y produce el mismo efecto que en los contratos. Sin embargo, el ejemplo que coloca DOMINICI en expresión del propio autor se asemeja a un heredero fiduciario, esto es, instituyo heredero a X pero si aparece Z, es mi voluntad que éste sea mi heredero.

[231] «Artículo 918.- Toda disposición testamentaria hecha bajo condición suspensiva quedará sin efecto, si la persona favorecida en ella muriere antes del cumplimiento de la condición».

[232] Véase: FERRANDIO BUNDIO, ob. cit., pp. 14 y 17.

[233] Ibíd., pp. 17 y 18, coloca el ejemplo de instituirse por testamento heredero a alguien pero si ejerce la profesión de abogado dejará de serlo y pasará su derecho a X, el primero adquiere con plena eficacia la herencia hasta tanto se verifique la condición indicada en que perderá su derecho.

[234] VALLET DE GOYTISOLO, Juan: *Perpetuidad del heredero...*, p. 940.

[235] Ibíd., p. 941, «Si el heredero es aquel en quien tiene lugar el fenómeno sucesorio, y este es irrepetible una vez operado, pues los bienes no pueden retornar al difunto, tenemos ya mostrada la imposibilidad de ser heredero a plazo o bajo condición resolutoria».

Del mismo modo que quien nace y reúne las condiciones exigidas por la ley para ser persona no puede dejar nunca de haber sido persona, así quien *uno ictu* ha sucedido *in locum* o *in ius*, tampoco puede dejar nunca de haber sido heredero. Y así, el que ha sido heredero no puede deshacer la sucesión, al igual que el nacido no puede destruir su nacimiento[236].

En este sentido, expresa acertadamente De Ruggiero que, aun cuando el Código se limita a enunciar que las disposiciones pueden hacerse bajo condición dando pie a que la mayoría de la doctrina sostengan que la condición resolutoria está permitida, «la inaplicabilidad de la condición resolutoria a la institución del heredero» deriva de los principios enunciados los cuales restringen el alcance de dicha norma «más de lo que de su tenor literal se desprende»[237]. Baqueiro y Buenrostro igualmente indican que el heredero puede ser instituido condicionalmente, pero solo bajo condición suspensiva y no mediante condición resolutoria, porque esto último lo convertiría en temporal, de allí que la condición resolutoria debe entenderse referida al legatario[238]. En sentido semejante, se manifiesta acertadamente en la doctrina nacional Escovar León, al considerar que la admisión de la condición resolutoria es contraria al postulado de que la condición de heredero es irrevocable una vez aceptada la herencia, por lo que es preferible interpretar restrictivamente el citado artículo 913[239]. Cabe así, rechazar en nuestro ordenamiento la condición resolutoria respecto al heredero o sucesor a título universal porque la misma contraría el principio sucesorio de la perpetuidad del heredero[240]. Ello, no obstante, la

---

[236] Ibíd., p. 939.
[237] De Ruggiero, ob. cit., p. 489.
[238] Baqueiro Rojas y Buenrostro Báez, ob. cit., p. 314, colocan el siguiente ejemplo de aceptada condición suspensiva; serás heredero si te gradúas de abogado; por el contrario una condición resolutoria no admisible sería, serás mi heredero hasta que te nazca un hijo.
[239] Escovar León, *Institución de heredero*..., p. 240.
[240] Véase en sentido contrario: López Herrera, *Derecho*..., t. i, pp. 300-302, alude a que «... si el legislador no hubiese querido admitir la eficacia la condición resolutoria en las instituciones universales, no podía haberse expresado en forma tan amplia

referencia a la misma en el artículo 41 de la Ley de Impuestos sobre Sucesiones, Donaciones y demás Ramos Conexos[241], que, para algunos, es prueba de su procedencia[242].

La condición ciertamente no puede ser imposible, contraria a la ley o al orden público, porque el efecto en tal caso es que se considera como no escrita (artículo 914 del Código Civil[243]). Así, el Código sustantivo hace referencia expresa a algunas condiciones contrarias a la ley, tales como la que prohíba ulteriores nupcias (artículo 915[244]) o la que pretenda reciprocidad en

---

e irrestricta»; Ramírez, ob. cit., p. 253, la norma ofrece tanta claridad que sería arbitrario entrar a darle aplicación a las reglas de la hermenéutica jurídica, y donde no distingue legislador no lo hace el intérprete; Martínez Estévez, ob. cit., pp. 53 y 54, donde no distingue el legislador no debe hacerlo el intérprete.

[241] «Artículo 41.- Cuando la herencia o legado se hubiere instituido bajo condición resolutoria, se considerarán a los efectos del impuesto como puros y simples, pero en el caso de quedar sin efecto por el cumplimiento de la condición, se practicará una nueva liquidación de los derechos, según el grado de parentesco que con el causante tenga el beneficiario definitivo y se reintegrará o cobrará la diferencia que resultare entre la primera y segunda liquidación, según el caso. Si la herencia o legado se transmitiere bajo condición suspensiva, el impuesto se exigirá a la persona o personas que queden en posesión de los bienes hasta el momento de verificarse la condición, en que se practicará una nueva liquidación de los derechos, en los términos y a los efectos señalados en el párrafo anterior».

[242] Véase: Ramírez, ob. cit., p. 253, lo que para el autor es un argumento «indestructible» para la aceptación de dicha condición; Martínez Estévez, ob. cit., p. 54, adicionalmente, sirve de fundamento a lo anterior el reconocimiento que de la utilización de este tipo de modalidad se hace en la Ley de Impuestos sobre Sucesiones, Donaciones y demás Ramos Conexos.

[243] «Artículo 914.- En los testamentos se consideran como no escritas las condiciones imposibles y las que sean contrarias a las leyes y a las buenas costumbres». Véase: Martínez Estévez, ob. cit., pp. 54 y 55, el autor siguiendo a Messineo señala que debe distinguirse si el testador ignoraba el carácter ilícito o imposible de la condición en cuyo caso se tiene por no escrita, del supuesto que conocía tal circunstancia y fue el único motivo de la disposición testamentaria en cuyo caso sería nula de conformidad con el artículo 896 del Código Civil.

[244] «Artículo 915.- Es contraria a la ley la condición que impida las primeras o las ulteriores nupcias». Véase sin embargo: Dominici, ob. cit., p. 163, la condición de no

la condición de sucesor o beneficiado (artículo 917[245]) denominadas también «captativas»[246], pero obviamente deben excluirse otras que constituyan casos de condiciones contrarios a la ley, por ejemplo, por ser ofensivas a la libertad[247], tales como la pretensión perpetua de una conducta u omisión[248], contraria a las buenas costumbres o que afecte la dignidad de la persona.

A ello debe agregarse, en opinión de Farrera, la condición de «no enajenar», pues es contraria al derecho de disponer a la libre circulación de los bienes, aunque la doctrina suele aceptarla cuando es temporal y por un motivo legítimo[249]. Veremos que la sustitución fideicomisaria aceptada por nuestro ordenamiento es una manifestación de esta última[250]. Podría existir la condición que solo suspenda la ejecución de la disposición, pero que no haga indisponible el derecho de que se trate (artículo 919 del

---

casarse sino después de cierto tiempo es válida con tal de que el término no haga imposible el matrimonio por vejez u otra circunstancia; también se considera válida la condición de no casarse cuando se trata de un usufructo, pensión o renta atribuido en razón de viudez o celibato; Farrera, ob. cit., pp. 220 y 221; Martínez Estévez, ob. cit., pp. 55-57.

[245] «Artículo 917.- Es nula la disposición a título universal o particular hecha por el testador, bajo la condición de que sea él a su vez beneficiado en el testamento de su heredero o legatario».

[246] Véase: Martínez Estévez, ob. cit., pp. 57 y 58, «esta categoría de disposiciones fueron prohibidas por el carácter egoísta de las mismas, las cuales están dirigidas a influenciar en el ánimo de las personas, con el atractivo de una disposición testamentaria, para que éstas instituyan en beneficiarios de sus herencias a quienes los habían instituido con ese carácter».

[247] Véase: Suárez Franco, ob. cit., p. 252, coloca el ejemplo de imponer una profesión cualquiera, que contrariaría la Constitución colombiana en su artículo 26 que prescribe que toda personas es libre de escoger su profesión u oficio.

[248] Las relaciones obligatorias son temporales por naturaleza, véase nuestro trabajo: «Temporalidad y extinción de la relación obligatoria». En: *Revista Venezolana de Legislación y Jurisprudencia*. N.° 8 (Edición homenaje a jurista españoles en Venezuela). Caracas, 2017, pp. 315-353.

[249] Farrera, ob. cit., p. 215. Véase nuestro trabajo: *La obligación negativa…*, pp. 72-84.

[250] Véase *infra* x.2.2.

Código Civil[251]). El efecto de la condición inadecuada será la inobservancia de la misma sin que genere la nulidad o ineficacia de la institución sucesoria afectada[252], esto es, se tiene por no escrita[253].

Se agrega que la disposición testamentaria podría también estar supeditada a «modo»[254] o «disposición modal»[255], si se somete al cumplimiento

---

[251] «Artículo 919.- La condición que según la intención del testador no hace más que suspender la ejecución de la disposición, no impide que el heredero o legatario tenga un derecho adquirido y transmisible a sus herederos, aun antes del cumplimiento de la condición». Véase: DOMÍNICI, ob. cit., pp. 171 y 172, se ha tachado de oscuro el contenido del presente artículo, pues para que el artículo sea aplicable es necesario que la disposición testamentaria no sea verdaderamente condicional. Ejemplo: Lego a X tantos bolívares cuando llegue de viaje, y es seguro que llegará de viaje, equivale a un término y no a una condición. Véase también sobre dicha norma: LÓPEZ HERRERA, Derecho..., t. I, pp. 295-298, señala que en materia testamentaria el término incierto se considera como una condición (ibíd., p. 296).

[252] FERRANDIO BUNDIO, ob. cit., p. 15.

[253] RAMÍREZ, ob. cit., p. 254.

[254] Véase: KIPP et al., ob. cit., p. 586, el modo es una ordenación por causa de muerte por la cual se impone a alguien la obligación de hacer u omitir algo; LÓPEZ HERRERA, Derecho..., t. I, pp. 308-311; SOJO BIANCO, ob. cit., pp. 334 y 335, refiere la diferencia entre modo y condición, la disposición sometida a condición es adquirida el día del cumplimiento de la condición, el modo implica determinada carga o gravamen y los interesados podrán constreñir al heredero a tal cumplimiento, mediante la respectiva acción. Sin embargo, de aceptarse la condición resolutoria, el tercero favorecido no tiene acción contra el heredero para obtener que éste cumpla la condición. En el mismo sentido: ROJAS, ob. cit., p. 212, agrega que el modo se diferencia de la condición, en que aquél no deja en suspenso la obtención de lo que se ha dejado por testamento; VALLET DE GOYTISOLO, Estudios de Derecho Sucesorio..., vol. I, pp. 473 y 474, para distinguir si la modalidad es condición o modo, debe atenderse a la intención del testador: si el testador quiso que se cumpliera antes de implorar la atribución, se trata de una condición, si por el contrario, quiso que se cumpliera después de haberla recibido se trata de un modo; la condición suspende la disposición, de forma que acción y obligación se hallan pendientes mientras la condición no esté cumplida ni todavía incumplida, el modo no suspende la disposición, sino que debe cumplirse después de recibida; MARTÍNEZ ESTÉVEZ, ob. cit., p. 62, el modo a diferencia de la condición suspensiva no suspende la ejecución mientras no se cumpla la modalidad; DE RUGGIERO, ob. cit., pp. 491 y 492.

[255] Véase: VALLET DE GOYTISOLO, Estudios de Derecho Sucesorio..., vol. I, pp. 463-480 (capítulo XII «El modo testamentario "comentario a las sentencias de 4 de junio y 18 de diciembre de 1965"»).

de una carga o gravamen[256], esto es, a una obligación de hacer, no hacer o de dar. «Hay institución de heredero o legatario con carga o sub modo cuando al instituido se le impone una cierta obligación, de manera que recibe la liberalidad, pero debe cumplir aquella. Por ejemplo, el testador dispuso que el heredero que nombró tenga el deber de entregar cada año determinada suma a una institución benéfica. Modo, carga o gravamen lo hay cuando el difunto lo quiere y lo establece»[257]. Así pues, cargo, modo o institución *sub modo* pueden utilizarse indistintamente[258].

En materia sucesoral es posible que el testador imponga cargas modales en la medida que las mismas sean lícitas[259]. Según lo prevé el artículo 920 del Código Civil, «Si el testador ha dejado la herencia o el legado, imponiendo al heredero o legatario la obligación de no hacer o no dar algo, el heredero o legatario está obligado a dar caución suficiente sobre el cumplimiento de aquella voluntad, en favor de quienes hayan de adquirir la herencia o el legado, para el caso de no cumplirse la obligación impuesta». Dominici señala que se trata de una condición negativa que se traduce en una condición resolutoria[260], para algunos, «potestativa»[261].

Tal supuesto, denominado por la doctrina *caución muciana*[262], que data del Derecho romano[263], supone el caso del instituido que debe dar caución

---

[256] Véase: Ferrandio Bundio, ob. cit., p. 20, el modo consiste en una carga o gravamen que se le impone al sucesor como contrapartida a la adquisición recibida; Rojas, ob. cit., p. 210, cuando el testador impone al instituido una obligación de dar, hacer o no hacer.
[257] Albaladejo, ob. cit., p. 259.
[258] Fassi, ob. cit., p. 109.
[259] Escovar León, *Institución de heredero...*, p. 244.
[260] Dominici, ob. cit., p. 173.
[261] Véase: López Herrera, *Derecho...*, t. i, p. 312.
[262] Véase sobre la misma: ibíd., pp. 312-316; Martínez Estévez, ob. cit., p. 59.
[263] Véase: Domingo, Rafael: «La jurisprudencia romana: cuna del Derecho». En: *Revista* Jurídica, N.º 5, Universidad Católica de Santiago de Guayaquil, 2006, http://www.revistajuridicaonline.com, se le atribuye a Quinto Mucio Escévola entre otras, la invención de la caución a la que dio nombre (*cautio muciana*), para resolver

suficiente, pero no por todo el monto de la herencia o legado, sino para garantizar el cumplimiento del modo a prudente arbitrio del juez. Se diferencia tal supuesto en que la garantía debe constituirla el beneficiario obligado del artículo 921 del Código Civil en que debe darla el encargado de cumplir el legado[264]: «Si se ha dejado un legado bajo condición, o para ser ejecutado después de cierto tiempo, puede obligarse al encargado de cumplirlo a dar al legatario caución u otra garantía suficiente». En ambos casos, el Código Civil prevé el nombramiento de un administrador (artículo 922[265]) que deberá ser el o los herederos instituidos sin condición cuando medie con el instituido el derecho de acrecer (artículo 923[266]), pero si no existe tal derecho o no hay coherederos respecto al instituido, la administración debe recaer en principio al heredero *ab intestato*, salvo disposición del juez (artículo 924[267]). Las tres citadas disposiciones son aplicables al *concepturus* o por concebir; respecto del concebido aunque el Código se refiere al padre, como administrador y en su defecto la madre (artículo 925[268]), ha

---

el problema de la adquisición de legados sometidos a condición negativa (Juliano, D. 35.1.106; Gayo, D. 35.1.18).

[264] Véase: López Herrera, *Derecho...*, t. I, p. 314, señala que la norma solo funciona respecto de legados instituidos bajo condición suspensiva o a término inicial, pues cuando se trata de legados bajo condición resolutoria o término final, su beneficiario puede exigir la entrega inmediata de su objeto, razón por la cual no tendría sentido que la persona encargada a cumplir tuviera que prestar garantía.

[265] «Artículo 922.- Si se ha instituido al heredero bajo una condición suspensiva, se nombrará administrador a la herencia hasta que se cumpla la condición o hasta que haya certeza de que no puede cumplirse. Lo mismo se hará en el caso de que el heredero o el legatario no cumplan la obligación de dar la caución exigida por los dos artículos precedentes».

[266] «Artículo 923.- Se confiará la administración al coheredero o a los coherederos, instituidos sin condición, cuando entre ellos y el heredero condicional pueda ser procedente el derecho de acrecer».

[267] «Artículo 924.- Si el heredero instituido bajo condición no tiene coherederos, o cuando entre éstos y aquél no puede haber lugar al derecho de acrecer, la administración se confiará al presunto heredero *ab intestato* del testador, a menos que la autoridad judicial disponga otra cosa».

[268] «Artículo 925.- Las disposiciones de los tres artículos anteriores son aplicables también al caso en que se llame a suceder una persona no concebida, hija inmediata de

de entenderse una administración conjunta de los progenitores en función de la igualdad que respecto de estos consagra el ordenamiento a partir del Código Civil de 1982[269]. Tales administradores tienen los mismos deberes que el curador de la herencia yacente (artículo 926[270]).

Finalmente, el «término» está considerado en el artículo 916 del Código Civil: «Se tiene por no puesto en una disposición a título universal, el día desde el cual deba la misma comenzar o cesar». El término, a diferencia de la condición, está marcado por la certidumbre[271]. Se trata de un acontecimiento futuro y cierto que se materializa en la fijación de un plazo[272]. Se aclara que no se puede someter la condición de heredero universal a término inicial o final[273], esto es, a un día determinado porque, en razón de la continuidad que rige las relaciones entre *de cujus* y heredero o sucesor universal[274], esta comienza con la muerte del causante pues recordemos que, de conformidad con el artículo 993 *eiusdem*, «la sucesión se abre en el momento de muerte» del *de cujus*.

---

otra viva y determinada, según el artículo 840. Si el heredero instituido está concebido, la administración corresponde al padre, y, en su defecto, a la madre».

[269] El Código Civil de 1982 prevé la administración conjunta de los progenitores en razón del principio de igualdad entre hombre y mujer, ratificado por el artículo 76 de la Carta Magna que alude a un deber compartido e irrenunciable de los progenitores con relación a la protección del hijo.

[270] «Artículo 926.- Los administradores mencionados en los artículos precedentes tienen los mismos derechos y obligaciones que los curadores de las herencias yacentes».

[271] Escovar León, *Institución de heredero...*, p. 243; Domínguez Guillén, *Curso de Derecho Civil III...*, p. 99.

[272] Martínez Estévez, ob. cit., p. 60. Véase: Fassi, ob. cit., pp. 95 y 96, término es el día en que las disposiciones testamentarias comenzarán o dejarán de tener existencia o exigibilidad; plazo es el lapso que transcurre desde la apertura de la sucesión hasta que llega el término.

[273] De Ruggiero, ob. cit., p. 491.

[274] Véase: Sojo Bianco, ob. cit., pp. 335 y 336; Escovar León, *Institución de heredero...*, p. 243; Rojas, ob. cit., p. 204.

Se afirme así que «el heredero no puede depender de un término»[275] y de allí que se tendrá por no puesto[276]. Esto no puede ser cambiado por disposición del causante por tratarse de una norma de orden público, situación que aclara expresamente el citado artículo 916 del texto sustantivo. Sin embargo, la disposición a título particular –legado– sí podría someterse a término[277]. La institución de heredero no puede someterse hasta o desde cierto tiempo, porque la confusión patrimonial que produce el título hereditario repele la posibilidad de que un heredero deje de serlo, así como las inaceptables complicaciones a que ello daría lugar[278]. La inclusión de un término a la institución de heredero no la hace nula, sino que simplemente, el mismo se tiene por no puesto[279].

5. Revocación[280]

Bajo el título de «ineficacia» de las disposiciones testamentarias la doctrina incluye el estudio de tres figuras, a saber, la revocación, la nulidad y la caducidad[281], que trataremos separadamente, dadas sus diferencias sustanciales. La revocabilidad del testamento proporciona al testador un medio para controlar el ajuste del testamento a las nuevas situaciones[282].

---

[275] Rojina Villegas, ob. cit., p. 84.
[276] Ibíd., p. 85. Véase sin embargo conclusión del autor: ibíd., p. 88, indica que el asunto responde a una tradición histórica que no justifica ser respetada, por lo que no hay razón alguna para prohibir que la institución de heredero dependa de un término.
[277] Véase *infra* VIII.5; Martínez Estévez, ob. cit., p. 61.
[278] Vallet de Goytisolo, *Perpetuidad del heredero...*, p. 945.
[279] López Herrera, *Derecho...*, t. I, p. 295.
[280] Véase: Sansó, Benito: *La revocación en el Derecho privado (con particular referencia a la revocación de las disposiciones testamentarias)*. Caracas, Universidad Central de Venezuela, 1970; Pastor Ridruejo, Felix: *La revocación del testamento*. Barcelona, Ediciones Nauta S. A., 1964; Lafont Pianetta, ob. cit., t. II, pp. 429-433.
[281] Véase: López Herrera, *Derecho...*, t. I, pp. 423 y 424; Zannoni, ob. cit., p. 697; Roca Ferrer *et al.*, ob. cit., pp. 210 y 211; Diez-Picazo y Gullón, ob. cit., pp. 445-451; Mazeaud *et al.*, ob. cit., vol. II, p. 445.
[282] Miquel González: ob. cit., p. 181.

La revocación, en general, se presenta como un acto jurídico unilateral, en virtud del cual se hace cesar o se deja sin efecto un acto jurídico previo emanado del mismo sujeto. Refiere Sansó que es la «eliminación voluntaria de un acto jurídico anterior, provocada por el mismo autor con el fin de impedir que se produzcan los efectos jurídicos que debían derivar de aquel acto o de restablecer la situación jurídica anterior al mismo»[283].

La revocatoria deja sin efecto el testamento de que se trate o bien de alguna de sus disposiciones. Se entiende con facilidad que el testamento sea un acto esencialmente revocable porque se traduce en la expresión de la última voluntad de la persona humana, la cual se puede manifestar –como es lógico y natural– hasta el momento de la muerte.

La revocación es la causa típica en materia testamentaria, y la de mayor frecuencia que produce la pérdida de efectos de un testamento que fue válidamente otorgado con anterioridad[284]. La revocación es una consecuencia de la libertad de testar[285]. Por otra parte, antes de la apertura de la sucesión no constituye relación jurídica ni derecho alguno para los herederos o legatarios[286].

Ahora bien, la materia que nos ocupa supone distinguir entre la revocación del testamento o acto testamentario en general (artículos 990 a 992 del Código Civil) de la revocación de las disposiciones testamentarias en particular (artículos 951 al 958, se alude al título de «De la revocación y de la ineficacia de las disposiciones testamentarias»). De allí que se conciba

---

[283] Sansó, *La revocación*..., p. 54, es siempre una actividad jurídica que se dirige contra otra actividad jurídica del mismo sujeto. No interesan al orden jurídico las razones que inducen al sujeto a eliminar su acto anterior; la distinta evaluación que de sus intereses particulares hace el sujeto no es relevante para el Derecho. Con la revocación no se quiere eliminar un acto viciado, sino un acto considerado por su autor ya no oportuno.
[284] Roca Ferrer *et al.*, ob. cit., p. 939.
[285] Kipp *et al.*, ob. cit., p. 339.
[286] Ripert y Boulanger, ob. cit., p. 338.

que la «revocación es la declaración testamentaria, expresa o tácita, del testador por la que se priva de eficacia jurídica, total o parcialmente, a un testamento suyo anterior»[287]. La revocación es una facultad que puede ejercer el testador cuantas veces lo desee[288].

Prevé el artículo 990 del Código Civil: «Todo testamento puede ser revocado por el testador, de la misma manera y con las mismas formalidades que se requieren para testar. Este derecho no puede renunciarse, ni en forma alguna restringirse». Así pues, el derecho de revocar el testamento es irrenunciable por lo que la expresión «irrevocable» o su equivalente en un acto testamentario no tiene efecto alguno. De tal suerte, que el acto testamentario en general es revocable por el sujeto en atención a las mismas formalidades relativas para sus otorgamiento[289]. La norma indicada que consagra el carácter irrenunciable de la revocación constituye una disposición imperativa o de orden público[290].

Se discute si la revocatoria testamentaria constituye un acto *mortis causa* o *inter vivos*[291]. Al efecto Sansó se plantea especialmente la pregunta[292] y luego de pasearse por la doctrina al respecto[293], concluye acertadamente:

---

[287] Carrión Olmos *et al.*, ob. cit., p. 359.
[288] Rodríguez, ob. cit., p. 252.
[289] Véase: Dominici, ob. cit., p. 258, conforme al principio general de que las cosas en Derecho se deshacen del mismo modo que se hacen; López Herrera, *Derecho...*, t. i, p. 434.
[290] Véase: Sansó, *La revocación...*, p. 112, la revocabilidad es implícita en cada testamento, es decir, es una característica esencial de todo testamento, considerada por el legislador de orden público; Ramírez, ob. cit., p. 285; Villaroel Rión, ob. cit., p. 212.
[291] Véase: Sojo Bianco, ob. cit., pp. 373 y 374.
[292] Véase: Sansó, Benito: «La revocación de las disposiciones testamentarias ¿es un negocio *inter vivos* o *mortis causa*?». En: *Revista de la Facultad de Derecho*, N.º 26. Caracas, Universidad Central de Venezuela, 1963, pp. 77-85.
[293] Véase: ibíd., pp. 77-80, el autor cita a D'Avanzo y a Cicu, entre los que ubican la revocación de disposiciones testamentarias como un acto *mortis causa*, señalando que el último autor indica que le son propias las reglas relativas al testamento, lo que a decir de Sansó no constituye una justificación para explicar su naturaleza *mortis*

«Si se admite que la revocación elimina la existencia jurídica del acto mismo, entonces habría que calificar a la revocación como un acto *inter vivos* por cuanto su efecto deberá necesariamente ser inmediato»[294], pues «la revocación de las disposiciones testamentarias es siempre necesariamente un acto con efecto inmediato, por lo tanto, un acto *inter vivos*, no un acto *mortis causa*»[295].

Dispone el artículo 991 del Código Civil: «La revocación del testamento puede ser parcial. En este caso, o cuando el testamento posterior no contiene revocatoria expresa, los anteriores testamentos subsisten en todas aquellas disposiciones que no resulten incompatibles o contrarias a las nuevas. La revocación total o parcial puede también ser revocada, en cuyo caso renace la disposición anterior».

Se distingue así la revocatoria total y parcial, según abarque todo el contenido del acto testamentario o solo una parte o algunas disposiciones de éste, respectivamente. También se diferencia entre la revocatoria expresa y la tácita, según se manifieste en forma inequívoca y clara la voluntad de revocar la totalidad o parte del acto en cuestión o, contrariamente, sin realizar tal manifestación expresa, la revocatoria se derive de un nuevo

---

causa. De seguidas, cita a Messineo, quien afirma que la revocación puede ser un negocio *inter vivos* o *mortis causa* dependiendo de la forma que pueda asumir el acto –en Italia, notaria o por testamento–, lo que tampoco a decir de Sansó es sostenible ya que debe ser única la calificación que debe darse al negocio. Gangi por su parte, sostiene que se trata de un acto *inter vivos* por cuanto tiene efectos no al momento de la muerte sino inmediatamente y en el mismo sentido se pronuncia Allara, al ser de eficacia inmediata.

[294] Ibíd., p. 82.
[295] Ibíd., p. 84. Véase: ibíd., pp. 84 y 85, señala que la calificación de *inter vivos* podría tener importancia práctica en el caso particular de la revocación de un testamento especial (artículos 865 y ss. del Código Civil) pues la ley señala que tales actos pierden su valor cuando transcurre cierto tiempo a partir de las circunstancias que atenuaron el formalismo. En tal caso, al considerarse de eficacia inmediata, tal revocatoria del testamento especial estaría privado de valor *ex nunc* y no como nunca realizado.

acto que contraríe todo o parte del anterior[296]. En caso de testamento posterior solo el último será eficaz, salvo que sea declarado nulo, aunque se admite la coexistencia de varios testamentos mientras no sean incompatibles, porque en tal caso prevalecerá el último. Finalmente, la ley admite la revocación de la revocatoria, con lo cual subsiste o cobra eficacia el testamento revocado[297]. La revocación expresa supone la voluntad inequívoca de dejar sin efecto un testamento previo, en tanto que la revocación tácita implica el otorgamiento de un testamento posterior sin referir expresamente la derogatoria o revocatoria del anterior[298]. De allí que se afirme que la ineficacia del testamento puede estar fundada en la voluntad expresa o tácita del testador[299].

La doctrina y jurisprudencia española han interpretado que el testamento anterior puede subsistir parcialmente, esto es, coexistir con el posterior, en caso de que las disposiciones del primero son compatibles con el posterior, si es evidente la intención del testador de conservar el anterior. Esto al margen del problema de interpretación que pudiera plantearse[300]. Se cita como ejemplos de coexistencia de testamentos, los testamentos posteriores interpretativos o aclaratorios, sin contenido patrimonial –reconocimiento de hijos–, meramente modificativos, etc.[301]. La revocación del testamento da cabida a la sucesión legal que opera ante la falta de previsión del causante[302]. Si bien

---

[296] Véase: Salguero Quintana y Vivar Sanabria, ob. cit., p. 62.
[297] Véase: Sojo Bianco, ob. cit., pp. 371 y 372.
[298] Véase: López Herrera, *Derecho...*, t. i, pp. 433-439.
[299] Zannoni, ob. cit., p. 703.
[300] Carrión Olmos *et al.*, ob. cit., p. 362, citan sentencias españolas del STS: 29-01-85, 29-09-86 y 01-11-88.
[301] Ibíd., pp. 362 y 363.
[302] Véase: Juzgado Primero de Primera Instancia en lo Civil, Mercantil y Agrario de la circunscripción judicial del estado Carabobo, sent. del 05-11-04, citada *supra*, «Las reflexiones precedentes nos conducen a afirmar que, al haber el causante revocado tácitamente su testamento, queda sin efecto alguno la llamada sucesión testamentaria para la sucesión de (...) quedando en consecuencia sustituida por la prevista en la ley, o lo que es lo mismo, sucesión *ab intestato*».

la revocación total aplica en general a todas las disposiciones testamentarias no se extiende al reconocimiento de la paternidad o maternidad, que es bien sabido irrevocable en atención al artículo 221 del Código Civil. Sanojo considera que el reconocimiento de deudas se incluye en el carácter de revocable, pues al ser insertada en el testamento su subsistencia depende únicamente de su voluntad: lo contrario sería sostener que constituyen créditos, inclusive antes de la revocación[303]. Acota el autor que múltiples serían los fraudes a la ley sucesoria que se pudieran disfrazar de «deudas» del causante[304].

De conformidad con el citado artículo 920 del Código Civil, no solo se admite la revocatoria parcial o total del testamento, sino también la revocatoria de la revocatoria, simplemente en atención a la autonomía de la voluntad testamentaria, en cuyo caso revive el acto testamentario. Aunque aclara la doctrina que en tal caso no debería considerarse la fecha del testamento inicial, sino de la revocatoria de la revocatoria[305], pues ha de admitirse que reviven las disposiciones, pero no propiamente el testamento[306]. Messineo, por su parte, considera que el testamento originario despliega todos sus efectos *ab origine*; el revivir de las disposiciones revocadas constituye una verdadera y propia repristinación *ex tunc* del testamento originario, pues

---

[303] Sanojo, ob. cit., p. 41.
[304] Véase: ibíd., pp. 41 y 42, agrega: De ahí que resultaría que no caducarían por la premoriencia del beneficiado, que no estarían sujetos a reducción, aun cuando afectasen la reserva; que podrían hacerse en beneficio de incapaces de recibir a título gratuito del testador; que quedarían siempre válidas a pesar de la nulidad del testamento; y que producirían una acción aun en vida del testador contra él. Estas consecuencias, que son indeclinables, harían enteramente nugatorios varias prohibiciones legales. El derecho a la legítima quedaría destruido y los que la ley declara incapaces para recibir por testamento podrían obtener lo que quisieren del testador, todo porque éste ha variado la disposición bajo el nombre de crédito. La doctrina que combatimos atentaría de manera profunda a la libertad de revocación y podría proporcionar al fraude un medio de hacer irrevocables verdaderas liberalidades, con solo disfrazarlas con forma de deudas.
[305] Rojas, ob. cit., p. 466, «puesto que la norma de que trata la revivicencia está dentro del título de la revocación del testamento y no de las disposiciones testamentarias».
[306] Véase: Roca Ferrer *et al.*, ob. cit., p. 1098.

equivale a que el testamento nunca hubiese sido afectado en su eficacia[307]. Asunto que presentaría trascendencia práctica, de admitir respecto de nuestro ordenamiento, la posibilidad de la rehabilitación tácita del indigno de suceder. Recobran así valor las disposiciones revocadas; esta nueva vida o «reviviscencia» debe tener lugar aun cuando la revocación de la revocación se hiciere en un nuevo testamento[308].

También opera la revocación por voluntad de la ley de las disposiciones testamentarias a título universal o particular, hechas cuando no se tenía o conocía descendencia, pues el legislador presume que tal situación o conocimiento hubiese inhibido la misma[309], de conformidad con el artículo 951 del Código Civil: «Las disposiciones a título universal o particular hechas por quien al tiempo de su testamento no tenía o ignoraba tener hijos o descendientes, aun solamente concebidos, son revocables por la existencia o supervivencia de un hijo, descubierta aquélla o verificada éste después de la muerte del testador, salvo que el testador haya previsto en el mismo testamento o en otro posterior o anterior, no revocado ni siquiera tácitamente, el caso de existencia o supervivencia de hijos o descendientes de éstos». Es natural presumir que el testador no habría dispuesto algo a favor de otros si hubiese sabido que tenía hijos o descendientes o si hubiese esperado tenerlo[310], de allí que se afirme que la norma toma en cuenta la presunta voluntad del testador[311].

Un sector de la doctrina refiere que el supuesto de la supervivencia de hijos o descendientes procede *ope legis* o de derecho, esto es, no precisa de declaratoria judicial alguna, pues el legislador presume que tales disposiciones realizadas con la existencia o conocimiento de descendencia fueron hechas

---

[307] Messineo, ob. cit., p. 151
[308] Véase: Roca Ferrer *et al.*, ob. cit., p. 1097.
[309] Véase: Sojo Bianco, ob. cit., pp. 372 y 373.
[310] Sanojo, ob. cit., p. 14. Pero por la misma razón no tiene lugar la revocación cuando el testador ha previsto el caso de su existencia, puesto que tal previsión excluye la presunción de voluntad de revocar (ibíd., p. 15).
[311] Ramírez, ob. cit., p. 272.

porque no existía esta, presunción lógica y natural, perfectamente consecuencia con el carácter preferente que la ley concede a los descendientes en el orden natural de las relaciones[312]. Situación que debería ser lo lógico, esto es, la revocación debería tener lugar de derecho, denominándola algunos por ello «revocación legal»[313]. Sin embargo, se observa que el artículo 952 del Código Civil[314] alude a la «acción de que trata el artículo anterior» que corresponde a descendientes está sometida a una «prescripción»[315] de cinco años a los efectos de solicitar la referida revocación; lo cual denota que la misma no opera de pleno derecho[316], según se aprecia en las decisiones judiciales[317]. Norma posterior al tiempo en que autores como DOMINICI comentaron el carácter revocable *ope legis* o de derecho

---

[312] Véase: ROJAS, ob. cit., p. 447; SOJO BIANCO, ob. cit., p. 348 indica que en tal caso la revocatoria tiene lugar de mero derecho, es decir no hace falta una declaración judicial que la declare; VIZCARRONDO P., ob. cit., p. 43.

[313] ZANNONI, ob. cit., p. 703, el autor comenta según referimos que ello procede en Argentina con la revocatoria del testamento de persona con matrimonio ulterior y en alguna legislaciones en el caso de los hijos sobrevenidos al testamento.

[314] «Artículo 952.- La acción de que trata el artículo anterior corresponde a los hijos o a sus descendientes, y prescribe a los cinco años de haber tenido ellos conocimiento del testamento, no pudiendo en ningún caso intentarse después de 20 años de la muerte del testador, salvo siempre la suspensión de la prescripción en favor de los menores». Sobre la norma, véase: RODRÍGUEZ, ob. cit., pp. 206 y 207.

[315] Véase: CS2CDF, sent. del 09-02-61, *Jurisprudencia Ramírez & Garay*, t. III, pp. 99 y 100, el término que establece el artículo 952 del Código Civil para la revocación del testamento es de prescripción y no de caducidad. Véase también: *Jurisprudencia de los Tribunales de la República*, sent. del 22-11-60, vol. VIII, pp. 99 y ss., se presume que el actor conocía el testamento a la fecha que éste indica según los recaudos, lapso a partir del cual comenzaría la prescripción, lo contrario debía probarse (citado por PERERA PLANAS, ob. cit., pp. 515-518).

[316] Véase: PIÑA VALLES, ob. cit., p. 184, especialmente nota al pie.

[317] Véase: decisiones citadas inmediatamente *supra*: Juzgado Quinto de Primera Instancia en lo Civil, Mercantil y del Tránsito de la Circunscripción Judicial del Área Metropolitana de Caracas, sent. del 03-07-09, exp. AH15-V-2004-000046, http://aragua.tsj.gov.ve/decisiones/.../2120-3-AH15-V-2004-000046-.html, «Sin lugar a dudas, el testamento cerrado otorgado por la madre adoptiva es ineficaz desde el momento en que se produce la adopción…».

del testamento[318]. De allí que indique López Herrera que fue el Código Civil de 1916, que cambió la revocatoria automática a la simple revocabilidad, y actualmente no se produce *ope legis* la revocación del acto de última voluntad, sino que solo determina su revocabilidad, es decir, la posibilidad de dejarlo sin efecto, mediante la interposición de la acción judicial de conformidad con los artículos 951 y 952[319]. En sentido semejante Polacco refiere, al comentar la legislación comparada, que en algunos ordenamientos no opera la revocación *ipso iure*, sino solo revocabilidad en virtud de demanda del interesado[320].

En forma semejante, en otras legislaciones, como la argentina, el matrimonio posterior produce la revocatoria tácita del testamento anterior[321]. En materia de legados opera también la revocación tácita legalmente en caso de enajenación de la cosa (artículo 955 del Código Civil), según veremos[322]. La doctrina alude a «revocación tácita», en caso de la enajenación o transformación de la cosa legada, los supuestos de destrucción del testamento, retiro del testamento cerrado en poder del registrador y estar implícita en un testamento posterior[323] y a la «revocación por disposición de ley», o revocación «presunta o legal», en el caso de aquella que procede en caso de descendientes[324].

---

[318] Véase: Dominici, ob. cit., p. 207. El autor comenta el artículo 850 del Código Civil de 1896 –que equivale al vigente artículo 951–, pero se aprecia que el artículo siguiente 851 tiene un contenido distinto al actual: «si los hijos o descendientes que han sobrevenido mueren antes que el testador, tendrá efecto la disposición».

[319] Véase: López Herrera, *Derecho…*, t. i, p. 440, nota 21. Véase sobre tal supuesto: ibíd., pp. 440-445; Ramírez, ob. cit., p. 272, estando los hijos o descendientes enterados del testamento prescribe a los cinco años; pero si no han tenido tal conocimiento prescribe a los 20 años, tiempo máximo de prescripción que no corre contra menores.

[320] Polacco, ob. cit., p. 644.

[321] Véase: Arrue, ob. cit., «"Todo testamento hecho por persona que no esté actualmente casada, queda revocado desde que contraiga matrimonio" (artículo 3826). La ley supone que por el solo hecho de las nupcias ha cambiado la voluntad del testador»; Zannoni, ob. cit., p. 703.

[322] Véase *infra* viii.7.

[323] Véase: López Herrera, *Derecho…*, t. i, pp. 435-439; Rojas, ob. cit., pp. 468-471.

[324] Véase: López Herrera, *Derecho…*, t. i, pp. 440; Rojas, ob. cit., p. 471.

Dispone el artículo 992 del Código Civil: «La revocación producirá todos sus efectos aun cuando el testamento que la contenga quede sin ejecución por muerte o incapacidad del heredero o legatario instituido, o porque renuncien a la herencia o al legado».

6. Nulidad y anulabilidad

Siguiendo una distinción discutida pero tradicional, aplicable al testamento, se indica a pesar de la dificultad en su precisión, que la nulidad absoluta implica la infracción de una norma imperativa y la nulidad relativa o anulabilidad supone supuestos de imperfección menor, esto es, vicios o defectos no esenciales[325]. El criterio de distinción entre nulidad absoluta y relativa se funda tradicionalmente en el interés protegido; la nulidad absoluta afecta al interés público, la nulidad relativa atañe al interés privado de los otorgantes y por tal solo procede a instancia de parte[326]. Tal distinción es aplicable al testamento o a determinadas disposiciones testamentarias[327]. Se agrega que la nulidad absoluta no es convalidable y su acción en principio no prescribe, a diferencia de la relativa sometida a lapso de prescripción[328], para algunos de diez años[329], por considerar que el lapso

---

[325] Véase: Carrión Olmos *et al.*, ob. cit., p. 365; Gutiérrez Barrenengoa *et al.*, ob. cit., pp. 158 y 159, la nulidad, a diferencia de la anulabilidad, no se ve afectada por prescripción ni caducidad; Lafont Pianetta, ob. cit., t. ii, pp. 423-427.

[326] Mazeaud *et al.*, ob. cit., vol. iii, p. 318, las incapacidades que se basan en motivos de orden público como la protección de la familia serían absolutas, en tanto que las que atienden a la protección del incapaz se presentan como relativa. Pero la distinción en ocasiones no es fácil; Domínguez Guillén, *Curso de Derecho Civil III...*, pp. 561-566.

[327] Zannoni, ob. cit., p. 699. Véase también: Véase: López Herrera, *Derecho...*, t. i, pp. 424 y 427.

[328] Zannoni, ob. cit., p. 701.

[329] Véase: Tribunal Superior en lo Civil, Mercantil, del Tránsito, de Protección del Niño y del Adolescente del Primer Circuito de la Circunscripción Judicial del estado Bolívar, sent. del 21-11-06, citada *supra*, «... la presente acción de nulidad de testamento, se trata de una acción personal, y vista la defensa de fondo opuesta

de cinco del artículo 1346 del Código Civil es una norma excepcional relativa a los contratos[330], aunque a los negocios jurídicos en general les resultan aplicables las disposiciones de los contratos[331]. Pero, para algunos, en materia testamentaria debería descartarse toda analogía con los contratos, por tratarse de una transmisión de bienes por causa de muerte[332].

El acto jurídico testamentario está sometido a las mismas causas de anulabilidad que afectan los negocios jurídicos en general, respecto de las cuales se aplican a su vez las normas en materia contractual como especie de aquellos. Así pues, en virtud del artículo 1142 del Código Civil podrían ser susceptibles de nulidad relativa o anulabilidad, según referimos, por incapacidad de obrar[333] o por vicios del consentimiento[334], entre otros[335]. Se agrega que podría mediar también anulabilidad por la inobservancia de

---

por alguno de los codemandados, cual es la prescripción de diez años por tratarse de una acción personal...», se declara con lugar la prescripción; LÓPEZ HERRERA, *Derecho...*, t. I, p. 425, aplica el plazo ordinario de la acciones personales a los diez años de la apertura de la sucesión.

[330] Véase: LÓPEZ HERRERA, *Derecho...*, t. I, p. 425, no es aplicable el artículo 1346 relativo a la acción de nulidad relativa de los contratos, por ser una norma excepcional.

[331] Véase: AGUILAR GORRONDONA, ob. cit., p. 202, nota 3, considera aplicable a la capacidad negocial las normas relativas a la capacidad de contratar, salvo que se haya dictado una norma diferente.

[332] RIPERT y BOULANGER, ob. cit., p. 349.

[333] Véase *supra* VI.2.1. Véase también: TORRES-RIVERO, *Teoría...*, t. I, pp. 387 y ss., la incapacidad para testar es causa de nulidad o invalidez del testamento; LÓPEZ HERRERA, *Derecho...*, t. I, p. 147, el testamento otorgado por un incapaz es relativamente nulo; Juzgado Superior Civil, Mercantil, Bancario, Tránsito, y de Protección del Niño y del Adolescente de la Circunscripción Judicial del estado Guárico, sent. del 20-10-06, citada *supra*; Juzgado de Primera Instancia en lo Civil, Mercantil, del Tránsito y del Trabajo de la Circunscripción Judicial del estado Lara, sent. del 26-10-05, citada *supra*.

[334] Véase *supra* VI.3; Véase: TSJ/SCS, sent. N.º 722, citada *supra*.

[335] Véase: LÓPEZ HERRERA, *Derecho...*, t. I, p. 426, el autor cita entre otros caso de nulidad relativa, la carencia de testimentifacción activa y algunos de testimentifacción pasiva –indignidad, que el instituido sea tutor así como cónyuge en segundas o ulteriores nupcias–.

alguna disposición testamentaria, que no genere la voluntad del acto, pero que permita la respectiva impugnación del interesado[336].

Podría estar también afectado el testamento de nulidad –absoluta– en razón de la inobservancia de algún requisito esencial o sustancial, como sería el caso de las formalidades o solemnidades[337] inherentes al mismo, entre otras[338]. Así prevé el artículo 882 del Código Civil: «Las formalidades establecidas por el artículo 854, en sus disposiciones 1, 2, 3 y 4 y por los artículos 855, 856, 857, 858, 861, 862, 863, 864, 865, 867, 868, 869, 870 y 875, deben observarse bajo pena de nulidad». Afirma, acertadamente, Farrera que todo testamento presenta una apariencia de realidad que tiene que hacerse desaparecer por una sentencia judicial que se pronuncie sobre la correspondiente nulidad[339].

Adicionalmente, también podría entonces distinguirse si la citada nulidad procede en forma total respecto de todo el acto testamentario o es parcial, si solo afecta alguna de sus disposiciones por previsión de ley; en materia testamentaria esta distinción permite mantener la validez de las disposiciones testamentarias que no estén afectadas por la ineficacia de otra u otras[340]. Así, la distinción entre nulidad total y parcial supone que la nulidad total opera sobre la invalidez del testamento en sí, y la parcial sobre

---

[336] Sojo Bianco, ob. cit., p. 374.
[337] Véase *supra* vii.3, según las clases o especies de testamento de que se trate.
[338] Véase: López Herrera, *Derecho…*, t. i, pp. 425 y 426, el autor cita entre otros caso de nulidad absoluta, los supuestos de incapacidad para recibir por testamento de las Iglesias o institutos de manos muertas, ordenados *in sacris*; así como la transgresión de determinadas prohibiciones legales, tales como testamentos mancomunados o conjuntos, instituciones indeterminadas en su objeto o sujeto, institución bajo condición captatoria.
[339] Farrera, ob. cit., p. 161.
[340] Véase: Zannoni, ob. cit., p. 698; Véase: López Herrera, *Derecho…*, t. i, p. 424; Fassi, ob. cit., p. 355, cuando se pretende invalidar el testamento la nulidad es total, pero cuando ataca sus disposiciones, la nulidad podrá ser total o parcial según todo su contenido o solo determinadas disposiciones.

su contenido; pudiendo afectar todo el testamento o determinadas cláusulas[341]. La nulidad parcial solo afecta una o varias cláusulas del testamento, preservando la validez del instrumento testamentario[342]. En todo caso, ha de detallarse en el respectivo libelo de demanda, como es lógico, la procedencia de la respectiva nulidad[343].

El Tribunal competente a los efectos del ejercicio de la acción de nulidad del testamento, será el de primera instancia civil de conformidad con el

---

[341] ROCA FERRER et al., ob. cit., p. 905. Véase también: ibíd., p. 1050; DÍEZ-PICAZO y GULLÓN, ob. cit., p. 446.

[342] Véase referencia al caso de nulidad parcial de testamento (cláusula primera y décima) en: Juzgado Cuadragésimo Octavo de Primera Instancia en Funciones de Control del Circuito Judicial Penal del área metropolitana de Caracas, sent. 30-05-08, exp. 6183-05, http://cfr.tsj.gov.ve/decisiones/2008/mayo/1779-30-6183-05-.html.

[343] Véase: Juzgado de Protección de Niños, Niñas y Adolescentes de la circunscripción judicial del estado Monagas, sent. del 24-03-09, exp. 19.964-08, http://zulia.tsj.gov.ve/decisiones/.../1701-24-19964-.html, «Del escrito de subsanación voluntaria realizada por la demandante, se observa que realiza una exhaustiva relación de los hechos concordados con la normativa legal de carácter sustantivo contenidas en el Código Civil y, la de carácter adjetivo indicadas en el Código de Procedimiento Civil como norma de aplicación supletoria y la especial indicada en la Ley Orgánica para la Protección de Niños, Niñas y Adolescentes, indicando primeramente, en qué consiste la nulidad de un acto como consecuencia de los vicios considerándose que el testamento está sujeto al cumplimiento de una serie de formalidades, hilando estos hechos con las normas señaladas en el escrito de subsanación de las cuestión previa opuesta». Véase también con relación a otras demandas de nulidad testamentaria: Juzgado Primero de Primera Instancia en lo Civil, Mercantil y del Tránsito de la Circunscripción Judicial del Área Metropolitana de Caracas, sent. del 08-02-07, exp. 42 687, http://caracas.tsj.gov.ve/decisiones/2007/febrero/2116-8-42687-.html, «si el legislador exime al demandante de presentar el documento fundamental de la acción, cuando señala en el libelo, la oficina o el lugar donde se encuentren los documentos; al consignar la copia simple del instrumento, el actor está dando cumplimiento a ello, por cuanto del fotostato puede por lo menos observarse la oficina en donde se encuentra el testamento cuya nulidad es demandada»; Juzgado Décimo de Municipio de la Circunscripción Judicial del Área Metropolitana de Caracas, 07-07-08, Exp. AP31-V-2007-002723, http://caracas.tsj.gov.ve/decisiones/2008/julio/2157-7-AP31-V-2007-002723-PJ0102008000095.html, se decreta reposición a fin de que sean emplazados legatarios y albaceas.

artículo 43 del Código de Procedimiento Civil[344] y a falta de norma expresa del Código sustantivo, rige el procedimiento ordinario. Se agrega que no puede en vida del testador accionarse la nulidad o la invalidez del testamento porque se cuenta con la revocación y porque toda acción de sucesión no puede ser intentada mientras viva la persona de cuya sucesión se trate. Dicha posibilidad haría inadmisible la acción en vida por el testador incapaz[345]. En cuanto a la posibilidad de ratificación, el asunto encuentra sentido respecto de los herederos o causahabientes, de conformidad con el artículo 1353 del Código Civil[346], si después de la muerte del testador los

---

[344] Véase: Juzgado Décimo de Municipio de la Circunscripción Judicial del Área Metropolitana de Caracas, sent. del 14-01-08, http://jca.tsj.gov.ve/decisiones/.../2157-14-AP31-V-2007-002723-PJ0102008000007.html, «se evidencia que estamos en presencia de una acción de nulidad de testamento, la cual en su esencia guarda relación o se corresponde con la materia de sucesiones hereditarias, cuya competencia es exclusiva de los tribunales de primera instancia en lo civil, mercantil y del tránsito de la circunscripción judicial del lugar de la apertura de la sucesión, tal y como lo señala en artículo 43 *eiusdem*». Juzgado Décimo Séptimo de Municipio de la Circunscripción Judicial del Área Metropolitana de Caracas, sent. del 27-5-09, exp. AP31-V-2009-001202, http://jca.tsj.gov.ve/decisiones/2009/mayo/2165-27-AP31-V-2009-001202-.html; Juzgado Primero de Primera Instancia en lo Civil, Mercantil y del Tránsito de la Circunscripción Judicial del estado Yaracuy, sent. del 15-2-16, exp. 14 565, http://yaracuy.tsj.gob.ve/decisiones/2016/febrero/1429-15-14.565-.html, «en resguardo del principio de seguridad jurídica y visto que la omisión de la Ley de Registros y del Notariado no va en detrimento de las demás normas que condicionan la conformación de los actos registrales, así como los mecanismos de impugnación establecidos en el ordenamiento jurídico, aunado a que en la historia normativa siempre se le ha adjudicado el conocimiento de las nulidades de los asientos al juez competente en razón de la materia. En consecuencia, en el caso de marras, este Juzgado es competente para seguir conociendo de la presente demanda por nulidad de testamento…».

[345] Véase: Torres-Rivero, *Teoría…*, t. i, p. 388. Véase: ibíd., p. 389, agrega que además la incapacidad es permanente y, por ejemplo, la acción podría resultar inútil pues el menor de edad podría revocar el acto.

[346] «Artículo 1353.- La confirmación, ratificación o ejecución voluntaria, de una donación o disposición testamentaria por parte de los herederos o causahabientes del donador o testador, después de la muerte de éstos, lleva consigo la renuncia a oponer los vicios de forma y cualquiera otra excepción».

que resultarían beneficiados de la nulidad no hicieron valer los respectivos vicios de forma u otra excepción. La doctrina ha tratado de precisar el alcance de dicha norma[347], señalando que constituye una importante excepción a los principios que gobiernan la teoría de la nulidad de los actos jurídicos[348], por cuanto se extiende incluso a los casos de nulidad absoluta, y aunque la norma se refiere a disposiciones testamentarias, habría de interpretarse la posibilidad de convalidación parcial o total de tales disposiciones, así como la posibilidad de que la convalidación no afecte a quienes no participaron de ella[349].

Finalmente, agrega la doctrina, aunque parezca obvio, que quien se crea perjudicado por alguna disposición testamentaria tiene derecho a impugnarla o atacarla, de modo que la previsión del testador en sentido contrario sería inútil. Se pretende sostener, sin embargo, que bien podría el testador –en atención a la libre voluntad del causante– prever una sanción para quien incumpla su voluntad en tal sentido[350], pero los tribunales desestimarían la sanción si el impugnante de la disposición protegida por aquella la atacó porque tenía razones para ello[351].

7. Caducidad

En ocasiones opera una suerte de ineficacia del acto testamentario; se habla de caducidad en aquellos supuestos en que el testamento se hace ineficaz por una causa sobrevenida o en los casos expresamente previstos en la ley[352].

---

[347] Véase: López Herrera, *Derecho...*, t. i, pp. 429-433.
[348] Véase: ibíd., p. 430.
[349] Véase: ibíd., pp. 431-433.
[350] Véase: Kipp *et al.*, ob. cit., p. 698, la doctrina germánica refiere la cláusula de *verwirkung* en virtud de la cual el testador ordena que si el heredero descontento impugna el testamento quede desheredado y reducido a la legítima o que el legatario pierda su legado.
[351] Albaladejo, ob. cit., p. 345.
[352] Véase: Arrue, ob. cit., «La caducidad, en cambio, se produce como resultado de circunstancias independientes de la voluntad del testador, a las cuales la ley les

La caducidad del testamento consiste en la «ineficacia o decadencia sobrevenida de un testamento por causas posteriores al otorgamiento»[353].

Así mismo, se alude en la terminología de la ley a «caducidad» del testamento con especial referencia a los testamentos especiales o extraordinarios[354], respecto de los cuales el orden jurídico les concede un breve tiempo de vigencia en razón de las circunstancias, como pudimos apreciar[355]. Según se aclara en tal sentido, el testamento ordinario no caduca, pues esta forma de ineficacia solo afecta al testamento especial[356].

La caducidad procede *ope legis*, de manera automática, por lo que no precisa de declaración judicial[357]. La doctrina distingue la caducidad del testamento de la caducidad de las disposiciones testamentarias, y coloca como ejemplo de este último el caso del artículo 957 del Código Civil, relativo a la pérdida o perecimiento de la cosa legada[358]. Lo anterior propicia la distinción entre caducidad total –del acto testamentario– de la caducidad parcial –que solo afecta alguna de sus disposiciones[359]–.

Sin embargo, a tono con la doctrina extranjera[360], Sojo Bianco incluye entre los supuestos de caducidad el acontecer determinados hechos de

---

imputa el significado de extinguir la disposición testamentaria. En cuanto a sus consecuencias, la revocación extingue definitivamente la disposición, y la liberalidad solo recobrará su eficacia si existe una nueva manifestación testamentaria del causante. Contrariamente, la caducidad de la disposición no obsta a que ésta recobre su eficacia si desaparece el motivo que determinó su extinción».

[353] Carrión Olmos *et al.*, ob. cit., p. 370. En el mismo sentido: Gutiérrez Barrenengoa *et al.*, ob. cit., p. 159; Zannoni, ob. cit., p. 697, ineficacia dispuesta por la ley en razón de circunstancias sobrevinientes al momento del testamento.
[354] Véase: Roca Ferrer *et al.*, ob. cit., p. 944; Piña Valles, ob. cit., p. 191.
[355] Véase *supra* vii.3.
[356] López Herrera, *Derecho...*, t. i, p. 445; Piña Valles, ob. cit., p. 190.
[357] López Herrera, *Derecho...*, t. i, p. 445.
[358] Ibíd., pp. 446 y 447.
[359] Piña Valles, ob. cit., p. 190; Villaroel Rión, ob. cit., p. 233.
[360] Véase: Josserand, ob. cit., vol. iii, p. 218, incluye entre la caducidad de los legados: premoriencia del legatario, incapacidad, pérdida de la cosa legada, repudiación.

carácter diverso establecido por el legislador[361]: la premoriencia y la incapacidad del sucesor (artículo 953[362]), renuncia (artículo 954[363]), incumplimiento de la carga o condición –que pudiera derivar de la voluntad del beneficiario asimilándose a una renuncia o de la voluntad del testador en caso de tratarse de una condición imposible[364]–, indignidad[365], pérdida de la cosa legada (artículo 957), enajenación de la cosa legada o transformación de esta en otra distinta (artículo 995), no uso del derecho de retracto (artículo 956[366]).

---

[361] Véase: Sojo Bianco, ob. cit., pp. 374-376. Véase incluyendo algunos de los puestos citados por Sojo Bianco, como «revocación» de las disposiciones testamentarias por disposición de ley; Rojas, ob. cit., pp. 445 y 446.

[362] «Artículo 953.- Queda sin efecto toda disposición testamentaria, si el favorecido por ella no ha sobrevivido al testador o es incapaz. Sin embargo, los descendientes del heredero o legatario premuerto o incapaz participarán de la herencia o del legado en el caso de que la representación se hubiere admitido en su provecho, si se tratase de sucesión *ab intestato*; a menos que el testador haya dispuesto otra cosa, o que se trate de legados de usufructo o de otro derecho personal por su naturaleza».

[363] La disposición testamentaria caduca para el heredero o el legatario que renuncie a ella.

[364] Véase: Sojo Bianco, ob. cit., p. 375.

[365] Véase *supra* vi.2.2.

[366] «Artículo 956.- No obstante lo dispuesto en el artículo anterior, cuando el testador haya vendido con pacto de retracto la cosa legada y la haya rescatado en vida, el legado quedará subsistente. Si no la ha rescatado, el legado valdrá únicamente respecto del derecho de rescate».

Tema VIII
El legado

Sumario: **1. Noción 2. Sujetos 3. Objeto 4. Clases 5. Modalidades 6. Efectos 7. Revocatoria 8. Ineficacia**

1. Noción[1]

La expresión «legado» deriva del latín *alege* que significa «todo lo dispuesto en el testamento»[2]. No existe en realidad un concepto unívoco de legado, pues a través de éste se pretenden hacer posibles y efectivos eventuales matices de la voluntad del testador[3]. El concepto de legado es sencillo a primera vista, pero en realidad es complejo y difícil[4]. El legado se presenta como una liberalidad[5] en razón de una disposición testamentaria o *mortis causa* a título singular o particular[6]. Se traduce en una disposición de

---

[1] Véase: Gelman, ob. cit., *passim*; Escovar León, *Institución de heredero y legatario...*, pp. 244 y ss.; Díaz Cruz, Mario (h): *Los legados*. Madrid, Instituto Editorial Reus, 1951; Pino, ob. cit., pp. 27-36; Alarcón Flores, Luis Alfredo: «Legados». En: http://www.monografias.com.

[2] Véase: Suárez Franco, ob. cit., p. 278; Ponce Martínez, Alejandro: «Naturaleza de la sucesión por causa de muerte en la legislación ecuatoriana (pate II)». En: *Revista Jurídica*. N.º 9. Universidad Católica de Santiago de Guayaquil. Guayaquil, 2014, https://www.revistajuridicaonline.com, «La palabra legado viene del latín *a lege* que significa que el testador como dueño y legislador de sus cosas determina lo que debe hacerse con ellas después de su muerte».

[3] Álvarez-Caperochipi, ob. cit., pp. 281 y 282. Véase: Messineo, ob. cit., p. 321, se puede querer indicar: un negocio jurídico, un título de adquisición o una forma de adquisición *mortis causa*.

[4] De Ruggiero, ob. cit., p. 500.

[5] Véase: Díaz Cruz, ob. cit., p. 5, constituye un acto de liberalidad que tiene lugar *mortis causa*.

[6] Véase: Serrano Alonso, *Manual...*, p. 137, el legado es una disposición testamentaria por la cual el testador dispone de bienes concretos y determinados de su herencia

última voluntad en virtud de la cual se trasmite una cosa determinada o determinable o un derecho al beneficiario –legatario–. En otra acepción, diversa a la asociada al acto jurídico, suele asimilarse a la cosa o derecho trasmitido por dicha vía.

El título de adquisición del legado es siempre el testamento[7]; se precisa del acto testamentario para que opere la figura[8], pues jamás habrá un legatario *ab intestato*. El legado solo aparece en la sucesión testada, a través de la expresión de voluntad del causante[9], siendo un llamamiento particular en cosa o cosas concretas[10]. Indica Binder que es aquella atribución a causa

---

a favor de una o varias personas, llamadas legatarios, y que no responden de las deudas del causante; Albaladejo, ob. cit., p. 285, es una disposición *mortis causa* por la que el testador deja en concreto algunos de sus bienes o derechos a una persona que lo recibe a título singular, es decir, sucediendo al difunto en el particular y no como heredero que ocupa el puesto del causante; Leonardo Leiva, Víctor Manuel: «Herencia y legado en el Derecho romano». En: http://www.robertexto.com/archivo13/her_legado_deroman.htm, «Legado, en su origen su objetivo consistía de realizar atribuciones del caudal hereditario a título particular: una especie de regalo que hace el testador para después de su muerte y que ha de pagar o entregar el heredero. Esta descripción conviene a la mayor parte de los legados, pero no a todos ellos por ser extensísima su posibilidad caracterológica. Todas tienen en común su singularidad y su concreción: se refieren a un bien o a una relación jurídica individualizada sin fuerza expansiva dentro del contexto de la herencia; el legatario es un simple adquiriente de derechos patrimoniales –reales o de crédito– y en esta adquisición agota todas sus relaciones con el heredero o la sucesión del causante, no constituye un cargo sucesorio, lo que es característica exclusiva del heredero»; Farrera, ob. cit., p. 229, el legado es una liberalidad de una cosa determinada, considerada en sí misma, y no como parte alícuota del patrimonio del testador, que éste hace en su testamento a favor de una o más personas también determinadas.

[7] Suárez Franco, ob. cit., p. 280.
[8] Véase: Juzgado Superior en lo Civil, Mercantil, Tránsito y Menores de la Circunscripción Judicial del estado Nueva Esparta, sent. del 16-09-05, citada *supra*, en la sucesión *ab intestato* «no puede haber sucesores a título particular o legatarios».
[9] Ferrandio Bundio, ob. cit., p. 40.
[10] Ibíd., pp. 40 y 41, no se puede aceptar solo a una parte del legado, aunque sí a la condición de heredero o legatario si se tienen las dos.

de muerte que no sea institución de heredero[11]. Para GELMAN se infiere del Código Civil que «el legado es una forma de suceder *mortis causa* a título singular, o sea, en bienes o derechos particulares de una persona»[12].

Sin embargo, autores como DÍEZ-PICAZO y GULLÓN critican esta definición tradicional de legado por acotar que en ocasiones el legatario no sucede al causante −como el legado de cosa ajena−, así como que tampoco todo legado es a título gratuito, por lo que los autores prefieren señalar de forma simple, que consiste en una disposición testamentaria que ordena la creación, modificación o extinción de una relación jurídica[13]. En sentido semejante, para GRIMALT, el legado es una institución hereditaria por la cual una persona −el testador− otorga −o constituye− a través de una disposición testamentaria un concreto derecho a favor de otra −el legatario−. Es una forma *mortis causa* de atribuir o constituir derechos[14]. A lo que habría que agregar siguiendo a DÍEZ-PICAZO y GULLÓN, también la extinción de derechos.

En efecto, tuvimos ocasión de indicar al referirnos a la sucesión *mortis causa* a título particular, que algunos autores prefieren aludir al legatario como «causahabiente»[15], toda vez que acotan que este no sucede al *de cujus*, en el sentido de que no ocupa exactamente la misma posición que el causante, como acontece con el heredero[16]. Cabe recordar que la expresión «sucesor» a título particular para aludir al legatario es susceptible de crítica, pues no necesariamente este se sustituye al lugar del causante, como es el caso del legado de deuda o del legado de cosa ajena, de allí que

---

[11] Véase: BINDER, ob. cit., p. 316.
[12] GELMAN, ob. cit., p. 22.
[13] DÍEZ-PICAZO y GULLÓN, ob. cit., p. 416.
[14] GRIMALT SERVERA, Pedro: *Los legados pecuniarios*. Valencia, Tirant Lo Blanch, 2000, p. 15.
[15] Véase: MESSINEO, ob. cit., p. 30.
[16] Véase *supra* 1.4. Especialmente entre los autores citamos a PINO, cuyo título de su trabajo denota claramente el posición del autor, a saber: «El legatario es causahabiente y no sucesor».

algunos compartan la citada definición negativa según la cual se trataría de una disposición testamentaria que «no sea institución de heredero»[17]. Es, para ARMUZZI, una disposición a título particular por la cual el testador impone una obligación –de dar, hacer o no hacer– en beneficio de otra[18]. «Los legatarios son asignatarios a título singular, con cualesquiera nombre que se les llame y aunque en el testamento se los designe como herederos, y suceden al causante en el bien asignado o adquieren el derecho personal que les ha conferido el causante»[19].

Señala acertadamente ESCOVAR LEÓN que la figura del legatario se aproxima a la del donatario, con la diferencia que este último recibe la atribución por acto *inter vivos* y el primero a título *mortis causa*[20]. Y ratifica GELMAN –siguiendo a César ATENCIO– que «son las formalidades, lo que diferencian estas dos figuras, ya que en el fondo resultan lo mismo»[21]. Y se afirma acertadamente que el género próximo del legatario es el donatario, del que se distingue, sobre todo, el primero por su título *mortis causa*, quien recibe la cosa o derecho por haber fallecido su titular. El legado es, en definitiva, un regalo póstumo[22]. Las diferencias de naturaleza que a primera vista parecen marcadas respecto de liberalidades entre vivos y liberalidades testamentarias, se embotan y se esfuman en su mayor parte: se diferencian más en la forma que en su naturaleza[23].

El legado –según aclara LACRUZ– no implica necesariamente –aunque sí habitualmente– liberalidad, pues si bien el enriquecimiento es normal, no es indispensable, pues pudiera darse el caso de que el gravamen supere el

---

[17] Véase *supra* I.4; GUTIÉRREZ BARRENENGOA *et al.*, ob. cit., p. 217.
[18] ARMUZZI, ob. cit., pp. 118 y 119.
[19] PONCE MARTÍNEZ, *Naturaleza de la sucesión...* (Parte II), «a quien no representan, y no tienen más derechos ni cargas que aquellos que expresamente se les confieran o impongan».
[20] ESCOVAR LEÓN, *Institución de heredero...*, p. 232.
[21] GELMAN, ob. cit., pp. 25 y 26.
[22] LACRUZ BERDEJO *et al.*, ob. cit., p. 18.
[23] JOSSERAND, ob. cit., vol. III, p. 12.

valor económico de lo atribuido, amén de que hay legados que carecen de trascendencia económica o no suponen *a priori* un enriquecimiento[24].

Así, hemos reiterado que la sucesión *mortis causa* puede ser –según se admite tradicional o mayoritariamente y al margen de la citada crítica– a título universal –heredero– o a título particular o singular –legatario–. La sucesión a título particular es la contrafigura de la sucesión a título universal, que tiene lugar cuando se transmiten elementos patrimoniales singulares[25]. Al efecto, refiere el artículo 834 del Código Civil: «Las disposiciones testamentarias que comprendan la universalidad de una parte alícuota de los bienes del testador, son a título universal y atribuyen la calidad de heredero. Las demás disposiciones son a título particular y atribuyen la calidad de legatario».

Respecto de tal disposición se indica: «De la norma *up supra* señalada se desprende entonces, que los legados son disposiciones testamentarias a título particular y por causa de muerte, cuyo objeto está constituido por una, por varias o por muchas relaciones jurídicas individualmente determinadas; es decir, que los legados son instituciones testamentarias cuyo objeto no es la universalidad del patrimonio hereditario, ni tampoco una alícuota de él, tal como lo destaca el artículo, ya que se trataría entonces de una disposición a título universal y que atribuiría la calidad de heredero»[26].

---

[24] Lacruz Berdejo *et al.*, ob. cit., p. 237.
[25] Carrión Olmos *et al.*, ob. cit., p. 242.
[26] Juzgado Segundo de Municipio de la Circunscripción Judicial del Área Metropolitana de Caracas, sent. del 28-10-13, citada *supra*, agrega: «se constata que la condición que se atribuye al solicitante ciudadano (…) es la de legatario, tal como se desprende del contenido del precitado testamento conforme a la disposición contenida en el artículo 834 del Código Civil, es decir, que este acto de última voluntad de la causante constituye un acto particular, ya que la masa de bienes fue distribuida en el solicitante como legatario; de tal manera, que el solicitante al pretender que se le reconozca su derecho como único y universal heredero, teniendo ya una herencia como legatario, conllevaría a que se involucren dos instituciones que se excluyen entre sí, por lo que lo procedente en el presente caso es declarar inadmisible la

La figura también presenta antecedentes en el Derecho romano donde se distinguían el legado propiamente dicho y el fideicomiso singular. Las ideas de tal sistema inspiraron el Derecho moderno aunque en una forma más simple[27].

En función de lo indicado, se señalan varios caracteres del legado: i. constituye una liberalidad del causante; ii. recae, en principio, sobre bienes o derechos particulares o singulares que se separan de la universalidad hereditaria; iii. comporta esencialmente una adquisición –cuando la sucesión es insolvente los legados no pueden pagarse hasta que estén pagadas las deudas–; iv. en el legado de cosa determinada, el legatario es propietario de la misma desde la muerte del testador y, a su vez, transmite a sus herederos tal derecho, pero no tiene la posesión que deberá pedirla a los herederos o al albacea[28]. El legatario a diferencia del heredero no continúa la personalidad del causante[29].

2. Sujetos

Se indica que para hacer efectivo el legado se precisa concurrencia de tres sujetos: el testador que lo dispone, el beneficiario o legatario y quien debe pagarlo o gravado que generalmente es el heredero, salvo disposición contraria del causante[30]. Algunos aluden a dos sujetos: el disponente y

---

presente solicitud». En el mismo sentido: Juzgado Décimo Segundo de Municipio de la Circunscripción Judicial del Área Metropolitana de Caracas, sent. del 06-02-14, citada *supra*.

[27] Sojo Bianco, ob. cit., p. 338, En este último el causante confiaba al sucesor su voluntad particular y podía ser: *per vindicationem* –a título de dueño– *per praeceptionem* –a favor de herederos para retirar de la herencia objeto de legado–, *per damnationem* y *sinendi modo* –permitía al legatario tomar y recibir de la herencia el objeto del legado–. Véase también señalando que el Derecho romano clásico conoció los cuatro tipos de legados citados: Bernad Mainar, *Derecho romano...*, p. 111.

[28] Zannoni, ob. cit., p. 11.

[29] Farrera, ob. cit., p. 230.

[30] Véase: Rojas, ob. cit., pp. 217 y 218; Piña Valles, ob. cit., p. 153; Zannoni, ob. cit., p. 653.

el destinatario[31]. El sujeto activo o testador debe tener capacidad de testar y el legatario a su vez capacidad de recibir[32].

Se alude también a sublegado para referir el caso del legatario que resulte a su vez gravado, ya que la carga del pago del legado puede dirigirse tanto al heredero como al legatario[33]. «Consiste en gravar con un legado al propio legatario»[34]. Se indica que en tal caso el testador impone un legado a otro legatario, que son en esencia legados sometidos a cargas modales[35]. Por ejemplo, te lego mi casa, pero debes dar los muebles a tal persona. Por lo que se aprecia que el legatario que tiene a su favor la casa, a su vez, deberá cumplir con la carga del legado relativo a los bienes muebles.

Dispone el artículo 932 del Código Civil: «Si entre muchos herederos ninguno ha sido encargado particularmente de cumplir el legado, cada uno está obligado a cumplirlo en proporción a la parte que le haya tocado en la herencia». Agrega el artículo 933: «Si la obligación de pagar el legado se ha impuesto a uno de los herederos, él solo está obligado a pagarlo. Si se ha legado una cosa perteneciente a un coheredero, el otro o los demás coherederos están obligados a indemnizarle su valor en dinero o inmuebles hereditarios, en proporción a la parte que les haya tocado en la herencia, a menos que conste haber sido otra la voluntad del testador». El heredero está obligado a pagar el legado si la carga no afecta su legítima[36]. Dicha norma es supletoria o dispositiva, toda vez que el testador podría prever la proporción que cada heredero debe pagar del legado[37]. El heredero gravado

---

[31] Véase: DE RUGGIERO, ob. cit., p. 502; ESCOVAR LEÓN, *Institución de heredero...*, p. 246.
[32] Véase *supra* VI.2.
[33] Véase: ROJAS, ob. cit., pp. 219 y 220; SOJO BIANCO, ob. cit., p. 339; VIZCARRONDO P., ob. cit., pp. 35 y 35; DÍEZ-PICAZO y GULLÓN, ob. cit., p. 417; DÍAZ CRUZ, ob. cit., pp. 8 y 9.
[34] GUTIÉRREZ BARRENENGOA *et al.*, ob. cit., p. 237.
[35] ESCOVAR LEÓN, *Institución de heredero...*, p. 246.
[36] Véase: DOMINICI, ob. cit., p. 185.
[37] RODRÍGUEZ, ob. cit., p. 181.

responde del cumplimiento del legado salvo que haya aceptado la herencia a beneficio de inventario[38].

El prelegado es el legado hecho al heredero[39], pues no hay incompatibilidad alguna entre la condición de heredero y legatario[40]. Esto es, el legatario podría a su vez ser heredero ya sea *ab intestato* o testamentario, en cuyo caso se denomina «prelegado». Este último se ha calificado de propio e impropio; el primero debe ser pagado o cumplido tanto por el legatario como por los demás herederos, mientras que el segundo supone una carga para uno o varios herederos distintos al beneficiario, lo que deja incólume su cuota hereditaria adicionalmente al beneficio del legado[41]. Respecto de tal distinción indica González y Martínez que no todo legado hecho al heredero es, sin embargo, prelegado: el legado que el heredero recibe de otro coheredero o de un legatario no ofrece nada de particular, el verdadero prelegado en sentido técnico se da cuando el legado dispuesto a favor del heredero está a cargo del mismo heredero, el cual viene a ser a un tiempo honrado y gravado[42]. Lo que sucede generalmente, cuando no imponiéndose la carga del legado especialmente sobre un heredero, rece la carga sobre todos. Algunos autores, como Pfeiffer y Buchholtz, quieren comprender ambos casos bajo la denominación de prelegado, aunque califican al primero de impropio o anómalo[43].

En cuanto a la determinación del instituido este debe estar identificado o al menos identificable, es decir, que se pueda precisar o determinar. Cabe observar que es nulo el legado hecho a favor de persona incierta,

---

[38] Albaladejo, ob. cit., p. 293. Véase también: Cicu, ob. cit., p. 112.
[39] Escovar León, *Institución de heredero…*, p. 247; Rojas, ob. cit., p. 219; Zannoni, ob. cit., p. 652; Díez-Picazo y Gullón, ob. cit., p. 417; González y Martínez, ob. cit., pp. 386-398 (Capítulo xxv: «El prelegado en el Derecho romano y en el Derecho moderno»).
[40] Gutiérrez Barrenengoa *et al.*, ob. cit., p. 236.
[41] Sojo Bianco, ob. cit., p. 339.
[42] González y Martínez, ob. cit., p. 387.
[43] Ídem.

pero sí podría tener lugar a favor de una que elegirá un tercero entre varias determinadas. Al efecto, dispone el artículo 898 del Código Civil: «Es nula toda disposición: 1. Que instituya heredero o legatario a una persona incierta, hasta el punto de no podérsela determinar. 2. Que se haga a favor de una persona incierta, cuya designación se encomiende a un tercero; pero será válida la disposición a título particular en favor de una persona a quien haya de elegir un tercero entre varias determinadas por el testador, o pertenecientes a familias o a cuerpos morales designados por él. 3. Que deje al heredero o a un tercero libre facultad de determinar el objeto de un legado. Se exceptúan los legados que se ordenen a título de remuneración por servicios prestados al testador en su última enfermedad».

En relación con el numeral primero, se admite que el sujeto puede ser indeterminado con tal que sea determinable, por ejemplo el mejor estudiante de la escuela x o el primer nacido de la clínica x del año, el primero de mis descendientes que se gradúe o que contraiga matrimonio. Se señala obvia y acertadamente que un error de ortografía o una omisión de nombre carece de importancia si no existe duda sobre la identidad del designado[44].

El segundo numeral atribuye validez al legado o disposición a título particular escogido por un tercero entre varios sujetos u opciones propuestas por el testador. Reseña la doctrina que de admitirse la disposición o designación a favor de terceros por alguien distinto al testador, solo cabría hacerlo cuando el causante designe el grupo o la clase entre la que se ha de realizar la elección, pues lo contrario sería una dejación absoluta de su responsabilidad en la ordenación de la sucesión en manos ajenas «difícilmente justificable desde ningún punto de vista»[45]. Es principio general que la determinación de la persona no puede dejarse al arbitrio de un tercero[46].

---

[44] RIPERT y BOULANGER, ob. cit., p. 330.
[45] ASÚA GONZÁLEZ, Clara I.: *Designación de sucesor a través de tercero*. Madrid, Tecnos, 1992, p. 90.
[46] MESSINEO, ob. cit., p. 106.

Dominici indica que el sentido de la norma es que la voluntad del testador no quede ignorada[47].

Si el tercero designado por el testador rehúsa la selección, para algunos la misma puede ser hecha por la autoridad judicial por aplicación analógica del artículo 935 del Código Civil relativo al legado de género. López Herrera considera que ello es improcedente por el carácter excepcional de dicha norma y señala que, salvo que el testador haya previsto una forma de solución, ha de regir el artículo 898 del Código Civil según el cual es nula disposición a favor de persona incierta[48]. Tal solución radical contraría la voluntad del testador, a tenor del artículo 901 del Código Civil, pues ciertamente, este indicó y determinó claramente los posibles sujetos respecto de los cuales se haría la selección, por lo que el supuesto no se asimila al instituido en forma incierta. De allí que la intervención de la autoridad judicial bien podría ser admitida, como necesario mecanismo de resolución del problema, amén de que es discutible que el citado artículo 935 sea una norma de excepción, toda vez que no limita derechos, sino que trata de resolver una clara voluntad del testador simplemente respecto a una categoría especial de cosas. Y a fin de cuenta, en la medida de lo jurídicamente pertinente como regla de interpretación[49], debe tratar de respetarse la voluntad del causante. Así comenta Farrera que la intención presunta del disponente debe tratar de ser acatada y es también la solución que aconseja la equidad[50].

Vale recordar que en atención a los artículos 899 y 900 del Código Civil las disposiciones genéricas instituidas a favor del alma o de los pobres se entienden hechas a favor de la Nación[51].

---

[47] Véase: Dominici, ob. cit., pp. 142 y 143.
[48] Véase: López Herrera, *Derecho…*, t. i, pp. 283 y 284.
[49] Véase *supra* vii.1.
[50] Farrera, ob. cit., p. 238.
[51] Véase *supra* vii.4.

3. Objeto

Respecto al objeto del legado, esto es, a la cosa o derecho sobre el cual recae, la misma debe ser cierta, lícita y posible[52]. La cosa es cierta si es determinada o determinable[53]. Toda vez que se afirma que el legado viene dado por una disposición testamentaria cuyo objeto debe señalarse con precisión[54]. El objeto del legado puede ser el más variado siempre que se refiera a prestaciones lícitas[55]. «Puede ser objeto del legado todo lo que ofrezca una ventaja patrimonial al legatario»[56].

En principio, el causante debe determinar por sí mismo el objeto del legado[57]. No debe recaer sobre el tercero la determinación del objeto del legado, salvo el supuesto de legado a título de remuneración por prestación de servicios (artículo 898.3 del Código Civil). Así en cuanto a la determinación del objeto, la disposición aludida, en atención a atribuir un mínimo de voluntariedad al causante, consagra la invalidez del legado que conceda absoluta libertad de elección en cuanto al bien, excepción hecha de los legados remuneratorios por servicios prestados en última enfermedad, situación especial y delicada que denota un particular agradecimiento del causante, y en la que el legislador justifica la falta de determinación.

Esta última excepción, a decir de Farrera, acontece porque estos servicios son de ordinario posteriores al otorgamiento del testamento y de duración indefinida en la imposibilidad de poderlos apreciar en su justo valor, el otorgante confía al heredero o a un tercero la determinación de ese valor. Tal sucedería en el caso de que en el testamento se ordenase

---

[52] Véase: de Ruggiero, ob. cit., p. 504.
[53] Véase: Sojo Bianco, ob. cit., p. 340; Vizcarrondo P., ob. cit., pp. 36 y 37; Escovar León, *Institución de heredero…*, pp. 247 y ss.
[54] Díaz Cruz, ob. cit., p. 28.
[55] Polacco, ob. cit., p. 388.
[56] Kipp *et al.*, ob. cit., p. 544.
[57] Ibíd., p. 545.

pagar al médico o a la enfermera encargados de la asistencia del testador en su última enfermedad, por razón de sus servicios, la cantidad que estime conveniente el heredero. La institución en tal hipótesis es válida y el heredero está obligado a hacerla, por lo que de negarse, el favorecido puede pedirla judicialmente, y que tal estimación se haga por expertos[58].

Al referirnos a la certeza del instituido y del objeto de la disposición testamentaria, señalamos que si el sujeto o el objeto es incierto el legado carece de validez, salvo que pueda reconocerse o deducirse la voluntad del testador[59]. Vale recordar el artículo 901 del Código Civil que prevé: «Si la persona del heredero o del legatario se ha designado con inexactitud, la disposición tiene efecto cuando el contexto del testamento u otros documentos o hechos claros, demuestren cuál es la persona que el testador ha querido indicar. Lo mismo sucederá cuando la cosa se ha indicado o descrito inexactamente, si se reconoce de una manera cierta de qué cosa ha querido disponer el testador».

Situación semejante, a tenor del Código Civil, acontece respecto al legado de cosa indeterminada, pero comprendida dentro de un género o especie en cuyo caso la elección corresponde al obligado o se deja al tercero la elección de la cosa[60]. Si el tercero no realiza la elección podrá efectuarlo la autoridad judicial[61]. La elección podría quedar a cargo del legatario[62].

---

[58] Farrera, ob. cit., p. 199.
[59] Véase *supra* v.4.b. y c.
[60] «Artículo 934.- En el legado de una cosa indeterminada, comprendida en un género o en una especie, toca al heredero la elección; pero no podrá ofrecer una cosa de la peor calidad ni estará obligado a darla de la mejor. La misma regla se observará cuando la elección se deja al arbitrio de un tercero».
[61] «Artículo 935.- Si el tercero rehúsa hacer la elección, o no puede hacerla por algún impedimento, o por causa de muerte, la hará la autoridad judicial observando la misma regla».
[62] «Artículo 936.- Si se deja la elección de la cosa al legatario, éste podrá elegir la mejor de entre las que se encuentren en la herencia; si en ella no se encuentra ninguna, se aplica, a la elección que ha de hacer el legatario, la regla establecida para la que ha de hacer el heredero».

En el caso del legado alternativo[63] se presume que la decisión de la selección le corresponde al heredero[64]. Si el legatario no efectúa la elección, la misma corresponderá al heredero de forma irrevocable[65]. Albaladejo comenta que el legado alternativo por el que el legatario tiene derecho a elegir entre varias es frecuente en aquellos casos que se desea dejar a este un recuerdo preciado o testimonio de afecto, por ejemplo, si se dispone «lego a mi sobrina la joya de mediano valor que ella prefiera»[66].

Prevé el artículo 939 del Código: «La cosa legada se entregará con sus accesorios necesarios, y en el estado en que se encuentre el día de la muerte del testador». Aclara Dominici que «accesorios» no equivale en dicha norma a frutos, sino a los objetos que se emplean para el uso de la cosa[67].

Agrega el artículo 940: «Los gastos necesarios para la entrega del legado serán de cargo de la herencia, pero sin que por ello se disminuya la legítima. El pago de los derechos de sucesión será de cargo de los herederos, salvo el recurso de éstos contra los legatarios, si la cosa legada está sujeta a tales derechos. En este último caso, si se suscitare cuestión sobre dichos derechos, deberá oírse a los legatarios». Se señala que el legatario debe

---

[63] Véase sobre tal especie de legado: Cuadrado Pérez, Carlos: *El legado alternativo*. Madrid, Dykinson, 2003, p. 23, en el legado alternativo hay una cierta determinación en el objeto que ha de ser matizada, ya que no es total sino circunscrita a las diversas prestaciones previstas por el testador. Por lo que si bien en principio no se sabe cuál será el objeto concreto del legado, se sabe que esta habrá constituido por una de las opciones establecidas por el testador; López Herrera, *Derecho...*, t. I, pp. 344 y 345.

[64] «Artículo 937.- En el legado alternativo se presume dejada la elección al heredero». Véase: Dominici, ob. cit., p. 188, ejemplo: lego a x una casa o un apartamento y el heredero escogerá.

[65] «Artículo 938.- Si el heredero o legatario a quien compete la elección no ha podido hacerla, este derecho se trasmite a su heredero. La elección hecha será irrevocable. Si no existe en el patrimonio del testador más de una cosa perteneciente al género o la especie legada, el heredero o legatario no puede elegir otra fuera del patrimonio, salvo disposición contraria del testador».

[66] Albaladejo, ob. cit., p. 335.

[67] Dominici, ob. cit., p. 189.

soportar las cargas o derechos reales de la cosa, en tanto que, salvo disposición contraria del testador, las obligaciones o deudas debe asumirlas el heredero[68]. Así por ejemplo, los gastos fiscales son a cargo del legatario, salvo que el testador disponga que resultan a cargo del heredero, en cuyo caso el Fisco puede cobrar a cualquiera de los dos, teniendo el legatario la respectiva acción de reclamo contra el heredero[69].

Se agrega que el legado debe ser lícito y posible; no puede ser contrario a la ley y no se puede someter al heredero a un cumplimiento imposible[70].

El objeto está íntimamente ligado a las clases de legados que señalaremos de seguidas.

4. Clases[71]

La clasificación de los legados tiene lugar en función de las características de las cosas o derechos que pueden constituir su objeto. Al efecto, se citan los siguientes:

---

[68] «Artículo 941.- Si la cosa legada estuviere gravada con una pensión, canon, servidumbre u otra carga inherente al fundo, tal carga recaerá sobre el legatario. Si la cosa legada estuviere empeñada por una obligación o deuda de la herencia o de un tercero, el heredero estará obligado al pago de los intereses de la deuda, y al pago del capital según la naturaleza de la deuda o de la obligación, a menos que el testador haya dispuesto otra cosa».

[69] Escovar León, *Institución de heredero...*, p. 263.

[70] Véase: Sojo Bianco, ob. cit., p. 341.

[71] Véase: Gelman, ob. cit., pp. 93-150; Rojas, ob. cit., pp. 220-236; Sojo Bianco, ob. cit., pp. 341-345; Vizcarrondo P., ob. cit., pp. 37-40; Escovar León, *Institución de heredero...*, pp. 249 y ss.; Piña Valles, ob. cit., pp. 155-158; Rodríguez, ob. cit., pp. 147-160; López Herrera, *Derecho...*, t. i, pp. 324-345; Villaroel Rión, ob. cit., pp. 157-161; Carrión Olmos *et al.*, ob. cit., pp. 390-393; Gutiérrez Barrenengoa *et al.*, ob. cit., pp. 218-236; Díez-Picazo y Gullón, ob. cit., pp. 418 y ss.; Baqueiro Rojas y Buenrostro Báez, ob. cit., pp. 324-327; Suárez Franco, ob. cit., pp. 280-287; Polacco, ob. cit., pp. 390 y ss.; Messineo, ob. cit., pp. 343-356; de Ruggiero, ob. cit., pp. 504-510; Salguero Quintana y Vivar Sanabria, ob. cit., pp. 50-57; Arce y Cervantes, ob. cit., pp. 91-96. Véase sobre el objeto y las distintas modalidades de legados en el Derecho romano: Bernad Mainar, *Derecho romano...*, pp. 112-114.

i. Legado de cosa cierta y propia del testador: responde al caso normal o tradicional por el cual el causante lega un bien particular de su propiedad[72], bien se trate de muebles o inmuebles[73]. El Código sustantivo dispone que el legado queda sin efecto, si la cosa legada ha perecido en vida del testador o después de la su muerte por causa no imputable al heredero[74].

ii. Legado de cosa ajena[75], esto es, que se halle fuera del patrimonio del testador[76]. El legado de cosa ajena en principio es nulo, salvo que ello sea declarado en el acto testamentario y en tal caso se interpreta como la obligación

---

[72] Véase: VILLAROEL RIÓN, ob. cit., p. 157, este legado es el más corriente y parte del supuesto de que el objeto del legado se encuentre en el patrimonio del testador.

[73] Véase referencia a legado de inmueble que la parte actora (Sociedad Anticancerosa de Venezuela) señala a su favor: Superior Décimo en lo Civil, Mercantil y del Tránsito de la Circunscripción Judicial del Área Metropolitana de Caracas sent. del 27-04-09, exp. 5802, http://apure.tsj.gov.ve/decisiones/2009/abril/2147-27-5802-14.html.

[74] «Artículo 957.- El legado no tendrá efecto si la cosa legada ha perecido completamente durante la vida del testador. Tampoco lo tendrá si ha perecido después de la muerte de éste sin intervenir hecho o culpa del heredero, aunque éste haya incurrido en mora respecto de la entrega, cuando la cosa hubiera igualmente perecido en manos del legatario».

[75] Véase: GONZÁLEZ PAKANOWSKA, Isabel: *El legado de cosa ajena: Estudio sobre las disposiciones mortis causa a título singular en el Código Civil*. Madrid, Edit. Montecorvo, 1985.

[76] Véase del Código Civil: «artículo 902.- El legado de cosa ajena es nulo, a menos que se declare en el testamento que el testador sabía que la cosa pertenecía a otra persona. En este caso, el heredero podrá optar entre adquirir la cosa legada para entregarla al legatario o pagarle su justo precio. Sin embargo, si la cosa legada pertenecía a otro cuando se otorgó el testamento, y se hallare en la propiedad del testador al tiempo de su muerte, el legado será válido», «artículo 903.- Si el testador ordena entregar a un tercero una cosa perteneciente al heredero o legatario, deberá entregarse la cosa para tener derecho a la disposición testamentaria. Sin embargo, si la cosa hubiere salido del patrimonio del heredero o legatario, podrá optar entre entregar la cosa o pagar su justo precio», «artículo 904.-Si el testador, el heredero o el legatario son propietarios solo de una parte de la cosa legada o de un derecho sobre ella, el legado no será válido sino relativamente a aquella parte o a este derecho; a menos que aparezca en el mismo testamento que el testador conocía tal circunstancia: en tal caso se procederá de conformidad con el artículo 902», «artículo 905.- Es válido el legado de una cosa mueble indeterminada, de un género o especie, aunque nada de

impuesta al heredero de adquirir la cosa o el precio de esta[77]. Algunos señalan que para precisar si el objeto pertenece al causante ha de seguirse la regla «catoniana» de pertenecerle el momento de otorgar el testamento[78], pero lo cierto es que, si el bien se encuentra en el patrimonio del causante a su muerte, ya no se está en presencia de una cosa ajena, lo que confirma la parte final del artículo 902 que da validez al legado si la cosa ajena era al momento del otorgamiento, pero ingresó al patrimonio del testador antes de su muerte.

Ahora bien, prevé el artículo 903 que si ese tercero propietario de la cosa es heredero o legatario, se debe hacer entrega de la misma para acceder a la disposición testamentaria, salvo que haya salido de su patrimonio y se procede como en el caso anterior del artículo 902, esto es, entregar la cosa o pagar su precio. Finalmente, si el testador, heredero o legatario solo son propietarios de una parte de la cosa, el legado solo tendrá validez respecto de esta, salvo que conste el conocimiento de tal circunstancia y respecto del resto o cuota restante, se proceda igualmente a entregar la cosa o pagar su precio por remisión al citado artículo 902. En el ordenamiento colombiano igualmente, cuando el testador lega una cosa de la cual es copropietario, el legado se entiende reducido a su cuota[79], lo cual es lógico y procedente por principio general, aunque no existiera la citada disposición del artículo 904.

---

aquel género o especie se encontrare en el patrimonio del testador cuando se otorgó el testamento ni en la época de la muerte del testador», «artículo 906.- Cuando el testador haya dejado como de su propiedad una cosa particular o comprendida en cierto género o especie, el legado no tendrá efecto si la cosa no se encuentra en el patrimonio del testador al tiempo de su muerte. Si la cosa se encuentra en el patrimonio del testador en el momento de su muerte, pero no en la cantidad indicada en la disposición, el legado no tendrá efecto sino por la cantidad que se encuentre en él». Véase: DOMINICI, ob. cit., p. 150, en la última norma la palabra «dejado» equivale a «legado».

[77] Véase: ZANNONI, ob. cit., pp. 675 y 676.
[78] Véase: LÓPEZ HERRERA, *Derecho...*, t. I, p. 326.
[79] SUÁREZ FRANCO, ob. cit., p. 283.

El artículo 906 prevé la designación de la cosa particular o de género o especie como si fuese propiedad del testador, que quedará sin efecto si a la muerte no está en el patrimonio del causante, o solo valdrá en la cantidad que se encuentre a dicho momento. López Herrera refiere que en caso particular no rige la referida regla catoniana que atiende en principio al momento del otorgamiento[80].

Dentro del legado de cosa ajena a la propiedad del testador se incluye al artículo 905 relativo a una cosa mueble indeterminada de un género o especie. En tal caso, no se precisa que la cosa esté en el patrimonio del causante ni al momento del otorgamiento ni al de la muerte, porque en definitiva se trata de bienes muebles sustituibles. Su cumplimiento viene dado según veremos, por los artículos 935 y ss. A pesar de que la norma se refiere a muebles, la doctrina admite que, si bien es inválido el legado de un inmueble determinado *in genere* cuando ningún bien de ese tipo figura en el patrimonio del testador, no así cuando existen varios en cuyo caso la disposición sí tendría validez, que deberá cumplirse entregando al legatario uno de los mismos[81]. Esto porque el legado de una cosa indeterminada sería factible cuando pueda ser determinable o determinada[82].

iii. Legado de una cosa perteneciente al legatario[83]. Tal supuesto denominado por la doctrina «legado de cosa que ya era del beneficiario de la institución particular»[84]. El artículo 908 consagra la nulidad del legado en

---

[80] Véase: López Herrera, *Derecho…*, t. I, pp. 336 y 337.
[81] Véase: ibíd., p. 334.
[82] Véase: Laurent, ob. cit., t. XIV, p. 157.
[83] Véase Código Civil: «artículo 908.- Es nulo el legado de una cosa que era ya de la propiedad del legatario cuando se otorgó el testamento. Si él la ha adquirido después de dicho otorgamiento, del mismo testador o de otra persona, tendrá derecho a su precio, cuando se reúnan las circunstancias de los artículos 902 o 903 y no obstante lo que se establece en el artículo 955; a menos que en uno u otro caso la cosa haya llegado al legatario por un título puramente gratuito». Véase: Dominici, ob. cit., p. 152, distinto es si la adquisición es posterior al otorgamiento y el legado se hizo a sabiendas que la cosa era ajena porque el testador se propuso legar la cosa o el precio de ella.
[84] Véase: López Herrera, *Derecho…*, t. I, p. 330.

que la cosa era propiedad del legatario al tiempo del otorgamiento del testamento. Se indica que si el legatario se hace propietario al momento de la apertura de la sucesión, debería ser igualmente nulo por aplicación de la regla catoniana, que atiende a la situación existente a la fecha del testamento. El legislador previó el caso de la cosa que no pertenecía al legatario cuando se otorgó el testamento y llegó a serlo posteriormente, por causa onerosa, al margen de quien sea el causante. En cuyo caso el legatario, tiene derecho al precio del bien objeto del legado si se reúnen las circunstancias de los citados artículos 902 y 903 del Código. Acota la norma en comentario que lo anterior no obstante el artículo 955 que prevé la revocatoria del legado en caso de enajenación de la misma[85].

iv. Legado de cosas a tomar de determinado lugar[86]. El legado aplica respecto del bien que exista en cierto lugar, solo por la parte indicada por el testador y únicamente si la cosa efectivamente se encuentra en el mismo. La doctrina admite que, no obstante, el legado sería igualmente válido de no encontrarse por motivos circunstanciales la cosa en el sitio indicado por el testador[87].

v. Legado de crédito[88] y el legado de deuda[89]. Normas que a decir de la doctrina no precisan mayor comentario[90]. El legado de crédito supone

---

[85] Véase: ibíd., pp. 330 y 331.
[86] Véase Código Civil: «artículo 907.- El legado de una cosa o de una cantidad designada como existente en cierto lugar, tiene efecto solo si la cosa se encuentra en él, y por la parte que se halla en el lugar indicado por el testador».
[87] Véase: ibíd., pp. 337 y 338.
[88] Véase: MONCAYO RODRÍGUEZ, Socorro: «La sucesión en el legado de crédito». En: *Letras Jurídicas*. N.º 9. CEDEGS. Veracruz, s/f, pp. 1 y ss., http://letrasjuridicas.com.mx/Volumenes/9/moncayo9.pdf; MAZEAUD *et al.*, ob. cit., vol. II, p. 427, el testador puede válidamente legar un derecho de crédito contra un tercero. Ocurriría de un modo distinto si el crédito fuera rigurosamente personal.
[89] Véase Código Civil: «artículo 909.- El legado de un crédito o de la liberación de una deuda, no tiene efecto sino en la parte que exista en la época de la muerte del testador. El heredero está obligado únicamente a entregar al legatario los títulos del crédito legado que se encontraban en poder del testador», «artículo 910.- Si el testador, sin

ceder un crédito del testador contra o un tercero –produce lo efectos de una cesión. O también podría tratarse de la liberación de una deuda que tenía el testador contra el legatario. Es válido por la parte de lo debido existente al día de la muerte del testador[91].

vi. Legados periódicos[92]. Se trata de legados que imponen a los herederos la obligación de cumplir prestaciones periódicas a favor del legatario[93]. Tiene por objeto una cierta cantidad de dinero u otros bienes fungibles entregables en determinados períodos y durante cierto tiempo[94]. Así, por ejemplo, los frutos de un inmueble podrían ser distribuidos entre varios legatarios[95].

---

hacer mención de su deuda, hace un legado a su acreedor, no se juzga hecho el legado para pagar su crédito al legatario». Véase: Dominici, ob. cit., p. 153, si el legado no mencionó la deuda se entiende como liberalidad, si la menciona se entiende que tiene por objeto pagarla. En este último caso, el acreedor solo puede reclamar el pago de la deuda en la parte no cubierta, pues su aceptación envuelve novación.

[90] Véase: Farrera, ob. cit., p. 208, no requiere el más ligero comentario, se hace el legado de un crédito, cuando por testamento se transmite el derecho o la acción para reclamar de un tercero deudor el pago correspondiente. Es un legado de liberación cuando el testador remite al legatario la deuda contraída con él por el propio legatario.

[91] Escovar León, *Institución de heredero...*, p. 257.

[92] Véase Código Civil: «artículo 930.- Si el legado consiste en una renta vitalicia o pensión, ésta comienza a correr desde el día de la muerte del testador», «artículo 931.- En el legado de una cantidad determinada, que deba ser pagada cada mes, cada año, o en otros períodos, el primer plazo principia a la muerte del testador y el legatario adquiere el derecho a toda la cantidad debida por el plazo corriente, aun cuando muera antes del vencimiento de este plazo. Sin embargo, el legado no puede exigirse sino después del vencimiento del plazo, a no ser que se haya dejado a título de alimentos, caso en el cual puede exigirse al principio del plazo».

[93] Véase: Zannoni, ob. cit., p. 686.

[94] López Herrera, *Derecho...*, t. i, p. 341.

[95] Véase: Juzgado Unipersonal ii del Circuito Judicial del Tribunal de Protección del Niño, Niña y del Adolescente del Área Metropolitana de Caracas, sent. del 17-11-08, exp. AH51-X-2008-001077, http://aragua.tsj.gov.ve/deci.siones/2008/noviembre/2077-17-ah51-x-2008-001077-pj0022008000902.html, «... con la totalidad 100 % de los frutos generados por el usufructo del inmueble ubicado en el Edificio 'A' (...) con las características y linderos ya señalados, que en este punto se dan por enteramente reproducidos, bajo la figura jurídica del "arrendamiento inmobiliario",

vii. Legado de alimentos[96]. Comprende una prestación alimentaria que, a falta de indicación expresa, el monto periódico se determinará según las circunstancias[97]. Si el testador señala con toda precisión el monto de la pensión, el heredero está obligado a la prestación indicada, sin tener en cuenta si la disposición es o no eficaz para atender la respectiva necesidad[98]. Por ejemplo, si se indica: Dispongo que se pase a x, a título de alimentos la pensión mensual de tantos bolívares. Lo contrario, deja facultad al tribunal que conoce la materia de la determinación del mismo, según las circunstancias –edad, parentesco, patrimonio del causante, número y calidad del heredero, necesidades del legatario, etc.–[99].

En cualquiera de los dos casos, debería recordarse que la obligación de alimentos representa en principio una obligación de valor[100], afectada sustancialmente por la inflación, aunque la Ley Orgánica para la Protección de Niños, Niñas y Adolescentes de 2007 acertadamente subordina su ajuste a los ingresos del obligado que no necesariamente se corresponden

---

regido por la Ley que regula esta materia, frutos que obtenidos bajo este usufructo serán distribuidos de la siguiente forma: 1. El 60 % para mi hijo (…) El 15 % para la legataria (…) El 25 % para la legataria (…) pudiendo ser adicionada en esta misma proporción, los frutos que se obtengan del usufructo de otros activos que sean incorporados a este testamento, antes de producirse el hecho imponible que de lugar a la apertura de la sucesión o posteriormente a la apertura de la misma…».

[96] Véase Código Civil: «artículo 911.- El legado de alimentos comprende la comida, el vestido, la habitación y demás cosas necesarias durante la vida del legatario; y puede extenderse, según las circunstancias, a la instrucción conveniente a su condición social». Véase: Juzgado Superior Civil, Mercantil, Bancario, Tránsito, y de Protección del Niño y del Adolescente de la Circunscripción Judicial del estado Guárico, sent. del 05-10-05, exp. 5819-05, http://guarico.tsj.gov.ve/decisiones/2005/octubre/350-5-5819-05-72.html.

[97] Véase: ZANNONI, ob. cit., p. 687.
[98] FARRERA, ob. cit., p. 208.
[99] Ibíd., p. 209.
[100] Esto es que lo fundamental es el valor real y no nominal del dinero, porque con dicho monto se adquiere sustancialmente valores y servicios. Véase nota o referencia a la obligación de valor en *supra* IV. 5.

con el incremento inflacionario[101]. Aumento que puede ser considerado por el juez respecto de la obligación de alimentos en general de conformidad con el artículo 294 del Código Civil. Ahora bien, el monto legado por alimentos, dada su clara naturaleza de obligación de valor, ya sea que sea fijado por el testador o por el órgano jurisdiccional, salvo voluntad contraria del causante, debería ser actualizado periódicamente en función de los índices inflacionarios del Banco Central de Venezuela. Pues lo contrario daría lugar a que el legado perdiera sentido en el tiempo, ante el inevitable paso de la inflación. Pues es bien sabido que el dinero tiene un valor real que resulta afectado por el transcurso del tiempo y que ello se proyecta en el ámbito jurídico. Sería recomendable en caso de indicación por parte del causante, que ello tuviera lugar por unidades tributarias, a objeto de evitar discusiones sobre el ajuste del legado de alimentos.

viii. Legados pecuniarios: para algunos, se puede descender en forma más específica para referirse exclusivamente a un legado genérico particular consistente en la entrega de una suma de dinero[102]. Que presentan una subclasificación en: legado de suma simple de dinero («lego 1000 Bs. a María»); el legado de una suma de dinero fijado en moneda extranjera; el legado de una suma de dinero determinable; el legado de una suma periódica; el referido legado de alimentos[103]. Recordemos que la referencia a la moneda

---

[101] Efectivamente no siempre el aumento inflacionario se refleja en la capacidad económica del obligado por lo que la Ley Orgánica para la Protección de Niños, Niñas y Adolescentes de 2007 en su artículo 369 subordina acertadamente el ajuste de la obligación de manutención del menor de edad al aumento del ingreso del obligado, a diferencia de la Ley del 1998 que preveía un aumento automático según la tasa de inflación determinada por los índice del Banco Central de Venezuela. Véase nuestro comentario en: DOMÍNGUEZ GUILLÉN, María Candelaria: «Innovaciones de la reforma de la LOPNA en materia de patria potestad». En: *Revista de Derecho*. N.º 28, Caracas, TSJ, 2008, p. 173.

[102] GRIMALT SERVERA, ob. cit., p. 21, aunque para algunos engloba no solo dinero, sino también cualquier cosa fungible.

[103] Véase: ibíd., pp. 23-43.

extranjera vale en principio, salvo disposición en contrario, como moneda de referencia al momento del pago[104].

5. Modalidades[105]

Los legados son susceptibles de estar sometidos a las modalidades de condición, modo y término. Pues, según indicamos, las disposiciones testamentarias pueden incluir tales elementos accidentales[106].

El legado como asignación testamentaria a título particular o singular, también puede ser sometido a condición, pues el artículo 913 del Código Civil dispone: «La disposición a título universal o particular puede hacerse bajo condición». La condición en el legado puede ser suspensiva o resolutoria –a diferencia de la condición que afecta al heredero que solo puede ser suspensiva–, pero, según indicamos, no valen a tenor de los artículos 914 y ss. del Código las disposiciones contrarias a la ley o al orden público, captatorias o imposibles[107]. La condición suspensiva queda sin efecto, si el beneficiario fallece antes de su cumplimiento[108]; y la que solo suspende la ejecución de la disposición no impide la adquisición del derecho (artículo 919).

---

[104] Véase: Domínguez Guillén, *Curso de Derecho Civil III...*, p. 139; Pro-Rísquez, Juan Carlos: «El pago del salario en divisas y otras opciones económicas de retención en Venezuela». En: *Revista Venezolana de Legislación y Jurisprudencia*. N.º 10-II (Edición homenaje a María Candelaria Domínguez Guillén). Caracas, 2018, pp. 611-647, especialmente pp. 625-627, www.rvlj.com.ve.

[105] Véase: de Ruggiero, ob. cit., p. 510; Rojas, ob. cit., p. 242; Sojo Bianco, ob. cit., p. 345; Vizcarrondo P., ob. cit., p. 40 y 41; Gelman, ob. cit., pp. 51 y ss.

[106] Véase *supra* VII.4.

[107] Véase *supra* VII.4.

[108] Véase Código Civil: «artículo 918.- Toda disposición testamentaria hecha bajo condición suspensiva quedará sin efecto, si la persona favorecida en ella muriere antes del cumplimiento de la condición».

El artículo 920 del Código Civil consagra el legado modal, de modo u oneroso que la impone carga al legatario: «Si el testador ha dejado la herencia o el legado, imponiendo al heredero o legatario la obligación de no hacer o no dar algo, el heredero o legatario está obligado a dar caución suficiente sobre el cumplimiento de aquella voluntad, en favor de quienes hayan de adquirir la herencia o el legado, para el caso de no cumplirse la obligación impuesta». A los efecto, nos referimos bajo la denominada «caución muciana»[109].

El legado –a diferencia de la condición de heredero[110]– puede ser sometido a término. El artículo 921 del Código Civil se refiere al legado a término: «Si se ha dejado un legado bajo condición, o para ser ejecutado después de cierto tiempo, puede obligarse al encargado de cumplirlo a dar al legatario caución u otra garantía suficiente». Prevé el artículo 922: «Si se ha instituido al heredero bajo una condición suspensiva, se nombrará administrador a la herencia hasta que se cumpla la condición o hasta que haya certeza de que no puede cumplirse. Lo mismo se hará en el caso de que el heredero o el legatario no cumplan la obligación de dar la caución exigida por los dos artículos precedentes». Debe tenerse en consideración respecto a la administración de los legados, los citados artículos 923 y 924 del Código Civil.

6. Efectos[111]

Prevé el artículo 927 del Código Civil: «Todo legado puro y simple da al legatario, desde el día de la muerte del testador, el derecho trasmisible a sus herederos a recibir la cosa legada». Se dice que la misma regla aplica, no obstante el silencio del legislador respecto de los legados sometidos a condición resolutoria, a término y bajo alguna carga o modo, porque estos no afectan su adquisición; los legados sometidos a condición suspensiva

---

[109] Véase *supra* VII.4.
[110] Véase *supra* VII.4.
[111] Véase: GELMAN, ob. cit., pp. 151 y ss.; RAMÍREZ, ob. cit., pp. 261-266.

precisan el cumplimiento de la misma a los fines de su exigibilidad[112]. El legado se adquiere *ipso iure*, en forma inmediata con la apertura de la sucesión[113], salvo que se trate de un legado sometido a condición suspensiva

---

[112] Véase: López Herrera, *Derecho...*, t. i, p. 349.
[113] Véase no obstante respecto al instrumento traslativo de la propiedad: Tribunal Superior en lo Civil, Mercantil, Tránsito y de Protección del Niño y del Adolescente del Primer Circuito de la Circunscripción Judicial del estado Bolívar, sent. del 04-02-09, exp. FP02-R-2008-0000215 (7430), http://cfr.tsj.gov.ve/decisiones/2009/febrero/2184-4-fp02-r-2008-000215(7430)-pj0172009000023.html, El testamento «no es suficiente para comprobar que los hoy accionantes –legatarios– se hicieron propietarios del vehículo en cuestión por cuanto el testamento en que se instituye un legado no es un acto traslativo de la propiedad, por sí solo pues, corresponde a los legatarios realizar las gestiones la propiedad del bien legado no puede ser reconocida con la simple presentación en el proceso del testamento, en atención a la prohibición contenida en el artículo 51 de la Ley de Impuesto sobre Sucesiones, Donaciones y demás Ramos Conexos (…) que establece: 'Los registradores, jueces y notarios no podrán protocolizar, autenticar o dar fe de reconocimiento de documentos en que a título de heredero o legatario, se transmita la propiedad o se constituyan derechos reales sobre bienes recibidos por herencia o legado, sin previo conocimiento del certificado de solvencia a que se refiere el artículo 45 de la Ley o a la autorización expresa del Ministerio de Finanzas'. De la anterior norma se desprende claramente que la documentación presentada por los hoy accionantes –el testamento– por sí sola no acreditan la propiedad exclusiva sobre el bien legado, es decir, que deben cumplir una serie de requisitos…». Véase Juzgado Primero de Primera Instancia en lo Civil, Mercantil, del Tránsito y Bancario de la Circunscripción Judicial del estado Cojedes, sent. del 16-10-09, también: http://jca.tsj.gov.ve/decisiones/2009/octubre/1531-16-11.029-.html, «Debe señalar este sentenciador que, la venta de los bienes recibidos por herencia o legado se encuentra imposibilitada, en principio, de conformidad con lo previsto en el artículo 51 de la Ley de Impuestos Sobre Sucesiones, Donaciones y demás Ramos Conexos (…) Para obtener la solvencia señalada en el artículo antes trascrito es necesario, haber hecho la declaración jurada del patrimonio gravado conforme a la Ley, de conformidad con lo dispuesto en el artículo 27 de la misma Ley (…) y además la liquidación debe ser practicada en el mismo formulario de la declaración de conformidad con lo dispuesto en el artículo 36 *eiusdem* y es luego de efectuada la recaudación del impuesto o de haberse declarado su exoneración que la Administración entregará a los contribuyentes el certificado de solvencia o liberación, de acuerdo con lo previsto en el artículo 45 *eiusdem* y en el caso de marras la representación de la parte demandante que solicita la protección cautelar, no trajo a los autos prueba alguna del cumplimiento de estas actuaciones».

que se adquiere al cumplimiento de esta. No se precisa una declaración a los efectos de la aceptación, a diferencia de que se trate de rechazarlo[114]. De allí que se afirme que contrariamente del heredero, no es preciso que el legatario acepte para adquirir lo que se lega, aunque puede repudiarse el legado en cuyo caso simplemente se deshace lo que se había adquirido con efecto retroactivo[115]. La doctrina extranjera alude a «delación del legado», para referirse al surgimiento a favor del designado la pretensión del legado contra el heredero, quien tiene, sin embargo, el derecho de repudiarlo, aunque se afirma que el legado se defiere –igualmente– con la apertura de la sucesión[116].

El legatario debe pedir al heredero la posesión de la cosa legada (artículo 928 del Código Civil), pues, a diferencia del heredero, no tiene la posesión civilísima o legal de los bienes del causante[117]. Pero, de conformidad con el artículo 781, tiene la facultad de continuación de la posesión que tenía el causante, pues puede unirla a la suya[118]. El legatario tiene derecho a exigir la entrega del bien legado y disfrutar de los derechos inherentes a este[119]. De allí que se distinga el momento de la adquisición y el de la exigibilidad[120].

Con relación a los intereses, dispone el artículo 929: «Los intereses o los frutos de la cosa legada corren en provecho del legatario desde el día de la muerte del testador: 1. Cuando el testador lo ha dispuesto así expresamente. 2. Cuando el legado es de un fundo, de un capital o de otra cosa

---

[114] Escovar León, *Institución de heredero...*, p. 258; Rojas, ob. cit., p. 243.
[115] Albaladejo, ob. cit., p. 287.
[116] Véase: Kipp *et al.*, ob. cit., p. 573.
[117] Véase *supra* II.5.1.
[118] Torres-Rivero, *Teoría...*, t. I, p. 156.
[119] Véase: Sala de Juicio Décima del Circuito Judicial del Tribunal de Protección de Niños, Niñas y Adolescente de la Circunscripción Judicial del Área Metropolitana de Caracas, sent. del 28-01-09, citada *supra*, «... el accionante tiene el derecho no solo de exigir su legado, tal y como lo plantean los artículos 927 y 928 del Código Civil, sino que tiene derecho a que se declare que; de los derechos de propiedad de los que disponía la testadora...».
[120] Véase: López Herrera, *Derecho...*, t. I, p. 346.

productiva de frutos. En los demás casos, los intereses o los frutos corren en provecho del legatario desde que el heredero incurre en mora».

Adicionalmente, se debe distinguir si se trata de un legado de renta vitalicia o pensión que corre a partir de la muerte del testador (artículos 930 y 931 del Código Civil). A los artículos 932 y ss. del Código, ya nos referimos al considerar los sujetos del legado y por tal las obligaciones de estos[121].

El legatario no responde *ultra vires* de las deudas del causante[122]. Contrariamente al heredero, el legatario no está obligado por la deudas de la sucesión[123]. El legatario no es un continuador de las relaciones del causante, a diferencia del heredero, no tiene otras obligaciones y cargas que las inherentes al goce de la cosa legada[124]. Si bien, como vimos, el legado puede estar afectado por modalidades que incluyen cargas o gravámenes[125], el legatario solo se verá gravado por expresa disposición del causante, pues en principio no responde por cargas de la herencia[126]. Diferencia fundamental con el heredero, que responde por estas, salvo que medie aceptación a beneficio de inventario, en virtud de la responsabilidad *ultra vires*. Y así por ejemplo, el testador puede disponer expresamente que el legatario asuma directamente las cargas de la cosa o bien que lega[127]. Al sucesor a título particular se le transmiten en principio todas las facultades del derecho adquirido sobre el bien que forma su objeto[128].

---

[121] Véase *supra* VIII.2.
[122] BORDA, ob. cit., pp. 453 y 454.
[123] MAZEAUD *et al.*, ob. cit., vol. III, p. 162.
[124] CLARO SOLAR, ob. cit., t. XV (III), p. 46. Véase también: MESSINEO, ob. cit., p. 31, no responde de las deudas y cargas hereditarias, no está investido de la representación hereditaria que tiene el heredero.
[125] Véase *supra* VIII.5.
[126] BAQUEIRO ROJAS y BUENROSTRO BÁEZ, ob. cit., pp. 319-321.
[127] Véase: Decisión del 14-0-05, http://vargas.tsj.gov.ve/decisiones/2005/junio/132-14-S-598-6491.html, indica la solicitante a propósito de un vehículo que, a su decir, le fue legado: «… si para la fecha de mi muerte pesare sobre este bien mueble legado alguna deuda ésta será pagada por la legataria».

Las diferencias del heredero con el legatario vienen dadas entonces por sentido contrario, y así el legatario no responde *ultra vires*, no asume un *officium pietatis*, no recibe la posesión civilísima, no participa de la comunidad hereditaria ni es normalmente ejecutor testamentario[129]. Pero reseña la doctrina que el legatario satisface su derecho con posterioridad a los acreedores ordinarios del *de cujus*[130]. El legatario debe sufrir la preferencia de los acreedores hereditarios cuando concurra con ellos[131].

Existe la petición de legado, que pretende una parte concreta del patrimonio sucesoral. En tal caso el legatario accionante va contra los herederos –legado propiamente dicho– o contra otros legatarios –sublegado–[132]. Admite la doctrina que el legatario tiene la acción reivindicatoria contra el heredero si se trata de un bien determinado que adquiere con la apertura de la sucesión o una acción personal si es de cosa indeterminada o cantidad de dinero[133]. Se agrega que cuenta además la posibilidad de solicitar la separación de patrimonios y eventualmente de ser el caso, daños y perjuicios[134].

La doctrina española discute tal posibilidad de distribución de todo el caudal hereditario en legados[135]. Admitiendo algunos que uno de los supuestos

---

[128] Laje, Eduardo Jorge: *Derechos y obligaciones del sucesor particular*. Buenos Aires, Ediciones Arayú, 1954, p. 13, ejemplo: al transmitir la propiedad, tendrá todos los atributos o facultades del propietario.

[129] Álvarez-Caperochipi, ob. cit., p. 36.

[130] López Herrera, *Derecho...*, t. I, p. 323.

[131] Messineo, ob. cit., p. 31.

[132] Torres-Rivero, *Declaratoria...*, p. 161.

[133] Véase: Mazeaud *et al.*, ob. cit., vol. III, p. 203; Dominici, ob. cit., p. 178; López Herrera, *Derecho...*, t. I, pp. 360 y 361. Véase: Kipp *et al.*, ob. cit., p. 582, La doctrina alemana señala que en dicha legislación el legado produce siempre solo efectos obligatorios, pues el legatario tiene un derecho de crédito contra el gravado y que un derecho real no lo obtiene más que mediante disposición del gravado.

[134] Véase: *supra* III.2; López Herrera, *Derecho...*, t. I, pp. 360 y 361.

[135] Véase: Roca Ferrer *et al.*, ob. cit., pp. 224 y ss.; Álvarez Vigaray, Rafael: «La distribución de toda la herencia en legados». En: *Revista General de Legislación y Jurisprudencia*. Madrid, Editorial Reus, mayo 1965, p. 3, el artículo 891 del Código Civil

excepcionales en que el legatario debería responder de las deudas de la herencia o al menos debe dudarse de la voluntad del otorgante es la distribución de toda la herencia en legados; algunos propugnan en tal caso la tesis de la solidaridad de los sucesores según la proporción de su asignación porque el asunto equivale a una partición hecha por el testador[136]. Otros señalan que en el Derecho español el asunto debería resolverse como si se tratase de una aceptación a beneficio de inventario[137]. Se trata de un caso se herencia sin heredero[138].

Sobre el problema de la totalidad de la herencia en legados, en México se indica que si bien el legatario no responde de las carga de la herencia cuando toda la herencia se distribuye en legados, o los bienes, no alcanzan para pagar las deudas, los legatarios responden subsidiariamente con los herederos en proporción a sus legados. Esto a los fines de evitar defraudar a los acreedores de una sucesión[139]; es decir, el artículo 1286 del Código Civil federal mexicano señala que cuando toda la herencia se distribuya en legados, los legatarios serán considerados como herederos[140]. En todo

---

español dispone que «Si toda la herencia se distribuye en legados, se prorratearán las deudas y gravámenes de ella entre los legatarios a proporción de sus cuotas, a no ser que el testador hubiera dispuesto otra cosa», con arreglo a este precepto se admite en el Derecho español que no es necesaria la institución del heredero para la validez del testamento.

[136] Véase: Dolado Pérez y Bernabé Panos, ob. cit., p. 85 y 97.

[137] Álvarez Vigaray, ob. cit., pp. 39 y 40, el autor comenta que el Código no establece un régimen para la liquidación de la herencia distribuida en legados, pero si se piensa que no existe un heredero obligado al pago de las deudas, pareciera que la herencia distribuida en legados produce una distribución automática de la responsabilidad similar a la herencia aceptada a beneficio de inventario, cuya normas deberían regir analógicamente, toda vez que quedan salvaguardados los derechos de los acreedores hipotecarios e incluso el de los sucesores al remanente eventual. Véase también: ibíd., p. 48.

[138] Mingorance Gosálvez, Carmen: *El pago de las deudas hereditarias*. Madrid, Dykinson, 2004, p. 173.

[139] Baqueiro Rojas y Buenrostro Báez, ob. cit., p. 322.

[140] Núñez Barroso, ob. cit., p. 99. Véase también respecto de Perú al comentar «la totalidad de la herencia en legados»: Alarcón Flores, *Legados...*, *passim*, El legatario no responde de las deudas generales de la herencia, solo lo que le haya asignado el

caso en cuanto al sistema de liquidación consideran autores como García Rubio que la cuestión deberá resolverse caso por caso[141].

Si bien se admite respecto de nuestro ordenamiento que nada obsta para que el testador agote todo su patrimonio en legados[142], la duda surge porque el legatario no tiene en principio responsabilidad por las deudas del causante. Sin embargo, acota acertadamente la doctrina patria que «es obvio que el causante deudor no es libre de disponer de su patrimonio en legados, si con ello afecta los derechos de sus acreedores»[143]. El legatario tiene un derecho inferior a los acreedores propiamente dichos de la herencia, pues su derecho solo es atendido después de haber quedado íntegramente saldado el pasivo hereditario, por aplicación de la regla *nemo liberalis nisi liberatus*, esto es, nadie puede ser liberal antes de pagar sus deudas[144]. Así pues, en materia de herencia, ha querido evitar el legislador que se pueda burlar los derechos de los acreedores a cobrar sus acreencias, mediante subterfugios[145]. Podríamos decir que no es necesario en el *de cujus* la intención de perjudicar a sus acreedores: lo determinante será el hecho objetivo de la prioridad del acreedor sobre el legatario.

En opinión de López Herrera, las disposiciones testamentarias en las que el causante lesione los derechos de los acreedores, pueden ser atacadas por estos mediante el ejercicio de la acción pauliana prevista en el artículo 1279 del Código Civil; y que en tal caso, como la acción se dirige una vez abierta la sucesión contra el testamento, que es un negocio a título

---

testador, si no alcanza para pagar la deuda, responden con los herederos en proporción al monto de sus legados.
[141] Roca Ferrer *et al.*, ob. cit., p. 225.
[142] Véase: López Herrera, *Derecho...*, t. I, p. 321.
[143] López Herrera, *Derecho...*, t. II, p. 407.
[144] López Herrera, *Derecho...*, t. I, p. 323, agrega el autor que a excepción de que el heredero haya aceptado pura y simplemente y el legado haya sido hecho a su cargo, pues en tal caso el legatario se dirige directamente contra el heredero.
[145] Véase: CS1CDF, sent. del 16-01-68, *Jurisprudencia Ramírez y Garay*, t. XVIII, p. 41.

gratuito, el acreedor demandante no tiene que demostrar que hubo *consilium fraudis* entre el testador y los instituidos, sino solo *eventus damni*[146].

Ahora bien, es claro que por principio natural, aun a falta de norma expresa, el testador mal podría distribuir su herencia en legados en perjuicio de sus acreedores, y evadir la responsabilidad *ultra vires* del heredero, que aunque criticable[147], sigue orientando nuestro sistema como dura herencia del Derecho romano. Ciertamente no se puede usar la propia ley para defraudar derechos legítimos de terceros[148], pero el carácter subsidiario de los legatarios respecto de los acreedores personales del causante debe operar al margen de la idea rigurosa de fraude, que caracteriza a la acción pauliana y que por la dinámica de la sucesión *mortis causa* es cuestionable le sea aplicable a esta[149], amén de que supondría adicionalmente limitar el legítimo derecho del acreedor de la herencia al tiempo de prescripción de cinco años de dicha acción de conformidad con el artículo 1279 del Código. De modo que no cabe presumir la mala fe del causante quien difícilmente conoce por anticipado el momento de su muerte porque es perfectamente posible que no mediara el sentido de fraude en su distribución, sino la mera idea de partición o distribución anticipada de su haber.

El reclamo del acreedor hereditario no debería precisar ni siquiera la prueba del daño eventual, pues este tiene legítimo derecho a satisfacer su acreencia, por la mera circunstancia de que es titular de un crédito contra

---

[146] López Herrera, *Derecho...*, t. ii, pp. 407 y 408.
[147] Véase *supra* iii.1.
[148] Pues tal idea fue la que dio paso excepcional, por ejemplo, a la teoría del abuso de la personalidad jurídica, levantamiento del velo corporativo o penetración del ente. Véase «abuso de la personalidad jurídica» en: Domínguez Guillén, *Diccionario...*, pp. 12 y 13.
[149] Pues resulta difícil o dudoso aplicarle a dichos actos la presunción de fraude prevista en dicha norma –actos a título gratuito del deudor insolvente al tiempo de dichos actos– porque el supuesto de la liberalidad *mortis causa* no supone necesariamente fraude ya que nadie sabe en principio cuando va morir, en cuyo momento se materializa la liberalidad *mortis causa*.

del causante que no puede ser satisfecho porque este distribuyó su herencia en legados. Esto es, tiene lugar la situación referida por la doctrina extranjera de una herencia sin «herederos», sin los cuales en nuestro derecho no hay responsabilidad *ultra vires*. De allí, que creemos que, a falta de procedimiento o acción especial, el acreedor hereditario debe encauzar su pretensión bajo la forma del juicio de ordinario contra todos los legatarios[150], quienes a fin de cuentas son los causahabientes o únicos sucesores del *de cujus*. Encuentra aquí sentido lógico la idea de la solidaridad en función de la igualdad y equidad, asomada por la doctrina española, «en proporción a sus legados» a falta de norma expresa en nuestro ordenamiento. Tal acción estaría sometida a la tradicional prescripción decenal a partir de la fecha de la apertura de la sucesión. Es la solución que consideramos cónsona con el principio general admitido por la doctrina según el cual el acreedor de la herencia satisface su crédito antes que el legatario, regla que debe operar objetivamente al margen de la posibilidad de fraude y de daño.

7. Revocatoria[151]

Si el testamento es una acto unilateral, esencialmente revocable, sus disposiciones a título singular o particular, seguirán su misma suerte. Por lo cual cabe la revocación expresa de las disposiciones testamentarias bajo las mismas formalidades. Sin embargo, a ello agrega la doctrina otros supuestos de lo que se deduce la presunta voluntad de no mantener la liberalidad; la supervivencia del hijo no prevista al momento del otorgamiento del testamento (artículo 951 del Código Civil), así como la enajenación o disposición de la totalidad o parte de la cosa legada (artículo 955).

---

[150] A fin de que éstos convengan en el pago de la respectiva acreencia o en su defecto sean condenados a ello por el tribunal.

[151] Véase: Rojas, ob. cit., pp. 236-242; Sojo Bianco, ob. cit., pp. 347-349; Vizcarrondo P., ob. cit., pp. 42-44.

Al caso del artículo 951 relativo a la revocatoria de las disposiciones testamentarias –universales y particulares– si al tiempo de la mismas el causante no tenía descendencia, ya nos referimos y ella remitimos[152].

Ahora bien, en materia de enajenación de la cosa legada, el Código Civil también presume que la misma supone una revocatoria tácita del legado[153]. Así prevé el artículo 955: «La enajenación de la totalidad o de parte de la cosa legada, hecha por el testador, produce la revocación del legado respecto de todo cuanto se haya enajenado, aunque la enajenación sea nula o la cosa haya vuelto al poder del testador. Igual revocación se efectuará si el testador ha transformado la cosa legada en otra, de manera que haya perdido su precedente forma y su denominación primitiva». La enajenación de la cosa legada, al margen de la suerte de dicho acto, da lugar a la revocación del legado[154].

Así pues, ante el supuesto de enajenación también se presume que el testador se ha retractado en su voluntad de efectuar la liberalidad *mortis causa*, al margen de la suerte de la negociación –nulidad, etc.–, salvo el pacto de venta con pacto de retracto si la cosa es rescatada[155]. Se aclara que

---

[152] Véase *supra* VII.5.
[153] Véase *supra* VII.5.
[154] Véase: Juzgado Primero de Primera Instancia en lo Civil, Mercantil y Agrario de la Circunscripción Judicial del estado Carabobo, sent. del 05-11-04, citada *supra*; «La letra de la norma habla por sí sola, y desde luego al producirse la enajenación de la totalidad de la cosa legada, en nuestro caso extensible a los bienes del patrimonio del causante, revoca automáticamente el testamento».
[155] Véase Código Civil: «artículo 956.- No obstante lo dispuesto en el artículo anterior, cuando el testador haya vendido con pacto de retracto la cosa legada y la haya rescatado en vida, el legado quedará subsistente. Si no la ha rescatado, el legado valdrá únicamente respecto del derecho de rescate». Véase: Rojas, ob. cit., p. 455, la venta bajo pacto de retracto supone una condición resolutoria, por tanto, recuperada la cosa por el testador, se considera como sin nunca hubiese salido del patrimonio de la herencia, si estuviere pendiente el retracto el legatario adquiere el derecho de rescatar en su provecho; Sanojo, ob. cit., p. 17, cuando el testador hay vendido la cosa legada con pacto de retroventa y la haya rescatado en vida, el legado quedará subsistente.

se precisa «enajenación» o transmisión de propiedad, por lo que el legado subsistiría no obstante gravar el inmueble con ciertos derechos reales, tales como hipoteca, usufructo, uso o habitación, a diferencia de actos que supongan transmisión de propiedad como la permuta o dación en pago. Sin embargo, se mantiene la validez en casos de expropiación por causa de utilidad pública o remate judicial por ejecución de los acreedores[156]. Si la enajenación es parcial, el legado subsiste respecto de la parte que restase[157].

8. Ineficacia

Las causas que cita la doctrina para la ineficacia del legado son la extinción, la nulidad y la caducidad[158].

La extinción supone el perecimiento de la cosa, previsto en el citado artículo 957 del Código Civil[159]. Se agrega que el perecimiento de la cosa debe operar antes de la apertura de la sucesión porque después de esta ya el legatario es dueño y la cosa perece para este –*res perit domine*–[160]; ningún derecho da la ley al legatario cuando la cosa legada ha perecido antes de abrirse la sucesión[161].

La nulidad –absoluta– o anulabilidad –nulidad relativa– podría afectar al acto testamentario[162] por trasgresiones de fondo o de forma, en general, por las causas que dan lugar a la misma a nivel contractual o negocial[163], así como en caso de nulidad de las disposiciones particulares, a saber, los supuestos indicados, de ser contrarios a la ley, indeterminadas, imposibles, etc.[164]

---

[156] Véase: Sojo Bianco, ob. cit., p. 348; Vizcarrondo P., ob. cit., p. 43.
[157] Dominici, ob. cit., p. 215.
[158] Véase: Vizcarrondo P., ob. cit., p. 44.
[159] Véase *supra* viii.4.
[160] Sojo Bianco, ob. cit., p. 376.
[161] Dominici, ob. cit., p. 219.
[162] Véase: Piña Valles, ob. cit., pp. 185-187.
[163] Véase artículo 1142 del Código Civil.
[164] Véase *supra* viii.4.

La caducidad supone una causa sobrevenida, como la premoriencia del beneficiario al testador o renuncia del legatario[165], incapacidad o pérdida de la cosa[166]. A propósito de la renuncia, cabe recordar el artículo 154 del Código Civil que bajo el régimen legal supletorio, precisa de la autorización del cónyuge a los efectos de renunciar a una herencia o legado, porque ello generalmente representa un beneficio económico –aunque indirecto por tratarse de un bien propio (artículo 151 del Código Civil)– que deja de percibir la comunidad conyugal.

Un legado se dice caduco cuando no puede producir sus efectos, pese a la voluntad del testador, porque la disposición testamentaria no satisface las condiciones legales[167]. Se indica que la teoría de la caducidad es especial de las liberalidades testamentarias, dado que transcurre cierto tiempo entre el momento que se dicta la disposición y aquel en que debería producir su efecto; en el intervalo que separa la eventualidad de la actualidad, pueden surgir acontecimientos que aniquilen los derechos eventuales del legatario[168].

---

[165] Véase Código Civil: «artículo 953.- Queda sin efecto toda disposición testamentaria, si el favorecido por ella no ha sobrevivido al testador o es incapaz. Sin embargo, los descendientes del heredero o legatario premuerto o incapaz participarán de la herencia o del legado en el caso de que la representación se hubiere admitido en su provecho, si se tratase de sucesión *ab intestato*; a menos que el testador haya dispuesto otra cosa, o que se trate de legados de usufructo o de otro derecho personal por su naturaleza», «artículo 954.- La disposición testamentaria caduca para el heredero o el legatario que renuncie a ella».

[166] Véase *supra* VII.7; Josserand, ob. cit., vol. III, p. 218, es revocado cuando es válido pero decae luego por una causa posterior.

[167] Ripert y Boulanger, ob. cit., p. 369.

[168] Josserand, ob. cit., vol. III, p. 218.

Tema IX
La legítima o sucesión necesaria o forzosa

Sumario: **1. Noción 2. Fundamento 3. Herederos forzosos o legitimarios** *3.1. Descendientes 3.2. Ascendientes 3.3. Cónyuge 3.4. Concubino* **4. Derechos del legitimario 5. Principios**

1. Noción[1]

Se alude a «sucesión necesaria»[2], «sucesión forzosa»[3] o «legítima» para denotar una categoría de familiares que por sus estrechos vínculos con el

---

[1] Véase: Haddad S., Jean Ch.: *La legítima en el Código Civil venezolano*. Caracas, Fabretón, 1974 (También en: *Estudios sobre la legítima en el Derecho Civil venezolano*. Caracas, Fabretón, 1991, pp. 5-140); Cantelmo, Vincenzo Ernesto: *Fondamento e natura dei diritti del legittimario*. Camerino, Università di Camerino, a cura di Pietro Perlingieri, 1972; Croes Campbell, Juan Enrique: «Reflexiones sobre la razonabilidad de la legítima en Venezuela. Una propuesta de reforma a favor de la mayor libertad para testar». En: *Homenaje a Aníbal Dominici*. s/l, Ediciones Liber, 2008, pp. 323-377; Santos Briz, Jaime: «La legítima y la mejora». En: *Estudios sobre la legítima en el Derecho Civil venezolano*. Caracas, Fabretón, 1991, pp. 331-437; en la misma obra colectiva citada *ut supra*: Farrera, Celestino: «De la legítima», pp. 291-330; Mendoza, Cristóbal L.: «La legítima en el Código Civil», pp. 259-287; Mendoza, Cristóbal L.: «Estudio sobre la legítima». En: *Sucesiones*. Caracas, Italgráfica, 1977, t. ii, pp. 277-306; Vallet de Goytosolo, Juan B.: *Estudios de Derecho Sucesorio. Estudios dispersos sobre las legítimas*. Madrid, Edit. Montecorvo, vol. iii, 1981 (del mismo autor: «Panorama de las legítimas y de su diversa naturaleza». En: *Libro homenaje a la memoria de Lorenzo Herrera Mendoza*. Caracas, UCV, 1970, t. i, pp. 573-595; «Significado jurídico social de las legítimas y de la libertad de testar». En: *Anuario de Derecho Civil*. N.º 1, Madrid, Ministerio de Justicia, 1966); Sánchez-Rubio García, Alfredo: «La legítima». En: *Manual de Derecho Civil aragonés*. Zaragoza, El Justicia de Aragón, 2006, pp. 567-601; Montojo y Burguero, Luis: *La legítima de los hijos y descendientes*. Madrid, Editorial Escelicer, s/f; Pita Broncano, ob. cit., pp. 285-296; Lasierra Gómez,

de cujus son herederos forzosos o necesarios por imperativo de la ley. El legislador venezolano presume *iure et de iure* –salvo los supuestos de incapacidades especiales para suceder– que el heredero forzoso, necesario o legitimario, debe recibir una cuota mínima, aun contra la voluntad del causante. Constituye así la legítima una limitación legal a la disposición de los bienes del causante.

La legítima se presenta como la cuota o porción hereditaria de la cual no puede disponer el testador porque le corresponde en plena propiedad

---

Ignacio: «La legítima en el Derecho Civil aragonés». En: *Cuadernos Lacruz Berdejo*. N.º 1, Zaragoza, 2004; POLO ARÉVALO, Eva Marina: «Concepto y naturaleza jurídica de la legítima en Derecho Sucesorio español: precedentes y actualidad». En: *RIDROM. Revista Internacional de Derecho Romano*, N.º 10, Universidad de Castilla-La Mancha, 2013, pp. 331-375, http:// www.ridrom.uclm.es; VAQUER ALOY, Antoni: «Reflexiones sobre una eventual reforma de la legítima». En: *InDret Revista para el análisis del Derecho*, N.º 3, Barcelona, 2007, http://www.indret.com; MIQUEL GONZÁLEZ, José María: «Legítima material y legítima formal». En: *El Notario del siglo XXI*. N.º 26. Madrid, Colegio Notarial de Madrid, 2009, http://www.elnotario.es; PARRA LUCÁN, María Ángeles: «Legítimas, libertad de testar y transmisión de un patrimonio». En: *Anuario da Facultade de Dereito*. Nº 13, La Coruña, Universidade da Coruña, 2009, pp. 481-554; ACCIARRESI, Selmar Jesús: «La legítima en el Derecho Sucesorio argentino». En: http://thomsonreuterslatam.com/2012/06/2495/; ARAUJO QUINTERO, Celia: «El orden público internacional y las legítimas. Una mirada crítica desde el Derecho Internacional Privado». En: *En Letra*. N.° 9, año v. Buenos Aires, 2018, pp. 177-193; PÉREZ SIMEÓN, Maurici: «La legítima en el Código Civil ruso. Un análisis histórico y comparado». En: *InDret Revista para el análisis del Derecho*. N.º 1. Barcelona, 2016, https://dialnet.unirioja.es/servlet/articulo?codigo=5334180&orden=0&info=link.

2   Véase utilizando tal expresión: MESSINEO, ob. cit., p. 194, considera más rigurosa la expresión porque denota que se va contra la voluntad del causante, los legitimarios son sucesores necesarios; CANTELMO, ob. cit., pp. 14 y 17; MAIA NEVARES, ob. cit., *passim*, por oposición a la «no necesaria»; véase *supra* v.1; ÁLVAREZ-CAPEROCHIPI, ob. cit., p. 167. Véase criticando tal expresión: POLACCO, ob. cit., p. 295, por considerarla superflua y ambigua, puesto que hace creer que además de los dos títulos de sucesión –ley y testamento– hay un tercero.

3   Véase utilizando tal expresión: FERNÁNDEZ HIERRO, José Manuel: *La sucesión forzosa*. Granada, Comares, 2004.

a los descendientes, ascendientes y cónyuge no separado judicialmente de bienes[4]. Aplica, pues, a los familiares con un vínculo más estrecho[5]. Se trata

---

[4] Véase: Juzgado Superior Primero en lo Civil, Mercantil, del Tránsito, de Menores y de Amparo Constitucional de la Circunscripción Judicial del estado Mérida, sent. del 12-04-05, http://merida.tsj.gov.ve/decisiones/.../956-12-3252-232.html, «La "legítima" es un concepto jurídico claramente definido en los artículos 883 y 884 del Código Civil, como "cuota de la herencia que se debe en plena propiedad a los descendientes, a los ascendientes y al cónyuge sobreviviente que no esté separado legalmente de bienes, con arreglo a los artículos siguientes", aclarando que para los herederos es "la mitad de sus respectivos derechos en la sucesión intentada"; de manera, como es obvio observar, que la posibilidad de su desmejoramiento solo es posible en las sucesiones testadas, ya que cuando no existe testamento, lo que se reclama, o mejor, lo que de derecho puede y debe reclamar quien se considere heredero, es la totalidad de la cuota parte que le corresponde en el acervo hereditario, razón por la cual es absolutamente erróneo el planteamiento en este proceso, cuando, en relación con hijos naturales reconocidos por el causante, se denomina como "legítima" el reclamo que hacen de la cuota parte que legalmente le corresponde a cada uno en el monto de los bienes que conforman la herencia, ya que con tal planteamiento se está solicitando solo la mitad de lo que real y jurídicamente les corresponde, cuestión que no es más que un error conceptual en que caen todos los litigantes, en este juicio pero que indudablemente no tiene la trascendencia para que incida en el fondo de lo reclamado, de ser procedente, que es en realidad, repetimos, aunque mal planteado, la cuota total a que les da derecho la condición de herederos legitimarios»; Juzgado Superior Primero en lo Civil, Mercantil y del Tránsito de la Circunscripción Judicial del estado Zulia, sent. del 29-11-07, citada *supra*, «la voluntad del testador no es absolutamente arbitraria, libre; ésta restringida por la propia ley, de manera que ella opera dentro de ciertos límites, pues hay parte o fracciones de la masa hereditaria de las cuales el testador puede disponer libremente y otras que necesariamente deben transmitirse a sus herederos forzosos»; Juzgado Superior del Circuito Judicial Civil Mercantil y del Tránsito de la Circunscripción Judicial del estado Carabobo, sent. del 07-04-14, citada *supra*, «la legítima, tal como concepto que se infiere del artículo 883 del Código Civil venezolano vigente, es la cuota de la herencia que se debe en propiedad a los descendientes, a los ascendientes y al cónyuge sobreviviente que no esté separado legalmente de bienes. De la norma en comento se trasluce, que nuestro Derecho Hereditario protege con esta figura a los herederos hábiles y determinados –descendientes, ascendientes y cónyuge sobreviviente no separado de bienes– en dicha norma».

[5] Véase: ACEARRESI, ob. cit., además aplica también a las donaciones.

de una porción absolutamente indisponible por el testador a favor del legitimario[6]. La legítima es, probablemente, una de las instituciones más características de nuestro Derecho. Sin embargo, a pesar de su existencia junto con las demás asignaciones forzosas, debe decirse que el sistema jurídico concede al causante una libertad relativa para disponer de sus bienes *mortis causa*[7].

Según HADDAD S., «la legítima es una cuota o porción de la herencia neta, más ciertas agregaciones, que se debe en propiedad a los herederos que determina la ley»[8]. LACRUZ indica que «la expresión "legítima" alude a un *quantum* proporcional de la fortuna del causante que, con cargo –directa o indirectamente– a la misma, debe pasar o haber pasado necesariamente a personas próximas a aquél denominadas "legitimarios"»[9].

La legítima es el derecho que tienen determinados herederos o sucesores de percibir algo del patrimonio del causante[10]. Se presenta como una restricción a la libertad de disposición del *de cujus*, en beneficio de personas que ineludiblemente el testador no puede olvidar, en función del orden y justicia familiar[11]. Nuestro Derecho no admite así –respecto de quienes

---

[6] Véase: DE RUGGIERO, ob. cit., p. 455, se llama «disponible» a la parte sustraída a toda vinculación e «indisponible» a la otra integrada por las porciones legítimas.
[7] UGARTE VIAL, Jorge: «Protección de la legítima contra los legados de cuerpos ciertos». En: *Revista Chilena de Derecho*, vol. 34, N.º 2, pp. 251-288, Santiago, Pontificia Universidad Católica de Chile, 2007, No obstante, existen distintos medios en virtud de los cuales se intenta vulnerar la integridad de la legítima en aras de obtener una mayor libertad de disposición por parte del causante, siendo uno de los más recurrentes el otorgamiento de legados en favor de terceros más allá de la cuota de bienes de que el causante puede disponer libremente.
[8] HADDAD S., ob. cit., 1991, p. 11. Véase también: LASIERRA GÓMEZ, ob. cit., *passim*, «La legítima es aquella parte del caudal hereditario del causante que necesariamente han de percibir los herederos legitimarios».
[9] LACRUZ BERDEJO *et al.*, ob. cit., p. 308. Véase: CLARO SOLAR, ob. cit., t. XV (III), p. 46, En efecto, las personas a quienes la ley asigna la legítima se llaman «legitimarios».
[10] Véase: BINDER, ob. cit., p. 293.
[11] FERRANDIO BUNDIO, ob. cit., pp. 44 y 45.

media la legítima– la desheredación[12] por voluntad del causante[13]. Otros ordenamientos consagran la desheredación por las causas de ley, entre las que incluyen la indignidad[14], que para nosotros se presenta como una incapacidad especial de goce para suceder.

La sucesión forzosa es la que ordena la ley en virtud de normas imperativas a favor de determinados familiares del causante, de tal suerte que dicha ordenación prevalece inclusive contra la propia voluntad del causante[15]. Se trata de una institución de orden público[16] que tiene antecedentes en el Derecho

---

[12] Véase: Juzgado Superior en lo Civil, Mercantil, Tránsito, Bancario y de Protección del Niño y del Adolescente de la Circunscripción Judicial del estado Monagas, sent. del 14-05-07, exp. 008360, http://monagas.tsj.gov.ve/decisiones/.../1695-14-008360-.html, «… Seguidamente se infiere de acuerdo a lo que estipula el artículo 884 del Código en comento, que algunos herederos tienen la plena propiedad, de la cual no pueden ser desheredados, que solo tendrá importancia en las herencias testadas en la cual se le hubiera desheredado de esa cuota, que no sucedió, sino que se trata de una herencia *ab intestato*, y por consiguiente la cualidad de heredero se deriva de los artículos que regulan el orden de suceder…».

[13] Véase respecto a legislación argentina: CIARROCCA DE CERVETTO, ob. cit., *passim*, «La desheredación depende exclusivamente de la voluntad del causante, por hechos que prevé la ley. Se debió instrumentar en vida del causante, mediante testamento válido con expresión de la causa. Solo se puede privar de la herencia a un ascendiente o descendiente, no hay interpretación analógica. La causa debió ser expresada por el *de cujus*, en un testamento válido». Aunque la autora admite de *lege ferenda* que «Los institutos de indignidad y desheredación se pueden refundir en uno solo reestructurando y ampliando las causales de indignidad»; ZANNONI, ob. cit., p. 81, indica que en el Derecho argentino es impropio asimilar plenamente la indignidad con la desheredación, la cual consagra la ley atendiendo al interés privado en función de la «voluntad presunta del causante»; SUÁREZ FRANCO, ob. cit., pp. 328-335 (ibíd., pp. 329 y 330, las causales se asemejan a las de indignidad pero opera a voluntad del causante respecto de los legitimarios).

[14] FERRANDIO BUNDIO, ob. cit., p. 59. Véase también: ALBALADEJO, ob. cit., p. 397, si bien las causas de desheredación son de indignidad, lo que abunda no daña.

[15] SANTOS BRIZ, ob. cit., p. 333. Véase también: D'JESÚS M., ob. cit., p. 69, la sucesión legítima se levanta contra la voluntad del causante.

[16] GARCÍA, ob. cit., p. 70, la legítima es por tanto una institución de orden público y como tal no puede renunciarse ni relajarse; RODRÍGUEZ, ob. cit., p. 107; VILLAROEL RIÓN, ob. cit., p. 150.

romano dentro de las limitaciones de la libertad de testar[17;] su finalidad era la de defender los derechos de aquellos herederos forzosos o necesarios que sin motivo alguno fueron dejados de lado en el testamento[18.] En el Derecho

---

[17] Véase: POLO ARÉVALO, ob. cit., pp. 334 y 335, en el Derecho romano se constata como punto de partida la absoluta libertad que tenía el testador para distribuir el patrimonio hereditario y que es sancionada en la Ley de las XII Tablas. La regulación clásica aparece dispersa y fragmentada, si bien en todo momento se percibe una indudable tendencia hacia la restricción de la libertad de testar que desde época arcaica había tenido el paterfamilias; la evolución se producirá, por tanto, orientada a limitar esta libertad para favorecer que los familiares más allegados pudieran participar en la herencia, con independencia de la voluntad del testador. Habrá que esperar al Derecho justinianeo para encontrar un sistema de legítimas que pondrá fin definitivamente a la libertad para disponer por testamento, al obligar al causante a reservar una parte de sus bienes para algunos familiares determinados legalmente. Así, la legislación justinianea, sobre la base de las *Novelas* 18 y 115, presentará ya un sistema unificado que instaurará de forma definitiva un sistema de legítimas, prohibiendo además la desheredación sin justa causa.

[18] LOUZAN DE SOLIMANO, ob. cit., *passim*, agrega: «Esta institución que fue evolucionando en Roma paso a las legislaciones modernas y tomada por VÉLEZ en los artículos 3591 y siguientes en nuestro Código. En la época de los juristas clásicos y posteriormente en el Derecho imperial se va a reglamentar la institución. Los descendientes, los ascendientes, los hermanos de doble vinculo y los paternos a quienes el testador no deja la cuarta parte de lo que les hubiera correspondido por ley pueden impugnar el testamento mediante la *querella inofficiosi testamenti*. La cuota mínima que el testador debe respetar para los herederos forzosos se fija primero en sucesión intestada. JUSTINIANO mas tarde la eleva a un tercio de la herencia si los herederos son menos de cuatro y a la mitad si son más, de esta manera ordena el tema de la legítima. Por ello, podemos decir que es evidente la notoria influencia del Derecho romano en las disposiciones de VÉLEZ y a las esclarecedoras reformas de la Ley 17 711 donde con referencia a la legítima vemos un marcado rasgo romanista»; ARROYO ÁLVAREZ, Wilberth: «Libre *testamentifactio*, la querella *inofficiosi testamenti* y legítima hereditaria en el Derecho romano». En: *Revista Judicial*. N.º 26, Heredia-Costa Rica, Escuela Judicial, 2007, https://escuelajudicialpj.poder-judicial.go.cr, «No es sino en los últimos años de la República en que la jurisprudencia sostuvo que cuando el testador desheredaba al descendiente o le dejaba tan solo una parte insignificante de sus bienes, sin causa justa, el hijo podía impugnar dicho testamento como «inoficioso» –contra *officium pietatis factum*– anulándolo con base en la ficción de la incapacidad del testador para otorgar testamento. La acción que

anglosajón, por su parte, rige la libertad absoluta del testador[19]. En España, por ejemplo, se aprecian regiones más vinculadas a la autonomía del testador y otras con variaciones respecto a la regulación de la legítima[20]. El resto de legislaciones autonómicas respetan las legítimas, si bien con diferencias notables en cuanto a su concepto y naturaleza y también en el reconocimiento de las personas que son legitimarios[21]. En nuestro ordenamiento, la libertad dispositiva del testador tiene limitaciones impuestas por la ley, básicamente en protección a la legítima[22], por lo que sigue siendo una limitación a la libertad de testar[23]. De allí que se indica que la figura de la legítima se hace importante particularmente en materia de sucesión testamentaria[24].

---

se usaba para la declaratoria de inoficiosidad se llamó querella *inofficiosi testamenti*»; BERNAD MAINAR, *Derecho romano...*, pp. 129-132, señala el autor que en los últimos tiempos de la etapa republicana en Roma se instauró el sistema de la sucesión legítima real, pues no bastaba con mencionar a los parientes más próximos en el testamento que apenas los favorece –legítma formal–, sino que es necesario atribuirles una porción determinada de los bienes del patrimonio. De lo contrario, por faltar al deber de afecto se reputa el testamento inoficioso y se otorga al perjudicado el derecho de impugnarlo; CROES CAMPBELL, ob. cit., pp. 333-335, cita a José Luis PÉREZ LASALA, A fines de la República se impuso la idea de que quien muere sin dejar nada a sus parientes más próximos faltaba al afecto o la piedad y por ello el testamento podía ser impugnado por ciertos parientes. Véase también, sobre la historia de la legítima, así como en el Derecho comparado: HADDAD S., ob. cit., 1991, pp. 31-47, sobre la evolución de la legítima en Venezuela, véase: ibíd., pp. 68-85.

[19] MENDOZA, *La legítima...*, p. 278; MENDOZA, *Estudio...*, p. 297; SANTOS BRIZ, ob. cit., pp. 334 y ss.

[20] Véase especial referencia al país Vasco: POLO ARÉVALO, ob. cit., p. 351; MARTÍNEZ MARTÍNEZ, ob. cit., pp 205 y 206.

[21] POLO ARÉVALO, ob. cit., p. 353.

[22] FERRANDIO BUNDIO, ob. cit., p. 28.

[23] Véase: RAMÍREZ, ob. cit., p. 231, la legítima restringe la libertad de testar.

[24] Véase: Juzgado Segundo de Primera Instancia en lo Civil y Mercantil de la Circunscripción Judicial del estado Barinas, sent. del 09-08-06, exp. 04-6672-CO, http://barinas.tsj.gov.ve/decisiones/.../803-9-04-6672-CO-06-08-15..html, la legítima es exclusiva y excluyente de las sucesiones de tal naturaleza, a saber testamentarias, tal y como se infiere del contenido de las normas que la regulan».

Dispone el artículo 883 del Código Civil: «La legítima es una cuota de la herencia que se debe en plena propiedad a los descendientes, a los ascendientes y al cónyuge sobreviviente que no esté separado legalmente de bienes, con arreglo a los artículos siguientes. El testador no puede someter la legítima a ninguna carga ni condición».

La legítima se presenta como una cuota que se reserva a favor del heredero forzoso, a partir de la cual el testador puede disponer libremente de lo que podría denominarse cuota libre o disponible[25]. De lo que se deduce que la legítima es la cuota mínima a favor de los legitimarios en virtud de la ley, por lo que las asignaciones testamentarias podrían ser voluntarias y forzosas; las primeras, las hace libremente el causante; las segundas, las impone el legislador con limitaciones de personas y cuantía[26].

«La legítima es atribuida directamente por la ley a los herederos forzosos, sin intervención del testador, que no puede imponer a la misma gravamen, sustitución, condición ni término de ninguna especie; y que de disponerlos, se estimarán por no puestos»[27]. Por lo que la legítima no puede ser materia de sustitución fideicomisaria[28]. Así pues, la legítima no puede estar sometida a carga o condición[29], no obstante la posibilidad del artículo 885 del Código,

---

[25] Véase: Sojo Bianco, ob. cit., p. 351; Vizcarrondo P., ob. cit., p. 31, es la porción de la herencia de la que el testador no puede disponer libremente por asignar la ley a determinados herederos.
[26] Suárez Franco, ob. cit., p. 320.
[27] Vallet de Goytisolo, *Panorama...*, p. 583.
[28] Messineo, ob. cit., p. 202. Véase *infra* x.2.2.
[29] Sojo Bianco, ob. cit., p. 352. Véase: Corte Superior del Tribunal de Protección de Niños, Niñas y Adolescentes de la Circunscripción Judicial del estado Zulia, sent. del 08-05-09, exp. 1296-09, http://apure.tsj.gov.ve/decisiones/2009/mayo/528-8-1296-09-43-09.html, «… no dispone la Ley que los descendientes del menor edad puedan recibir obligación de manutención a título de legítima, ya que si el niño, niña o adolescente sucede por derecho, corresponde al partidor establecer la cuota de la legítima, salvo disposición contraria hecha por el causante mediante un acto formal que tenga fecha cierta, ya que según lo previsto en el artículo 383 de la Ley Orgánica para la Protección del Niño y del Adolescente, la obligación de manutención

para algunos asociadas a la «cláusula sociniana»[30]. Representa lo mínimo que de la herencia, puede recibir el legitimario»[31]. La legítima viene dada por la mitad de los derechos que corresponderían en la sucesión intestada o sin testamento. Prevé el artículo 884: «La legítima de cada descendiente o ascendiente, legítimos o naturales, y la del cónyuge, será la mitad de sus respectivos derechos en la sucesión intestada; y concurren y son excluidos y representados según el orden y reglas establecidos para dicha sucesión». De tal suerte, que, si bien puede el testador variar la cuota de los herederos o sucesores, dejándoles a unos más que a otros, al menos deberá respetar la mitad de lo que a los legitimarios les correspondería en la sucesión *ab intestato* o legítima[32].

Consistiendo la legítima en la mitad del valor de la porción hereditaria legal, su importe depende del número de herederos legales y del monto del causal hereditario[33]. Se afirma entonces que para establecer el monto de la legítima, una vez precisado el activo partible, debe repartirse la herencia como si el causante no hubiese dejado testamento y de acuerdo con el orden de suceder, cada cuota se divide en dos y se obtendrá el resultado[34]. Así por ejemplo, ante una herencia de un activo de 80 con cuatro herederos a partes iguales, le tocaría a cada uno 20, por lo que la legítima de cada uno es de diez[35]. Así que se puede disponer libremente aun entre extraños de la mitad de los bienes, pero se debe dividir la otra mitad entre los

---

se extingue por la muerte del obligado, y de conformidad con lo establecido en el Código Civil, quienes se consideren con derecho hereditario tienen la facultad de reclamar su parte de lo que se reputa que cada coheredero ha heredado».

[30] A la que nos referiremos *infra* ix.4.
[31] Vizcarrondo P., ob. cit., p. 32.
[32] Véase: Serrano García, *Las sucesiones en general...*, p. 6, La legítima, en cuanto reserva legal de la mitad del caudal computable a favor de los legitimarios del causante, es el único límite legal a la libertad de disposición *mortis causa*. La totalidad de los bienes del causante, o solo la mitad si tiene legitimarios, son de libre disposición cualquiera que sea su origen y modo de adquisición.
[33] Kipp *et al.*, ob. cit., p. 88.
[34] Rodríguez de Rodríguez, ob. cit., p. 23.
[35] Véase: ibíd., p. 24. Véase también: López Herrera, *Derecho...*, t. i, p. 248.

herederos legitimarios[36]. El legislador patrio le permite al testador disponer libremente solo de la mitad del haber, pues lo demás está sujeto por ley al respeto de la legítima. En otro ejemplo, si la masa hereditaria se conforma por único inmueble, su disposición total violaría la legítima[37]. Si las deudas de la herencia son superiores a su activo, ciertamente no habrá legítima por falta de caudal[38].

La legítima no se concreta en una partida del haber, sino en una coparticipación del haber hereditario en la proporción mínima señalada, en tanto no sea individualizada en bienes concretos[39]. Aunque ciertamente se admite la concurrencia del heredero legitimario y a su vez testamentario[40], a través de legado, pues la legítima puede dejarse por cualquier título[41].

La condición de «heredero legitimario o forzoso» a quien corresponde la legítima, ha sido diferenciada de la condición del heredero legítimo o legal, cuyo carácter viene dado por la ley en el caso de la sucesión *ab intestato*[42].

---

[36] SUÁREZ FRANCO, ob. cit., p. 305.
[37] Véase: Juzgado Segundo de Primera Instancia en lo Civil, Mercantil y del Tránsito de la Circunscripción Judicial del estado Zulia, sent. del 02-10-08, http://zulia.tsj.gov.ve/decisiones/2008/octubre/513-2-54.574-999.html, «Así pues, del análisis exhaustivo realizado por este Juzgador a la pretensión aducida por la parte actora, se deduce que la misma está ajustada a derecho, por cuanto de actas se evidencia la violación a la legítima, al hacerse disposición en un 100 % del bien inmueble que comprende la masa hereditaria de la *de cujus* (…) a través del testamento otorgado».
[38] Véase: PITA BRONCANO, ob. cit., p. 289, la autora sigue a LACRUZ.
[39] VALLET DE GOYTISOLO, *Estudios de Derecho Sucesorio. Computación…*, vol. IV, p. 38.
[40] Ibíd., pp. 42-63.
[41] Ibíd., p. 59.
[42] Véase sobre tales nociones: TSJ/SCC, sent. N.º 698, del 10-08-07, citada *supra*, «En ejercicio de su función pedagógica jurídica, esta Máxima Jurisdicción estima procedente establecer el significado y sus diferencias entre heredero legal o legítimo y heredero legitimario. La condición de heredero legal o legítimo la otorga, como el vocablo lo indica, la propia ley, vale decir, tal carácter deviene de la ley en los casos de que el causante fallece sin manifestar mediante testamento válido, como deberá ser distribuido su patrimonio y en cuyo supuesto, con base en el orden legal de suceder, deberán ser adjudicados los

No necesariamente coinciden, pues los parientes colaterales no son legitimarios[43]. Messineo reseña que, si bien la sucesión legítima y la sucesión de los legitimarios podrían confundirse, la primera es sucesión legítima y la segunda sucesión en la legítima; en el primer caso «legítima» es adjetivo, mientras que, en el segundo caso, es sustantivo[44].

Señala en este sentido una decisión judicial: «En el Derecho venezolano, las normas sobre sucesiones son de estricto orden público, y aun para el caso de haber otorgamiento de testamento, el testador debe respetar la legítima a todos sus sucesores; más aún en casos como el presente, que estaríamos

---

bienes que integren ese acervo hereditario. Por su parte heredero legitimario o forzoso es aquel a quien, independientemente de lo que resuelva el causante mediante testamento, le corresponderá una porción de la herencia llamada legítima, la cual deberá ser respetada por el testador y sobre la que no puede disponer libremente»; Juzgado Superior en lo Civil, Mercantil, Tránsito, Bancario y de Protección del Niño y del Adolescente de la Circunscripción Judicial del estado Monagas, sent. del 14-05-07, citada *supra*, «En este sentido, es importante para este sentenciador en ejercicio de su función jurídica establecer el significado del "heredero legal" o "legitimo", al cual la condición de heredero legal o legítimo, se la otorga como el vocablo lo indica la propia ley, vale decir, tal carácter deviene de la ley en los casos de que el causante fallece sin manifestar mediante testamento válido, como deberá ser distribuido su patrimonio y en cuyo supuesto, con base en el orden legal de suceder, deberán ser adjudicados los bienes que integren ese acervo hereditario. En este orden de ideas, es de acotar lo que se establece en materia de "sucesión necesaria", por cuanto si bien es cierto que en el campo del Derecho privado la regla general es la más amplia libertad de disposición tanto por actos *inter vivos* como *mortis causa*; y aunque también es verdad que el testador puede disponer por acto de última voluntad del destino de sus bienes para después de su muerte, hay casos en que, por existir determinadas personas que necesariamente deben ser tomadas en cuenta respecto de esos bienes, esa libertad viene a quedar restringida, porque la ley señala para ellas el derecho a recibir una porción del patrimonio del *de cujus*, contra la voluntad de éste. Estas personas son llamados "herederos necesarios" y se llama "sucesión necesaria" a la cuota que por ley les pertenece».

[43] Véase: Arrue, ob. cit., «Legítima es un derecho de sucesión sobre determinada porción del patrimonio del causante, protegido por la ley. Este derecho no es idéntico a la vocación hereditaria que la ley atribuye tanto a los descendientes, a los ascendientes o al cónyuge, como a los parientes colaterales».

[44] Messineo, ob. cit., p. 193.

en presencia de una sucesión *ab intestato*, en donde no le es dable al juez ni a cualquiera de los herederos del causante dejar por fuera a las demás personas que por ley deben heredarle. Ello se desprende de las previsiones contenidas en los artículos 883 y 884 del Código Civil...»[45]. De tal suerte que, aunque se discuta si el régimen legal es supletorio, este es imperativo en lo atinente a garantizar una cuota de la herencia a favor de ciertos herederos[46], por lo que es de recordar que el carácter subsidiario de la ley respecto al acto testamentario debe necesariamente respetar normas consideradas imperativas o de orden público, como son las relativas a la «legítima».

La legítima se presenta entonces en nuestro ordenamiento como una limitación cuantitativa impuesta por la ley a la libertad de testar, a favor de determinados familiares del *de cujus*. Constituye una porción o sector de la herencia respecto del cual el testador no tiene posibilidad de disposición.

El Derecho Sucesorio es muy frágil al depender de la existencia de bienes en la sucesión. El patrimonio del causante corre el riesgo de desaparecer por liberalidades o actos realizados a título gratuito por el *de cujus*; tales actos son los más temibles para los derechos del heredero legitimario, ya que no comportan ninguna contrapartida en el patrimonio del causante. Por medio de la legítima el legislador protege al heredero legitimario cercano al difunto de tales peligros[47].

2. Fundamento[48]

Traducida técnicamente, la legítima en una limitación a la voluntad del testador[49]. Se dice que diversos factores que jalonan la evolución del Derecho

---

[45] Juzgado Primero de Municipio de la Circunscripción Judicial del Área Metropolitana de Caracas, sent. del 16-07-09, citada *supra*.
[46] Zannoni, ob. cit., p. 482.
[47] Mazeaud *et al.*, ob. cit., vol. ii, p. 227.
[48] Véase: Polacco, ob. cit., pp. 289-294; Haddad S., ob. cit., 1991, pp. 12-21; Farrera, *De la legítima*..., pp. 292-294; Farrera, *Sucesiones*..., pp. 163-166;

Hereditario han coadyuvado a reputar desvalioso librar la transmisión hereditaria a la exclusiva voluntad del testador[50]. La posibilidad de no atribuir nada a los familiares cercanos ha sido sentida en todos los tiempos como injusta y en las primeras etapas de la evolución del Derecho se tomaron medidas contra los abusos de la libertad de testar[51]. La limitante testamentaria encontró su fundamento en factores jurídico-económico que aún hoy perduran, asentados en que una persona no tiene derecho a excluir a su familia de la posibilidad de sucederlo en su herencia[52]. La noción de legítima supone una legislación que, en principio, reconoce la libertad de testar, pero no la considera absoluta[53].

La legítima o sucesión forzosa tiene su fundamento en el orden natural de las relaciones familiares. Existe una categoría de familiares –descendientes, ascendientes y cónyuge– que, al margen de las circunstancias, deben ser los seres más cercanos al causante, que merecen un mínimo de reconocimiento patrimonial en la distribución pecuniaria del *de cujus* por Derecho. Con tales seres debería haber compartido afectos y vivencias familiares, pero de no ser así el ordenamiento suple el afecto que debió existir o impone lo que debería ser por naturaleza, en virtud del lazo familiar.

De allí que se indique que el fundamento de la figura se encuentra en el espíritu de solidaridad que anima a los integrantes del grupo familiar más

---

Rojas, ob. cit., pp. 371-373; Vallet de Goytisolo, *Significado jurídico...*, pp. 23 y ss.; López Herrera, *Derecho...*, t. ii, pp. 217-222; D'Jesús M., ob. cit., pp. 67 y ss.; Cantelmo, ob. cit., pp. 20 y ss.

[49] Véase: Rodríguez de Rodríguez, ob. cit., p. 22, es una excepción al principio de que la persona tiene libre disposición de sus bienes.

[50] Zannoni, ob. cit., p. 482, así es como se va delineando progresivamente una tendencia a restringir la autonomía de la voluntad del testador.

[51] Kipp *et al.*, ob. cit., p. 74.

[52] Rincón Uscátegui, José Andrés: *La asignación forzosa de porción conyugal*. Bogotá, Pontificia Universidad Javeriana, Trabajo de grado para optar al título de Abogado, 2001, p. 9, www.javeriana.edu.co/biblos/tesis/derecho/dere4/Tesis-03.pdf.

[53] Ripert y Boulanger, ob. cit., p. 211.

íntimamente ligados por el vínculo parental, y en virtud del cual los descendientes, ascendientes y cónyuges, tienen la obligación de procurarse entre sí la mayor suma de comodidades posibles y, por tanto, preferibles antes que otros parientes lejanos[54]. Debe reconocerse como experiencia universal que el trabajo es en interés personal y también de beneficiar la descendencia[55] y obviamente al compañero de vida; personas llamadas por la ley a ser herederos forzosos. Se funda en la obligación moral y civil, armónica con las instituciones sociales, análogamente al deber de alimentos[56]. El instituto presenta un sustrato moral, donde están interesados el orden público y la justicia[57]. Se alude inclusive que la familia más próxima ha colaborado de alguna manera con la formación del patrimonio del causante[58]. Aunque realmente, no pareciera que sea la idea de colaboración, sino la del afecto y socorro necesario, la que impone la ley en la consideración de la legítima a los familiares beneficiado por ella; al punto de que si no se tiene afecto natural por tales, la ley debe suplir tal sentimiento antinatural[59]. «La bondad debe ceder el puesto a la justicia: antes de pensar en hacer liberalidades, las personas deben cumplir sus deberes»[60].

Ciertamente, tal afecto proyectado económicamente debe operar al margen de la necesidad económica de los legitimarios, porque pretender consagrar la legítima solo respecto de los familiares con necesidad económica es asimilar la figura en comentario a una suerte de obligación de alimentos o manutención *post mortem*, que no se compadece con la naturaleza del

---

[54] Véase: Sojo Bianco, ob. cit., p. 352; Piña Valles, ob. cit., p. 127, razones de orden moral y espíritu de solidaridad familiar, que tienden a procurar la mayor estabilidad económica posible a los familiares.
[55] Véase: Vallet de Goytisolo, *Significado jurídico...*, p. 8, el autor cita a Haessle.
[56] Véase: Dominici, ob. cit., p. 113.
[57] D'Jesús M., ob. cit., p. 69.
[58] Abouhamad Hobaica, ob. cit., p. 197.
[59] Véase: D'Jesús M., ob. cit., p. 69, el autor cita a Arce y señala que sería despreciable, indigno e inhumano que un padre dejara en la miseria a sus hijos para dejarle su fortuna a un extraño.
[60] García, ob. cit., pp. 69 y 70.

instituto[61]. No ha faltado quien propugne una reforma en contra del instituto[62], atribuyéndosele que se encuentra en crisis[63]. Pero, en todo caso, se indica que su admisión es asunto de política legislativa[64].

---

[61] Véase sin embargo, sosteniendo tal criterio: «Propuesta de *lege ferenda* de *El Notario del siglo XXI*: ¿Son legítimas las legítimas?». En: *El Notario del siglo XXI*, N.º 2. Madrid, Colegio Notarial de Madrid, 2005, http://www.elnotario.com; CROES CAMPBELL, ob. cit., p. 374. Véase también: PÉREZ SIMEÓN, *La legítima…*, el modelo legitimario ruso presenta algunos rasgos que lo convierten en un referente interesante a la hora de analizar de *lege ferenda* la reforma de la legítima en los códigos civiles de Europa occidental. Dos son los elementos de la legítima rusa que la hacen atractiva: en primer lugar la exclusión del círculo de legitimarios de todas las personas que pueden trabajar. Este rasgo convierta a la legítima en un instituto puramente alimenticio, siendo la acreditación de necesidad para acceder a la legítima rusa más exigente incluso que la legitimación para exigir alimentos en la mayor parte de las legislaciones civiles europeas. El segundo punto destacable de la legítima rusa es la compatibilidad de su finalidad alimenticia con la idea de la cuota legitimaria fija. En nuestro país VAQUER ALOY (2007) –sin referirse al modelo ruso– ha defendido de *lege ferenda* una legítima parecida, consistente en el derecho a percibir una parte fija del valor de la herencia pero limitado al cónyuge y a los descendientes menores o discapacitados. La diferencia entre el modelo ruso y la propuesta de VAQUER ALOY radica en que, en Rusia, los tribunales pueden moderar la cuantía de la legítima si consideran que excede de las necesidades alimenticias del legitimario –o las posibilidades del heredero testamentario–.

[62] Véase: GUTIÉRREZ-ALVIZ Y CONRADI, Pablo: «La legítima no es intocable». En: *El Notario del siglo XXI*, N.º 24. Madrid, Colegio Notarial de Madrid, 2009, http://www.elnotario.com, señala el autor que «Solo un padre desnaturalizado puede olvidar a sus hijos, a la hora de testar. Si por otra parte no desea dejarles nada, sus "legítimas" razones tendrá (…) Por todo lo expuesto, y en cumplimiento de la citada Ley Orgánica 1/2008 de ratificación del tratado de Lisboa, hay que reformar, a la mayor brevedad, el Código Civil en la materia legitimaria. En consecuencia, habrá que, al menos, reducir la cuantía de esta vetusta legítima que tantos problemas está causando en las relaciones familiares y sucesorias de la sociedad española del siglo XXI. Y el "nuevo" Derecho gallego es un buen ejemplo de partida».

[63] Véase: MUÑOZ DE DIOS, Luis: «Exclusión preventiva de la legítima». En: *El Notario del siglo XXI*, N.º 4. Madrid, Colegio Notarial de Madrid, 2005, http://www.elnotario.com, «La legítima está en crisis. Son legión quienes proponen su supresión en favor de la ansiada libertad de testar. Parece que cualquier día nos desayunamos con la noticia en el *BOE* de su eliminación del Código Civil. Entretanto, muchos testadores querrían apartar plenamente a todos, algunos o alguno de sus

Vallet de Goytosolo, en un estudio donde contrasta la legítima frente a la libertad de testar[65], luego de dar argumentos a favor de esta última, también los considera en contra del instituto bajo análisis[66] analiza las múltiples razones que justifican la legítima[67], entre las que cita: de tipo individualista basadas en la igualdad[68] y de carácter propiamente jurídico entre las que incluye, la copropiedad familiar, el fideicomiso tácito y los deberes de la paternidad[69], de tipo político[70], de orden práctico o económico[71]. Algunos de tales argumentos a favor y en contra de la legítima también los refiere recientemente la doctrina venezolana[72].

---

descendientes, ascendientes o cónyuge –herederos forzosos– de su sucesión, pero los notarios no podemos secundarles...».

[64] Véase: Miquel González: *Notas sobre...*, p. 153, La voluntad del testador constituye un punto invocado frecuentemente para obtener determinadas soluciones a despecho de sus diversos sentidos y de los diferentes momentos a los que cabe referirla. La reflexión sobre este tema permite comprobar la presencia de indudables elementos sociales que influyen decisivamente en la búsqueda de la voluntad del testador. Familia y propiedad configuran la realidad social de manera tan intensa que suelen influir en la determinación de la que será considerada voluntad del testador. Así, gran parte de la doctrina la utiliza hiperbólicamente como coartada para socavar la igualdad que la legítima representa. Ante esta tendencia hay que decir que una decisión en favor de la libertad de testar y en contra de la legítima no corresponde al intérprete, porque es una elección de política legislativa que en un Estado de Derecho incumbe al poder legislativo.

[65] Véase: Vallet de Goytisolo, *Significado jurídico...*, pp. 11 y ss.
[66] Véase: ibíd., pp. 11-23.
[67] Véase: ibíd., pp. 23 y ss.
[68] Véase: ibíd., pp. 23-26.
[69] Véase: ibíd., pp. 26-29. En relación con los deberes inherentes a la paternidad, citando a García Goyena indica que los padres que han dado existencia natural a sus hijos no deben tener la libertad de hacerles perder arbitrariamente los bienes de fortuna (ibíd., p. 28); los que propugnan la idea de fideicomiso tácito indican que los padres no han recibido los bienes para sí solos sino para sus descendientes (ibíd., p. 27); la idea de copropiedad familiar o una suerte de condominio virtual familiar y solidaridad se aprecia como argumento a favor (ibíd., p. 26).
[70] Véase: ibíd., pp. 29-31, para algunos es favorable a la democracia la división de las fortunas (ibíd., p. 29).
[71] Véase: ibíd., pp. 31-35, cita a Alonso Martínez, no hay peligro de que propiedad se acumule en pocas manos (ibíd., p. 31).
[72] Véase: Croes Campbell, ob. cit., pp. 335-352, entre los argumentos en contra cita el derecho a la propiedad y la libertad, el estímulo al trabajo, conservación del patrimonio

Tal fundamento inspira la idea de una categoría de herederos forzosos, necesarios o legitimarios, amparados por la legítima. En algunas legislaciones, como Cuba, se alude a herederos protegidos en lugar de herederos forzosos[73].

Se indica, con razón, que la legítima «es un subtipo de la sucesión intestada, una porción indisponible de la herencia»[74], pues, si bien la vocación hereditaria por vía de testamento priva sobre la sucesión intestada, por ser ésta supletoria de aquella, tal máxima se modifica con el instituto de la legítima, que es un subtipo de la sucesión intestada[75]. En tal sentido, afirma Haddad que «el sistema legitimario tiene que ser la regla general, la verdadera sucesión legal, y la excepción a la libertad de disponer»[76]. Pues, en efecto, hay sistemas en los que cabe ubicar al venezolano, que «considera la legítima como una porción forzosa de la sucesión *ab intestato*»[77]. Para Torres-Rivero, constituye una tercera especie de sucesión o sucesión intermedia entre la legal y la testamentaria que tiene carácter imperativo, mas no supletorio como la sucesión legal[78]. La sucesión forzosa «no viene a

---

familiar, equidad en la distribución de la herencia, robustecimiento de la autoridad paterna. Entre los argumentos a favor de la legítima cita: la igualdad entre coherederos, la copropiedad familiar, el cumplimiento de la obligación de alimentos y la cuestión moral.

[73] Véase: Pentón Díaz, ob. cit., «El vigente Código Civil cubano transforma la figura del heredero forzoso, contenido en el Código Civil español que regía en Cuba desde 1889, en la de los herederos con especial protección, condicionado su reconocimiento a la incapacidad para trabajar, la dependencia económica al causante y un vínculo estrecho de parentesco, y eliminando las legítimas como cuotas, concibiendo únicamente la restricción en la libertad de testar a la mitad de la herencia de forma general para cualquiera que sea el grado de los concebidos dentro de la especial distinción».

[74] Abouhamad Hobaica, ob. cit., p. 195.

[75] Ibíd., p. 196.

[76] Haddad S., ob. cit., 1991, p. 2. Véase también: ibíd., p. 52, «una verdadera sucesión legal e imperativa».

[77] Vallet de Goytisolo, *Panorama*..., p. 594, agrega: «su contenido es positivo. Se apoya en una delación legal. Los herederos legales pueden ser privados por el causante de una parte del haber que *ab intestato* les correspondería. Pero únicamente de una parte. El resto es indisponible para el causante –*pars reservata*–».

[78] Torres-Rivero, *Teoría*..., t. i, pp. 98-100.

ser más que la sucesión intestada reducida a su más mínima expresión»[79]. Afirmación cierta, no obstante que se aclare que la legítima no configura una tercera forma de sucesión o delación, pues estas se reducen a la testamentaria y la intestada[80]. Así pues la, sucesión necesaria más que una tercera especie se presenta –según indicamos[81]– como una parte «necesaria» o imperativa de la sucesión *ab intestato*.

Algunos autores señalan que, visto que determinados sistemas como el anglosajón no consagran el instituto de la legítima sino la absoluta libertad de testar, es discutible que se trate de una obligación impuesta por la naturaleza, por lo que más que un mandato natural se presenta como una necesidad social de ciertas agrupaciones humanas[82]. Por lo que se admite que se trata de una institución local y no universal, pues algunos países no la consagran[83]. Lo que no contraría la esencia o fundamento de la legítima

---

[79] D'Jesús M., ob. cit., p. 67.
[80] Carrión Olmos *et al.*, ob. cit., p. 419.
[81] Véase *supra* I.3.
[82] Mendoza, *La legítima*..., pp. 281 y 282; Mendoza, *Estudio*..., pp. 300 y 301.
[83] D'Jesús M., ob. cit., p. 70, entre lo que el autor cita a Inglaterra y Estados Unidos; Hernández-Bretón, ob. cit., p. 137, se aprecian dos disposiciones materiales en la Ley de Derecho Internacional Privado y una es precisamente relativa a la extensión de la legítima del Derecho venezolano a los beneficiarios de la misma según el Derecho material venezolano independientemente del Derecho extranjero que regule la sucesión. Se iguala así el régimen de la legítima con el Derecho doméstico. Véase: Baldus, Chistian: «¿Hacia un nuevo Derecho Sucesorio europeo? Apuntes sobre la propuesta de un nuevo Reglamento de Sucesiones». En: *El Notario del siglo XXI*, N.º 28. Madrid, Colegio Notarial de Madrid, 2009, http://www.elnotario.com, «La colisión de tales voluntades con los intereses protegidos por la legítima es evidente, y se pone más fuerte cuándo sea implicado también el *common law*: el Derecho inglés no conoce ni la legítima "fuerte" de la tradición francesa y española ni la legítima meramente obligatoria del sistema alemán, sino mecanismos menos "duros" en el Derecho de Familia»; Parra Lucán, ob. cit., «El panorama legislativo es enormemente variado y disperso. Una distinción elemental permitiría distinguir entre los sistemas angloamericanos del *common law* en los que rige el principio de libertad de testar y los sistemas legitimarios clásicos de Derecho Civil, en los que determinados familiares tienen derecho a recibir necesariamente una parte de los bienes de la herencia.

en nuestro sistema, sino que evidencia que el sentido de justicia y de orden público varía según el ordenamiento de que se trate.

El sistema legitimario adoptado por nuestro Derecho y que divide la mitad de herencia como cuota «indisponible» –lo que significa que la mitad restante es a su vez «disponible»– permite balancear en su «justo medio»[84] la necesaria proyección del deber o afecto natural familiar con la voluntad del causante. Toda vez que este último tiene derecho a distribuir la mitad de su herencia como a bien tenga. Creemos que Venezuela presenta un sistema justo porque le permite al causante disponer de la mitad de su haber, siendo que el resto pertenece a los herederos forzosos, si los hay[85].

3. Herederos forzosos o legitimarios[86]

Se denominan «legitimarios» o «herederos forzosos» a las personas que la ley atribuye la porción de bienes de la herencia denominada legítima[87]. Vale recordar que no es equivalente heredero legítimo –llamado a la sucesión *ab intestato*– a heredero legitimario –que le corresponde la legítima–[88].

Entre estos sistemas del *civil law* realmente no existe una única tradición, y no se puede simplificar, porque no existe identidad ni entre los sujetos favorecidos ni en el contenido de los derechos que se les reconoce en cada caso».

[84] Véase: Polacco, ob. cit., pp. 293 y 294, de los polos opuestos de la potestad ilimitada de disponer y la indisponibilidad absoluta de los bienes considerados propios de la familia, se fusiona y se armoniza la moderna legítima, instituto que se juzgo que representaba el justo medio.

[85] Véase nuestro trabajo: *La familia: su proyección...*, p. 89, en la actualidad otros sujetos distintos a los indicados, bien pudieran ser incorporados a la sucesión por la propia voluntad del causante, concurriendo con los herederos forzosos o legitimarios, permitiendo así combinar la justicia natural de los afectos con la libre voluntad del causante. Punto medio que evita injusticias a la vez que le da cabida a la autonomía de la voluntad en el Derecho Sucesorio venezolano.

[86] Véase: Rojas, ob. cit., pp. 376-380.

[87] Serrano Alonso, *Manual...*, p. 192.

[88] Véase *supra* ix.1 y v.4.

De conformidad con los citados artículos 883 y 884 del Código Civil, los herederos legitimarios o forzosos son los: descendientes, ascendientes y el cónyuge sobreviviente que no esté separado judicialmente de bienes[89]. Se aprecia que no son entonces herederos legitimarios los hermanos[90] y otros colaterales[91]. A pesar de que el hermano es el pariente consanguíneo colateral más inmediato –segundo grado–[92]. La exclusión de los hermanos es una solución que, en abstracto, pudiera desaprobarse dado que el vínculo afectivo entre hermanos puede ser muy sentido; pero se dice que la ley

---

[89] Según explicaremos de seguidas somos del criterio que la expresión «separado legalmente de bienes» debe referirse a la separación «judicial» de bienes y no a las capitulaciones matrimoniales. Véase también: Juzgado Superior Cuarto del Circuito Judicial de Protección de Niños, Niñas y Adolescentes de la Circunscripción Judicial del Área Metropolitana de Caracas y Nacional de Adopción Internacional, sent. del 09-11-11, exp. AP51-R-2011-015065, http://jca.tsj.gob.ve/decisiones/2011/.../2457-8-AP51-R-2011-015065-PJ0592, «en nuestra legislación existen tres grupos de legitimarios o herederos forzosos: a. Los descendientes, es decir, los hijos nacidos dentro o fuera del matrimonio, los habidos en matrimonio putativo o nulo y los adoptados, y en defecto de uno u otro, los demás descendientes en ulteriores grados, es decir, nietos, bisnietos, etc., por representación de su ascendiente legitimario premuerto, o por derecho propio si no hubiese descendientes de grado más próximo. b. Los ascendientes, cuando no existen descendientes, o existiendo, han sido declarados indignos o han renunciado. c. El o la cónyuge sobreviviente no legalmente separado de bienes, lo cual constituye un requisito esencial para que el cónyuge tenga derecho a la legítima, es decir, que no se haya separado de bienes, no importa que este separado de cuerpo».

[90] Véase: Kipp et al., ob. cit., p. 77, «los hermanos no poseen ningún derecho de legítima»; Abouhamad Hobaica, ob. cit., pp. 103 y 104, han sido excluidos los hermanos como herederos legitimarios a pesar de la naturaleza alimentaria de la cuota legitimaria y de que los mismos tienen derecho de alimentos, tienen la cuota legitimaria, pero con la injusta exclusión aludida; Torres-Rivero, *Teoría...*, t. II, p. 134.

[91] Véase: Juzgado Tercero de Primera Instancia en lo Civil, Mercantil y del Tránsito de la Circunscripción Judicial del Área Metropolitana de Caracas, sent. del 26-03-08, exp. 31 369, http://cfr.tsj.gov.ve/decisiones/2008/marzo/2118-26-31.369-.html, «en la hipótesis legal son herederos legitimarios los descendientes, ascendientes y el cónyuge sobreviviente no separado legalmente de bienes del causante (…) Conforme al artículo 883 de Código Civil, no goza de ella al ser heredero en línea colateral del *de cujus*...».

[92] Véase: Torres-Rivero, *Teoría...*, t. II, p. 134.

toma en cuenta los parientes en línea recta[93]. De manera que no son legitimarios los parientes colaterales en ningún grado, incluyendo los hermanos del *de cujus*. Debe incluirse a la par del cónyuge, al concubino o concubina debidamente probado de conformidad con el artículo 77 de la Carta Magna, según veremos ha indicado el Máximo Tribunal.

Croes Campbell considera que debería restringirse el régimen actual de los legitimarios, a los casos de necesidad económica[94], propuesta previamente sostenida en la revista *El Notario del siglo XXI* del 2005[95], pero

---

[93] Messineo, ob. cit., pp. 204 y 205. Véase: Ripert y Boulanger, ob. cit., p. 216, indican respecto del ordenamiento francés que herederos legitimarios son solo los parientes en línea recta.

[94] Véase: Croes Campbell, ob. cit., pp. 369-373, propone el autor limitarla a los descendientes menores de 25 años o con padecimientos físicos o mentales (ibíd., p. 369), a los ascendientes cuando no dispongan de medios suficientes para cubrir sus necesidades básicas (ibíd., p. 372) y en el cónyuge manifestarse como «una especie de cumplimiento póstumo el deber de socorro» (ibíd., p. 373). El autor concluye respecto del cónyuge que «El cónyuge no separado legalmente de bienes. En este caso el patrimonio del causante que le corresponde en plena propiedad a su cónyuge sobreviviente fungiría como una especie de cumplimiento póstumo de la obligación de socorro» (ibíd., p. 374). Se aprecia que la propuesta del autor, limitaría la legítima a favor del cónyuge, en tanto que respecto de los descendientes precisan una suerte de minoría o impedimento y los ascendientes prueba de la necesidad económica. Pero ciertamente, tal propuesta no luce consistente a efectos de una reforma, porque el sentido de la institución no se basa en nuestro ordenamiento en un único legitimario, sino que se proyecta en el afecto común a familiares cercanos –tales como descendientes, ascendientes, y cónyuges–. Pretender excluir enteramente a los descendientes en razón de su mayoría para atribuir todo el haber a un único legitimario que sería el cónyuge, no presenta sentido lógico. Amén que la propuesta del autor ni siquiera incluye –a diferencia de los ascendientes– el estado de necesidad del descendiente, lo cual se presenta inconsecuente con la propuesta del propio autor, pues es obvio que los descendientes mayores de edad también pueden tener necesidad económica. Si bien en el sistema actual nadie excluye al cónyuge, pretender que éste excluya a todos los demás, se cae por su propio peso.

[95] Véase: ob. cit. (Propuesta de *lege ferenda*...), «i. Legítima de los descendientes: reducirla en su cuantía a un derecho de alimentos, sumamente generoso en lo referente

la institución bajo análisis, según indicamos, presenta un fundamento más amplio[96] que una suerte del deber de alimentos o manutención *post mortem*. La institución de la obligación o deber de alimentos, si bien también se funda en el socorro natural que emana del estado familiar[97], y presenta un orden semejante a la sucesión legal[98], no puede asimilarse en su esencia al instituto de la legítima, cuya procedencia es y ha de ser independiente de la necesidad económica de los herederos legitimarios, amén de los múltiples conflictos se presentarían en tal sentido una vez abierta la sucesión. El legitimario no es un acreedor, sino heredero[99].

Señala acertadamente Torres-Rivero que en la sucesión legitimaria, por estar contenida en parte en la sucesión intestada o *ab intestato*, el orden de suceder es el mismo de ésta[100]. En la sucesión legitimaria hay remisión al orden de suceder en la sucesión *ab intestato*: los descendientes, los ascendientes y el cónyuge suceden como legitimarios según el orden establecido para dicha sucesión[101], al cual remitimos[102].

Veamos brevemente cada uno de estos herederos legitimarios por separado:

---

a educación y formación aunque con ello se agote el caudal hereditario, y limitarla también al periodo de dependencia o lectivo. ii. Legitima de los ascendientes: limitarla a un derecho de alimentos pero en cualquier caso, es decir, con independencia de que tenga o no descendientes el causante. iii. Cónyuge viudo: mejorar su posición de modo que sea posible atribuirle voluntariamente la totalidad del patrimonio, al menos del común –lo que constituye una aspiración de la mayoría de la población española–, si bien con las cargas alimenticias que se derivan de lo antes expuesto».

[96] Véase *supra* ix.2.
[97] Véase: Domínguez Guillén, *Manual de Derecho de Familia*..., pp. 39-44, es una manifestación en el orden jurídico de la piedad, caridad o solidaridad en razón de la sangre.
[98] Véase: ibíd., p. 49, el orden de los obligados en materia alimentaria tiene lugar a semejanza del orden natural que igualmente se aprecia en materia de sucesión legal.
[99] Farrera, *De la legítima*..., p. 296; Farrera, *Sucesiones*..., p. 168.
[100] Torres-Rivero, *Teoría*..., t. ii, p. 110.
[101] Ibíd., pp. 110 y 111.
[102] Véase *supra* v.7.

3.1. Descendientes

Los descendientes son aquellos parientes consanguíneos que derivan o descienden del *de cujus*, dentro del cual se incluyen, como es lógico, en primer término, los hijos, sin distinción alguna[103]. Los descendientes ulteriores a estos –nietos, bisnietos, etc.–, entrarían en la sucesión legítima en razón de representación de su ascendiente legitimario por derecho propio si no hubiere descendientes de grado más próximo[104].

3.2. Ascendientes

Los ascendientes son aquellos parientes consanguíneos de quienes desciende el *de cujus*, dentro de los que se ubican los padres y, en su defecto, abuelos, bisabuelos, etc. Pero en atención al orden legal de suceder, es de recordar que los ascendientes entran en la herencia *ab intestato* a falta de descendientes, por lo que solo en tal caso tendría derecho a legítima. Vale recordar igualmente que los más próximos excluyen a los más lejanos, por lo que si están en el mismo grado, se distribuirá proporcionalmente entre ellos la legítima si fuere el caso[105].

3.3. Cónyuge

Es natural que el cónyuge sobreviviente al *de cujus* por tener con este una relación familiar estrecha que suponía una vida común en virtud el matrimonio[106], tenga al igual que los descendientes y ascendientes, derecho a la cuota correspondiente a la legítima. En la doctrina extranjera se ha discutido la posibilidad de instituir al cónyuge como usufructuario universal

---

[103] Es decir, presenta la misma condición el hijo derivado de la filiación matrimonial, extramatrimonial y adoptiva. Véase Varela Cáceres, *El principio de unidad...*, pp. 173-269.
[104] Véase: Sojo Bianco, ob. cit., p. 352.
[105] Véase: ibíd., p. 353.
[106] Véase: D'Jesús M., ob. cit., p. 72.

e instituirle el pleno dominio de todos los bienes del causante[107], a fin de que a su muerte, lo ceda a los hijos comunes, pero ello no está previsto en nuestro ordenamiento respecto a la legítima, la cual no puede someterse a condición. Nuestra legislación dista de aquellas en las que aparece el cónyuge como una suerte de usufructuario[108]. En el ordenamiento venezolano el cónyuge figura, como es perfectamente justo y racional, entre las personas obligadas a la legítima, que quiere decir tanto como que tiene derecho a ella, pues obligación y derechos son dos ideas correlativas en tal caso[109].

El citado artículo 883 del Código Civil alude al «… al cónyuge sobreviviente que no esté separado legalmente de bienes». Lo que ha llevado a algunos a concluir alegando la falta de distinción de la norma, que la separación de bienes establecida por capitulaciones matrimoniales –y la cual es previa al matrimonio– excluye la condición de heredero legitimario del cónyuge[110]. Sin embargo, tal como señalamos al referirnos a las capitulaciones matrimoniales con relación a la vocación hereditaria –que precisa conjuntamente

---

[107] Véase: VALLET DE GOYTISOLO, Juan: «Sucesión testada a favor del viudo en La Rioja. Su cónyuge viudo ante el lente de cada testador». En: *Berceo*, N.º 13, La Rioja, Instituto de Estudios Riojanos, 1949, p. 527, https://dialnet.unirioja.es/descarga/articulo/61071.pdf.

[108] D'JESÚS M., ob. cit., p. 51.

[109] GARCÍA, ob. cit., p. 70.

[110] Véase en este sentido: GARBATI y LEÓN PARADA, ob. cit., p. 579: «Al respecto debemos entender por separación absoluta la separación total de bienes, al que aparente ser de comunidad limitada. Así el artículo 883 del Código Civil consagra que los cónyuges casados con sistema de separación de bienes no son legitimarios entre sí»; LÓPEZ HERRERA, *Derecho…*, t. II, p. 290, esa condición de heredero legitimario tampoco la tienen los esposos cuyo régimen patrimonial matrimonial es de separación de bienes (…) se tienen recíproca vocación hereditaria intestada, mas no son herederos legitimarios entre sí (en el mismo sentido puede verse: LÓPEZ HERRERA, Francisco: «Capitulaciones matrimoniales. Sus efectos respecto del cónyuge superviviente». En: *Libro homenaje a las X Jornadas Dr. José Santiago Núñez Aristimuño, Maturín-estado Monagas*. Valencia-Caracas, Vadell Hermanos Editores-Tinoco, Travieso, Planchart & Núñez, 2000, pp. 87-97); SOJO BIANCO, ob. cit., p. 353; RODRÍGUEZ, ob. cit., pp. 39, 122 y 123; ROJAS, ob. cit., p. 380.

separación judicial de cuerpos y de bienes para excluir la vocación hereditaria del cónyuge a tenor del artículo 823 del Código Civil[111]–, somos del criterio que, aunque en el supuesto de la legítima del cónyuge, la norma (artículo 883) solo aluda a «separado legalmente de bienes», la misma ha de entenderse igualmente como «separación judicial de bienes», y por tal las convenciones matrimoniales no excluyen la condición de heredero legitimario.

Pues, en definitiva, las capitulaciones matrimoniales no son asimilables a una separación judicial de bienes[112]. Como la separación de cuerpos no contenciosa, suele acompañarse de la separación de bienes[113], esta última suele ser generalmente judicial no contenciosa[114]. De allí que indicara FARRERA que el cónyuge separado de cuerpos no puede heredar al *de cujus*[115]. Aunque señala LÓPEZ HERRERA que FARRERA acotaba que la norma comentada «simplemente alude a la situación de separación de bienes derivada de la separación de cuerpos y bienes entre esposos»[116], no existiendo para LÓPEZ «previsión legal alguna que sirva de sustento a tal interpretación»[117]. GARCÍA criticaba arduamente el equivalente al artículo en comentario en el Código Civil de 1922 (artículo 868) al señalar que «no esté separado legalmente de bienes»[118].

---

[111] «Artículo 823.- El matrimonio crea derechos sucesorios para el cónyuge de la persona de cuya sucesión se trate. Estos derechos cesan con la separación de cuerpos y de bienes sea por mutuo consentimiento, sea contenciosa, salvo prueba, en ambos casos, de reconciliación».

[112] Véase nuestros comentarios en: DOMÍNGUEZ GUILLÉN, *Manual de Derecho de Familia*…, pp. 109-117.

[113] Véase: Código Civil (artículos 189 y 190); Código de Procedimiento Civil (artículo 762).

[114] Salvo los casos de separación de bienes contenciosa (Código Civil: artículos 171 –administración irregular– y 190 –demanda de separación de cuerpos y de bienes–).

[115] Véase: FARRERA, *Sucesiones*…, p. 172.

[116] Véase: LÓPEZ HERRERA, *Capitulaciones*…, p. 95, nota 5. En dicha nota el autor cita el texto de FARRERA referido *ut supra*, aunque no encontramos en dicha edición revisada por nosotros tal referencia en dichos términos, sino simplemente la indicada previamente, esto es, que el cónyuge separado de bienes no tiene derecho a la legítima.

[117] Véase: ibíd., p. 96.

[118] Véase: GARCÍA, ob. cit., pp. 74-79, señala el autor los casos que implican separación de bienes al margen de la de cuerpos y que significarían una exclusión ilógica de

Pero lo cierto es que la norma en comentario precisa ser entendida dentro de un contexto lógico y sistemático con el resto de la normativa sucesoria. Pretender que como el artículo 883 del Código Civil no distingue el tipo de «separación de bienes» no debe hacerlo el intérprete constituye un remanido argumento que olvida que el intérprete está obligado a conocer el Derecho más allá del texto de una norma; y al efecto, vale recordar que la sucesión legitimaria es una especie de la sucesión legal por lo que mal puede quedar excluida por la voluntad, amén de que poca lógica tendría establecer una diferencia entre la vocación hereditaria y la condición de legitimario, exigiendo mayores condiciones para la primera –separación de cuerpos unida necesariamente a separación de bienes– y simples capitulaciones para la segunda.

Por lo que la separación de bienes referida por la citada norma debe ser entendida como la judicial. La cual generalmente tendrá lugar como consecuencia a la separación de cuerpos. No es otro el sentido lógico de la ley, considerando el fundamento de la institución legitimaria que se traduce en una forma imperativa de sucesión legal, la cual ni siquiera excluye –en su vocación– al simple separado de cuerpos, sino que esta debe estar acompañada con la separación judicial de bienes. Entonces, si la legítima es una subespecie de la sucesión legal cuya exclusión de vocación precisa concurrencia de separación judicial de cuerpos y de bienes, ¿cómo ante las simples capitulaciones que no se asimilan ni siquiera a una separación judicial se puede borrar al cónyuge su condición de legitimario? Los principios lógicos que orientan nuestro sistema sucesorio ciertamente deben prevalecer sobre una interpretación textual de un legislador que no distinguió por inadvertencia. Situación que debe ser superada por el intérprete en atención a las normas de interpretación[119].

---

la legítima, a saber, capitulaciones matrimoniales, administración irregular y ausencia declarada.

[119] Véase nuestros comentarios en el capítulo: «La interpretación: atributo esencial de la sentencia» en: Domínguez Guillén, *Ensayos…*, pp. 748 y 749, «La interpretación literal, basada exclusivamente en el solo elemento gramatical, debe ser radicalmente rechazada, si los otros elementos de la interpretación nos llevan a un camino distinto. Así Spota siguiendo a Enneccerus y Nipperdey, califica a la interpretación literal como la enemiga mortal de la ciencia jurídica. Resulta curioso igualmente la posición de algunos

Al efecto, indica la jurisprudencia en forma acertada: «el tribunal no comparte el criterio de que las capitulaciones constituyan *prima facie* una separación de bienes, dando lugar a todos los efectos y excepciones que tal separación contenciosa o voluntaria suponen. Las capitulaciones matrimoniales constituyen simplemente una forma voluntaria o contractual de variar el régimen patrimonial supletorio del matrimonio (…). Así, desde el punto de vista lógico, se hacen capitulaciones para precaver un divorcio con el consabido conflicto sobre los bienes, pero pretender que el cónyuge no herede nada en caso de muerte o esté excluido como tutor es, por decirlo, impropio»[120], por lo que no tienen en modo alguno un efecto similar a la separación judicial de bienes que refleja una perturbación del vínculo matrimonial[121]. Vale citar igualmente una decisión judicial de instancia; «… que

---

abogados al rechazar algunas interpretaciones o instituciones, alegando que ello no se encuentra expresamente en el texto de la ley; pareciera el asunto proyectarse como una suerte exageración del elemento gramatical a la inversa, pues se pretende sostener que lo que no está en la letra de ley no está en el Derecho. Ello se debe al desconocimiento de una tarea interpretativa integral, que supone el análisis de otros elementos distintos al gramatical, el cual no es el único, ni el más importante. Por encima de la letra de la ley se encuentra la finalidad del Derecho: quien se quede amarrado a la letra de la ley no merece llamarse jurista, pues éste solo será tal si evidencia un manejo integral del Derecho. Cualquier persona ajena al medio jurídico podría indicar el significado de las palabras según las reglas de la gramática y del lenguaje, pero será solo el jurista quien evidencie una formación jurídica completa y sólida; será él quien con sus conocimientos, pueda trascender al texto de la ley y llegar a la esencia del Derecho. Al respecto, en muchas discusiones de Derecho valdría traer a colación las palabras de BETTI: "Solo una especie de mezquindad y de angustia mental dependiente de la falta de educación jurídica, explican el asombro del profano en Derecho ante una interpretación jurídica y la pregunta: ¿dónde está escrito?"».

[120] Juzgado Sexto de Primera Instancia en lo Civil, Mercantil y del Tránsito de la Circunscripción Judicial del Área Metropolitana de Caracas, sent. del 14-07-08, exp. 2007-14345, http://caracas.tsj.gov.ve/decisiones/2008/julio/2121-14-14345-.html; véase también señalamientos de la recurrida en: TSJ/SCC, sent. N.º 698, citada *supra*, se indica que «La recurrida solamente admite lógicamente como tal separación de bienes a la separación judicial».

[121] Las capitulaciones pretenden precaver un divorcio, pero no pueden tener un efecto similar en caso de muerte. Los capítulos matrimoniales en modo alguno pueden tener

la circunstancia de que se haya celebrado capitulaciones matrimoniales, entre la ciudadana (…) y el causante –que es el punto controvertido por esta codemandada, quien pretende ser incluida en la partición–, no es obstáculo para que esta concurra a participar en el herencia dejada por su difunto esposo, en una proporción igual a la que corresponde a los hijos, demandante y codemandados, tal como lo dispone el artículo 824 *eiusdem*, ya que las capitulaciones matrimoniales lo que impide es que se forme la comunidad de bienes gananciales, en razón del matrimonio, y habidos dentro de la vigencia de éste, según los artículos 148 y 149 del Código Civil»[122].

En anterior oportunidad sostuvimos que los efectos y beneficios que impone la ley en razón del matrimonio no pueden ser desconocidos por la simple circunstancia de haber celebrado capitulaciones matrimoniales. Lo contrario precisaría de una disposición expresa que, aún así, dejaría la puerta abierta a su desaplicación[123], porque la justicia y la unidad que emanan de la unión matrimonial son independientes de la celebración de capitulaciones como manifestación de la autonomía de la voluntad[124].

«La celebración de tales convenciones en modo alguno limita los efectos del matrimonio en la misma medida que la separación judicial de bienes. Así pues, las capitulaciones matrimoniales (…) no hacen perder la legítima

---

el mismo efecto sancionatorio que una separación judicial de bienes que luego de celebrado el matrimonio es paralela a la separación de cuerpos dando lugar a una de las formas de extinción de la comunidad de gananciales (véase: artículo 173 del Código Civil) y siendo una evidente manifestación de la perturbación del vínculo conyugal.

[122] Véase: Juzgado Superior en lo Civil, Mercantil del Tránsito del Trabajo y de Menores de la Circunscripción Judicial del estado Falcón, sent. del 11-04-03, exp. 2862, http://falcon.tsj.gov.ve/decisiones/2003/abril/163-11-2862-013-A110403.html.

[123] Por vía del control difuso de la constitucionalidad previsto en los artículos 20 del Código de Procedimiento Civil y 334.1 aparte de la Constitución.

[124] Domínguez Guillén, *Manual de Derecho de Familia*…, p. 116. Véase también nuestro trabajo: «Las capitulaciones matrimoniales: expresión del principio de la autonomía de la voluntad». En: *Revista Venezolana de Legislación y Jurisprudencia*. N.º 5 (Edición Homenaje a Fernando Ignacio Parra Aranguren). Caracas, 2015, pp. 335-380, especialmente p. 360.

que por derecho imperativo le corresponde al cónyuge: pretender lo contrario porque el artículo 883 *eiusdem* utiliza la frase "que no esté separado legalmente de bienes" y no referirse expresamente a la judicial, constituye una conclusión al margen de una sana lógica. La legítima como cuota o derecho que por ley le corresponde a los herederos legitimarios, tiene carácter de orden público y por ende, no puede resultar vulnerada ni siquiera por las capitulaciones matrimoniales. Lo que ratifica que aunque la norma del artículo 883 del Código Civil si bien a diferencia de la del artículo 823 no aluda a "separación judicial de bienes" ciertamente se está refiriendo a esta como causa de exclusión de la legítima a favor del cónyuge»[125].

Por otra parte, mal podría sostenerse la pérdida de la legítima en razón de capitulaciones matrimoniales, por oposición con la necesaria condición de legitimario del concubinato, pero en contraste con la improcedencia de capitulaciones respecto de las uniones de hecho, que consideró la Sala Constitucional al interpretar el artículo 77 de la Carta Magna[126]. Si se supone que la naturaleza de ambos institutos –matrimonio y concubinato– responden a la misma esencia y presentan en la medida de lo posible los mismos efectos, se llegaría al absurdo de que el concubinato tendría efectos más beneficiosos frente al matrimonio[127]. De allí que la vocación hereditaria (artículo 823)

---

[125] Domínguez Guillén, *Manual de Derecho de Familia...*, pp. 111 y 112.

[126] Véase: TSJ/SC, sent. N.º 1682/2005, citada *supra*, indica: «Resulta importante para esta interpretación, dilucidar si es posible que entre los concubinos o personas unidas, existe un régimen patrimonial distinto al de la comunidad de bienes, tal como el previsto en el Código Civil en materia de capitulaciones matrimoniales (…) A juicio de esta Sala, ello es imposible, porque la esencia del concubinato o de la unión estable no viene dada –como en el matrimonio– por un documento que crea el vínculo, como lo es el acta de matrimonio, sino por la unión permanente –estable– entre el hombre y la mujer, lo que requiere un transcurso de tiempo –que ponderará el juez–, el cual es el que califica la estabilidad de la unión; y siendo ello así, *a priori* no puede existir una declaración registrada de las partes constitutivas de la unión, en el sentido de cómo manejarán los bienes que se obtengan durante ella».

[127] Véase: Domínguez Guillén, *Manual de Derecho de Familia...*, pp. 112 y 113; Varela Cáceres, *Una lección. La unión...*, pp. 329 y ss.

y la legítima (artículo 893) es un efecto común al matrimonio y al concubinato[128], al margen de las capitulaciones.

Debe concluirse entonces que la legítima es una figura imperativa o de orden público que impone la ley al causante en protección natural de ciertos herederos forzosos dada su estrecha vinculación familiar, entre los que naturalmente se incluye el cónyuge. Si la autonomía de la voluntad no puede excluirla dado su carácter imperativo, ello es extensible a la voluntad en vida plasmada inclusive expresamente mediante capitulaciones matrimoniales. Situación distinta es la separación judicial de bienes, que tiene lugar generalmente como consecuencia de la separación de cuerpos, precisando un pronunciamiento judicial en razón de una ruptura en las normales relaciones de los cónyuges, lo cual lo proyecta la ley en el ámbito sucesoral[129]. Por lo que si la doctrina admite que la legítima es una suerte de sucesión legal[130], que no puede quedar afectada por la voluntad del causante por ser orden público, mal podría hacerse por vía de contrato prematrimonial, cuyas previsiones que contraríen normas de orden público incluyendo las sucesorales, serían nulas a tenor del artículo 142 del Código Civil, amén de que se traduciría en un pacto sobre sucesión futura que prohíbe la ley. Las razones que constituyen el fundamento y soporte de la legítima[131] no ceden ante la celebración de capitulaciones matrimoniales.

3.4. Concubino

Según indicamos, en el orden de suceder legal, al referirnos al cónyuge, indicamos que a este se equipara el concubino o concubina, es decir, aquella

---

[128] Véase: Tribunal de Protección del Niño y del Adolescente de la Circunscripción Judicial del Estado Portuguesa, Jueza Unipersonal N.º 01, sent. del 08-09-07, exp. 7995, http://falcon.tsj.gov.ve/decisiones/2007/octubre/1179-8-7995.html; Véase *infra* IX.3.4.
[129] Véase los citados artículos 823 y 883 del Código Civil, relativos a la vocación hereditaria y a la legítima del cónyuge respectivamente.
[130] Véase *supra* IV.2.
[131] Véase *supra* IX.2.

relación concubinaria que ha sido acreditada como tal. Esto por imperativo del artículo 77 de la Constitución que consagró los mismos efectos entre matrimonio y concubinato que reúna los requisitos de ley[132]. Entre la equiparación de efectos patrimoniales se interpretó incluido, amén de la vocación hereditaria, el derecho la legítima del concubino[133], y así lo reconoció expresamente el Máximo Tribunal[134], orientación seguida por los juzgados de instancia[135].

4. Derechos del legitimario

El heredero forzoso o legitimario tiene el derecho en virtud de la ley a exigir la reducción[136] de las disposiciones testamentaria que vulneren su legítima (artículo 888 del Código Civil)[137], así como si esta es afectada por

---

[132] Véase: Varela Cáceres, *Una lección. La unión...*, pp. 329 y ss.

[133] Véase: Domínguez Guillén, *Las uniones...*, p. 233, nota 65.

[134] Véase: TSJ/SC, sent. N.º 1682, citada *supra*, «Las interrogantes en esta materia deberán tener por norte las normas correspondientes en materia de sucesión hereditaria. Y así, por ejemplo, no podría el concubino en vida desconocer por vía testamentaria la legítima que le correspondería a su concubina en aplicación del artículo 883 del Código Civil»; TSJ/SCC, sent. N.º 107, del 11-01-19.

[135] Véase: Juzgado de Primera Instancia en lo Civil, Mercantil, Tránsito y Bancario de la Circunscripción Judicial del estado Aragua, sent. del 25-01-08, citada *supra*; Juzgado de Primera Instancia Civil, Mercantil, Agrario y del Tránsito de la Circunscripción Judicial del estado Guárico, sent. s/f, exp. N.º 8379-08, http://guarico.tsj. gov.ve/decisiones/.../379-21-8379-08-05.html.

[136] Haddad S., ob. cit., 1991, pp. 117 y ss. Véase: ibíd., pp. 117 y 118, la acción de reducción es el medio legal que sirve para completar la cuota legítima, lesionada por la voluntad del causante: es el medio legal mediante el cual se garantiza la integridad de la legítima; Farrera, *De la legítima...*, pp. 309-317; Lupini Bianchi, Luciano: «La reducción de las donaciones en caso de violación a la legítima en la sucesión intestada». En: *Libro homenaje a la Academia de Ciencias Políticas y Sociales en el Centenario de su fundación 1915-2015*, Caracas, Acienpol, t. IV, 2015, pp. 2699-2751.

[137] «Artículo 888.- Las disposiciones testamentarias que excedan de la porción disponible, se reducirán a dicha porción en la época en que se abra la sucesión...». Véase: Ramírez, ob. cit., pp. 235-241.

las donaciones realizadas por el causante en los últimos diez años de su vida (artículo 1468 *eiusdem*)[138]. Refiere López Herrera que la ley concede al legitimario dos acciones: la de reducción de las disposiciones de última voluntad que afecten la legítima y la reducción de las donaciones efectuadas por el *de cujus* en los diez últimos años de su vida, lesivas de la porción disponible de la herencia[139]. De allí que autores como Ripert y Boulanger indican que la legítima es una masa de bienes deferida *ab intestato*, siendo que esos bienes son aquellos de los cuales el *de cujus* no tuvo el derecho de desprenderse por medio de liberalidades[140].

Las disposiciones testamentarias que violan la legítima no son nulas de derecho, sino que la ley concede al heredero legitimario una acción de defensa de la porción legítima, denominada «acción de reducción»[141], acción

---

[138] «Artículo 1468.- Las donaciones de toda especie que una persona haya hecho durante los diez últimos años de su vida, por cualquier causa y en favor de cualquiera persona, quedan sujetas a reducción si se reconoce que en la época de la muerte del donador, excedían de la porción de bienes de que pudo disponer el mismo donador, según las reglas establecidas en el Capítulo II, Título II, de este Libro. Esta disposición no se aplica a los casos previstos en la Sección IV, Capítulo III, Título II, de este Libro. Las reglas establecidas en el artículo 885 y en los artículos 888 y siguientes para la reducción de las disposiciones testamentarias, se observarán para la reducción de las donaciones». Véase comentarios a la norma en: López Herrera, *Derecho...*, t. II, pp. 261 y ss.

[139] López Herrera, *Derecho...*, t. II, p. 262.

[140] Ripert y Boulanger, ob. cit., p. 219.

[141] Véase: Dominici, ob. cit., p. 125; Rojas, ob. cit., p. 403; Farrera, *Sucesiones...*, pp. 181-189; D'Jesús M., ob. cit., p. 71, TSJ/SCC, sent. N.º 236, del 24-04-08, «... es de advertir que los actos de disposición del causante que implican gravámenes u otras formas de limitación que menoscaben la legítima, si bien puede ser evidente en el caso de una sucesión testamentaria donde proceden de inmediato las acciones de reducción que corresponda, no resulta tan obvio en una sucesión intestada, en la cual debe procederse *ab initio* a su determinación y cuantificación a los fines de conocer las cuotas que corresponden por ley a los herederos legitimarios, por tanto sin conocer previamente la cuota susceptible de asignación, se estaría procediendo sobre una masa indivisa indiscutiblemente en detrimento del resto de los herederos legitimarios».

de reducción de «cuota testamentaria»[142] o de las disposiciones testamentarias[143]. Acción concedida al legitimario que precisa que esté abierta la sucesión[144], que el legitimario haya aceptado la herencia, que se haya calculado la porción legítima y que el legitimario haya imputado a su cuota lo pertinente[145]. Al efecto, se procederá a un cálculo matemático por el cual se determine si el testador en vida o *mortis causa* dispuso de una cuota superior a la legalmente permitida[146] en los últimos diez años de su

---

[142] Véase: Juzgado Superior en lo Civil, Mercantil del Tránsito, Niños y Adolescentes de la Circunscripción Judicial del estado Falcón, sent. del 13-07-05, exp. 2112, http://falcon.tsj.gov.ve/decisiones/2005/julio/163-13-2112-119-J-13-07-05.html.

[143] Véase: Sala de Juicio Décima del Circuito Judicial del Tribunal de Protección de Niños, Niñas y Adolescente de la Circunscripción Judicial del Área Metropolitana de Caracas, sent. del 28-01-09, citada *supra*; Juzgado Segundo de Primera Instancia en lo Civil, Mercantil y del Tránsito de la Circunscripción Judicial del estado Miranda, Sent. 24-9-08, citada *supra*, «Observa quien aquí sentencia, que de acuerdo a la norma señalada, la nulidad del testamento no puede ser invocada bajo un supuesto de lesión en la cuota legítima de los derechos, pues esta última situación, solo podría generar la acción por reducción de disposiciones testamentarias, pretensión que no fue la planteada en este juicio (…) De acuerdo a la norma señalada, la nulidad del testamento no puede ser invocada bajo un supuesto de lesión en la cuota legítima de los herederos, pues esta última situación, solo podrá generar la acción de reducción de las disposiciones testamentarias, que se encuentra prevista en el artículo 888 del Código Civil, y no como lo hizo, al incoar la acción de nulidad testamentaria cuyo contenido es otro, vale decir, que, la prenombrada acción de reducción, no ha sido ejercida en la presente causa, pues del contenido del escrito libelar se infiere que ha quedado muy claro que se trata de una acción de nulidad absoluta de testamento, por causales no contenidas en el artículo 898 del Código Civil, y por lo tanto, considera quien aquí decide que al ser esta la pretensión procesal de los actores, forzosamente tiene este juzgador que declarar sin lugar la presente acción».

[144] DOMINICI, ob. cit., p. 125, mientras viva el donante, sus herederos presuntos no pueden reclamar contra los actos de enajenación que efectúe; FARRERA, *Sucesiones…*, p. 181, es después de la muerte del testador, esto es, una vez abierta la sucesión que tales legitimario o sus causahabientes pueden intentar la referida acción.

[145] LÓPEZ HERRERA, *Derecho…*, t. I, p. 262.

[146] Véase Código Civil: «artículo 889.- Para determinar la reducción se suma el valor de los bienes pertenecientes al testador en el momento de la muerte, y se deducen las deudas. Se agrega luego, ficticiamente, el valor de los bienes de que él haya dispuesto a título de donación durante los diez últimos años de su vida. Formada así la masa,

vida[147], según refiere la doctrina[148]. En cuanto a la determinación, cálculo de la legítima[149] o la determinación de la lesión, tiene lugar determinado el caudal hereditario a la muerte del testador, así como las deudas y estableciendo lo que testador haya dispuesto en donaciones en los últimos diez años de su vida, a fin de agregarlo ficticiamente a lo anterior[150].

Dicha acción prescribe a los cinco años de la apertura de la sucesión (artículo 888)[151]. Se admite que la acción corresponde no solo a los herederos legitimarios lesionados y a sus herederos, sino a los acreedores de aquel, a tenor del artículo 1278 del Código Civil[152], se ejerce contra las personas favorecidas por disposiciones testamentarias que afecten la legítima[153]. En cambio, los acreedores del *de cujus* y los legatarios no pueden pedir la reducción[154].

Acota Dominici que el heredero puro y simple confunde su patrimonio con el *de cujus*, pudiendo repercutir perjuicio de la reducción[155]. Prevé el artículo

---

se calcula la porción de que el testador haya podido disponer. Cuando se trate de cosas de consumo o de cosas tangibles, el valor se determina por el que tuvieren en la época de la donación. En los demás casos de muebles y en todos de inmuebles, se les da el valor que habrían tenido en la época de la muerte del testador, según el estado que tenían cuando fueron donados».

[147] López Herrera, *Derecho...*, t. i, p. 244, coincide con Arcaya respecto de la citada limitación temporal que impone el artículo citado, por cuestiones de seguridad jurídica y porque difícilmente se trataría de perjudicar a los legitimarios con mucha anterioridad al fin de la vida.

[148] Sojo Bianco, ob. cit., p. 354.

[149] Véase: López Herrera, *Derecho...*, t. i, pp. 241-253, determinación del monto del activo hereditario, determinación y detracción del monto del pasivo, determinación del monto de las donaciones y su agregación ficticia al activo neto, cálculo propiamente dicho de la legítima.

[150] Rojas, ob. cit., p. 403. Véase: ibíd., pp. 404 y ss.

[151] «... La acción para pedir esta reducción prescribe a los cinco años».

[152] Ibíd., p. 422.

[153] Ibíd., p. 425.

[154] Dominici, ob. cit., p. 125.

[155] Véase: Ibíd., p. 126, señala que para que el heredero pueda pedir la reducción se precisa que haya aceptado la herencia a beneficio de inventario, pues si acepta pura y simple confunde su patrimonio y hace suyas las obligaciones del difunto.

1040: «El heredero a quien se deba la legítima, aunque no haya aceptado la herencia a beneficio de inventario, podrá hacer reducir las donaciones y legados hechos a sus coherederos». Tal norma significa, según López Herrera, que cuando ha sido lesionada la porción indisponible el legitimario afectado puede exigir de sus coherederos la reducción de donaciones y legados recibidos del causante, como también aunque no lo indique expresamente la disposición, las instituciones a título universal que los beneficien independientemente de que tal heredero haya aceptado la herencia pura y simplemente o a beneficio de inventario; en cambio, el legitimario no puede formular tal exigencia a los extraños –donatarios y legatarios del *de cujus*– que no sean herederos, sino cuando ha aceptado la herencia beneficio de inventario[156]. Ello atendería, según la doctrina, a que se pretende evitar que el legitimario sustraiga u oculte parte del patrimonio hereditario y luego trate de obtener la reducción bajo el falso pretexto que se lesiona su porción indisponible; pero se aclara que ello difícilmente podría ocurrir frente a los demás coherederos o sucesores universales porque ellos conocen y están en posesión de la herencia, pero no así los citados extraños que podrían ser afectados por las maniobras del legitimario. De allí la exigencia de que en este último caso debe acontecer la aceptación a beneficio de inventario para poder reclamar a dichos extraños las reducciones[157].

López Herrera opina que no es absolutamente necesario que el legitimario termine siendo en realidad aceptante a beneficio de inventario, sino la mera manifestación o solicitud y que además se levante el inventario, aunque posteriormente se renuncie al beneficio[158] y la determinación de los extraños debe atender únicamente a la situación potencial que exista para la apertura de la sucesión[159]. Debe considerarse con relación a tal norma la excepción prevista en el artículo 1010 del Código Civil[160]: el legitimario

---

[156] López Herrera, *Derecho…*, t. I, pp. 263 y 264.
[157] Ibíd., p. 264.
[158] Ídem.
[159] Ibíd., p. 265.
[160] Ídem. Dicha norma indica: «La aceptación de la herencia no puede atacarse, a no ser que haya sido consecuencia de violencia o de dolo. No pueda tampoco impugnarse

aceptante pura y simplemente puede hacer reducir las disposiciones hechas a extraños si desconocía la existencia del testamento al momento de la aceptación[161].

Quien renuncia a la herencia, ciertamente, renuncia a su legítima, pues el carácter imperativo de la misma se le impone al causante, toda vez que, según indicamos, nadie está obligado a ser heredero[162].

El Código sustantivo dispone varias normas relativas al exceso de la cuota disponible, esto es, aquella que no afecta la legítima. La cuota de libre disposición es la contrapartida de la legítima: es parte de la sucesión *ab intestato* de la que puede disponer una persona[163]. Prevé el artículo 890: «Si el valor de las donaciones excede de la cuota disponible o es igual a ella, todas las disposiciones testamentarias quedan sin efecto». Así mismo, dispone el artículo 891: «Si las disposiciones testamentarias exceden de la cuota disponible o de la parte que de ésta quedare después de hecha la deducción del valor de las donaciones, la reducción se hará proporcionalmente, sin hacer distinción entre quienes tengan el carácter de herederos y quienes tengan el de legatarios».

Con base en ello, FARRERA señala que no se procede a reducir las donaciones, sino después de haber agotado el valor de los bienes de que se haya

---

la aceptación, por causa de lesión. Sin embargo, en caso de descubrirse un testamento, desconocido en el momento de la aceptación, el heredero no está obligado a pagar los legados contenidos en aquel testamento, sino hasta cubrir el valor de la herencia, salvo siempre la legítima que pueda debérsele».

[161] Véase *supra* II.3.3.1.
[162] ZANNONI, ob. cit., pp. 483 y 484, indica que el ordenamiento argentino (artículo 3354 del Código Civil) contenía una norma actualmente derogada por la Ley 17 711, que señalaba «los que tengan una parte legítima en la sucesión pueden renunciar a la herencia sin perjuicio de tomar la legítima que les corresponda». Situación que propició que se sostuviera que la legítima no era parte de la herencia, sino parte de los bienes del caudal relicto que son debidos a los legitimarios aunque no sean herederos.
[163] BONNECASE, ob. cit., p. 611.

dispuesto por testamento. De modo, pues, que si el testador ha copado con las donaciones hechas por él en los últimos diez años de su vida la cuota disponible, las liberalidades testamentarias desaparecen, es como si no existieran. Sobre las disposiciones testamentarias prevalecen las que haya hecho el testador durante su vida a título de donación. La reducción por donde comienza es por las testamentarias. Si estas disposiciones traspasan la cuota disponible, o la parte que de ella quedare después de deducido el monto de las donaciones, la reducción se hará proporcional e indistintamente sobre las cosas de que haya dispuesto el testador en su última voluntad, ya lo hubiese hecho en forma de legado o como institución de heredero[164]. El autor coloca el siguiente ejemplo: Supongamos un patrimonio hereditario de 200 y dos hijos que deja el *de cujus*, la cuota disponible es la mitad (100), pero los legados suman la cantidad de 150; a Miguel 75, a José 60 y a Andrés 15; y traspasan por lo tanto en una tercera parte la referida cuota. Para completar la legítima debida a los hijos, hay que rebajar en una tercera parte los referidos legados[165]. Es discutible, sin embargo, que ello genere la nulidad del testamento en cuestión[166], la cual procede por causas autónomas ajenas a la institución bajo análisis. Pues la violación de la legítima no genera nulidad del testamento, sino la acción de respectiva acción de reducción[167].

---

[164] Farrera, *Sucesiones…*, pp. 186 y 187.
[165] Ibíd., p. 187.
[166] Juzgado Segundo de Primera Instancia en lo Civil, Mercantil y del Tránsito de la Circunscripción Judicial del estado Zulia, sent. del 02-10-08, citada *supra*, «… en consecuencia conforme a los artículos 883 y 884 del Código Civil se declara nulo el testamento antes señalado, por violación expresa de la legítima».
[167] Véase: Juzgado Superior Segundo en lo Civil, Mercantil, Bancario, del Tránsito y de Protección de Niños, Niñas y Adolescentes de la Circunscripción Judicial del estado Carabobo, sent. del 21-05-13, exp. 13 789, http://carabobo.tsj.gov.ve/decisiones/2013/mayo/732-21-13.789-.html, «cuando se lesiona la legítima de herederos forzosos, la consecuencia jurídica no es la nulidad del testamento, sino la reducción de las disposiciones testamentarias»; Sala de Juicio Décima del Circuito Judicial del Tribunal de Protección de Niños, Niñas y Adolescente de la Circunscripción Judicial del Área Metropolitana de Caracas, sent. del 28-01-09, citada *supra*; Juzgado Segundo de Primera Instancia en lo Civil, Mercantil y del Tránsito de la Circunscripción

Poco importa la preferencia expresa que pretenda darle el testador a una liberalidad si efectivamente la misma afecta la cuota disponible. Dicha preferencia tendría efecto sobre otras liberalidades que sí se verían reducidas en atención a la reducción correspondiente. Dispone al efecto, el artículo 892 del Código Civil: «Sin embargo, siempre que el testador declare su voluntad de que una liberalidad tenga efecto con preferencia a las demás, esta preferencia tendrá efecto, y tal disposición no se reducirá, sino en tanto que el valor de las otras liberalidades no baste a completar la porción legítima». Preferencia que debe ser declarada explícitamente por el testador, no pudiendo ser deducida por interpretación de la índole del legado ni de las circunstancias que la hagan presumible. Aunque el testador puede usar la expresión que considere apropiada siempre que manifieste de manera indudable su intención. Pero es claro que tal preferencia no puede ordenarla el testador, sino respecto de las liberalidades dispuestas en su testamento, por ser estas de última voluntad, ciertamente siempre limitado por la legítima[168]. Si las otras liberalidades no son suficientes para cubrir la cuota debida a los legitimarios en plena propiedad, la favorecida con la declaración del testador debe ser reducida en la proporción necesaria para completar dicha cuota[169].

El Código Civil contiene disposiciones expresas relativas a la forma como operaría la reducción en caso de inmueble o finca. Prevé el artículo 893: «Cuando el legado sujeto a reducción fuere un inmueble, la reducción se

---

Judicial del estado Miranda, sent. del 24-09-08, citada *supra*, «la nulidad del testamento no puede ser invocada bajo un supuesto de lesión en la cuota legítima de los derechos, pues esta última situación, solo podría generar la acción por reducción de disposiciones testamentarias»; TSJ/SCC, sent. N.º 665, de 07-11-03; TSJ/SCC, sent. N.º 182, del 03-05-11, «observa esta Sala que la juez de alzada motivo suficientemente las razones por las cuales en su opinión la acción de nulidad de testamento era improcedente, al considerar que en ningún momento hubo una violación a la cuota legítima y que en todo caso, la acción procedente era por reducción de disposiciones testamentarias. Independientemente de la calificación que la sentenciadora haya dado a la acción a seguir y si la misma es la idónea, sus argumentos fueron suficientemente motivados».

[168] Farrera, *Sucesiones...*, p. 187.
[169] Ibíd., pp. 187 y 188.

hará por la segregación de una parte equivalente del mismo inmueble, si puede verificarse cómodamente. Cuando el legado sujeto a reducción consista en una finca que no admita cómoda división, tendrá derecho a la finca el legatario, si la reducción no absorbe la mitad del valor de dicha finca, y en caso contrario, tendrán este derecho los herederos forzosos, pero aquél y éstos deberán abonarse sus respectivos haberes en dinero. Sin embargo, si el legatario fuere legitimario podrá retener todo el inmueble, con tal de que su valor no exceda de la porción disponible y de la cuota que le toque en la legítima». Pero los sucesores no están obligados a recibir la finca, caso en el cual se subastará. Al efecto, prevé el artículo 894: «Si los herederos y los legatarios no quisieren tomar la finca, ésta se venderá en pública subasta, a instancia de cualquiera de los interesados».

Refiere FARRERA que debe distinguirse varias hipótesis: que el inmueble de que se trate sea cómodamente divisible o contrariamente no acepte una cómoda división: en el primer caso, la reducción se efectúa segregando del inmueble la parte del mismo que equivalga a la cantidad en que deba ser reducido. Por ejemplo, si el legado fuese de un terreno de mil metros cotizables a 50 bolívares el metro y la reducción habría de hacerse para alcanzar el monto de la legítima, en mil bolívares, bastaría segregar del inmueble 200 metros cuadrados. Pero si se tratase en cambio de una casa en que tal división no fuese practicable, puede suceder dos cosas: o bien la reducción no absorbe la mitad del valor del inmueble o bien traspasa esa mitad. Si tiene lugar lo primero, el legatario puede retener el inmueble legado pagando en dinero el excedente, podrá hacer lo mismo el legitimario haciendo al legatario el pago del exceso. Por ejemplo, el testador ha legado una casa de 20 bolívares y como la cuota disponible ha traspasado en ocho bolívares el legado queda reducido a 12 bolívares. El legatario tendrá derecho a la casa, abonando los ocho bolívares, si ocurre lo contrario, esto es, que la porción disponible se hubiese traspasado en 12 bs., con lo cual el legado se reduciría a ocho bolívares, el legitimario tendría sobre la cosa igual derecho de tomarla para sí, con la obligación de abonar al legatario el excedente de ocho bolívares[170].

---

[170] Ibíd., pp. 188 y 189.

Finalmente, como la retención del legado, tanto de parte del legatario como de los herederos, es un simple derecho que les acuerda la ley, es obvio que unos y otros pueden no hacerlo, en cuyo caso a solicitud de cualquier de ellos, la finca objeto del legado será vendida en subasta pública a objeto de la distribución del respectivo precio[171].

Con relación al usufructo o renta vitalicia dispone el artículo 885: «Cuando el testador dispone de un usufructo o de una renta vitalicia, cuyo rendimiento exceda el de la porción disponible, los legitimarios pueden optar entre ejecutar esta disposición o abandonar la propiedad de la porción disponible. La misma elección pertenece a los legitimarios en el caso en que se haya dispuesto de la propiedad de una cantidad que exceda de la porción disponible». La doctrina indica que tal disposición es consecuente con la idea de que el testador no puede someter la legítima a carga o condición, o sustituir un derecho por otro aunque beneficie al sucesor. Según la doctrina, la elección que prevé la ley evita las dificultades que surgirían al evaluar el derecho en cuestión[172].

Se ha considerado que la norma indicada se corresponde con la posibilidad de la cláusula sociniana, por la que el legitimario deberá escoger entre aceptar la porción legítima en forma pura y simple o más bien una asignación superior a esta pero gravada[173], que se aprecia similar en otros ordenamientos

---

[171] Ibíd., p. 189.
[172] Véase: Sojo Bianco, ob. cit., p. 355, agrega aunque parezca obvio que para que proceda esta elección el legitimario debe probar que el rendimiento del usufructo o de la renta vitalicia excede la porción disponible. Véase también: Rojas, ob. cit., pp. 286-390.
[173] Véase: López Herrera, *Derecho...*, t. I, pp. 229-236; D'Jesús M., ob. cit., pp. 77-80; *Jurisprudencia de los Tribunales de la República*, sent. del 10-10-63, vol. XI, pp. 146 y ss. (citado por Perera Planas, ob. cit., pp. 496 y 497), la incondicionalidad de la legítima no excluye la aplicación de cláusula sociniana, por la que el testador deja más de la parte de la legítima bajo cierta condición expresa, en este caso que la totalidad de la asignación deberá ser administrada por curador especial. Véase sobre la cláusula sociniana: Vallet de Goytisolo, *Estudios de Derecho Sucesorio. Estudios dispersos sobre las legítimas...*, vol. III, p. 268, señala que su denominación según

como el español[174]. La validez de dicha cláusula se justifica, según la doctrina, en atención a que el testador no impone la carga a la legítima, sino que deja en libertad al legitimario de escoger entre la cuota legítima y la cuota

---

GLÜCK no corresponde a SOCINO sino a Nicolaus ANTENOREUS, noble florentino, quien insertó esta cláusula en su testamento, en el cual gravaba la legítima de sus hijos con un fideicomiso y SOCINO emitió solo una opinión sobre su validez. Véase: SÁNCHEZ-RUBIO GARCÍA, ob. cit., *passim*, la cautela sociniana consiste en ofrecer al legitimario la facultad de elegir entre una atribución libre de cargas que cubre estrictamente la legítima, y otra más valiosa pero gravada.

[174] Véase: VALLET DE GOYTISOLO, *Estudios de Derecho Sucesorio. Estudios dispersos sobre las legítimas...*, vol. III, pp. 403 y 404, la opción del legitimario para que este tenga que contentarse, bien sea con recibir su legítima pura y estricta o bien la mayor atribución testamentaria con sus gravámenes, condiciones, sustituciones o modalidades, solo la hallamos positivamente establecida en el artículo 820.3 del Código Civil español, artículo 550 del Código Civil italiano y artículo 2306 del BGB, limitada a los supuestos de gravamen de usufructo, nuda propiedad y renta vitalicia; «cláusula que es conocida por la doctrina científica como cautela gualdense, sociniana o "cláusula Soccini" como es sabido, la misma ha sido recogida en el N.º 3 del artículo 820 del Código Civil español –"Si la manda consiste en un usufructo o renta vitalicia, cuyo valor se tenga por superior a la parte disponible, los herederos forzosos podrán escoger entre cumplir la disposición testamentaria o entregar al legatario la parte de la herencia de que podía disponer libremente el testador"–» http://www.colegiodeabogadosdelaspalmas.com/revistaweb/articulo7_i63.php; Véase: Sala I en lo Civil del TS español, sent. N.º 715, del 10-07-03, http://www.bosch-online.net/Legis/Sentencias/00194095.html; MONSERRAT PEREÑA, Vicente: *La constitución voluntaria del usufructo*. Madrid, Dykinson, 2005, p. 99, la cautela sociniana tiene lugar cuando el testador lega un usufructo y el legitimario tiene la opción de aceptar el gravamen con una cuota mayor a la que impone la ley o recibir solo lo que le corresponde por legítima; «Existe la posibilidad de que el testador incluya en el testamento un gravamen o condición a todo lo que recibe el legitimario siempre y cuando brinde a éste en compensación un valor superior al mínimo legal, que solo percibirá si acepta el gravamen. Por lo tanto, se pone al legitimario en la necesidad de elegir entre o bien aceptar la disposición testamentaria –que en total, aun descontando el valor del gravamen, ha de tener un valor superior a lo que le correspondería por legítima estricta, porque si no sería una disposición inválida– o bien de no acatarla, en cuyo caso le corresponderá la legítima estricta. Esto es lo que se conoce en lenguaje jurídico como el establecimiento de una "cautela sociniana" –cuyo nombre viene del jurista italiano Mario SOCINO, que a mediados del siglo XVI

mayor gravada[175]. De allí que la doctrina haya considerado procedente la aplicación de la cláusula sociniana en nuestro Derecho[176]. Dicha cláusula es la única excepción a la prohibición de no condicionar la legítima por parte del testador, pues supone un gravamen ofreciendo una compensación de mayor valor que la legítima, dejándole al legitimario la opción de escoger entre el gravamen incentivado o exigir íntegramente su legítima[177]. Y se afirma al efecto que «el padre no puede gravar la legítima de su hijo, pero sí puede condicionarle la atribución de lo que le deje además de su legítima»[178]. Acota D'Jesús que difícil y comprometida es la decisión del legitimario frente a la clausula sociniana, por lo que deberá ser cauteloso y precavido al decidir[179]; la condición como es natural solo se haría efectiva con la aceptación voluntaria del legitimario; por lo que no opera si este solo se conforma con su legítima libre[180]. La aceptación de la condición por parte del legitimario lleva implícita la renuncia a la legítima no gravada, convirtiéndose este en un caso excepcionalísimo de renuncia implícita total o parcial de la legítima, más no de la herencia[181].

---

defendió la validez de estas cláusulas–» http://www.mjusticia.es/cs/Satellite?c=preguntarespuesta&cid=1069176601370&pagename=Portal_del_Derecho%2Fpreguntarespuesta%2FTplPregResp; «Aquella cláusula que el causante inserta en su testamento, en virtud de la cual impone una carga o gravamen a la legítima del heredero necesario o forzoso con el objeto de mejorarlo; esté a su vez tiene la facultad de rechazar los cargos impuestos aceptando la legítima pura» http://tododeiure.atspace.com/diccionarios/juridico_c10.htm.

[175] Véase citando en tal sentido a Cicu (*Le successioni*): Vallet de Goytisolo, *Estudios de Derecho Sucesorio. Estudios dispersos sobre las legítimas...*, vol. III, p. 415.

[176] Véase: Loreto, Luis: «La curatela especial del artículo 311 del Código Civil». En: *Ensayos jurídicos*. Caracas, Ediciones Fabreton-Esca. 1970, p. 313, nota 19, http://www.msinfo.info/default/acienpol//bases/biblio/texto/L-714/A-16.pdf, «… cláusula sociniana que consideramos aplicable en nuestro Derecho».

[177] Véase: Pita Broncano, ob. cit., p. 292, nota 14.

[178] Vallet de Goytisolo, *Estudios de Derecho Sucesorio. Estudios dispersos sobre las legítimas...*, vol. III, p. 477.

[179] D'Jesús M., ob. cit., p. 77.

[180] Ibíd., p. 78.

[181] Ibíd., p. 79.

A propósito de la imposibilidad de condicionar o limitar la legítima, la Ley de Fideicomisos permite excepcionalmente la procedencia de fideicomisos[182] respecto de la legítima en algunos supuestos especiales, tales como prodigalidad, insolvencia e incapacidad[183].

---

[182] Véase sobre el fideicomiso: MÉLICH-ORSINI, José: «El fideicomiso en Venezuela». En: *Boletín de la Academia de Ciencias Políticas y Sociales*, N.º 142, Caracas, 2004, pp. 407-438; PONTE DE CARRERO, Liliana: «El fideicomiso». En: *Anuario del Instituto de Derecho Comparado*, N.º 17, Valencia, UC, 1993, pp. 293-307; BARBOZA, Karina: «El fideicomiso». En: http://www.monografias.com, «El fideicomiso –fiducia significa 'fe, confianza', etc.– es una figura jurídica que permite aislar bienes, flujos de fondos, negocios, derechos, etc. en un patrimonio independiente y separado con diferentes finalidades. Es un instrumento de uso muy extendido en el mundo. Su correlato anglosajón es el *trust* y cuenta con antiguas raíces en el Derecho romano»; Ley de Fideicomisos (*Gaceta Oficial* N° 496, del 17-08-56), «artículo 1.- El Fideicomiso es una relación jurídica por la cual una persona llamada fideicomitente transfiere uno o más bienes a otra persona llamada fiduciario, quien se obliga a utilizarlo en favor de aquél o de un tercero llamado beneficiario»

[183] Véase: «artículo 10.- No obstante lo dispuesto en el Código Civil sobre la legítima, el testador puede disponer la constitución de un fideicomiso respecto de la misma, o parte de ella en favor de los herederos forzosos siempre que éstos hayan realizado reiteradamente actos de prodigalidad o se encuentren de tal manera insolventes que sus futuras adquisiciones se vean seriamente amenazadas. En tal caso, no obstante lo dispuesto en el acto constitutivo, los herederos forzosos beneficiados tendrán derecho a recibir las rentas de los bienes fideicometidos, por lo menos, semestralmente. La constitución del fideicomiso sobre la legítima o parte de ella, no tiene efecto si a la muerte del testador los herederos forzosos han abandonado de modo permanente la vida pródiga no se encuentran en el estado de insolvencia que dio origen a la disposición del testador; y en todo caso, termina el fideicomiso si ello ocurre con posterioridad. A la terminación del fideicomiso sobre la legítima o parte de ella, los bienes fideicometidos serán transferidos a los herederos forzosos o a los herederos de éstos», «artículo 11.- La constitución de fideicomisos en favor de incapaces por el tiempo de su incapacidad es válida, incluso respecto de la legítima de ellos, no obstante, en la medida en que los bienes fideicometidos comprendan la legítima de un menor, aun cuando el acto constitutivo disponga otra cosa el fiduciario pagará semestralmente, por lo menos, las rentas al padre o a la madre que tenga el usufructo legal de los bienes del hijo. Los bienes fideicometidos que correspondan a la legítima del incapaz, deberán ser transferidos necesariamente a este al cesar su incapacidad, o en cualquier otro caso de determinación del fideicomiso». Vale recordar que el

Comenta Zannoni que el causante puede instituir a sus legitimarios como legatarios mediante la atribución de legados que colmen su cuota de legítima. Señala el autor que, en tal caso, los instituidos no tienen que aceptar la herencia para recibir su legítima que podría dejarse por cualquier título, a saber, a título de legado y no de heredero[184].

El Código Civil trae algunas normas que pretenden compensar los beneficios económicos dejados por el *de cujus* a los legitimarios. Es decir, existen ciertas liberalidades que deben computarse a los efectos de determinar la cuota disponible, aunque sean anteriores a la muerte del causante. Pues, en razón de un sentido equitativo, el legitimario está obligado a colación[185].

Así prevé el artículo 887: «Se imputarán al cónyuge sobre su legítima, además de todo lo que se le haya dejado por testamento, todo cuanto haya adquirido por las capitulaciones matrimoniales[186] y por donación, y a los demás legitimarios, todo cuanto hayan recibido en vida del *de cujus* o por testamento del mismo, y que esté sujeto a colación, de acuerdo con lo dispuesto en la Sección IV». Para Dominici, la norma pretende impedir que por medio de liberalidades anteriores un cónyuge pueda burlar los legitimarios distintos al cónyuge[187]. Señala López Herrera que la disposición alude a «imputación» en el sentido de que el heredero legitimario ha de tomar en cuenta todas las liberalidades recibidas por el causante para determinar la lesión de la legítima[188];

---

usufructo legal desapareció en la reforma del Código Civil de 1982. Véase también: Rodríguez, ob. cit., pp. 109 y 110; Mélich-Orsini, ob. cit., p. 419. Véase sobre el fideicomiso testamentario: Chinchilla Santiago, ob. cit., pp. 105 y ss.

[184] Zannoni, ob. cit., pp. 489 y 490.
[185] Véase *infra* ix.5.
[186] Véase: Domínguez Guillén, *Manual de Derecho de Familia*…, p. 112, nota 61, Dicha disposición indica que lo adquirido por capitulaciones se imputará a la legítima, lo que se denota que las mismas no equivalen necesariamente a una separación de bienes, pues solo la judicial haría perder la condición de heredero legitimario.
[187] Véase: Dominici, ob. cit., pp. 123 y 124.
[188] López Herrera, *Derecho*…, t. i, p. 253, pues en otras disposiciones la palabra imputar se utiliza en el sentido de una de las formas de colacionar.

norma que, a decir del autor, era innecesaria pues constituye una repetición del artículo 1109 del Código Civil según el cual se considera no sujetas a imputación las liberalidades que por disposición legal estuvieren exentas de donación[189]. D'Jesús señala que la finalidad del presente artículo es que lo que el difunto haya donado a un legitimario, después de haber donado o legado a favor del no legitimario se considere como satisfacción de su cuota legítima y que las otras liberalidades hechas a no legitimarios no se expongan a reducción[190].

Dispone el artículo 886: «El valor en plena propiedad de los bienes enajenados en provecho de un legitimario, a fondo perdido o con reserva de usufructo, se imputará a la porción disponible y el excedente se colacionará en la masa. La colación y la imputación referidas no pueden pedirse sino por los legitimarios que no hayan dado su consentimiento para la enajenación». Según dicha norma, cuando el causante ha efectuado tales actos deben considerarse a título gratuito aunque aparezcan como onerosos: la enajenación a fondo perdido es una acto que contiene una liberalidad y ello lo presume la ley *iure et de iure*[191]. Por su parte, D'Jesús explica que la enajenación a fondo perdido supone un precio menor al valor real de la cosa a fin de enriquecer al beneficiario –en otro sentido, supone una renta prestación periódica–; la venta con reserva de usufructo que implica una enajenación pero en que el vendedor se reserva el disfrute de la cosa. A decir del autor, los legitimarios tienen el deber de imputar esas enajenaciones a la porción disponible e ingresarlas a la masa de la herencia y de allí que los legitimarios atrevidos, al realizar esta clase de negociaciones, corren con las consecuencias previstas en el artículo en comentario[192]. Se aprecian decisiones

---

[189] Ibíd., p. 258.
[190] D'Jesús M., ob. cit., p. 83.
[191] López Herrera, *Derecho...*, t. i, p. 250; D'Jesús M., ob. cit., p. 82, el autor cita sentencia del 01-05-45 (*Memoria* 1946, t. ii, pp. 93-96), que indica que no se admite ninguna prueba al legitimario para demostrar que su adquisición fue hecha a título oneroso.
[192] D'Jesús M., ob. cit., pp. 80 y 81.

judiciales que se pronuncian sobre los requisitos que precisa la aplicación de la disposición en comentario, a saber, que la colación y la imputación sean solicitadas por los legitimarios ajenos a la enajenación hecha en provecho de otro legitimario, a fondo perdido o con reserva de usufructo[193]. Indica la doctrina que dicha norma, redactada en forma deficiente y confusa[194], se relaciona con el cálculo de la legítima, por lo que debería figurar a continuación de las previsiones del artículo 889[195] relativas a la reducción. De allí que se acote que la disposición no trata técnicamente la obligación de colacionar el excedente, sino que el mismo está sujeto a reducción –y no a colación–[196].

El artículo 1108 del Código Civil prevé la posibilidad de que el causante releve o dispense al legitimario de la obligación de imputación a su porción

---

[193] Véase: Juzgado de Primera Instancia Civil y Mercantil de la Circunscripción Judicial del estado Mérida, sent. del 15-02-07, citada *supra*, «Sentadas las anteriores premisas doctrinarias, se puede concluir que la disposición legal objeto de análisis, aun cuando se encuentra ubicada en la sección dedicada a la legítima, la misma se aplica tanto a la sucesión testamentaria como a la intestada, y su verificación en juicio resulta de los supuestos siguientes: i. Que se trate de bienes enajenados por el causante en provecho de un legitimario; ii. Que la enajenación sea a fondo perdido o con reserva de usufructo; iii. Que la colación y la imputación sean solicitadas por los legitimarios que no hayan dado su consentimiento para la enajenación. Así las cosas, corresponde a quien aquí sentencia, realizar la labor de subsunción de los hechos demostrados por la parte demandante a los supuestos de derecho contenidos en la disposición analizada (artículo 886 del Código Civil) a los fines de determinar si resulta procedente la imputación y la colación de los bienes descritos en este capítulo a la porción disponible y eventualmente a la masa hereditaria formada por los bienes dejados por el causante (…) toda vez que, tal como se dejó sentado, al tratarse de una presunción *iuris et de iure*, de verificarse los requisitos de procedibilidad debe considerarse que dichas enajenaciones se tratan de actos a título gratuito, siendo inadmisibles las pruebas en contrario». Véase en el mismo sentido: Juzgado Superior Primero en lo Civil, Mercantil del Tránsito y de Menores de la Circunscripción Judicial del estado Mérida, sent. del 19-10-09, citada *supra*.
[194] López Herrera, *Derecho…*, t. i, pp. 252 y 253.
[195] Ibíd., p. 252.
[196] Lupini Bianchi, *La colación…*, p. 94.

legítima: «No obstante las disposiciones de los artículos 1088 y 1096, el donatario o legatario que tenga derecho a la legítima, y que pida la reducción de las liberalidades hechas en favor de un donatario, de un coheredero o de un legatario, aunque sea extraño, como excedente de la porción disponible, debe imputar a su legítima las donaciones y legados que se le hayan hecho, a menos que se le haya dispensado formalmente de tal imputación. Sin embargo, la dispensa no tiene efecto en perjuicio de los donatarios anteriores»[197].

Reseña la doctrina que también ha de seguirse dicho modo para reducir las donaciones lesivas a la legítima, cuyas normas figuran en los artículos 1468 al 1473 del Código, debiendo considerarse entre otros aspectos que: solo pueden afectarse las donaciones realizados en los diez últimos años de vida del causante, procede después de haber reducido total e íntegramente las disposiciones testamentarias, debe considerarse la más reciente y luego la más antigua, tiene lugar en principio en especie[198].

A propósito del tema que nos ocupa, vale recordar que los bienes adquiridos a título de legítima no pueden sustraerse de la administración de los progenitores, de conformidad con el artículo 272.1 del Código Civil[199]. Según indica la doctrina, ello acontece generalmente en el caso de la institución de heredero, y en tal supuesto la curatela solo puede referirse a la porción disponible[200]. La violación de lo anterior daría lugar −según indica una decisión judicial− a la nulidad de la disposición[201].

---

[197] Véase sobre la norma: LÓPEZ HERRERA, Derecho…, t. I, pp. 259 y 260.
[198] Véase: ibíd., pp. 273-278.
[199] Que dispone que no están sometidos a la administración de los padres: «los bienes que adquiera el hijo por herencia, legado o donación, con la condición de que los padre no los administren; pero esa condición no podrá imponerse a los bienes que vengan al hijo por título de legítima».
[200] Véase: LORETO, ob. cit., p. 313. Toda persona, capaz de disponer por testamento o de hacer donaciones puede nombrar un curador especial para que administre los bienes que transmite a un menor o a un entredicho, a título de institución de heredero, de legado o de donación. El instituyente puede ser pariente, en cualquier grado del beneficiario o extraño en absoluto a sus relaciones de familia. De ahí que pueda

Finamente, cabe citar que el artículo 35 de la Ley de Derecho Internacional Privado prevé: «Los descendientes, los ascendientes y el cónyuge sobreviviente, no separado legalmente de bienes, podrán, en todo caso, hacer efectivo sobre los bienes situados en la República el derecho a la legítima que les acuerda el Derecho venezolano»[202].

5. Principios[203]

La doctrina acota que la institución de la legítima se rige por los siguientes principios o reglas:

---

serlo el padre o la madre que ejerza o no la patria potestad, el cónyuge y los ascendientes; pero si se trata de institución de heredero, la curatela solo puede referirse a los bienes relativos a la parte disponible, pues los que correspondan por concepto de legítima no podrán ser sometidos a ninguna condición, como sería la de que fuesen administrados por el curador especial (artículo 883, en concordancia con el artículo 272.1 del Código Civil). Esto no excluye la admisión de la cláusula sociniana procedente en nuestro ordenamiento. Esto es si el testador deja al legitimario más de la parte de legítima, bajo la condición expresa de que toda la asignación patrimonial sea administrada por el curador especial que nombra, quedará a voluntad de quien deba aceptar la herencia con tal condición resolver acerca de si debe aceptarla en tales términos y darle eficacia a dicha cláusula, o conformarse solamente con la porción legítima, sin curaduría.

[201] Véase: Sala N.º 2 del Tribunal de Protección del Niño y del Adolescente del estado Trujillo, sent. del 18-09-07, exp. 05226, http://trujillo.tsj.gov.ve/decisiones/2007/septiembre/1613-18-05226-.html, «… En el caso bajo estudio quedó probado que lo heredado por los adolescentes es parte de la legítima de los mismos, por lo que no ha debido excluirse a su representante legal de la facultad de administrar tales bienes. Es decir, hubiese habido testamento o no, los hijos en su cualidad de descendientes, tenían vocación hereditaria en relación a su padre, con el plus de tratarse de una materia de eminente orden público, cuya consecuencia es la nulidad de tal disposición (…) Se declara la nulidad de la cláusula establecida en el testamento otorgado (…) mediante la cual designa como curador especial para administrar los bienes de los adolescentes…».

[202] Véase: Ochoa Muñoz, Javier: «Derecho a la legítima». En: *Ley de Derecho Internacional Privado comentada*. Caracas, UCV, 2005, t. ii, pp. 905-911.

[203] Véase: Sojo Bianco, ob. cit., pp. 355 y 336.

i. La legítima constituye una cuota de la herencia que se le debe forzosamente a los familiares cercanos del *de cujus* llamados a suceder, por razones de primaria justicia y solidaridad familiar.

ii. La legítima es una institución imperativa o de orden público que opera por efecto de la ley al margen de la voluntad del causante y no está sujeta a condición[204]. Constituye, pues, una excepción a la autonomía de la voluntad del causante, en materia de disposiciones testamentarias.

iii. El legitimario debe ser heredero y tener capacidad para suceder en el momento de la apertura de la sucesión. De allí que se excluyen aquellos supuestos de incapacidad para suceder como el derivado por indignidad[205].

iv. El legitimario descendiente está obligado a la colación (artículo 1083)[206], la cual es independiente de la reducción. Dispone el artículo 1084: «Aunque el hijo o descendiente haya sido dispensado de la obligación de traer a colación lo recibido, no podrá retener la donación sino hasta el monto de la cuota disponible. El exceso está sujeto a colación». La doctrina aclara que en tal norma el legislador utilizó en forma impropia el término «colación» y debió aludir a «reducción»[207]. El heredero que renuncie a la sucesión, no obstante no recibir por concepto de legítima, puede retener lo recibido hasta la porción disponible[208].

v. La legítima no puede pretenderse ni discutirse en vida del causante.

---

[204] Salvo el supuesto excepcionalísimo de la referida cláusula sociniana (véase *supra* IX.4).
[205] Véase *supra* V.5.
[206] Véase *supra* IV.
[207] LUPINI BIANCHI, *La colación...*, p. 94.
[208] «Artículo 1085.- El heredero que renuncie la sucesión podrá, sin embargo, retener la donación o pedir el legado que se le haya hecho hasta el monto de la porción disponible, pero no podrá retener o recibir nada a título de legítima».

vi. Generalmente se admite que la legítima sea compensada al heredero legitimario en dinero o en especie según su conveniencia.

vii. La legítima no protege a los herederos legitimarios contra los actos a título oneroso[209], sino únicamente contra las liberalidades entre vivos –donaciones–

---

[209] Véase indicando que la venta realizada en vida no afecta la legítima y otras indicando que en todo caso lo pertinente ante el acto oneroso es la «simulación»: Juzgado Primero de Primera Instancia en lo Civil y Mercantil de la Circunscripción Judicial del estado Nueva Esparta, sent. del 11-11-03, http://sucre.tsj.gov.ve/decisiones/.../282-11-18.010-.html, «La parte demandante, solicita la nulidad absoluta del documento de venta (…) mediante el cual el finado padre (…) quien falleció *ab-intestato*, vende a su hijo (…) dos lotes de terrenos, y ello con base en que con dicha venta se lesionó la legítima o cuota hereditaria que corresponde a sus representados en el acervo hereditario. En este punto, es necesario detenerse para examinar que si el ciudadano (…) falleció *ab-intestato*, es decir, no elaboró testamento alguno, la legítima consagrada en el artículo 883 del Código Civil nunca existió, porque el testamento no se realizó»; Juzgado Segundo de Primera Instancia en lo Civil, Mercantil, del Tránsito y Agrario de la Circunscripción Judicial del estado Yaracuy, sent. del 29-11-05, http://yaracuy.tsj.gov.ve/decisiones/.../1430-29-5992-.html, «Observa que los artículos 822 y 833 del Código Civil, invocados por el apoderado judicial de la parte actora se refieren el primero al orden de suceder, y el segundo a las sucesiones testamentarias, igualmente invoca a favor de sus mandantes la institución de la legitima, consagrada en nuestro Código Civil venezolano, la cual está constituida por los bienes del testador, dejados al momento de su fallecimiento, por lo que es necesario determinar que para la aplicación de estos artículos debe existir una sucesión y por ende el fallecimiento del causante, y en la presente causa no consta el fallecimiento del padre de los demandantes, ni el instrumento testamento, por medio del cual se les haya violentado la legítima tal como lo afirma la parte actora, por el contrario en la presente causa lo que se evidencia es la realización de dos contratos de compra venta de inmuebles, suscritos por el padre de los demandantes». Véase también: Juzgado primero de Primera Instancia en lo Civil, Mercantil, Bancario, del Tránsito y Agrario de la Circunscripción judicial del estado Cojedes, sent. del 28-05-09, exp. 9857, http://jca.tsj.gov.ve/decisiones/.../1531-28-9.857-.html, «Se debe tener muy claro que los herederos legitimarios no pueden disponer del patrimonio del causante antes de su muerte, ya que la ley autoriza los actos de defensa o seguridad de la legítima únicamente abierta la herencia, o sea, después de ocurrida su muerte. Los actores, con posterioridad a la muerte de su padre, intentan la presente acción de simulación para traer al patrimonio hereditario el inmueble que creen fue

y por causa de muerte[210], a partir de la muerte del causante[211]. Protege contra las liberalidades y no contra las deudas de la herencia[212].

viii. El resto de la herencia no correspondiente a la legítima es de libre disposición[213]. De allí que se alude a cuota o parte disponible por oposición a la indisponible que impone la porción legítima.

---

objeto de negociaciones simuladas por parte de sus familiares, con el propósito de impedirles el acceso a la alícuota parte de la herencia que les corresponde (…) Concluye este Juzgador, con fundamento a todo lo antes expuesto que, no puede cualquier persona demandar a su padre vivo por simulación de negocios concretados por documentos públicos, bajo el alegato de que los mismos fueron realizados por los contratantes con la intención y el propósito de sacar del patrimonio del padre bienes que integrarían en un futuro el acervo hereditario, en perjuicio de su persona en su condición de futuro heredero. Permitir este tipo de pretensiones ocasionaría total inseguridad de las relaciones jurídicas, ya que con mucha frecuencia se estaría averiguando si los negocios del causante futuro, aún vivo, lesiona o no la reserva, que por demás solo puede ser determinada una vez acontecida la muerte del causante, ya que antes de ello la masa ficticia que compone el patrimonio es intedeterminable y está en constante movimiento, situación que generaría un total caos y contribuiría a implantar una perenne discordia entre la familia, haciendo de fiscales todo aquel que tenga la condición de futuro legitimario, que en ocasiones puede ser de naturaleza reciproca, como se determinó antes en este mismo fallo»; Juzgado Superior del Circuito Judicial Civil Mercantil y del Tránsito de la Circunscripción Judicial del estado Carabobo, sent. del 07-04-14, citada *supra*, «La legítima (…) impone restricciones a las facultades de aquél que quiera disponer de sus bienes mediante testamento, y proscribiendo el desheredamiento; dejando a salvo la indignidad para suceder. Pero también se impone esta figura de la legítima, para impedir que el causante en vida, haya cometido liberalidades excesivas por actos entre vivos, sobre los bienes que forman parte del acervo hereditario; pero en este último caso, la acción judicial para remediarlo, una vez abierta la sucesión, es la acción de simulación para impugnar los actos de su causante que sean lesivos de la legítima que le corresponde, y siempre que estos actos sean gratuitos con la apariencia de negocios onerosos».

[210] HADDAD S., ob. cit., 1991, pp. 57-59.
[211] Ibíd., pp. 59-61.
[212] Ibíd., pp. 61 y 62.
[213] ALBALADEJO, ob. cit., p. 377.

ix. La legítima constituye una institución imperativa que no le deja muchas alternativas al causante; solo la libre disposición de la mitad de su haber. Valen en tal sentido –para concluir– las palabras de Vallet de Goytisolo: «… El interés legítimo del protegido por la institución legitimaria, el juego de las normas protectoras del mismo y la libertad de testar en cuanto exceda de los límites prohibidos, al conjugarse con lógica humana han de dar siempre, en un grado de desarrollo elevado, los mismos y muy parecidos resultados fluidos, con escasas alternativas y con una escala gradual de corrección de poquísimas variaciones»[214].

---

[214] Vallet de Goytisolo, *Estudios de Derecho Sucesorio. Interpretación de testamentos*, vol. ii, p. 383. Véase también sobre el tema: Barria Paredes, Manuel: «La intangibilidad cuantitativa de la legítima en el Código Civil chileno. Una mirada desde el derecho sudamericano». En: *Revista de Derecho Privado*. N.º 35. Bogotá, Jul-Dic., 2018, pp. 129-161.

Tema X
La sustitución

Sumario: **1. Noción 2. Clases** *2.1. Vulgar 2.2. fideicomisaria 2.3. Pupilar 2.4. Ejemplar*

1. Noción[1]

La sustitución en el ámbito sucesoral es el llamamiento que hace el testador a un segundo heredero a título universal o particular –legatario–, para el supuesto de que el primero no tenga lugar[2]. Opera en virtud de

---

[1] Véase: Albaladejo, Manuel: *Sustituciones hereditarias*. Oviedo, Editorial Gráficas Summa, 1956; Falcón O'Neill, Lidia: *De la sustitución: sustituciones hereditarias y fideicomisos (Texto. Jurisprudencia. Comentario)*. Barcelona, Colección Nereo, 1962; Laurent, ob. cit., t. xiv, pp. 425-679; Puig i Ferriol, Lluís: «Sustitución vulgar y sustitución fideicomisaria». En: *Cuadernos Civitas de Jurisprudencia Civil*. N.º 2, Madrid, Civitas, 1983, pp. 545-554; Irurzun, Domingo: «Las sustitución fideicomisaria ¿implica la vulgar?». En: *El Notario del siglo xxi*. N.º 46. Madrid, Colegio Notarial de Madrid, 2012, http://www.elnotario.es/; López Frías, María Jesús: «La sustitución ejemplar: inconvenientes y ventajas de la tesis amplia y estricta». En: *El Notario del siglo xxi*. N.º 41. Madrid, Colegio Notarial de Madrid, 2012, http://www.elnotario.es; de la Fuente Hontañón, Rosario: «La evolución del fideicomiso y las sustituciones fideicomisarias en el Derecho Civil peruano». En: *Revista de Derecho*. Piura, Universidad de Piura, 2000, pp. 59-73, http://www2.udg.edu/portals/156/articles/article_960.pdf.

[2] Véase: Ferrandio Bundio, ob. cit., p. 90, se presenta como una medida preventiva para el caso de que los primeros instituidos no accedan a la formalización definitiva de su derecho. Véase también: Rodríguez, ob. cit., p. 215, el causante efectúa testamentariamente el llamamiento de un segundo heredero o legatario para el caso de que el primero no tenga efectividad; Sanojo, ob. cit., p. 22, la sustitución es una disposición testamentaria por la cual una persona es llamada a una herencia o una legado a falta de otra; Carrión Olmos *et al.*, ob. cit., p. 395; Laurent, ob. cit., t. xiv, p. 439, es una disposición que trata de conservar la institución; Salguero Quintana y Vivar Sanabria, ob. cit., pp. 59-61.

disposiciones por las que el testador llama a un tercero en defecto de otra persona o después de ella[3]. La sustitución lleva consigo la idea de suplencia[4], aunque se distingue de la «subrogación»[5]. Supone la previsión que el causante hace en su testamento para el supuesto de que el o los llamados en primer término no lleguen a serlo[6]. Es el llamamiento de un posible sucesor subordinado a la improcedencia del llamamiento precedente[7].

Dentro de la autonomía de la voluntad el testador está facultado no solo para disponer de sus bienes, sino para designar sustitutos, la libre «testamentificación» le da plena soberanía al causante en este sentido[8]; la sustitución hereditaria deriva, pues, de la libertad de testar, el testador dispone tanto al instituido como al sustituto[9]. El origen de la figura se encuentra

---

[3] Véase: López, José Ramón: «La cláusula residual en las sustituciones fideicomisarias. El fideicomiso de residuo». En: https://www.luriscivilis.com/2009/03/la-clausula-residual-en-las.html, «son aquellas disposiciones testamentarias por las que el testador llama a un tercero a la herencia o legado, en defecto de otra persona o después de ella»; Molina Porcel, Marta: *Derecho de Sucesiones*. Valencia, Tirant lo Blanch, 2007, p. 278, siguiendo a Regnin indica que es la disposición en virtud de la cual un tercero es llamado a recibir un activo hereditario en defecto de un persona o después de ella; Gutiérrez Barrenengoa *et al.*, ob. cit., p. 247, se trata de disposiciones testamentarias por las que se llama a un tercero a la herencia o legado, en defecto o después de otra persona. Véase también: Álvarez-Caperochipi, ob. cit., p. 271, la sustitución es una disposición testamentaria en virtud de la cual un sucesor es llamado a falta –sustitución vulgar– o con posterioridad –sustitución fideicomisaria– del primer instituido.

[4] Suárez Franco, ob. cit., p. 300.

[5] Véase: Josserand, ob. cit., vol. III, p. 400, la palabra «sustitución» evoca la idea de colocación en lugar de una persona; se impone su aproximación con la «subrogación», pero el subrogado sucede absoluta y directamente al subrogante cuya sucesión toma, mientras que el sustituto es el causahabiente, no tanto su predecesor, cuanto del disponente, del autor de la liberalidad; y sobre todo, el campo de las sustituciones está limitado a las liberalidades.

[6] Serrano Alonso, *Manual...*, p. 151.

[7] Messineo, ob. cit., p. 120.

[8] Rojina Villegas, ob. cit., p. 146.

[9] Torres-Rivero, *Teoría...*, t. II, p. 52. Véase también: Zannoni, ob. cit., p. 600, se ha definido la sustitución hereditaria diciendo que es la disposición por la cual el testador

en el Derecho romano donde fue utilizada tanto por el predominio de la sucesión testamentaria como por la preocupación de morir intestado[10]. La figura de la sustitución hereditaria constituye expresión de la amplia libertad de testar[11], aunque huelga añadir que no puede perjudicar los derechos del heredero forzoso[12].

Indica la doctrina que tal llamamiento puede ser directo o indirecto, según sea único para el instituido y el sustituto o bien dos llamamientos en orden sucesivo, respectivamente[13]. La figura está regulada en los artículos 959 al 966 del Código Civil.

Dispone el artículo 959: «Puede sustituirse en primero o ulterior grado otra persona al heredero o al legatario para el caso en que uno de ellos no quiera o no pueda aceptar la herencia o el legado. Se pueden sustituir varias personas a una o una a varias».

La doctrina indica que de tal disposición se deduce: i. Que la sustitución es previa a la aceptación de la herencia, pues si opera la misma aquella es ineficaz, ii. La sustitución precisa necesariamente de la no aceptación del sustituido, iii. Precisa que el sustituto sobreviva al testador, aunque muera antes de que el sustituido renuncie a la herencia, iv. El sustituto transmite el derecho a sus herederos[14]. Se agrega que el sustituto no puede ser simultáneamente

---

instituye en orden subsidiario una persona para el caso de que el instituido en primer término no llegue a suceder.
[10] CARRIÓN OLMOS *et al.*, ob. cit., p. 365. Véase también: DOMINICI, ob. cit., p. 221, las sustituciones deben sin duda su origen a las necesidad que en Roma se tenía de evitar las numerosas causas que impedían la sucesión del heredero; FALCÓN O'NEILL, ob. cit., p. 4, las sustituciones aparecen en Roma por la ineludible necesidad impuesta por el espíritu de la época de salvaguardar la integridad de los bienes del patrimonio familiar de la sucesión *ab intestato*.
[11] NÚÑEZ BARROSO, ob. cit., p. 103.
[12] DOMINICI, ob. cit., p. 222.
[13] Véase: SOJO BIANCO, ob. cit., p. 357.
[14] Véase: ibíd., pp. 357 y 358.

instituido y haber renunciado a la herencia, porque dicha renuncia incluye la sustitución[15]. La sustitución puede tener lugar respecto de herederos y legatarios[16].

La sustitución se diferencia de la «representación» porque esta procede en la sucesión *ab intestato* en los términos de ley, en tanto que la sustitución tiene lugar por voluntad del causante en la sucesión testamentaria. En efecto, la sustitución opera por voluntad del causante, manifestada en el acto testamentario, por lo que se indica que «de no existir estas previsiones funcionará la representación testamentaria»[17].

Señala de Ruggiero que toda la materia de las sustituciones era en el Derecho antiguo compleja y dificultosa, pero en el Derecho vigente se ha simplificado, pues en el Derecho italiano solo dos instituciones han sobrevivido: la sustitución vulgar y la fideicomisaria[18]. El ordenamiento venezolano sigue presentando, además de las dos citadas sustituciones –vulgar y fideicomisaria–, otras dos –pupilar y ejemplar– que se estudian en el presente tema y el Código Civil las incluye en los dos últimos artículos de la sección titulada: «De las sustituciones».

---

[15] Ibíd., p. 358.
[16] Piña Valles, ob. cit., p. 146.
[17] Villaroel Rión, ob. cit., p. 169. Véase: Falcón O'Neill, ob. cit., pp. 15 y 16, existe unanimidad en que debe existir un instituido en testamento para que en caso de imposibilidad sea llamado el sustituto.
[18] De Ruggiero, ob. cit., p. 492.

2. Clases

2.1. Vulgar[19]

La sustitución «vulgar» –denominada así en Roma por su frecuencia[20]– o «directa»[21] u «ordinaria» tiene lugar cuando el testador sustituye al sucesor por otra persona en caso de que este no pueda o no quiera aceptar. Es, pues, la que tiene lugar por propia previsión del causante. Se trata en esencia de una sustitución condicional: la condición es que el primer instituido no acepte.

La figura atiende –a decir de ALBALADEJO– a que los testadores tienen preferencias, pero a veces en el testamento se plasma una jerarquía de afectos, que puede reflejarse cuantitativamente –asignando mayor cuota–

---

[19] Véase: LÓPEZ HERRERA, *Derecho...*, t. I, pp. 365-371; ROJAS, ob. cit., pp. 263-270; SOJO BIANCO, ob. cit., pp. 358-361; ABOUHAMAD HOBAICA, ob. cit., p. 227; RODRÍGUEZ, ob. cit., p. 215; PIÑA VALLES, ob. cit., p. 148.

[20] MAZEAUD *et al.*, ob. cit., vol. III, p. 381. Véase: ALBALADEJO, *Sustituciones...*, p. 13, la aparición histórica en el Derecho romano de la sustitución vulgar se basa en la libertad de disposición *mortis causa*. Véase: BERNAD MAINAR, *Derecho romano...*, p. 109, la *substitution vulgaris* era una institución de heredero bajo condición suspensiva.

[21] Véase: CRESPO PRADA, José Luis: «Tema 114: Sustituciones hereditarias: Sus clases. Reglas respectivas con especial consideración de la sustitución fideicomisaria. Cláusula de residuo». En: www.notariosyregistradores.com/opositores/.../no-ci-114.doc, «A esta sustitución se la califica de directa para indicar que el sustituto no recibe la herencia a través del instituido, sino directamente del testador, sin ningún tipo de limitaciones por razón de otros llamamientos»; DOMINICI, ob. cit., p. 221, sin embargo, algunos autores clasifican las sustituciones en directas e indirectas, a la primera clase corresponden todas menos las fideicomisarias; SANOJO, ob. cit., p. 22, la sustitución es vulgar cuando se da un sustituto al sucesor que no llegue a aceptar la liberalidad; la sustitución es directa cuando el instituido se sustituye a otra persona para el caso de no aceptación, se llama directa porque el instituido recibe directamente del disponente la liberalidad testamentaria. Agrega que podría ser «recíproca» cuando los instituidos son sustituidos entre sí; RIPERT y BOULANGER, ob. cit., p. 375, opera cuando el testador designa un segundo sucesor para recoger el bien instituido en defecto del primero.

o prelativamente, estableciendo respecto de un mismo objeto un orden de delación sucesivo[22]. En eso se traduce la vocación subsidiaria denominada sustitución vulgar, directa u ordinaria[23].

Ciertos ordenamientos, como el mexicano, solo admiten esta especie de sustitución[24]. Consiste en el nombramiento de una persona que sustituirá al heredero si este no ingresa en la herencia[25]. El primer llamado es el instituido o sustituido que lo suple a su falta el sustituto[26]. El sustituto vulgar es instituido para el caso de que otro falte[27]. La figura se llama sustitución vulgar en el sentido de corriente, siendo realmente una institución condicional[28]. Indica Torres-Rivero, en este sentido, que la sustitución testamentaria vulgar es una institución sometida a una condición *iuris*, la de quien de ser instituido no aceptó el llamado a suceder[29]. Aunque algunos señalan que la figura se diferencia de la condición propiamente dicha que

---

[22] Albaladejo, *Sustituciones...*, p. 11.
[23] Ibíd., p. 12.
[24] Baqueiro Rojas y Buenrostro Báez, ob. cit., p. 301.
[25] Lacruz Berdejo *et al.*, ob. cit., p. 259. En sentido semejante: Carrión Olmos *et al.*, ob. cit., p. 396; Gutiérrez Barrenengoa *et al.*, ob. cit., p. 248.
[26] Véase: Albaladejo, *Curso...*, pp. 262 y 263, Se denomina «instituido» o «sustituido» al primer llamado, y «sustituto» al segundo. A aquél se le denomina instituido porque es el instituido preferentemente, más asimismo es instituido el segundo llamado, si bien lo es subordinado a que el primero no herede, se le denomina sustituido porque se le designa un suplente para que, si no hereda le sustituya.
[27] Kipp *et al.*, ob. cit., p. 436.
[28] Albaladejo, *Curso...*, p. 262; Albaladejo, *Sustituciones...*, p. 35, la doctrina dominante ve en la figura una institución condicional. En el mismo sentido de institución condicional: Lacruz Berdejo *et al.*, ob. cit., p. 259; Falcón O'Neill, ob. cit., pp. 7 y 8; Ramírez, ob. cit., p. 275, la sustitución no es otra cosa que una institución condicional para el caso de que la institución no pueda tener efecto; Crespo Prada, ob. cit., *passim*.
[29] Torres-Rivero, *Teoría...*, t. ii, p. 53. Véase también www.notariosyregistradores.com/opositores/.../no-ci-114.doc: «cuanto a su naturaleza jurídica, la doctrina mayoritaria española la considera como una institución condicional, pues el llamamiento al sustituto depende de un hecho futuro e incierto como es el que el primer instituido no quiera o no pueda aceptar la herencia».

el testador es libre de colocar, por lo que la conciben como una institución de naturaleza propia y *sui generis*[30]. La idea del instituto condicional es matizada por algunos con una suerte de «posición intermedia» que pretende distinguir los casos en que el instituido no pueda aceptar la herencia del caso de que no quiera, siendo el segundo supuesto propiamente del instituto condicional, porque en el primero –premoriencia o incapacidad– el llamamiento del sustituto es eficaz desde la apertura de la sucesión[31]. Sin embargo, si no se atiende a tal diferencia técnica sino a la voluntad del causante, que prevé un sustituto en caso de que no prospere la primera designación, se presenta como una suerte de condición, porque es indiferente la causa o circunstancia que la origina.

La sustitución puede contener pluralidad de sujetos, pues se admite que se puede sustituir a más de una persona, y a su vez pueden ser varios los sustitutos. Se distingue en tal sentido la sustitución singular de la sustitución plural. Lo anterior se deriva del contenido del citado artículo 959: «Puede sustituirse en primero o ulterior grado otra persona al heredero o al legatario para el caso en que uno de ellos no quiera o no pueda aceptar la herencia o el legado. Se pueden sustituir varias personas a una o una a varias». Se interpreta que ello significa que la sustitución puede ser individual o también sustitución múltiple o plural. El testador es libre de hacer las disposiciones múltiples que a bien tenga.

El artículo 960 dispone: «Si en la sustitución se ha expresado solamente uno de los dos casos, el de no querer o el de no poder, y si el primer llamado no quiere o no puede obtener la herencia o el legado, el otro caso se entiende tácitamente comprendido, siempre que no conste la voluntad contraria del testador». Aclara López Herrera que en dicha norma el legislador consagra la presunción de que si el causante solo prevé una de las dos hipótesis al disponer la sustitución –el principal instituido no quiere y el principal instituido no puede–, se debe considerar que la misma cubre

---

[30] Arce y Cervantes, ob. cit., p. 86.
[31] Gutiérrez Barrenengoa *et al.*, ob. cit., pp. 249 y 250.

y comprende ambos supuestos, salvo que conste la voluntad contraria del testador. Tal voluntad contraria precisa ser clara, por ejemplo: «Instituyo a X como sustituto de todos y cada uno de mis herederos, solo para el caso de repudiación de mi herencia, pero tal sustitución quedará sin efecto en cualquier otro caso»[32]. La ley distingue entre el «no poder» aceptar y el «no querer» aceptar, esto es, la no aceptación podría acontecer por imposibilidad o incapacidad o contrariamente por voluntad. La norma apunta –dada la sutileza de la distinción– a que la referencia a uno de los dos supuestos que haga el testador comprende el otro, salvo previsión contraria del causante. Así el testador podría indicar «Para el caso de que X no pueda aceptar designo a J»: en tal caso el no poder aceptar la herencia comprende también el no querer aceptar la misma. Pero el causante podría detallar los supuestos específicos y disponer «Para el caso que X no pueda o este imposibilitado de aceptar la herencia designo a Z; si la no aceptación de X es netamente voluntaria designo a J». Así pues, ante la forma indistinta que suelen utilizar los términos –querer o poder– asociados a la aceptación, el legislador optó por considerarlos equivalentes, salvo previsión contraria del causante. Esto es, cuando este último distinga claramente los supuestos de imposibilidad o no poder –causa involuntaria– del no querer –circunstancia voluntaria–.

Agrega el artículo 962: «Si en el testamento se ha establecido entre más de dos herederos o legatarios, en partes desiguales, una sustitución recíproca, la parte fijada en la primera disposición se presume repetida también en la sustitución. Si otra persona es llamada a la sustitución en concurrencia con los llamados en primer lugar, la porción vacante pertenecerá por partes iguales a todos los sustitutos». Ello, según la doctrina, supone que en el caso de una sustitución recíproca –opera respecto de los mismos instituidos– entre varias personas designadas por vía testamentaria, si todas están instituidas en partes iguales, se divide entre estas la parte vacante;

---

[32] Véase: López Herrera, *Derecho...*, t. i, p. 368. Para el autor también podría ser tácita «Instituyo a X como sustituto de mi heredero Z, si éste repudia mi herencia, e instituyo a S como sustito del mismo heredero Z, si este no puede aceptar la herencia que le dejo».

pero si eran instituidas en partes o porciones desiguales, la proporción fijada en las cuotas de la primera disposición se presume repetida en cuanto a la sustitución[33]. Por ejemplo, si el testador dispuso: lego mi apartamento a X, W y Z, correspondiéndole al primero la mitad y a los dos últimas una cuarta parte. En caso de que uno de los últimos, a saber, Z, no suceda, esa cuota se divide en los anteriores en proporción a su cuota, por lo que a X le corresponderá el doble que a W. Pues, como afirma López Herrera: «ya que sus respectivas institucionales principales guardan entre sí esa misma proporción –desde luego, si el testador hubiera dispuesto otra cosa, no se debe seguir la regla legal antes explicada, sino la voluntad del causante»[34]. Pues se trata de una norma dispositiva o supletoria. Ahora bien, de seguidas, la norma prevé otra posibilidad: si el testamento instituye dos o más sucesores por cuotas o partes desiguales y prevé una sustitución cuyos titulares sean esos mismos instituidos principales y además otra u otras personas, la porción de la herencia o legado que quede vacante corresponde a todos los sustituidos por partes iguales, salvo disposición contraria del testador[35]. Por ejemplo, si el causante dispone: «Designo como legatarios de mi apartamento a B por la mitad, y a C y D por una cuarta parte a cada uno. De no aceptar cualquiera de ellos su cuota pasará a los restantes y a E». En caso de faltar cualquiera de los indicados su porción de divide en partes iguales entre los restantes: así por ejemplo de faltar B su mitad se divide entre C, D y E en partes iguales.

Las obligaciones impuestas al sustituido, como es natural, se trasladan al sustituto, salvo que sea evidente el carácter personalísimo de la carga por la voluntad del testador[36], según prevé el artículo 961: «Los sustitutos

---

[33] Sojo Bianco, ob. cit., p. 359.
[34] Véase: López Herrera, *Derecho...*, t. i, p. 370.
[35] Ídem.
[36] Véase: ibíd., p. 371, López Herrera coloca al efecto el siguiente ejemplo, si el testador ha instituido un heredero que es profesor, con la carga que dicte gratuitamente la cátedra de su especialidad durante determinado plazo o a ciertas personas, tal obligación es incuestionablemente de índole personal y por tal no afecta en principio al sustituto de dicho principal instituido. Pero el testador –agrega el autor–

deben cumplir las cargas impuestas a las personas a quienes sustituyan; a menos que sea evidente la voluntad del testador, de limitar estas cargas a las personas llamadas en primer lugar. Sin embargo, las condiciones que se refieren especialmente a la persona del heredero o del legatario, no se entenderán repetidas con respecto al sustituto, sino cuando así se haya declarado expresamente».

2.2. *Fideicomisaria*[37]

Tiene lugar cuando el testador impone al sucesor la obligación de preservar la herencia o cosa legada y transmitirla a otro u otros sujetos señalados por el propio testador. Funciona, pues, como una sucesión sucesiva y condicionada por voluntad del causante, en la que el primer sucesor no tiene la plena propiedad o disponibilidad del bien o derecho del que se trate.

Se indica que en la sustitución vulgar se llama a una persona en defecto de otro, en tanto que en la fideicomisaria se llama a una persona «después» de otra[38]. En efecto, comenta ALBALADEJO que en la sustitución fideicomisaria es llamado el instituido sustituto para después que haya sido heredero otro[39]. La figura permite instituir sucesor a alguien, de modo que no reciba

---

puede perfectamente disponer lo contrario y dentro de esa hipótesis, si el sustituto carece por ejemplo de la preparación necesaria para dictar el mismo la cátedra en cuestión, tendrá que cumplir la carga por equivalente, estos es, designando a sus expensas un catedrático que lo haga. Cabe comentar que el régimen de suplencia docente de algunas instituciones como la Universidad Central de Venezuela, como es lógico es completamente ajeno a la voluntad del profesor sustituido y dependen exclusivamente de la debida tramitación ante las autoridades respectivas.

[37] Véase: REYES S., Pedro Miguel: «El régimen jurídico de la sustitución fideicomisaria en Venezuela». En: *Revista del Consejo de la Judicatura*. N.º 31, Caracas, 1983, pp. 181-192. Véase también: SOJO BIANCO, ob. cit., pp. 360-364; ESCOVAR LEÓN, *Institución de heredero…*, pp. 237 y 238; ABOUHAMAD HOBAICA, ob. cit., p. 227; ROJAS, ob. cit., pp. 271-277; LÓPEZ HERRERA, *Derecho…*, t. I, pp. 371-378, PIÑA VALLES, ob. cit., pp. 148 y 149; RODRÍGUEZ, ob. cit., pp. 222-225.

[38] Véase: LÓPEZ, ob. cit., *passim*.

[39] ALBALADEJO, *Sustituciones…*, p. 105.

hasta que otro haya sido sucesor[40]. Por tal razón, indica Sanojo, se denomina también «indirecta», porque el sustituto recibe la liberalidad por intermedio del favorecido en primer lugar[41]. Señala Reyes que la sustitución fideicomisaria «es aquella donde el testador le impone al heredero la obligación de conservar la herencia y de transmitir tal acervo a otra persona indicada por el causante»[42]. Agrega el autor que en ella la sucesión se hace de manera indirecta u oblicua por cuanto el testador designa sucesores suyos en serie, pero no de forma concomitante, sino uno después de otro, estableciendo en el primero la obligación de conservar y entregar a los posteriores todo o parte de los bienes recibidos[43]. La presente sustitución exige esencialmente que la persona llamada en primer término acepte[44].

Según refiere acertadamente Zannoni, en la misma el testador se propone impedir la disponibilidad de bienes hereditarios por parte del instituido, imponiéndole a su instituido un determinado sucesor[45]. A decir de Torres-Rivero, «es una institución sujeta a condición cierta o aun término incierto, *certus an incertus quando*»[46]. Señalaba Martí y Miralles que, efectivamente, si la modalidad de la disposición testamentaria consiste en que un sucesor lo ha de ser después de la muerte de otro, es una verdadera condición[47]: la modalidad *dies incertus quando*, cuando afecta la institución de heredero la hace condicional[48]. En efecto, la institución constituye siempre por su naturaleza, una atribución sometida a plazo o a condición[49]. En opinión de Vallet de Goytisolo, lo que está condicionado es la restitución o tránsito de los bienes fideicomitidos desde el patrimonio

---

[40] Kipp *et al.*, ob. cit., p. 443.
[41] Sanojo, ob. cit., p. 22.
[42] Reyes S., ob. cit., p. 182.
[43] Ibíd., p. 184.
[44] Claro Solar, ob. cit., t. xv (iii), p. 240.
[45] Zannoni, ob. cit., p. 602.
[46] Torres-Rivero, *Teoría...*, t. ii, p. 54.
[47] Véase: Martí y Miralles, ob. cit., p. 67.
[48] Véase ibíd., pp. 68 y 69.
[49] Kipp *et al.*, ob. cit., p. 451.

del heredero instituido, al del sustituto fideicomisario condicional[50]. A diferencia de la sustitución vulgar, en que se nombra un sucesor en vez de otro, la fideicomisaria consiste en nombrar uno para después que lo haya sido otro. Por ejemplo, si se dispone que A sea heredero mientras viva y a su muerte la herencia pase a B[51]. «El testador que ordena esta sustitución fideicomisaria se llama fideicomitente; el primer heredero, fiduciario, y el segundo, fideicomisario»[52]. Refiere Mélich-Orsini que nuestro legislador ha admitido la sustitución fideicomisaria dentro de muy delimitados términos en el artículo 963 del Código Civil, lo cual es diferente al fideicomiso testamentario[53]. Se reseña que la figura deriva del fideicomiso romano[54], pues se le ubicaba dentro de las variedades de este último[55]. Tiene, pues, antecedentes romanos y evolucionó en el curso de la historia jurídica según las distintas legislaciones[56].

---

[50] Vallet de Goytisolo, *Estudios de Derecho Sucesorio. Interpretación de testamentos*, vol. ii, p. 349.
[51] Albaladejo, *Curso...*, p. 270.
[52] Ídem. En el mismo sentido: Carrión Olmos *et al.*, ob. cit., p. 400; Vallet de Goytisolo, *Estudios de Derecho Sucesorio...*, vol. i, p. 238, el sustituto fideicomisario no es heredero directamente del fideicomitente, no por intermediación del sustituido porque tampoco es heredero de éste –como tal sustituto–; Reyes S., ob. cit., p. 184, «el heredero en primer grado que recibe la herencia, se denomina fiduciario, y la persona instituida en segundo grado, recibe el calificativo de fideicomisario».
[53] Mélich-Orsini, ob. cit., 408 y 409. Véase: ibíd., p. 408, acota que el fideicomiso testamentario es un acto unilateral del fideicomitente que deberá surtir efecto después de la muerte del testador y se caracteriza por la institución de un fiduciario como heredero o como legatario aparente, pero con el ruego de pasar luego la herencia o el legado a la persona indicada por el causante. Nuestro legislador ha negado toda acción al heredero o legatario secreto dirigida a forzar al heredero fiduciario a que ejecute la transferencia por él ofrecida de la herencia o legado (artículo 897 del Código Civil). A su vez distingue éste del negocio fiduciario, que es bilateral entre personas vivas –fideicomitente y fiduciario–, por el que el primero traspasa al segundo una situación real o personal para que la utilice en el tiempo y el modo convenido. Figura regulada por la Ley de Fideicomisos. Véase también referencia sobre el fideicomiso: *supra* ix.4.
[54] De Ruggiero, ob. cit., p. 495.
[55] Véase: Bernad Mainar, *Derecho romano...*, pp. 120-122, señala el autor respecto del Derecho romano que el fideicomiso era un encargo de confianza o *fides* que

Supone, pues, el nombramiento de dos o más herederos sucesivos, uno que recibe el caudal cuando fallece el causante, y otro que lo obtiene al morir el primer instituido[57]. Su propósito es favorecer en una forma particular con el usufructo de bienes hereditarios a determinadas personas[58]. En efecto, la figura permite atribuir en uso y goce un bien sin disponibilidad

---

hacia el testador para después de su muerte; el fideicomitente hacía el encargo en el testamento; el fiduciario era el encargado de hacer el encargo y el fideicomisario es la persona favorecida. Distingue el autor entre las variedades de fideicomisos en el Derecho romano: el fideicomiso universal, la sustitución fideicomisaria, el fideicomiso de familia o residuo y el fideicomiso de libertad.

[56] Véase: Sojo Bianco, ob. cit., p. 362; Reyes S., ob. cit., p. 184, la figura nace en Roma no como una forma de sustitución de la herencia, sino bajo la denominación de fideicomiso, que constituía una práctica para eludir el rigor de las normas civiles sobre la libertad de testar y las incapacidades para suceder. La práctica consistía en que el testador designaba un persona capaz de sucederlo, cumpliendo el formalismo establecido, y le rogaba, fuera de todo formalismo, que le entregara la herencia o legado a otra persona incapaz para recibir del testador. El heredero en primer grado tenía la obligación impuesta por su honor y la buena fe, por lo que el incumplimiento del mandato no tenía otra sanción que la impuesta por la conciencia del fiduciario. De allí provino su nombre como fideicomiso, que derivaba de la conjunción de la palabra *fides* que significa «fe» y *commissum* que significa «confiado», esto es, encomendado a la lealtad o fe de alguien.

[57] Lacruz Berdejo *et al.*, ob. cit., p. 262.

[58] Dominici, ob. cit., p. 229. Véase: Aguilar Benítez de Lugo, Mariano y Aguilar Grieder, Hilda: «Orden público y sucesiones (ii)». En: *Boletín de Información del Ministerio de Justicia*. N.º 1985, Madrid, 2005, pp. 1123-1147, http://www.mjusticia.gob.es/cs/Satellite/1292344081622?blobheader=application%2Fpdf&blobheadername..., el artículo 781 del Código Civil español proporciona una noción de las mismas, estimando que son aquéllas «en cuya virtud se encarga al heredero que conserve y transmita a un tercero el todo o parte de la herencia». Así pues, la sustitución fideicomisaria supone una vinculación, aunque temporal, de los bienes, al estar obligado el heredero a conservarlos y transmitirlos a un tercero, razón por la que el Código adopta una actitud de recelo, estableciendo límites y condiciones para su admisión (...) Se ha defendido por la doctrina la posible intervención del orden público frente a una legislación extranjera que admita los albaceazgos perpetuos y las vinculaciones de bienes o sustituciones fideicomisarias más allá de los limites previstos por la legislación española.

de la propiedad, que pasará con todos sus atributos a la muerte del primer instituido a quien designe el testador. Sin embargo, se diferencia del usufructo propiamente dicho como derecho real[59].

Prevé el artículo 963: «Toda disposición por la cual el heredero o legatario quede con la obligación, de cualquiera manera que esto se exprese, de conservar y restituir a una tercera persona, es una sustitución fideicomisaria. Esta sustitución es válida aunque se llame a recibir la herencia o el legado a varias personas sucesivamente, pero solo respecto de las que existan a la muerte del testador». La Ley alude originalmente a «restituir», pero se presenta más apropiado el término «entregar», toda vez que el sustituto no ha tenido previamente la cosa o derecho de que se trate, no obstante que medie la obligación de conservar.

Del citado artículo 963 se admiten tres requisitos para esta especie de sustitución: i. doble vocación: el testador dispone dos veces[60] de la misma cosa o derecho, mediante un llamamiento directo –heredero– y otro indirecto –sustituto fideicomisario–; este último no sustituye al primero como acontece en la sustitución vulgar, sino que la subsigue recibiendo de este y no del testador, la herencia o legado, ii. obligación de conservar y transmitir[61]:

---

[59] Véase: DE LA FUENTE HONTAÑÓN, ob. cit., p. 70, la sustitución se diferencia del usufructo en que, desde la muerte del testador, en el usufructo ambos beneficiarios adquieren un derecho, mientras que en el fideicomiso hereda primero el fiduciario, en tanto que el fideicomisario debe esperar que se cumpla el plazo para adquirir la herencia. En el usufructo cada interesado recibe solo parte del dominio –nuda propiedad o usufructo– que solo se consolida al morir el usufructuado, o al término de su plazo. En el fideicomiso ambos reciben el total de los bienes en su respectivo turno. El usufructo concluye con la muerte del usufructuario mientras que en la sustitución fideicomisaria puede haber varias transmisiones sucesivas, de una generación a otra.

[60] Véase: JOSSERAND, ob. cit., vol. III, p. 401, de allí que el autor indique que este tipo de sustitución supone una operación que se descompone en «dos tiempos»; MAZEAUD et al., ob. cit., vol. III, p. 381, «es una institución de segundo orden»; MESSINEO, ob. cit., p. 123, precisa una doble vocación o llamamiento o doble institución; DE RUGGIERO, ob. cit., p. 497.

[61] MESSINEO, ob. cit., p. 125; DE RUGGIERO, ob. cit., p. 497.

es imperativo y no potestativo la obligación del sucesor de conservar la cosa –no enajenarla o gravarla– a los efectos de la transmisión al sustituto, iii. orden sucesivo[62]: El sustituto adquiere definitivamente la herencia al fallecimiento del primer instituido. De tal suerte que los herederos de este no tienen derechos sobre el bien objeto de la sustitución[63]. Puede comprender toda una herencia o parte de ella[64].

Vallet de Goytisolo distingue, sin embargo, una nota fundamental en este tipo de figura, al señalar que caracteriza la sustitución fideicomisaria dos aspectos: i. el llamamiento múltiple y cronológicamente sucesivo, como nota esencial, y ii. la indisponibilidad en perjuicio del sustituto, como característica natural[65].

Se resalta que el testador tiene que imponerle al fiduciario las obligaciones de conservar y entregar al fideicomisario los bienes hereditarios recibidos, por lo que no es suficiente la sola imposición de conservar, debe imponerse adicionalmente la de entregar. La obligación de conservar es el presupuesto necesario de la entrega. Opina Reyes que si el testador solo impone la obligación de entregar pero guarda silencio sobre la de conservar, ello supone, para algunos, que no estamos en presencia de la institución fideicomisaria por faltar el heredero definitivo; para otros, sí existe sustitución fideicomisaria que califican como de residuo, pues la sustitución solo se daría en el caso de existir sobrante de los bienes que lo integraban, sobre los cuales el fiduciario no podrá disponer por un acto *mortis causa*, sino que tendrá que someterse al contenido de la sustitución pre-existente[66]. Efectivamente, en la doctrina española se afirma que el deber de conservar no es esencial de la sustitución fideicomisaria que pudiera ser dispensada

---

[62] Messineo, ob. cit., p. 125; De Ruggiero, ob. cit., pp. 497 y 498.
[63] Véase: Sojo Bianco, ob. cit., p. 363; Reyes S., ob. cit., pp. 188 y 189; Lacruz Berdejo *et al.*, ob. cit., pp. 263 y 264.
[64] Carrión Olmos *et al.*, ob. cit., p. 401.
[65] Vallet de Goytisolo, *Estudios de Derecho Sucesorio...*, vol. i, p. 221, y la indisponibilidad en perjuicio del sustituto, puede ser dispensada por disponente.
[66] Reyes S., ob. cit., p. 189.

por voluntad del testador[67] dando origen a la denominada «sustitución fideicomisaria de residuo»[68].

Pero en nuestro Derecho, por aplicación del citado artículo 963, debe admitirse que para que la sustitución sea fideicomisaria ha de preverse la imposibilidad de disponer y el deber de conservar. De allí que, ciertamente, sería válida la sustitución por la que el testador en virtud de su libre voluntad no imponga la obligación de conservar al primer instituido, pero simplemente no responderá a la institución particular que analizamos. Así mismo, en forma semejante, respecto a lo acontece en materia de atribución de legado o herencia, donde lo importante no es el término empleado sino la naturaleza de la institución, valdría acotar en el caso venezolano, que no importaría si el testador califica la institución de fideicomisaria, si del contenido y naturaleza de la disposición se evidencia que no se impone la obligación de «conservar»; en tal caso, la sustitución no responderá a la que estamos analizando no obstante la denominación utilizada por el causante.

Se aprecia decisión judicial que indica que por la disposición testamentaria el causante instituyó como heredera fideicomisaria a su hermana «… mi nombrada heredera podrá disfrutar de los bienes de la herencia, sin limitación alguna, pero en caso de muerte de ella, es mi voluntad que los bienes

---

[67] Véase: ALBALADEJO, Curso…, p. 279; VALLET DE GOYTISOLO, Estudios de Derecho Sucesorio…, vol. I, p. 221.
[68] Véase: ALBALADEJO, Curso…, p. 278, aquella en que el testador fideicomitente dispensa en todo o en parte al fiduciario el deber de conservar la herencia para entregarla al fideicomisario; LÓPEZ, ob. cit., passim; GONZÁLEZ Y MARTÍNEZ, ob. cit., pp. 378 y 379. Véase ibíd., p. 361, puede acontecer cuando la sustitución se hace de manera expresa ya sea dándole el nombre de fideicomisaria, ya imponiendo al sustituido la obligación terminante de entregar los bienes al segundo heredero; ÁLVAREZ-CAPEROCHIPI, ob. cit., p. 278, cuando el testador atribuye al fiduciario la facultad de enajenar los bienes; CRESPO PRADA, ob. cit., passim, «Es aquella sustitución fideicomisaria en la que el testador dispensa, en todo o en parte, al fiduciario del deber de conservar la herencia. De modo que el fideicomisario solo recibirá cuando le corresponda los bienes que resten o queden –el residuo de la herencia–».

de mi herencia pasen a nuestros familiares más cercanos, sin perjuicio de la cuota legítima que en la herencia de (…) puede corresponder conforme a la ley a su legitimo esposo…»[69]. La expresión «podrá disfrutar de los bienes» de dicha cláusula es la que pareciera orientar la disposición dentro de una sustitución fideicomisaria, unida al deber de entregar los bienes a los sustitutos, porque el disfrute no supone disposición sino conservación.

De tal suerte, que puede considerarse que la sustitución fideicomisaria, constituye en virtud de disposición testamentaria o voluntad del causante, la transmisión necesaria de un derecho de un sujeto a otro, a la muerte del primero. El testador concede un derecho condicionado al primer instituido, el cual no puede disponer del mismo y debe conservarlo para su posterior entrega, pues a su muerte está comprometido de transmitirlo al sustituido por el *de cujus*.

Reyes indica varias limitaciones de la sustitución fideicomisaria en el régimen sucesoral venezolano, a saber: no podrá en forma alguna gravar la legítima; se requiere que todos los llamados existan a la muerte del testador; no está permitido dentro del marco de la institución que el testador al designar fiduciario delegue en él la facultad de designar fideicomisario –tal disposición sería válida pero no constituiría una sustitución fideicomisaria–; el fiduciario está obligado a entregar la herencia al fideicomisario, teniendo derecho a deducir exclusivamente los montos que le correspondan por gastos legítimos –por defensa de la herencia, créditos contra la herencia y mejoras–; el fiduciario podrá enajenar y gravar su propio derecho, dejando a salvo los derechos del fideicomisario, podrá gozar como heredero que es, pero con la conducta de un buen padre de familia con las cosas objeto de la sustitución[70].

---

[69] Véase: TSJ/SCC, sent. N.º 1025, del 18-12-06, «el juzgador, al establecer los hechos, lo hace basándose en la hipótesis de una sucesión intestada, cuando en realidad, en la herencia cuya partición se ha demandado existe un testamento, mediante el cual el causante instituyó como heredera fideicomisaria a su hermana».
[70] Reyes S., ob. cit., pp. 189-191.

El artículo 964 prevé: «La nulidad de la sustitución fideicomisaria no perjudica a la validez de la institución del heredero o a la del legado». Se acota que esto significa que si se declara la nulidad de la sustitución fideicomisaria, se tendrá como válida y eficaz el primer llamamiento y como no escrito el segundo[71]. De lo que se deduce que el instituido como heredero o legatario no está obligado a conservar y entregar la herencia o el legado, pues tal obligación se considera no puesta al ser nula la sustitución fideicomisaria[72]. La primera disposición no depende en modo alguno de la segunda, y por lo tanto no hay motivo para que su nulidad sea una consecuencia de la otra[73]; la institución será válida, quedando el instituido sin la obligación de conservar y restituir[74].

No ha faltado la crítica del instituto por la situación de indisponibilidad que afecta al primer instituido. Así señala Alcalá-Zamora que la figura constituye una forma típica de invasión: «A diferencia del testamento normal, que deja intacta la testamentifacción de las nuevas generaciones y solo regula el tránsito ocasionado por la muerte del testador, la vinculación o la substitución similar regulan tránsitos entre varias y futuras generaciones, cercenando el campo de la testamentifacción en el porvenir, que es tanto como constreñirla en su alcance efectivo hasta hacerla casi ilusoria»[75]. Concluye el autor que la invasión existe en la substitución de personas vivas porque lo respetuoso y biológico es que la sucesión de los que mueren a los que existen, mas no que avance sobre el no mostrado porvenir y aun cuando sea en dos generaciones, haya una que teste por ambas, dejando en la esfera de la otra una merma, objetivamente igual a la invasión

---

[71] Ibíd., p. 191. Véase disposición similar en la legislación española (artículo 786): Albaladejo, *Curso...*, p. 278, «La nulidad de la sustitución fideicomisaria no perjudicará a la validez de la institución ni a los herederos del primer llamamiento; solo se tendrá por no escrita la cláusula fideicomisaria».
[72] Rojas, ob. cit., p. 276.
[73] Sanojo, ob. cit., p. 26.
[74] Ibíd., p. 27.
[75] Alcalá-Zamora y Torres, ob. cit., p. 98.

sobre su día y tránsito realizada[76]. Sin embargo, acota que siempre en el fondo de toda substitución, fundada o no, late la desconfianza al primer instituido[77], aunque la prohibición de enajenar y gravar absorba y mutile en curso biológico la potestad de testamentifacción[78].

En el ámbito nacional, señala Rojas que dados los múltiples inconvenientes que la aplicación de esta especie de sustitución generó en el curso de la historia, por ser contraria a la libertad de disponer y testar[79], está prohibida en la mayoría de las los códigos extranjeros[80]. En el mismo sentido, en la doctrina nacional, refiere Abouhamad que la sustitución fideicomisaria ha sido eliminada en otros ordenamientos civiles porque la misma vincula el derecho de propiedad sustrayéndola de la libre comercialización en detrimento de la economía, a diferencia de la sustitución vulgar que en nada contradice ni rechaza ni la comercialización ni los principios sucesorales[81]. De allí que otras legislaciones prevean límites temporales para la aplicación de la figura so pena de ineficacia[82], así como la consagración que si es dudoso si una persona ha sido instituida como sustituto vulgar o como fideicomisaria, se le considerará vulgar[83], a fin de asumir la interpretación menos perjudicial para el segundo instituido.

---

[76] Ibíd., p. 100.
[77] Ibíd., p. 110.
[78] Ibíd., p. 111.
[79] Rojas, ob. cit., p. 273.
[80] Ibíd., p. 272; Aguilar Benítez de Lugo y Aguilar Grieder: ob. cit., pp. 1123 y 1124, «Las sustituciones fideicomisarias se prohibieron en el Código de Napoleón y en las legislaciones inspiradas en él y se permitieron, en mayor o menor grado, en el Derecho austríaco (artículo 608 ABGB) y alemán (artículo 2100 BGB)».
[81] Abouhamad Hobaica, ob. cit., p. 227.
[82] Kipp et al., ob. cit., p. 464.
[83] Ibíd., p. 438; Mariño Pardo, Francisco: «La sustitución vulgar III. Determinación de los sustitutos, los sustitutos recíprocos y las sustituciones vulgares tácitas». En: Iuris prudente. 30-09-14, http://www.iurisprudente.com/2014/09/la-sustitucion-vulgar-iii-determinacion.html, «En la jurisprudencia se ha reconocido la regla interpretativa in dubio contra fideicomiso. Así si el testamento establece una sustitución sin precisar su especie, se deberá entender como vulgar y no como fideicomisaria».

2.3. Pupilar[84]

El artículo 966 prevé: «El padre, y en su defecto, la madre, podrán hacer testamento por el hijo incapaz de testar para el caso en que éste muere en tal incapacidad, cuando el hijo no tenga herederos forzosos, hermanos ni sobrinos». Lo primero que salta a la vista es que el supuesto no se corresponde propiamente con la noción de sustitución donde «el causante» designa un sustituto, sino que se traduce en una sustitución, pero en la realización del acto testamentario por parte de los progenitores. Ello no obstante estar ubicada la norma en el Código sustantivo como último artículo dentro de la Sección VII titulada: «De las sustituciones».

Refiere ALBALADEJO que se calificaba de sustitución pupilar la que se realiza respecto de un pupilo o impúber porque la edad en que podía testar coincidía con la pubertad[85]. En el Derecho romano la sustitución pupilar consistía en el nombramiento de un heredero al propio hijo impúber[86]. El término «pupilar» no pareciera ser el apropiado para calificar a la figura en nuestro Derecho porque a falta de distinción la norma también aplica a los hijos adultos con incapacitación absoluta. De allí que la figura debería denominarse testamento por los progenitores del incapaz[87] o –como acertadamente lo ha calificado la doctrina– testamento sustitutorio[88], porque

---
[84] LÓPEZ HERRERA, *Derecho...*, t. I, pp. 380-384; PIÑA VALLES, ob. cit., p. 150; RODRÍGUEZ, ob. cit., pp. 226 y 227.
[85] ALBALADEJO, *Sustituciones...*, p. 121.
[86] Véase: BERNAD MAINAR, *Derecho romano...*, p. 109.
[87] En el caso venezolano la institución según el artículo 966 del Código Civil aplica al hijo incapaz en general y no únicamente al menor de edad. Si se pretende asociar por otra parte, el término «pupilo» con la institución tutelar, cabría acotarse que la norma aplica solo a los padres quienes ejercen respecto de los menores la patria potestad y respecto del hijo mayor de edad bajo incapacitación absoluta –interdicción judicial– operaría la tutela. Con ello queremos acotar que a todo evento en nuestro ordenamiento el término tradicional «pupilar» no agota el artículo bajo análisis, pero como en otras ocasiones el término no hace al concepto. Pues, en todo caso, tampoco debería denominarse «sustitución».
[88] Como veremos *supra* que lo califica ALBALADEJO.

se reduce a una sustitución pero en el acto personalísimo de testar. A todo evento, ya que el supuesto supone el hijo incapaz de testar, vale recordar que no aplica al hijo menor de edad con 16 años o con menos edad pero casado, divorciado o viudo[89].

La sustitución pupilar pretende que los padres eviten la sucesión intestada de su hijo incapaz[90]. Se dice que constituye una mal llamada forma de sustitución que data del Derecho romano[91], que pocos códigos prevén y que ha caído en desuso. Se le objeta –con razón– que no constituye propiamente una sustitución, sino una forma de testamento hecho en nombre ajeno que desvirtúa el carácter personalísimo del acto testamentario[92].

No es, pues, una verdadera sustitución sino una excepción al carácter personalísimo del testamento[93]. De allí que indique ALBALADEJO que verdaderamente la sustitución pupilar constituye una derogación a la regla según la cual el testamento es una acto personalísimo, que solo tiene en común con la sustitución vulgar el nombre, porque en esta hereda un suplente por el instituido, en tanto que en la que nos ocupa una persona testa por otra[94]. Tal supuesto, a diferencia de la sustitución –vulgar o fideicomisaria– que es una institución de heredero, presenta como nota distintiva que no es ordenada por el causante; por lo que está fuera de la noción de sustitución, de allí que el autor aluda más bien a «testamento sustitutorio»[95]. En efecto, el supuesto se traduce en la posibilidad de que un sujeto distinto al causante

---

[89] Véase: artículo 837.1 del Código Civil; *supra* VI.2.1.
[90] Véase: LÓPEZ, ob. cit., *passim*.
[91] Véase: GUTIÉRREZ BARRENENGOA *et al.*, ob. cit., pp. 262 y 263; DÍEZ-PICAZO y GULLÓN, ob. cit., p. 411.
[92] Véase: SOJO BIANCO, ob. cit., p. 364; RODRÍGUEZ, ob. cit., p. 227; FERRANDO BUNDIO, ob. cit., p. 93.
[93] LÓPEZ HERRERA, *Derecho...*, t. I, p. 382. Véase también: SANOJO, ob. cit., p. 22, no puede llamarse propiamente sustitución, siendo más bien la ordenación de la última voluntad del hijo incapaz.
[94] ALBALADEJO, *Curso...*, p. 266.
[95] ALBALADEJO, *Sustituciones...*, p. 176.

–y con anterioridad a la muerte de este– otorgue testamento disponiendo de los bienes del mismo, lo que se ha interpretado como un caso de testamentificación por otro[96].

La institución surge tardíamente en Roma, a modo de privilegio[97], por lo que se afirma que es una figura de honda raigambre romana prevista para evitar que impúberes o incapacitados, al no poder otorgar testamento válido, fallecieran sin heredero designado, lo que en Roma era valorado muy desfavorablemente[98]. Actualmente solo conserva un valor histórico que data del Derecho romano; en Derecho moderno no debería pervivir tal instituto, dado el carácter personalísimo del testamento[99]. La institución constituye una reminiscencia histórica, que no tiene sentido en la actualidad toda vez que al incapaz igualmente lo rige la sucesión legal o *ab intestato*, y de no existir familiares, en todo caso sucede el Estado[100]. Porque aunque la norma aplicaría si «no tenga herederos forzosos, hermanos ni sobrinos», no tiene sentido lógico excluir a tíos, primos y otros parientes del incapaz que son llamados eventuales en la sucesión legal.

---

[96] Asúa González, ob. cit., p. 33.
[97] Lacruz Berdejo *et al.*, ob. cit., p. 282, consistía en la facultad reconocida por Justiniano con carácter general, *humanitatis intuitu* al ascendiente, aun sin tener la patria potestad, de nombrar sustituto al descendiente que sufriese perturbación mental –*furiosus*– e incapaz por este motivo de testar, a condición de que aquel lo instituyese heredero por lo menos en cuanto a la legítima. Véase también: Asúa González, ob. cit., p. 33, «su origen se encuentra en el Derecho romano» a fin de que la sucesión intestada no se produjera.
[98] Carrión Olmos *et al.*, ob. cit., p. 398.
[99] Véase: Zannoni, ob. cit., pp. 601 y 602.
[100] La disposición no se justifica en un ordenamiento donde la sucesión *ab intestato* siempre tiene un destinatario final que de no ser los mismos progenitores del incapaz u otro pariente colateral, sería la Nación. No es muy consecuente nuestro ordenamiento al desviar a favor de la Nación las disposiciones genéricas a favor del alma, los pobres u otros (véase *supra* vi.4.b), para eventualmente privar a la Nación de una herencia por expresa voluntad del progenitor del incapaz, en perjuicio del carácter esencialmente personalísimo del testamento.

Se aprecia estudio foráneo a favor de permitir que el padre vea más allá de su propia muerte «sino también la de su hijo»[101]. Sin embargo, se olvida que la figura en comentario –a diferencia de la sustitución ejemplar[102] que veremos de seguidas, y que afecta solo los bienes dejados por el testador al incapaz– permite disponer del destino de los bienes del hijo aunque tal patrimonio no emane del progenitor que testa, pues bien podría haberlos adquirido el incapaz por otra vía, como trabajo, herencia, donación o legado de personas distintas a los progenitores.

Aunque algunos sean afectos a la presente disposición[103], la misma es susceptible de diversas críticas: i. contraría el carácter por esencia personalísimo del acto testamentario; ii. no distingue si el hijo incapaz es mayor[104] o menor de edad, siendo que este último si es adolescente ya

---

[101] Véase: Filippi, María Cristina *et al.*: «La causa curiana ¿Sería posible siguiendo el modelo romano, reimplantar en el Código Civil la sustitución pupilar?». En: https://docplayer.es/11630081-La-causa-curiana-seria-posible-siguiendo-el-modelo-romano-reimplantar-en-el-codigo-civil-la-sustitucion-pupilar.html, Se responde afirmativamente a la preguntaba de si sería posible reimplantar en Argentina la sustitución pupilar consagrada por el Derecho romano, con base en un famoso caso –causa curiana– que tuvo lugar en la antigua Roma. Agregan en la conclusión: «Por cierto, loco o menor de edad le dejará los bienes a éste, y si el llegare a adquirir la capacidad dispondrá de ellos como le plazca para el momento en que, a su vez, le toque dar el salto a la eternidad».

[102] Véase *infra* x.2.4.

[103] Véase: López Herrera, *Derecho*..., t. i, p. 382, «A nuestro juicio, la sustitución pupilar –a pesar de que es poco utilizada en la práctica– es una institución interesante y útil, que vale la pena conservar en nuestra legislación»; Sanojo, ob. cit., p. 27, «nada más natural que la disposición de este artículo. Cuando faltan las personas que tienen vínculos más estrechos con el incapaz, cuales son sus descendientes, ascendientes, hermanos y sobrinos, es muy probable que el padre o la madre acierten al hacer la designación del heredero del incapaz».

[104] Si bien la norma prevé que no se tenga herederos forzosos lo que incluye al cónyuge, es de recordar que para algunos –criterio que adversamos– el cónyuge con capitulaciones matrimoniales, equivale a separado de bienes y por tal no sería heredero legitimario o forzoso (véase *supra* ix.3), lo llevaría al insólito absurdo de que el cónyuge del incapaz vería a su suegro testar por su cónyuge.

tiene discernimiento[105]; iii. permite al progenitor disponer por el hijo incapaz inclusive de bienes que no le ha atribuido este –a diferencia de la ejemplar–[106]; iv. contiene una referencia discriminatoria en razón del género al darle preeminencia al padre sobre la madre, situación superada en la reforma del Código Civil de 1982[107]; v. no se justifica que existiendo la sucesión *ab intestato* que alguien teste por otro, pues jamás se puede garantizar que se correspondería con el sentir del incapaz.

En el caso del adulto incapaz, la norma en comentario bien podría entenderse derogada tácitamente por la Ley para las Personas con Discapacidad[108]. Pero, en todo caso, el citado artículo roza el límite de la inconstitucionalidad, por lo que de presentarse una aplicación de la norma en comentario, en razón de la muerte del incapaz o en general a petición de los interesados, la norma podría ser desaplicada por vía del control difuso de la constitucional, por ser contraria a la dignidad del incapaz[109], vulnerando derechos legítimos de terceros[110]. Pues testar por un incapaz

---

[105] En el caso del adolescente, es contrario a obvia su capacidad natural y progresiva reconocida por la ley en atención a su discernimiento, por lo que podría presentarse el absurdo de testar por un adolescente que si bien no cuenta con capacidad de testar, tiene pleno discernimiento. Véase: Varela Cáceres, *La capacidad de ejercicio...*, pp. 125 y ss.

[106] Véase en tal sentido: Albaladejo, *Curso...*, p. 267; *infra* x.2.4.

[107] Que estableció la patria potestad conjunta incluyendo el atributo de la representación. Véase: López Herrera, *Derecho...*, t. I, p. 384, vista la reforma del Código Civil de 1982, debe concluirse la igualdad de categoría entre el padre y la madre.

[108] Publicada en *Gaceta Oficial de la República Bolivariana de Venezuela* N.º 38 598, del 05-01-07, que en sus disposición derogatoria única indica: Primera: «Se deroga el artículo 410 del Código Civil vigente, y cualquier disposición de carácter legal que colide con la presente ley», la cual consagra la igualdad e integración. Toda vez que el entredicho judicial presenta una discapacidad o afección mental.

[109] Vulnerando el acto personalísimo de testar que no admite representación; Domínguez Guillén, *Derecho Civil Constitucional...*, p. 163.

[110] Esto es, de aquellos sujetos que sucederían *ab intestato* de no existir tal norma, entre los que cabe incluir no solo a los parientes colaterales sino también a la Nación. No cabría alegar la intrascendencia del asunto dada la muerte del incapaz, porque debe

no solo afecta a este, sino a quienes hubiesen sucedido de darse la sucesión *ab intestato* basada en el orden natural impuesto por el legislador. Para quien no quiere o no puede testar existe la sucesión legal[111]. De allí que es enteramente recomendable eliminar de *lege ferenda* la disposición que da pie al presente supuesto en nuestro ordenamiento, por traducirse en una derogatoria de la sucesión legítima derivada de la vulneración de la acto personalísimo de testar. La utilidad del instituto sería enteramente excepcional y limitada para aquellos incapaces absolutos, pero con parientes lejanos colaterales al límite de la indignidad, que justificarían una disposición o intervención paterna que desvirtúe la sucesión legal, así como en caso de una suerte de disposición condicionada al cuidado del incapaz.

2.4. Ejemplar

Prevé el artículo 965: «Puede el testador dar sustituto a los incapaces de testar, respecto de los bienes que les deje, para el caso en que el incapaz muera en la incapacidad de testar, excepto respecto de lo que tengan que dejarles por razón de legítima». Es decir, el testador puede prever sustituto inclusive respecto de los incapaces de testar, pero en la parte disponible o no sujeta a la legítima.

---

privar la sucesión *ab intestato* que consagra la ley para suplir la presunta voluntad del causante en atención al orden natural de sus afectos. Pues, en definitiva, el testar por otro a cuenta de la incapacidad representa una disposición de bienes ajenos; vale recordar que el representante del incapaz ejerce un oficio en interés de su representado, por lo que su función solo se dirige en beneficio, de este último; en el caso en comentario no hay interés que justifique el testar por otro. Ha de rechazarse radicalmente la representación en el acto de testar, aunque provenga de parte de seres cercanos como los progenitores.

[111] Véase: LÓPEZ FRÍAS, ob. cit., *passim*, «En otros tiempos, tales sustituciones se hacían «por oficio de piedad», para que el hijo incapaz no muriera intestado, situación nada loable para él y su familia. Pero actualmente, la existencia de normas lógicas de sucesión *ab intestato* han restado 'dramatismo' a la necesidad de testamentifacción y a la insustituibilidad para hacerlo».

La presente hipótesis algunos la denominan sustitución «sustitución cuasi-pupilar»[112] y otros cuasi-fideicomisaria[113], según se considere próxima a una de las especies estudiadas –y de allí el prefijo «cuasi», en cada caso–. También se le califica de «ejemplar»[114], porque, a decir de algunos, surge a ejemplo de la pupilar[115]. En lo relativo a la legítima, no puede adjudicarse sustituto porque ella opera por imposición legal y no por voluntad del testador[116].

En el supuesto bajo examen, el testador respecto de los bienes que asigna, escoge al sustituto del incapaz de testar, mientras que en la pupilar –que comentamos previamente– la escogencia o sustitución la realizan los progenitores de este. Aunque en la sustitución pupilar, según indicamos, los bienes no precisan ser atribuidos o dejados por el progenitor que testa. Coinciden, sin embargo, ambas figuras en considerar el destino de los bienes del incapaz a su muerte, acercándose la presente más a una sustitución y traduciéndose la anterior en una violación al acto personalísimo de testar[117].

---

[112] Véase: Torres-Rivero, *Teoría...*, t. ii, p. 54, alude a cuasipupilar o ejemplar; Piña Valles, ob. cit., p. 149; Rodríguez, ob. cit., p. 225.

[113] Véase: López Herrera, *Derecho...*, t. i, p. 378, sólo utiliza tal término en su título; Vizcarrondo P., ob. cit., p. 47; Piña Valles, ob. cit., p. 149; Villaroel Rión, ob. cit., p. 170.

[114] Véase: Torres-Rivero, *Teoría...*, t. ii, p. 54.

[115] Véase la doctrina española, aunque el término aplica a un caso distinto al venezolano: Lacruz Berdejo *et al.*, ob. cit., p. 282, Otros la denominan ejemplar, pues es calcada sobre el modelo de la sustitución pupilar, y se le denomina «ejemplar» o «quasi pupilar» por establecerse *ad exemplum pupillaris substitutio*; Polacco, ob. cit., p. 414. Véase también: Serrano Alonso, *Manual...*, p. 156, el nombre de «ejemplar» deriva del Derecho romano el cual esta forma de sustitución se introdujo a ejemplo o semejanza de la sustitución pupilar; Albaladejo, *Sustituciones...*, p. 121, califícase de ejemplar –o también cuasipupilar– a la otra, por haber sido introducida por analogía a la pupilar, o a semejanza de la misma, o siguiendo su ejemplo. Véase en el mismo sentido: Bernad Mainar, *Derecho romano...*, p. 110.

[116] Ramírez, ob. cit., p. 277.

[117] Véase: Constitución, artículo 81 en caso de personas con discapacidad garantiza el respecto a su dignidad humana –en la que se incluye el adulto entredicho por afección mental grave–. Los artículos 78 y 79 relativos a los niños y adolescentes como sujetos plenos y activos en proceso de desarrollo, que han de ser protegidos

Comenta Torres-Rivero que la presente sustitución que denomina el autor «cuasi-pupilar» y la pupilar, tienen en común que el testador instituye a quien ha de suceder a una persona incapaz de testar, caso en el cual el testamento va a regir la sucesión de esta, de morir en tal incapacidad. En la cuasi-pupilar el instituido es un incapaz de testar, y en cuanto a lo que le deja el testador, este le nombra sucesor, es decir, su sustituto. En la pupilar el instituido no es sucesor del testador sino de un hijo de éste incapaz de testar[118]. En la sustitución pupilar estudiada previamente, el progenitor que dispone por su hijo no precisa haberle dejado los bienes[119], pero ambas figuras coinciden en que opera la sustitución en el caso de que el instituido sea incapaz al momento de su fallecimiento.

López Herrera opina que la presente sustitución, que califica de «cuasi-fideicomisaria», «en esencia, es la misma sustitución fideicomisaria, pero dispuesta por el testador en el caso específico de que el heredero o el legatario primeramente instituido sea incapaz de testar y para que funcione únicamente en el supuesto de que dicho incapaz fallezca cuando todavía se encuentre en esa situación de incapacidad»[120]. Agrega –citando al español Albaladejo aunque acota que la figura no tiene parangón en otros ordenamientos[121]– que la sustitución cuasi-fideicomisaria es una institución

---

por el ordenamiento. Véase también en general la cláusula abierta del artículo 22 que consagra el carácter enunciativo de los derechos, entre los que cabe incluir la libre disposición de la persona.

[118] Torres-Rivero, *Teoría...*, t. ii, p. 54.

[119] Debe admitirse sin embargo, que esta forma de sustitución no presenta el mismo matiz abusivo de la anterior que contraria el carácter personalísimo del testamento, porque en la presente los bienes respecto de lo que se designa sustituto, emanan del testador o causante, a diferencia de la pupilar en la que se dispone por la simple condición de progenitor del incapaz. Sin que sea óbice para que un progenitor acuda a esta figura respecto de la cuota disponible o no afectada por la legítima de su hijo incapaz. De allí que la figura solo tiene en común con la «pupilar» la existencia del instituido «incapaz». Aunque de ellos derive la denominación atribuida «cuasi-pupilar» por un sector de la doctrina.

[120] Véase: López Herrera, *Derecho...*, t. i, p. 378.

[121] Véase: ibíd., p. 380 cuando afirma «no conocemos legislación alguna vigente, distinta de la nuestra, que admita la sustitución cuasi-fideicomisaria».

efectuada con la carga de conservar y restituir al segundo instituido pero sujeta a condición suspensiva de que el primer instituido muera siendo aun incapaz para testar[122].

No creemos, por nuestra parte, que la presente sustitución –a falta de indicación expresa de la norma– suponga para el incapaz la carga de «conservar y restituir», característica de la sustitución fideicomisaria, que debe ser impuesta expresamente por el testador[123]. Por lo que no se trata de una especie de esta última, sino de un caso particular de sustitución. Vale recordar que algunos denominan la presente «cuasi-pupilar» porque la consideran más próxima al supuesto anteriormente analizado. Respecto de cuyo equivalente indica la doctrina española[124], tal sustitución no entraña verdadero gravamen; el sustituido puede disponer de los bienes *inter vivos*[125]; por tanto, recibe bienes sin ningún tipo de carga[126]. En la presente

---

[122] Véase: ibíd., p. 379, nota 15. Véase en el mismo sentido: Rodríguez, ob. cit., pp. 225 y 226, aclara el autor que en realidad se trata de una sustitución fideicomisaria, porque se está imponiendo al heredero, la conservación del bien para ser transmitirlo a quien designe el testador como herederos o legatarios sustitutos; pero con una condición suspensiva, esto es, que el heredero o legatario instituido en primer lugar siga siendo incapaz de testar al momento de su muerte.

[123] La presente constituye una sustitución particular derivada de la norma bajo análisis, distinta y ajena a la sustitución fideicomisaria, por lo que no cabe aplicarle al caso en comentarios las restricciones de la esta última. Véase en sentido contrario: López Herrera, *Derecho*..., t. i, p. 379, considera aplicables a la sustitución bajo análisis las mismas reglas de la sustitución fideicomisaria, porque según indicamos el autor considera que es una especie de ésta sometida a la condición suspensiva de la incapacidad a la muerte del instituido.

[124] La sustitución pupilar y ejemplar del ordenamiento español responde a nuestra sustitución pupilar y no la que comentamos. Véase: Albaladejo, *Curso*..., p. 266, la ejemplar supone que el padre o ascendiente testa por el hijo menor de 14 años, y la ejemplar, cuando lo hacen por el adulto o mayor de 14 años con falta de juicio; López, ob. cit., *passim*; Gutiérrez Barrenengoa *et al.*, ob. cit., pp. 262 y 278.

[125] Inclusive excepcionalmente no obstante su incapacidad, pudiera mediar a través del representante acto de disposición autorizado judicialmente en caso de necesidad.

[126] Espiñeira Soto, Inmaculada: «Sustitución ejemplar: reciente jurisprudencia y su diferenciación de otras instituciones». En: http://www.notariosyregistradores.com/doctrina/ARTICULOS/2009-sustitucionejemplar.htm.

sustitución, el incapaz no tiene la obligación de conservar el bien para el sustituto, lo que supondría una pesada carga para su condición que solo podría serle impuesta por disposición expresa del testador[127]. Simplemente, la sustitución tendría lugar en el estado en que se encuentre el bien a la muerte del incapaz, si es que todavía está en su patrimonio[128]. La sustitución solo opera «para el caso»[129] que el instituido siga siendo incapaz a su muerte y por tal no pueda testar, y obviamente tenga en su haber todavía el bien de que se trate[130]. La presente sustitución queda sin efecto si el incapaz instituido recobra o adquiere su capacidad[131] subsistiendo la institución a su favor. Pues el fin de la figura apunta a que el testador pueda disponer del destino del bien si no pudo hacerlo el incapaz en razón de su imposibilidad de testar.

De tal suerte, que se trata de una sustitución especial, con características propias y particulares, respecto de la que pudiera prescindirse de los términos «cuasi» asignados por un sector de la doctrina nacional –«cuasi-fideicomisaria» o «cuasi-pupilar»– a fin de evitar confusiones por aproximación, subsistiendo solo la denominación «ejemplar», pero más que porque sea calcada a ejemplo de cualquiera de las anteriores, simplemente porque constituye un ejemplo de la figura de la «sustitución» en términos generales. Podríamos decir que se trata de una norma que recoge un tipo particular de sustitución con características propias.

---

[127] En cuyo caso si se trataría de una sustitución fideicomisaria, que por suponer por definición una carga para el incapaz precisaría de autorización judicial de parte del representante legal de éste.

[128] Y como acota la norma que la consagra, con el referido respeto a la legítima que impone la norma, pues la sustitución opera solo sobre la cuota disponible.

[129] En expresión del citado artículo 965 del Código Civil.

[130] Véase: Piña Valles, ob. cit., p. 149, precisa la condición de que tal incapacidad se mantenga para el momento de la muerte. Es requisito de la sustitución que solo se refiere a los bienes que el testador deje al incapaz; Rodríguez, ob. cit., p. 225.

[131] Véase: López Herrera, *Derecho...*, t. I, p. 379.

Se deriva naturalmente del artículo 965 del Código Civil que la sustitución ejemplar precisa la incapacidad del instituido al momento de otorgar el testamento, concretándose la sustitución solo si tal estado subsiste a la muerte del incapaz. López Herrera se pregunta la suerte de disposición testamentaria que instituya sucesor a una persona capaz, pero que se le instituye sustituto para el caso de que fallezca siendo incapaz de testar; tal disposición –para el autor– si bien es válida, no responde a una sustitución «cuasifideicomisaria» propiamente dicha porque el primer instituido no era incapaz de testar cuando el *de cujus* dispuso a su favor[132]. Debe observarse que para una sustitución sea fideicomisaria precisa necesariamente, a tenor del artículo 963 del Código, la obligación de conservar y restituir, pero es obvio que el ejemplo colocado por el autor no responde a la sustitución «ejemplar» bajo análisis, que precisa entre sus requisitos especiales la incapacidad de obrar del instituido tanto al momento de otorgar el testamento el *de cujus* como al instante de la muerte del incapaz.

Vistas las diversas especies de sustituciones, es fácil deducir la razón por la cual algunas legislaciones, como la mexicana, solo admiten la sustitución vulgar[133], así como la peruana[134], pues la misma es la sustitución por antonomasia[135] que permite dar cabida a la suplencia respecto a la voluntad

---

[132] Véase: ídem, con inclusión de nota 15.
[133] Baqueiro Rojas y Buenrostro Báez, ob. cit., p. 301.
[134] Véase: de la Fuente Hontañón, ob. cit., pp. 71 y 72, insistimos en indicar el rechazo final de esta forma de sustitución al considerar que iba a ser otra manera de vinculación de los bienes. Es decir, que se violaría el precepto que declaraba que no se puede establecer la prohibición de enajenar (artículo 852). En definitiva, el legislador consideró que constituía un privilegio en la transmisión sucesoria, que como tal no debía ser permitido (…) El actual Código Civil de 1984, solamente regula la sustitución directa o vulgar en la institución de herederos o legatarios. Ni la fideicomisaria, ni la pupilar y ejemplar han sido contempladas. Aunque es cierto que no han sido expresamente prohibidas. Los juristas Lanatta y Castaneda indican que el Código no las admite.
[135] Véase: Espiñeira Soto, ob. cit., *passim*, la sustitución vulgar es una sustitución subsidiaria, que consiste en el nombramiento de una persona que sustituirá al heredero si éste no ingresa en la herencia; no hay más que un beneficiado y una sola transmisión.

del testador sin afectar la libre disposición de los bienes, ni contrariar el carácter personalísimo del acto testamentario[136].

---

[136] Véase: POLACCO, ob. cit., p. 414, de las cuatro especies solo se ha conservado la sustitución vulgar, la sustitución fideicomisaria se halla proscrita, y de las otras se guarda silencio que importa rechazo porque no responde a las ideas de nuestros tiempos y a conceptos fundamentales de la legislación hereditaria.

Tema XI
El derecho de acrecer

Sumario: **1. Noción 2. Fundamento 3. Procedencia 4. Efectos 5. Excepciones 6. En la sucesión** *ab intestato*

1. Noción

El denominado «derecho de acrecer»[1] se presenta como aquel que corresponde al heredero o legatario de incrementar su porción o cuota en virtud de la parte que otro coheredero o colegatario no ha de recibir, ya sea por renuncia o imposibilidad[2]. Así, si varias personas son llamadas a una herencia, y una de estas no participa en la misma, ciertamente tal porción se revertirá a la masa de la sucesión y aumentará la cuota de todos los demás.

Algunos prefieren referirse al acrecimiento como un mero fenómeno y no como un derecho, en el sentido de que no habría propiamente derecho de acrecer sino acrecimiento, pues la delación es única y el acrecimiento

---

[1] Véase: Beltrán de Heredia, Pablo: *El derecho de acrecer (negocios inter vivos y mortis causa)*. Madrid, Editorial Revista de Derecho Privado, 1956; Campo Sampayo, Álvaro: «Tema 118 Registro Civil: El derecho de acrecer». En: http://www.notariosyregistradores.com/opositores/temasdeopositores/re-ci-118.htm; Merino Hernández, José Luis: «El derecho de acrecer en la sucesión testada». En: http://www.elderecho.com/tribuna/civil/sucesion_testada-acreecer_voluntario-herederos_11_722305001.html; Salguero Quintana y Vivar Sanabria, ob. cit., pp. 57-59; Serrano García, *Las sucesiones en general...*, pp. 17 y 18.

[2] Véase: López Herrera, *Derecho...*, t. i, p. 388, consiste en que la cuota de la herencia o la porción del legado que ha quedado sin titular, pasa y beneficia a los demás coherederos o a los otros coherederos; Rojas, ob. cit., pp. 283 y 284; Sojo Bianco, ob. cit., p. 365; Piña Valles, ob. cit., p. 167; Sanojo, ob. cit., pp. 9 y 10, derecho de acrecer es el que da la ley en ciertos casos a un heredero o legatario, para tomar la parte del coheredero o legatario que no puede o no quiere aceptar la parte que le corresponde; Ramírez, ob. cit., p. 267; Arce y Cervantes, ob. cit., p. 88.

es una consecuencia de ella[3]. De allí que, a pesar de las distinciones doctrinarias, se puedan utilizar ambos términos –derecho de acrecer y acrecimiento– indistintamente en el sentido de sinónimo de «aumento» de la cuota o porción, como en efecto lo haremos de seguidas. La institución está prevista en los artículos 942 al 950 del Código sustantivo.

La idea de «aumento» es esencial a la figura en estudio, pues se afirma que «el acrecimiento es el aumento que experimenta la porción» o cuota de un sucesor a falta de otro[4]. El acrecimiento es un efecto de la vocación solidaria[5], integrada por varios supuestos: subjetivo –unidad en la llamada–, objetivo –unidad en el objeto– y la vacante, renuncia o no aceptación de un heredero[6]. El derecho de acrecimiento consiste en términos generales en que la porción del heredero que falta y no lleva su parte en la herencia, aumenta la de los otros asignatarios[7]. Encuentra sentido cuando se trata de varios sucesores, pues el acrecentamiento precisa de una delación solidaria para diversos instituidos[8]. «Significa que cada uno de ellos tomará un poco más porque habrá un derecho habiente menos»[9]. El derecho de acrecer implica, pues, un cambio en la composición del grupo de los llamados por el testador[10]. Tiene lugar cuando destinado un mismo objeto a dos o más asignatarios, por falta de uno de ellos, su porción o cuota se agrega o suma a la porción o cuota de los otros[11]. Para De Ruggiero es la facultad que tiene cada uno de los coherederos llamados conjuntamente de apropiarse de la cuota del coheredero que falta[12].

---

[3] Carrión Olmos *et al.*, ob. cit., p. 476.
[4] Kipp *et al.*, ob. cit., p. 427.
[5] Véase: Polacco, ob. cit., p. 437, el derecho de acrecer supone una pluralidad de personas simultáneamente llamadas a una misma herencia o legado y que quede vacante una cuota.
[6] Beltrán de Heredia, ob. cit., p. 63.
[7] Somarriva Undurraga, ob. cit., p. 16.
[8] Véase: Albaladejo, *Curso…*, p. 53.
[9] Ripert y Boulanger, ob. cit., p. 376.
[10] Messineo, ob. cit., p. 371.
[11] Suárez Franco, ob. cit., p. 298.
[12] De Ruggiero, ob. cit., p. 376.

El acrecimiento supone que la parte de un llamado a la herencia que no llega a aceptar o concretar, «su parte aumenta automáticamente la de los que sucedan», y se coloca el ejemplo de A que tiene tres hermanos B, C y D, y muere sin testar, resultan llamados los tres a heredarle, y repudiando D su tercera parte, ésta va a engrosar las que correspondían inicialmente a B y C, que en definitiva suceden a A por mitades[13]. Su efecto es repartir entre los coherederos o colegatarios que subsisten la porción que queda vacante, verificándose la adjudicación por partes iguales[14]. Se afirma que el derecho de acrecer concede un derecho preferente al coheredero o colegatario a recibir una cuota vacante[15].

2. Fundamento[16]

Para la mayoría de la doctrina, el fundamento del derecho de acrecer se atribuye a la presunta voluntad del causante[17] respecto de favorecer a varias personas con determinada masa patrimonial, a falta de distinción de quien recibirá más y quien menos[18]. De allí que se afirme que el derecho de acrecer se basa en la voluntad del disponente[19], teniendo la institución carácter dispositivo o supletorio, por lo que queda descartada por disposición contraria del testador[20]. En este último sentido, señala López Herrera que el causante

---

[13] Véase: Ripert y Boulanger, ob. cit., p. 65.
[14] Dominici, ob. cit., p. 196.
[15] Álvarez-Caperochipi, ob. cit., p. 297.
[16] Véase: López Herrera, Derecho..., t. I, p. 389; Rojas, ob. cit., pp. 284 y 285; Sojo Bianco, ob. cit., pp. 365 y 366; Piña Valles, ob. cit., pp. 167 y 168.
[17] Véase: Polacco, ob. cit., p. 441; Sojo Bianco, ob. cit., pp. 365 y 366; López Herrera, Derecho..., t. I, p. 389; Rojas, ob. cit., p. 284; Piña Valles, ob. cit., p. 167; Ramírez, ob. cit., p. 267. Véase también: Gutiérrez Barrenengoa et al., ob. cit., p. 491; Suárez Franco, ob. cit., pp. 298 y 299, alude a «voluntariedad del acrecimiento»; Cristaldo, ob. cit., passim, el derecho de acrecer procede «en virtud de la voluntad presunta del causante».
[18] Véase: Sojo Bianco, ob. cit., pp. 365 y 366.
[19] Véase: Albaladejo, Curso..., p. 51.
[20] Véase: Alarcón Flores, Legados..., passim, «el derecho de acrecer no opera cuando hay una voluntad distinta del testador, que consta en el testamento, en este caso será improcedente el derecho de acrecer, primando lo expresado en el acto jurídico testamentario».

podría disponer el derecho de acrecer en casos distintos a los previstos por el legislador –lo que supondría la figura del sustituto–, así como descartarlo en las hipótesis consagradas por la ley. Por lo que concluye el autor, que el derecho de acrecer se presenta como una «sustitución legal», recíproca e implícita, entre varios instituidos[21].

Por ello se afirma mayoritariamente que el derecho de acrecer no procede en caso de que en el testador haya dividido el objeto o derecho en cuotas distintas, pues cada parte se considerará como objeto separado. Pero si se asigna un objeto a dos o más personas por partes iguales, o sin designación de partes, habrá derecho de acrecer[22]. El derecho de acrecer puede darse tanto entre coherederos como legatarios no obstante las diferencias[23].

También se considera fundamento de la figura la delación o vocación solidaria[24]; esto es, una conjunción o vocación solidaria en virtud de la cual se entiende que cada uno de los sucesores llamados lo habría sido a la totalidad si no fuera por la concurrencia de los otros[25].

De allí que algunos distinguen varias tesis sobre el fundamento del instituto: la tesis subjetiva –voluntad del causante–, la tesis objetiva –vocación solidaria– y una tesis mixta –voluntad del causante o disponente y, además el llamamiento solidario–[26]. El asumir una u otra tesis podría ser

---

[21] López Herrera, *Derecho...*, t. i, p. 389.
[22] Véase: Suárez Franco, ob. cit., p. 299.
[23] Piña Valles, ob. cit., p. 167. Véase *infra* xi.3. Véase: Sandi Carrión, Juan Pablo: «Resumen y comentario breve sobre el Derecho Sucesorio boliviano». En: http://www.monografias.com, el derecho de acrecer puede presentarse entre coherederos y entre colegatarios.
[24] Zamora Ipas, Almudena: «Con acrecimiento en su caso». En: *El Notario del siglo xxi*. N.º 2. Madrid, Colegio Notarial de Madrid, 2005, http://www.elnotario.com.
[25] Molina Porcel, ob. cit., pp. 555 y 556.
[26] Véase: Campo Sampayo, ob. cit., *passim*, «Tesis subjetiva: los autores clásicos y la reiterada jurisprudencia del TS fundan el acrecimiento en la exclusiva voluntad del testador. Solo procederá el acrecimiento cuando la voluntad del testador sea favorable

determinante, pues, por ejemplo, según veremos –un sector de la doctrina española– sostiene que la figura podría aplicarse inclusive ante la atribución de cuotas distintas porque tiene su base en la vocación solidaria o tesis objetiva[27].

Se indica que la institución tiene lugar en la sucesión testamentaria[28], o es característica de esta, pues en la sucesión *ab intestato* o legítima a cada heredero le corresponde una porción predeterminada por la ley. Veremos, no obstante, la situación en la sucesión *ab intestato* o sucesión legal[29]. Cada vez que el derecho de acrecer no tiene lugar, la parte del heredero o legatario que falta pasará a los herederos *ab intestato* del testador[30].

---

a ello; en otro caso se denegará. Sin embargo, la averiguación de la voluntad gestatoria en este extremo puede resultar difícil cuando no está expresada de modo claro e indubitado por lo que en tal hipótesis habrá que recurrir a la interpretación. Tesis objetiva: un importante sector doctrinal, aun cuando reconocen un papel remoto a la voluntad del testador, basan el acrecimiento en un presupuesto objetivo, cual es la vocación solidaria, en cuya virtud todos y cada uno de los llamados conjuntamente tienen un llamamiento cabal al todo; no obstante como es imposible atribuir el todo a todos, se impone su distribución entre ellos –*concurse partes fiunt*–. Las cuotas no están en la institución, sino en la distribución por lo que no hay propiamente acrecimiento, sino 'no decrecimiento'. Tesis mixta: para algunos autores el origen del derecho de acrecer es la voluntad del causante o disponente y, además el llamamiento solidario. Ambas piezas son fundamentales, aunque su importancia es diversa. La voluntad del causante es la pieza primordial, por lo que las reglas que regulan el acrecimiento no se aplican cuando el testador ha determinado lo que ha de hacerse cuando quede vacante la parte de uno de los llamados –por ejemplo: cuando le ha nombrado un sustituto–».

[27] Véase *infra* xi.3; Zamora Ipas, ob. cit., *passim*.
[28] Véase: Sojo Bianco, ob. cit., p. 366; Rojas, ob. cit., pp. 285 y 286; Suárez Franco, ob. cit., p. 298.
[29] Véase *infra* xi.6.
[30] Sanojo, ob. cit., p. 11; Ramírez, ob. cit., p. 269; Villaroel Rión, ob. cit., p. 172.

3. Procedencia

El derecho bajo análisis tiene lugar cuando concurren los siguientes requisitos o condiciones[31]:

i. Que la institución de herederos o legatarios se haya hecho sin designación de cuotas o a partes iguales: Dispone el artículo 943: «El derecho de acrecer procede entre coherederos, cuando en un mismo testamento y por una misma disposición se les haya llamado conjuntamente, sin que el testador haya hecho entre ellos designación de partes». Agrega el artículo 944: «La designación de partes se juzga hecha solo en el caso en que el testador haya indicado expresamente una cuota para cada uno. La simple expresión por iguales partes u otras semejantes, no excluyen el derecho de acrecer».

Así pues, el derecho de acrecer procede en principio cuando el causante no hace designación o distribución de partes o cuotas, respecto de los instituidos, o las hace a partes iguales. Aclara el citado artículo 944 –aunque ello es innecesario–, que la institución bajo análisis no se excluye por expresiones que denoten lo anterior como «por iguales partes u otras semejantes»[32].

En opinión de López Herrera, el derecho de acrecer se excluye cuando el testador haya indicado una cuota para cada uno aun cuando sea la misma, esto es idéntica[33]; y al efecto, coloca el siguiente ejemplo, si el testador indica «Dejo mi herencia a A, B y C, en razón de una tercera parte a cada uno» no operaría para el autor el derecho de acrecer pero sí en caso de que se disponga: «Dejo mi herencia a A, B, C en partes iguales»[34]. El autor califica ello

---

[31] Véase: López Herrera, *Derecho...*, t. i, pp. 389 y 390; Sojo Bianco, ob. cit., pp. 366 y 367; Rojas, ob. cit., pp. 289-293; Piña Valles, ob. cit., p. 168.
[32] López Herrera, *Derecho...*, t. i, p. 389, señala que el Código Civil incluso incurre en el formalismo de establecer tal señalamiento.
[33] Ídem.
[34] Ibíd., pp. 389 y 390. Véase en sentido semejante: Sanojo, ob. cit., p. 10, si se instituyen dos herederos diciéndose que cada uno tomará la mitad de la herencia,

acertadamente como un «absurdo formalismo», heredado del artículo 881 de Código Civil italiano de 1865, que fue eliminado en tal legislación en el Código Civil de 1942 para indicar que hay derecho de acrecer entre instituidos con señalamientos de cuota o de parte, si la cuota o la parte de todos ellos es idéntica[35]. Polacco indicaba respecto de aquella norma que no se puede dejar de acusar tal formalismo e inconsecuencia[36].

Pero aunque la disposición venezolana no haya seguido la misma suerte que la italiana, o de otras legislaciones más claras[37], debe interpretarse que, aun asumiendo solo la tesis subjetiva, que fundamenta el derecho de acrecer

---

tampoco habrá derecho de acrecer, porque falta la condición de que no haya designación de partes.

[35] López Herrera, *Derecho...*, t. i, p. 390, nota 30.
[36] Polacco, ob. cit., p. 443.
[37] El ordenamiento chileno, presenta una norma más precisa que alude a la procedencia de la figura en caso de asignación «a una misma porción» o «sin especial designación de partes», mas contiene una norma semejante a la nuestra respecto a las frases que no excluyen el derecho a acrecer, véase Molina Porcel, ob. cit., p. 556, indica el artículo 982: «Que dos o más sean llamados a una misma herencia o a una misma porción de ella, sin especial designación de partes» y aclara el artículo 983: «Se entenderá hecha la designación por partes solo en el caso de que el testador haya determinado expresamente una cuota para cada heredero. La frase «por mitad o por partes iguales u otras que, aunque designen parte alícuota, no fijan ésta numéricamente o por señales que hagan a cada uno dueño de un cuerpo de bienes separado, no excluyen el derecho acrecer». Véase también comentario del autor cubano: Pérez Gallardo, Leonardo B.: «Constitución del Derecho Hereditario». En: *Derecho de Sucesiones*. La Habana, t. i, Leonardo B. Pérez Gallardo, coord., Félix Varela, 2004, pp. 161-167, «Pueden incluirse entre los supuestos en los que se entiende no especial designación de partes, ergo, hay acrecimiento: en la llamada institución simple, cuando el testador llama en conjunto a varias personas a una misma herencia o a una misma cuota de ella, sin hablar de partes; en la llamada institución *ex aequis portionibus*, cuando el testador, llama a varios a una herencia designando partes, mediante el empleo de frases "por mitad", "por partes iguales" que no denotan sino la normal concurrencia de los sujetos, sin hacer dueño a cada uno de un cuerpo cierto y determinado de bienes; cuando el testador, sin emplear fórmulas sacramentales, declara expresamente que se produzca el acrecimiento, invocándolo nominalmente».

en la presunta voluntad del causante en virtud de una suerte de igualdad de distribución entre instituidos al no atribuir cuotas distintas[38], no vemos el sentido lógico de excluir el derecho de acrecer cuando la cuota atribuida por el testador es exactamente la misma entre todos los instituidos. Pretender que, como el artículo 943 del Código Civil utiliza la frase «sin que el testador haya hecho entre ellos designación de partes», si tales partes son iguales se descarta el derecho de acrecer, por no utilizar el causante la expresión «partes iguales», se traduce en un formalismo contrario al propio sentido del instituto, la voluntad de causante y el llamamiento solidario, especialmente si el propio Código en su artículo 944 utiliza la expresión «u otras semejantes», entre las que cabe incluir la misma asignación de cuota. Si se califica la primera interpretación como un formalismo absurdo, es principio básico de interpretación que no se ha de interpretar a favor del absurdo.

Curiosamente, se ha llegado inclusive a sostener en la doctrina española en atención a la tesis objetiva que se apoya en la vocación solidaria que «el derecho de acrecer también existe en el caso de institución en partes desiguales», con base en que «desigualdad solo significa diferentes cuotas en el todo, pero no exclusión del llamamiento de todos al todo, es decir, no excluye que la delación sea solidaria. Lo decisivo es que lo dispuesto a favor del instituido le haga dueño de un cuerpo separado de bienes»[39].

---

[38] Véase *supra* xi.2; Suárez Franco, ob. cit., pp. 298 y 299, nota 3, al referirse a la voluntariedad del acrecimiento cita sentencia colombiana de Casación del 24-04-1912 (*G.J.*, t. xxi, p. 186) que indica: «El derecho de acrecer se funda en la voluntad del testador, y esa voluntad se explora por los términos en que están concebidas las asignaciones cuando no aparece claramente manifestada. Para ello da reglas la ley, una de las cuales es la de que "si se asigna un objeto a dos o más personas por partes iguales, habrá derecho de acrecer"».

[39] Zamora Ipas, ob. cit., *passim*, Ello, no obstante que la autora cita entre los requisitos tradicionales exigidos para que opere el acrecimiento: Que exista una conjunción de llamamientos o lo que es lo mismo, un llamamiento de dos o más personas. Que esas personas sean llamadas a una misma herencia o porción de ella, sin especial designación de partes. Que el testador no haya ordenado cláusula de sustitución. La autora cita a favor de esta tesis: la sentencia del TS del 6-11-62, que subraya

Y se acota que la doctrina se halla dividida aunque la norma española –al igual que venezolana– indique «sin especial designación de partes»[40]. El punto es interesante, porque, no obstante la previsión normativa que precisa que no se trate de cuotas distintas, si se acoge la tesis que combina

---

la idea de que no excluye el derecho de acrecer el simple hecho de que, dividida la herencia en varias partes, se asignan a continuación las mismas a los diferentes llamados. La Resolución de la DGRN de 04-04-1903 que entendió que se daban los requisitos del derecho de acrecer en un supuesto en el que la institución se hizo «por partes alícuotas, no numéricas, no señalando tampoco bienes determinados».

[40] Véase: CAMPO SAMPAYO, ob. cit., *passim*, «Este precepto es de difícil interpretación por lo que la doctrina se halla dividida, habiéndose defendido en su interpretación posturas diversas: a. DE BUEN y VALVERDE, han mantenido que el acrecimiento solo tiene lugar cuando la institución se hace por partes alícuotas fijadas por su relación con el todo, aun cuando estas resulten iguales –así habría acrecimiento en la cláusula "instituyo a mis cinco hijos por partes iguales" y no en la cláusula "instituyo a mis cinco hijos por quintas partes indivisas"–. b. ALBALADEJO sigue una tesis amplia y entiende que la existencia o inexistencia de acrecimiento depende de que se les deje a los conjuntos un cuerpo único o varios cuerpos, uno para cada uno. Según este autor, no hay cuerpo único cuando se atribuye a cada conjunto bienes concretos, ni cuando se les adjudica a cada uno una cantidad de dinero o una cantidad pagadera en bienes hereditarios –por ejemplo: dejo a A bienes por valor de mil…–. En cambio, sí habría unidad de cuerpos de bienes cuando se atribuye a cada uno de los instituidos conjuntamente una cuota fijada por su relación con el todo, lo mismo si estas cuotas resultan iguales o desiguales, pues en este último caso la diferente proporción en la que los instituidos concurren al total no revela que no se desee el llamamiento al todo de uno de los instituidos si faltan los otros. Además, así se evita la apertura de la intestada, todo ello sin olvidar que el derecho de acrecer no es excepcional. c. LACRUZ y SCAEVOLA rechazan el acrecimiento cuando se fijan cuotas desiguales, salvo en la hipótesis de que se instituya a un grupo en una porción igual a la de los restantes coherederos individuales. d. OSORIO MORALES afirma que cuando el artículo 983 habla de que habrá acrecimiento si se designan cuotas sin fijarlas numéricamente, emplea impropiamente las palabras "parte alícuota", pues se está refiriendo a una porción de herencia fijada cuantitativamente. Cabe decir que el TS y la DGRN siguen la tesis amplia de ALBALADEJO (SSTS: 05-06-1917 y 06-07-62; Resolución del 04-04-1903). Añade SÁNCHEZ ROMÁN que no excluye el acrecimiento el que los llamamientos se hagan en testamentos distintos o en cláusulas distintas, lo que discute LACRUZ quien afirma que en estos casos es más difícil apreciar la voluntad de institución solidaria».

la presunta voluntad del testador –subjetiva– y el llamamiento plural o solidario –objetiva–, se podrá dudar de que el testador que dispuso de un bien a favor de varios instituidos aunque con cuotas distintas realmente quería que la porción vacante fuese instituida entre los demás herederos *ab intestato* y no entre los instituidos.

ii. Tiene lugar «en principio» entre sucesores designados en el mismo testamento: con base en la citada norma del artículo 943 del Código Civil que dispone que el instituto «procede entre coherederos, cuando en un mismo testamento y por una misma disposición se les haya llamado conjuntamente…» relativa a los herederos y el artículo 947[41] que respecto de los legatarios remite al citado 943, indica la doctrina que el legislador considera que el nombramiento de herederos o legatarios en distintos testamentos implica que el testador no desea que opere respecto de ellos el derecho de acrecer[42]. Se precisa, pues, que los herederos sean instituidos en un mismo testamento[43] y en una misma disposición[44].

iii. En caso de instituciones universales –heredero–, se precisa la misma disposición o cláusula testamentaria: retomando lo dicho inmediatamente en el requisito anterior, debe observarse que el citado artículo 943, cuando se refiere expresamente a los coherederos alude no solo al mismo testamento, sino «por una misma disposición», lo que lleva a la doctrina a sostener que el derecho de acrecer precisa no únicamente el mismo testamento, sino también la misma disposición o cláusula testamentaria, a diferencia de los legatarios. Pues respecto de estos últimos la parte final del

---

[41] «Cuando uno de los legatarios haya muerto antes que el testador, o si renunciare el legado, o fuere incapaz de recibirlo, o cuando faltare la condición bajo la cual era llamado, procederá también entre los legatarios el derecho de acrecer, de conformidad con los artículos 943 y 944. Lo mismo sucederá cuándo una cosa se haya legado a varias personas en un mismo testamento, aun por disposición separada».

[42] López Herrera, *Derecho*…, t. I, p. 390, agrega aunque ello no es necesariamente cierto de presentarse otros requisitos necesarios para la procedencia del acrecimiento.

[43] Ramírez, ob. cit., p. 267.

[44] Sojo Bianco, ob. cit., p. 366.

artículo 947 indica expresamente «… cuando una cosa se haya legado a varias personas en un mismo testamento, aun por disposición separada».

El acrecimiento precisa de una misma disposición si se trata de herederos, pero se aclara que en caso de legatarios el derecho podría operar aun en casos de disposiciones separadas[45]. Se afirma entonces que para que opere el derecho de acrecer entre coherederos es necesario que en una misma disposición testamentaria sean llamados conjuntamente dos o más herederos y que el testado no haya especificado partes[46], a nuestro criterio «distintas»[47]. Se precisa también que los coherederos o colegatarios hayan sido designados por el causante en el mismo testamento, y, más específicamente, si se trata de herederos –mas no de legatarios– en una misma disposición o cláusula testamentaria[48]. Derecho que se explica en razón de existir una solidaridad en la vocación o llamamiento[49].

De lo anterior, se deduce que para que opere el derecho bajo examen, es necesario que en una misma disposición testamentaria sean llamados conjuntamente dos o más herederos. No puede tratarse de, por ejemplo, dos herederos instituidos en testamentos distintos en que uno revoque al anterior, si el testamento dispone instituciones diferentes o si el testador ha realizado distribución de cuotas. Pues, según prevé el citado artículo 944, este último caso tiene lugar si el testador dispone expresamente una designación de cuotas diversas, pues si es a partes iguales procede el derecho de acrecer.

iv. Que no opere el derecho de representación: agrega la doctrina que se precisa adicionalmente que, sobre la porción vacante, no opere el derecho

---

[45] Véase: Sojo Bianco, ob. cit., p. 368, califica el derecho de acrecer entre coherederos llamados conjuntamente como *re et verbis*, en cambio entre los colegatarios de un mismo bien procede aunque sean *re et tantum*; López Herrera, *Derecho…*, t. I, p. 390.
[46] Véase: López Herrera, *Derecho…*, t. I, p. 391; Rojas, ob. cit., p. 289.
[47] Véase *supra* xi.3.i.
[48] López Herrera, *Derecho…*, t. I, p. 392.
[49] Zannoni, ob. cit., p. 635.

de representación[50]. Recordemos que, por efecto de la representación, en los casos en que la ley la permite, el representante ocupa el lugar de quien no participó inicialmente en la sucesión[51], por lo que llena el vacío de su representado, sin haber distribución de cuotas entre los coherederos. La representación, según señalamos, se corresponde en esencia con una sustitución legal, a saber, que hace el legislador; la sustitución propiamente dicha depende del causante –según veremos de seguida–, también excluye la figura en estudio, porque se precisa que lo cuota quede libre o vacante a fin de repartirse entre los demás sucesores.

v. Que no haya sido excluido por voluntad del testador: el causante puede excluir la aplicación del derecho de acrecer[52]: recordemos que la teoría subjetiva apoya el acrecimiento en la presunta voluntad del causante, y por tal se trata de una institución dispositiva o supletoria[53], que cede ante la manifestación en contrario del testador[54]. Por lo que el derecho de acrecer quedaría excluido por voluntad expresa del testador, al prever un sustituto[55], pues la sustitución excluye el derecho de acrecer[56]. De allí que la doctrina indique el sentido dispositivo del instituto, derogable por la voluntad del *de cujus*, quien puede hacer cesar el derecho de acrecer, ya expresamente, suprimiéndolo o modificándolo, pese a existir una vocación en apariencia solidaria[57].

---

[50] Véase: Sojo Bianco, ob. cit., p. 367, agrega que es necesario que el sujeto a favor de quien se establece el derecho de acrecer proceda a la aceptación de la herencia.
[51] Véase *supra* v.6.
[52] Véase: Kipp *et al.*, ob. cit., p. 429.
[53] Véase *supra* xi.2.
[54] Sojo Bianco, ob. cit., pp. 367 y 368.
[55] Véase: ibíd., pp. 367 y 368; López Herrera, *Derecho...*, t. i, p. 389; Molina Porcel, ob. cit., p. 556, se agrega como requisito que el testador no haya establecido la existencia de un sustituto, en cuyo caso pasará al mismo la porción vacante y no habrá lugar al derecho de acrecer.
[56] Véase: Rojas, ob. cit., p. 294; Albaladejo, *Sustituciones...*, p. 81, la sustitución excluye la sucesión intestada y el derecho de acrecer, pero el sustituto tiene a su vez derecho de acrecer, si se dan los requisitos exigidos por la ley, las porciones a que hayan sido llamados otros sustitutos si no las reciben ni los instituidos ni estos sustitutos.
[57] Lacruz Berdejo *et al.*, ob. cit., p. 49.

vi. Que quede una porción de la herencia vacante porque uno de los llamados muera antes que el testador o renuncie a la herencia o sea incapaz de recibirla, siendo hoy unánime la doctrina al considerar que los supuestos que en relación con esta causa explícita el precepto no deben considerarse como un número *clausus*[58]. También un sector de la doctrina nacional se refiere a los casos en que pueden quedar vacantes las cuotas a los fines de la procedencia del derecho de acrecer, a saber, premoriencia, renuncia, incapacidad –indignidad o ausencia–, no cumplimiento de la condición suspensiva y prescripción extintiva[59]. De allí que afirme la doctrina que, para que prospere el derecho a acrecer, es necesario que uno o más llamados no puedan o no quieran aceptar, a saber, el premuerto al causante, el incapaz y quien renuncia[60]. En tales casos, si no opera el derecho de representación[61], suele presentarse una cuota libre o vacante. Se aprecian decisiones judiciales que aluden a la indignidad[62] y repudiación[63], como circunstancias que pudieran propiciar el derecho de acrecer de los demás coherederos[64].

---

[58] Molina Porcel, ob. cit., p. 556.
[59] Rojas, ob. cit., p. 300.
[60] Véase: Sojo Bianco, ob. cit., p. 366, agrega «no quiere, quien renuncia; entendiéndose por tal solo la expresa manifestación de no aceptar; pues si los demás coherederos dejan transcurrir el lapso de 10 años sin manifestar su aceptación a la totalidad de la herencia, no procederá el derecho de acrecer en atención a la prescripción consagrada en el artículo 1011 del Código Civil y, en tal caso, el heredero que posee hará suyas las cosas de la herencia».
[61] Véase *supra* XI.3.iv.
[62] Juzgado Tercero de Primera Instancia en lo Civil, Mercantil, Agrario y Tránsito de la Circunscripción Judicial del estado Anzoátegui, sent. del 16-09-04, citada *supra*, «pero tiene como finalidad ulterior el establecer el derecho de acrecer de los restantes herederos de conformidad con lo previsto en el artículo 942 y siguientes del Código Civil, es decir, de hacerse de la cuota hereditaria que en condiciones normales le hubiese correspondido al heredero declarado indigno sea cual fuere el valor monetario de dicha cuota hereditaria…».
[63] Véase: Juzgado Tercero de Primera Instancia en lo Civil, Mercantil, Agrario y Bancario de la Circunscripción Judicial del estado Carabobo, sent. del 29-09-05, citada *supra*, «… verdaderos herederos contra los cuales incoar la demanda, o quienes son las personas a favor de los cuales acrece la herencia, en caso repudiación».
[64] Véase: Sojo Bianco, ob. cit., p. 370.

4. Efectos[65]

Las consecuencias[66] o efectos de la figura bajo análisis vienen dadas por el artículo 945: «Cada vez que el derecho de acrecer no sea procedente, la parte del heredero que falte pasará a los herederos *ab intestato* del testador. Estos tendrán que soportar las cargas y las obligaciones a que habría estado sometido el heredero que falte». Esto último también aplicable al legatario por virtud del artículo 950: «La disposición del artículo 945, referente a las obligaciones a que estaría sometido el coheredero que falte, se aplicará también al colegatario en cuyo provecho sea procedente el derecho de acrecer, y al heredero o al legatario, a quienes sea beneficiosa la caducidad del legado».

En función de lo anterior se ubican entre los efectos del instituto: i. la porción vacante será distribuida proporcionalmente en los demás sucesores; ii. tales sucesores beneficiados con el derecho a acrecer soportarán también las cargas correspondientes (artículos 945 y 950), salvo disposición contraria del causante[67]; iii. en el supuesto que no opere el derecho a acrecer característico de la sucesión testamentaria, favorecerá a los herederos *ab intestato* del testador si es una cuota de herencia y aquellos tendrán las mismas cargas (artículo 946[68]), y si es una cuota de legado irá en

---

[65] Véase: López Herrera, *Derecho…*, t. i, pp. 393 y 394; Rojas, ob. cit., pp. 293 y 294; Sojo Bianco, ob. cit., p. 367; Piña Valles, ob. cit., p. 170; Polacco, ob. cit., pp. 444 y ss.

[66] Véase utilizando la expresión «consecuencias» del derecho de acrecer y «consecuencias de la no procedencia del derecho de acrecer»: López Herrera, *Derecho…*, t. i, pp. 393 y 394.

[67] Véase: ibíd., p. 393, es evidente que por tratarse de materias que no interesan al orden público el testador tiene la libertad de establecer otra cosa, y de hacerlo su voluntad priva sobre el texto legal. Véase ibíd., p. 394, si la obligación impuesta al sucesor es de naturaleza personal –ejemplo graduarse de abogado–, entonces no recaen sobre el sucesor en cuyo provecho funciona el derecho de acrecer, salvo disposición contraria del testador.

[68] «Cada vez que el derecho de acrecer no sea procedente, la parte del heredero que falte pasará a los herederos *ab intestato* del testador. Estos tendrán que soportar las cargas y las obligaciones a que habría estado sometido el heredero que falte».

beneficio de quien deba satisfacerlo. Pues no hay razón para darle un tratamiento distinto al heredero del legatario[69].

Respecto al legado, dispone el artículo 949: «Cuando no procede el derecho de acrecer entre los legatarios, la parte del que falte aprovechará al heredero o a los legatarios personalmente encargados del pago del legado; o a todos los herederos en proporción a sus partes hereditarias, cuando el pago esté a cargo de toda la herencia». Con base en tal norma se indica que en el supuesto que no haya lugar al derecho a acrecer por faltar algún requisito[70], la porción sobrante o vacante, favorece a los herederos *ab intestato* si se trata de una cuota de herencia; si se trata de un legado, la cuota vacante irá en beneficio de quien debía cumplir el legado –si no se ha previsto quien ejecute el legado, ello corresponde a los herederos en general en proporción a sus cuotas–[71].

El acrecimiento opera *ope legis* o de pleno derecho una vez acontecida la aceptación[72], pues «obra por imperio de la ley»[73]. El acrecimiento supone entonces «un ensanchamiento o expansión de la titularidad jurídica sucesoria o derecho hereditario»[74].

5. Excepciones

La doctrina cita dos excepciones a las reglas relativas a la procedencia del acrecimiento; una según la cual el derecho es admitido sin llenarse los extremos citados, y otra en que, por el contrario, se excluye el derecho de acrecer no obstante llenarse los supuestos necesarios para su existencia. Es el caso del usufructo conjunto y el caso de la representación testamentaria[75].

---

[69] Rojas, ob. cit., p. 297.
[70] Véase *supra* xi.3.
[71] Véase: Sojo Bianco, ob. cit., p. 367.
[72] Véase: ibíd., 369.
[73] Rojas, ob. cit., p. 301.
[74] Carrión Olmos *et al.*, ob. cit., p. 480.
[75] Véase: Polacco, ob. cit., pp. 446-456; Sojo Bianco, ob. cit., p. 369.

i. Caso del usufructo: la primera excepción prevista en el artículo 948: «Si se ha dejado un usufructo a varias personas, de manera que, según las reglas arriba establecidas, haya entre ellas derecho de acrecer, la parte del que falte, aun después de la aceptación del legado, acrecerá siempre a los demás usufructuarios. Si no fuere procedente el derecho de acrecer, la parte del que falte se consolida con la propiedad».

Se debe tratar de un usufructo de un mismo bien o cosa[76]. La doctrina[77] distingue tres situaciones diferentes respecto de la citada norma: a. falta de uno de los usufructuarios antes de haber él aceptado el legado, si el testador dispone de un usufructo –vitalicio o temporal– conjunto sin designación de parte y alguno no acepta, su parte acrece como es natural la de los demás; b. usufructo conjunto pero de plazo determinado y uno de los usufructuarios falta después de haber aceptado el legado, si el usufructo es temporal, todos aceptan el mismo pero posteriormente alguno de ellos falta, tal porción no se extingue porque tal derecho real de goce subsiste hasta su vencimiento aunque fallezca su titular (artículo 619 del Código Civil) y tampoco funciona el derecho de acrecer para los otros legatarios, sino que la porción pasa a los herederos del legatario fallecido; c. el usufructo es conjunto pero vitalicio y uno de los usufructuarios falta después de haber aceptado el legado, si todos aceptaron y posteriormente alguno fallece, la porción de usufructo vacante por la muerte de su titular, acrece los derechos de usufructo de los demás colegatarios, por aplicación de la norma especial en comentario, no obstante que el artículo 619 prevé que el usufructo no establecido por tiempo determinado se extingue con la muerte del titular[78].

Así pues, nuestro Código Civil admite por vía de excepción el derecho de acrecer aunque falten los extremos en el caso del usufructo conjunto[79]. La razón de esta excepción está en la naturaleza temporal del usufructo:

---

[76] Véase: Sojo Bianco, ob. cit., p. 370.
[77] Véase: López Herrera, *Derecho…*, t. i, pp. 391-393.
[78] Véase: ídem.
[79] Rojas, ob. cit., p. 302.

los frutos que recibe el usufructuario ingresan a su patrimonio y puede disponer de ellos a voluntad y transmitirlos a sus herederos, pero el derecho a recibir estos no puede separarse de su persona y por tanto no le sobreviven[80].

ii. Caso de la representación testamentaria –cuando procedería la representación en la sucesión *ab intestato*–: en este caso, no tiene lugar el derecho de acrecer aunque existan los supuestos de existencia, según se deriva del Código Civil[81]. Prevé el artículo 942: «Si uno de los herederos instituidos muere antes que el testador, o renuncia la herencia, o es incapaz, su porción pasará al coheredero o a los coherederos cuando haya lugar al derecho de acrecer, salvo lo que se establece en el artículo 953». El artículo 953 dispone: «Queda sin efecto toda disposición testamentaria, si el favorecido por ella no ha sobrevivido al testador o es incapaz. Sin embargo, los descendientes del heredero o legatario premuerto o incapaz participarán de la herencia o del legado en el caso de que la representación se hubiere admitido en su provecho, si se tratase de sucesión *ab intestato*; a menos que el testador haya dispuesto otra cosa, o que se trate de legados de usufructo o de otro derecho personal por su naturaleza».

En caso de premoriencia o incapacidad tiene lugar el derecho de acrecer, salvo que el instituido afectado deje descendientes respecto de los que procedería la representación. El artículo 953 no alude a renuncia, por lo que la doctrina concluye que la excepción prevista en dicha norma no se extiende al caso de renuncia[82]. Ello, en concordancia con el artículo 1016 *eiusdem* que prevé: «en las sucesiones testamentarias la parte del renunciante se defiere a sus coherederos o a los herederos *ab intestato*, según lo establecido en los artículos 943 y 946». Lo cual es lógico, toda vez que inclusive en materia de sucesión legal vimos que la renuncia excluye la

---

[80] Véase: Sojo Bianco, ob. cit., p. 369.
[81] Véase: ibíd., p. 370.
[82] Polacco, ob. cit., p. 453. Véase: Sojo Bianco, ob. cit., p. 370, agrega el autor que se advierte que el artículo 953 solo se refiere a dos casos determinantes de la no concurrencia, a saber, premuerte e incapacidad.

figura de la representación, esto es, no hay representación del heredero que repudia o renuncia la herencia[83].

La doctrina acota que, en dicho supuesto del artículo 953, se niega el acrecimiento a coherederos y colegatarios porque la ley ordena que la cuota vacante no acrece, sino que va a los hijos o descendientes del instituido si en tal caso prosperaría la representación en la sucesión *ab intestato*. El fundamento de la excepción podría encontrarse en la presunta voluntad del causante, dado el vínculo estrecho entre testador y sucesor, y por tal predomine la sustitución recíproca entre los sucesores, a través de sus descendientes[84]. Como entonces habría representación en la sucesión *ab intestato* la ley defiere la liberalidad a favor de los hijos o descendientes[85]. El derecho de acrecer basado en la presunta voluntad del causante es vencida por una más fuerte referida a la proximidad con el causante[86]. «El artículo 953 del mismo Código establece la posibilidad que los descendientes del heredero premuerto puedan participar en la herencia»[87].

Acota Rojas que el artículo 953 que refiere el derecho de representación a favor de los descendientes del instituido añade: «a menos que el testado haya dispuesto otra cosa», por lo que la regla que el derecho de representación prevalece sobre el de acrecer aplica mientras el testador no disponga lo contrario[88]; ello porque la representación se funda en la presunta voluntad del causante y es absurdo referirse a esta ante otra voluntad declarada por el mismo testador[89]. Como ejemplo de otra cosa que pueda disponer el testador se coloca una pensión vitalicia[90].

---

[83] Véase *supra* v.6.
[84] Véase: Sojo Bianco, ob. cit., p. 370.
[85] Sanojo, ob. cit., p. 16.
[86] Polacco, ob. cit., p. 449, inspirada en el orden natural de los afectos.
[87] Juzgado Tercero de los municipios Maturín, Aguasay, Santa Bárbara y Ezequiel Zamora de la Circunscripción Judicial del estado Monagas, sent. del 11-06-09, exp. 1016, http://zulia.tsj.gov.ve/decisiones/2009/junio/1871-11-sol1016-09-.html.
[88] Rojas, ob. cit., p. 299. Véase en el mismo sentido: Ramírez, ob. cit., p. 271.
[89] Rojas, ob. cit., p. 297.
[90] Polacco, ob. cit., p. 455.

Estamos, pues, en este último supuesto excepcional ante el caso denominado por la doctrina «representación testamentaria», a la que hicimos referencia al contrastarla con la representación típica o característica de la sucesión *ab intestato*[91]. Por ende, ha de concluirse que no aplica el derecho a acrecer cuando procede la representación testamentaria, la que tiene lugar en caso de premoriencia o algunos casos de incapacidad del coheredero o colegatario. Así pues, la representación testamentaria excluye el acrecimiento. O, como se ha indicado respecto de otra legislación al instituirse hijos, el derecho de representación en la sucesión testada será preferente al acrecimiento[92].

6. En la sucesión *AB INTESTATO*

En el Derecho romano, el derecho de acrecer o acrecimiento tenía lugar en la sucesión legítima y en la testamentaria al existir pluralidad de herederos y no aceptación de uno de estos[93]. Actualmente se afirma que el derecho acrecer es característico de la sucesión testamentaria[94], en tanto que en la *ab intestato*, propicia un único llamamiento a varias personas,

---

[91] Véase: *supra* v.6; López Herrera, *Derecho...*, t. i, pp. 385-388; Villaroel Rión, ob. cit., pp. 170 y 171.

[92] Véase: Pérez Simeón, Maurici: «La prelación entre el derecho de representación y el acrecimiento en la sucesión testamentaria». En: *InDret Revista para el análisis del Derecho*, N.º 3, Barcelona, 2008, pp. 3, 22 y 23, http://www.indret.com, el autor refiere norma en la legislación foral de Cataluña que prescribe que si el testador instituye a sus hijos por partes iguales deben reputarse también a suceder los descendientes de los instituidos por estirpes. Lo que a decir del autor plantea el problema si es trasladable a la sucesión testada el derecho de representación. Indica que en 2008 se introducen algunos cambios aunque la norma en esencia permanece igual en el sentido de que si el testador instituye hijos por partes iguales se confiere a sus descendientes un derecho de representación, que a falta de indicación expresa posiblemente se extenderá a premoriencia, ausencia e indignidad. Se concluye que el derecho de representación en la sucesión testada será preferente al acrecimiento.

[93] Véase: Bernad Mainar, *Derecho romano...*, pp. 143 y 144.

[94] Véase: Sojo Bianco, ob. cit., p. 366; Rojas, ob. cit., pp. 285 y 286; Rodríguez, ob. cit., p. 193, Suárez Franco, ob. cit., p. 298.

cada una queda instituida por el todo, y por tal la porción de cada coheredero se constituye luego de restar las porciones de los demás[95]. En la sucesión intestada no acontecen vocaciones parciales o limitadas por la voluntad del testador[96], porque la ley preestablece las respectivas porciones o cuotas.

El artículo 1014 del Código Civil prevé: «En las sucesiones intestadas, la parte del que renuncia acrece a sus coherederos; si no hay otro heredero, la herencia se defiere al grado subsiguiente». Con base en dicha norma, afirma la doctrina nacional que el derecho de acrecer se aplica a la sucesión testamentaria en cuyo capítulo del Código se trata la figura, pues a la sucesión *ab intestato* la rige el artículo 1014[97], cuya cuota del llamado está predeterminada por la ley[98]. Se indica que, no obstante que la disposición citada relativa a la sucesión *ab intestato* alude a «acrece», el vocablo está mal empleado porque no se trata en tal caso de un verdadero derecho a acrecer, pues faltan los elementos que configuran el mismo[99]; y se concluye que el derecho de acrecer es un institución típica de la sucesión testamentaria, por lo que el artículo 1014 utiliza el término en forma confusa[100].

López Herrera, por su parte señala que el derecho de acrecer igualmente funciona en la sucesión *ab intestato*, pero solo en caso de renuncia de alguno

---

[95] Véase: Sojo Bianco, ob. cit., p. 366.
[96] Véase: Zannoni, ob. cit., p. 636, El artículo 3810 del Código Civil argentino señala expresamente que «el derecho de acrecer no tiene lugar sino en las disposiciones testamentarias», y señala la doctrina que ello es así porque en la sucesión *ab intestato* no hay vocaciones parciales o confinadas.
[97] Véase: Dominici, ob. cit., p. 192.
[98] Véase: Rojas, ob. cit., p. 285, El derecho de acrecer presupone una institución única aunque sean varios los llamados, de suerte que cada uno de los instituidos lo es en la totalidad y la porción de cada uno representa lo que se quita de dicha totalidad en que el otro es llamado. En cambio, en la sucesión *ab intestato*, cada uno de los llamados lo es en una cuota natural determinada por la ley, por consiguiente, no se da el caso de que la ley le atribuya a cada uno de los llamados a la masa hereditaria entera, para después quitarle la parte que se devuelve al coheredero.
[99] Véase: Sojo Bianco, ob. cit., p. 366.
[100] Rodríguez, ob. cit., p. 193. En el mismo sentido: Rojas, ob. cit., pp. 285 y 286.

de los llamados por la ley a suceder al *de cujus*[101], a tenor del artículo 1014 del Código Civil –en las sucesiones intestadas, la parte del que renuncia acrece a sus coherederos...–. Ahora bien, comenta el citado autor que otra importante diferencia en cuanto al funcionamiento de derecho de acrecer en uno y otro tipo de sucesiones es que en la testamentaria, la cuota del heredero que falta, siempre se distribuye por partes iguales, entre los demás coherederos, pues el artículo 944 del Código exige para la procedencia del derecho de acrecer en esos casos, que todos los instituidos lo hayan sido por partes iguales; por el contrario, en la sucesión intestada, la cuota del heredero que renuncia, se distribuye entre los demás en la misma proporción de sus respectivas cuotas hereditarias –que pueden ser o no iguales entre sí–[102]. Se aprecia decisión judicial que señala que en las sucesiones intestadas, la parte que renuncia acrece a sus coherederos de conformidad con el artículo 1014[103]. Esto, pues recordemos que en caso de renuncia no opera la representación[104].

Dominici considera que la situación en la sucesión *ab intestato* es distinta, en la que opera, para el autor, el acrecimiento o acrecencia que algunos denominan «acreción», y que es distinto al que resulta del derecho de acrecer[105]. Para el autor, el acrecimiento se verifica en las sucesiones legítimas por mandato de la ley, sin tener en cuenta la conjunción, puesto que no hay testamento, y no es facultativa, como en las testamentarias, sino forzosa para el heredero; de suerte que este no podría rehusar la acumulación de la parte del coheredero renunciante, sino repudiando, caso de estar en tiempo, su propia parte[106].

---

[101] López Herrera, *Derecho...*, t. I, p. 394.
[102] Véase: ibíd., pp. 394 y 395.
[103] Véase: Juzgado Vigésimo Tercero de Municipio de la Circunscripción Judicial del Área Metropolitana de Caracas, sent. del 06-11-08, exp. AP31-V-2007-000476, http://merida.tsj.gov.ve/decisiones/2008/noviembre/2171-6-AP31-V-2007-000476-.html.
[104] Véase *supra* v.6.
[105] Dominici, ob. cit., p. 288.
[106] Véase: ídem, la razón de esta diferencia –agrega el autor– es muy sencilla: los herederos instituidos derivan su derecho de la institución, y por tanto cada uno de ellos

El derecho de acrecer es voluntario y puede renunciarse, aunque el heredero *ab intestato* adquiera la cuota luego[107]. A pesar de la distinción del autor y de que el Código Civil alude en las disposiciones correspondientes a «derecho a acrecer», no vemos óbice –según indicamos[108]– en utilizar como sinónimo la expresión «acrecimiento» como indicativo de aumento[109], para referirnos a la institución en estudio. Ello toda vez que la distinción de la figura respecto de la sucesión intestada no está clara y, como indicamos al principio, algunos ven la institución como un mero fenómeno y no propiamente como un derecho[110]; el acrecimiento en la sucesión legal opera por imperativo de la ley y no es facultativo, a diferencia de la sucesión testamentaria en que, según indicamos, la figura surge en gran medida por voluntad presunta del causante que bien podría descartarla.

Si bien tanto en la sucesión testamentaria como en la sucesión *ab intestato* puede mediar la idea de acrecer, esto es, del aumento derivado de la cuota vacante en función de una vocación plural o solidaria, se presentan diferencias entre una y otra[111]. Por lo que cabría indicar que la procedencia o requisitos

---

puede limitarse a aceptar la parte que en concurrencia con su coheredero le toca, y rechazar todo aumento que le venga por la no aceptación, muerte o incapacidad de aquel; al paso que a los herederos *ab intestato*, los llama la ley, si uno renuncia es como si hubiese muerte antes que el *de cujus*. Véase: ibíd., p. 289, agrega que algunos señalan que en la sucesión intestada no hay propiamente acrecimiento, sino más bien no decrecimiento, dado que al faltar un heredero *ab intestato*, la herencia corresponde toda a los herederos *ipso iure*.

[107] Véase: ibíd., pp. 204 y 205.
[108] Véase *supra* xi.1.
[109] Que debe ser redistribuido en los restantes participantes. Véase utilizando tal expresión respecto al albacea: artículo 984 del Código Civil: «Si el testador legó o señaló conjuntamente a los albaceas alguna retribución, la parte de los que no admitan el cargo, acrecerá a los que lo admitan».
[110] Véase: Carrión Olmos *et al.*, ob. cit., p. 476; *supra* xi.1.
[111] Véase las distinciones hechas *supra* por la doctrina nacional –López Herrera y Dominici–: La norma relativa a una suerte de acrecimiento en la sucesión *ab intestato* (artículo 1014) se limita a la renuncia, en tanto que el derecho de acrecer de la sucesión testamentaria incluye éste y otros supuestos como la premoriencia y la incapacidad;

de la figura analizada están dirigidos como de ellos se desprende a la sucesión testamentaria[112]. De allí que indicara Messineo que el derecho de acrecer se regula principalmente –pero no exclusivamente– en relación en la vocación testamentaria[113]. De Ruggiero, por su parte, indica que la figura puede ocurrir tanto en las sucesiones legítimas, como en las testamentarias[114].

La doctrina española también hace una diferencia entre el acrecimiento en la sucesión legal y el derecho de acrecer[115]. No obstante, respecto de dicho ordenamiento, indica Albaladejo que en la sucesión intestada también hay derecho de acrecer porque la construcción de esta según la cual el pariente más próximo excluye al más lejano, permite llegar a la misma construcción[116]. Finalmente, algunos autores, ante la evidente dificultad técnica y sutileza de la distinción, proponen denominaciones como «aumento de la cuota hereditaria»[117], toda vez que, aunque el fundamento pueda ser distinto en casa especie de sucesión, se basa en la idea de la vocación solidaria[118].

---

en la sucesión testamentaria la cuota que acrece se distribuye por partes iguales, mientras que en la sucesión *ab intestato* se distribuye por la cuota prefijada por la ley; el derecho de acrecer en la sucesión testamentaria puede renunciarse sin que se renuncie a la cuota asignada a diferencia de la sucesión legal en que el acrecimiento opera obligatoriamente salvo que la posibilidad de repudiar la herencia.

[112] Véase *supra* xi.3.
[113] Messineo, ob. cit., p. 372.
[114] De Ruggiero, ob. cit., p. 377, la sucesión legítima tiene lugar cuando concurren por virtud de la ley varias personas del mismo grado –hijos del causante–.
[115] Véase: Roca Ferrer *et al.*, ob. cit., pp. 285 y 286.
[116] Véase: Albaladejo, *Curso*…, p. 65, se discute si el acrecimiento se da en la sucesión intestada como en la testamentaria o si se produce por razón de que el mismo resultado que en esta se obtiene en aquella, no porque exista derecho de acrecer en la misma, sino porque así lo impone la propia construcción legal de la sucesión intestada, que al adoptar la regla de que el pariente más próximo excluye al más remoto, exige que antes de llamar a suceder al siguiente grupo de posibles herederos, se agoten los que puedan haber en un grupo preferente –por ejemplo, antes de llamar a sobrinos del difunto, no ha de quedar ningún hermano de este–.
[117] Véase: Roca Ferrer *et al.*, ob. cit., p. 286, citan a Roca-Sastre.
[118] Véase: ibíd., p. 287, citan a Guilarte y Hernández Gil.

Tema XII
El albaceazgo

Sumario: 1. **Noción** 2. **Caracteres** 3. **Atribuciones** 4. **Extinción**

1. Noción[1]

El albacea o también denominado «ejecutor testamentario» es la persona designada por el testador a los fines de tener a su cargo algunas funciones

---

[1] Véase: López Herrera, Francisco: «El instituto del albaceazgo en el Código Civil de Venezuela». En: *200 años del Colegio de Abogados. Libro homenaje.* t. II, Colegio de Abogados del Distrito Federal, 1989, pp. 9-46 (reproducido en: López Herrera, *Derecho...*, t. I, pp. 397-422); Albaladejo, Manuel: *El albaceazgo en el Derecho español (común y catalán).* Madrid, Tecnos, 1969; Bañuls Gómez, Alexis y Cobas Cobiella, Elena: *El albaceazgo.* Navarra, Aranzadi, 2007; de Andreis Mahecha, José Rafael: *El albaceazgo.* Bogotá, Pontificia Universidad Javeriana, (tesis), 1987; Puig Ferriol, Luis: *El albaceazgo.* Barcelona, Bosch, 1967; Pintó Ruiz, José Juan: «La figura del albacea». En: http://noticias.juridicas.com/articulos/45-Derecho%20Civil/200512-395614151010523180.html; Orrego Acuña, Juan Andrés: «Sucesorio (duodécima parte: Los albaceas o ejecutores testamentarios)». En: www.juanandresorrego.cl/apuntes/derecho_civil.../civil4_sucesorio_12.pdf; Orozco Alonzo, Roberto Armando: «El albacea testamentario». En: *Podium Notarial.* N.º 28, 2003, pp. 51 y 52, www.juridicas.unam.mx/publica/librev/rev/podium/.../pr9.pdf; Larrea Holguín, Juan: «El albaceazgo». En: *Revista Jurídica.* N.º 13. Guayaquil, Universidad Católica de Santiago de Guayaquil, 1999, https://www.revistajuridicaonline.com; López Vilas, Ramón: «Configuración jurídica del albacea en el Derecho español». En: *Estudios de Derecho Civil en honor del profesor Castán Tobeñas.* Pamplona, Ediciones Universidad de Navarra, 1969, vol. VI, pp. 377-421; Albaladejo, Manuel: «Responsabilidad del albacea». En: *Estudios de Derecho Civil en honor del profesor Castán Tobeñas.* Pamplona, Ediciones Universidad de Navarra, 1969, vol. VI, pp. 7-36; Paredes Sánchez, Luis Eduardo: «El albacea como oficio de Derecho privado. Origen,

relativas a la sucesión²; es el llamado por el testador a ejecutar las disposiciones del testamento³ y de allí su denominación⁴. Tiene a su cargo velar

    naturaleza jurídica y otros hechos controvertidos». En: *Revista Mexicana de Derecho*. N° 15, México D. F., Colegio de Notarios del Distrito Federal, 2013, pp. 115-129; LUJÁN LÓPEZ, María: «Incompatibilidades para el ejercicio de la función de albacea: concurrencia de las cualidades de albacea y abogado y posibilidades de defender en juicio la validez del testamento». En: http://noticias.juridicas.com; ÁLVAREZ-SALA WALTHER, Juan: «Pasado y futuro del albaceazgo». En: *Notario 2R*. Colegio Notarial de Madrid, 2013, pp. 1-17, http://www.elnotario.es.

2 Véase: SERRANO ALONSO, *Manual...*, p. 178, el testador puede encomendar la ejecución de su última voluntad manifestada en su testamento a una o varias personas que reciben el nombre de albaceas, palabra que es sinónimo de ejecutor testamentario, nombrado por el causante en su testamento. El término es de origen árabe –al-waci, ejecutor–. En el mismo sentido: GUTIÉRREZ BARRENENGOA *et al.*, ob. cit., p. 125; COCCORESE, Gaetano: «Compilación de Derecho Sucesoral venezolano». En: http://http://www.monografias.com, «El albacea es la persona designada por el testador con la específica función de ejecutar lo reflejado en el testamento, es decir, es la persona encargada de realizar la distribución de los bienes del testador conforme a su voluntad, teniendo que cumplir dicha misión, pudiendo incluso pagar deudas del difunto de los bienes de la herencia, vigilar todo lo mandado en el propio testamento, proteger los bienes existentes en la misma»; «El albaceazgo». En: *Gran Enciclopedia Rialp*, enj.org/portal/index2.php?option=com_docman&task=doc... personas que han de auxiliar al cumplimiento de la voluntad del testador dentro de los límites legales; PINTÓ RUIZ, ob. cit., *passim*, «el albacea universal, va a ser como un fiduciario en un fideicomiso puro que recibe la herencia para transmitirla suficientemente configurada a los herederos, dando además cumplimiento a las cargas y legados acaso dispuestos»; ORREGO ACUÑA, *Sucesorio...*, p. 1, aquellos a quienes el testador da el encargo de hacer ejecutar sus disposiciones, la palabra proviene del árabe –de cabezalero o quien hace cabeza–; KIPP *et al.*, ob. cit., pp. 7 y 599, el ejecutor testamentario es un agente instituido por el causante que pone en práctica las ordenaciones de última voluntad de este; RIPERT y BOULANGER, ob. cit., p. 354, el testamento puede designar una o varias personas encargas de velar por la ejecución del testamento; LAFONT PIANETTA, ob. cit., t. II, pp. 445-490, su función es velar por la ejecución del testamento, ibíd., p. 445.

3 ZANNONI, ob. cit., p. 719.

4 Véase: LÓPEZ VILAS, ob. cit., p. 379, la misma denominación de ejecutor testamentario viene a indicar y a poner de manifiesto su función básica. En el Derecho español se utilizan en forma indistinta los términos albacea y ejecutor testamentario;

por la ejecución del testamento, es decir, por el cumplimiento de la última voluntad del causante[5]. En nuestro ordenamiento el testamento es normalmente ejecutado y cumplido por el propio heredero, pero puede suceder que por un motivo u otro el testador no tenga la suficiente seguridad o confianza en aquellos y pueda entonces encargar un albacea o ejecutor testamentario[6]. Se trata de una figura de gran positividad en el derecho actual[7].

En efecto, el deber de cumplir con las disposiciones testamentarias corresponde primeramente a los herederos, pero al testador se le reconoce la posibilidad de designar personas de su confianza para hacer valer su última voluntad, quienes son los albaceas[8]. El instituto tiene su fundamento en prevenir inconvenientes entre los herederos, materializado a través de la voluntad de testar[9]. Surge de la necesidad que siente el testador de confiar el cuidado y eficacia de las disposiciones testamentarias a ciertas personas[10].

Ello pudiera –a decir de ZANNONI– ser fuente en la práctica de conflictos con los herederos, porque el albacea actúa como ejecutor, correspondiéndole una administración liquidadora interpuesta entre el patrimonio del causante

---

LAURENT, ob. cit., t. IX, pp. 348, el ejecutor testamentario es designado por el testador para ejecutar la voluntad, véase sobre la figura: ibíd., pp. 348-425; CÓRDOBA et al., ob. cit., 1993, t. III, p. 305.

[5] ALBALADEJO, *Curso...*, p. 350. Véase también: MAZEAUD et al., ob. cit., vol. II, p. 415, el albacea vela por el cumplimiento del testamento.

[6] LÓPEZ HERRERA, *Derecho...*, t. I, p. 397; LÓPEZ HERRERA, *El instituto del albaceazgo...*, p. 11. Véase: LARREA HOLGUÍN, ob. cit., *passim*, «La ejecución y pleno cumplimiento de la voluntad del testador, dentro de las exigencias legales, se encargan naturalmente a los propios herederos, pero puede haber uno de ellos u otra persona que sin ser heredero, reciba la especial misión de velar por la ejecución de lo dispuesto en el testamento; el albaceazgo es la institución destinada a asegurar el cumplimiento de lo ordenado en la última voluntad del causante».

[7] PAREDES SÁNCHEZ, ob. cit., p. 115.

[8] CARRIÓN OLMOS *et al.*, ob. cit., p. 409.

[9] Véase: ROJAS, ob. cit., p. 316.

[10] DOMINICI, ob. cit., p. 235.

y los herederos, reduciendo a estos a meros destinatarios del remanente[11]. De allí que indiquen Ripert y Boulanger que «el nombramiento de un ejecutor testamentario constituye, pues, un acto de desconfianza», pues el testador teme la mala voluntad o negligencia de los herederos[12].

Así, el testador designa alguien de su confianza a objeto de que ejecute su última voluntad, vele por la conservación del patrimonio del herencia y se eviten conflictos entre coherederos[13]. De allí que bien puede servir la figura del albacea para evitar los posibles conflictos entre coherederos y familiares[14]. El albacea testamentario es aquella persona que, en virtud de la voluntad y confianza depositada por el testador, con posterioridad a la muerte de este último, ejecuta o da cumplimiento a su voluntad, y vele por la conservación de los bienes dejados a sus herederos a través del testamento, hasta tanto dichos herederos entren definitivamente en propiedad y posesión de los bienes[15]. De allí que se afirme que la ejecución de la voluntad expresa del difunto corresponde al albacea[16].

La institución de la ejecución testamentaria se orienta a resolver los menesteres urgentes al tiempo del fallecimiento; fomentar el cumplimiento de la voluntad del testador; y facilitar la conservación y administración

---

[11] Zannoni, ob. cit., p. 722.
[12] Ripert y Boulanger, ob. cit., p. 389.
[13] Véase: Sojo Bianco, ob. cit., p. 377; Piña Valles, ob. cit., p. 173. Véase también: Rojas, ob. cit., p. 312, encargo dado por el testador a una persona para que ejecute su última voluntad; López Herrera, *Derecho…*, t. i, p. 397; López Herrera, *El instituto del albaceazgo…*, p. 11.
[14] Rodríguez Prieto, Fernando: «La previsión del conflicto sucesorio en el testamento». En: *El Notario del siglo xxi*. N.º 44. Madrid, Colegio Notarial de Madrid, 2012, http://www.elnotario.es.
[15] Corte Superior Segunda del Circuito Judicial del Tribunal de Protección de Niños, Niñas y Adolescentes de la Circunscripción Judicial del Área Metropolitana de Caracas y Nacional de Adopción Internacional, sent. del 28-07-08, exp. AP51-R-2007-009309, http://jca.tsj.gov.ve/decisiones/2008/julio/2094-28-AP51-R-2007-009309-AZ522008000107.html.
[16] Aguilar Gutiérrez, ob. cit., p. 128.

del patrimonio hereditario[17]. La función del albacea es eminentemente activa[18]. Siendo, para algunos, el ejecutor testamentario el gran protagonista de la sucesión[19], aunque una pieza más del complejo proceso sucesorio[20]. La figura es regulada en nuestro Código sustantivo en los artículos 967 al 985.

En cuanto a la naturaleza jurídica del albaceazgo[21], las teorías tradicionales señalan que el albacea se presenta como una suerte de representante o mandatario[22] del testador, aunque el mandato se extingue con la

---

[17] Lacruz Berdejo *et al.*, ob. cit., p. 300.
[18] Puig Ferriol, ob. cit., p.36.
[19] Álvarez-Sala Walther, ob. cit., p. 3.
[20] Ibíd., p. 16.
[21] Véase: López Herrera, *Derecho...*, t. i, pp. 399-401; López Herrera, *El instituto del albaceazgo...*, pp. 14-17; López Vilas, ob. cit., pp. 388-413, el autor reseña detalladamente las distintas figuras jurídicas con que se ha comparado el instituto, a saber, sucesor *mortis causa*, arbitro, representante, órgano u oficio, figura *sui generis*; refiere orientaciones modernas como: mandato especial y peculiar, supuesto de fiducia testamentaria, aunque reseña como la tradicional la del mandato; de Andreis Mahecha, ob. cit., pp. 24-33, refiere que se ha considerado un delegado, oficio, intermediario, cargo privado legatario especial, curaduría especial, mandatario, representante; Paredes Sánchez, ob. cit., pp. 117-123; Córdoba *et al.*, ob. cit., 1993, t. iii, pp. 309-313.
[22] Véase en este sentido aunque reseñando diferencias particulares: López Herrera, *Derecho...*, t. i, pp. 400 y 401; López Herrera, *El instituto del albaceazgo...*, pp. 15-17, cuando menos a primera vista, parecería que el albacea es una especie de mandatario póstumo del causante, encargado por él de cumplir su voluntad, pero en todo caso se trataría de un mandato con características y rasgos muy peculiares: el mandato es un contrato y por tal un negocio jurídico bilateral, en tanto que el nombramiento del albacea es un acto unilateral así como la aceptación de éste; el mandato se extingue con la muerte del mandante y contrariamente el albaceazgo es un mandato póstumo; el mandatario puede ser incapaz y el albacea debe ser capaz de obligarse; el mandato es esencialmente revocable al igual que el testamento que contiene al albacea, pero una vez fallecido el *de cujus* los herederos no pueden revocar el nombramiento; el mandatario rinde cuentas a su mandante, el albacea a los herederos; el mandatario puede, salvo disposición contraria, sustituir su mandato a diferencia del albacea; los mandatarios no responden solidariamente de su gestión a diferencia de los albaceas; el mandatario actúa en nombre del mandante

muerte[23]; posteriores teorías –modernas– señalan, entre otras, que constituye un oficio o función[24]. A esta última se le critica que no es un oficio análogo al de tutor o curador porque estos tienden a proteger intereses públicos y el albaceazgo a intereses privados[25]. De allí que, a falta de explicación satisfactoria, se concluya que «el albaceazgo es una institución híbrida, mezcla de otras, *sui generis*[26], dotada de carácter especial y autonomía propia»[27]; original e independiente[28], un cargo complejo[29] que no

---

en tanto que el albacea en nombre propio. Véase también: ORREGO ACUÑA, *Sucesorio...*, p. 1, la propia definición legal de albacea alude a «encargo», expresión propia del mandato; LARREA HOLGUÍN, ob. cit., *passim*, «la figura del albacea se presenta un tanto ambigua y da origen a varias interpretaciones en cuanto a su naturaleza (…) También se ha querido ver en el albacea un mandatario del testador, que recibe poder para ejercerlo después de la muerte del causante»; SANOJO, ob. cit., p. 28, el albaceazgo es una especie de mandato que el testador confiere a una o más personas para ejecutar su última voluntad o vigilar su ejecución; el albacea es mandatario del testador y no del tutor. El albaceazgo, como mandato, está sujeto a las reglas generales del mandato, en cuanto sean compatibles con su naturaleza particular; RAMÍREZ, ob. cit., p. 277, el albacea no es otra cosa que un mandatario del testador, aunque mandato anómalo porque a diferencia de aquel tiene efecto con posterioridad al fallecimiento del testador; JOSSERAND, ob. cit., vol. III, p. 209, el ejecutor testamentario es un mandatario, que saca sus poderes de una cláusula testamentaria; DE ANDREIS MAHECHA, ob. cit., pp. 27-31, el autor resalta algunas diferencias entre ambas figuras, el mandato es un contrato mientras que el albaceazgo es un acto unilateral, el mandato culmina con la muerte mientras que precisamente la muerte hace nacer el albaceazgo, el mandato puede recaer en incapaces a diferencia del albacea que ha de ser capaz; el mandato admite delegación salvo prohibición expresa en tanto que el albaceazgo no salvo previsión expresa del causante; FASSI, ob. cit., pp. 228 y 229.

[23] Véase: Código Civil: artículo 1704.3.
[24] Véase: GUTIÉRREZ BARRENENGOA *et al.*, ob. cit., pp. 126-130. Véase sobre las teorías: ROJAS, ob. cit., pp. 317-331.
[25] DÍEZ-PICAZO y GULLÓN, ob. cit., p. 434. Véase también: LÓPEZ HERRERA, *Derecho...*, t. I, p. 401; LÓPEZ HERRERA, *El instituto del albaceazgo...*, p. 17, es incuestionable que es un cargo o función de índole privada.
[26] Véase: DE ANDREIS MAHECHA, ob. cit., p. 26; CÓRDOBA *et al.*, ob. cit., 1993, t. III, p. 313, presenta características propias.
[27] GUTIÉRREZ BARRENENGOA *et al.*, ob. cit., p. 129.
[28] Véase: CLARO SOLAR, ob. cit., t. XVI (IV), p. 296.

puede ser enmarcado en otra categoría[30]. Una suerte de administrador de una universalidad jurídica en liquidación[31]. Cobra auge la opinión que ve en el albaceazgo una institución con substantividad propia[32], que aunque presente analogía con otras, no debe significar en ningún caso plena identificación, por lo que mal puede pretender encajarse en fórmulas válidas para otras figuras jurídicas[33]. Valga entonces –dada su naturaleza especial– la consideración de POLACCO que, vista la naturaleza jurídica del instituto, debe servir como criterio directivo en la materia que estamos ante una pura creación del legislador no extensible fuera de los límites contemplados por este[34].

El origen de la institución del albacea es bastante discutido[35]. La figura para algunos se pierde en el tiempo[36] y data del Derecho romano[37], pero

---

[29] Véase LÓPEZ HERRERA, *Derecho...*, t. I, p. 401; LÓPEZ HERRERA, *El instituto del albaceazgo...*, p. 17, quien señala que su naturaleza jurídica es «compleja» y agrega que tiene rasgos de un mandato *sui géneris*, pero también un cargo o función de índole privada.

[30] BAQUEIRO ROJAS y BUENROSTRO BÁEZ, ob. cit., p. 365.

[31] PAREDES SÁNCHEZ, ob. cit., p. 121.

[32] LÓPEZ VILAS, ob. cit., p. 411.

[33] Ídem.

[34] POLACCO, ob. cit., p. 505.

[35] DE ANDREIS MAHECHA, ob. cit., p. 18.

[36] Véase: FASSI, ob. cit., p. 224, «en todos los tiempos históricamente computables, se ha considerado y dispuesto la intervención de otras personas llamadas a ejecutar el testamento».

[37] Véase reseña de: ROJAS, ob. cit., pp. 314-316. Véase también: LÓPEZ HERRERA, *Derecho...*, t. I, p. 397; LÓPEZ HERRERA, *El instituto del albaceazgo...*, p. 12, indica que «a nuestro pensar, la raíz más remota de la institución del albaceazgo, es el fideicomiso romano: la disposición de última voluntad mediante la cual el causante rogaba al heredero que cumpliera determinada manda a su orden, en beneficio de un tercero. Sin embargo, la generalidad de la doctrina considera que se originó más bien en la figura del Salmann, que intervenía en las adopciones in *hereditatem* –*affatomia*– del antiguo Derecho germánico. Véase esta última referencia del Derecho germánico en: POLACCO, ob. cit., p. 495; sobre el origen histórico en general, véase: ibíd., pp. 495-499.

otros afirman que el instituto no fue conocido por este último[38], y que pudiera tener esbozos que fueron desarrollados en la Edad Media[39], siendo para algunos realmente definida en el Derecho germánico[40]. Se reseña también como posible origen al Derecho canónico[41]. Así refiere Lacruz que la figura no es de origen romano, sino que es producto de la costumbre impulsada por el Derecho canónico, que se gesta por la necesidad de ejecutar las mandas ordenadas en el testamento frente a los herederos remisos[42]. En el mismo sentido, refiere el autor alemán Kipp que «los ejecutores testamentarios son una creación del Derecho medieval, y en especial del Derecho eclesiástico»[43]. Pues en definitiva su origen, como su significado original lo indica, es de mero ejecutor testamentario[44].

Los albaceas se han clasificado según sus funciones en universales y particulares[45], en tanto estén autorizados para el cumplimiento total del testamento

---

[38] Véase: De Ruggiero, ob. cit., p. 519, los orígenes de esta institución, desconocida en el Derecho romano y columbrada tan solo en el Derecho justinianeo; Dominici, ob. cit., p. 235, la institución de albaceas no procede del Derecho romano, sino de legislaciones posteriores; de Andreis Mahecha, ob. cit., p. 18, no se ha podido determinar con exactitud su existencia en el Derecho romano y asegura mucha parte de la doctrina que este no conoció la figura; Álvarez-Sala Walther, ob. cit., p. 2, su indefinición deriva de la falta de entronque con el Derecho romano, que inspira el Derecho Sucesorio, pues en Roma el mismo resultado se conseguía con el fideicomiso.

[39] Véase: De Ruggiero, ob. cit., p. 519, deben buscarse en la alta edad media. El problema histórico es aun hoy objeto de discusión.

[40] Véase: Sojo Bianco, ob. cit., pp. 378 y 379. Véase también: Piña Valles, ob. cit., p. 174. Véase igualmente reseña de: Rojas, ob. cit., pp. 313 y 314, señala que un sector atribuye su creación al Derecho germánico.

[41] Véase: Rojas, ob. cit., p. 316; Suárez Franco, ob. cit., p. 363; Paredes Sánchez, ob. cit., p. 115.

[42] Lacruz Berdejo et al., ob. cit., p. 300.

[43] Kipp et al., ob. cit., p. 599.

[44] Paredes Sánchez, ob. cit., p. 116.

[45] Véase Pintó Ruiz, ob. cit., *passim*, distingue el autor español el albacea «universal» del «particular», según que por voluntad del testador tenga funciones dirigidas a toda la herencia como universalidad o únicamente para un encargo en particular. Indica el

o de las funciones que le atribuye la ley; según su número pueden ser únicos o múltiples; por la forma de ejercer el cargo podrían ser mancomunados o solidarios, según puedan actuar conjunta o separadamente; por la forma de su nombramiento podrían ser testamentarios, legítimos o dativos, según se designen en el testamento, o que a falta de tal actúen como albaceas los herederos, o sea designado por el juez[46]. Aunque –como veremos de seguidas– surge esencialmente por voluntad del testador[47].

2. Caracteres[48]

Entre los caracteres del albaceazgo se citan básicamente los siguientes:

i. Es un cargo testamentario: Se trata de una figura que solo existe en la sucesión testada[49] o voluntaria. Indica el artículo 967 del Código Civil: «El testador puede nombrar uno o más albaceas». En el ámbito nacional, refiere López Herrera que en nuestro sistema legal, nadie –salvo el propio causante– puede nombrar albacea; ni siquiera la autoridad judicial[50]. Lo dicho

---

autor que el albacea será universal o particular según quiera y manifieste el testador. Agrega: «Las facultades que comporta una u otra atribución tendrá el contenido que el testador decida. Decimos esto, porque el último párrafo del artículo 315 del CS, podría inducir a alguna confusión al respecto. Y no hace falta darle más vueltas a ello. Ya sabéis *ad exemplum* que siempre que reciba como albacea la herencia en su universalidad y opere con ella será universal. Cuando nada más ejecuta encargos específicos, como gestionar el entierro y el funeral o incineración (artículo 318) será particular».

[46] Sojo Bianco, ob. cit., p. 379. Véase en el mismo sentido: Baqueiro Rojas y Buenrostro Báez, ob. cit., pp. 365 y 368; Claro Solar, ob. cit., t. xvi (iv), p. 301.
[47] Véase *infra*.
[48] Véase: Rojas, ob. cit., pp. 336-338; López Herrera, Derecho..., t. i, p. 401-407; López Herrera, *El instituto del albaceazgo*..., pp. 17-25; Orrego Acuña, Sucesorio..., pp. 1-3; Josserand, ob. cit., vol. iii, pp. 210 y 211; De Andreis Mahecha, ob. cit., pp. 56-68; Fassi, ob. cit., pp. 231-236.
[49] Piña Valles, ob. cit., p. 174.
[50] López Herrera, Derecho..., t. i, p. 402. Véase en el mismo sentido: Villaroel Rión, ob. cit., p. 190, el nombramiento del albacea es un acto personalísimo, solo

sufre una excepción: el ejecutor testamentario puede delegar sus funciones en tercera persona, cuando así lo haya autorizado el testador de manera expresa[51]. Se aprecia decisión judicial que indica «La figura del albacea testamentario es exclusiva del testador como facultad que le es inherente, nombrándolo en el testamento de manera nominativa y sin necesidad de solemnidad alguna»[52].

Sin embargo, según indicamos previamente, autores como Sojo Bianco distinguen los albaceas testamentarios, legítimos o dativos, según se designen en el testamento, o que a falta de tal sean los herederos, o en defecto de tal sea designado por el juez[53]. En efecto, se indica que el albaceazgo no siempre es testamentario porque de faltar el ejecutor testamentario pueden suplirlo los herederos o alguien designado por el juez[54]. Cabe recordar que inclusive López Herrera admite que el testamento es normalmente ejecutado y cumplido por el propio herederos, aunque el testador pueda designar albacea[55].

Claro Solar indica respecto del Derecho chileno que dicha clasificación de los albaceas no tiene en realidad aplicación en el Código Civil[56]. Sin embargo, señala Serrano Alonso que, en rigor, los únicos albaceas son los

---

puede hacerlo el testador «no pudiendo el juez proveer de sustituto por el carácter personalísimo de la institución».

[51] López Herrera, *Derecho...*, t. i, p. 402; López Herrera, *El instituto del albaceazgo...*, p. 18.

[52] Véase: Juzgado Superior Quinto en lo Civil, Mercantil y del Tránsito de la Circunscripción Judicial del Área Metropolitana de Caracas, sent. del 30-01-09, exp. 9557, http://cfr.tsj.gov.ve/decisiones/2009/enero/2142-30-9556-.html.

[53] Véase *supra* xii.1; Sojo Bianco, ob. cit., p. 379; Baqueiro Rojas y Buenrostro Báez, ob. cit., pp. 365 y 368.

[54] Sojo Bianco, ob. cit., p. 380. Véase también: Rodríguez, ob. cit., p. 232, de no existir otro albacea designado por el testador, sus funciones serán realizadas por los herederos.

[55] López Herrera, *Derecho...*, t. i, p. 397; López Herrera, *El instituto del albaceazgo...*, p. 11.

[56] Claro Solar, ob. cit., t. xvi (iv), p. 302.

testamentarios, aunque de modo impropio se habla de albaceas legítimos para designar a los herederos como ejecutores testamentarios o de albaceas dativos para referirse al nombrado por el juez[57]. En sentido semejante, indica López Vilas que en los casos en que el testador no nombre albacea, los herederos serán en realidad los «los ejecutores natos del testamento»[58]. Realmente, lo que debe precisarse es que se trata de un cargo «testamentario», básicamente porque precisa de la sucesión testamentaria o voluntaria –no siendo posible en la sucesión legal o *ab intestato*– y que generalmente el supuesto característico y natural, es la designación por el propio testador. Pero, excepcionalmente, puede acontecer el caso de la existencia de testamento, sin que el testador haya designado expresamente una persona específica como albacea. Pues bien, a pesar de lo parca de nuestra regulación legal al respecto, es allí donde encuentra sentido la consideración de la doctrina que alude al albacea legítimo[59] o dativo, porque la lógica y la dinámica del proceso sucesorio apunta a que alguien debe asumir la ejecución del testamento.

De allí que se afirme que «el heredero puede ser privado de su condición natural de ejecutor hereditario por el propio testador mediante el nombramiento en testamento de un ejecutor hereditario que tradicionalmente recibe el nombre de albacea»[60].

ii. Voluntario: esto es, se trata de un cargo no obligatorio o de libre aceptación. Al efecto indica el artículo 970 del Código Civil en cuanto al lapso para la aceptación o exclusa: «El juez, a instancia de cualquiera de los interesados en la sucesión, debe señalar un plazo razonable dentro del cual comparezca el albacea a aceptar su cargo o a excusarse de servirlo. Si el albacea está en mora de comparecer, puede darse por caducado su nombramiento». Señala una

---

[57] Serrano Alonso, *Manual...*, p. 180.
[58] Véase: López Vilas, ob. cit., p. 381. Agrega que no cabe duda que aun existiendo ejecutores testamentarios los herederos seguirán siendo los supervisores preferentes de las cuentas del albaceazgo.
[59] Véase: Kipp *et al.*, ob. cit., p. 611, carecería de sentido que el heredero único sea al mismo tiempo ejecutor testamentario.
[60] Álvarez-Caperochipi, ob. cit., p. 56.

decisión judicial que se trata de un cargo voluntario tanto de parte del testador como del designado, quien tiene un lapso para aceptar o excusarse, y de transcurrir el juez podrá considerar caducado su nombramiento[61].

«De la norma citada se colige que toca al juez apreciar si hay razones para dar por consumado el nombramiento del albacea, que no ha comparecido a aceptar ni excusarse del cargo recaído»; se admite que podría mediar una aceptación tácita[62]. «La solicitud de aceptación y juramentación del cargo de albacea realizada ante el juez por cualquiera de las partes es de jurisdicción voluntaria»[63]. Se aclara que el cargo es «voluntario», pero de ejecución

---

[61] Véase: Juzgado Segundo de Primera Instancia en lo Civil, Mercantil y del Tránsito de la Circunscripción Judicial del Área Metropolitana de Caracas, sent. del 25-04-08, exp. E-9796, http://guarico.tsj.gov.ve/decisiones/2008/abril/2117-25-E-9796-.html.

[62] Véase: Juzgado Superior Quinto en lo Civil, Mercantil y del Tránsito de la Circunscripción Judicial del Área Metropolitana de Caracas, sent. del 30-01-09, citada *supra*, agrega: «se observa que en el caso de marras, alega la propia parte solicitante que el *de cujus* (…) dejó testamento mediante el cual en su cláusula sexta, designó como albacea testamentario al abogado (…) Siendo que el referido abogado convocó a una reunión en su condición de albacea testamentario con la finalidad de cumplir con los deberes formales tributarios relativos a la herencia, se entiende la aceptación tacita del cargo en dicha fecha, por lo que mal puede este juzgador declarar caduca su designación por no ocuparse nunca de sus funciones como lo aduce la solicitante». Véase decisión de dicho caso en primera instancia: Juzgado Duodécimo de Primera Instancia en lo Civil, Mercantil y del Tránsito de la Circunscripción Judicial del Área Metropolitana de Caracas, sent. del 06-08-08, exp. 25 878, http://cfr.tsj.gov.ve/decisiones/2008/agosto/2127-6-25878-S-N.html, «se constata que según lo señalado por la solicitante (…) el albacea testamentario ciudadano (…) en fecha (…) los convocó a fin de efectuar la declaración fiscal sucesoral de lo cual se desprende que tácitamente dicho ciudadano aceptó el cargo, que por testamento le fuera encomendado. En este orden de idea, el artículo 970 del Código Civil señala la situación fáctica por la cual se puede considerar caduco el nombramiento del albacea, no existiendo a juicio de este Tribunal elementos de hecho que se subsuman al supuesto del hecho señalado en el referido artículo». Véase indicando que la aceptación del albacea pues ser expresa o tácita: DE ANDREIS MAHECHA, ob. cit., p. 52.

[63] Juzgado Segundo de Primera Instancia en lo Civil, Mercantil y del Tránsito de la Circunscripción Judicial del Área Metropolitana de Caracas, sent. del 25-04-08, citada *supra*. Véase recurso de hecho sobre negativa de apelación de tal decisión en:

obligatoria una vez aceptado[64], de conformidad con el artículo 983 del Código: «El cargo de albacea es gratuito y voluntario; pero una vez aceptado pasa a ser obligatorio, si no sobreviniere excusa admisible al prudente arbitrio del juez».

Así pues, no se trata de un cargo de obligatoria aceptación, a diferencia del tutor, sino que el carácter obligatorio se impone una vez aceptado, esto es, supone una suerte de continuidad obligatoria operada la aceptación. Pero, como es natural, un cargo de tal responsabilidad, bien podría ser imposible o pesado de proseguir según las circunstancias del albacea, de allí que se consagre la posibilidad sobrevenida de «excusa». Respecto de la cual la ley delega su admisión al prudente arbitrio del juez, pero que, en caso de rechazo o negativa del juzgador, mal podría obligarse al albacea a proseguir a un cargo necesariamente voluntario. Al efecto, algunos señalan que las funciones del ejecutor testamentario bien podrían cesar por renuncia por tratarse de un oficio de Derecho privado, que, aunque vinculado a un deber, siempre es esencialmente voluntario[65]. En el Derecho español, se admite la responsabilidad del albacea, quien debe desempeñar su cargo con la diligencia de un buen padre de familia, y se cita que está fuera de discusión que los albaceas son responsables por culpa[66]. Y agrega ALBALADEJO que el albacea no solo responde por el daño causado en el ejercicio doloso o negligente de su función, sino por no ejercer el cargo[67]. En todo caso, debe recordarse que la responsabilidad civil en general incluso en instituciones familiares tendrá lugar cuando concurran los requisitos que hacen procedente la misma[68].

Juzgado Superior Tercero en lo Civil, Mercantil y del Tránsito de la Circunscripción Judicial del Área Metropolitana de Caracas, sent. del 30-06-08, exp. 9918, http://caracas.tsj.gov.ve/decisiones/2008/junio/2140-30-9918-.html.

[64] Véase: JOSSERAND, ob. cit., vol. III, pp. 210 y 211, nadie está obligado a aceptar tal cargo, pero el que lo acepta, no podría después declinarlo, sino por razones graves y sobrevenidas con posterioridad a su aceptación.

[65] SOJO BIANCO, ob. cit., p. 383, el autor cita a DEGNI.

[66] Véase: ALBALADEJO, *Responsabilidad...*, p. 9.

[67] Ibíd., p. 10.

[68] Véase. DOMÍNGUEZ GUILLÉN, María Candelaria: «Notas sobre la responsabilidad civil en algunas instituciones del Derecho de Familia». En: *Revista de Derecho*.

Cabe citar, como dato curioso, que podría ocurrir que el albacea sea también asignatario del testador; en otras legislaciones se consagra que en tal caso de rechazar el encargo sin causa justificada se hará indigno de suceder[69]. Consecuencia por lo demás exagerada[70], pues tal situación no es cercana en inmoralidad y gravedad a las causales de indignidad del ordenamiento venezolano. Por otra parte, en la doctrina argentina se aclara que el indigno bien podría ser albacea, pues aquella constituye una incapacidad para suceder y no para obligarse[71].

iii. Gratuito: se trata de un cargo en principio no remunerado según se desprende claramente del citado artículo 983[72] del Código Civil, salvo disposición contraria del testador, que a su vez se deriva del artículo 984 *eiusdem* que prevé: «Si el testador legó o señaló conjuntamente a los albaceas alguna retribución, la parte de los que no admitan el cargo, acrecerá a los que lo admitan». Valdría la pena considerar de *lege ferenda* el carácter en principio remunerado de una función por lo demás delicada[73], a los fines de constituir un incentivo para su aceptación como acontece en el caso del tutor (artículo 375 del Código Civil)[74]. Podría referir la ley, como remuneración un porcentaje mínimo del activo de la herencia, que pudiera ser aumentado por el testador sin perjuicio de la legítima. Se trataría

---

N.º 32. TSJ, 2010, p. 72. Véase también el artículo en: *Revista de Derecho de Familia y de las Personas*. Año IV, N.º 2. Buenos Aires, La Ley, 2012, pp. 50-71.

[69] Véase: Orrego Acuña, *Sucesorio...*, p. 3, respecto del Derecho chileno cita artículos 1277 y 971; de Andreis Mahecha, ob. cit., pp. 50 y 51, señala respecto del Derecho colombiano como una de las causales de indignidad del artículo 1028.2 que el albacea nombrado por el testador se excuse sin probar inconveniente grave.

[70] Véase: de Andreis Mahecha, ob. cit., p. 51, el autor cita la opinión de Hernando Carrizosa Pardo, quien considera que se trata de una sanción excesiva, ya que en ocasiones quien se excusa de ejercer el cargo puede hacerlo no por motivos de ingratitud a la memoria del causante y hasta podría tratarse de motivos nobles.

[71] Fassi, ob. cit., p. 242.

[72] «El cargo de albacea es gratuito y voluntario; pero una vez aceptado pasa a ser obligatorio, si no sobreviniere excusa admisible al prudente arbitrio del Juez».

[73] Sometida inclusive a rendición de cuentas. Véase *infra* XII.3.

[74] Véase con relación al cargo de tutor: Domínguez Guillén, *Ensayos...*, p. 258.

a todo evento, de una remuneración legal, cuya norma tendría carácter dispositivo o supletorio y que por tal también podría el causante imponer su gratuidad. Es decir, pensamos que debería eliminarse el carácter gratuito establecido legalmente y consagrar lo opuesto, esto es, el carácter remunerado, salvo previsión contraria del testador, ya sea para aumentar el porcentaje legal o establecer la gratuidad, como se ha considerado acertadamente en otros ordenamientos[75].

iv. Personalísimo e indelegable: se trata de un cargo otorgado en función de las características personales del seleccionado. Estos es, de confianza[76] o *intuito personae*[77] y de allí su carácter indelegable, salvo previsión expresa del causante. No podrá el albacea delegar el encargo que le hizo el causante, a menos que este hubiere autorizado expresamente la delegación[78]. De allí que establece el artículo 982 del Código Civil: «Sin expresa autorización

---

[75] Véase: Pintó Ruiz, ob. cit., *passim*, «Hace muchísimos años, en el prólogo del libro que el entonces joven profesor Puig Farriol, publicara sobre *El albaceazgo*, Roca Sastre decía lo siguiente: "El albaceazgo deja actualmente ver un lado débil para su eficacia, en unos tiempos en que, como los presentes, la vida se ha endurecido en grado de no permitir que las personas puedan disponer del tiempo suficientes para cuidar de sus propios asuntos personales, inhabilitándolos, por tanto, de hecho, para poder ocuparse de los ajenos, por allegados que fueren". Por esta razón, el 10 % que menciona el artículo 314 del CS no ha de parecer excesivo. No hay duda que pese a la literalidad del artículo 314 que, aunque muy remotamente, podría dar a entender que estas atribuciones que dispone a favor del albacea son de *ius cogens* no hay la más mínima duda que el testador es libre de alterar la remuneración, o incluso de dar al cargo el carácter de gratuito, como libre es también el albacea de no aceptar el cargo si no le interesa». Véase también: Orrego Acuña, *Sucesorio...*, p. 2, indican que el cargo del albacea es remunerado según previsión del testador, y a falta de ésta por el juez según la cuantía de la herencia y las labores desempeñadas; De Andreis Mahecha, ob. cit., p. 63, señala que el artículo 1359 establece que si el testador no ha indicado ninguna tocará al juez regularla tomando en consideración el caudal y lo laborioso del cargo; Fassi, ob. cit., p. 234, el Código argentino se ha inclinado por la solución que considera al albaceazgo un cargo remunerado.
[76] De Andreis Mahecha, ob. cit., 58.
[77] Orrego Acuña, *Sucesorio...*, p. 1.
[78] Ibíd., p. 2.

del testador, el albacea no puede delegar sus funciones, las cuales terminan por su muerte o remoción o por la expiración del lapso señalado por el testador o por la Ley». El ejecutor testamentario puede estar autorizado por el testador para el nombramiento de un sucesor[79]. Así pues, la posibilidad de delegación de un cargo por esencia personalísimo, solo puede ser expresamente prevista por el causante.

v. Temporal: es un cargo que a falta de previsión testamentaria tiene un lapso de ley para su ejecución, a saber, un año que pudiera prolongarse según las circunstancias, de conformidad con el artículo 978 del Código Civil: «El albacea debe cumplir su encargo en el término señalado por el testador. Si el testador no lo señaló, tendrá el de un año, a contar desde la muerte de aquél, término que el juez podrá prolongar, según las circunstancias, a petición de cualquiera heredero o del mismo albacea». Si bien algunos consideran que el testador puede disponer una duración indefinida al albaceazgo[80], resulta más lógica la consideración de que no procede asentar en el testamento la continuación indefinida del nombramiento del albacea[81]. Salvo previsión de otro lapso por el testador –que a nuestro criterio, no puede indefinido–, su misión debe ser cumplida en un año, aunque excepcionalmente prorrogable por el juez según las circunstancias[82].

---

[79] Kipp *et al.*, ob. cit., p. 609.
[80] Véase: Sanojo, ob. cit., pp. 33 y 34, si el testador da al albacea un tiempo indeterminado manifestando que le concede todo el que necesite para el empeño de su encargo, no encontramos inconveniente alguno para que así se practique, puesto que esto manifiesta su voluntad, que ha de servir de regla en el asunto.
[81] Orozco Alonzo, ob. cit., p. 52.
[82] Véase: Juzgado Superior Quinto en lo Civil, Mercantil y del Tránsito de la Circunscripción Judicial del Área Metropolitana de Caracas, sent. del 06-06-11, exp. 9877, http://caracas.tsj.gob.ve/decisiones/2011/junio/2142-6-9877-.html, indicando una vez que se le conceda la prórroga solicitada, interpretando progresivamente el artículo 970 del Código Civil, estableciendo que puede y debe ser el mismo juez a que se refiere el artículo 978.

vi. Individual: se trata de un cargo que ejerce un solo sujeto o individuo, salvo disposición contraria del testador. Por lo que pueden existir varios albaceas por previsión expresa del causante. Según se deriva del artículo 981 del Código Civil, «Si muchos albaceas han aceptado el encargo, uno solo puede intervenir a falta de los demás, salvo disposición contraria del testador; pero están obligados solidariamente a dar cuenta de los bienes que se les haya confiado, con tal que el testador no haya dividido sus funciones y que cada uno de ellos se haya limitado a los que se le hubieren atribuido». Por lo que en principio, de ser designados varios ejecutores testamentarios desempeñan el cargo conjuntamente[83]. Se admite que el cargo pudiera recaer en una persona incorporal[84]. De tal suerte, que por voluntad expresa del causante la ejecución testamentaria podría asignarse simultáneamente a una pluralidad de individuos o sujetos. Señala Sanojo que puede haber varios albaceas y pueden ser nombrados en distintos testamentos, salvo la resolución que pueda recaer sobre si los nombramientos posteriores han revocado los anteriores[85]. Se distingue así entre albaceas singulares y plurales, y se admite que los últimos por voluntad del causante podrían actuar separados, así como mancomunados o conjuntos[86].

vii. Ejecutor testamentario: aunque parezca reiterativo, y se deriva de la propia definición[87] de albacea, su intervención en un proceso sucesorio particular se dirige a hacer posible o efectiva la voluntad del causante. Sus facultades o atribuciones[88] deben reducirse a la ejecución del acto testamentario[89].

---

[83] Kipp *et al.*, ob. cit., p. 673.
[84] Véase: Rojas, ob. cit., p. 334, no obstante, el autor reseña discusión doctrinaria al efecto (ibíd., pp. 342 y 343); Sojo Bianco, ob. cit., p. 382; López Herrera, *Derecho...*, t. i, p. 402; López Herrera, *El instituto del albaceazgo...*, p. 18, el testador puede designar tanto a personas naturales como a personas jurídicas, en este último caso el albaceazgo lo ejerce la persona moral en cuestión, a través de sus respectivos órganos.
[85] Sanojo, ob. cit., p. 28.
[86] Claro Solar, ob. cit., t. xvi (iv), p. 320.
[87] Véase *supra* xii.1.
[88] Véase *infra* xii.3.
[89] Véase: Dominici, ob. cit., p. 239.

3. Atribuciones

Las funciones del albacea suelen incluir actos jurídicos y materiales[90]. Debe distinguirse según el testador haya fijado las funciones que encomienda al albacea o que haya guardado silencio al respecto limitándose solo a designarlo[91]. Se aprecian casos en los cuales el testador señala ciertas atribuciones en forma expresa[92], pero si el *de cujus* solo procede a la designación del albacea, el orden legal refiere sus atribuciones y funciones[93], en los artículos 971 y siguientes del Código Civil. Por lo que a falta

---

[90] Puig Ferriol, ob. cit., p.38.
[91] Zannoni, ob. cit., p. 731.
[92] Véase apertura de testamento cerrado: Juzgado Tercero de Primera Instancia en lo Civil, Mercantil, Agrario, Tránsito y del Trabajo, sent. del 15-06-06, citada *supra*, «Dejo como pasivo, las siguientes deudas que deberán ser canceladas por mi Albacea de mis bienes, para mantener la moral de hombre responsable y honesto de mis obligaciones. Estas deudas deben ser canceladas con prelación a cualquier otra obligación con mis herederos (…) cualesquier otra deuda que se me escapa en éste momento y que una vez verificada y aceptada deberá ser reconocida por el albacea y cancelada de los bienes identificados como patrimonio. Nombro como albacea a mi hermano (…) quien en caso de aceptar éste nombramiento deberá manifestarlo al juez competente dentro de un mes siguiente a la apertura de mi sucesión, siendo sus atribuciones, además de las señaladas por la ley, las siguientes: a. hacer efectuar misas, sufragio de funerales por el descanso de mi alma, en la Iglesia (…) b. vigilar la ejecución de mi testamento en general y sostener en juicio o fuera de él su validez y sus efectos; c. proceder al inventario de mis bienes, con concurrencia y asistencia de mis herederos; d. es facultad expresa de mi albacea el poder de delegar funciones en terceras personas de su confianza, debiendo mis herederos reembolsarle los gastos que efectuare con motivo de su encargo…»; Juzgado del municipio Diego Ibarra de la Circunscripción Judicial del estado Carabobo, sent. del 04-07-05, citada *supra*, «Sexto: nombro mi albacea a la ciudadana (…) El albacea nombrado tendrá toda las facultades que le confiera la ley, a. vigilará la ejecución de lo ordenado en este testamento de acuerdo con los herederos, pero sin perjuicio de lo aquí establecido, b. harán el inventario de los bienes, c. cancelarán todas las deudas de acuerdo a lo ordenado en este testamento, d. cumplirá su encargo en el término de dos años contados a partir de la fecha de mi fallecimiento, e. nombro suplente del albacea al ciudadano…».
[93] Véase: López Herrera, *Derecho…*, t. I, pp. 407-420; López Herrera, *El instituto del albaceazgo…*, pp. 25-39.

de indicación del testador regirán las normas supletorias contenidas en la Ley[94]. Las funciones que el testador imponga al albacea han de estar dentro de los límites legales.

Dispone al efecto, el artículo 971: «Las atribuciones de los albaceas serán las que designe el testador con arreglo a las leyes. Existiendo herederos forzosos, no podrá el testador autorizar a los albaceas para que se apoderen de los bienes hereditarios, pero sí ordenar que para apoderarse de ellos los herederos, sea necesaria la intervención, o citación en forma, de los albaceas. A falta de herederos forzosos, podrá el testador autorizar a los albaceas para que se apoderen de dichos bienes, mas, para ejecutarlo, será siempre necesaria la intervención y citación en forma de los herederos, si el testador no hubiere dispuesto otra cosa».

Con base en dicha norma, la doctrina alude al «apoderamiento de los bienes de la herencia», que puede ser atribuido por el testador al albacea cuando no existan herederos legitimarios o forzosos. Posibilidad que puede ser conferida expresa o tácitamente, pero en este último caso siempre que no quede duda de ello. En tal caso, tal toma de posesión precisa la citación de los respectivos herederos y no se extiende a los frutos naturales o civiles que corresponde a los sucesores[95]. No habiendo herederos forzosos, el testador es dueño de hacer lo que a bien tenga y ordenar al albacea que se apodere de los bienes por el tiempo que crea necesario[96]. En todo caso, la tenencia del albacea puede ser evitada por el heredero bajo ciertas medidas (artículo 972[97]).

El testador debe respetar el marco legal en cuanto a las atribuciones del albacea, y así, por ejemplo, otorgar facultades de mandatario ejecutor *post*

---

[94] De Ruggiero, ob. cit., p. 522.
[95] Véase: López Herrera, *Derecho…*, t. i, pp. 417-420; López Herrera, *El instituto del albaceazgo…*, pp. 39-43; Ramírez, ob. cit., p. 279.
[96] Sanojo, ob. cit., p. 30.
[97] «El heredero puede hacer cesar la tenencia de los albaceas, consignando una cantidad de dinero suficiente para el pago de las deudas y legados, o justificando haberlos

mortem del testamento, pero no puede concederle la representación jurídica de la sucesión, que corresponde legalmente a los herederos, continuadores de la personalidad legal del causante[98]. No puede el testador dar facultades ilimitadas al albacea[99].

Según indicamos, de conformidad con el artículo 971 CC, las facultades del albacea serán las que designe el causante dentro del marco legal. Si el testador no dispone las atribuciones del albacea, las mismas están previstas supletoriamente por la ley. En especial por el artículo 973 del Código sustantivo, que tiene carácter dispositivo o supletorio, siempre que las previsiones testamentarias no contraríen normas imperativas sucesorias.

Prevé el artículo 973: «Las atribuciones de los albaceas, además de las que designe el testador, serán las siguientes: 1. Disponer y pagar los funerales del testador con arreglo a lo ordenado por éste, y en defecto de tal disposición, según la costumbre del lugar y las facultades de la herencia. 2. Pagar los legados que consistan en cantidades de dinero, haciéndolo saber al heredero y no contradiciéndolo éste. 3. Vigilar la ejecución de lo demás ordenado en el testamento; y sostener, siendo ello justo, su validez en juicio o fuera de él. 4. Si por disposición del testador está en posesión de todos los bienes, sus atribuciones se extienden a pagar las deudas».

Dominici señala con base en dicha norma (artículo 973.3) que en caso de demandarse la nulidad del testamento, toca al albacea apersonarse al

---

satisfecho, o asegurando su pago en el modo y tiempo ordenados por el testador; salvo, en el último caso, disposición en contrario de éste».

[98] *Jurisprudencia de los Tribunales de la República*, sent. del 18-07-60, vol. VIII, pp. 370 y ss. (citado por Perera Planas, ob. cit., p. 522).

[99] Ramírez, ob. cit., p. 279. Véase también: de Andreis Mahecha, ob. cit., p. 71, pese a que la ley da al testador la facultad de disponer las facultades del albacea siendo estas el objetivo genérico de sus funciones, el ordenamiento civil a través de una norma de orden público, le sugiere que sean como mínimo las señaladas en la ley, esto sin perjuicio, de que pueda agregar o restringir ciertas cosas, pero sin perder de mira la base de la ley.

juicio para hacer subsistir la voluntad del testador[100] y al efecto se aprecia su intervención en algunos procesos judiciales[101].

Agrega el artículo 974: «En el caso del artículo anterior, si no hubiere en la herencia dinero bastante para hacer los pagos de que trata dicho artículo, y los herederos no lo afrontasen de lo suyo, solicitarán los albaceas autorización del tribunal para la venta de bienes, previa notificación a los herederos». Por lo que el albacea precisa autorización judicial para enajenar los bienes de la herencia en caso de necesidad de pago de deudas, que incluyen las tributarias[102].

---

[100] Dominici, ob. cit., p. 243; Luján López, ob. cit., aboga por impedir que el albacea ejercite la defensa jurídica del testamento una vez finalizado el albaceazgo.

[101] Véase: Juzgado Superior Quinto en lo Civil, Mercantil y del Tránsito de la Circunscripción Judicial del Área Metropolitana de Caracas, sent. del 16-10-09, exp. 6046, http://lara.tsj.gov.ve/decisiones/2009/octubre/2142-16-6046-.html, «... en su condición de albacea de la sucesión de la ciudadana (...) consignó escrito de informes»; Corte Superior Segunda del Circuito Judicial del Tribunal de Protección de Niños, Niñas y Adolescentes de la Circunscripción Judicial del Área Metropolitana de Caracas y Nacional de Adopción Internacional, sent. del 28-07-08, citada *supra*, «en virtud del recurso de apelación interpuesto por la ciudadana (...) quien actúa en su carácter de albacea testamentaria».

[102] Véase: Corte Superior Segunda del Circuito Judicial del Tribunal de Protección de Niños, Niñas y Adolescentes de la Circunscripción Judicial del Área Metropolitana de Caracas y Nacional de Adopción Internacional, sent. del 28-07-08, citada *supra*, «El presente recurso, como fue señalado en la narrativa del presente fallo, versa sobre un procedimiento de autorización para vender, en el cual la parte recurrente, ciudadana (...) actúa en su carácter de albacea testamentaria, designada por el *de cujus* (...) a favor de su hijo X, apeló de la decisión (...) al negar la solicitud de autorización judicial para vender el inmueble (...) Como puede apreciarse en el presente caso, existe una albacea testamentaria, ciudadana (...) quien está en la obligación de administrar los bienes y derechos dejados por el precitado *de cujus*, hasta tanto se cumplan las condiciones que fueron previstas en el documento testamentario y el adolescente X, pueda tener disposición plena de los bienes y derechos dejados a través de la herencia. En este caso, es importante señalar que la deuda por concepto de impuestos sucesorales con el Fisco Nacional, pesa sobre el adolescente X, y es él como único heredero y sujeto pasivo en dicha obligación tributaria, quien debe cancelar el referido impuesto, para que de tal manera pueda gozar eficazmente

Los albaceas solo pueden proceder al inventario por disposición del *de cujus* (artículo 976[103]) y no podrán, so pretexto de pagos de legados

> de sus derechos sucesorales. Aunado a ello, hay un punto de gran envergadura en la presente solicitud, y es que a medida que pasa el tiempo van aumentado los intereses moratorios como consecuencia a la deuda que por impuesto sucesoral debe cancelar el adolescente antes mencionado, lo que implica que los pasivos pueden llegar a ser superiores a los activos, si se sigue dejando pasar el tiempo por acumulación de intereses, y el patrimonio del adolescente X, estarían sufriendo un perjuicio flagrante por el hecho de no cumplir oportunamente con el pago del impuesto antes señalado. Como consecuencia a ello, la necesidad que impera sobre el adolescente X, es el fiel cumplimiento a su obligación con el Fisco Nacional, y la utilidad consecuente con la venta del inmueble cuya autorización se solicitó ante el juez de primera instancia, es mantener el patrimonio del precitado adolescente, sin que por incumplimientos inexcusables a las obligaciones tributarias que tenga con el Estado, se perjudique por la disminución del mismo, y así se establece dicha autorización contó con una opinión favorable por parte de la representación del Ministerio Público, quien está en cuenta de que el dinero obtenido como consecuencia a la venta del inmueble antes citado, tendrá como destino el pago del impuesto sucesoral adeudado ante el Fisco Nacional, y que además de todo ello, el régimen legal establecido en el Código Civil, ha colocado al juez en el epicentro del funcionamiento de la gestión, teniendo éste la obligación de actuar con la única formula estándar que le ha dado el precitado código, lo cual es realizar el trámite correspondiente "como un buen padre de familia", es decir a través de una actuación previsiva, activa y acuciosa, en virtud de la inmensurable necesidad y utilidad para el referido adolescente, al momento de mantener incólume su patrimonio sin riesgos de deterioro, por lo que al autorizar la venta del inmueble que forma parte de una propiedad compartida con otros herederos, le permitirá cumplir con su deber ante el Fisco Nacional, lo que en consecuencia, hace forzoso para esta Corte declarar con lugar la presente solicitud de autorización judicial para vender, efectuada por la ciudadana (…) en su carácter de albacea testamentaria».

[103] «Procederán a la formación de inventario siempre que el testador lo hubiere ordenado o entraren en posesión de los bienes, a menos que, siendo los herederos capaces de administrar sus bienes, se opongan a ello. Si alguno de los herederos no tuviere la libre administración de sus bienes o fuere alguna corporación o establecimiento público, deberán los albaceas poner inmediatamente en conocimiento del padre, tutor, curador o administrador, que debe procederse a la formación del inventario, y hallándose éstos fuera del domicilio del *de cujus*, procederán los albaceas a la formación del inventario sin necesidad de aquella participación. Si el heredero libre en la

y funerales, proceder al inventario[104] de los bienes del *de cujus*, contra la voluntad de los herederos (artículo 975). Sus gastos para inventario u otros deben ser abonados por la masa de la herencia (artículo 985[105]).

Se aprecia así, que el albacea tiene por norte hacer cumplir la voluntad del *de cujus*, y a tal fin se orientan sus facultades y atribuciones, algunas legales, y otras voluntarias –previstas expresamente por el testador–, dentro del marco de la propia ley.

En la doctrina española se señala que, además del cumplimiento de la última voluntad del testador, la función del albacea se extiende inclusive hasta la interpretación del testamento[106], lo que habría de entenderse en nuestro ordenamiento –dada la limitación a la prueba extrínseca derivada de la solemnidad[107]–, no respecto a que el albacea tenga facultad de indicar el alcance de la voluntad del *de cujus*, sino de colaborar con elementos o recaudos que a su cargo tenga en tal sentido. Al efecto, vale recordar la función que la lista entregada al albacea cumplió respecto del alcance de la expresión relativa a los «pobres vergonzantes» en la citada sentencia de 1935[108]. En un sentido asociado a este último ejemplo se pronuncia PINTÓ RUIZ, señalando que existe una norma expresa en la legislación foral catalana que permite al testador atribuir al albacea facultades en la interpretación del testamento[109].

---

administración de sus bienes no se hallare presente, bastará darle el aviso ordenado anteriormente, si fuere posible».

[104] Véase Código Civil: «artículo 977.- En todos los casos de los artículos anteriores se observará para la formación del inventario, lo dispuesto en el Parágrafo 3, Sección II, Capítulo III de este Título».

[105] «Los gastos hechos por el albacea para el inventario y el rendimiento de las cuentas, y los demás indispensables para el desempeño de sus funciones, le serán abonados de la masa de la herencia».

[106] BAÑULS GÓMEZ y COBAS COBIELLA, ob. cit., *passim*.

[107] Véase *supra* VII.1.

[108] Véase *supra* VI.4., certeza del instituido.

[109] Véase PINTÓ RUIZ, ob. cit., *passim*, ciertamente que los testamentos sobre todo los testamentos notariales –abiertos– son cada vez más precisos, y huyen de imprecisiones,

Se indica que el albacea es responsable de cumplir fielmente el cargo, está sujeto a rendición de cuentas[110] –lo cual no puede relevarse por el testador–[111] en su condición de administrador[112] (artículo 981); puede

> pero también es verdad, que aunque lícitamente se puedan designar a personas genéricamente: los pobres, el alma, la Iglesia, al final hay que determinar una específica. Si no existe albacea universal –puede que también especialmente encargado de interpretar– la indeterminación total, sin que se pueda adivinar que es lo que quería el testador, provoca la nulidad de la institución. Pero si existe albacea universal, que está facultado para interpretar ello no lesiona derechos de carácter necesario –como legítimas o reservas– está claro que puede hacer hasta una interpretación integrativa. Con esta posición creo que servimos al principio de *favor testamenti* y a la vez respetamos la primacía de la voluntad del testador (…) Porque el artículo 316 del Código Sucesoral recogiendo la tradición jurídica catalana, faculta expresamente (párrafo 1 final) al albacea para interpretar el testamento. Esta facultad, es tan evidente, que su atribución al albacea universal no ofrece duda alguna. No se trata solo de su *ratio* institucional si no que si se desciende a la praxis, se ve claramente que no puede ser de otra manera. Cuando se dispone por el testador un albaceazgo de realización, claramente se observa que es voluntad del testador que la herencia se realice, liquide y reparta pero las precisiones del testador acerca del cómo, cuándo, de qué manera y contratando con quién se van a hacer las operaciones de enajenación son escasísimas. Es decir, el testador quiere que si es menester, el albacea integre la voluntad de aquél. Ello es pues, necesariamente posible, pese al carácter personalísimo del testamento. El testador puede transferir y constituir esta facultad. Quien puede los más, puede lo menos».

[110] De Ruggiero, ob. cit., p. 524.
[111] Véase: Orrego Acuña, *Sucesorio…*, pp. 10 y 11, ni siquiera el testador podrá relevar de dicha obligación al albacea; de Andreis Mahecha, ob. cit., p. 130, el testador no puede eximir al albacea de la obligación de rendir cuentas. Véase en sentido contrario: Sanojo, ob. cit., p. 36, ¿estará obligado el albacea a rendir cuentas si el testador le ha relevado de ello? La afirmativa nos parece indudable, bien entendido que la dispensa de dar cuenta envuelve únicamente la de responder por culpa, mas no por dolo: desde luego está en el deber de pagar todo saldo que resulte en su contra.
[112] Véase: TSJ/SCC Accidental, sent. N.º 193, del 25-04-03; Juzgado Segundo de Primera Instancia en lo Civil, Mercantil, Agrario, Tránsito y Bancario del Circunscripción Judicial del estado Carabobo, sent. del 12-04-07, exp. 2005/7697, http://carabobo.tsj.gov.ve/decisiones/2007/abril/741-12-2005-7697-.html, encontramos entre las instituciones reguladas por el Código Civil, que dan lugar a la

solicitársele su remoción, así como el saldo a favor de la sucesión, y eventualmente daños y perjuicios[113]. Esto es, pues el ejecutor testamentario es responsable ante los herederos[114].

---

obligación de rendir cuentas y al derecho correlativo de exigirlas (...) los actos realizados por el albacea en virtud de las disposiciones del testador o de disposición legal (artículo 985); siguiendo a Sánchez Noguera, indica que en caso como curatela, albaceazgo, etc. «la realización de tales actos, bien por determinación de la ley o por convenio de las partes, hace surgir para el administrador, representante o gestor, la obligación de rendir cuentas al representado o mandante por los actos realizados en su nombre y representación, tal obligación puede cumplirse voluntariamente, pero en caso de negativa a rendirlas, surge para el representado o mandante el derecho a exigirlas judicialmente». En el mismo sentido: Juzgado Superior Civil, Mercantil de Tránsito y de Menores de la Circunscripción Judicial del estado Trujillo, sent. del 25-03-08, exp. 1833-05, http://trujillo.tsj.gov.ve/decisiones/2008/marzo/1588-25-1833-05-.html; Juzgado Segundo de Primera Instancia en lo Civil, Mercantil, Tránsito y Bancario de la Circunscripción Judicial del estado Cojedes, sent. del 26-11-08, exp. 4933, http://cojedes.tsj.gov.ve/decisiones/2008/noviembre/1532-26-4933-1602.html; Juzgado Superior Segundo en lo Civil, Mercantil y del Tránsito de la Circunscripción Judicial del estado Zulia, sent. del 25-06-09, http://jca.tsj.gov.ve/decisiones/2009/junio/530-26-11.385-S2-112-09.html. Véase también: Corte Superior Segunda del Circuito Judicial del Tribunal de Protección de Niños, Niñas y Adolescentes de la Circunscripción Judicial del Área Metropolitana de Caracas y Nacional de Adopción Internacional, sent. del 28-07-08, citada *supra*, «... se llamó a la albacea testamentaria, ciudadana..., a fin de que rindiera cuentas de la administración que ha venido ejerciendo...»; Juzgado Superior Segundo en lo Civil, Mercantil y del Tránsito de la Circunscripción Judicial del estado Zulia, sent. del 17-10-11, http://zulia.tsj.gob.ve/decisiones/2011/octubre/530-17-11.627-s2-164-11.html; TSJ/SCC sent. N.º 193, citada *supra*; TSJ/SCC, sent. N.º 708, del 27-07-04; TSJ/SCC, sent. N.º 145, del 08-04-13.

[113] Véase: Sojo Bianco, ob. cit., pp. 381 y 382; Rojas, ob. cit., p. 353.
[114] Kipp *et al.*, ob. cit., p. 601.

4. Extinción[115]

La doctrina refiere que las funciones del albacea se extinguen por: muerte[116], remoción[117], renuncia[118], incapacidad[119], cumplimiento del cargo[120], expiración del término[121], nulidad del testamento y extinción de los bienes de la herencia.

---

[115] Véase: Rojas, ob. cit., pp. 355-360; Sojo Bianco, ob. cit., pp. 382-384: López Herrera, Derecho..., t. i, pp. 420-422; López Herrera, El instituto del albaceazgo..., pp. 43-46; Villaroel Rión, ob. cit., p. 191; Orrego Acuña, Sucesorio..., pp. 11 y 12; Polacco, ob. cit., pp. 511-513; De Ruggiero, ob. cit., pp. 525 y 525; Kipp et al., ob. cit., pp. 677-682; de Andreis Mahecha, ob. cit., pp. 123-130; Fassi, ob. cit., pp. 308-315.

[116] Véase: artículo del 982 Código Civil. Véase: Sojo Bianco, ob. cit., p. 382, se sostiene que la desaparición de la persona física no determina la extinción del albaceazgo cuando la designación no se ha hecho teniendo en cuenta la persona en sí misma sino al cargo que desempeña. Ejemplo: si se designa albacea al presidente del Colegio de Abogados, pues, en tal caso deberá ejercer el cargo quien ocupe tal posición o función.

[117] Véase: artículo 982 del Código Civil; Sojo Bianco, ob. cit., p. 382, el cargo de albacea debe cumplirse como un buen padre de familia, poniendo en ello toda diligencia y cuando se aparte de sus deberes, los herederos podrán solicitar su remoción.

[118] Véase: artículos 983 del Código Civil.

[119] Véase: artículo 968 del Código Civil: «No puede ser albacea quien no puede obligarse».

[120] Véase: artículo 979 del Código Civil: «Los herederos pueden pedir la terminación del albaceazgo desde que el albacea haya cumplido su encargo, aunque no esté vencido el plazo señalado por el testador o por la Ley».

[121] Véase: artículo 978 del Código Civil.

Tema XIII
La partición hereditaria

Sumario: **1. Noción 2. Principios 3. Formas 4. Efectos 5. Rescisión por lesión 6. Partición hecha por el ascendiente**

1. Noción[1]

Al producirse el hecho de la muerte, se abre la sucesión del *de cujus* y siendo varios los sujetos llamados a la herencia, estos se encontraran en comunidad hereditaria[2], especie del género de la comunidad[3]. La existencia

---

[1] Véase: Escovar León, Ramón: «Notas sobre la partición hereditaria». En: *Revista del Colegio de Abogados del Distrito Federal*. N.º 147 (nueva etapa N.º 6). Caracas, 1983, pp. 91-148; Duque Sánchez, José Román: «La comunidad y la acción de partición». En: *Libro homenaje a las X Jornadas Dr. José Santiago Núñez Aristimuño, Maturín-estado Monagas*. Valencia-Caracas, Vadell Hermanos Editores-Tinoco, Travieso, Planchart & Núñez, 2000, pp. 99-113; Alfonzo Villegas, Nohelia Yaneth y Abano Castillo, Jesús: «La tutela judicial efectiva en los proceso de partición de herencia». En: http://www.monografias.com; López Herrera, *Derecho...*, t. II, pp. 199-418; Rivers Sandoval, Carlos Fernando: *La partición hereditaria en el Derecho Sucesorio guatemalteco*. Guatemala, Universidad Rafael Landívar, Tesis, 1976, biblioteca.oj.gob.gt/.../getFicha.asp?...(@buscable%20S)%20and%20(@encabezamiento%20DER...; Lafont Pianetta, ob. cit., t. II, pp. 544-744; Serrano García, *Las sucesiones en general...*, pp. 26-29.

[2] Véase: González Valverde, *La comunidad hereditaria*, ob. cit., https://www.tdx.cat/bitstream/handle/10803/277289/TAGV.pdf?scquence=1; Ferrandis Vilella, José: *La comunidad hereditaria*. Barcelona, Bosch Casa Editorial, 1954, p. 83, la comunidad hereditaria supone la concurrencia de varias personas llamadas a suceder a una misma herencia; Colina Garea, Rafael: «Algunas consideraciones básicas en torno a la comunidad hereditaria». En: *Anuario da Facultade de Dereito*. N.º 6. La Coruña, Universidade da Coruña, 2002, p. 237, http://ruc.udc.es/bitstream/2183/2211/1/AD-6-11.pdf, la comunidad hereditaria es aquella situación en

de varios herederos que hayan aceptado la herencia, da lugar entre ellos a una comunidad hereditaria[4], porque la cotitularidad de los bienes hereditarios

---

la que se encuentra la herencia desde la aceptación hasta su división o adjudicación, como consecuencia de la existencia de una pluralidad de personas que han sido llamadas simultáneamente a recibir en la misma una parte alícuota o participación ideal o abstracta; López Colmenarejo, Francisco et al.: Instituciones de Derecho Privado. Madrid, Civitas, t. II (Reales), vol. I, 2002, p. 569, la comunidad hereditaria puede ser considerada como la cotitularidad de los llamados a la herencia que se inicia con la apertura y cesa con la partición; Arrue, ob. cit., «Si concurren dos o más sucesores a adquirir una misma herencia, o una parte de ella, se configura la llamada comunidad hereditaria. En virtud de esta comunidad, y puesto que el llamamiento a la herencia tiene carácter universal, el derecho sobre los bienes que la constituyen pertenece al conjunto de los coherederos; Ramírez, ob. cit., p. 308, la apertura de la sucesión genera indefectiblemente un estado de comunidad que no es otra cosa que la situación de los coherederos respecto de los que no ha mediado liquidación o partición; González y Martínez, ob. cit., p. 362, la comunidad hereditaria está formada por los sucesores a título universal que al fallecimiento de una persona asumen el universum ius; González Valverde, La comunidad hereditaria, ob. cit., p. 45, cuando son uno o más herederos los llamados a la sucesión en la mayoría de los casos se produce una comunidad singular hasta que tenga lugar la partición; Arce y Cervantes, ob. cit., pp. 213-217.

[3] Véase: Torres-Rivero, Teoría..., t. I, p. 398, El género es la comunidad y una de sus subespecies es la comunidad sucesoral.

[4] Rodríguez, ob. cit., p. 345; López Herrera, Derecho..., t. II, p. 199; Briceño C., ob. cit., pp. 61 y 62. Véase también: Carrión Olmos et al., ob. cit., p. 295, la comunidad hereditaria se impone siempre que a la herencia concurran varios herederos; Gutiérrez Barrenengoa et al., ob. cit., p. 415, existe comunidad hereditaria cuando sean más de uno los herederos llamados a una sucesión; Zannoni, ob. cit., p. 267, si concurren dos o más sucesores a adquirir una misma herencia, o una parte de ella, se configura la llamada comunidad hereditaria; Díez-Picazo y Gullón, ob. cit., p. 564, la comunidad hereditaria surge como consecuencia del llamamiento de varias personas como sucesores a título universal; Suárez Franco, ob. cit., p. 395, los herederos no lo son de cada bien individualmente considerado, sino que todos son miembros de una comunidad que posee la totalidad de los bienes del causante; Juzgado Superior Primero en lo Civil, Mercantil y del Tránsito de la Circunscripción Judicial del estado Zulia, sent. del 29-11-07, citada supra, «Cuando en la sucesión hay varios llamados, se origina entre éstos una comunidad que comprende todas las relaciones jurídicas que coronen la herencia, todo elemento patrimonial activo o pasivo corresponde a los sucesores».

recaen sobre varias personas[5]; teniendo que actuar en colectivo respecto de la disposición de los bienes o derechos en su conjunto o totalidad en tanto no opere la división[6]. Pero, a su vez, mientras subsiste la indivisión cada coheredero puede en principio disponer válidamente de su cuota o porción[7]. Esta pluralidad de sucesores supone que sus integrantes comparten el título de heredero, siendo todos a su vez titulares de los bienes, derechos y obligaciones de la herencia[8]. Al efecto afirma una decisión judicial: «La comunidad hereditaria no es más que la relación jurídica que nace cuando el *de cujus* deja varios herederos y estos aceptan la herencia y la manera de finiquitar esa comunidad es o bien de común acuerdo o a través del procedimiento de partición o división de la herencia, como lo establece nuestro Código Civil en su artículo 765»[9].

Para algunos, no se califica de hereditaria porque los partícipes sean herederos, cosa que no es precisa, pues basta que sean sucesores, ya que pueden ser herederos o legatarios[10]. La indivisión resulta de una comunidad por causa de muerte, ya se trate de herederos llamados a la totalidad o legatarios

---

[5] ALBALADEJO, *Curso...*, p. 119. Véase también: ZANNONI, ob. cit., p. 12, la comunidad hereditaria provoca entre los coherederos la cotitularidad de la herencia.
[6] Véase: GONZÁLEZ Y MARTÍNEZ, ob. cit., p. 371, Vale recordar que mientras no opere la partición los coherederos se encuentran en comunidad hereditaria, pero ello no es óbice para que todos los coherederos juntos puedan vender, hipotecar o gravar un inmueble o derecho sin necesidad de realizar operaciones particionales. El precio quedará subrogado en el puesto de la cosa vendida y la cantidad recibida pasará a formar parte del acervo hereditario.
[7] Véase: artículo 765 del Código Civil; LÓPEZ HERRERA, *Derecho...*, t. II, p. 203. Véase sobre la posibilidad de retracto de otro comunero: ibíd., pp. 207 y 208.
[8] Véase: LACRUZ BERDEJO *et al.*, ob. cit., p. 97, «Llamadas varias personas a una herencia, por partes alícuotas, comparten todas el título de heredero, y son, todas ellas a la vez, titulares de los bienes relictos, deudores de las deudas, etc. La estructura de esta titularidad plural ha sido y es distinta según las épocas y ordenamientos jurídicos».
[9] Juzgado Superior Séptimo en lo Civil, Mercantil y del Tránsito de la Circunscripción Judicial del Área Metropolitana de Caracas, sent. del 03-12-13, citada *supra*.
[10] ALBALADEJO, *Curso...*, p. 120.

llamados a la totalidad[11]. Aludiéndose así a «indivisión sucesoria». Pero aclara FERRANDIS que el hecho de recaer sobre la herencia y no sobre objetos concretos de la misma diferencia la comunidad que puede existir la comunidad entre colegatarios –a quienes se les ha legado en comunidad una misma cosa que sería una comunidad entre sucesores a título particular– de la comunidad hereditaria, que por recaer sobre la herencia tiene lugar entre sucesores a título universal, llamados conjuntamente a suceder a una misma persona[12]. De allí que la idea general que preside todo proceso particional y punto de partida del concepto de partición es una situación de comunidad entre los herederos o partícipes[13]. Afirma una decisión judicial que la partición de sucesión hereditaria no tiene lugar propiamente entre colegatarios[14], por lo que pudiera precisarse que la sucesión «hereditaria»

---

[11] CLARO SOLAR, ob. cit., t. XVII (v), p. 302.
[12] FERRANDIS VILELLA, ob. cit., p. 83.
[13] ROCA FERRER et al., ob. cit., p. 602.
[14] Véase: Sala de Juicio Décima del Circuito Judicial del Tribunal de Protección de Niños, Niñas y Adolescente de la Circunscripción Judicial del Área Metropolitana de Caracas, sent. del 28-01-09, citada *supra*, «En efecto, en consonancia a lo antes deducido, se tiene que el presente caso no se refiere a una partición de sucesión hereditaria, sino que un bien inmueble del que una testadora es propietaria del 50 %, acuerda legar los derechos que sobre tal bien ella detenta (…) lo anterior simplemente se ratifica lo afirmado por la causante, cuando asienta que los derechos de propiedad que ella está legando en su testamento no pueden pasar a formar parte de la herencia o mejor dicho del acervo hereditario, en consecuencia el accionante tiene el derecho no solo de exigir su legado, tal y como lo plantean los artículos 927 y 928 del Código Civil, sino que tiene derecho a que se declare que; de los derechos de propiedad de los que disponía la testadora, ciudadana (…) sobre la casa (…) los cuales alcanzan el 50 % del total que la conforman, la mitad le corresponde al actor –25 % del total de los derechos sobre el inmueble– y la otra mitad –25 % de los derechos totales sobre el inmueble– a los hermanos (…) No habiendo otro argumento de defensa y por cuanto ha lugar en derecho la acción de partición de la parte actora, debe prosperar la presente demanda y fijarse la oportunidad legal para la convocatoria a los comuneros del inmueble en cuestión, para la designación del partidor respectivo y en caso de no ser decidido por ellos en una mayoría absoluta de las personas copropietarias o haberes sobre la casa (…) se procederá a tal designación por parte de esta juez, para luego pasar a la publicación del cartel de remate respectivo

acontece respecto de la sucesión universal, esto es, entre coherederos, no obstante que también existirá comunidad entre colegatarios, en virtud del fenómeno sucesorio a título particular[15], que también precisará de «partición» para hacer cesar el estado de comunidad o indivisión.

Las reglas relativas a la partición hereditaria están contenidas en los artículos 1066 y siguientes del Código Civil[16]. Por disposición del artículo 1082, en lo no previsto se observarán las disposiciones establecidas en el Título de la comunidad (artículos 759 a 770), mientras no sean incompatibles con las normas especiales de la materia sucesoral[17], tales como que nadie puede ser obligado a permanecer en comunidad[18] y por tal opera la partición (artículo 768), cada comunidad tiene la plena disponibilidad de su cuota (artículo 765), etc.

---

sobre la misma, todo esto de conformidad a lo contemplado en los artículos 1076 y 1066 y siguientes de nuestro Código sustantivo».

[15] Véase: La comunidad, según indicamos, es el género, y las especies varían según el título u origen de que se trate –hereditaria, legado, conyugal, ordinaria, etc.–; Colina Garea, ob. cit., p. 241, se trata de una comunidad universal que no recae sobre bienes particulares o concretos, sino sobre la herencia globalmente considerada como una unidad.

[16] Véase: Juzgado Primero de Primera Instancia en lo Civil, Mercantil y Tránsito del Primer Circuito de la Circunscripción Judicial del estado Portuguesa, sent. del 12-02-08, citada *supra*, «… en relación a los artículos 1066 y siguientes del Código Civil, que regula todas las fases de división y adjudicación de los bienes hereditarios…».

[17] Véase: Rojas, ob. cit., p. 729, a esta comunidad hereditaria se le aplican por analogía las normas que rigen la comunidad ordinaria.

[18] Véase: Tribunal Primero de Primera Instancia del Régimen Procesal Transitorio de Juicio de Protección de Niños, Niñas y Adolescentes de la Circunscripción Judicial del estado Yaracuy, sent. del 25-01-10, citada *supra*, «… siendo que las partes no pueden obligarse a permanecer en comunidad y siempre puede cualesquiera de los participantes demandar la partición, por lo que se hace necesario partir los referidos bienes, considera que la presente acción debe prosperar…»; Juzgado Superior Primero en lo Civil, Mercantil y del Tránsito de la Circunscripción Judicial del Área Metropolitana de Caracas, sent. del 29-1-10, exp. 09.10209, http://jca.tsj.gov.ve/decisiones/2010/enero/2138-29-09.10209-10.007-int(comp)-civ.html, «El artículo 768 del Código Civil prescribe que nadie puede ser obligado a permanecer en comunidad».

Dicha cuota –según aclara Zannoni– forma parte del patrimonio de cada comunero como entidad autónoma, separada de las de otros comuneros. Pero la cuota no es un derecho con un contenido propio, sino la medida aritmética de un derecho. Por lo que los bienes, como atribución singular, no son, en concreto, coparticipados o coposeídos en el patrimonio individual de cada copartícipe o sucesor[19]. Todos los herederos pro indiviso, tienen el derecho de propiedad sobre todos los bienes y objetos de la sucesión, sobre cada uno de ellos y sobre cada parte, por pequeña que sea: *totum in toto, et totum in qualibet parte*[20].

La comunidad hereditaria se produce tanto en la sucesión testamentaria como en la intestada siempre que a ellas sean llamadas varias personas[21]. Integrada así dicha comunidad, es facultativo de sus integrantes continuar en esa situación jurídica o ponerle fin a esa indivisión[22]. Los herederos se encuentran sometidos al régimen de indivisión hasta el término de las operaciones de partición[23]. De allí que se afirme que la herencia «tiene una vida efímera»[24], y la razón es que está llamada a terminar con la partición.

---

[19] Zannoni, ob. cit., p. 11. Véase también: Arrue, ob. cit., «Pero es importante destacar que esta comunidad no significa que cada bien reproduzca, singularmente, una situación de copropiedad o cotitularidad en concreto. El derecho hereditario *in abstracto*, recae sobre el complejo de titularidad transmisibles como una totalidad patrimonial»; Ferrandio Bundio, ob. cit., p. 83, la comunidad hereditaria vendrá calificada por la inconcreción de los bienes y derechos que les corresponden a los sucesores, en tal caso, los herederos no presentan un derecho concreto sobre la herencia.

[20] Sanojo, ob. cit., p. 89.

[21] Serrano Alonso, *Manual...*, p. 87.

[22] Piña Valles, ob. cit., p. 207. Véase bajo el título de «La indivisión hereditaria»: *Tratado de Derecho Civil según el Tratado de Planiol*. Buenos Aires, La Ley, 1965, t. x, vol. ii Sucesiones (2ª parte Transmisión sucesoria–Partición). Trad. Delia García Daireaux, pp. 299 y ss. Cuando existen dos o más herederos la transmisión sucesoria crea una indivisión que es una forma particular de propiedad, a saber, la copropiedad: la propiedad del difunto es sustituida por los derechos de los herederos sobre la cuota parte (ibíd., p. 299).

[23] Mazeaud *et al.*, ob. cit., vol. iv, p. 10.

[24] Sepúlveda Cerliani, ob. cit., su vida comienza con la apertura, esto es, al momento de la muerte del causante y dura mientras dure la indivisión, o sea, termina

Siendo la partición, el modo más frecuente y normal en virtud del cual se extingue la comunidad hereditaria[25].

«El estado de comunidad que se crea entre los coherederos como copropietarios del acervo patrimonial al fallecimiento del causante, cesa en virtud de la partición o división de la comunidad»[26]. «La partición de bienes es el complejo conjunto de operaciones que tiene por objeto poner fin a la comunidad que recae sobre la universidad jurídica de la herencia, reemplazando el derecho cuotativo, que cada heredero tiene en el total, por bienes determinados que se adjudican a éste»[27]. «Lo tradicional en la disolución de la comunidad hereditaria es la partición de la herencia indivisa, mediante ella se pone fin al complejo fenómeno hereditario que tuvo su comienzo con la muerte del *de cuius*, y continuó con el llamamiento y adquisición de la herencia por los herederos»[28].

La comunidad hereditaria acaba, como toda comunidad, por la división de su activo[29]. Agrega TORRES-RIVERO que partir es «dividir, y dividir es repartir. En consecuencia, partir es repartir. Jurídicamente, partir significa también liquidar, distribuir o adjudicar»[30]. La partición es el acto

---

con la partición que es el conjunto complejo de actos destinados a radicar derechos cuotativos en bienes singulares.
[25] COLINA GAREA, ob. cit., p. 259.
[26] Véase: ABOUHAMAD HOBAICA, ob. cit., p. 260.
[27] ORREGO ACUÑA, Juan Andrés: «Décimo tercera parte: de la partición de bienes». En: www.juanandresorrego.cl/apuntes/derecho_civil.../civil4_sucesorio_13.pdf.
[28] MONTES SALGUERO, Jorge J.: «Notas sobre el Derecho Sucesorio en los fueros de Cuenca y Úbera». En: *Boletín de la Facultad de Derecho*. N.º 3. Madrid, UNED, 1993, pp. 139-150. En: http://e-spacio.uned.es/fez/eserv.php?pid=bibliuned:BFD-1993-3-C7D37942&dsID=PDF.
[29] LACRUZ BERDEJO *et al.*, ob. cit., p. 107. Véase también: ESCOVAR LEÓN, *Notas...*, p. 92, la división es el acto con el cual se pone término a la comunidad hereditaria.
[30] TORRES-RIVERO, *Teoría...*, t. I, pp. 395 y 396. Véase también: Juzgado Superior en lo Civil y Contencioso Administrativo de la Región Centro Occidental, sent. del 27-07-09, exp. KP02-R-2009-000189, http://jca.tsj.gov.ve/decisiones/2009/julio/648-27-KP02-R-2009-000189-KP02-R-2009-000189.html, La palabra «partición» alude

de separar, dividir y repartir los bienes que forman parte de una herencia entre los sucesores[31]. Partir es el acto por medio del cual cesa el estado de comunidad o de indivisión, mediante la adjudicación de derechos singulares o particulares a cada uno de los que fueron copartícipes[32]. Reseña una decisión judicial que «la partición es la operación que tiene por objeto la división y distribución de los bienes hereditarios indivisos entre todos los herederos llamados a la sucesión del causante»[33].

«El efecto inmediato de la partición es poner fin a una situación pluriobjetiva, por regla general, derivada del fallecimiento de una persona y considerada como antieconómica –por mimetismo de la comunidad en general– y llamada comunidad hereditaria. En efecto, hecha la partición, cada heredero se transforma en propietario de cosas determinadas –sin perjuicio de poder formarse una comunidad ordinaria entre los coherederos–,

---

a división o reparto en dos o más partes entre dos o más partícipes. Más en especial en el mundo jurídico, la distribución o repartimiento de un patrimonio singularmente la herencia o una masa social de bienes, entre varias personas con iguales o diversos derechos sobre el condominio a que se pone fin.

[31] Serrano Alonso, *Manual…*, p. 74. Véase: Alonso Ttica, ob. cit., «La partición sucesoria es el acto jurídico mediante al cual se pone fin al condominio de la herencia, adjudicándole a cada sucesor lo que le corresponde».

[32] Véase: Dominici, ob. cit., p. 346, es el acto por el que termina el estado de comunidad de los bienes hereditarios; Díez-Picazo y Gullón, ob. cit., p. 570, es el acto o negocio jurídico que extingue el estado de indivisión y comunidad, atribuyendo bienes y derechos singulares a los coherederos; Juzgado Superior Segundo en lo Civil, Mercantil, Tránsito y Bancario de la Circunscripción Judicial del Área Metropolitana de Caracas, sent. del 23-09-15, exp. AP71-R-2015-000696, http://caracas.tsj.gob.ve/decisiones/2015/septiembre/2139-23-ap71-r-2015-000696-.html, «la partición sucesoria persigue salir del estado de indivisión que produce la comunidad».

[33] Juzgado de Primera Instancia en lo Civil, Mercantil y del Tránsito de la Circunscripción Judicial del estado Zulia, sent. del 12-08-09, exp. 35 178, http://falcon.tsj.gov.ve/decisiones/2009/agosto/516-12-35178-853.html, agrega «y de conformidad con el artículo 768 del Código Civil venezolano vigente, a nadie se le puede obligar a permanecer en comunidad y siempre puede cualquiera de los copartices demandar la partición».

evolucionando así su posición jurídica de titular de cuotas»[34]. La partición tiene lugar mediante la distribución entre los coherederos de las titularidades activas contenidas en la herencia[35]. De allí pues que al margen de la discusión relativa a la naturaleza jurídica de la partición[36], la misma se traduce en el fin o la culminación de la comunidad hereditaria que atribuye a cada heredero la propiedad individual de los bienes adjudicados.

Sin embargo, concluye la doctrina que la partición o el acto particional debe ser entendido como parte del proceso sucesorio que comienza con la muerte que da lugar a la apertura de la sucesión, pues la conclusión de ese proceso producirá el activo líquido partible, pero «la titularidad del heredero adjudicatario tras la partición no será ni mejor ni peor que durante la comunidad hereditaria»[37]. Se trata pues de lograr la atribución concreta de los bienes

---

[34] COCCORESE, ob. cit., *passim*.

[35] ZANNONI, ob. cit., p. 323, agrega: «el contenido de la adquisición a título universal, representado por el todo o una parte alícuota de la herencia, obtiene, mediante la partición o división existiendo pluralidad de sucesores, una atribución concreta entre ellos de las titularidades comprendidas en la herencia».

[36] Véase sobre su naturaleza jurídica: ROCA FERRER *et al.*, ob. cit., pp. 605-610, en cuanto a la naturaleza jurídica de la partición hereditaria, se distinguen varias teorías: traslativa, entiende los herederos se transmiten recíprocamente cuotas indivisas de los bienes de la herencia, de modo que existen recíprocas permutas y enajenaciones entre ellos; declarativa, considera que los herederos nada se transmiten en la partición, la cual se limita a declarar o confirmar lo que cada uno de ellos ha adquirido desde que aceptó la herencia; determinativa o específica, que parte de una pretendida posición intermedia en que la partición ni es meramente traslativa ni meramente declarativa, porque no constituye por sí sola título de adquisición, sino operación de reparto. Véase sobre su naturaleza en el Derecho español, que se debate entre las citadas teorías: ibíd., pp. 619-622. Véase en la doctrina nacional: ESCOVAR LEÓN, *Notas...*, p. 117, la división tiene carácter declarativo y no atributivo; LÓPEZ HERRERA, *Derecho...*, t. II, pp. 215-218. Véase también: POLACCO, ob. cit., t. II, p. 318, se ha señalado el principio de que la división tiene carácter declarativo; PLANIOL y RIPERT, ob. cit., pp. 692 y ss.

[37] ROCA FERRER *et al.*, ob. cit., p. 622. Véase: JÖLD, Carlos: *Manual práctico de sucesiones*. Buenos Aires, 2.ª, Abeledo-Perrot, 1981, p. 15, refiere el autor que, no obstante la denominación «proceso sucesorio» que hace el Código Procesal, la doctrina no es pacífica y reserva la palabra «proceso» para el caso que exista *litis* o contención.

a los efectos de la comodidad práctica y jurídica de quien fuera comunero por razón de la herencia. Recordemos que para constituirse la comunidad hereditaria y acceder a la partición deben acontecer los tres momentos del proceso sucesorio relativos a apertura, aceptación y adquisición[38].

La partición supone el resultado unitario de una serie de operaciones jurídico-matemáticas a fin de distribuir entre los coherederos el acervo hereditario[39]. Y así se alude entre sus pasos a la necesidad de un inventario[40] a fin de precisar los bienes y obligaciones de la herencia, el avalúo o tasación de tales bienes, la liquidación, etc.[41]. La liquidación generalmente tiene lugar por iniciativa del heredero[42]. López Herrera señala que la liquidación de la herencia consta de dos etapas; la determinación de los sucesores y acreedores del *de cujus*, y una vez satisfechos y dada la aceptación plural se culmina con la partición a fin de hacer cesar el estado de indivisión entre coherederos[43].

2. Principios[44]

La doctrina alude básicamente a dos principios o reglas básicas que orientan la partición sucesoria: la igualdad de los copartícipes y proporcionalidad, en las deudas y en los derechos o bienes, a recibir la porción correspondiente en los bienes de la herencia[45]. Del principio de la igualdad se deriva la integridad cualitativa de las cuotas[46]. Se trata de

---

[38] Véase *supra* II.3.; Juzgado Sexto de Primera Instancia en lo Civil, Mercantil y del Tránsito de la Circunscripción Judicial del Área Metropolitana, sent. del 28-05-07, citada *supra*; Juzgado Segundo de Primera Instancia en lo Civil, Mercantil y del Tránsito de la Circunscripción Judicial del estado Mérida, sent. del 31-07-08, citada *supra*.
[39] Véase: Carrión Olmos *et al.*, ob. cit., p. 301.
[40] Véase sobre la importancia del inventario: Armuzzi, ob. cit., pp. 9-68.
[41] Carrión Olmos *et al.*, ob. cit., pp. 316 y 317.
[42] Cicu, ob. cit., p. 104.
[43] López Herrera, *Derecho…*, t. II, p. 213.
[44] Véase: ibíd., pp. 247-253.
[45] Véase: ibíd., p. 247.
[46] Álvarez-Caperochipi, ob. cit., p. 110.

principios que se complementan toda vez, que «igual» no es lo mismo que «proporcional»[47].

Los antiguos tratadistas franceses señalaban que la igualdad es el alma de las particiones[48]; por lo que se presenta como principio fundamental de la partición[49]; regla cardinal en la materia según la cual los herederos deben recibir un trato equitativo[50] y reflejado, entre otros, en el artículo 1075 del Código Civil que a propósito de la formación de los lotes, según veremos, dispone un trato igual en lo posible entre copartícipes. La responsabilidad entre coherederos por saneamiento y perturbaciones también es un reflejo, según repararemos, del citado principio de igualdad[51]. La proporcionalidad se evidencia tanto respecto de la adquisición de derechos como de las deudas y cargas, que, como se comentara de seguidas, son distribuidas entre los coherederos de conformidad con sus respectivas cuotas.

El artículo 1070 del Código Civil dispone que «cada uno de los coherederos puede pedir en especie su parte de bienes muebles o inmuebles de la herencia…». De lo que se afirma que ningún coheredero, en principio, puede ser obligado a recibir el equivalente de sus derechos en dinero en efectivo, ni tampoco en otros bienes que no formen parte del caudal hereditario[52]. Se reconoce, sin embargo, la dificultad práctica de que todos los bienes muebles e inmuebles se dividan proporcionalmente entre todos los herederos, pues

---

[47] No debe existir una atribución «igual» de bienes y deudas si los coherederos responden a cuotas distintas, de allí que en tal caso, la designación será «proporcional». La igualdad apunta hacia un trato paritario de los copartícipes en condiciones de «igualdad», respetando obviamente la proporcionalidad de las cuotas. Es regla universal que no se puede tratar igual a los desiguales y si existe desigualdad en la cuota, ha de regir la proporcionalidad.
[48] PLANIOL y RIPERT, ob. cit., p. 737; MAZEAUD et al., ob. cit., vol. IV, p. 126.
[49] LÓPEZ HERRERA, Derecho…, t. II, p. 247, el principio de la igualdad es la regla cardinal en materia de partición e implica que todos los copartícipes deben recibir idéntico.
[50] Véase: ídem.
[51] Véase infra XIII.3.
[52] Véase: ídem.

en la mayor parte de los casos, el bien no es susceptible de división. Sin embargo, por no tratarse de un aspecto de orden público podría mediar al respecto la voluntad del causante y de los propios copartícipes[53]. Por motivos socioeconómicos, la ley puede matizar los principios citados, lo que se aprecia en caso de muebles e inmuebles, en los artículos 1170, 1171 y 1175 del Código Civil[54], según veremos[55].

Salvo disposición en contrario del testador que no afecte la legítima, las cargas y gravámenes de la herencia son compartidas entre los coherederos en proporción a su respectiva cuota. Así lo prevé el artículo 1110: «Los coherederos contribuyen al pago de las deudas y cargas de la herencia en proporción a sus cuotas hereditarias, salvo que el testador haya dispuesto otra cosa». Tal norma consagra la regla fundamental en torno al pago de las deudas y cargas hereditarias[56]. Se trata de la regla –derivada de la proporcionalidad– de la división de las deudas, por el cual el heredero tiene que contribuir al pasivo hereditario en proporción a la cuota que se le atribuye[57]. El pasivo sucesoral comprende las deudas del difunto, los legados y las cargas propiamente dichas, es decir, las deudas que graven la herencia sin haber pesado sobre el difunto[58]. Las deudas hereditarias forman parte integrante de la comunidad indivisa[59].

Cada uno de los herederos responde de las deudas en proporción a su cuota hereditaria[60], salvo previsión distinta del causante[61]. Se entiende

---

[53] Ibíd., p. 248.
[54] Ibíd., pp. 249-252.
[55] Véase *infra* XIII.3.
[56] Véase: POLACCO, ob. cit., t. II, pp. 427-436.
[57] PLANIOL y RIPERT, ob. cit., p. 419. Véase también sobre el principio de la división de las deudas: JOSSERAND, ob. cit., vol. II, pp. 259-271.
[58] MAZEAUD *et al.*, ob. cit., vol. III, p. 162.
[59] COLINA GAREA, ob. cit., p. 248.
[60] CASTILLO FREYRE, Mario y OSTERLING PARODI, Felipe: «El derecho sucesorio y las obligaciones de sujeto plural». En: www.castillofreyre.com/.../el_derecho_sucesorio_y_las_obligaciones.pdf.
[61] Véase: BRICEÑO C., ob. cit., p. 62.

por deudas las obligaciones que incumbían al difunto y que de él han pasado a los herederos y por cargas aquellas obligaciones con carácter póstumo[62], que nacen para el heredero después de la muerte del causante –como gastos de funeral, inventario, etc.–; los legados también son cargas de la herencia[63]. Efectivamente, tal regla lógica y antigua, supone en principio la responsabilidad proporcional de las deudas según la cuota del heredero[64], salvo que el testador haya dispuesto otra cosa en cuanto al pago de las deudas y cargas de la herencia. Se indica al efecto que se podría insertar cláusulas en la que se adjudique bienes a uno de los herederos a fin de que pague las deudas de la herencia. Situación que, para algunos, no está pensada en beneficio de los acreedores, para asegurar el pago de sus créditos, sino para liberar de la preocupación de ese pago a la colectividad de herederos, encargando a uno de ellos tal encomienda y liberando a los demás del asunto y posibles reembolsos[65].

En resumen –añade Ramírez al comentar la citada norma–, los herederos se distribuyen lo que queda después de cubierto el pasivo porque dice un antiguo adagio, «donde hay deudas no hay herencia». Los herederos contribuyen a solventar el pasivo proporcionalmente a las cuotas hereditarias, salvo disposición contraria del testador[66].

---

[62] Véase: Josserand, ob. cit., vol. II, p. 181, las cargas de la sucesión por oposición a las deudas del difunto, tal como el Código las entiende, se oponen a las deudas del difunto en el sentido de que éste no estuvo nunca obligado por ellas; nacen contra el heredero o contra la sucesión por primera vez; tienen un carácter póstumo, en consecuencia, no están bajo la influencia del principio de la continuación de la personalidad. Véase también: Alonso Ttica, ob. cit., Son las obligaciones del causante al momento de su deceso. Son solamente las trasmisibles pues personalísimas no son objeto de transmisión.
[63] Sanojo, ob. cit., p. 121.
[64] Véase: Ricart, Encarnació: «Nomina hereditaria *ipso iure divisa sunt indivisa pignoris causa*. Confluencia de dos *regulae iuris* en D.20,4,19». En: www2.ulg.ac.be/vinitor/rida/2001/ricart.pdf, p. 237, en caso de pluralidad de herederos la nomina de la herencia, es decir créditos y deudas se dividen *ipso iure* entre los coherederos en proporción a su cuota de participación en la herencia.
[65] Lacruz Berdejo *et al.*, ob. cit., p. 104.
[66] Ramírez, ob. cit., pp. 327 y 328.

Es de recordar que dicha responsabilidad del o los herederos por las cargas y deudas de la herencia se extiende en principio hasta sus bienes propios en razón de la confusión de patrimonios que causa el fenómeno de la sucesión, a menos que el heredero en su beneficio que se haga uso de la aceptación a beneficio de inventario[67]. Dispone el artículo 1112: «Los herederos están obligados a satisfacer las deudas y cargas hereditarias personalmente, en proporción a su cuota, e hipotecariamente por el todo, salvo su recurso, si hay lugar, contra los coherederos en razón de la parte con que deben contribuir». Los herederos están obligados personalmente en proporción a su cuota por ministerio de la ley, pero si la deuda está garantizada con hipoteca, el acreedor puede proceder por el todo contra el heredero en cuya porción esté comprendido el inmueble hipotecario, quien le queda a salvo el recurso contra los coherederos en sus respectivas cuotas[68]. Se aludía a la indivisibilidad de la prenda respecto del heredero desde tiempos antiguos[69].

Norma que debe complementarse con el artículo 1113 del Código Civil: «El coheredero que, en fuerza de la hipoteca, haya pagado una deuda común superior a su parte, no tiene recurso contra los demás coherederos, sino por la parte que corresponda a cada uno de ellos personalmente, aunque se haya hecho subrogar en los derechos de los acreedores. Este coheredero conserva en lo demás la facultad de reclamar su crédito personal como cualquiera otro acreedor, con deducción de la parte que él debe pagar». Y el artículo 1114: «En caso de insolvencia de un coheredero, su parte en la deuda hipotecaria se repartirá proporcionalmente entre todos los demás».

De allí que la especialidad del derecho de hipoteca se hace evidente inclusive en materia sucesoral. Pues la doctrina aclara que tal situación no

---

[67] Véase *supra* III.1.
[68] Ibíd., p. 317.
[69] Véase: RICART, ob. cit., p. 241, indica la autora que en la época clásica del Derecho romano no estaba prevista la acción de regreso de un heredero contra otro (ibíd., p. 244). El régimen romano de indivisibilidad del *pignus* se ha transmitido a muchos ordenamientos jurídicos de influencia romana (ibíd., p. 246).

sucede en los demás casos de insolvencia, pues si uno de los herederos es insolvente no por ello su débito se reparte a los demás en proporción a sus cuotas, pues cada uno responde del débito en la medida de su cuota y el acreedor debe soportar tal insolvencia. Igualmente, si el heredero es acreedor del difunto, la extinción del crédito por confusión se efectúa en proporción a la cuota hereditaria[70].

Se aclara entonces que la división del débito hereditario entre coherederos puede no verificarse: cuando por la naturaleza de la prestación o por disposición legal la obligación sea indivisible; cuando el testador así lo disponga (artículo 1110); en el caso citado de la deuda hipotecaria (artículo 1112). La doctrina indica que en este último caso de deuda hipotecaria, estando todos los herederos personalmente expuestos en cuanto a su cuota, si se trata de una acción hipotecaria responde total y exclusivamente aquel a quien se le atribuya el fundo hipotecado. La responsabilidad de uno por el todo es una necesidad impuesta el deudor. Pero la disposición del testador de obligar a un solo heredero a una determinada prestación no obliga al acreedor que podría accionar contra todos en función de su cuota[71].

Prevé el artículo 1111: «Cuando alguno o algunos inmuebles de una herencia estén gravados con el pago de una renta redimible, cada coheredero puede exigir que los inmuebles queden libres antes de que se proceda a la formación de las cuotas hereditarias. Si los coherederos dividen la herencia en el estado en que se encuentra, los inmuebles gravados se estimarán del mismo modo que los demás; y de su valor se deducirá el capital correspondiente a la pensión o renta. El heredero a quien se adjudique el fundo o fundos gravados, quedará obligado al pago de la pensión, con la obligación de garantizar a sus coherederos».

En cualquier caso, subsiste entre herederos el principio de la responsabilidad proporcional, para lo cual quien pagó cuenta a su favor con la acción de

---

[70] Véase: Sojo Bianco, ob. cit., p. 387; Ramírez, ob. cit., p. 329.
[71] Véase: Sojo Bianco, ob. cit., p. 386.

reembolso a fin de exigir la parte correspondiente a cada heredero, salvo que el testador adjudique la carga a un heredero en particular sin que se afecte su legítima.

En cuanto al legatario es un causahabiente a título particular, prevé el artículo 1115: «El legatario no está obligado a pagar las deudas de la herencia[72], sin perjuicio de la acción hipotecaria que competa a los acreedores sobre el fundo legado, y salvo también el derecho de separación; pero el legatario que haya satisfecho la deuda con que estaba gravado el fundo, se subroga en los derechos del acreedor contra los herederos».

3. Formas[73]

La comunidad hereditaria cesa por efecto de la «partición» ya sea amigable[74] o judicial[75]. La primera tiene lugar de mutuo acuerdo por vía contractual

---

[72] Véase *supra* VIII.6.
[73] Véase: Escovar León, *Notas...*, pp. 96-100; López Herrera, *Derecho...*, t. II, pp. 218-221, distingue por la forma o procedimiento –voluntaria o amigable por oposición a judicial o forzada–, por la extensión o amplitud –total, complementaria o individual–, según el carácter –*ope legis* o a iniciativa de los herederos–, por su finalidad –definitiva o provisional–, por el contenido –propiedad o de usufructo–; Planiol y Ripert, ob. cit., pp. 566 y ss., aluden respecto a las formas de partición a extrajudicial y judicial y, también, a definitiva y provisional; Ripert y Boulanger, ob. cit., 2.ª Parte, pp. 441 y 442, las dos formas de partición puede ser privada o puede ser judicial; la primera cuando el reparto de los bienes indivisos tiene lugar por el libre acuerdo de los coherederos, la segunda cuando debe hacerse como consecuencia de un procedimiento ante un tribunal civil; Josserand, ob. cit., vol. II, 359, a la partición amistosa se opone la judicial; Mazeaud *et al.*, ob. cit., vol. IV, pp. 126-161, amigable y judicial; Ramírez, ob. cit., p. 311, la división puede proceder de común acuerdo o por vía judicial. Véase sobre las formas de división de la herencia en el Derecho romano: Bernad Mainar, *Derecho romano...*, pp. 147-149.
[74] Véase: Rojas, ob. cit., pp. 731 y 732; Escovar León, *Notas...*, p. 97, la partición amigable o convencional es un contrato; Rodríguez, ob. cit., p. 348, siempre que se llegue a un acuerdo entre los coherederos se podría realizar una partición amistosa, que precisa aprobación del tribunal en caso de incapaces; Mazeaud *et al.*, ob. cit., vol. IV, p. 126, es una convención que supone el acuerdo unánime de los copartícipes.

entre los coherederos, la segunda, acontece a falta de la primera, pues en ausencia de acuerdo voluntario o amigable, los coherederos deben proceder a la respectiva partición por vía judicial o jurisdiccional[76]. En el supuesto de incapaces de obrar, la partición precisa de la debida subsanación de la incapacidad[77], previo cumplimiento de las formalidades legales según el caso, pues se trata de un acto de disposición[78]. Toda vez que la capacidad para partir es

---

[75] Véase: Rojas, ob. cit., pp. 732 y ss.; Alfonzo Villegas y Abano Castillo, ob. cit., «Reyes señala que existen además, otras dos formas de realizar la partición. Una de ellas es la extrajudicial, es decir, por convenimiento entre partes y la otra, es la judicial, la cual puede ocurrir por muchos motivos, y es realizada por un tribunal»; Prieto-Castro y Ferrándiz, ob. cit., p. 143, el procedimiento de división de herencia pretende poner fin a la indivisión de una comunidad, esto es, cuando existe pluralidad de partícipes.

[76] Véase: Bonnecase, ob. cit., p. 598, distingue en cuanto a su forma, la partición amigable y la judicial, en la primera los herederos se ponen de acuerdo para liquidar como les convenga la indivisión; la judicial supone, por el contrario, la intervención judicial en formas rigurosamente determinadas por la ley.

[77] Ya sea en el ámbito negocial o procesal, según se trate de partición amigable o judicial, respectivamente.

[78] Esto es, excede de la simple administración e implica un potencial riesgo al patrimonio del interesado. Véase: Código Civil artículos 267, 365 –menores de edad sometidos a representación–, 383 –menor emancipado–, 409 –inhabilitado–, 397 –entredicho–, 1078 –autorización judicial–, 998 –beneficio de inventario–, 364 –opinión del protutor para ejercer acción–; Ramírez, ob. cit., p. 311, en caso de incapaces se requiere previa autorización judicial y aceptación a beneficio de inventario; Escovar León, *Notas...*, p. 97, la división amigable procede también en caso de incapaces observando las reglas de ley, cuya inobservancia propicia la invalidez de la división que solo puede ser invocada por el incapaz. Véase sobre la incapacidad de los copartícipes: López Herrera, *Derecho...*, t. ii, pp. 223-227. Véase también sobre la necesidad de opinión del menor de conformidad con el artículo 80 de la Ley Orgánica para la Protección de Niños, Niñas y Adolescentes, Corte Superior del Tribunal de Protección del Niños, Niñas y Adolescentes de la Circunscripción Judicial del estado Zulia, sent del 11-03-09, exp. 01284-09, http://zulia.tsj.gov.ve/decisiones/2009/marzo/528-11-1284-09-22-09.html, «sometida al cumplimiento de la notificación del fiscal del Ministerio Público para que emita su opinión con respecto a la actuación realizada por las partes (…) según lo previsto en el artículo 267 del Código Civil, y a la escucha de la opinión de los niños o adolescentes de autos…».

distinta a la capacidad para suceder y para testar: quien es capaz de testar no lo es necesariamente para partir[79]. La partición exige en principio capacidad de obrar plena[80].

Duque Sánchez distingue tres formas o clases de partición: i. la judicial contenciosa, ii. la judicial no contenciosa, y iii. la extrajudicial o amistosa[81]. Según refiere el citado autor –siguiendo a Cuenca–, la partición judicial no contenciosa es la consagrada en los artículos 1069 y siguientes del Código Civil[82]. Torres-Rivero pareciera pronunciarse en sentido semejante al afirmar que «… la partición judicial, que no siempre resulta litigiosa»[83]. Se aprecia en el mismo sentido decisión judicial[84].

---

[79] Torres-Rivero, *Teoría…*, t. i, pp. 399 y 400. Véase: ibíd., p. 402, la partición amistosa la capacidad se determina en función de la capacidad para los actos jurídicos en general. Véase: ibíd., p. 404, la partición judicial precisa de la *legitimatio ad causan* y *ad processum*, por lo que en atención a la última los incapaces de obrar precisaran del respectivo régimen de representación o asistencia.

[80] Lacruz Berdejo *et al.*, ob. cit., p. 112.

[81] Duque Sánchez, José R.: *Procedimientos especiales contenciosos*. Caracas, 3.ª, UCAB, 1985, p. 178.

[82] Ibíd., pp. 191-193.

[83] Torres-Rivero, *Teoría…*, t. i, p. 404.

[84] Véase: Juzgado Superior Primero en lo Civil, Mercantil y del Tránsito de la Circunscripción Judicial del Área Metropolitana de Caracas, sent. del 29-01-10, citada *supra*, «El artículo 768 del Código Civil prescribe que nadie puede ser obligado a permanecer en comunidad, y para individualizar los bienes que se encuentra en comunidad, el legislador instituyó el mecanismo de la división de los bienes, por o a través de la partición, la que puede ser: i. judicial contenciosa; ii. judicial no contenciosa; y iii. extrajudicial. Se inscriben esos dos últimos tipos dentro de la denominada partición amigable que permisa el artículo 788 del Código de Procedimiento Civil. Partición amigable a la que los comuneros pueden optar, bien a presentarla ante un juez, para la ritualidad de su aprobación. O simplemente, elaborar el acta de partición y protocolizarla en casos de bienes inmuebles o autenticarla en caso de bienes muebles. Pero en ambas hipótesis, la partición es no contenciosa y es solo impugnable mediante la correspondiente acción de nulidad contractual. En este caso los justiciables han presentado al conocimiento judicial una solicitud de aprobación de partición de bienes, que dicen que han convenido de mutuo y amistoso acuerdo, conforme a las previsiones del artículo 1069 del Código Civil. Es decir, que

Por su parte, los artículos 777 y siguientes del Código de Procedimiento Civil regulan el procedimiento judicial contencioso de partición[85], aplicable a la partición de herencia como subespecie de la comunidad –según algunas decisiones judiciales, inclusive en caso de menores de edad en cuanto no se oponga al procedimiento de la Ley Orgánica para la Protección de

---

optaron por la vía de la partición judicial no contenciosa, al presentar ante un juez su acuerdo amistoso, para que más que su aprobación le de visos de autenticidad. No hay procedimiento, por no haber contención y solo se pretende cumplir con el rito de la aprobación. Entonces, no entiende quien sentencia, que si habiéndose establecido en el artículo 3 de la mencionada Resolución de la Sala Plena, que los juzgados de municipio conocerán de forma exclusiva y excluyente de todos los asuntos de jurisdicción voluntaria o no contenciosa en materia civil, como tratándose de una materia no contenciosa civil, se le quiera excluir del conocimiento del juzgado municipal, por consideraciones cuánticas. El ser la jurisdicción voluntaria, materia exclusiva y excluyente de los juzgados municipales, no permisa generar incompetencias funcionales, ni atribuirle competencia en esa materia a juzgados de categorías distintas a los municipales».

[85] Véase en general sobre el procedimiento contencioso de partición: López Herrera, *Derecho...*, t. II, pp. 340-348; Sánchez Noguera, Abdón: *Manual de procedimientos especiales contenciosos*. Caracas, 2.ª (3.ª reimp.), Ediciones Paredes, 2006, pp. 483-514; Álvarez, Tulio Alberto: *Procesos civiles especiales contenciosos*. Caracas, Editora Anexo 1, 2000, pp. 302-342; Rengel-Romberg, Aristides: *Tratado de Derecho Procesal Civil venezolano*. Caracas, Edit. Altolitho, t. VI, 2004, pp. 423-426; Henríquez la Roche, Ricardo: *Código de Procedimiento Civil*. Caracas, 2.ª, Ediciones Liber, t. V, 2004, pp. 371-391; Baudin L., Patrick J.: *Código de Procedimiento Civil venezolano*. Caracas, Justice Editorial, 2007, pp. 1201-1209; Calvo Baca, Emilio: *Código de Procedimiento Civil venezolano*. Caracas, Ediciones Libra, t. VI, 2000, pp. 141-171. Véase aunque anteriores al vigente Código adjetivo: Borjas, Arminio: *Comentarios al Código de Procedimiento Civil venezolano*. Caracas, Edit. Atenea, t. V, 2007, pp. 269-303; Pineda León, Pedro: *Lecciones elementales de Derecho Procesal Civil*. Mérida, ULA, tomos III y IV, 1980, pp. 224-236; Brice, Ángel Francisco: *Lecciones de procedimiento civil*. Caracas, s/e, t. IV, 1967, pp. 54-68; Arcaya, Mariano: *Código de Procedimiento Civil*. Caracas, El Cojo, t. V, 1966, pp. 353-377; Reyes, Pedro Miguel: *Anotaciones al Código de Procedimiento Civil*. Caracas, Editorial Perfiles Venezolanos, s/f, pp. 208-210; Feo, Ramón F.: *Estudios sobre el Código de Procedimiento Civil venezolano*. Buenos Aires-Caracas, Editorial Bibliomericana, t. III, 1953, pp. 50-62.

Niños, Niñas y Adolescentes[86]–, debiendo distinguirse, a tenor del artículo 778 *eiusdem*, la existencia o no de oposición[87]. Se aprecian decisiones

---

[86] Véase *supra* II.3.1.: Juzgado Superior Civil, Mercantil, de Tránsito y de Menores de la Circunscripción Judicial del estado Trujillo, sent. del 13-10-09, http://trujillo.tsj.gov.ve/decisiones/2009/octubre/1588-13-2930-09-.html, Por su lado, el artículo 178 *eiusdem* dispone que los jueces de protección de niños y adolescentes «Conocerán de los distintos asuntos y de los recursos conforme al procedimiento que, en cada caso, prevé esta Ley y, en su defecto, conforme a las disposiciones del Código de Procedimiento Civil» (*sic*). En los artículos comprendidos entre el 450 y el 492, ambos inclusive, la aludida Ley establece el procedimiento contencioso que se seguirá para el trámite y decisión de asuntos de familia y patrimoniales, con excepción de las materias de adopción, guarda –responsabilidad de crianza o custodia– y obligación alimentaria –obligación de manutención–. El artículo 452 ibídem dispone que se aplicarán supletoriamente las disposiciones del Código de Procedimiento Civil y del Código Civil en cuanto no se opongan a las que dicha Ley especial contiene. Así las cosas, es claro que la Ley Orgánica para la Protección del Niño y del Adolescente no establece un procedimiento para el juicio de partición, por lo que, a tenor de las previsiones de los artículos 178 y 452 *eiusdem*, deberán aplicarse supletoriamente las disposiciones que para el trámite de tal juicio, trae el Código de Procedimiento Civil. Por manera que, ciertamente, cuando se trata de un juicio de partición en el cual se encuentren involucrados niños o adolescentes, se aplicarán las normas de procedimiento que para ese juicio se encuentran contenidas en el Código de Procedimiento Civil, pero sin perder de vista los privilegios y fuero procesales de que son beneficiarios los niños y adolescentes, debiendo tenerse presente que, como lo dispone el citado artículo 452 de la Ley Orgánica para la Protección del Niño y del Adolescente, las referidas normas del Código de Procedimiento Civil se podrán aplicar en tanto en cuanto no se opongan a las previstas por dicha Ley especial»; Corte Superior del Tribunal de Protección de Niños, Niñas y Adolescentes de la Circunscripción Judicial del estado Zulia, sent. del 08-05-09, citada *supra*, «… y por cuanto se está en presencia de una demanda de liquidación y partición, que tiene por objeto hacer cesar entre los coherederos la comunidad de bienes de la herencia, en cuyo caso, si hubiere discusión sobre el carácter o cuota de los interesados, luego de sustanciada la causa, resuelto el juicio que embarace la partición, se designa el partidor, a quien el juez debe fijar término para cumplir el encargo, con apremio en el cumplimiento de su deber, según lo previsto en los artículos 780, 781 y 782 del Código de Procedimiento Civil, partición que será necesario previamente oír la opinión del fiscal del Ministerio Público para la aprobación del tribunal de causa, cuando existan entre los coherederos niños, niñas o adolescentes, ello sin perjuicio

judiciales que se pronuncia, sobre el matiz de orden público de dicho procedimiento[88]. La competencia judicial, según indicamos, viene dada en

---

    del derecho que tienen los interesados de practicar una partición amigable»; Juzgado Superior Civil, Mercantil, del Tránsito y Protección de Niños, Niñas y Adolescentes del Segundo Circuito de la Circunscripción Judicial del estado Bolívar, sent. del 13-04-09, exp. 08-3278, http://cfr.tsj.gov.ve/decisiones/2009/abril/1898-13-09-3278-.html «aún llevándose a efecto el acto oral de pruebas, el cual a juicio de esta sentenciadora tampoco debió realizarse por expresa disposición del artículo 778 *eiusdem*; pero aún así, ante la omisión de la parte demandada, el fallo que se debió producir no era precisamente declarar sin lugar la demanda y menos con tan absurdo razonamiento. Es así que, en acatamiento a lo establecido en el artículo 778 del Código de Procedimiento Civil, se ordenará al Juez *a quo* emplazar a las partes para el nombramiento del partidor en el décimo día siguiente»; respecto de menores de edad; Tribunal de Protección de Niños, Niñas y Adolescentes de la Circunscripción Judicial del estado Sucre, sent. del 09-01-09, exp. 4519-07, http://sucre.tsj.gov.ve/decisiones/2009/enero/1238-9-TP2-4519-07-.html. Véase *supra* ii.3.1.

[87] Véase entre otras: TSJ/SCC, sent. N.º 383, del 31-05-07, «la parte accionada sí contradijo la demanda al oponer la falta de cualidad pasiva, pues, de conformidad con la doctrina anteriormente citada, no es imprescindible para realizar oposición, expresar textualmente la frase "me opongo", sino que ello puede derivarse de una forma negativa de contestación a la demanda tal como sucedió en el caso bajo examen (…) Por consiguiente, tal punto de oposición ha debido sustanciarse y decidirse por los trámites del procedimiento ordinario, con vista a la pruebas que pudieren promoverse y sustanciarse, y una vez resuelto esto, procederse a emplazar a las partes para el nombramiento del partidor»; Juzgado Sexto de Primera Instancia en lo Civil, Mercantil y del Tránsito de la Circunscripción Judicial del Área Metropolitana de Caracas, sent. del 15-10-07, exp. 6658, http://merida.tsj.gov.ve/decisiones/…/2121-15-6658-.html; Juzgado de Primera Instancia en lo Civil, Mercantil y del Tránsito de la Circunscripción Judicial del estado Zulia, sent. del 12-08-09, citada *supra*, «… artículo 778 del Código de Procedimiento Civil (…) De la norma anteriormente transcrita se evidencia, que si el demandado no se opone a la partición, ni manifestare discusión sobre el carácter o cuota de los interesados, se emplaza directamente al partidor a los fines de que se proceda a la liquidación en la forma solicita»; Sala de Juicio N.º 1 del Tribunal de Protección de Niños y Adolescentes de la Circunscripción Judicial del estado Lara, sent. del 06-08-04, http://jca.tsj.gov.ve/decisiones/2004/agosto/645-6-KH07-Z-2002-000244-.html, Juzgado Superior Civil, Mercantil, del Tránsito y Protección de Niños, Niñas y Adolescentes del Segundo Circuito de la Circunscripción Judicial del estado Bolívar, sent. del 13-04-09, citado *supra*; Juzgado Superior en

principio por el último domicilio del *de cujus* –que podría variar en caso de que participen menores de edad–[89].

---

lo Civil, Mercantil, Transito, Bancario y Protección del Niño y del Adolescente de la Circunscripción Judicial del estado Monagas, sent. del 07-01-09, exp. N.º 008822, http://zulia.tsj.gov.ve/decisiones/2009/enero/1695-7-008822-.html, «… juicio de partición de herencia en el cual deben ser citados los sucesores desconocidos de conformidad con el artículo 231…»; Juzgado Primero del municipio Heres del Primer Circuito de la Circunscripción Judicial del estado Bolívar, sent. del 27-02-12, exp. FP02-V-2010-000253, http://bolivar.tsj.gob.ve/decisiones/2012/.../1987-27-fp02-v-2010-000253-pj..., en los juicios de partición en donde no hubiere oposición a dicha partición, debe continuarse con la próxima etapa procesal, en la que el juez deberá emplazar a las partes para el nombramiento del partidor. Pero en los supuestos de que formulase oposición sobre todos o algunos de los bienes, o sobre la cualidad de algún comunero, se seguirá la vía del juicio ordinario y contra las decisiones tomadas podrá ejercerse el recurso de apelación y el extraordinario de casación. Se observa entonces que nos encontramos frente a un juicio especial, y en el mismo por la falta de oposición no era necesario continuar por los trámites del juicio ordinario subsumiendo tal situación en el caso de marras, del contenido de la demanda se desprende que lo se pretende es la partición del bien común dejada por la causante de las partes; TSJ/SCC, sent. N.º 564, del 26-11-10, la Sala estima pertinente, en primer término, referirse brevemente al procedimiento de partición, el cual, conforme a la Ley, se desarrolla en dos fases claramente diferenciadas, una que se tramita por la vía del juicio ordinario, y que solo se abre si hubiere oposición a la partición o se discutiere el carácter o la cuota de los interesados; la otra, que es la partición propiamente dicha, en la cual se designa un partidor y se ejecutan las diligencias de determinación valoración y distribución de todos los bienes del caso. En ambas fases podrán interponerse los recursos ordinarios y extraordinarios que la cuantía permita, pudiéndose ejercer, bien, contra la sentencia del juicio previo que embarace la partición, así como contra las determinaciones del partidor; TSJ/SCC, sent. N.º 331, del 11-10-00, en el procedimiento de partición hubo oposición sobre algunos de los bienes objeto de ella; ahora bien, sobre aquellos bienes contra los que no la hubo, al estar de acuerdo los herederos en relación a su división, procedía solo emplazar a las partes para que se realizara el nombramiento del partidor, no era menester realizar ningún otro pronunciamiento al efecto, de acuerdo a la doctrina comentada.

[88] Véase: Juzgado Superior Civil, Mercantil, del Tránsito y Protección de Niños, Niñas y Adolescentes del Segundo Circuito de la Circunscripción Judicial del estado Bolívar, sent. del 13-04-09, citado *supra*, «Nuestro ordenamiento procesal, establece un solo procedimiento para la partición judicial de bienes, sea cual fuere el origen de

El objeto del juicio sucesorio es dar fin a la indivisión que nace al momento de la muerte del causante[90]. Tal comunidad sucesoral ha de ser probada a los efectos de la partición judicial[91]. Dicha acción de partición, según

---

la comunidad y la naturaleza de los bienes a dividir. Una de las características de la acción de partición es precisamente el carácter de orden público que deriva de las pautas que el propio legislador ha señalado y la consideración de que la comunidades no regladas son contrarias al interés de la sociedad; de modo que si su objeto es poner fin a la correspondiente situación de indivisión, en ello está comprendido el interés del legislador y de la sociedad, para concluir el estado de comunidad que pueda perjudicar el trafico jurídico de los bienes que la integran o facilitar situaciones de inseguridad jurídica para los propios comuneros y para terceros, cuando se llegue a situaciones extremas de imposibilidad de determinar quienes son los comuneros y a cuanto alcanzan sus derechos en la comunidad»; Superior Décimo en lo Civil, Mercantil y del Tránsito de la Circunscripción Judicial del Área Metropolitana de Caracas, sent del 23-07-08, exp. 5.708 http://merida.tsj.gov.ve/decisiones/2008/julio/2147-23-5708-6.html, en virtud de lo expuesto, opina el sentenciador que estamos en presencia de una causal de inadmisibilidad de la demanda de las previstas en el artículo 341 del Código de Procedimiento Civil, concretamente, la prohibición expresa de la Ley de admitirla, lo cual es relevable de oficio, pues, una de las características de la acción de partición es precisamente la de ser de orden público.

[89] Véase *supra* II.3.1.
[90] AGUILAR GUTIÉRREZ, ob. cit., p. 129.
[91] Juzgado de Primera Instancia en lo Civil, Mercantil, Tránsito y Bancario de la Circunscripción Judicial del estado Aragua, sent. del 16-06-08, citada *supra*, «siendo que de la revisión de los autos no se evidencia que el litisconsorcio que conforma la parte actora, haya cumplido con presentar los documentos que acrediten la existencia de la comunidad, esto es, no los señalados por la parte demandada, sino las actas de defunción de los ciudadanos antes mencionados y las actas de nacimiento de los hijos llamados de forma directa a heredar, conforme la ley. Siendo que son precisamente estas actas civiles –defunción y nacimiento–, las que cierta y decididamente permiten al juez determinar la existencia o no de la comunidad sucesoral, así como la posible falta de citación de algún comunero. No obstante, una cosa es que la parte actora no haya hecho constar los documentos que acreditan la existencia de la comunidad y otra es el hecho de que no lo haya expresado en el libelo, ya que de la lectura de la demanda se evidencia que ciertamente los accionantes aducen ser hijos de los finados (...) asimismo aducen ser hermanos y solicitar la partición en virtud de la negativa del ciudadano (...) a partir el bien inmueble objeto de controversia (...) Y en cualquier caso el artículo 778 *eiusdem* se encuentra estrechamente vinculado con el

refiere la jurisprudencia, no está supeditada al cumplimiento de otros requisitos formales asociados de los deberes de los herederos[92]. Vale recordar

    artículo 777, que establece la obligación de expresar el título que comprueba la existencia de la comunidad, esto es en caso de: i. comunidad conyugal: acta de matrimonio y sentencia de divorcio, ii. comunidad concubinaria: sentencia declarativa del concubinato, en la que se indique clara y ciertamente fecha de inicio y finalización; iii. comunidad sucesoral: acta(s) de defunción y de nacimiento dependiendo del parentesco; iv. comunidad ordinaria: documento en que conste la adquisición del bien en comunidad, o documento de cesión de derechos sobre bien comunal. De tal suerte, que verdaderamente la parte actora no ha demostrado con la documentación apropiada, la existencia de la comunidad sucesoral, cuya partición pretende, lo que conduce forzosamente a declarar con lugar la cuestión previa alegada».

[92] Véase a propósito del artículo 51 de la Ley de Donaciones y Sucesiones: Juzgado Primero de Primera Instancia en lo Civil, Mercantil y del Tránsito de la Circunscripción Judicial del estado Mérida, sent. 19-6-08, exp. 21 592, http://aragua.tsj.gov.ve/decisiones/.../959-19-21592-1.html, «Ahora bien, examinada con detenimiento la norma invocada por el codemandados, concluye este sentenciador que de ella no dimana ninguna prohibición expresa que de forma alguna impida a los tribunales de primera instancia sustanciar y decidir causas relativas a partición de herencias, razón por la cual dicha cuestión previa no puede prosperar (…) Por las razones expuestas, y al no existir texto legal expreso que prohíba el ejercicio de la acción de partición de bienes hereditarios, la cuestión previa contemplada en el ordinal 11° del artículo 346 del Código de Procedimiento Civil, opuesta por la parte demandada, debe ser declarada sin lugar»; TSJ/SPA, sent. N.º 1395, del 05-12-13, en este orden de ideas, esta Sala advierte que el juez de la causa para dictar su pronunciamiento debió exigir a las partes que presentasen el certificado de solvencia correspondiente a la declaración, liquidación y pago de los derechos sucesorales pendientes, requisito legal indispensable para disponer de los bienes del *de cujus*, por lo que lo procedente es ordenar la apertura de una incidencia de conformidad con el artículo 607 del Código de Procedimiento Civil y solicitar a los accionantes que consignen la respectiva solvencia tributaria en materia sucesoral o de cualquier otro impuesto, tasa o contribución, para posteriormente pasar a dictar el fallo definitivo, y así garantizar los derechos del Fisco Nacional, de conformidad con lo establecido en los artículos 12 de la Ley Orgánica de la Hacienda Pública Nacional y 51 de la Ley de Impuesto sobre Sucesiones, Donaciones y demás Ramos Conexos, pero no negar el acceso a la jurisdicción de los demandantes (*vid.* sentencia de la TSJ/SC, sent. N.º 1305, del 08-10-13). Por todos los razonamientos anteriormente expresados, debe esta Sala declarar con lugar el recurso de regulación de jurisdicción interpuesto y, en consecuencia, que el Poder

que el fenómeno sucesorio supone un título que deberá ser acreditado en el juicio de partición[93], mediante la prueba o acta correspondiente[94], cualidad de sucesor que no se deriva con la respectiva planilla sucesoral[95]. Señala López Herrera que no es necesario el certificado de solvencia del respectivo impuesto sucesoral[96], pero son instrumentos fundamentales de la

---

Judicial sí tiene jurisdicción para conocer y decidir la solicitud de homologación (…) No obstante, debe advertirse y reiterarse, que el pronunciamiento anterior no exime de la obligación que tienen los accionantes de declarar y efectuar el respectivo pago, y así demostrar su solvencia, con relación al impuesto exigido en la Ley de Impuesto sobre Sucesiones, Donaciones y Demás Ramos Conexos, así como de cualquier otro tributo, tasa o contribución establecido en nuestro ordenamiento jurídico.

[93] Véase: Juzgado de Primera Instancia Agraria de la Región Agraria del estado Lara, sent. del 10-05-06, citada *supra*, «La acción de partición en los términos previstos en el Código Civil obliga a que las personas que comparezcan al proceso determinen diversos factores, entre los cuales se encuentra el título que origina la comunidad».

[94] Véase *supra* ii.5.2.

[95] Véase: TSJ/SCC, sent. N.º 591, citada *supra*; Juzgado Superior Segundo Agrario del estado Aragua, sent del 19-01-06, citada *supra*, por otra parte, la planilla de liquidación sucesoral también puede asimilarse a un documento privado reconocido, en el sentido de que el órgano administrativo al recibir la declaración, constata la identidad de quien lo presentó, pero no acredita la condición de heredero legítimo, toda vez que, en dicha declaración pueden agregarse personas que no poseen cualidad de herederos o bien, omitirse a alguien que efectivamente la tenga».

[96] López Herrera, *Derecho…*, t. ii, p. 343, ya que la Ley de Impuesto sobre Sucesiones, Donaciones y Demás Ramos Conexos solo exige que ello se haga cuando se trata de protocolización, autenticación o reconocimiento de documentos en los que se transmite la propiedad o constituyen derechos recibidos por herencia o legado; TSJ/SCC, sent. N.º 445, citada *supra*, «no le está dado al juez determinar causal o motivación distinta al orden establecido para negar la admisión *in limine* de la demanda, quedando legalmente autorizado para declarar la inadmisibilidad de la misma, siempre y cuando dicha declaratoria se funde en que la pretensión sea contraria al orden público, a las buenas costumbres o alguna disposición expresa de la ley. Fuera de estos supuestos, en principio, el juez no puede negarse a admitir la demanda, y en el caso particular de la exigibilidad de la planilla de declaración sucesoral, certificado de solvencia o liberación como requisito de admisibilidad de este tipo de causas, de una revisión de las disposiciones fundamentales de la Ley de Impuesto sobre Sucesiones, Donaciones y demás Ramos Conexos, no se evidencia ninguna disposición expresa de la Ley que establezca, que no deberá admitir

acción de partición, el acta de defunción del causante, las actas que comprueben vínculos con el *de cujus* como las de nacimiento y matrimonio[97], el testamento si es el caso[98], o la respectiva prueba del concubinato[99].

Se aclara que la partición hecha por el causante no pone fin a la comunidad sino que la evita, ya que los bienes partidos no llegan nunca a ser comunes de los herederos, pues cada uno recibe directamente del difunto lo que les adjudicó[100]. Se indica que tal posibilidad se funda en la consideración de que el testador se halla en mejor situación que cualquier otro para conocer

---

la demanda si no se presenta ésta como documento fundamental de la demanda, pues la única disposición al respecto, es decir, el citado artículo 51 *eiusdem*, solo refiere a la imposibilidad de los registradores, jueces y notarios de protocolizar, autenticar o dar fe de reconocimiento de documentos en que a título de heredero o legatario, se transmita la propiedad o se constituyan derechos reales sobre bienes recibidos por herencia o legado, si no media el certificado de solvencia o la autorización del ministerio con competencia en materia de finanzas respectiva, de conformidad con lo establecido en el artículo 45 de la Ley del Impuesto sobre Sucesiones, Donaciones y demás Ramos Conexos».

[97] Véase: Juzgado Segundo de Primera Instancia en lo Civil, Mercantil y del Tránsito de la Circunscripción Judicial del estado Táchira, sent. del 09-12-04, http://jca.tsj.gov.ve/decisiones/2004/diciembre/1328-9-15622-.html, «Tercero: Con los recaudos presentados, actas de nacimiento de las partes y el reconocimiento mismo que hace la demandada en el acta de defunción de la causante, ha quedado demostrada la cualidad de heredero de la contraparte en el presente caso, cualidad ésta cuestionada por la demandada en sus escritos extemporáneos de impugnación a la partición misma».

[98] López Herrera, *Derecho…*, t. ii, pp. 342 y 343.

[99] Véase *supra* v.7.

[100] Albaladejo, *Curso…*, p. 138. Véase también: Carrión Olmos *et al.*, ob. cit., p. 295, la comunidad hereditaria se impone salvo que el testador realice por sí mismo la partición; Gutiérrez Barrenengoa *et al.*, ob. cit., p. 422, es consecuencia del *ius disponendi* que tiene el testador sobre sus bienes; Suárez Franco, ob. cit., p. 166, el testador podría en el mismo acto testamentario hacer la partición de sus bienes; Escovar León, *Notas…*, p. 130, el acto del testador por el cual asigna y distribuye las cuotas, impide la constitución de la comunidad; López Herrera, *Derecho…*, t. ii, p. 410, en la partición por el ascendiente nos encontramos con la anomalía de que en realidad no existe división de una comunidad entre herederos puesto que la misma nunca llega a existir.

las aptitudes de herederos y legatarios, la utilidad y entidad de los bienes, así como la conveniencia de eliminar pugna y litigios que inevitablemente suelen surgir del estado de indivisión[101]. Supuesto que presenta limitaciones en el caso venezolano, según veremos al referirnos a la partición del ascendiente[102]. De allí que se afirme que no hay comunidad entre varios llamados por un testamento, cuando el llamamiento se limita a una parte concreta y determinada de la herencia[103]. Pues, en tal caso, el testador no solo establece quien ha de ser el heredero, sino lo que ha de heredar cada uno[104].

Ahora bien, el proceso sucesorio en su fase final a los fines de acceder a la división o adjudicación definitiva, está integrado por varias etapas u operaciones progresivas, que mencionaremos de seguidas.

Una vez establecida la masa de la herencia[105] y estimación de los bienes hereditarios[106], mediante la realización del correspondiente inventario,

---

[101] Lacruz Berdejo *et al.*, ob. cit., p. 135.
[102] Véase *infra* xiii.5.
[103] Ferrandis Vilella, ob. cit., p. 83.
[104] Ibíd., pp. 83 y 84.
[105] Véase sobre la «formación de la masas activa y pasiva» de la herencia: López Herrera, *Derecho...*, t. ii, pp. 253-258, la masa activa se corresponde por los bienes y derechos de la herencia, la masa pasiva por las cargas y gastos de la herencia; Montiel Villasmil, ob. cit., pp. 101 y 102, el activo está constituido por los bienes muebles e inmuebles, dinero efectivo, valores negociables, joyas, mercancías vendibles, y todo aquello de que se tenga la facultad de disponer; el pasivo lo integran las obligaciones asumidas comprobables mediante documentos públicos o privados, facturas, pagarés, efectos de cambio, créditos fiscales, tasas o contribuciones debidas; Briceño C., ob. cit., p. 63 supone reunir todos los elementos activos y pasivos del causal hereditario.
[106] Véase: Escovar León, *Notas...*, p. 108, la estimación de los bienes hereditarios es indispensable para la formación de los lotes, cuotas o hijuelas en proporción a los valores que corresponde a cada heredero con base en su vocación hereditaria. La estimación la hará el partidor teniendo en cuenta el valor de los bienes al tiempo de la división; Briceño C., ob. cit., p. 63, supone la valoración de los bienes hereditarios al valor que tengan en el momento de la partición; Polacco, ob. cit., t. ii, p. 297, hay que establecer el valor de cada uno de los bienes que componen la herencia, lo

procede la partición de los bienes entre los herederos. La herencia en su concepción residual es lo que queda para dividir entre los herederos luego de pagar las deudas[107]. La partición en general, según indicamos, puede tener lugar de forma amigable o no contenciosa[108] y en su defecto en forma judicial. El Código sustantivo prevé expresamente normas especiales para aquellos casos en que no ha sido posible la partición amigable. Al efecto, dispone el artículo 1069: «Cuando los coherederos no puedan acordarse para practicar una partición amistosa, se observarán las reglas de los artículos siguientes».

En consonancia con la norma general (artículo 768 del Código Civil) que consagra el derecho de todo comunero a pedir la partición, pues nadie puede ser obligado a permanecer en comunidad[109], en materia hereditaria ni siquiera el testador puede obligar a los herederos a permanecer en comunidad, salvo excepcionalmente acuerdo de los comuneros no superior a cinco años, o la previsión del causante de prohibirla en caso de menores hasta un año después de la mayoría, pero cuya partición podría autorizar

---

cual podría hacerse mediante peritos; PLANIOL y RIPERT, ob. cit., p. 581, la tasación de los bienes es indispensable; MAZEAUD et al., ob. cit., vol. IV, p. 38, resulta prácticamente imposible proceder a una partición sin evaluar los bienes que han de partirse; DE PAGE, ob. cit., pp. 746-748.

[107] Véase ALVAREZ-CAPEROCHIPI, ob. cit., p. 39, el proceso que va desde la muerte del causante hasta el pago de acreedores y legatario se denomina «ejecución hereditaria», la herencia es lo que queda después de la ejecución hereditaria.

[108] Véase: ABOUHAMAD HOBAICA, ob. cit., pp. 261 y 262, señala que es frecuente la búsqueda constante de soluciones extrajudiciales en la materia, dada la ineficacia o inoperancia del juicio partible; proceso demorado y lento que puede persistir en su tramitación por más de una década.

[109] Véase: ROCA FERRER et al., ob. cit., pp. 604 y 605, califican la partición como un acto jurídico necesario e irrevocable; necesario porque nadie es obligado a estar en comunidad e irrevocable –salvo la realizada por el causante– porque la realizada por acto inter vivos nuevamente no se corresponde técnicamente con una revocación, sino que se produce un nuevo acuerdo de transmisión entre los herederos.

el juez por graves motivos[110]. Vale observar que los acreedores hereditarios pueden oponerse a la partición[111] hasta que se les pague o afiance[112].

La acción de partición no prescribe[113], por cuanto el comunero no pierde el derecho a solicitarla en cualquier tiempo. Sin embargo, el tiempo, unido a los demás requisitos de ley, puede beneficiar al heredero que alegue a su favor prescripción adquisitiva. Al efecto prevé el artículo 1068: «La partición procede aunque uno de los coherederos haya gozado separadamente de una parte de la herencia a menos que haya habido una posesión suficiente para la prescripción, cuando haya lugar a ésta».

Según indicamos, por disposición expresa del artículo 1169 del Código Civil, a falta de partición amigable la partición hereditaria se rige por las normas de los artículos 1070 siguientes. Según las cuales cada coheredero puede pedir en especie su parte de bienes muebles o inmuebles de la herencia

---

[110] «Artículo 1067.- Se puede pedir la partición de una herencia, no obstante cualquiera prohibición del testador. Sin embargo, cuando todos los herederos instituidos o algunos de ellos sean menores, el testador puede prohibir la partición de la herencia hasta un año después que hayan llegado a la mayor edad los menores. La autoridad judicial podrá, no obstante, permitir la partición, cuando así lo exijan circunstancias graves y urgentes». Véase sobre la norma: LÓPEZ HERRERA, *Derecho...*, t. II, pp. 209 y 210. Véase respecto del Derecho español: MUÑOZ DE DIOS, Mariano: «La divisibilidad de la herencia y sus posibles limitaciones: por prohibición del testador y por acuerdo de los coherederos». En: *Estudios de Derecho Civil en honor del profesor Castán Tobeñas*. Pamplona, Ediciones Universidad de Navarra, vol. VI, 1969, pp. 613-653.

[111] Véase sobre tal derecho: LÓPEZ HERRERA, *Derecho...*, t. II, pp. 232-241. Véase también sobre el derecho de los acreedores a hacer revocar y declarar simulación de la partición, así como de ejercer los derechos del copartícipe deudor: ibíd., pp. 241-245.

[112] «Artículo 1081.- Los acreedores hereditarios podrán oponerse a que se lleve a efecto toda partición de la herencia, hasta que se les pague o afiance».

[113] Véase: PLANIOL y RIPERT, ob. cit., p. 558, la acción de partición es imprescriptible mientras dura la indivisión; Juzgado Superior Séptimo en lo Civil, Mercantil y del Tránsito de la Circunscripción Judicial del Área Metropolitana de Caracas, sent. del 03-12-13, citada *supra*, la partición «es un derecho imprescriptible de cada comunero».

salvo que fuere necesaria otra disposición de los muebles y considerando que algunos de éstos pertenecen al cónyuge del *de cujus*, como el mueblaje y enseres de uso personal[114]. Los inmuebles no susceptibles de división serán objeto de subasta pública[115]. A falta de acuerdo entre coherederos las condiciones de venta serán fijadas por el juez[116]. Se respetarán las reglas relativas

---

[114] «Artículo 1070.- Cada uno de los coherederos puede pedir en especie su parte de bienes muebles o inmuebles de la herencia, sin embargo, si hubiere acreedores que hayan embargado los muebles o que se opusieren a ello, o si la mayoría de los coherederos juzgare necesaria la venta para el pago de las deudas y cargas de la herencia, los muebles se venderán en pública subasta. En todo caso el mueblaje y otros enseres de uso inmediato y personal del cónyuge del *de cujus* se considerarán como bienes propios de éste y no se incluirán en el acervo hereditario». Véase: DOMINICI, ob. cit., pp. 355 y 356, se incluye, muebles como armarios, cama, cómoda. Véase también: LÓPEZ HERRERA, *Derecho…*, t. II, p. 200, disposición lógica que evita perjuicios y molestias al cónyuge sobreviviente. El mueblaje está definido en el artículo 535 del Código Civil.

[115] «Artículo 1071.- Si los inmuebles no pueden dividirse cómodamente, se hará también su venta por subasta pública. Cuando las partes sean todas mayores y consientan en ello, la venta podrá hacerse por las personas que designen». Véase: SANOJO, ob. cit., p. 93, respecto de los inmuebles se les venderá en subasta pública cuando no pueda dividirse cómodamente, lo que será una cuestión puramente de hecho que la autoridad judicial resolverá teniendo en cuenta la importancia y naturaleza de los bienes hereditarios; Sala de Juicio N.º 1 del Tribunal de Protección de Niños y Adolescentes de la Circunscripción Judicial del estado Lara, sent. del 06-08-04, citada *supra*, «… en concordancia con lo establecido en los artículos 1071 y 1072 *eiusdem*, los cuales establecen que al no poder dividirse cómodamente los bienes, y de no existir acuerdo entre las partes será la autoridad judicial quien proceda a la subasta de los bienes; teniendo siempre presente el respeto de los derechos de terceros que representan el límite de la protección espacialísima del interés superior del niño, sin que ello se traduzca en el detrimento del derecho a la vivienda (…) En consecuencia subástense públicamente, remátense los bienes y atribúyasele, cada uno de los coherederos la cuota parte que le corresponde, siendo necesario dejar sentado que la atribución de los derechos de cada heredero sobre los bienes discriminados y de cuya existencia indubitable existe prueba en las actas, se efectúa sin desmedro ni menoscabo del derecho que asiste a cualquiera de los herederos a demandar la partición de otros bienes cuya existencia no fue demostrada en el presente proceso».

[116] «Artículo 1072.- Los pactos y las condiciones de la venta, si los copartícipes no se pusieren de acuerdo, se establecerán por la autoridad judicial con arreglo a derecho».

a la colación –de donaciones[117] y de deudas[118]–[119], y de no hacerse en especie debe adjudicarse en función de la misma naturaleza y calidad[120].

En la formación de los lotes[121] debe evitarse perjuicios respecto de los bienes[122], pues constituye la más importante y delicada de las operaciones de la división de herencia en opinión de LÓPEZ HERRERA[123].

---

[117] Véase *supra* IV.
[118] Véase: ESCOVAR LEÓN, *Notas...*, p. 110, el autor señala que la referencia a la palabra «colación» utilizada por el artículo 1073 del Código Civil incluye no solo la colación de donaciones de llevar a la masa lo recibido por tal por el *de cujus*, sino a la colación de deudas propiamente, pues el heredero puede ser deudor de una cantidad frente a la masa hereditaria, ya sean anteriores a la apertura de la sucesión o a la partición. Véase sobre la colación de deudas: POLACCO, ob. cit., t. II, pp. 305-311; JOSSERAND, ob. cit., vol. II, pp. 352-359; MAZEAUD *et al.*, ob. cit., vol. IV, pp. 86-92; LÓPEZ HERRERA, *Derecho...*, t. II, pp. 261-270.
[119] «Artículo 1073.- Cada uno de los coherederos traerá a colación, según las reglas que más adelante se establecen, lo que se le haya dado y las cantidades de que sea deudor».
[120] «Artículo 1074.- Si no se hace en especie la colación, los coherederos a quienes se les deba tienen derecho a una parte igual de la masa hereditaria, que debe adjudicárseles, en cuanto sea posible, en objetos de la misma naturaleza y calidad de los que no se han traído a colación en especie».
[121] Véase: POLACCO, ob. cit., t. II, pp. 312-314, determinada la masa a repartir se forman tantos lotes como herederos; ESCOVAR LEÓN, *Notas...*, p. 114, de la masa de los bienes a dividir, hechas las debidas colaciones y después de ejecutadas, se formarán tantas cuotas o lotes iguales como coherederos hayan, para que todos concurran en partes iguales, y en caso de sucesión por representación, se formaran tantos lotes como estirpes concurran.
[122] «Artículo 1075.- En la formación y composición de los lotes se debe evitar, en cuanto sea posible, desmembrar los fundos y causar perjuicios por la división a la calidad de las explotaciones; y se procederá de manera que entre en cada parte, en lo posible, igual cantidad de muebles, inmuebles, derechos y créditos de la misma naturaleza y valor».
[123] LÓPEZ HERRERA, *Derecho...*, t. II, p. 258, véase sobre la misma: ibíd., pp. 258-260, los lotes –también denominados hijuelas– deben formarse respetando los principios hereditarios, tomando en cuenta la cuota, el valor de los bienes comprendido en esos lotes, en relación con el valor total del cuerpo de bienes, etc.

El testador podría disponer por testamento u otro instrumento público que un tercero que no sea heredero asuma la partición. Prevé el artículo 1066: «Puede encargarse a otra persona la simple facultad de hacer la partición de los bienes que alguien deje a su fallecimiento, con tal de que no sea a uno de los coherederos. Esta facultad deberá darse en testamento o en instrumento público».

La división de la herencia puede tener lugar por partidor designado por el causante[124]. A falta de previsión testamentaria, la mayoría absoluta de los herederos o, en su defecto, el juez[125] elegirá un partidor[126] que formará

---

[124] Véase: ibíd., pp. 348 y 349.
[125] Véase: Sala de Juicio Décima del Circuito Judicial del Tribunal de Protección de Niños, Niñas y Adolescente de la Circunscripción Judicial del Área Metropolitana de Caracas, sent. del 28-01-09, citada *supra*, «… No habiendo otro argumento de defensa y por cuanto ha lugar en derecho la acción de partición de la parte actora, debe prosperar la presente demanda y fijarse la oportunidad legal para la convocatoria a los comuneros del inmueble en cuestión, para la designación del partidor respectivo y en caso de no ser decidido por ellos en una mayoría absoluta de las personas copropietarias o haberes sobre la casa (…) se procederá a tal designación por parte de esta juez, para luego pasar a la publicación del cartel de remate respectivo sobre la misma».
[126] Véase: López Herrera, *Derecho…*, t. ii, pp. 270-272, es la persona designada para efectuar la división de la herencia. Su nombramiento puede ser hecho por el causante, los herederos o el juez (ibíd., p. 270). Véase también: Ley de Arancel Judicial, artículo 57: «Los partidores cobrarán sobre el monto total de los bienes partidos, cuando el valor de éstos no exceda de 5000 U.T., el 3 %, por el exceso hasta 10 000 U.T. el 2 % y por el exceso de esta última cantidad el 1 %». Véase entre otras: Juzgado Quinto de Primera Instancia en lo Civil, Mercantil, Tránsito y Bancario de la Circunscripción Judicial del Área Metropolitana de Caracas, sent. del 19-05-09, exp. AH15-F-1999-000006, http://caracas.tsj.gov.ve/decisiones/2009/mayo/2120-19-AH15-F-1999-000006-.html, los honorarios solicitados por la partidora, se ajustan a lo establecido en la referida norma del artículo 57 de la Ley de Arancel Judicial; Superior Tercero en lo Civil, Mercantil y del Tránsito de la Circunscripción Judicial del Área Metropolitana de Caracas, sent. del 29-09-08, exp. 9662, http://aragua.tsj.gov.ve/decisiones/2008/septiembre/2140-29-9662-.html; Juzgado Superior Civil, Mercantil, de Tránsito y de Menores de la Circunscripción Judicial del estado Trujillo, sent. del 06-11-07, http://trujillo.tsj.gov.ve/decisiones/2007/noviembre/1588-6-2507-07-.html.

partes y procederá a la adjudicación de los lotes[127] a cada heredero[128]. De no haber objeción[129] dentro del plazo indicado por el juzgador a tal efecto, la partición quedará concluida; en caso de incapaces de obrar en general se

---

[127] Juzgado Primero de Primera Instancia Civil, Mercantil y de Tránsito de la Circunscripción Judicial del estado Zulia, sent. del 21-07-09, citada *supra*, «… la figura legal tendiente a la adjudicación del referido caudal hereditario a través de la partición judicial de la comunidad»; Véase sobre la adjudicación de los lotes: LÓPEZ HERRERA, *Derecho*…, t. II, pp. 260 y 261, el partidor o quien haga sus veces señala cual de los diferentes lotes o hijuelas corresponde a cada uno de los herederos; POLACCO, ob. cit., t. II, pp. 314-318.

[128] «Artículo 1076.- Un partidor nombrado por la mayoría de los interesados, formará las partes y las adjudicará a cada heredero. Para formar la mayoría se necesita el concurso de la mayoría absoluta de personas y de haberes; caso de no obtenerse esta mayoría, el juez elegirá el partidor». Véase: DOMINICI, ob. cit., p. 361, los herederos pueden hacer la partición sin el nombramiento del partidor, lo que quiere decir el artículo es cuando no se procede amistosamente.

[129] Véase: Juzgado Segundo de Primera Instancia Civil, Mercantil, Agrario y Tránsito del Primer Circuito de la Circunscripción Judicial del estado Bolívar, sent. del 23-07-09, exp. FP02-F-2008-000395, http://tachira.tsj.gov.ve/decisiones/2009/julio/2177-23-FP02-F-2008-000395-PJ0192009000432.html, «Por lo que respecta a la tercera objeción el juzgador la encuentra infundada por cuanto ningún precepto legal contenido en el Código Civil o en el Código Procesal Civil obliga al partidor a consultar a los condóminos. Por el contrario, si ellos desperdiciaron la facultad que les reconoce el ordenamiento jurídico de proceder a la partición amigable (artículos 1069 del Código Civil y 788 del Código de Procedimiento Civil) no puede pensarse que una vez encargada la partición a un auxiliar de justicia éste deba consultarlos sobre aquello respeto de lo cual no pudieron acordarse: la mejor manera de hacer la división de los bienes comunes. En consecuencia, se desestima por infundada la objeción (…) En cuanto a la sexta objeción referida a que en la división de los bienes no se atendió al principio equitativo de adjudicar a cada parte bienes de una misma categoría e igual naturaleza, la apoderada actora no explica cómo resultó infringido este principio ínsito en la parte final del artículo 1075 del Código Civil. La explicación es necesaria puesto que solo así puede el juez examinar sus fundamentos y determinar si se refiere a un reparo leve o grave. En cualquier caso, la objeción es manifiestamente infundada ya que en este proceso los bienes indivisos son dos inmuebles de manera que es virtualmente imposible la violación por parte de la partidora del principio denunciado por la actora».

requiere aprobación del juez[130]. A propósito de los incapaces de obrar, podría plantearse «oposición de intereses» entre el representante y el incapaz, que sería solventada mediante la respectiva designación de un curador especial para el caso concreto[131].

Cualquier interesado podrá objetar[132] la partición y se seguirá por el juicio ordinario[133]; si por sentencia ejecutoriada se declara fundada la objeción, se reformará la partición en tal sentido, y se concluirá después de la misma[134]. Concluida la partición se hará entrega de los respectivos documentos de adjudicación de la propiedad[135] en las condiciones de ley[136].

---

[130] «Artículo 1078.- Si dentro de un término que fijará el juez ninguno de los copartícipes hiciere objeción, la partición quedará concluida, y así lo declarará el tribunal. Si entre los herederos hubiere menores, entredichos o inhabilitados, será necesaria la aprobación del tribunal, previo detenido examen de la partición, para que ésta quede sellada». Obsérvese que se precisa autorización aunque se trate de incapaces relativos como los inhabilitados. Véase: Ripoll Jaén, Antonio: «El incapacitado como sujeto de la partición hereditaria. Una dimensión notarial de su problemática». En: http://www.notariosyregistradores.com/doctrina/articulos/2009-particionincapaz.htm, «Todas las cuestiones jurídicas en las que está involucrado un incapacitado, incluida la partición hereditaria, deben de estar presididas por el principio del *utiliter* para el incapacitado, liberándolo de cargas que no hacen más que disminuir el patrimonio hereditario. No se trata con ello de sustituir el alcance imperativo de la Ley y sí de dar una interpretación a la norma adecuada al caso concreto, con lo que afirmo que la aprobación judicial no puede predicarse genéricamente, sino según la clase de partición ante la que nos encontramos (…) Todo ello explica la inexcusable necesidad de la aprobación judicial, sin excepción alguna».

[131] Véase artículo 270 del Código Civil.

[132] Véase: Dominici, ob. cit., p. 362, pueden fundarse en infracciones legales, testamentarias o aritméticas.

[133] «Artículo 1077.- Practicada la partición, cualquier interesado podrá objetarla si no la creyere justa, y continuar la controversia en juicio ordinario con los demás».

[134] «Artículo 1079.- Si la objeción se declarare fundada por sentencia ejecutoriada, la partición se reformará en el sentido que indique la sentencia, quedando concluida la partición después que esto se verifique».

[135] Véase sobre la terminación de la partición y la entrega de títulos: López Herrera, *Derecho…*, t. ii, pp. 272 y 273.

[136] «Artículo 1080.- Concluida la partición, se entregarán a cada uno de los copartícipes los documentos relativos a los bienes y derechos que se les hayan adjudicado.

Vale recordar que de ser discutida la condición de heredero porque este reclama la posesión de los bienes hereditarios, se precisa previamente a la partición, la acción de petición de herencia[137], siendo ésta cuestión prejudicial[138]. Se admite en torno a la legitimación del juicio de partición no solo al coheredero, sino también los acreedores y cesionarios de aquellos[139], contra todos aquellos que por su parte habrían podido promoverlo por tratarse de una acción recíproca[140] o «duplex»[141].

Escovar León afirma que «Los gastos del juicio de división son una carga de la masa y se imputarán a cada coheredero proporcionalmente a su cuota»[142]. Pero, obviamente, dentro del curso del procedimiento de partición judicial propiamente dicha o contenciosa habría que precisar la posibilidad de una condenatoria en costas, según las actuaciones de las partes[143].

Los documentos de una propiedad adjudicada a varios y los comunes a toda la sucesión, quedarán en poder del copropietario elegido por la mayoría formada con arreglo al artículo 1076. Si la mayoría no pudiere avenirse en la elección, o si alguno de los interesados lo pretendiere, los documentos se archivarán en el Registro Principal de la jurisdicción donde se abrió la partición».

[137] Véase *supra* II.5.2.

[138] Escovar León, *Notas...*, pp. 100 y 101. Véase: López Herrera, *Derecho...*, t. II, p. 168, no se puede acumular la acción de partición y la petición de herencia.

[139] Escovar León, *Notas...*, p. 101. Véase también ibíd., p. 116, en la partición tiene derecho a intervenir acreedores y cesionarios del heredero, a los efectos del artículo 766 del Código Civil a objeto de ejercer la facultad de hacer formal oposición para el caso que se proceda a dividir sin su intervención. Pues posteriormente no pueden impugnar la división, salvo en caso de fraude en cuyo caso corresponde la acción pauliana según el artículo 1279 del Código Civil; de Page, ob. cit., p. 804.

[140] Claro Solar, ob. cit., t. XVII (v), p. 77, aquellos contra los cuales es intentada tienen los mismos derechos que los que la intentan.

[141] Escovar León, *Notas...*, p. 102.

[142] Véase: ibíd., p. 116.

[143] Véase: Juzgado Segundo de Primera Instancia en lo Civil, Mercantil y del Tránsito de la Circunscripción Judicial del estado Táchira, sent. del 09-12-04, citada *supra*, «Cuarto: La valoración hecha por concepto de costas procesales queda a título de reserva, cuestión esta a ser decidida posteriormente, dependiendo en todo caso de la actitud de las partes, tal y como lo señala el partidor en el numeral cuarto

4. Efectos[144]

Señala la doctrina que la partición tiene dos efectos básicos: i. cada copartícipe se reputa propietarios de los bienes de su lote desde el momento de la apertura de la sucesión y no desde la partición –efecto declarativo– y ii. cada copartícipe a su vez responde de las perturbaciones y evicciones que sufran los demás, aludiéndose así a la obligación recíproca de la «garantía de los lotes»[145].

El Código Civil reputa que cada heredero solo sucede los bienes comprendidos en su lote, según prevé el artículo 1116: «Se reputa que cada coheredero ha heredado solo e inmediatamente todos los efectos comprendidos en su lote, o que le hayan tocado en subasta entre los coherederos, y que no ha tenido jamás la propiedad de los otros bienes de la herencia». Norma con base en la cual se ha interpretado el efecto declarativo de la

---

al referirse al pasivo de la herencia»; Juzgado Tercero de Primera Instancia en lo Civil, Mercantil y del Tránsito de la Circunscripción Judicial del estado Lara, sent. del 30-03-09, exp. KP02-F-2007-000110, http://lara.tsj.gov.ve/decisiones/2009/marzo/653-31-KP02-F-2007-110-.html, «con lugar la pretensión de partición de herencia (…) En consecuencia se advierte a las partes que (…) tendrá lugar el acto para el nombramiento de partidor. Se condena en costas a la parte demandada, en virtud de haber resultado totalmente vencida»; Juzgado de Primera Instancia en lo Civil, Mercantil y del Tránsito de la Circunscripción Judicial del estado Zulia, sent. del 12-08-09, citada *supra*, «De la norma anteriormente transcrita se evidencia, que si el demandado no se opone a la partición, ni manifestare discusión sobre el carácter o cuota de los interesados, se emplaza directamente al partidor a los fines de que se proceda a la liquidación en la forma solicita (…) No se condena en costas, en virtud de lo decido en el presente fallo»; Tribunal Primero de Primera Instancia del Régimen Procesal Transitorio de juicio de Protección de Niños, Niñas y Adolescentes de la Circunscripción Judicial del estado Yaracuy, sent. del 25-01-10, citada *supra*, «Por la naturaleza de la presente acción no se condena en costas a la parte vencida de conformidad con el artículo 485 de la Ley Orgánica para la Protección de Niños, Niñas y Adolescentes».

[144] Véase: López Herrera, *Derecho…*, t. II, pp. 351-374.
[145] Ibíd., p. 351.

partición[146], señalándose que la misma no constituye un acto traslativo o atributivo de derechos, ni siquiera cuando se trata de partición amigable[147], sino que presenta un carácter declarativo por efecto de una ficción legal[148], apoyada en razones de orden práctico y continuidad[149]. La doctrina distingue las consecuencias del efecto declarativo respecto de la constitución de hipotecas y otras garantías reales, constitución de usufructo y servidumbres, enajenaciones y medidas preventivas[150].

En cuanto al aspecto relativo a la garantía de los lotes, ello significa que los coherederos se deben en principio entre sí, saneamiento por evicción y saneamiento por perturbaciones. A ello se agrega la garantía de la solvencia de los deudores de créditos[151].

---

[146] Véase: Casación sent. del 07-06-60 (citada por PERERA PLANAS, ob. cit., pp. 568 y 569), el artículo 1116 es la consagración del principio de que la partición no es título traslativo de dominio, sino declarativo de propiedad. Véase sobre el efecto declarativo de la partición: LÓPEZ HERRERA, *Derecho...*, t. II, pp. 352-356; ESCOVAR LEÓN, *Notas...*, p. 119; RAMÍREZ, ob. cit., p. 330; POLACCO, ob. cit., t. II, p. 318; MAZEAUD *et al.*, ob. cit., vol. IV, pp. 167 y ss.; CLARO SOLAR, ob. cit., t. XVII (V), p. 183.

[147] LÓPEZ HERRERA, *Derecho...*, t. II, p. 353.

[148] Ibíd., p. 355, que se impone como principio absoluto, de no ser así resultaría incomprensible las obligaciones de garantía que impone la ley recíprocamente a los copartícipes. No obstante, tal ficción que pretender proteger a los coherederos conforme a la igualdad, no es de orden público, de allí que los herederos sean libres de renunciar a sus ventajas.

[149] MESSINEO, ob. cit., p. 381, especialmente la utilidad que entre los codivisionarios opere la garantía y dejar a salvo la hipoteca concedida antes de la división. Véase ibíd., p. 401, ese efecto declarativo tiende a garantizar la continuidad de las relaciones entre *de cujus* y heredero.

[150] LÓPEZ HERRERA, *Derecho...*, t. II, pp. 356-361.

[151] Véase sobre «la garantía de los lotes»: POLACCO, ob. cit., t. II, pp. 323-334, alude a «de la garantía de las cuotas recíprocamente debidas por los co-partícipes en la división»; ESCOVAR LEÓN, *Notas...*, pp. 119-123; LÓPEZ HERRERA, *Derecho...*, t. II, pp. 361-373, dicha garantía incluye saneamiento por perturbación y evicciones y garantía de la solvencia de los deudores de créditos; RAMÍREZ, ob. cit., p. 331; BRICEÑO C., ob. cit., p. 66.

El saneamiento por evicción[152] y perturbaciones está consagrado en el artículo 1117 del Código Civil: «Los coherederos se deben mutuo saneamiento por las perturbaciones y evicciones procedentes de causa anterior a la partición. No se debe saneamiento si la evicción se ha efectuado expresa y señaladamente en la partición, o si aquélla se verifica por culpa del coheredero». Los coherederos son garantes entre sí de las evicciones y perturbaciones que pueda sufrir cada uno de ellos, teniendo una acción de garantía contra los demás[153]. La perturbación es una molestia judicial o extrajudicial originada por un tercero en relación con un bien o derecho comprendido en el lote de quien la sufre; la evicción es el despojo resultante de una decisión judicial, sufrido por el adjudicatario del bien que integraba la herencia; por su parte, los vicios ocultos no dan lugar al saneamiento dada la distinta naturaleza entre la compraventa y la partición[154]. Ello se debe a decir de Josserand que se trata de institutos desemejantes aunque pertenezcan a la misma familia[155]. No obstante, la doctrina española se pronuncia por la prudente aplicación supletoria de las normas de la compraventa en materia de saneamiento de la partición[156].

El efecto de dicha obligación es hacer cesar la perturbación a objeto de evitar la evicción o de producirse esta última, indemnizar al copartícipe[157].

---

[152] Véase sobre el fundamento de la responsabilidad por evicción en la partición hereditaria: Roca Ferrer et al., ob. cit., pp. 728 y ss.
[153] Ripert y Boulanger, ob. cit., 2.ª Parte, p. 531.
[154] López Herrera, Derecho..., t. ii, pp. 362 y 363, esto es, además de que la norma no lo prevé expresamente por oposición a la norma de la compraventa (artículo 1503 del Código Civil), en la venta tiene sentido porque el comprador no tiene interés en adquirir un bien con vicios ocultos, pero en la división de la herencia es imperativo dividir el caudal hereditario.
[155] Josserand, ob. cit., vol. ii, p. 413.
[156] Albaladejo, Curso..., p. 175. Véase también: Lacruz Berdejo et al., ob. cit., p. 127, «El saneamiento tiene su regulación propia en la compraventa. En todo caso, la aplicación de los preceptos de la venta que regulan el saneamiento debe ser prudente, teniendo en cuanta la finalidad de cada norma frente a la naturaleza de la partición».
[157] López Herrera, Derecho..., t. ii, p. 365; Claro Solar, ob. cit., t. xvii (v), p. 219, están obligados a protegerse recíprocamente de las molestias y perturbaciones y si uno de ellos sufre evicción los otros deben indemnizar.

Agrega Sanojo que es necesario que la perturbación o evicción sea de derecho, porque si es de hecho, el copartícipe debe defenderse por sí mismo como propietario[158].

Tal obligación recíproca se justifica, a decir de la doctrina, en el efecto declarativo de la partición, que supone que la transformación de los derechos indivisos se realiza sobre bases equitativas, por el cual cada copartícipe debe recibir su lote de manera efectiva[159]. Se apoya, pues, en el principio básico de la partición de igualdad de los coherederos[160]. Amén de propiciar la igualdad, se pretende asegurar al mismo tiempo la estabilidad de la división[161]. El propio artículo 1117 del Código Civil establece una doble excepción: si la evicción ha sido exceptuada expresamente en el acto de partición, y si el coheredero sufre la evicción por su culpa[162]. Por contrapartida, se responderá por evicción en casos no previstos por la norma –vicios ocultos– si así lo prevén expresamente las partes en el instrumento de partición por no ser una materia de orden público[163].

Señala acertadamente la doctrina que el valor que debe darse a la cosa ha de ser al momento de la evicción y no de la partición[164]; así como que la perturbación o evicción debe ser anterior a la partición[165].

---

[158] Sanojo, ob. cit., p. 126.
[159] Ripert y Boulanger, ob. cit., 2ª Parte, p. 531. Véase en el mismo sentido: Josserand, ob. cit., vol. ii, p. 412.
[160] Escovar León, *Notas...*, p. 119, pues el autor es del criterio que la partición tiene efecto declarativo, por lo que la obligación de saneamiento debería descansar sobre el *de cujus*, pero «una conclusión semejante no tendría mayores alcances prácticos»; López Herrera, *Derecho...*, t. ii, p. 247, el principio de la igualdad es la regla cardinal en materia de partición.
[161] Sanojo, ob. cit., p. 126.
[162] Escovar León, *Notas...*, p. 120.
[163] López Herrera, *Derecho...*, t. ii, p. 364.
[164] Escovar León, *Notas...*, p. 122.
[165] López Herrera, *Derecho...*, t. ii, p. 365.

Al efecto, agrega el artículo 1118 del Código Civil: «Cada coheredero queda obligado personalmente a indemnizar, en proporción a su parte, a los demás coherederos, de la pérdida ocasionada por la evicción. Si algún coheredero es insolvente, concurrirán proporcionalmente, en la parte con que él debiera contribuir, los coherederos solventes, inclusive el que haya padecido la pérdida». Se indica que la solución de la norma sobre la insolvencia del coheredero es contraria a los principios generales del Derecho, según los cuales no existe una relación solidaria o hipotecaria en la que quepa dirigirse contra el propio deudor personal[166].

Finalmente, agrega el artículo 1119 del Código Civil: «La garantía de la solvencia del deudor de una renta, no dura más de cinco años después de la partición. No ha lugar a la garantía por la insolvencia del deudor de un crédito, si ésta ha sobrevenido después de la partición». Se trata de una garantía que opera si se incluyó en la partición, créditos del causante contra terceros, siendo también consecuencia del principio de igualdad[167]. La garantía de saneamiento se aplica no solo a los créditos de rentas, sino también a los créditos de capital que hayan sido asignados a uno de los coherederos[168].

5. Rescisión por lesión[169]

La partición es un negocio jurídico y como tal está sometido a las circunstancias de ineficacia[170] que los afectan, tales como nulidad[171] y rescisión[172],

---

[166] Escovar León, *Notas...*, pp. 122 y 123.
[167] López Herrera, *Derecho...*, t. II, p. 367.
[168] Escovar León, *Notas...*, p. 121. Véase también: López Herrera, *Derecho...*, t. II, pp. 367-371.
[169] Véase: Polacco, ob. cit., t. II, pp. 336-346; Ripert y Boulanger, ob. cit., 2.ª Parte, pp. 537-543; Mazeaud *et al.*, ob. cit., vol. IV, pp. 223-229; Escovar León, *Notas...*, pp. 125-129; Sanojo, ob. cit., pp. 129-135; Ramírez, ob. cit., pp. 332-335; Briceño C., ob. cit., pp. 65 y 66.
[170] Véase: Roca Ferrer *et al.*, ob. cit., pp. 692 y ss.; Domínguez Guillén, *Curso de Derecho Civil III...*, pp. 569-578; Álvarez Oliveros, Ángel: «Notas sobre la

aun cuando, dada la complejidad de la partición, el legislador es más benevolente respecto de las mismas[173]. Al efecto, LÓPEZ HERRERA distingue

---

rescisión por lesión». En: *Revista Venezolana de Legislación y Jurisprudencia*. N.º 5 (Edición Homenaje a Fernando Parra Aranguren). Caracas, 2015, pp. 289-310 (especialmente pp. 296-299); FARRERA, Celestino: «Acciones de nulidad y de rescisión». En: *Revista de la Facultad de Derecho*. N.º 35. Caracas, UCAB, 1986, pp. 105-113.

[171] Véase referencia a la nulidad sustantiva y a la nulidad procesal de la partición: VARAS BRAUN, Juan Andrés: «Sentencia sobre rescisión de partición hereditaria (Corte de Apelaciones de Temuco)». En: *Revista de Derecho*. Vol. XIX, N.º 1. Valdivia, 2006, pp. 275-282, http://www.scielo.cl/scielo.php?pid=S0718-09502006000200014&script=sci_arttext, «la sentencia vuelve correctamente sobre la distinción –largamente asentada en nuestra doctrina y jurisprudencia, pero que la doctrina de RODRÍGUEZ GREZ rechaza, y el fallo de la instancia había olvidado– entre las nulidades procesales y la nulidad civil, que es capital para la adecuada inteligencia del artículo 1348. Como apuntaba SOMARRIVA, "el carácter híbrido de la partición hecha ante un partidor, donde se mezclan el contrato y el juicio, hace posible que puedan presentarse en ella vicios que ocasionen la nulidad civil, y otros que traigan consigo nulidades procesales. El artículo 1348, disposición de carácter sustantivo, no se aplica a los vicios de procedimiento. Sobre este punto, nuestros autores están totalmente de acuerdo". Diferenciar es esencial, porque los vicios procesales se sanean automáticamente con la terminación definitiva del juicio, y su ulterior discusión queda vedada por la fuerza de la excepción de cosa juzgada. En cambio, los vicios sustantivos son susceptibles de reclamarse en juicio de nulidad o rescisión una vez ejecutoriada la sentencia, y mientras no opere la prescripción. En resumen, la nulidad sustantiva permite impugnar la partición como resultado, pero es inviable para impugnar el proceso por el que se llegó a ese resultado, para lo cual estuvieron abiertas las vías procesales franqueadas por la ley adjetiva».

[172] SERRANO ALONSO, *Manual*..., p. 98; ALBALADEJO, *Curso*..., p. 177, sería inútil querer enumerar todos los posibles casos de nulidad o anulabilidad en la partición; LACRUZ BERDEJO *et al.*, ob. cit., pp. 129 y 130, se puede distinguir en cuanto a la partición las siguientes categorías de invalidez, a saber, nulidad absoluta, anulabilidad –por falta de capacidad o vicios del consentimiento– y rescisión; CARRIÓN OLMOS *et al.*, ob. cit., p. 322; GUTIÉRREZ BARRENENGOA *et al.*, ob. cit., pp. 464-467, nulidad, anulabilidad –subsanable– y rescisión; ROCA FERRER *et al.*, ob. cit., p. 693. Por ello se habla de particiones nulas, anulables y rescindibles para distinguir los diferentes vicios que pueden afectar las particiones.

[173] Véase: LÓPEZ HERRERA, *Derecho*..., t. II, p. 373, indica que dada la gravedad que aparejaría la ineficacia de la partición no se rige por las mismas reglas de los negocios

diversas causas de ineficacia de la partición[174], entre las que cita: la nulidad[175], la inoponibilidad[176], la revocación[177], la declaratoria de simulación[178], la resolución[179] y la rescisión por causa de lesión.

El Código Civil en su artículo 1120 alude a la rescisión en una remisión general a los contratos[180], que se rige por el Derecho común[181] –como sinónimo de «anulación» según opinión de López Herrera[182]–, y una rescisión –que pudiera calificarse de especial– relativa a un porcentaje de la cuarta parte del bien de que se trate. Esta última se orienta a evitar el perjuicio económico. El Código Civil trae disposiciones al respecto en los artículos 1120 al 1125. Se alude en tal caso a «rescisión por lesión»[183]. Aunque vale acotar respecto de la opinión del autor, que nulidad y rescisión no son equivalentes[184]. Se afirma que el legislador quiso asegurar que

---

jurídicos en general, porque vista su importancia, el legislador se esfuerza en mantener su validez y vigencia.

[174] Véase: ídem.
[175] Véase: ibíd., pp. 374-381, el autor hace referencia a los vicios del consentimiento que podría acontecer en la partición amigable, con solo afectar un copartícipe, refiriendo que podría darse el error de derecho y el error en la persona, mas no en la sustancia; la incapacidad, la inobservancia de formalidades habilitantes, irregularidades relacionadas con los artículos1066 y 1067del Código Civil.
[176] Véase: ibíd., pp. 381 y 382, para el autor son dos las causas que determinan la inoponibilidad: la exclusión de algún heredero en la partición y la no inscripción en el correspondiente registro cuando se trata de inmuebles.
[177] Véase: ibíd., p. 382, a solicitud de los acreedores hereditarios o de los herederos proponentes de la acción (artículos 766, 1279 y 1280 del Código Civil).
[178] Véase: ídem, simulación declarada (artículo 1281 del Código Civil).
[179] Véase: ibíd., pp. 382 y 383, los copartícipes pueden someter la partición a condiciones resolutorias (artículo 1197 del Código Civil) como relativas al incumplimiento de obligaciones respectivas.
[180] Véase: Escovar León, *Notas...*, pp. 123-125.
[181] Ramírez, ob. cit., p. 333, la partición es un contrato y puede anularse por incapacidad o vicios del consentimiento.
[182] López Herrera, *Derecho...*, t. ii, p. 383.
[183] Véase sobre la misma: ibíd., pp. 383-392.
[184] Domínguez Guillén, *Curso de Derecho Civil III...*, pp. 574 y 575.

la igualdad entre los copartícipes y proscribir la idea de lucro entre miembros de una misma familia[185].

Así dispone el artículo 1120 CC: «Las particiones pueden rescindirse por las mismas causas que dan lugar a la rescisión de los contratos. Puede también haber lugar a la rescisión, cuando uno de los coherederos ha padecido lesión que exceda del cuarto de su parte en la partición. La simple omisión de un objeto de la herencia, no da lugar a la acción de rescisión, sino a una partición suplementaria».

La norma alude a tres varias causas de rescisión de la partición –o más precisamente, ineficacia para incluir la nulidad o anulabilidad–, una general por las mismas causas de los contratos –vicios del consentimiento aunque se aclara la improcedencia del error– y una particular por lesión. Señala Dominici que la violencia y dolo son comunes a los contratos al viciar el consentimiento, el error no es causa de anulación porque cuando se refiere a cosas o cantidades que son objeto de ella, equivale a lesión[186]. Se indica a los fines de la cuota o porcentaje que da lugar a la rescisión por lesión que el legislador establece un margen de tolerancia más allá del cual, considera que se ha producido lesión[187]. Si la lesión no excede el monto mínimo que prevé la Ley la partición no puede rescindirse, poco importa lo que reciben algunos herederos en exceso con tal de que el afectado no haya sufrido lesión que exceda del cuarto de su respectiva cuota hereditaria; esto atendiendo a razones de conveniencia social[188]. La norma aclara que la omisión de bien solo propicia una partición suplementaria[189], y no la rescisión.

---

[185] Mazeaud et al., ob. cit., vol. iv, p. 223.
[186] Dominici, ob. cit., p. 418.
[187] Rodríguez, ob. cit., p. 410.
[188] Rojas, ob. cit., p. 847.
[189] Véase: Superior Cuarto en lo Civil, Mercantil, del Tránsito, de Protección del Niño y del Adolescente, Agrario y Bancario de la Circunscripción Judicial del estado Táchira, sent. del 05-12-06, exp. 1379, http://apure.tsj.gov.ve/decisiones/2006/diciembre/1323-5-1379-.html, la acción de partición suplementaria no es acumulable a la acción de rescisión.

Cuando la ley hace rescindible un acto por causa de lesión es siempre una medida de carácter excepcional, pues vale recordar la máxima francesa según la cual «la igualdad es el alma de las particiones»[190].

La estimación del bien a los efectos de la rescisión se efectúa en función de su estado y valor al tiempo de la partición[191]. La acción prospera igualmente ante otros actos traslativos de propiedad como permuta o transacción[192], pero no es admisible en caso de venta del derecho hereditario sin fraude entre coherederos[193], ni es procedente si se ha enajenado el bien con posterioridad al dolo o violencia ejercida[194]. El demandado puede hacer cesar el efecto de la acción mediante el suplemento de su porción hereditaria[195].

---

[190] PLANIOL y RIPERT, ob. cit., p. 737, se extiende a particiones extrajudiciales y judiciales; MAZEAUD et al., ob. cit., vol. IV, p. 126.

[191] «Artículo 1123.- Para averiguar si ha habido lesión, se procede a la estimación de los objetos, según su estado y valor en la época de la partición». Véase: SANOJO, ob. cit., p. 133, porque es entonces cuando se declara o trasmite a cada copartícipe la propiedad de los bienes respectivos; RAMÍREZ, ob. cit., p. 335, después de la partición, las cosas sobre que versó pueden haber aumentado o disminuido de valor y ello corresponde al adjudicatario; Casación, sent. del 05-05-59 (citada por PERERA PLANAS, ob. cit., pp. 570 y 571), para averiguar si hubo o no lesión el fallo recurrido se apartó de la regla del artículo 1123 del Código Civil que le ordenaba atenerse al estado y valor de los bienes a la época de la partición; RIPERT y BOULANGER, ob. cit., 2.ª Parte, p. 538, para juzgar si hubo lesión es preciso retroceder al momento de la partición y estimar el valor que tenían entonces los objetos.

[192] «Artículo 1121.- La acción de rescisión se da contra todo acto que tenga por objeto hacer cesar entre los coherederos la comunidad de los bienes de la herencia, aun cuando se lo califique de venta, de permuta, de transacción o de cualquiera otra manera. La acción de rescisión no será procedente contra la transacción celebrada después de la partición, o acto que la supla, sobre dificultades reales que haya presentado el primer acto, aunque no se haya intentado ningún juicio sobre el asunto».

[193] «Artículo 1122.- Esta acción no se admite contra la venta del derecho hereditario hecha sin fraude a uno de los herederos a su riesgo, por uno o más coherederos».

[194] «Artículo 1125.- El coheredero que ha enajenado su haber en todo o en parte, no tiene derecho a intentar la acción de rescisión por dolo o violencia, si la enajenación se ha verificado después de haber conocido el dolo, o después de haber cesado la violencia».

[195] «Artículo 1125.- El demandado por rescisión puede detener el curso de la acción e impedir una nueva partición, dando al demandante el suplemento de su porción hereditaria en dinero o en especie».

Los efectos de la rescisión en un orden netamente teórico, deberían consistir en devolver o retrotraer las cosas al estado en que se encontraban antes de la partición: reconstituir la comunidad hereditaria y volver a partir[196]. La partición lesiva queda anulada y los bienes respectivos vuelven a la indivisión[197]. La acción para algunos está sujeta a un lapso de prescripción de cinco años computable según las circunstancias[198], aunque somos del criterio que, dada la diferencia entre nulidad y rescisión, a falta de norma expresa, el tiempo de prescripción la última debería ser el de la prescripción ordinaria, a saber, diez años[199].

Vale recordar que por expresa disposición del artículo 1120 del Código Civil la rescisión por lesión aplica a la lesión de un cuarto del bien o los bienes objeto de partición, pues la omisión de determinado bienes en la partición lo que propicia es una partición suplementaria, más no la rescisión por lesión.

6. Partición hecha por el ascendiente[200]

Bajo el título «De la partición hecha por el padre, por la madre o por otros ascendientes entre sus descendientes», los artículos 1126 al 1132 del Código

---

[196] Lacruz Berdejo *et al.*, ob. cit., p. 132.
[197] Planiol y Ripert, ob. cit., p. 743.
[198] Véase en tal sentido: Polacco, ob. cit., t. ii, p. 343; Piña Valles, ob. cit., pp. 213 y 214; López Herrera, *Derecho...*, t. ii, p. 392, lo que coincide con el interés general de no extender demasiado la duración de la misma; p. 135, la acción de rescisión de la división cesa por prescripción de cinco años a contar desde el día de la partición, si la acción corresponde por causa de lesión y desde que se haya descubierto el dolo y haya cesado la violencia si nace de estas causas.
[199] Domínguez Guillén, *Curso de Derecho Civil III...*, p. 575, si partimos que no obstante la ubicación sistemática de la norma, recisión y nulidad constituyen figuras diversas, pareciera que –a falta de previsión especial– le resulta aplicable el lapso de prescripción ordinaria decenal o de diez años.
[200] Véase: Rojas, ob. cit., pp. 869-890; Escovar León, *Notas...*, pp. 129-146; López Herrera, *Derecho...*, t. ii, pp. 409-418; Sanojo, ob. cit., pp. 136-142; Ramírez, ob. cit., pp. 336-339; Josserand, ob. cit., vol. ii, pp. 457-475; Mazeaud *et al.*, ob. cit., vol. iv, pp. 238-270.

Civil contienen normas especiales relativas a la partición respectos de los descendientes que permiten inclusive la partición en vida respecto de los bienes presentes.

La figura es una antiquísima institución[201]. Tal modalidad, conocida como partición por ascendientes, resulta del acto por el cual un ascendiente dispone por sí mismo la forma de dividir su herencia entre los descendientes[202], presuntos herederos forzosos o legitimarios, estableciendo o asignando los bienes que cada uno le corresponderá en su lote[203]. La partición del ascendiente por testamento viene del Derecho romano, en el que no fue conocida la que tiene lugar por acto entre vivos. Presenta la ventaja de permitir al progenitor o ascendiente distribuir entre sus herederos descendientes los bienes que ha de dejarles, evitar gastos, distribuir los lotes[204]. El fundamento de la presente posibilidad de partición por el ascendiente, radica en que tal partición evitaría disputas y discordias, amén del conocimiento de la situación de los familiares y los bienes. Se le critica, no obstante, que su decisión podría no ser imparcial e imponerse las preferencias[205]

---

[201] Bonnecase, ob. cit., p. 18.
[202] Véase: Sala de Juicio N.º 1 del Tribunal de Protección de Niños y Adolescentes de la Circunscripción Judicial del estado Lara, sent. del 06-08-04, citada *supra*, «… en nuestra legislación civil la cual regula la partición que hagan el padre, la madre y demás ascendientes de sus bienes entre sus hijos y descendientes, entendiéndose por estos últimos, todos los que al tiempo de la muerte del padre, madre o ascendientes sean llamados a su sucesión; entran por consiguiente, bajo la denominación de descendientes los hijos nacidos dentro y fuera del matrimonio –antes o después–, cuya filiación esté legalmente probada, los hijos adoptivos y ulteriores descendientes de grado más remoto, es decir, los nietos, bisnietos, etc.; los cuales tienen derecho a la herencia cuando aquél a quien representan haya muerto para el momento en que se haga la partición».
[203] Zannoni, ob. cit., p. 400.
[204] Dominici, ob. cit., p. 427. Véase también: Escovar León, *Notas…*, p. 130, tiene su origen en el Derecho romano; López Herrera, *Derecho…*, t. ii, p. 410, presenta un interés múltiple, como evitar pleitos y problemas.
[205] Véase: Rojas, ob. cit., pp. 869-890; Escovar León, *Notas…*, p. 131, pretende evitar discordias entre hermanos, lo cual no parece haberse logrado, al menos en la legislación

y ser vehículo de favoritismo de algunos descendientes en desmedro de otros[206], lo cual podría generar litigios debido a la falta de imparcialidad y a la falsedad del mecanismo de la institución misma, que se traduce, a decir de Dominici, en un acto de liquidación[207]. Sin embargo, salvo que la preferencia afecte la legítima u otras normas imperativas, la distribución se encuentra dentro de la disponibilidad del donante o causante.

La particularidad de la presente partición consiste en la facultad de determinar concretamente la cuota de cada partícipe, con el señalamiento individual de los bienes que han de formar las respectivas partes[208]. Al efecto, indica el artículo 1126: «El padre, la madre y demás ascendientes pueden partir y distribuir sus bienes entre sus hijos y descendientes, aun comprendiendo en la partición la parte no disponible». Se aclara que la norma está dirigida aunque se extienda al grado más remoto exclusivamente a ascendientes a favor de sus «descendientes» –hijos, nietos, bisnietos o tataranietos–[209]. De lo que se deduce que solo los ascendientes pueden hacer tal partición entre sus descendientes y, por ende, no aplica a otros grados de parentesco, como en línea colateral o entre extraños.

Esta partición de presucesión que pretendan hacer otros parientes no tendría el carácter de partición del ascendiente[210], lo que se traduce en que

---

italiana que borró la institución del Código Civil de 1942; Véase: López Herrera, *Derecho…*, t. ii, p. 408, «la experiencia europea ha demostrado que la división por el ascendiente, más bien ocasiona frecuentes problemas y litigios. En Venezuela no se utiliza en la práctica».

[206] Zannoni, ob. cit., p. 401.
[207] Dominici, ob. cit., pp. 427 y 428.
[208] Ramírez, ob. cit., p. 336.
[209] Véase: Mazeaud et al., ob. cit., vol. iv, p. 244, el ascendiente debe realizar por sí mismo una verdadera partición únicamente a favor de sus hijos y demás descendientes herederos *ab intestato*; López Herrera, *Derecho…*, t. ii, p. 408, el instituto se refiere exclusivamente al caso comprendido en los siguientes supuestos: una acto de distribución real, el causante-partidor debe ser el padre, la madre u otro descendiente, y los copartícipes a su vez tiene que ser los hijos o ulteriores descendientes del primero, llamados a la sucesión intestada.
[210] Josserand, ob. cit., vol. ii, p. 441.

entre los sucesores no existiría una obligación recíproca de garantía ni operaría la rescisión por causa de lesión, ni es anulable por la omisión de alguno de los herederos[211]. Indica Sanojo que si la división se hace entre otras personas que no sean hijos o descendientes del que las verifica, el acto no constituye una verdadera división, sino una disposición testamentaria o una donación; lo mismo se ha de decir de la división que haga un abuelo entre sus nietos, que por vivir sus hijos no son llamados a la sucesión[212]. Al efecto, comentan los Mazeaud que como la partición del ascendiente deroga el Derecho Sucesorio común los partidarios de la exégesis quieren imponer una interpretación estricta de sus disposiciones y, por ende, niegan la validez a todo procedimiento distinto de los artículos que la informan, por el que el ascendiente intente imponer a sus herederos una partición anticipada de sus bienes; sin embargo, concluyen los autores que no se debe reducir el alcance de una institución socialmente útil y cuyo desarrollo debe ser asegurado dentro de los marcos generales del Derecho[213].

No obstante, la doctrina considera que el presente supuesto de partición del ascendiente no valdría al «padre entre su hijo único y los hijos de ese hijo único»[214], sino como distribución de liberalidades, que subsistirán o no conforme a las reglas legales ordinarias[215]. Interpretación que, aunque parezca exagerada, toda vez que podría argumentarse que la utilización en plural del término «descendientes» no es significativa, lo cierto es que la partición encuentra sentido ante una pluralidad de titulares, según indicamos[216].

Obsérvese que la norma no incluye al cónyuge; de hecho, la figura se denomina partición por el ascendiente, lo que atribuyen autores como Zannoni

---

[211] Ibíd., p. 442.
[212] Sanojo, ob. cit., p. 136.
[213] Mazeaud et al., ob. cit., vol. IV, p. 242, agregan «La jurisprudencia tiene el deber de ajustarse a la finalidad del legislador al igual que a las realidades sociales y económicas, más bien que petrificarse en una interpretación estéril y arcaica».
[214] Véase: Dominici, ob. cit., p. 428; Rojas, ob. cit., pp. 872 y 873.
[215] Dominici, ob. cit., p. 428.
[216] Véase supra XIII.1.

a diversas circunstancias como que median bienes inherentes a la comunidad conyugal no partibles hasta su extinción, ya que su disolución atiende a causas taxativas. El autor concluye que subsistiendo la sociedad conyugal no es posible la partición del ascendiente[217]. De allí que indicara Dominici[218] que no vale la presente partición para el hijo único, así como para otros herederos *ab intestato*, tales como ascendientes o cónyuge[219].

Señala López Herrera que el supuesto supone una verdadera y efectiva partición propiamente dicha, no siendo el caso de prelegados o recomendaciones[220]. La partición por testamento no hace legatarios a los descendientes, sino copartícipes[221]. Se agrega, que, según dicha norma del Código sustantivo, se puede inclusive comprender o afectar la cuota no disponible. El Código Civil[222] prevé la posibilidad de realizar tales particiones por acto entre vivos o por testamento, pero, en el primer caso, solo pueden comprender –como es natural– los bienes presentes; según el caso han de seguirse las formalidades relativas a la donación o el testamento. La partición por acto entre vivos, según se aclara, no se corresponde con un partición de herencia, sino con una liberalidad que ha de regirse por las normas de donaciones[223].

La partición testamentaria[224] o partición realizada por el propio testador, constituye una forma de evitar anticipadamente la comunidad según

---

[217] Zannoni, ob. cit., pp. 409-412.
[218] Véase: Dominici, ob. cit., p. 432, los bienes deben ser propiedad del donante o testador y no pertenecer a la comunidad conyugal.
[219] Ibíd., p. 428.
[220] López Herrera, *Derecho...*, t. ii, pp. 409.
[221] Mazeaud *et al.*, ob. cit., vol. iv, p. 241.
[222] «Artículo 1127.- Estas particiones pueden hacerse por acto entre vivos o por testamento, con las mismas formalidades, condiciones y reglas establecidas para las donaciones y testamentos. Las particiones por acto entre vivos no pueden comprender sino los bienes presentes».
[223] Véase: Rojas, ob. cit., pp. 874 y 875; Dominici, ob. cit., p. 429; Escovar León, *Notas...*, pp. 132-142; Ramírez, ob. cit., p. 337; Zannoni, ob. cit., p. 403.
[224] Véase: Rojas, ob. cit., pp. 876-877; Escovar León, *Notas...*, pp. 142-146.

indicamos[225] y por tal es denominada «partición anticipada»[226]; la cual simplemente constituye una opción dentro de la disposición testamentaria. De allí que se distinga entre la partición del ascendiente por acto entre vivos o por testamento: la primera produce su efecto cuando es aceptada por las partes –donante y donatario–, en tanto que la segunda a la muerte del causante, es obligatoria en caso que se acepte la herencia; la primera solo puede comprender los bienes presentes, la segunda podría comprender bienes presentes pero también futuros; la primera puede ser impugnada por lesión cuando excede la cuarta parte del caudal hereditario, en tanto que la testamentaria solo cuando se ha afectado la legítima[227].

En la partición *mortis causa* estamos en presencia de una acto de disposición que afecta el modo de operar la trasmisión hereditaria a favor de los descendientes, que encierra un carácter dispositivo-atributivo, pues la herencia se defiere ya dividida entre los descendientes. Lo que ocurre es que el testador sustituye la propia de los codivisionarios o en su defecto del partidor, sin que obste a que los herederos gocen de un llamamiento a la universalidad, lo contrario sería sustituir la naturaleza del llamamiento y transformarlos en simples legatarios que reciben a título singular, los bienes atribuidos en partición. Se trata en definitiva de una partición vinculante entre coherederos que se traduce en un modo de impedir la comunidad[228]. Toda vez que, según indicamos, la partición por parte del causante no crea en principio comunidad, sino que la evita[229].

El ascendiente que efectúa la partición no está obligado a mantener la integridad de la cosa, pues el artículo 1128 del Código Civil indica: «El

---

[225] Véase *supra* XIII.2.
[226] Véase: Josserand, ob. cit., vol. III, p. 437, el autor señala que se trata de una «partición, anticipada» realizada por el causante; los derechohabientes no hacen la partición sino que la encuentran hecha.
[227] Rojas, ob. cit., p. 878. Véase sobre «la donación-partición y partición testamentaria»: López Herrera, *Derecho…*, t. II, pp. 411-418.
[228] Zannoni, ob. cit., p. 403.
[229] Véase *supra* XIII.2.

ascendiente puede hacer partición sin sujetarse a la regla del artículo 1075». Esta última norma relativa a la formación y composición de los lotes pretende preservar el bien en la medida que sea posible. El Código Civil[230] dispone una suerte de remisión a las normas relativas a la partición hereditaria que incluyen los deberes del heredero relativo al pago de deudas y saneamiento. La partición que se realice con arreglo a la presente hipótesis no precisa incluir todos los bienes del testador o donante, pues a la muerte de este último, los no incluidos se rigen por las respectivas normas legales[231]. Podría acontecer que el causante no incluyera todos los bienes y que los haya adquiridos con posterioridad, lo que daría lugar a una partición complementaria.

En razón de que el sentido de la ley es concederle eficacia a la voluntad del donante o testador, pero en función de un sentido de equidad a fin de evitar los inconvenientes que propiciaría una partición judicial, el Código Civil dispone[232] la nulidad de la partición en que no se han comprendido todos los hijos y descendientes de los premuertos, quienes podrán incitar una nueva partición. Se aprecia entonces, que si bien la omisión de los bienes propicia una partición complementaria y no nulidad, no así la omisión de los hijos[233], pues recordemos que el sentido del instituto es propiciar una distribución de los bienes entre los descendientes en general, a fin de evitar inconvenientes. Lo contrario, según refiere Dominici, constituiría una forma de desheredación prohibida por nuestro Derecho[234].

---

[230] «Artículo 1129.- Los copartícipes se considerarán entre sí como herederos que hubieren hecho la partición de la herencia. Están obligados al pago de las deudas, se deben saneamiento y gozan de los privilegios que la Ley acuerda a los copartícipes».

[231] «Artículo 1130.- Si en la partición no se han comprendido todos los bienes que a su muerte ha dejado el ascendiente, los omitidos se partirán con arreglo a la Ley». Véase: Escovar León, Notas..., pp. 143, 144 y 147; Ramírez, ob. cit., p. 338, el ascendiente no está obligado a incluir en la partición todos sus bienes, los que no incluya se someterán a la sucesión *ab intestato*.

[232] «Artículo 1131.- Es nula la partición en que no se han comprendido todos los hijos y descendientes de los premuertos llamados a la sucesión. En este caso, así los hijos y descendientes a quienes no se ha hecho adjudicación, como aquéllos a quienes se ha hecho, pueden promover una nueva partición».

[233] Dominici, ob. cit., p. 434.

[234] Ídem.

Finalmente, dispone el artículo 1132 del Código Civil: «La partición hecha por el ascendiente puede atacarse si resulta de la partición, o de cualquiera otra disposición hecha por el ascendiente, que alguno de los comprendidos en aquélla ha padecido lesión en su legítima. Si la partición se hace por acto entre vivos puede también atacarse por causa de lesión que pase del cuarto, según el artículo 1120». Toda disposición por acto entre vivos o testamentaria puede atacarse por violentar la legítima o que presente rescisión por lesión de un cuarto[235]. En la doctrina española se observa igualmente que no procede la rescisión por lesión de la partición hecha por el causante, sino solo si se ha afectado la legítima, en atención al respeto de la voluntad del testador[236].

---

[235] Ibíd., pp. 436 y 437.
[236] Véase: Roca Ferrer *et al.*, ob. cit., p. 708.